马寅初纪念馆丛书

《马寅初的故事》

《马寅初全集补编》

《走近马寅初》

《马寅初年谱长编》

《马寅初题字墨迹》

纪念马寅初先生诞辰130周年

马寅初年谱长编

徐斌　马大成　编著

商务印书馆

2012年·北京

图书在版编目(CIP)数据

马寅初年谱长编 / 徐斌，马大成编著. —北京：商务印书馆，2012
ISBN 978－7－100－08925－8

Ⅰ.①马… Ⅱ.①徐… ②马… Ⅲ.①马寅初（1882～1982）—年谱 Ⅳ.①K825.31

中国版本图书馆CIP数据核字（2012）第026662号

本成果受浙江省哲学社会科学规划课题资助

所有权利保留。

未经许可，不得以任何方式使用。

马寅初年谱长编

徐斌 马大成 编著

商务印书馆出版
（北京王府井大街36号 邮政编码 100710）
商务印书馆发行
三河市尚艺印装有限公司印刷
ISBN 978－7－100－08925－8

2012年5月第1版 开本 710×1000 1/16
2012年5月北京第1次印刷 印张 42 3/4 插页 8
定价：98.00元

《马寅初纪念馆丛书》编委会

名誉主任 许行贯

主　　任 徐爱光

编　　委 商立华　徐忠良　孙大权　徐　斌
　　　　　　马玉淳　林国薇　周鸿英　马大成

马寅初纪念馆和马寅初研究会简介

马寅初纪念馆位于杭州市庆春路210号马寅初旧居内，由浙江省马寅初人口福利基金会于2004年创办，2010年被命名为浙江省爱国主义教育基地。2006年杭州马寅初旧居与嵊州马寅初故居一并列为全国重点文物保护单位。

浙江省马寅初研究会是研究马寅初学术成就、社会贡献和现实意义的学术团体，2004年6月成立，会员来自高等院校、政府部门和社会各界。办公地址：杭州市余杭塘路866号，浙江大学紫金港校区。

总序

马寅初先生是我国著名的经济学家、教育家、人口学家，是我所敬仰的一位学术伟人。他的品格，犹如高山上的一棵青松，伟岸挺拔、高耸入云，使人景行仰止。马老曾经为友人题过"碎身粉骨不必怕，只留清白在人间"的联语，这是他的人格和精神的最好写照和概括。可以毫不夸张地说，马老的英名将永留青史，是千秋万代学习的楷模。

我长期在浙江省从事计划生育工作，并有相当长一段时间在省委、省政府领导下主持过这项工作。我是在实际工作中逐步认识马老、走近马老的，为他的远见卓识和人格魅力所震撼和折服。自此，我决心弘扬马老精神，并将之列为毕生追求的目标。

1993年9月，在庄严的北京人民大会堂举行的首届中华人口奖授奖仪式上，尽管马老已经仙逝，仍然众望所归被授予特别荣誉奖；我则因领导和同志们的关爱，评上了工作奖，被授予奖杯、奖状和两万元人民币的奖金。我的名字和马老同列在一张授奖名单上，这是我终生难忘的无上荣誉。我当时暗下决心，要在有生之年，为马老和为我国的人口和计划生育事业做几件实事，我想这是我学习马老、弘扬他老人家精神的最好行动，也是我对省委、省政府领导的信托和同志们的支持与帮助的最好的回报。

十多年来，我丝毫不敢懈怠，兢兢业业，在大家的支持和关心下主要做了以下几件事：一是与一批有识之士共同倡议以国家授予我的两万元奖金为基础并到处"化缘"创办了马寅初人口福利基金会。如今，基金会运作良好，已经有能力开展各项社会公益事业。二是与有关单位合作拍摄了一部反映马老生平业绩的电视剧《马寅初》。这部电视剧放映后社会反响极为热烈。三是由基金会资助出版了马老的著作《马寅初人口文集》的中、英文单行本。这部著作的英文单行本在第23届国际人口科学大会和日本人口学50周年纪念会上都做为交流材料，受到中外人口学家的交口赞誉。四是基金会和有关单位联合设立了浙江省马寅初人口奖，以鼓励和表彰长期以来为"天下第一难"的计划生育事业作出贡献的各方面人士。五是在杭州马老旧居创办了一个高品位的马寅初纪念馆。马老是浙江人民的骄傲，诚如他的长孙马思泽先生在马寅初纪念馆暨马老塑像揭幕仪式上说的："我的祖父马寅初是浙江人民的儿子，他在世时热爱浙江、关心浙江。"马老出生于浙江，童年时代在嵊州生活，尔后又长期居住杭州、出任浙江大学校长，为国家培养英才。他的《新人口论》的思想，首先是在浙江调查研究的基础上逐步形成的，因此在杭州创设纪念馆具有特殊意义。而纪念馆设在他的杭州旧居，实是首选之地。创设马老纪念馆的动议始于20世纪90年代中期，2000年10月经中共浙江省委、省政府报请中央办公厅、国务院办公厅批准，具体由浙江省马寅初人口福利基金会承担创办事宜。纪念馆自2004年9月开馆以来，已经有许多国家、省市领导人、中外学者和广大师生前来参观，收到了很好的社会效益。2006年马寅初纪念馆已被列为全国重点文物保护单位。六是在马寅初纪念馆门前绿地上为马老竖起了马老的青铜坐像和花岗岩立像，以供世人瞻仰。

以上六件事，也可以说是我的六个心愿，在党和政府的领导下，在各方人士的大力支持下，在我的同事们的共同努力下，可以说是圆满地完成了。尽管如此，仍然有一个问题经常萦绕于我脑际，我还能做些什么？我还应该做些什么？虽然我并不年轻，如今已是古稀之年，按理应该含饴弄孙、颐养天年了，但是我想，弘扬马老的精神不能止步。我应该继续完成第七个、第八个甚至更多的心愿。首先是如何将纪念馆办成真正的爱国主义教育基地、实事求是科学精神的传播阵地、人口理论和思想的交流中心。作为知识界的典范的马寅初，其人格和贡献并不为当代人，尤其是年青一代所十分了解。在《马寅初的故事》里有很多动人的事迹，反映着他的高尚品格和深邃思想。经多方商量，共同策划，我们决定出版一套多卷本的《马寅初纪念馆丛书》，初步设想出版《马寅初的故事》、《马寅初全集补遗》、《马寅初纪念文选》等。每本书单行出版，成熟一部出版一部，积之有年，成为系列丛书。这将是一份极为珍贵的财富，泽被后世，可资今后工作借鉴，供后人学习。我以为这是一件十分有意义的事，现在这套丛书行将陆续出版，故乐意为之撰写总序。

徐爱光

2006年8月3日于马寅初纪念馆

序一

马老是我所敬仰的经济学前辈，他离开我们30年了，但他独立思考、勇于直言的精神，一生献身学术，致力于民族富强的行迹，一刻也未曾在我心中淡去。相反，随着岁月的流逝，愈发清晰地感到马老于我们民族的难能可贵。我相信，这不仅仅是一个人的感觉。2004年，欣闻马寅初纪念馆在杭州开馆，我假出差杭州之际曾专程前往瞻仰。

我们这代人认识马老，多缘于他在人口问题上的"先知先觉"。其实，马老对社会的贡献远不限于此，他是中国现代经济学的开创与奠基者，在本质上他是一位经济学家。

马老早年官费留学耶鲁大学和哥伦比亚大学，其博士论文《纽约市的财政》"一直被认为是标准著作"，援为哥大教材，至1968年还有再版。回国后，马老任北大教授，经济商业门主任，系中国现代经济学创建时期的领军人物之一。他一生发表论文、演讲数百篇，著作十多部，覆盖经济学原理、金融、财政、货币、贸易、税赋、保险等诸多方面，达近千万字。1948年，中央研究院遴选院士，马老众望所归，是经济学领域的唯一院士。

民国时期，马老在经济领域的贡献很多，其中两点最为深刻：一是马老治学，不惟书本，一贯主张经济学应为国家服务，认为："学术思想不宜离开环境甚远，但须站在前线，以为社会一切举动之准则。"他的一生也始终坚持学术活动与公共服务相结合。其立足点在以理论指导并推进农业社会的中国转型为工业化市场化的中国，为此，他与刘大钧等欧美留学归国的经济学者一起发起成立了中国经济学社,并长期担任该社领导人。中国经济学社是民国时期影响最大的经济学术团体,发展到30年代中期,当时中国经济学术界、财政界、银行界及民族工商业各领域的佼佼者,几乎都加入了学社,并乐为资助,贡献意见,为国民政府制订经济政策提供了大量的宝贵建议。二是主持经济法及商法的起草与颁行。1928年末至1937年抗战爆发,不足十年间,马老主持立法院经济、财政两委员会,领衔商法起草委员会诸同人,日夜兼程,每月数会,甚至一周或一日几会,商讨、审议、修订,对内有国家鼓励民营企业之法案,对外有"船舶载重线法草案"等外贸权益法案;大至"商法",细至"奖励工业技术暂行条例",无不亲力亲为,出台法案、条例达数百则之多,初步构筑起现代市场经济体制框架。这个市场经济体制框架,于改革开放的今天,也是很有借鉴和参考价值的。而其中最受好评的当属金融体制的改革与重建。至全面抗战前,中国银行体系整合完成,改变了清季以来金融紊乱、外国银行独大的局面,以中国本土银行家为主体的金融业蔚成气候,成为推进民族工商业起飞的重要引擎。这一成功,为国际经济学界视为"奇迹"。

新中国成立后,马老出任中央财政经济委员会副主任,协助陈云在平抑1950年三次物价风潮中,起了重要的作用。他还以经济学者特有的专长,以主人翁的态度,向党和政府献计献策。被政府采纳、影响较大的有发行公债,实行成本会计及资本主义工商业全行全业合营等。而他提出国民经济要综合平衡,不能片面强调重工业,必须同时发展轻工业和农业,主张引进国外先进技术,充分利用价值规律;提出要节制生育,提高人口素质,却因此受到很不公平的对待。针对康生、陈伯达等策划的政治批判,这位年近八十的老人,为了国家前途,为了科学真理,不惜个人名利,"孤军奋战",为我国学术争鸣创一代新风,为后来学人树光辉榜样。60年代,寓居于家的马老仍关心着党和国家大事,曾上书中央,对教条式学习毛泽东思想、防止个人崇拜等坦率陈词。

马老这样一位中华民族的重要人物,长时间没有年谱,一直是我心中的憾事。欣悉《马寅初年谱长编》即将由商务印书馆出版,非常高兴,能为《马寅初年谱长编》作序,这是莫大的光荣。这本书的出版不仅是纪念马先生诞辰 130 周年,逝世 30 周年,也将是国内经济学界、社科界的一件盛事。作为马先生的晚辈后生,学术、道德、人品的敬仰者,拭目以待此书的出版。

刘鸿儒

2012年3月31日

序二

在纪念马寅初先生诞辰130周年之际,《马寅初年谱长编》将与读者见面,这是令人感到极其欣慰的事。

马先生是一位德高望重的学者和民主人士,他提出的"节制人口"的主张,石破天惊,但却因此遭到无情的批判和围攻,直到1979年才得到昭雪,世人以"错批一人,误增三亿"的评判来表示对这位贤哲的景仰。

马寅初先生倡导"计划生育"的丰功伟绩为世所铭记,也使我们这代人对他的了解多集中于这一方面。实际上,马先生一生的业绩与贡献还有待于我们全面认知。他自20世纪初登上中国历史舞台,近百年间,大开大阖,做人做事,是非良心重于一切,个人利害得失在所不计,在国家民族面临生死存亡和大是大非的关头,每每代表社会良心发出声音。"年谱"将这样一个完整而真实感人的马寅初先生展现在我们面前,我从心底感谢本书的作者。

马先生是我国最早留美归国的经济学博士之一,1916年即任北大经济学教授,继任经济商业门主任。1918年11月16日,为庆祝第一次世界大战结束、协约国取得胜利,他和蔡元培、李大钊、陈独秀、胡适之等学者于天安门外和中央公园(现中山公园)相继演讲。马先生演讲的题目为《中国之希望在于劳动者》,受到群众的热烈欢迎。

1919年4月,38岁的马寅初当选北大首任教务长。随之"五四"运动爆发,蔡元培离校,马先生参与主持北大日常事务,是北大"五四"期间应对复杂局面的主要人物。

1920年后,现代市场经济勃兴于上海及长三角地区,马先生怀着振兴民族工商业的热望，投身其中，对中国走向现代化给予理论与实际的指导。他与工商界领袖们密切合作，成为江浙财团的首席智囊，被时人称作"中国民族工商业最优秀的代言人"。

1925年，马先生加入了中国经济学社，任副社长，继而任社长，主持学社工作达20多年，聚合了当时中国最优秀的经济学人才以及金融家、企业家。抱着"赞助中国经济界之发展与改进"的宗旨，于理论与实绩两方面，为中国20世纪二三十年代的经济振兴作出了重大的贡献。

1928年年底起，马先生出任国民政府立法院委员，并先后兼职财政委员会、经济委员会委员长暨商法起草委员会召集人，成为国民政府实际上的首席经济顾问。经十余年艰苦卓绝的努力，主持制定并颁布实施了数百项有关经济的法律、条文，由此我国现代市场经济体制的法律框架基本完成。

抗战时期，马先生在重庆多次发表演讲，揭露国民党政府贪污腐败、利用通货膨胀大发国难财的罪行，因而被国民党反动集团视为眼中钉，1940年12月被宪兵拘押，投入贵州息烽集中营，后又转押至上饶集中营，1942年出狱后被软禁于重庆歌乐山木鱼堡家中。

抗战胜利后他恢复了人身自由。1946年离开重庆，回到杭州。当年4月，浙大学生会负责人吴士濂等邀请马先生到浙大演讲，讲题是《中国目前经济之危机》。当时我在浙大读书，至今仍清楚地记得，马先生在浙大学生大饭厅演讲时饭厅里挤满了听众，挤不进去的人就爬到窗台上或窗外的树上听讲。同年6月13日，为反对国民党政府"开放内河航行权"和"反内战、争民主"，浙大同学联合杭州许多大中学校的学生集会游行。马先生参加了我们的活动，走在游行队伍的最前面。到官巷口时，天下起了大雨，一位同学到路边杂货店买了一把油纸伞给马先生遮雨，马先生坚决不要，他和同学们一起淋着雨走到梅花碑国民党省政府前的广场，并对我们作了简短激昂的讲话。

1949年新中国成立后，马先生担任浙大校长、华东军政委员会副主席、北京大学校长、中央财政委员会副主任，承担着新政权的首席经济顾问，为新中国成立初期稳定市场秩序、推动经济向新民主主义经济体制过渡，多建良策。当他在人口问题上的真知灼见遭受到"围剿"时，他表示"我虽年近八十，明知寡不敌众，自当单枪匹马，出来应战，直至战死为止"。

马先生一生，波澜壮阔，精彩纷呈，而最令人敬佩的，就是他在不同时代中始终热爱自己的祖国，把理论和我国具体实践相结合，坚持独立思考，坚持真理，不唯上，不唯书。他的爱国热忱和坚持真理的精神永远值得我们学习。

编年谱不容易，编写马寅初先生的年谱更不容易。要完整、细致、准确地记录马先生的生平，史料功夫非日积月累不成，而要展示马先生超越同侪的智慧、见识与崇高精神，更需要史识和史德。如今，我的两位"忘年交"——徐斌先生和马大成先生，经多年之努力，在先后完成《马寅初全集补编》和《马寅初传》的基础上，广征文献，梳理考订，完成这一鸿篇巨著，以一条条实实在在的资料，将马先生多姿多彩的一生呈现在读者面前。而与马先生渊源深厚的商务印书馆承印此书，更为可喜可贺。

这本书弥补了马先生这样一位伟人没有"年谱"的空白，也满足了我多年的期望，故乐为之序。

毛昭晰

2012 年 4 月 13 日

凡例

一、谱主本事按年月日次序编列。除特别说明者外，一般按可考首次发生时间为准。尽可能落实到日，难以考订确切日期者，则系入本月（同月）或本年（同年）。

二、谱主年龄依习惯以虚岁计算。本书纪年，统用公历，后附清代年号或民国年份。

三、本书所收材料以谱主著述、演说词及信札为主。凡关涉谱主生平、思想及社会活动之内容，均予采录，详略视与谱主关联及事情重要程度而定。

四、行文中一般省略谱主称谓，个别需要处称谱主曰先生。引文或转述文献处称谓照录。

五、本书所采资料，引录原文者均加引号并注明出处。首次出现时标明作者、篇名、书名。同一文被重收或重复刊载者，一般注明首刊处，其余从略。收入《全集》及《论文集》者附注。详注可参阅本书所附参考书目。

六、本书对国家、政府、党派、团体等，均采正式名称或通用简称，引文则依原文。有关重要人物以字号行者，视情况或于初见时注明原名。外国人名、地名、书名、刊物名均采当时通用译称，或于初见时附注原文。

七、某些人物、重要事件需说明者，及有关资料考订内容，均酌加脚注。

八、引文内日期及其他数字按原件汉字书写，本事公历日期、背景材料及叙文中有关数字、通常采阿拉伯数字。文献原件字迹无法辨认者以"□"表示。

耶鲁大学时期的马寅初

马寅初解放初任中央人民政府委员

平反时马寅初与北京大学党委书记周林、副校长张龙翔等合影

马寅初在开国大典上

立法院时期的马寅初

浙江大学校长就职典礼

马寅初全家照

马寅初与新政协筹备委员会常委合影

马寅初在最高国务会议上作控制人口的发言

马寅初与中华人民共和国宪法起草委员会成员合影

中央财政经济委员会成员合影(前排左六为陈云主任,左五为薄一波,左七为马寅初副主任)

与重庆大学师生的合影

被软禁在歌乐山时的马寅初

登香山

§ 目录

1882 年（光绪八年） 1 岁　　// 003

1884 年（光绪十年） 3 岁　　// 005

1886 年（光绪十二年） 5 岁　　// 006

1887 年（光绪十三年） 6 岁　　// 007

1888 年（光绪十四年） 7 岁　　// 008

1889—1893 年（光绪十五年至十九年） 8—12 岁　　// 009

1894—1897 年（光绪二十年至二十三年） 13—16 岁　　// 010

1898 年（光绪二十四年） 17 岁　　// 011

1900 年（光绪二十六年） 19 岁　　// 012

1901 年（光绪二十六年） 20 岁　　// 013

1904 年（光绪三十年） 23 岁　　// 014

1907 年（光绪三十三年） 26 岁　　// 015

1908 年（光绪三十四年） 27 岁　　// 016

1909 年（宣统元年） 28 岁　　// 017

1910 年（宣统二年） 29 岁　　// 018

1911 年（宣统三年） 30 岁　　// 020

1912 年（民国元年） 31 岁　　// 022

1913 年（民国二年） 32 岁　　// 023

1914 年（民国三年） 33 岁　　// 024

1915 年（民国四年） 34 岁　　// 028

1916年（民国五年）35岁　　// 029

1917年（民国六年）36岁　　// 030

1918年（民国七年）37岁　　// 032

1919年（民国八年）38岁　　// 037

1920年（民国九年）39岁　　// 049

1921年（民国十年）40岁　　// 055

1922年（民国十一年）41岁　　// 066

1923年（民国十二年）42岁　　// 077

1924年（民国十三年）43岁　　// 086

1925年（民国十四年）44岁　　// 096

1926年（民国十五年）45岁　　// 116

1927年（民国十六年）46岁　　// 124

1928年（民国十七年）47岁　　// 143

1929年（民国十八年）48岁　　// 161

1930年（民国十九年）49岁　　// 177

1931年（民国二十年）50岁　　// 197

1932年（民国二十一年）51岁　　// 214

1933年（民国二十二年）52岁　　// 232

1934年（民国二十三年）53岁　　// 253

1935年（民国二十四年）54岁　　// 276

1936年（民国二十五年）55岁　　// 308

1937年（民国二十六年）56岁　　// 332

1938年（民国二十七年）57岁　　// 345

1939年（民国二十八年）58岁　　// 357

1940年（民国二十九年）59岁　　// 363

1941年（民国三十年） 60岁 // 376

1942年（民国三十一年） 61岁 // 380

1943年（民国三十二年） 62岁 // 384

1944年（民国三十三年） 63岁 // 388

1945年（民国三十四年） 64岁 // 392

1946年（民国三十五年） 65岁 // 400

1947年（民国三十六年） 66岁 // 418

1948年（民国三十七年） 67岁 // 431

1949年 68岁 // 437

1950年 69岁 // 469

1951年 70岁 // 488

1952年 71岁 // 503

1953年 72岁 // 516

1954年 73岁 // 524

1955年 74岁 // 535

1956年 75岁 // 553

1957年 76岁 // 565

1958年 77岁 // 584

1959年 78岁 // 601

1960年 79岁 // 610

1961年 80岁 // 617

1962年 81岁 // 620

1963年 82岁 // 623

1964年 83岁 // 624

1965年 84岁 // 625

1966年　85岁　// 626

1967年　86岁　// 628

1968年　87岁　// 629

1969年　88岁　// 630

1970年　89岁　// 631

1971年　90岁　// 632

1972年　91岁　// 634

1973年　92岁　// 635

1974年　93岁　// 636

1975年　94岁　// 637

1976年　95岁　// 638

1977年　96岁　// 639

1978年　97岁　// 640

1979年　98岁　// 641

1980年　99岁　// 646

1981年　100岁　// 648

1982年　101岁　// 651

1983年　// 653

参考资料　// 654

后记　// 669

马寅初（1882.6—1982.5），浙江嵊州市人，早年就读于北洋大学矿冶系，1907年至1915年官费留学美国耶鲁大学和哥伦比亚大学，获哲学博士学位。民国时期，历任北京大学教授、经济商业门主任、教务长；北京政府财政委员会监督委员、财政讨论委员会调查专员、财政整理委员会顾问；中国银行顾问兼总司券、全国银行公会会董、浙江兴业银行顾问兼董事、上海总商会顾问、商务印书馆监事及董事、中国经济学社社长等。被聘为上海商科大学教务长、上海银行学校校长、民国大学经济系主任、上海交通大学经济研究所主任、中央大学经济系主任、重庆大学商学院院长、陆军大学教官等职。当选浙江省政府委员兼财政委员会主席、全国县长考试委员会委员、全国财政委员会委员、全国禁烟委员会委员、中华拒毒会副会长，国民政府立法院财政委员会委员长、经济委员会委员长、商法起草委员会主任委员，全国经济建设运动委员会委员、学术审议会委员、中央研究院院士等。兼为北京大学预科、南开大学、上海商科大学、民国大学、中华高级会计专科学校、南开中学、杭州清波中学、杭州树范中学、绍兴稽山中学、杭州剡光小学、嵊县义民小学等多所大中小学校校董及杭州青年会总队长、钱塘慈善会董事长等。

新中国成立后，历任浙江大学校长，北京大学校长，中央财政经济委员会副主任，华东军政委员会副主席，中国银行常务董事，中国社会科学院学部委员，第一、二、三、四、五届全国政协委员和第一、二、四、五届全国政协常委，第一、二、五届全国人大常委，上海经济学会名誉会长，北京大学名誉校长，中国人口学会名誉会长等职。

主要著作有：《中国关税问题》、《中国国外汇兑》、《马寅初演讲集》（四集）、《中华银行论》、《经济思想》、《马寅初经济论文集》、《中国当前之经济问题》、《中国经济改造》、《利用外资与经济建设》、《中国之新金融政策》、《论对发国难财者征收财产税及其它》、《马寅初战时经济论文集》、《经济学概论》、《通货新论》、《财政学与中国财政》、《我的经济理论、哲学思想和政治立场》、《新人口论》等。1999年9月浙江人民出版社整理出版《马寅初全集》共十五卷，计571万字；2007年9月，孙大权、马大成整理、编注《马寅初全集补编》，计55万字，由上海三联书店出版。

1882年（光绪八年） 1岁

6月

6月24日 （农历五月初九）午时，先生诞生于浙江绍兴府嵊县（今嵊州市）浦口镇[1]一酿酒世家，善字辈，排行第五，取名元善，字尹初。其先有四位兄长：师善（1872—1928），字孟希；膺善（1874—1932），字仲复；植善（1877—1935），字叔培；积善（1879—1938），字季余。

浦口马家出自绍兴望族"会稽马氏"。据《会稽马氏宗谱》及马絅章《效学楼述文》记载，远祖虞姓，乃唐代书法家虞世南后代。五代十国间，虞世南第九世孙虞天佑第四子虞团，入续马氏，赐字继宗，号湘水，旧谱称"团公"，拜后周大学士。元延祐年间，团公十一世孙马方率族人迁居吴融（今绍兴孙端镇吴融村），是为会稽吴融马氏先祖。马方生六子（《绍兴县志》记载为七子）：德润、德祥、德良、德常、德亨、德明。德祥"文英堂"下马元杰（二十二世孙）生于清初，遵祖训"三世不应举"，转入酿酒业，因此致富。马元杰次子马子明为扩大酿业，清乾隆时迁居绍兴小皋埠，即先生高祖。

马子明育四子：继文、文燮、梅舫、雨亭，孙二十人。马文燮系先生曾祖，为国子监生，封修职郎，其第六子马肇奎为先生祖父。咸丰年间，绍兴小皋埠马家以居住地分为前马家、后马家。兄弟二十人中唯老八读书，余皆以酿酒为业，分布于绍兴、萧山、上虞、嵊县各地，绍兴名酒"香雪"、"善酿"、"谷粹"皆源自马氏酒坊。除酿酒作坊外，各家还于绍兴、杭州、上海等地设门店经销，20世纪20年代上海酒业纳税大户名单中，"马氏老源"和"马氏老源元"并列第七。

道光年间，马子明堂弟马子道自吴融迁居浦口，创立"马万兴"商行。其

---

[1] 家族中持有两种说法：一说出生于绍兴小皋埠；一说出生于嵊县（今嵊州市）浦口镇。

后，侄辈马大良、马大敬及马文燮次子马懋斋相继移居，开设盐米行、南货店及"马懋记"酒行。咸丰五年（1855），马文燮长孙马庆辰，字赓良，自小皋埠至浦口，创立"马钰记"酒坊，营业大盛，名闻四方。同治五年（1866），马肇奎次子马庆常（先生之父）追随堂兄马赓良定居浦口。

马庆常（1851—1909），字棣生，以善酿著称。先以售卖米盐为生，继办酒坊，坊曰"马树记"。同时与上海瑞纶丝厂经理张绛声合股兼营丝茧，生意兴隆。先生于耶鲁大学登记表"父亲"栏中曰："秀才，是个丝茧商人"（原表用英文书写）。马棣生元配夫人章氏，乃章学诚六世孙女，青年早逝，留有四子。继室王氏，出身于绍兴越城水澄巷一书香之家，忠厚贤惠、精明能干，勤勉家政，相夫教子，人称其善，育一子寅初，两女锦霞、锦文。

浦口历史悠久，民风纯朴。北魏郦道元《水经注》载："浦口有六里，有五百人家，并夹浦而居，列门向水，甚有良田。"晚清同光年间，东部四明山出产之蚕茧、茶叶，沿黄泽江而下汇聚浦口，发往宁绍、杭州及上海等地，为浙东驰名水陆码头。俗语称此盛况为"五马闹浦口"。

马棣生积善成家，于屠家埠至浦口一带造桥筑亭，并置办水车、水枪等物以备乡邻之用。嵊人称其为"好人家"，"马树记"声誉愈著。

1884年（光绪十年） 3岁

妹锦霞出生。长适嵊县黄泽镇（时属新昌）镇长余星如。

1886年（光绪十二年） 5岁

入学堂开蒙。《会稽马氏家谱》家训第四条："凡生子五岁应上学堂。"拜父好友、清末贡生吕笑变为启蒙老师。吕先生乃绍兴一时名士，思想先进，著述教书之余兼与人合营"薛源茧行"，系当地绅商领袖。

1887年（光绪十三年） 6岁

小妹锦文出生。后适嵊县城中巨室杨宪章。

1888年（光绪十四年） 7岁

启蒙识字，习《百家姓》、《千字文》、《三字经》等。

1889—1893年（光绪十五年至十九年） 8—12岁

入私塾，拜嵊县里东贡生俞桂轩为业师。俞氏系清七品文林郎陈光佑门生，擅国学、工书法。先生从师数年，得扎实旧学根柢。嵊县政协文史资料委员会：《马寅初在故乡》

期间由父母做主与邻村缙绅黄国进孙女订立娃娃亲。

1894—1897年（光绪二十年至二十三年） 13—16岁

离家赴绍兴学堂读书，寄居越城水澄巷外婆家。分段水澄巷为绍兴城之人文渊薮，明末大儒刘宗周出生于此，蕺山先生文曰："郡城中风气最胜处。形家者言，城南而水，从南堰水偏两廓门入，北流数里，至此交会，其水澄泓不流，故名。"清光绪年间，绍兴学堂推陈出新，实施新式教学，几何、算学尤受重视。先生入学后痴迷数理，渐疏旧学，曾有"把书撕掉"之举，以明致力新学以求强国之志。

黄家女幼年夭折，依旧俗葬马家墓地。先生16岁时迎黄氏灵牌回家完婚，并终生接济、关照黄氏一门。

1898年（光绪二十四年） 17岁

《会稽马氏家谱》家训第四条云："十岁以上若聪慧、勤读，从明师以期通达。若十七八而愚蠢如前毫未通晓，视其有力者即令务农；无力而稍有知识教其习经营或习幕。"马庆常观幼子无意科举，令休学习经营。先生抗不从命，几至水火。经父好友张绛声转圜，并亲携至上海，安排入读基督教教会所办上海中西书院。中西书院系贵族子弟学校，学费昂贵，修金年洋70元，膳宿费年洋36元，灯油茶水仆工费年洋24元，体操（操衣、操鞋）费年洋21.95元，化学5元，物理、生物、植物各3元。教学以读英文为主，四年级设英文演讲课。兼修道德、经学、史学、文学、文法、动植物、算学、体操、物理、化学、身理学等课程。每年正月二十开学。学生毕业后多就职海关、邮政、电报等商、政两界。《中西学堂》，东吴大学1915年出版

就读期间，先生打下扎实英文功底，接触新式思想，立志求学以改造中国。1949年于上海回顾："严先生把这两本书（《天演论》与《群学肆言》）介绍到中国来以后，给中国读书人的影响很大。当时科举还存在，但八股已废，文章着重策论，做策论都仿效严先生的文体，必须多用虚字眼和新名词，才算是好文章。否则，就会名落孙山。兄弟那时正在念书的时候，考北洋大学也靠熟读了这两本书才录取的。"《新时代新潮流新思想和新人生观》，《马寅初全集补编》，第337页

《银行之根本问题》中亦曰："从前年少的时候，我想将来能够到上海去读三五年书，懂一点英文，做一点小生意就够了；哪晓得到了上海以后，就想到北洋大学去读书了，到后来又出洋。"《马寅初全集》第一卷，第360页

1900年（光绪二十六年） 19岁

由父母做主，与嵊县沙园乡绅张名淡之女张桂君结婚。张桂君（1882—1987），小名团妹，行末。长兄文远壮年离世，次兄昌远早夭，四兄妹中唯团妹长寿，享年106岁。

1901年（光绪二十六年） 20岁

长子本炎出生，百日时夭亡。1902年（或1903年）又添一女，名仰元，亦夭。

1904年（光绪三十年）　23岁

中西书院毕业前，自改名"寅初"。《尔雅·释诂》曰："寅，敬也。"《释名·释言语》云："敬，警也，恒自肃警也。"

下半年，考入天津北洋大学矿冶专业。1911年《北洋大学堂同学录》记：马寅初，字：尹初；籍贯：浙江嵊县；通信处：嵊县浦口镇。

矿冶专业学习方式，以课堂教学与生产实习相结合。先生几十年后回顾："北洋大学的学生也有生产实习。宣化府的怀来县矿区，即现在官厅水库一带的矿区都有我的足迹。那时煤矿开采的方法都很陈旧，上下矿坑非弯身曲背不可，不但吃力，而且出坑时差不多不像个人样子了。出矿坑后又要背着测量器具和三脚架等到高山顶上画画。那时我是体弱的，担当不了这样一个工作。"《马寅初全集》第十五卷，第26页

先生还说起："地质学是主课，但校内无标本可资研究，只读死书，有何用处？即在校外做实习工作，深入矿穴，测量矿藏，因该时矿藏多用土法开掘，不用机器，毫无保险设备，时有爆炸惨案发生，死伤无数。且穴中人，粪与穴中之煤，因光亮不足，无法辨别。出穴之后，蓬首垢面，臭不可当。尔时，余对自己曰，此路走不通也。"《马寅初全集》第十二卷，第446页

长女马仰班出生。成年后适绍兴"三味书屋"主人寿镜吾之孙寿鹏飞（洙邻）次子寿羲民，生一子一女，子：寿纪琛，女：寿纪瑜。寿羲民曾任福建厦门大学教授、国民政府驻外领事。马仰班1954年去世。

1907年（光绪三十三年） 26岁

8月

北洋大学肄业。《马寅初小传》（1929年《商业杂志》第4卷第5号）载，大学期间"于数学、物理、化学地质学等科均稍得门径"。

旋以优秀生官费保送美国耶鲁大学，一年"官费九百六十元，略可敷衍，惟必不能有余"。孙恒：耶鲁大学《留美学生年报》

初到纽黑文，住湖地（Lake Place）街91号，不久搬至威累大街（Whalley Avenue）66号学生宿舍，单人住一间。时耶鲁大学学生1313人，其中中国留学生26人。《中国留美学生月刊》第3卷第1、2期

耶鲁大学认可先生于北洋大学所修学分12分，入耶鲁直接读二年级。第一学年以自然科学为主课，选经济学为副科。所学课程有经济学、地质学、法语、历史、哲学等。第一学期平均成绩84分（百分制），学分18分；第二学期平均成绩85分，学分18分。

1908年（光绪三十四年） 27岁

1月

加入中国学生组织"美国东部各洲学生同盟（The Chinese Students' Alliance of the Eastern States）"，成为该会会员。《中国留美学生月刊》第3卷第3期

4月

4月25日　当选耶鲁大学中国学生俱乐部财务会计。《中国留美学生月刊》第3卷第6期

5月

获耶鲁大学 High Oration（"高级演讲"）奖。耶鲁大学档案

8月

8月25日　耶鲁大学北洋大学学生俱乐部成立，当选会员委员会成员。《中国留美学生月刊》第4卷第8期

9月

入读三年级。本学年改选经济学为主课、生物学为副课，所学外语为法文与拉丁文。第一学期平均成绩83分，学分18分；第二学期平均成绩83分，学分18分。

本年　次女马仰曹出生。马仰曹后毕业于燕京大学，民国时期曾任浙江财务人员养成所、浙江省高级商业学校教员、杭州高级中学教师、国家考选委员会一等科员等；1949年后与夫君王家松旅居英国，任《泰晤时报》编辑，育有一子一女。王家松毕业于燕京大学新闻系，曾任中央社记者，国民政府驻英国文化代表处主任等。

1909 年（宣统元年） 28 岁

5 月

获耶鲁大学 High Oration（"高级演讲"）奖。耶鲁大学档案

8 月

中国留美学生同盟于纽约汉密尔顿举行年会，以同盟代表大会成员资格参加住宿委员会工作，为 135 名来自美国各地的中国留学生安排住宿，会上当选为五名理政会（Councilman）成员之一。《中国留美学生月刊》第 4 卷第 4 期、第 4 卷第 7 期、第 5 卷第 1 期

9 月

入读四年级，搬到费伊尔·威泽（Fayer Weather）楼 467 号，与王正廷（后任国民政府外交总长）、唐瑄同住一室。本学年课程：生物学、经济学、法语、哲学。第一学期平均成绩 82 分，学分 12 分；第二学期平均成绩 87 分，学分 12 分。

耶鲁大学重视体育训练，游泳系必修课。先生上游泳课时偶遇一长者，教以"热冷水浴"之健体法，从此养就习惯，不分寒暑，日日坚持，直至 82 岁高龄。

12 月

父马庆常去世，享年 59 岁。

1910年（宣统二年） 29岁

2月

2月10日　致信中国留美学生同盟联委会主席王景春，认为："那些目中无人，贪图浮华虚荣的官员们，是中国财政腐败的根源。"主张官费学生每人每学年捐出2元，为偿还国债做出贡献。《中国留美学生月刊》第5卷第5期

4月

4月9日　耶鲁大学举行中国学生辩论会，由王正廷主持。辩论主题是捐款用途，甲方辩题捐款应偿还国债（先生主辩），乙方辩题捐款应用于建设海军。《中国留美学生月刊》第5卷第7期

本月　发表《呼吁官费学生》。认为"官费学生"一词实际并不合适，应称"人民的学生"（People's Students），因为政府不仅应该为人民做事，而且政府派遣学生所支经费亦取之于民。《中国留美学生月刊》第5卷第6期

5月

获耶鲁大学 B.A.（文学学士学位）。因成绩优异，入选耶鲁大学荣誉会委员。耶鲁大学档案

8月

中国留美学生同盟联委会于哈特福德开会，全体通过先生提议，将捐款作为海军建设基金。会议成立海军基金特别委员会，先生当选主席。《中国留美学生月刊》第6卷第1期

9月

考入哥伦比亚大学研究生院，攻读政治学（部门经济学）。哥大研究生学制规定：外语考试三门：德文、法文、拉丁文；学年从本年9月至次年5月；暑期学生参与社会工作。除奖学金等来源外，半工半读亦可支付部分学习、生活费用。

10月

10月14日 纽约中国学生举行团拜聚会，先生于会上征集捐款，以图祖国自强。《中国留美学生月刊》第6卷第1期

本月 致信美国各校中国学生俱乐部，呼吁大家为海军基金出力。《中国留美学生月刊》第6卷第2期

1911年（宣统三年） 30岁

1月

发表《良心的自由》，以为宗教歧视易导致流血斗争，然宗教自由则为"哲学和科学之用"，应提倡之。《中国留美学生月刊》第6卷第3期

2月

2月4日　当选哥伦比亚大学中国学生俱乐部主席。《中国留美学生月刊》第6卷第5期

3月

国内发生粮荒消息传来，受命组建留美中国学生同盟"同盟救荒委员会"(Alliance Famine Relief Committee)，并撰文《他们在挨饿！救命啊！》，呼吁大家捐款，不足一月共募款额600美元。《中国留美学生月刊》第6卷第5期

6月

完成硕士论文 Public: Revenues in China（《中国的国家税收》），获得哥伦比亚大学 M. A.（文学硕士学位）。

秋　留美中国学生同盟于普林斯顿大学召开年会，任会议委员会秘书兼会计。《中国留美学生月刊》第7卷第3期

本年　"辛亥革命"爆发，官费停发，大多数留美官费学生应清政府命召归国。好友王正廷来函："国内爆发革命，正是我辈回国效力的好时机。"先生复书婉谢并表志向，"了解美国的财政经济管理来整理中国混乱情形，比做官

要有一点贡献"。决计修完哥伦比亚大学博士学业,遂以擦皮鞋、扛猪肉赚取学费及生活费。

同时致信留美中国学生同盟主席,要求将自己辛苦征集之海军基金发还原主。《中国留美学生月刊》第7卷第3期

1912年（民国元年） 31岁

1月

留美学生爱国会董事会成立，任爱国董事会英文秘书，为中国新成立之民国政府积极宣传。《中国留美学生月刊》第7卷第3期

8月

民国政府对官费学生及部分自费优秀生、在读研究生重新发放学费及生活费。名单见《清华同学录》，1929年

1913年（民国二年） 32岁

于美国哥伦比亚大学研究生院毕业，完成博士论文 The Finances of New York City（《纽约市的财政》）。旋入纽约大学研究统计与会计，被聘为留美研究会荣誉会员。耶鲁大学档案

1914年（民国三年） 33岁

2月

《留美学生季刊》刊登《哥伦比亚大学国际公法学教员世多耳先生演说词及按语》。按语云："世多耳先生，研究国际公法有素，国人仰若泰斗。哥伦比亚大学学生会诸君，特请其演说，一聆其言谈。马君译之，已登纽约《民志日报》。本报同人以其言论，颇足以代表美人心理，请于马君转录之，以饷吾国人。"该作不仅为译文，为让国人尽解其意，译者融入大量看法与意见，属先生早期作品之一。《马寅初全集补编》，第519页

6月

博士论文 The Finances of New York City（《纽约市的财政》）通过答辩，专家委员会给予"杰出"评价，得获 PH. D.（哲学博士）学位。导师萨里格曼教授决定将博士论文列入哥伦比亚大学历史、经济学与公共法丛书出版，并称之为"论纽约市财政的最好的书"。《中国留美学生月刊》第10卷第2期

8月

博士论文《纽约市的财政》由哥伦比亚大学政治学院出版，列为本科一年级新生教材。1968年美国出版商仍将该书印行，介绍作者时称之为"应用经济学家"。霍华德·布尔曼、理查德·霍华德：《共和党中国传记词典》第2卷，纽约哥伦比亚大学出版社1968年出版，第475页

该部专著近17万字，共4个部分，12章。

第一部分，用科学方法编制预算。包括一、二、三章：预算、估算的分类；预算、估算的准备与检验；预算的听证、表决、筹资和执行。

第二部分，税收制度。包括四、五章：不动产税；其他税收。

第三部分，城市债务。包括六、七、八章：城市债务的由来、分类、界限和计算；市政债务；新的筹资方法。

第四部分，新会计制度下收入和支出的控制。包括九、十、十一、十二章：新会计制度对应计收入的审计；新会计制度对水费的审计；新会计制度下供应品、材料和设备开支的审计；新会计制度对工资性开支的审计。

《纽约市的财政》出版以后反响甚大。1915 年 5 月，国际著名经济学杂志 *The Journal of Political Economy*（《政治经济学杂志》）书评指出：该书是"在最近十年引进新的财政方法后，纽约市管理预算的生活史。作者的目的，正如他的绪论指出，是揭示新方法在多大程度上消除了城市财政的腐败和低效"。"通观整个研究，实际上充满了细节和实例，但是，作者对一个枯燥和专业的主题作了相当好的阐述。" *Book Reviews and Notices*, "Finances of the City of New York," *The Journal of Political Economy*, Vol. 23, No. 5, 1915, pp.523-524

1915 年 11 月，*Annals of the American Academy of Political and Social Science*（《美国政治与社会科学学会年报》）发表书评："作者非常清楚和有效地强调预算估计分类的必要性，即'作为履行职能和支出目的'分离，揭示了它的众多好处。""不动产税是城市税收最好的简单措施部分已引起评论者的注意。""该书开始和最后一部分是最好的，主题材料的收集很有价值，分析清楚，令人信服。" *Reviews*, "Finances of the City of New York," *Annals of the American Academy of Political and Social Science*, Vol. 62, Public Budget, 1915, pp.290-291

1916 年 6 月，*The American Economic Review*（《美国经济评论》）"新书介绍"栏刊载特评。*The American Economic Review*, Vol. 6, No.2, 1916, p. 428

哥伦比亚大学博士、历史学家何炳棣于《读史阅世六十年》中说："经济及财商方面人才甚多，要以马寅初为最杰出，试看他 1914 年出版的博士论文《纽约市的财政》，一直被认为标准著作。"

《纽约市的财政》长期无中文译本，1999 年编辑《马寅初全集》时，由陈孟平、马志学、李小阳翻译，收入《马寅初全集》第一卷。

据耶鲁大学档案资料，先生 1913 年即通过哥伦比亚大学哲学博士学位考评，但按哥大规定，正式授予学位须待论文出版并交学校 100 本之后，故获博士学位时间当为 1914 年。

随后于美国纽约大学研究会计一年。《马寅初小传》记:"得博士学位。复入纽约大学专习会计一年。"《商业杂志》第 4 卷第 5 号

9月

发表《论中国今日当汲汲研究会计学》。该文作于美国纽约大学研究会计学时,为迄今发现先生最早公开发表文章,署名:留美研究会会员马寅初。文章深入分析中国商务、实业、路政等领域缺乏会计学之弊端,说明会计学重要性。"会计学之于商业,犹指南针之于航海也。不明斯学,犹如泛扁舟于大海之中,随风雨之飘摇,受狂澜之攻击,苍茫迷瞀,一望无涯,几何其不遭覆没也。"认为当今虽然举国纷扰,豺狼横路,盗贼如毛,商务之经理不善、技术不明、资本不裕、法律不良,"然假令地方靖矣,各端备矣,而独于会计一学,犹在阙如"。故应对会计之学早为图之。《留美学生季刊》第 102 期;《马寅初全集补编》,第 3 页

10月

发表《中国之财政——盐税问题》(又名《中国之盐税问题》)。编者按:"此篇为留学美国哥伦比亚大学校哲学博士马寅初著。原稿系英文,登载《中国留美学生月报》。本社社员严桢译。"文章认为,中国今日百政,以盐政为最凌乱,进而讨论改良盐政之两大计划,具体提出五条政策:(一)化除引地之界限;(二)革除盐商垄断之弊;(三)盐税之均一;(四)私贩之防制;(五)盐价之平抑。此计划受到关注却未能实施。1928 年,先生再度与庄崧甫联手向国民政府提出盐政改革方案,即以此文为蓝本。《中国留美学生月刊》第 10 卷第 1 期;《大中华杂志》1915 年第 1 卷第 2 期;《马寅初全集补编》,第 10 页

11月

发表《本次战争的资金来自何处》,详述德、法、英、俄等国主要靠黄金储备和增加税收以支撑战争,而不是靠滥发钞票。认为中国应从中汲取教训,滥发纸币恶果重重,误国误民,贻害无穷。《中国留美学生月刊》第 10 卷第 2 期

12月

回国前夕，为中国留美学生同盟清理帐目，写出长达35页调查报告"同盟帐号批评"。《中国留美学生月刊》第10卷第6期

本月 辞谢哥伦比亚大学萨里格曼教授留校任助手邀请，离美返国。关于归国时间，各研究著作多采1915年返国说，先生自忆存民国三年（1914）与民国四年（1915）两种。1914年8月《纽约市的财政》自序曰："我还要特别感谢中国驻华盛顿公使沙凯福、中国驻纽约总领事杨玉音，以及中国驻纽约副领事弗朗西斯·张，因为由他们向中国政府担保使我能延期四个月回国，以便完成我的著作。"是时留美学生之交通皆为船舶，费时月余。综合各论，当为1914年12月离美，1915年年初抵达上海。

1915年（民国四年）　34岁

奉职民国政府财政部，历任财政部统一金库评议员、交通部铁路稽核员、铁路账务调查员。后因袁氏复辟称帝前后扰乱财政与金融之举大悖事理，遂辞去财政部等政府职衔，转任北京大学法学教授，兼任明德大学（北京）商科主任、高等师范教员。美国耶鲁大学档案资料及 1918 年 9 月《北京大学职员履历表》

《中国财政之根本问题》中忆述："民国三四年袁世凯做总统时，曾经计划丈量，整理田赋。可惜后来惑于群小，妄自称帝，至此事不能实行，如其没有称帝的野心，不致政权旁落，那末天假以年，或者目下已有成效。但是后继者，都是英明果敢，则此事亦可办理，奈何一代不如一代，遂使此事束之高阁，无人言及，实属不幸。"《马寅初全集》第二卷，第 205 页

1916年（民国五年） 35岁

任北京大学法科教授，主讲"银行货币学"课程。租住北京石驸马大街内后闸。

北大填表："名马寅初，字寅初"，此后"尹初"之字弃用。

1917年（民国六年） 36岁

2月

2月16日 致信蔡元培校长，质疑学校评议会对本校教授在外兼职决议。认为该决议很难实行，亦无公平可言。建议改进："（1）凡有兼职者，无论在教育机关与非教育机关，一律改为讲师。（2）凡愿做教授者，须受一种极严之考试，由各系学生会会同与本系有关之各界人士（如经济系须会同商会、银行公会、教育部以及各校之代表）妥商试题，以口试之方法实验之，一面并请各界人士莅校观考，如外国之博士试验然。以三小时为限，但得延长一小时，及格者得充教授。"请自经济系，从寅初始实行，可以提高教授人格云云。此建议得到部分采纳。《马寅初全集补编》，第465页

5月

5月15日 蔡元培呈请教育部：拟仿美、日等国大学法科兼设商业学之例，即以现有商科改为商业学，而隶于法科。俟钧部筹款创立商科大学时，再将法科之商业学门定期截止。5月23日，教育部予以核准。8月28日《申报》

6月

6月18日 教育部发布报告：北京大学现有商科改为商业学门，隶于法科。《教育杂志》第9卷第7号

10月

任中国银行顾问。为防止券商投机、沪钞侵入青岛等地，条陈："青埠之券必加盖山东地名，则鲁券不能运沪兑现，沪券亦不能运青兑现，界限分清，

弊端自绝。"此时期中国银行山东青岛分行发行之银兑换券上，印有先生英文签名"Y C MA"。《马寅初演讲集》第四集；《马寅初全集》第四卷，第26页

11月

11月3日　当选北京大学编译会评议员。北京大学校史

11月25日　提议创办学生银行，获评议会通过。《北京大学日刊》

12月

12月8日　出席评议会会议，讨论夏浮筠、陈聘丞提出"减发决议案"。12月11日《北京大学日刊》

12月11日　受聘北京大学经济门研究所银行货币教员研究员。《北京大学日刊》

12月22日　北大法科研究所成立，任经济门研究所主任。为北大法科研究所首位专职研究员，即导师。《北京大学日刊》

1918年（民国七年） 37岁

1月

1月18日 《北京大学日刊》发表经济门研究所教员担任课程及集会时间等。先生担任"银行货币"课程，一月四次，每星期五下午3点半至4点半。

本月 回乡探亲，迎娶王氏夫人，并携同归。王仲贞（1904—1993），闺名王珍蕙，婚后先生为其改名，嵊县黄泽镇人（时属新昌县）。

2月

加入北大"进德会"。进德会由蔡元培1918年1月发起组建，以提倡培养个人高尚道德为宗旨。教员入会76人，职员入会92人，学生入会301人。陈独秀、胡适、沈尹默、俞同奎、马寅初等45人为甲种会员。该会初始章程中有会员恪遵戒条：不嫖、不赌、不纳妾、不做议员、不饮酒、不吸烟。2月27日《北京大学日刊》

3月

3月5日 当选学生储蓄银行委员会查帐员。筹备学生储蓄银行委员会通告：查帐二人：马寅初，72票，徐新六，32票；候补查帐员二人：吴警民，22票，周家彦，20票。3月7日《北京大学日刊》

3月10日 当选法科经济商业门主任。法科学长布告各门教授会主任：法律门：周家彦；政治门：陶履恭；经济商业门：马寅初。3月11日《北京大学日刊》

3月11日 学生储蓄银行成立大会于文科第一教室召开，到会股东69人。先生因事未到会，被推选为学生储蓄银行主席。3月13日《北京大学日刊》

3月13日 得教授会主任周家彦、陶履恭函："本科各门教授会主任选举

之结果，经济门阁下得票最多，当选为该门主任，特此奉闻，并颂教安。"《北京大学日刊》

3月28日　致法科经济门全体教授函："前次法科各门教授会选举主任，鄙人猥蒙诸君推爱，被选为经济学主任，惭感莫名，自问才识浅薄，恐难胜任，曾向学长面辞，未获允准。既承学长暨诸君雅爱，何敢过于推辞，自当勉力从事，以期无负诸君之雅意。兹定于本月二十九日下午七时，在法科学长室开会讨论下学年停发讲义，应用何种参考书籍，教授法改良及学年考试之办法。"《北京大学日刊》；《马寅初全集》第十五卷，第330页；《马寅初全集补编》，第466页

4月

4月18日　学生银行查帐员马寅初、徐新六及监理员王建祖、胡钧、徐宝璜报告帐务情况。《北京大学日刊》

4月20日　出席北大评议会会议。《北京大学日刊》

4月27日　查核学生银行帐册，报告帐目。5月1日《北京大学日刊》；《马寅初全集补编》，第579页

5月

5月3日　公布本学期于北大经济研究所讲授"银行货币"课程。《北京大学日刊》"集会一览表"

同日　出席北大评议会会议。《北京大学日刊》

5月17日　发表《论法科应废止毕业论文》。编辑按语："马寅初教授近作《论法科应废止毕业论文》一篇，对法科是年级学生作毕业论文一事有所主张。"文曰："盖勤者志在深造，以增进其学识；而惰者则从事抄袭，以期敷衍于一时也。"针对历届论文一概通过，未有受到批驳与拒绝之情况，提出法科废止毕业论文主张，代之以"审定译名"工作，因坊间所售法科学术译本粗陋，可以译书代之。并谓"审定译名"为一时之计。该主张得到学校教授会、研究所、校长等全体负责人赞同，并获教育部支持，拨500元以为经费。《北京大学日刊》；《马寅初全集》第一卷，第236页

5月21日　致法科特别研究教员函："鄙人曾于月之十七日提出废止法科

毕业论文之案，业经校长、学长、各研究所主任、各教授会主任全体赞同。惟事关本科各门特别研究，理应征集各担任教员之意见。用特别录原件，谨呈台阅。高明对此如有卓见，希即于是星期内函知鄙人，如无异议则无须答复。"
《北京大学日刊》；《马寅初全集补编》，第 467 页

5月27日　应蔡元培校长召集，与会讨论暑假各研究所兴革事宜。5月26日《北京大学日刊》

6月

6月5日　法科教务处告白："顷马寅初先生面述银行论，现已授毕。自本日起停课温习，如有疑问之处，可于本星期五十一时至下星期一十时至十二时，至研究所杂志室面询马先生可也。"《北京大学日刊》

6月12日　就监考事致函北大经济学各教员："本科学年试验业经定期，此次考试主张严格，势须教员亲自监试，届时务请惠临。倘有要公不克待至终场，请先期见告，当由弟代为监试。"6月14日《北京大学日刊》；《马寅初全集补编》，第 468 页

6月14日　就监考事，再致函经济、商业两门监试员，要求严格监考。"今届学年考试一部分已于日前举行，防范较前严密，搜出夹卷亦较前为多。惟应试之人甚多，而监试之人过少，视察难期周到，流弊在所不免，故除函请各教员出席督察外，鄙人亦拟亲自临场帮同诸君监试。务希查照考试章程，切实奉行。凡场内行迹可疑之人，即须加意察看，如有夹带书卷与传递情事，无论抄袭与否，即请将书卷递纸搜出，并将犯者姓名或座次记下，以备呈报学长。一面即将犯者试卷作为无效，如有强悍学生无理取闹而生意外之变，概由鄙人一人负责。所望于诸君者，严行监察而已。"6月15日《北京大学日刊》《马寅初全集补编》，第 469 页

6月29日　参加北大进德会评议员、纠察员第一次会议，议决废除原定甲乙丙等阶级以"不嫖、不赌、不纳"等条为入会者必要条件。7月4日《北京大学日刊》

9月

9月30日 蔡元培校长召集各学长及各研究所主任会议，讨论编辑月刊事，议定每年自1月至6月，及10月至12月，每月出一册，暑期停刊，9月临时增刊一册，每册约10万字，每月15日出版。每册总编辑按姓氏笔画排列：1月朱遏先（希祖）、2月俞星枢（同奎）、3月马寅初、4月胡适、5月秦景阳（汾）、6月陈惺农（启修）、9月蔡元培、10月陶孟和（履恭）、11月张菊人（大椿）、12月黄黼馨（右昌）。《北京大学月刊》第1卷第1期

10月

10月22日 北京大学改选教授评议会，实行教授治校方针。由教职员公评，选出评议员：胡适、陈大齐、沈尹默、马裕藻、俞同奎、胡浚济、沈士远、马寅初、黄振声、朱锡龄、韩述祖等人。10月23日《北京大学日刊》

11月

11月16日 北京大学于天安门广场主办庆祝第一次世界大战胜利结束大会。先生演讲《中国之希望在于劳动者》。此为回国后首次公众演讲，以经济学观点支持民众反帝反专制斗争。结论曰："欲促社会之进步，必有资于储蓄者固已，然储蓄亦必有储蓄之要件，其最要者，厥为完备之法律制度，确能保护个人之所有权也。若在武人专横，兵连祸结之国，则旦夕之生命，尚不敢自保，储蓄之意思又何从而发生乎？即有之，亦殊薄弱，此不仅影响于资本，亦且影响于人民之道德。自此之后，人人徒狃于目前之逸乐，而不计终身之准备，是则社会最大之危险也，故不欲求生产之发达则已，若欲求生产之发达，则贪婪跋扈之武人，在所必去，断无与劳动者并存之理。苟武力能除，则生产与储蓄之障碍已去，而劳动者，自有从容从事之机缘。吾故曰：中国之希望，在于劳动者。"《北京大学月刊》第1卷第3期；《马寅初演讲集》第四集；《马寅初全集》第一卷，第238页

同日 李大钊演讲《庶民的胜利》，蔡元培演讲《劳工神圣》。

本月 王氏夫人生三女儿仰惠。马仰惠，重庆大学商学院毕业，1949年后为先生秘书。1945年与银行家徐植三之子徐汤莘结婚，育有三女：徐玲、

徐莉、马思奇。徐汤莘，民国时任中央信托局杭州副经理，新中国成立后，任职北京市人民银行至退休，曾与杨勋、朱正直合著《马寅初传》。

12月24日 法科研究所通讯研究员俞逢清拟问"格里森氏法则"、"货币之定义"、"法货及合法货币"、"货币之价格"、"经济"、"镑亏"等问题，以主任教员身份著文解答。《北京大学日刊》；《马寅初全集补编》，第523页

本月 回家探亲。俞桂轩之子服吉闻讯而来，谓先父遗愿请师兄撰写碑文。当即含悲为业师题铭：俞公桂轩先生暨丁氏孺人墓。门人马寅初拜题。中华民国七年十一月吉旦。此为一生中所题唯一墓碑，至今完好。照片

1919年（民国八年） 38岁

1月

1月15日 发表《银行之真诠》。文前曰："研究银行学者，著书立说，往往先下定义，而后依此定义，发挥宏论。是以定义束缚其言论者也。……若先下定义，而后发挥，则定义与理论，必有不相适合之处。盖定义根据一时之情形，而理论则包含先后之变迁。若欲使首尾互相呼应，必使定义跟随理论，断不能使理论跟随定义也。余究心斯学，历有年所。自觉研究愈久，怀疑愈多。若不假思索，遽下定义，得毋蹈先进者之覆辙，而贻自相矛盾之诮耶。故本篇重在理论，不在定义。篇中所举定义，非敢信为确切，不过用以助理论之发挥耳。兹将银行之主要业务论列之于次。读者明乎此，则银行之真谛可得之知矣。又何取乎定义也。"文章阐述银行资本观，强调以资本为银行业之基础，以资本约束银行经营行为，"不能为架空之营业"。2007年世界金融危机爆发后，一些银行学者撰文重新阐发此文之银行资本观，呼吁重建银行根本。《北京大学月刊》第1卷第1、3期；《马寅初全集》第一卷，第243页

1月29日 发表胡适之母亲去世征赙金启事："敬启者：本校同人等送胡适之先生之太夫人赙仪洋多由鄙人转托学生银行代收。兹将送赙仪者姓名数目开列于左，即希察核，如有遗误之处，亦请函示，俾便查明更正。又自经手之日起，结至本月二十四日止，所收现洋四十五元，中票一百四十元，交票四十六元，亦于表后注明，惟事由银行经理，酌取手续费现洋二元，以酬银行行员之劳，一并声明。"蔡元培，赙仪现洋三元；马寅初，赙仪中票三元；李守常，交票五元。送赙仪者还有马叙伦、陈公博、高一涵、俞同奎、徐宝璜等。《北京大学日刊》；《马寅初全集补编》，第580页

2月

2月8日 编辑《北京大学月刊》2月号，启事："第三期月刊付印之期迫近，本校职教员学生诸君如有稿件务希速送法科研究所马寅初先生收。"
《北京大学日刊》

2月10日 致各门研究所主任函："月刊第三期稿件系由弟编辑。贵科文稿乞催请早日交下，如或交稿不多，并希拨冗撰著，嘉惠读者，无任盼祷。"
《北京大学日刊》;《马寅初全集补编》，第470页

3月

3月1日 被北大评议会公推为审计委员会委员。蔡元培校长启事："朱继庵、马寅初、郑寿仁、黄伯希、胡适之、秦景阳、张菊人先生公鉴：诸先生均被推为本校审计委员，请于本月五日（星期三）午后四时，莅文科校长室互推委员长，并商定进行事宜。"3月4日《北京大学日刊》

3月4日 蔡元培公函："纽伦卫尔逊、孙端林、陈惺农、马寅初、黄伯希、黄振华、朱继庵、陈庆文、杨宗伯诸先生公鉴：为本校体育会事，请于本月六日（星期四）午后四时，莅理科校长室与体育会职员商议一切。"蔡元培公函："陈百年、周启孟、胡适之、马寅初、黄伯希、朱继庵诸先生公鉴：请于本月七日午后四时莅文科校长室商议本校制服、徽章等问题。"《北京大学日刊》

3月5日 出席北京大学审计委员会第一次会议，当选审计委员会委员长。"审计委员会于昨日开第一次会，由校长主席。各委员投票选举委员长，结果为马寅初君得五票，朱锡龄君与秦汾君各得一票，马君以多数当选为委员长。"3月6日《北京大学日刊》

3月6日 出席北大体育委员会议。3月4日《北京大学日刊》

3月7日 出席北大校务会议。3月4日《北京大学日刊》

3月15日 出席北大体育会理事会议。3月13日《北京大学日刊》

3月21日 得家电，母王太夫人去世，即安排学校诸事，返嵊奔丧。函告："弟因家母病亡回籍治丧，所有研究所事，已请陈辛农先生代为主持。经济、商业两门教授会事宜，请黄伯希先生暂行代理。教员与学生买书之事请郑

铁如先生代办。审计委员会之事，请徐伯轩先生暂行代理。"3月22日《北京大学日刊》

4月

4月8日 当选北大教务长。"大学本科教务处成立纪事：理科学长秦汾君因已被任为教育部司长，故辞去代理学长之职。适文科学长陈独秀君亦因事请假南归。校长特于本月八日召集文理科各教授会主任及政治、经济门主任会议。是日到会者为秦汾、俞同奎、沈尹默、陈启修、陈大齐、贺之才、何育杰、胡适八人。""由各主任投票公推教务长一人，投票之结果，马寅初君得四票，俞同奎君得三票，马君当选为教务长。惟马君现奔丧南归，未到校以前由俞君代行职务。"4月10日《北京大学日刊》

胡适对此次竞选教务长未果，一生引以为憾，日记中多次提及："当时原议教务长只限于文理二科合成的本科，而不管法科。尹默又怕我当选，故又用诡计，使蔡先生于选举之日打电话把政治、经济两系的主任加入；一面尹默亲来我家，说百年等的意思不希望我第一次当选为教务长。他们明说要举马寅初（经济系主任）。我本来不愿当选，但这种手段是我不能忍耐的……但后来尹默与寅初又成冤家，至今不已。"《胡适全集·日记》"1922年7月3日"，安徽教育出版社2003年9月出版

4月14日 居母丧"二七"后返校。

同日 致书经济门各教员："奉本校函称，本校各门讲义明年决定废止。以今年二月二十五日《日刊》所载之三种方法代之等，因事关教授，应即征集各教员意见以定办法。爰定于月之十八日（即星期五）下午七时在法科教授会事务室开临时会，届时务希拨冗惠临讨论一切。"4月16日《北京大学日刊》

4月15日 发表《战时之物价与货币》及旧作《大战前欧美各国之不换货币与我国之京钞》。旧作原以英文发表于《政治学报》1916年第2卷，学生杜廷圹翻译重刊，故作按语："民国五年五月十二日，政府下京钞停兑之令，不数日而票值渐跌，人民苦之。虽经政府三令五申，禁止折色授受。然信用既失，大势已去，岂法令所能挽救乎？爰草是篇，载于英文《政治学报》，痛陈不换纸币之害，以促当局之觉悟。今者时阅三年，京钞仍属停兑，而余又作

《战时之物价与纸币》一篇。虽其内容与前篇不同，而研究所得之结果则无异。爰请本校高材生杜君廷䎖将前篇译出，以资印证。阅者如有词混意晦之感，则著者不文之罪，深望有以纠正之。"两篇文章通过分析民国政府京钞停兑令，比较欧美各国历次停止兑现纸币之历史教训，指出此作为最大之伤害在于：失信于人民，危及风纪道德。"停止现金兑换，发行不兑换纸币，此政府强制借债于人民，以舒财政困厄之惟一简便方法也。夫以堂皇之政府，而出于劫夺之行为，其不合理法，固不待言，然政府之罪，犹不止此也。人民贷借关系，必常保均衡，庶足以昭平允，自纸币停兑，价格低落，债权者被莫大之损失，债务者享意外之厚利，破坏社会契约，紊乱社会经济，是谁之过欤？详考各国不兑换纸币之陈迹，证以各国近事，益信其为害于风纪道德也。"《北京大学月刊》第1卷第4号；《马寅初全集》第一卷，第222页

4月16日　正式出任北京大学教务长。《北京大学呈教育总长函》呈教育部："本校文理两科现因谋教务上之改良起见，拟自本学期起实行归并计划，不设学长，于各门教授会主任中按年选举一人为教务长，以期兼筹并顾而免参差之弊。本月八日开会选举，经济教授会主任、法科教授马寅初当选为教务长。除于校内公布外，理合呈请钧部鉴核备案。谨呈教育总长。"北京大学历史档案

4月18日　下午，出席北大编译会事务所会议，审查编译会稿件。4月15日《北京大学日刊》

晚，于北大法科教授会事务室主持召开经济门教员会议。4月16日《北京大学日刊》

4月24日　就购书事宜致函经济门诸教员："本系教员与学生购书事宜，业经教授会议决，由各教员将参考书与学生应购之书，从速开示，送交于教务长室。所有参考书籍应分最要、次要两种，按附上之单一一填入。至学生应用之书，前经本会议决，应由本校代办，惟必须令各班长转令各班学生签字方可。"4月26日《北京大学日刊》；《马寅初全集补编》，第471页

4月25日　沈尹默、胡适、蔡元培、徐宝璜等启事："马寅初先生遭母丧，本校同人有拟赠赙仪者请送交学生储蓄银行代收，现定于本月月底截止。"《北京大学日刊》

5月

5月2日 徐宝璜就马太夫人赙仪事启事："本校同人送马寅初先生太夫人之赙仪，截至四月月底，由学生储蓄银行经手，共收到现洋三十五元正，票洋一百八十六元正。除照前送胡适先生太夫人赙仪之例，酌留现洋二元以酬行员经手之劳外，业已全数由弟送交马先生手收。兹将详单开列于后，请同人鉴核。如有遗漏之处请函知以便查明。"《北京大学日刊》

5月8日 函谢北大教职员："家慈之丧，承本校诸先生赐唁，铭感无已。返京后，以校务纷繁未暇一一踵谢，良用歉仄，谢帖上为本校差役妄填诸先生官印，致于非礼尤深惭恧。用特登报声明。"5月10日《北京大学日刊》

5月10日 五四运动爆发后，当局拘捕北大学生，校长蔡元培愤而辞职离京。下午1时，北大全体教职员所举代表马叙伦、马寅初、李大钊、康宝忠、徐宝璜、王星拱、沈士远等赴教育部，面见傅增湘总长，请其设法挽留蔡元培校长。5月11日《北京晨报》

教育部批令称：此次蔡元培校长辞职出京，本部已去电并派员挽留。该生等务当照常上课。《北京大学纪事》

同日 发布文理两科教授会主任办公时间表："教务长兼经济主任马寅初：在法科：星期一（10—11）、星期二（10—11）、星期三（10—11）、星期四（10—11）、星期五（10—11）。在文科：星期一至星期五（11—1）。星期六下午二时在教务长室会议。"4月26日《北京大学日刊》

5月31日 主持教授主任会议。"为讨论毕业试验事，定于本月三十一日午后二时，在文科教务长室开教授主任会，届时务请驾临为荷。再自下星期起，每星期六日教授主任会仍照常开会以便讨论一切，合并声明。"《北京大学日刊》

本月 蔡元培校长离任，五四运动愈演愈烈，先生以教务长身份参与主持北大日常事务，以维护学生利益、同情学生行动之态度与当局周旋，应对社会复杂局面。5月12日，北京学生联合会组织各高校学生分赴市内街巷宣传、演讲。5月19日，北京中等以上学校学生总罢课，发表《罢课宣言》，向北京政府提出拒绝山东问题签字、惩办卖国贼曹章陆及挽留傅蔡二人等六项要求。

同月 与吴宗焘、李芳、王彦祖等法科43教员联名启事，呼吁全校教职员精诚团结，以求事件顺利解决。文曰："当此校事未定期内，法科同人等以为职教员之职务，在维持校内秩序，不宜有自相扰乱及互相排挤之事。同人等对于此种扰乱及排挤举动，决不赞同，特此声明。"《北京大学法科同人启事》，北京大学档案

6月

6月4日 当局派军警连续两天逮捕学生达千人，拘禁于北大三院。先生等急召校务会议磋商，并致函全体教职员："六月三日下午一时，本校法科被军警围占，教职员暨学生多人被拘在内，公议于四日下午二时在理科大讲堂特开教职员全体紧急大会，磋商办法。伏希惠临不胜迫切。专此敬颂，公祺。林损、陈怀、沈尹默、林辛、陈大齐、周作人、钱玄同、沈士远、朱希祖、马叙伦、马裕藻、康宝忠、黄人望、马寅初、刘复、胡适、高一涵、张祖训、俞同奎、贺之才公启。"《北京大学日刊》

6月5日 北大学生两千多人赴北大三院之临时监狱，要求集体入狱，与军警对峙升级。多数北大教职员支持学生要求与行动。事态遽烈迅及各地，南京、上海、天津、杭州、武汉等相继罢课、罢工、罢市。

6月7日 偕同理校务之工科学长温宗禹于红楼召集紧急会议，二百多教职员出席。先生代表学校表态："我们必须向政府公开声明并正告胡仁源，现在学界公意认为，欲恢复五月四日以前教育界原状，非各校校长一律复职，尤非北京大学蔡校长真能复职不可。所以目前蔡校长复职与否，既非北京大学一校问题，也非蔡元培个人问题，而是影响北京学界全体的原则问题。"会议推举马寅初、马叙伦、康宝忠、李大钊、徐宝璜、王星拱、沈士远等八人为代表，往教育部请愿面陈挽蔡决心。如蔡不留任，北大教员将一体辞职。6月8日《北京大学日刊》；陈军：《北大之父蔡元培》

6月15日 北大教授陈独秀因11日散发《北京市民宣言》被捕入狱。先生偕刘师培、马叙伦、何炳松等联络北京大学、北京高师、北京医学专门学校等九所高校44人及新华商业专门学校、私立毓英中学等7所学校29人，联名致信京师警察厅吴炳湘，要求保释陈独秀。谓："此次行动果如报纸所载，诚不免有越轨之嫌，然原其用心无非激于书生爱国之愚悃"，可否于陈独秀"宽其既

往，以示国家爱护士类"。中国第二历史档案馆京师警备厅档案"陈独秀被捕卷"

6月17日　递交辞教务长函："自弟任教务长以来，对于校务毫无建白，自知才具短浅，不克胜任，扪心自问，至深惭恧，教务长一席万难继续担任。除向各主任辞职外，特此声明。"辞职请求未获教授会议通过。《北京大学日刊》;《马寅初全集补编》，第582页

8月

8月8日　致书陈大齐："接罗君家伦来函，对于英文与哲学两门课有所主张。兹特奉上，希与适之兄一商为荷。"《马寅初全集补编》，第472页

9月

9月11日　以校董身份刊登北京高等补习学校招生广告："本校为有志投考北京大学及高等专门学校程度不足者补习功课而设。各种学科皆以国立大学预科及各高等专门学校之入学试验所需程度为标准，入学资格以曾在中等学校毕业，或经本校试验认有同等程度者为限，补习期一年，但程度不足得酌量延长。校董：胡适、沈尹默、蒋梦麟、冯祖荀、马寅初。"《北京大学日刊》

9月13日　拜访蔡元培，商讨北大开学事。9月12日夜，蔡元培抵达北京，13日上午，蒋梦麟、马寅初、胡适等先后上门拜访，议决北大于9月20日正式开学。陈军：《北大之父蔡元培》

9月25日　会同蔡元培等联名致北大教职员函："本校朱蓬仙教授（宗莱）因病逝世，身后萧条，同人有欲致送赙仪者，请于十月十五日以前送交本校会计课代收，以便汇送，至纫公谊。"《北京大学日刊》;《马寅初全集》第一卷，第280页

10月

10月7日　会同马叙伦等联名致教职员公函："同人拟于双十节举行本校教职员全体公宴，以申庆祝（时间地点再行决定）。届时并有关于全体一二应商之事欲相讨论如荷。赞成即当筹备，否则请于七号以前赐函本校庶务处。同人当从多数意见以为决定。"《北京大学日刊》

同日　发布教务长布告三则：（一）经济门旁听生注意下列各生呈请入经济门旁听，查其程度尚属合格准其赴法科教务课报名，在经济门一年级旁听。（名单略）（二）下列各生准入法科政治门旁听，望即赴法科教务处，照规定程序报名。（名单略）（三）下列各生，准其在英文学门第一年旁听，即赴文科教务处报名。（名单略）《北京大学日刊》

10月23日　赴桃李园蔡元培约，同席严修、胡适、马叙伦等。《严修年谱》

10月24日　致蔡元培校长再次恳辞教务长职："校长钧鉴：窃寅初入夏以来，忽患失眠之症，又以校务更张，不能不悉心筹画。现校务逐渐就序，而失眠之疾愈甚，近更头痛发热精力益形疲惫，延医调治，均为非移居病需静养不可。寅初不才谬长教务已惧弗克胜任，若再膺疾贻误必多。拟自下星期起所有经济主任一席请黄伯希先生代理。教务长一席原应请俞同奎先生代理。惟俞先生以公务殊忙不允代理，现拟请胡适之先生代理。凡寅初经手事件均已次等清理完竣，所有因病休息及分别请人代理情形理合据实上达，伏乞准允，卑得安心静养，无任感激之至。"10月25日《北京大学日刊》

同日　致书各系主任："寅初现患失眠之症，亟须就医调治，所以经济主任一席，请黄伯希先生代理。教务长一席，原请俞同奎先生代理。俞先生以公务殊忙，不允代理。现拟请胡适之先生代理。"10月25日《北京大学日刊》；《马寅初全集补编》，第473页

10月25日　北京大学教授评议会改选，到会68人，胡适、俞同奎、蒋梦麟、马寅初、陶履恭、马叙伦、陈大齐、张大椿、沈尹默、温宗禹、何育杰、朱希祖、贺之才、马裕藻、黄振声15教授当选评议员。影印件

10月27日　因病请假，教务长职交胡适代理。"马教务长因病请假、暂委适代理两星期。今将适在教务长室办公时间奉告，以后请于此项时间内与适接洽为盼。胡适白。"《北京大学日刊》

11月

11月5日　北京大学评议会召开第一次常会，议决设立组织委员会，协助校长调查策划大学内部组织事务。蒋梦麟、马寅初、胡适、俞同奎、陶履

恭、顾兆熊、马叙伦、陈世璋、沈士远等当选组织委员会委员。11月7日《北京大学日刊》

同日 报称："北大近来因教务长马寅初有告假养病请胡适之代理教务之举。又教员沈尹默有辞职之说，外间遂纷纷揣测谓该校内部有暗潮发生。但经记者详细调查则实无其事。马氏确系因患失眠症须赴医院静养两三星期，教务长一职原拟请俞同奎氏暂代，嗣以俞氏坚辞乃改请胡适之，因胡氏才思敏捷且能耐劳也。"《申报》

11月9日 出任北大审计委员会委员长、聘任委员会委员、入学实验委员会委员长等。蔡元培公告各部委员长之任命："照新试行章程，应由校长于教员中指任各部委员，以设立各委员会。除组织委员，早经指任，并得评议会认可外，本月九日校长提出九部委员名单于临时评议会，经到会评议员公同修正，并由校长指任委员长九人。今分别记录如左：审计委员会：马寅初（委员长）、郑寿仁、徐宝璜、黄振声、朱锡麟、朱祖宏、陈廷均。聘任委员：俞同奎（委员长）、马寅初、胡适、宋春舫、蒋梦麟、马叙伦、黄振声、陶履恭、顾兆熊。入学试验委员：马寅初教务长（长）、冯祖荀、何育杰、俞同奎、朱希祖、胡适、贺之才、顾兆熊、钱振椿、沈士远（庶务主任）、郑寿仁（注册主任）。"11月14日《北京大学日刊》

11月12日 致函北大评论会组织委员会，请求辞去委员职："弟承校长厚意委充贵会会员，本应就职。弟以病虽稍愈而精神大减，用脑过度，旧病复发。对于本校内部之组织深恐不能悉心筹划，已请校长改派黄黼馨先生为委员，黼馨先生热心校务，洞悉法科内容且具有法律知识，对于组织一事必能有所贡献。日后有事希与黼馨先生接洽可也。"11月14日《北京大学日刊》

11月14日 会同蔡元培等联名致函北大教职员："本月十六日（星期日）为本校故教授康心孚先生家奠之期。本校诸公赠致挽辞，请迳交至西城石灯庵康宅，如致赙金请于本月三十日以前，交至本校会计课汇收（拟与本校所赠薪俸并储为康君遗孤教养之资），以便转交康君家族。"《北京大学日刊》；《马寅初全集》第一卷，第281页

11月15日 发表《不动产银行》。阐述中国不动产银行现状，并与日、德等国不动产银行加以比较。指出中国不动产银行存在三大障碍：债票发行尚

未得社会之信用；仓库未立，保险业未设；放款期限过短。要害在于债票"信用未著，流通自不能广"。《北京大学月刊》第 1 卷第 5 期；《马寅初全集》第一卷，第 282 页

11 月 23 日　邀请胡适等于家中午餐，下午打牌。《胡适全集·日记》

12 月

12 月 3 日　于北京大学经济学会成立会上演讲："我国现在所出版的书籍杂志，大部分译自东西洋各国的文字，并没有特立的精神，更没有系统的记载，为什么国内学者，不能著为专说，以应付社会的潮流呢？这是没有收集材料的地方的缘故……本会现在是空的，不过我希望将来有具体的办法，聚集许多材料，以供给参考的资料。"12 月 5 日《北京大学日刊》；《马寅初全集》第一卷，第 301 页

12 月 5 日　公布下学年演讲重要经济问题十六讲之题目：（一）有奖储蓄存款之害及其推算法；（二）经济界危险预防法；（三）卖空买空及其利害；（四）吾国货币改革之困难；（五）亡国之金券（曹陆之计划）；（六）新旧银行团与吾国之关系；（七）预算之编制与吾国预算之缺点；（八）基本金之构成与计算方法（整理财政良法）；（九）公债券之发行与公债市价之计算法；（十）欲使国际贸易达到吾国财政独立非有中央银行不为功（今日之中国银行非中央银行）；（十一）中国银行之缺点；（十二）国库之管理法；（十三）学校会计之组织法；（十四）打破"资本劳动与土地三要素"之说；（十五）资本之构造；（十六）资本与劳动。《北京大学日刊》

12 月 6 日　于北京法政专门学校演讲《有奖储蓄存款之害及其推算法》。参阅 12 月 13 日条

12 月 11 日　北京大学审计委员会改组，再次当选该会委员长。《北京大学日刊》

12 月 12 日　报讯："日前各校教员因月薪搭给中交纸币，且专门以上学校多有拖欠者。因发生发现补欠问题，小学教员先上府院呈请，将每员十余元之薪水全给现洋，以维持生活。有如不得请，即归耕待命之语。专门以上教员亦由马寅初等上呈公府。"《申报》

12月13日 于北京大学演讲《有奖储蓄存款之害及其推算法》,高乃济笔记。"北大教授兼教务长马寅初系美国毕业经济博士,对于货币财政诸科研究极有心得。年来因见北京各银行盛行有奖储蓄存款办法,辄不胜慨叹。认为此事大有害于社会人心。日前特在北大法科大讲堂及政法专门学校两次开讲演大会。讲题即为《有奖储蓄存款之害及其推算法》……皆系切于实际利害问题,为吾国须亟待解决者。"指出,储蓄银行乃社会公共必要设备,于营利之中寓有慈善之目的。与其他银行不同,影响所及乃一般百姓之利益,故当以百姓利益及便利为目的,然时下中国之储蓄银行并非如此。进而痛陈有奖储蓄之种种弊端,预料不待数年必有极不良之后果。1924年国内所发生金融危机实证此言。12月15日《申报》;《马寅初全集》第一卷,第321页

12月14日 组织召开北京教职员罢课会议,被推为总务干事。"京师小学以上各学校教职员,在太仆寺街北京国立法政专门学校开各校教职员代表联合会,专门以上学校、中学校、小学校、国民学校皆派代表到会。公推陶履恭为临时主席,由马寅初报告经过情形,各校代表相继发言,皆以薪金事小,教育事大,政府之藐视各校教职员殊于教育前途大有阻碍。尤以小学校代表最为激昂,谓吾等决不客气。"12月15日《晨报》

12月15日 代表联合会面见教育部次长及国务总理协商欠薪事未果。遂全市罢课,各校代表聚北京大学,讨论商议,争相演讲,"北京大学教员中如马寅初、马叙伦、陈大齐尤为愤激"。12月16日《晨报》

12月16日 因教育部对教师欠薪事尚无答复,各校继续罢课,各校代表至北京美术学校继续开会,商议对策,一致决定:"继续前进,以达到目的之日为止。"12月17日《晨报》

12月17日 北京大学成立22周年纪念会,继蔡元培校长报告后演讲:"上次周年纪念仅可称为预备之时代,今次周年,一切较形发达。统计此一年中,堪为纪念者,当首推言论自由一端。缘前此学生出外演讲,动受非法之干涉,近来演讲已得自由,社会前途实蒙无量之福。惟此言论自由现仅学生一部分得之,其利益仍犹未宏大,吾人当努力扩充此自由于一般社会。"言毕,美国杜威博士演讲《大学与民治国家舆论之关系》。12月18日《京报》;《马寅初全集补编》,第530页

同日 北京教育界欠薪罢课取得成果。报载："北京大学教职员马寅初等呈请国务院，将学校教职员薪脩概予现金，以期维持。兹经国务会议议决，从前积欠之教育费由财政部于一星期内迅予筹拨。现将搭现成数酌量增加，昨已函知财政、教育两部，查照办理。"12月18日《申报》

12月18日 报载：因当局无确实答复，北京小学以上教职员代表复于北京美术学校开会，决定继续罢课，推选马寅初代表专科以上学校，王家吉代表中学校，高肇勋代表小学校，三人皆为教职员联合会总干事。《晨报》

12月19日 各校教职员联合会继续于北京美术学校开会，主张坚持到底。复讨论皖军暴行事件及张湘督摧残教育事件。12月20日《申报》

1920年（民国九年） 39岁

1月

1月1日 偕穆藕初、黄炎培、蒋梦麟、沈信卿等于江苏教育会聚餐。穆藕初捐款五万两，与会诸君认为钱财宜用于教育，"派遣学生赴欧、美留学。……请北大校长蔡孑民先生主其事，蒋梦麟、胡适之、马寅初诸先生辅助之"。《穆藕初先生年谱》

1月13日 请胡适等于家中午餐、议事。《胡适全集·日记》

1月15日 致函蔡元培校长："去年十一月寅初因患失眠之病请胡适之先生代教务长。代理月余成绩可观。不料适之先生因事务殷繁且时随杜威先生出京演讲，不克代理至下次选举之期，促寅初复职。并将已办与未办事宜交卸清楚。虽经寅初竭力挽留，未蒙允诺。故寅初不得以暂时接办。但贱恙虽愈而身体仍弱，恐难永久担任。用特于月之十二日开临时主任会议，请各主任重选。准寅初辞职，未蒙各主任许可，但寅初既无才具又无精力，若再谬长教务势必贻害本校前途。用特专函奉恳务祈准予辞职，并嘱各主任另选能人接办教务，不胜感激之至。寅初今日始不再至教务长室办事，合并声明。"《北京大学日刊》

1月20日 会同蔡元培、胡适、陶履恭等启事："本校哲学系教授杨昌济先生于本月十七日病殁于德国医院，身后极萧条。同人等拟为征集赙金。本校教职员及同学有愿致赙赠者，请送交会计课，以便汇交。"《北京大学日刊》

同日 陶履恭启事："马寅初先生被举为教务长任期至本年四月为止，今马先生因病不能到校视事，鄙人暂时代理。"《北京大学日刊》

2月

2月1日 于北京大学授讲《经济界之危险预防法》（又名《经济界之危

机预防法》），李泽彰笔记。鉴于国内市场经济新起，学界及工商界对现代经济运行之种种危险缺乏概念，了解甚少，特以国内外经济领域大量风险现象，说明重视经济危险之紧要，并详尽介绍几种预防法：担保预防法、设备预防法、投机预防法、保险预防法等。《新青年》第 7 卷第 3 期；《马寅初演讲集》第一集；《马寅初全集》第一卷，第 308 页

2 月 23 日　被推选为北大经济系主任、审计委员会委员长。《申报》

3 月

3 月 23 日　接受浙江兴业银行董事长叶景揆[1]邀请，出任浙江兴业银行总办事处顾问。报酬为到行办事时，月俸四百元；于北大任教职时，奉月薪一百元。"到行任事时所担任之职务为（一）演讲学理；（二）审订规程；（三）研究改良事务；（四）考查各行事务；（五）审定西文重要文件；（六）赞助派遣学生出洋事务。"因先生仍于北京大学任教职，"如有特别顾问之件，须专诚来行者，薪水照每月四百元按日算给"。同时，叶景揆登报声明：奉马为师。上海市档案馆浙江兴业银行档案

4 月

4 月 1 日　发表《计算人口的数学》，介绍算术级数和几何级数计算人口之方法以及两种计算法各所缺陷。该文系先生最早关注人口问题之文章。《新青年》第 7 卷第 4 期（人口问题专号）；《马寅初全集》第一卷，第 303 页

4 月 27 日　于北大连刊启事："鄙人前因事返舍，始于二十二日回京。暂寓灯市口德昌饭店，职教员与学生诸君如有与弟通讯者请寄至该处可也。电话为东局一百十一号。"5 月 3 日《北京大学日刊》

5 月

5 月 26 日　启事："经济门四年级学生诸君大鉴：诸君所任之译事应即作

---

[1] 叶景揆（1874—1949），字揆初，浙江仁和（今杭州）人，晚清进士。1915 年起任浙江兴业银行董事长。1920 年，与先生订立师生关系，并聘请先生为兴业银行高等顾问。先生以忙于筹办上海商学院为由，辞顾问职。叶挽留再三而先生意决，坚不领俸。然叶始终以顾问相待。

结束，限本星期内将译稿与原书送交研究所登记，由所转交弟处，如延期不缴，则暑假在即译本又甚多，深恐不及批阅，以致诸君不克依限毕业。又缴入之稿概归本校所有，译者不得任意取出，收为己有，其愿自行付印者可以就草本加以修改，不必取用存入研究所之译本也。"《北京大学日刊》

6月

6月4日　蔡元培召集各班学生班长会议，讨论"废除考试"事。先生偕北大各系主任列席，支持校长。北大学生爱国运动后期因耽搁学业过多，要求停止本学期考试，其理由为如果考试回答不出，共同作伪有碍人格。蔡元培谓：你们主张的，自然也有理由，"不过本届即欲废止考试，则殊不可。北京大学，目标太大，几为全国学子所注视。若我们本年即实行废考，必致全国学生群起废考之要求"。"至考试时如记不得即写出'我不知'三字，亦未尝不可……其高深之人格自在。"学生散去，无异议。6月8日《申报》

6月11日　启事："鄙人因事出京，经济学系主任请黄伯希先生暂行代理。"《北京大学日刊》

6月23日　与黄世晖、郑阳和一起被选为北京大学总务会议会计组委员。6月24日《北京大学日刊》

6月27日　出席北大总务会议。6月24日《北京大学日刊》

6月28日　北大总务会议全体委员于第三院大礼堂集会畅叙，欢送蔡元培、陈百年、韩志勤赴欧洲考察教育。6月24日《北京大学日刊》

7月

7月17日　会同聂云台、黄炎培、穆藕初、沈信卿、荣宗敬等50余人发起组织中华劝工银行，于上海香港路筹备处召开创立大会，推举穆藕初为主席。7月18日《申报》

7月20—22日　受北京大学委派，偕梁季平、狄福鼎，借上海省立第二师范学校招收北大新生，主持招考。《申报》

本月　应邀赴上海、杭州等地考察经济情况，向北大告假一年。上海华商证券交易所成立，被推为交易所董事。与上海东南大学校长郭秉文商谈组建东

南大学商科事宜。《时人汇志》,《国闻周报》第 4 卷第 36 期;《马寅初全集补编》,第 607 页

10 月

10 月 15 日 发表《〈格莱辛法则〉之研究》。文章介绍"恶币驱逐良币"现象之历史由来、经济原理及种种社会条件。联系中国时下币制紊乱现实,告诫国人,此乃改革币制中务必注意者。《北京大学月刊》第 1 卷第 7 期;《马寅初全集》第一卷,第 335 页

10 月 19 日 于上海吴淞公学演讲《银行之根本问题》。主授:"信用就是银行的根本"、"信用可以制造资本"及"有信用就有时间"等,阐述银行风险投资功能及银行业之商业与财政之区分。强调"银行所最恐怖的是乱七八糟,滥发纸币等,因之而发生恐慌……我们要研究的就是怎么能使银行不发生恐慌,不倒闭……市面是要靠银行来维持的,怎么维持呢?那么,不能不先研究'信用'(credit),信用就是银行的根本"。而目前银行业尚处幼稚阶段,带有旧钱庄遗痕。更为难办之处在于,"现在中国的经济界所发生的恐慌,大半却是政治上的恐慌而非经济上的恐慌"。没有防备办法,只能"谨慎从事",在当下中国未有真正中央银行之阶段,只能同时设立商业银行、土地信用银行及财政银行,以贷款项目差异与期限长短措施化解金融风险。《马寅初演讲集》第一集;《马寅初全集》第一卷,第 350 页

本月 受聘上海吴淞公学教授,职责"经济演讲"与论文评述。

11 月

11 月 10 日 致北京大学旅沪同人启事:"吾校蔡校长暨陈百年教授,将次自京过沪,往欧美考察教育,此举与校务改进,颇有关系。同人等拟俟蔡校长诸人到沪日,就西藏路一品香开会欢迎,并聚餐摄影,以联情谊。"《申报》;《马寅初全集补编》,第 583 页

11 月 20 日 于上海吴淞公学授讲《吾国恶币之影响》,共五讲,朱朴、孙锡麒笔记。认为:"改革吾国的经济,没有再比改革币制要紧的了……中国的币制不改良,中国的实业决不会发达。"币制的症结在于相关各方没有规矩,皆

以货币为投机事业，"现在北京的银行，其做这种投机事业的，没有不发财的"。"你借给我，我借给你，很可得利，商业上之放款就没有人肯做了。商务上要借款的时候，利息就很高。"剖析诸项弊端后结论："中国非统一币制，改用金本位不可。"进而提出整理币制框架方案："(1) 第一步先将各省的滥纸币收回；(2) 第二步将各种洋元行市统一（在上海已办到了，此是吾国银行团的功）；(3) 第三将上海的汇划银子废去；(4) 第四开办上海造币厂多铸洋元；(5) 洋元多了，即将规元废去，一面亦请外人改用洋元；(6) 上海银两废去之后，其余各埠亦必闻风兴起，盖各埠皆与上海有商务上的关系，倘上海不用银子，各埠亦不用银子，于是都改用洋元了；(7) 币制统一了，于是遂把银本位改用金本位。"《马寅初演讲集》第一集；《马寅初全集》第一卷，第362页

11月22日　偕陈独秀等北大旅沪同人赴上海火车站迎接蔡元培一行。11月23日《申报》

11月23日　偕北京大学旅沪同人于西藏路一品香宴请蔡元培一行。《马寅初全集补编》，第583页

11月24日　上海银行公会公宴蔡元培。偕陈独秀、吴稚晖、汪精卫、汤尔和、穆藕初等十数人作陪。蔡元培演讲，合影留念。12月24日《申报》

12月

12月5日　于上海出席全国银行公会联合会预备会。该会由上海银行公会发起，联合北京、天津、汉口、杭州、济南、蚌埠、广州等地金融机构，成立全国银行公会联合会，公推陈光甫、李馥荪、钱新之、马寅初、姚仲拔五君为筹备员。《上海银行公会事业史》

12月6日　出席全国银行公会联合会预备会会务会议，订立章程等，规定每年举办会议一次。《上海银行公会事业史》

12月7日　出席全国银行公会联合会审查会。《上海银行公会事业史》

晚，为学界与商界联络，共图发展，偕徐玉书、赵晋卿、李孤帆、盛丕华等上海商学界50余人聚会上海一品香旅社，发起成立经济研究会，马寅初、穆藕初、杨端六等当选理事。该会系国内成立最早专业经济学术研究团体。12月8日《申报》

12月8日 出席全国银行公会联合会议。公推盛竹书主席具名分呈国务院、财政部,建议财政亟宜节流,内债亟宜整理,币制亟宜确定。《上海银行公会事业史》

本月 于吴淞公学授讲《中国的交易所》,共三讲,孙锡麒、胡治藩笔记。强调交易所须要中国人自己办:"先是日本人在中国办了一个取引所——就是交易所。但交易所非像其他外国人可以办的。银行可以容许外国人办,交易所要是被外国人办了,他就可以操纵市面"。介绍交易所、交易所种类、交易所交易原理、过程及交易方法等。指出,交易所乃承担物价变动风险之机构,对社会经济有其保障与促进作用,"没有了他们,大生意不能做了,世界就无进步,所以世界愈文明,经纪人与交易所愈不能省"。"现在之证券物品交易所,证券交易所等,营业十分发达,前途未可限量,一年之间有此成绩,殊属难得之至。国人当额首称庆,不宜横加诽谤,即有缺点,亦当一一指出,促当事者改革可也。"《马寅初演讲集》第一集;《马寅初全集》第一卷,第384页

1921年（民国十年） 40岁

1月

1月10日 发表《磅亏》（其一、其二）。《商学杂志》第6卷第9、10期

本月 于上海浙江兴业银行演讲《吾国币制之整理》。"币制不良，不整理，无论什么事情都不能办好。实业与币制的关系最大，币制不整理，而想实业兴盛，实在是没有的事情。"从十方面讲述币制整理方法：（一）币制何以要整理；（二）币制何以紊乱；（三）外人用规元为本位币的理由；（四）关于改革币制之学说；（五）《国币条例》；（六）废规元非先自由铸造不可；（七）自由铸造何以不能实行；（八）吾国有本位币乎；（九）铸造的作用；（十）旧币将如何处置。《马寅初演讲集》第一集；《马寅初全集》第一卷，第405页

2月

于浙江兴业银行演讲《外国货币买卖之危险》。时国内银行界有"国内多故，生产不旺"，诸业竞争激烈，利润难求，转行买卖外国货币，以图其利之动向，故撰文告诫：此举"一经研究则亦未尽然，不观乎上海之正金、台湾、花旗、友华等大洋商银行乎？其对于金镑、美金之卖买也，亦采用补进之法，一面向外人卖出，一面即向菲利宾银行买进，自以为绝无危险，即有危险，亦归他人负之，彼可安然无事，且获利甚厚。若夫贴现、放款，则利益之厚不如也，事业之稳健不如也，两两相较，奚啻霄壤。讵知卖出与买进，有时不能相抵；盖一经卖出，有到期交货或结算之义务，此义务不可不尽也。若夫买进则到期之日亦有收回或结算之权利，但此权利未必能享也。正金、台湾各大洋商银行买进之数能否到期收回，全视卖出者（菲利宾银行）之能否交出，倘卖出者不能交出，则应享之权利已去，而应尽之义务尚存，此其所以危险也。昔日已获之利，悉数抵出，犹恐不足，大利云乎哉？稳健云乎哉？深盼吾华商

银行，不再为利所诱，免蹈外人之覆辙也"。《马寅初演讲集》第一集；《马寅初全集》第一卷，第419页

同月 于上海吴淞公学演讲《上海交易所前途的推测》，蒋宗昌、吴纯涵笔记。时上海金融投机之风炽甚，蜂起150余交易所，涉及各阶层民众。学生希望马先生对此乱象进行分析。开场曰："鄙人上次曾有《信托公司》之论文发表，大致不外乎推测信托公司将来必致失败之原因。及至现时信托公司竟有中鄙人预言而停止营业者，是诚可叹！"继之举最有名者说明，上海交易所必然失败。理由二：交易所将来必出于入不敷出之一途；资本薄弱之交易所或以管理及组织之不良而归于失败。《马寅初演讲集》第一集；《马寅初全集》第一卷，第415页

3月

于上海吴淞公学演讲《经济学中之重要哲理》，共五讲，蒋宗昌、吴纯涵笔记。以各类商品交易过程阐述："信用是主动的，货物及货币是被动的。信用先行动，而后货物方依之行动。所以经济界'移新换旧'这桩事，却是非常重要。经济界一日无此，那末，经济界就变为停滞，丝毫无灵活气象。他同人的心灵是一样，人一失了心灵，那全身就死了，经济界一失了'新旧交替，'恐怕'经济'这两个字就不能存在了。""经济界很重要的信用制度，却也有时间和空间的，这时间和空间也可算是经济界之哲理了。上面已经说过，制度好的地方在乎能节省时间和缩短空间。"《马寅初演讲集》第一集；《马寅初全集》第一卷，第423页

4月

4月1日 于上海纱布交易所演讲《银行及交易所与社会之关系》。"本埠纱布交易所同人，请北大主任教授与兴业银行顾问马寅初博士，在纱布交易所养成所举行特别演讲，一星期二次。"阐明当代社会"交易所为社会之寒暑表，银行为社会之命脉"，二者皆"为社会所绝不可少者"。《申报》；《马寅初演讲集》第一集；《马寅初全集》第一卷，第442页

4月8日 于上海吴淞公学演讲《中外国际贸易之比较》，共二讲，蒋宗

昌、吴纯涵笔记。阐述国际贸易之原理，新老资本主义国家进出口顺逆情况。指出中国贸易逆差以债票相抵之弊："然须知新进国债票出口所得皆用之于生产者，终有以货物相抵之一日也。我国则大都用之于战争及一切不生产之事业，不生产即无货物，无货物即不能归偿外债，此又中国之可危也。"《马寅初演讲集》第一集；《马寅初全集》第一卷，第466页

同日 于上海纱布交易所演讲《批评普通人对于银行与钱庄之心理》。论述银行、钱庄放款形式等，告戒银行、钱庄勿要滥事放款，最终成为不良货款，应力避之。《申报》；《马寅初演讲集》第一集；《马寅初全集》第一卷，第444页

4月10日 于上海暨南学校商科演讲《中外汇兑之缺点》，孝庵笔记。以分析英镑先令涨落之原因及其计算方法，透析中外汇兑中一大弊端与危险："中国货币不统一，受汇兑之痛苦甚深，商业之不振，亦以此。况中国币制系银本位，外国则多系金本位。市价涨落无定，汇兑上所受困难尤巨。"《马寅初演讲集》第一集；《马寅初全集》第一卷，第459页

4月19日 于上海纱布交易所演讲《吾国商界与银行界须注意于商业票据》。指出现今中国"因一般普通人对于票据，多不知其为何物；且《票据法》迄未颁布，可知政府中人，亦不知票据之种种作用"。"故欧美、日本各国兑换券之利益，在乎其有伸缩力，而其伸缩力则由商业票据得来。概于市面有急需之时，商业银行可以票据向中央银行重贴现，而中央银行得以票据为准备，增发兑换券，以济市面之急。此即商业票据之效用也，望吾国银行家注意及之。"4月19、20日《申报》；《马寅初演讲集》第一集；《马寅初全集》第一卷，第448页

5月

5月7日 偕马幼渔、蒋梦麟于中央公园来今雨轩饮茶，遇吴虞等共谈北大校务。《吴虞日记》

5月8日 于上海纱布交易所演讲《轻质铜元问题》（又名《今日之轻质铜元问题如何解决》），徐鼎昌、柳镇生笔记。认为："本位币由人民自由铸造，经国家监督，辅币则由政府铸造，负流通兑现之责任，此乃《国币条例》所特许，并非鄙人之主张。故吾辈人民，只能望诸实行两字耳。"对于"轻质铜元，充斥市面"的弊端，提出以向政府兑换现金为根本解决方法。5月9日《申

报》;《马寅初演讲集》第一集;《马寅初全集》第一卷,第453页

本月 于上海纱布交易所演讲《通货派与银行派之学说》,执中笔记。以英国为例,说明钞票之所以信用好,乃因国会中存在通货派与银行派,双方之平衡,即钞票发行必有现金作担保。"此即通货派限制中央银行发行权的结果。"《马寅初演讲集》第一集;《马寅初全集》第一卷,第463页

同月 于上海暨南学校演讲《国外汇兑之缺点》,高志贤、詹廷机笔记。《中国与南洋》第2卷第2、3号

6月

本月 于吴淞中国公学演讲《货币之起源》,共二讲,蒋宗昌、吴纯涵笔记。从货币之起始、货币之功用、货币之价值三方面讲述货币起源问题,认为:"多数学者,以为吾人用货币者,盖以为货币有利于个人及社会而发生,余以为此种学理,并非十分重要。""货币所以成为交易之媒介者,由于人人需要货币而发生。由此可知货币之发生,非仅有利于个人及社会已也。奥国著名经济学家门格尔(Menger)曾言货物之有价值,每由其出售性(salesbility)及交换性(exchangebility)而表示。"《马寅初演讲集》第一集;《马寅初全集》第一卷,第475页

同月 于上海浙江兴业银行及暨南学校商科分别演讲《信托公司》,共三讲。针对上海信托业勃兴,泥沙俱下,尖锐指出:"今日上海之信托公司,则只求发财(经济),不顾道德、法律、政治与夫风俗习惯,其与经济原理相背驰,将来必致失败,不言而喻。"《东方杂志》编者按:"马寅初先生近在浙江兴业银行与暨南学校演讲信托公司,于各国信托公司之事实,及关于信托公司之学理,指示甚详,足为吾国实业界之南针。顷承先生以讲演文定稿见示,因亟录之。"《东方杂志》第18卷第12号;《马寅初演讲集》第一集;《马寅初全集》第一卷,第483页

7月

7月14日 筹划上海商科大学。东南大学商科拟联合暨南学校成立上海商科大学,于上海尚贤堂设筹备处,邀马寅初、黄任之、朱进之、柯箴心、刘

树梅、高践四、张子高、周启邦、王祉祎诸君商订章程。7月22日《申报》

7月24日 于沪上偕胡适、王云五、宋春舫、张云雷、高梦旦、江伯训等聚餐，商谈编著教科书诸事宜。《胡适日记》

7月31日 上午，于上海商务印书馆附设国语演习所演讲《中国的经济问题——评"资本万恶，劳动神圣"说》，陆伯祥笔记。认为：中国之经济问题主要在于资本匮乏而弱小，劳动固然神圣，资本亦同样神圣，反对左派所宣扬"资本万恶，劳动神圣"说。"资本不足，或竟可说中国没有资本。资本既然不足，哪有不思增加之理，为什么呢？因人工与资本是相辅而行，是不相背而驰的，所以我说，'劳动果是神圣，资本也是神圣'。"强调军阀才是万恶之源，军阀不去社会不能和平，经济就不能集中。国家动荡引起"外人不信任，则经济绝不能集中，中国的资本绝不能充足。那是中国的人工绝不能收到完善的效果，得充分的工资，则人民仍是一个贫苦的人民，国家仍是一个贫苦的国家"。8月1日《申报》；《马寅初演讲集》第一集；《马寅初全集》第一卷，第502页

下午，赴一品香出席由上海各大银行发起中国银行学社成立大会。大会通过章程，推选吴希之为会长，聂慎余为副会长，施济元为书记，周启邦为会计。会长指派马寅初、蔡竞平、尹任先、朱溥泉、陈健庵组织银行学社夜校筹备委员会。8月3日《申报》

本月 于上海浙江兴业银行演讲《吾国信托公司前途之推测》。近一二星期间，上海信托热勃发，"骤然组织伟大之信托公司十余家"，文章及时指出其危险："社会中无知识之阶级，虽不知信托为何物，然咸以为无尽之金藏，争先恐后，纷纷投资，用于生产之活资于是移用于投机之事业，不但扰乱金融，且亦引起恐慌。倘不竭力抑制，以弭隐忧于无形，吾恐一旦暴发，势必束手无策，商务实业同归于尽，为害之烈，将十倍、百倍于橡皮风潮也。静而思之，能勿寒心，乃有一二研究经济学之人，竟为提倡之文章以鼓吹之，不谓美国信托公司营业成绩，胜于银行多多，即谓将来中国信托公司，亦能如美国信托公司获利百倍，种种妄谈谬说，不一而足，不得不辞而辟之。"进而比较美国信托公司之规范操作，指出中国信托业一哄而起，且与交易所、公司股票混为一团，目的只在大肆投机，存在"顿发横财"等六种弊端，"可知吾国信托公司将来之营业成绩决不能与美国相媲美，而一二理想家竟以两国相提并论，噫，

何不思之甚也！"《上海总商会月报》第1卷第1期，1921年7月出版；《马寅初演讲集》第一集；《马寅初全集》第一卷，第497页

同月 于上海中国银行学社演讲《中国公债问题》，蔡正笔记。1921年4月1日，政府设立公债基金，报纸称："公债基金尚有盈余。"从学理和事实两方面剖析此论："自军兴以来，交通部各路收入，多被军人截留，充军饷之用，京汉铁路尤甚。本部薪水尚无力筹发，已经国务会议议定之八校教育经费，尚图翻案不付，何有能力筹拨公债基金，故望交通部亦属徒然空想。"欲以烟酒税拨为公债基金，"但恐此数不免挪充总统府经费，恐将来挪用后，公债基金一空，则公债大跌"，陷入恶性循环。《马寅初演讲集》第一集；《马寅初全集》第一卷，第494页

8月

8月3日 就上海商科大学招生事宜致书郭秉文、张子高："所请代印上海商科大学中西文考卷一项务请速为付印，俾免临时不及，益盼台从早日莅沪主持一切……再前言暑校选课单亦希即请教务处检寄，又及。"上海财经大学档案

8月4日 再致函："秉文先生大鉴：近日报名者不甚踊跃，谅因天气炎热所致。弟拟请先生委派余炳君为教务科办事员，金箴为教务科书记。余君向在北大教务处帮弟办事二年，惟不懂英文，然其人诚实可靠，办事亦有条理；金君向从弟在北京明德大学办事，于抄写一层颇有经练。如蒙俯允委派，弟当致函梦麟兄，请其准余君南下帮办一切。特此奉恳。……刻奉北大函，嘱弟北上，并在上海办理报考新生事宜，故弟殊形忙碌。"上海财经大学档案

8月10日 胡适赴兴业银行拜访先生，谈帮助北大招考事宜。《胡适全集·日记》

8月20日 北京大学招考新生，借上海第二师范学校地点考试，胡适之、马寅初任主考。8月21日《申报》

8月22日 偕胡适、郑铁如、任光于一枝香公宴襄助招考同人。《胡适全集·日记》

8月30日 致书浙江兴业银行叶景揆："寅初自愧才疏学浅，庸陋异常，

并不谙事务。弟既承委为顾问，敢不勉竭愚庸，但自就职以来，成绩毫无，徒有托足之地，拙无一技之献。扪心自问，实愧缩无地矣。用特函请辞职，以避贤者。所借书籍，一俟病痊，即当奉还。至至交之情，则时铭五内不朽也。"
《马寅初全集补编》，第475页

9月

9月1日 叶景葵至马舍挽留。是夜，先生再次致书申明己意："葵公钧鉴：辱承下访，诸多简慢，殊深抱歉。寅初辞职之意，蓄之已久，实出于不得已之苦衷。以交情而论，似不应一别而去，但以才具而论，则非避贤路不可。其力不从心之处，尚祈格外宽宥。"《马寅初全集补编》，第475页

9月12日 张公权受叶景葵、陈叔通之托来访，先生未允。

9月16日 上午，陈叔通至舍挽留。

晚，复致函叶景葵、陈叔通："日前公权先生来舍，转达葵、抑两公之意，今日叔通先生又提及此事。辱荷关切，感何可言。嘱件自当竭力，惟报酬一层，万不敢当。本月薪水既已辞职，在贵行无发给之义务，在寅初亦无领取之权利。幸勿遣人送来，是所切祷。"《马寅初全集补编》，第476页

9月28日 就任上海商科大学教务长，参与主持上海商科大学开学典礼。"上海商科大学于昨日上午十时，行开学礼，校长郭秉文因公晋京未回，由校长办公处副主任朱进之主席，学生到者约一百五六十人，教育实业两界到者有杨瑞生、沈信卿、黄任之、赵厚生、高践四君等。首由主席朱进之报告本校经过情形，教务主任马寅初报告教授宗旨及注意各点。"9月29日《申报》

本月 为上海商科大学授开讲"经济学"课程。"民国四年余自美返国后，执教于北京大学，十有三年，讲授课程，多限于应用经济学，如银行学、货币学、财政学、保险学、交易所论、汇兑论等等，而纯粹经济学一课，让诸同系教授，盖彼等对于此学之研究，较为深刻也。民国九年余向北大请假一年，赴上海考察经济界实际状况，同时与郭秉文先生合办上海商学院，余任教授，专讲纯粹经济学。民国十年回北大，十六年辞北大教授职，南下浙江杭州任事，复在杭州财务学校重讲纯粹经济学一年。"《经济学概论》增订版自序；《马寅初全集》第十一卷，第205页

10 月

本月 为寿毅成编译《中美英法德日信托业比较论》一书作序。论及美国信托业四大原则与中国信托业"当谨慎试验":"一曰禁止贷款于本公司之董事或其他职员,二曰证券部与现金部之共同监督,三曰会计之继续按日检查,四曰董事实行董事。此四大原则,视之若甚平淡,而成功之秘,要亦不外乎是,所宜取法者,此其一也。我国之信托公司,果将为成功之试验乎?抑将为失败之试验乎?工商前途之消长,均将于此焉决之。其进行之步骤,固不可不慎重出之也。"《马寅初全集补编》,第 411 页

同月 于暨南学校师范科演讲《自由平等与中国之经济——对于南侨女子教育之我见》,新民、青杰笔记。"在私产制度之下,要经济的发展,有两个重要的原质,就是自由与平等。所谓自由平等必须为双方的,譬如吾打奴婢,这是吾的权力所能为的,是我的自由,他人不能干涉。但在奴婢方面就是不自由不平等。所以我们所要的自由与平等是双方面的,并不是一方面的,想维持自由与平等有三个要件:1. 法律平等;2. 机会平等;3. 契约平等。"但是在目前中国,这三个条件都是不存在的。"如果个人没有以上三种平等,即与奴隶无异。国家没有这三种平等,也不免成了奴隶的国家。这三种平等而今中国实在是很希望的,乃一种都没有,中国实在是已陷于奴隶国家的地位了。"《中国与南洋》1921 年第 4、5 合期

11 月

11 月 5 日 发表《美国新旧银行制度之研究》。研究比较美国 1913 年前后银行制度之差异,详论新制利害,以为中国银行制度之借鉴。《法政学报》(北京)第 2 卷第 12 期;《马寅初全集补编》,第 16 页

11 月 10 日 出任北京大学组织委员会委员长、预算委员会委员。"本届各行政委员会委员兹已完全委定。其名单如左:(一)组织委员会:马寅初(长)、胡适、谭熙鸿、顾孟余、陶履恭、马叙伦、陈世璋、沈士远、陈启修。(二)预算委员会:谭熙鸿(长)、马寅初、胡适、顾孟余、陈世璋、沈士远、陶履恭、王星拱。"

11 月 16 日 于北京大学演讲《国钞挤兑不合乎经济原则》。11 月上旬,

税务总署发电嘱属员税收不收中、交钞票。消息传出，国人惊惶，纷纷持票向中、交两行及兑换所兑现，引发挤兑风潮。从钞票发行、回收，现洋与钞票之关系，国家银行与全国工商业之间关系等，说明挤兑风潮不合乎经济原则。"倘吾人必持票向银行兑现，银行为自卫计，只有收回放款之一法。但商人于未售货之前，必无偿还之能力，不得不贬价出售。于是破产之事发现矣，工厂倒闭矣，社会秩序大乱矣。故为今计，惟有停止挤兑之一法，况现金并非钞票所代表者，倘能维持秩序，使财富的价值不减，则钞票必无成为废物之理。此种学说，系完全根据事实，吾愿负完全的责任。"11月19日《晨报》、《新社会报》、《京报》皆有报道。《马寅初演讲集》第一集；《马寅初全集》第一卷，第508页

11月20日 上午，于北京大学演讲《世界最大之国家银行如何维持》，主题为深入剖析中、交钞票挤兑风潮。《马寅初演讲集》第一集；《马寅初全集》第一卷，第512页

下午，至北京政法专门学校作同题演讲。

11月29日 于北京中国大学演讲《太平洋会议与吾国关税问题》，童蒙正[1]笔记。1921年11月12日至1922年2月6日，美国邀请英、法、意、日、葡、比、荷、中国八国，于华盛顿举行"太平洋会议"，议题之一为解决中国相关问题。演讲指出，修改关税条款乃中国问题关键所在："关税一项，在我国史上虽有五六十年之久，然仍为今日一大问题。盖受人之束缚，毫无自由之可言，此实外国之所无者，其缺点之大，不待言矣。"进而一一细述中国现存关税之弊端。"吾谓欲改订关税，非国内政治修明不可，内政修明，方能与外抗争。"《中国关税问题》，1923年1月出版；《马寅初演讲集》第一集；《马寅初全集》第一卷，第518页

12月

12月5日 于北京清华学校演讲《今日洋商银行之势力》。谓："日前中

---

[1] 童蒙正（1903—1989），浙江龙游人，北京中国大学商科毕业，日本明治大学财政学士。曾任中央大学教授、浙江实业银行总经理、国防设计委员会专员、财政部外汇管理委员会处长等，著述颇丰。

交票挤兑风潮陡然发生，识者谓有外人从中捣鬼，证据确凿，莫可掩饰。吾以为外人此举，不但有损于中、交两行，亦且无益于洋商银行。"从五方面剖析此事件深层背景，说明与清末民初比，外国银行势力"已远不如昔日"。（甲）吾国银行与钱庄日益发达，外国银行势力日薄，遂不得不仰求于吾国银行。（乙）吾国上下人士，从此多知外国银行亦有不可靠者，纷纷将存款移存于华商银行。（丙）近来上海交易所与信托公司勃兴，外国银行之存款，大受影响。（丁）银根日紧，金融界大起风波，中外银行，咸受影响，而以外国银行所受者为尤甚。（戊）吾国银行所发钞票，信用日增，打破昔日外国银行之垄断地位。《马寅初演讲集》第一集；《马寅初全集》第一卷，第541页

12月18日 于北京大学经济学会演讲《上海一百四十个交易所》，共二讲，许柄虞、张榿笔记。交易所骤兴，国人多不知其详，从六部分讲述"交易所之普通原理"：（一）前场、后场；（二）经纪人、委托人、代理人；（三）现货、期货；（四）保证金、证据金；（五）标准品；（六）交易之情形。1921年12月16日、1922年3月10日《北京大学日刊》；《马寅初全集》第一卷，第523页

本月 于北京平民大学商学研究会演讲《好政府与好商人》，宁达蕴、李光俨笔记。"政府发达的时候，万事都要顺从民意，因为政府的原动力（dynamic）在人民，所以政府对于人民的一切事情都应该发展它。""有好政府才能够帮助好商人。商人亦必要好，才能发达其事业。"当今社会，有许多事情政府做不到，商人却能够做到。如币制、糖、工厂、商店、交通，等等。《马寅初演讲集》第一集；《马寅初全集》第一卷，第535页

同月 于北京税务专门学校演讲《吾国关税与币制的关系》，石松盛、戚报元、汪仁则笔记。详论中国币制紊乱原因，统一币制须废规元之理由，结论："要达到海关能够废除海关银两来用银圆，要内地种种银两都可以废除不用，要银圆可以统一节制，若要达这样目的，非使银元的比价先固定不可；要想银元比价固定，非有一种自然可以使比价固定的力不可，这就是自由铸造。"《马寅初演讲集》第一集；《马寅初全集》第一卷，第546页

同月 于北京清华学校演讲《关余与国钞挤兑之关系》。中、交钞票挤兑风潮中，海关总税务司英国人安格联以为内债基金提供担保之理由，拒绝从"关余项下拨还中、交两行为内债基金所垫之款（约六七百万），以充兑现之用"。就安

氏说法，自法律上给予辩驳："基金成立之后，应归何人保管一层，亦为《整理公债办法》第九条所规定。此项基金，应照三年、四年及七年短期公债办法，由各机关商定拨款手续，拨交总税务司安格联；总税务司收到各项基金，应如数存入中国之银行，以资应付。由是观之，内债基金之保管处，必为中国之银行，并非外国之银行也。吾故曰：安氏之主张，无法律上之根据，况中、交两行，已为整理内债垫付六七百万元，尤应如数拨还。安氏屡以债权者之保障为借口，讵不知中、交两行所为者，比安氏更进一步矣。盖安氏只知保障，而中、交已实行垫付矣。"《马寅初演讲集》第一集；《马寅初全集》第一卷，第538页

1922年（民国十一年） 41岁

1月

1月1日 发表"一四库券之周年利息"之计算结果，约在四分五六厘之间。连续三天刊于上海《时事新报》。一月下旬京、沪各报刊多有转载。1月1-3日《京报》、《晨报》

同日 发表《中外信用制度之异同》。考察中外信用制度运作情况，认为"故中国之存款与钞票，非由贴现发生，乃由放款发生者也。此中外信用制度不同之处也"。"今日吾国政府有取缔钞票之条例，而对于存款之准备，则置之不问者，职是之故。此中外信用制度相同之处也。"《新闻报》（元旦增刊）；《马寅初演讲集》第二集；《马寅初全集》第二卷，第1页

1月5日 发表《票据交换所与上海钱业汇划总会》，徐兆莘[1]笔记。考察、剖析中国诸票据交换所之现状、历史由来及业务交换情形，进而阐明："我国上海钱业汇划总会之性质，大抵与票据交换所相同，不过钱业汇划总会除清理票据之外，犹有议决钱市等职务。故中国虽无票据交换所之名，而有票据交换所之实，汇划清理之步骤分为两次：第一送银票；第二轧公单。"《银行月刊》第2卷第1号；《马寅初全集》第二卷，第18页

同日 于北京政法专门学校经济学会演讲《中国之九大经济问题》。就外债、内债、币制、银行、国际贸易、交易所、信托公司、会计、关税等关乎经济命脉问题一一论及，点明利害，望经济学会同仁关注、研究。《银行月刊》第2卷第1号；《马寅初演讲集》第一集；《马寅初全集》第二卷，第4页

---

[1] 徐兆莘（1899—？），浙江东阳人，北京大学经济系毕业，求学时曾任《北大经济学会半月刊》编辑部主任、《京报》编辑。作品有《经济学大意》、《人寿保险学》（译）等。

2月

2月5日 发表《读晏君才杰著〈公债论〉抒所见》。对该著所持市场高利之意见，给予评说。"晏先生以为吾国普通利率之升涨，由于银行购买公债所致，吾则以为利率之高，其原因极为复杂，资本家之盘剥政府特其中之一耳。夫利率问题在纯粹经济学中，占一重要位置，因此问题，系劳动问题之变相，为研究经济学者所不可不研究者也。"故于北大"开特别演讲会详叙吾国利率之真相，由赵廼抟[1]君记述，非敢表异以鸣高，略具鄙见，以与国人一商榷焉"。文章以事实说明："我国利率之高，乃由于记帐法之陋习，信用制度之不良，及利息中含有保险费之故。详言之，我国法律之不完备，政治之不修明，货币制度之不统一，信用组织之不健全，与夫人民道德之堕落，商业交易之积弊，皆为市息提高之主因。晏君谓银行购买公债，盘剥政府，以致利率提高者，此特不过原因中之一而已。夫政府果能裁减军队，则公债自可不发；银行果能散布内地，吸收游金，则利息自可低廉，探本寻源，在此而不在彼耳。"《银行月刊》第2卷第2号；《马寅初演讲集》第一集；《马寅初全集》第二卷，第10页

2月22日 出席中华教育改进社座谈会。中华教育改进社特在蔡元培寓所开谈话会，到者范源廉、张伯苓、李建勋、陈宝泉、汤尔和、谭熙鸿、李石曾、胡适、马寅初、顾孟余等，由范报告该社在上海召开董事会经过。就组织筹画教育经费委员会，内分计画、关税、赔款（各国退还庚子赔款用以兴学）、公债四部等问题，详加讨论。2月24日《晨报》

2月28日 发表《兑换纸币》。深入研究、比较西方通货学派与银行学派各自主张，认为："两派之学说，实各有所长，吾人固当折衷其说，以谋经济界之福利。方今欧美等国，对于兑换券虽不限制，但亦加以取缔，是即折衷之办法也。折衷之办法，一面既不限制，以尽其能；一面加以取缔，以防其滥，故甚善也。夫兑换券既不限制，则何不一并取缔而亦免之乎？殊不知兑换券之使用也，在一般人民，乃被动的而非自动的。银行发行之后，一般人以市面既

---

[1] 赵廼抟（1897—1986），字廉澄，浙江杭州人，著名经济学家、教育家。1922年北京大学经济系毕业，北京大学经济系教授、系主任。

以是代货币，故不能不使用。若银行以不能兑换而倒闭，或兑换券价格跌落，则人民将受其害，故政府为保护人民之权利计，不能不加以取缔，以预防之也。至于支票之使用，乃由存款上发生，存款系人民之自动，各本其选择之结果，而自愿存于某银行，故无取缔之必要，学者不能以是而遂谓兑换券亦无取缔之必要也。"《法政学报》（北京）第3卷第1期；《马寅初演讲集》第二集；《马寅初全集》第二卷，第396页

本月 于北京大学演讲《一千四百万盐余国库券之利息如何计算》，徐兆荪笔记。文章以金融学及严密之数学计算，得出结论："可知国库券之月利为三厘八毫强，则以此计算，为年利四分六厘。利息如此之重，与欧美之市面利率相比，相去不知几何矣！饮鸩止渴，财政安得不陷于困难之境耶？"《马寅初演讲集》第一集；《马寅初全集》第二卷，第29页

同月 于北京交通大学演讲《上海金融状况》，楼兆忿、谢庄敬笔记。认为，"中国金融之复杂，已达极点"。"上海金融机关，可分为三种：一曰外国银行；二曰华商银行；三曰钱庄。三者各有各之门路，不相联络。大概外国银行多赖国际汇兑，华商银行多赖国内贸易，钱庄则以做信用放款为多。"《铁路管理学会会刊》第1期；《马寅初演讲集》第一集；《马寅初全集》第二卷，第25页

3月

3月5日 于北京大学演讲《上海金融紧缩之原因》。指出上海金融紧缩原因诸多，如：欧战未停之前，金贱银贵，外国银行以买卖生金银为营业之一种，纷纷吸收现银，陆续运出，以图厚利，吾国银底，遂有日益枯竭之现象；中国银行运现洋至内地，以应集中办货之用，上海银根骤紧，洋厘遂涨，但流入内地之现洋，不久仍回至上海之外国银行；内地各省滥发纸币，以致恶币驱良币，现洋不复现于市场等因素，加之华人从事于外国货币之买卖者，不知凡几，迹近投机，以买卖马克为例，"今日华人数千万元之损失，决非华商银行之利益，巨额资金，大抵尽为外人所获矣，市面流资，当然减少"。后集中分析交易所勃兴于金融之影响更为至深且巨之状况。《银行月刊》第2卷第3号1922年3月出版；《马寅初演讲集》第二集；《马寅初全集》第二卷，第49页

同日 发表《评〈修正取缔纸币条例〉》，徐兆荪笔记。认为民国政府财政部《取缔纸币条例》存在：（一）无伸缩能力；（二）以成数为担保必有打破不能维持之时；（三）缓不济急；（四）反于需要；（五）今日政府所发行之各种公债，均可作为银行之保证准备金；（六）考取缔条例之目的，无非以政府之信用（公债）担保银行之信用（钞票）；（七）一旦风潮陡起，挤兑者接踵而至，六成现洋准备瞬息用罄，惟有将公债化为现金等七项弊端。《银行月刊》第2卷第3号；《马寅初演讲集》第二集；《马寅初全集》第二卷，第53页

3月10日 于北京朝阳大学演讲《评今日我国之讲社会主义者》，万钟瑞笔记。认为，"社会主义不是绝对不应研究的，但是，目前的经济问题，比这个尤为重要的还有"。"中国的现状，对于经济上之讨论，固不可少，不过吾人民之痛苦不在工人受资本家之压迫，而在军阀之专横。无论为士为农为工为商，靡不受其损失和侵害，所以现在亟待研究的问题，就是想一种什么方法，可以对付军阀，推倒军阀。"《上海总商会月刊》第2卷第4号；《马寅初演讲集》第一集；《马寅初全集》第二卷，第35页

3月11日 出席北京大学审计委员会会议。3月9日《北京大学日刊》

3月12日 于北京大学经济学会演讲《上海一百四十个交易所》（续）。3月10日《北京大学日刊》

3月25日 出席北京大学评议会第七次校务会议，会议议决设立学生事业委员会。马寅初委员负责学生银行与消费公社等。3月28日《北京大学日刊》

3月27日 蔡元培就校务事致书马寅初、朱锡林等。《蔡元培全集》第四卷，第175页

本月 于北京政法专门学校经济学会演讲《中国国际贸易之真相》，刘家镆笔记。以实例结合学理揭示"自民国成立以来，无一年不为入超"之原因："吾国之借债，多为军阀之争斗，故其一部以饱私囊，一部以购杀人之军械。然则我国逐年之所以入超，军械之输入亦为一大原因。吾人苟不谋救济之道，则此日增不已之政治借款，虽实业振兴，或将无以济之，况以彼等之争斗，直接、间接均足妨碍实业之进展乎？"《法政学报》（北京）第3卷第2期；《马寅初演讲集》第一集；《马寅初全集》第二卷，第41页

4月

4月5日 《银行月刊》第2卷第4号发表晏才杰《对于马君寅初读拙著〈公债〉论抒所见一文之商榷》。

本月 四女儿马仰兰（王夫人生）出生。马仰兰于中央大学毕业后，服务于联合国总部，适美籍华人陈新民。育一女：陈思玉。

5月

5月6日 经济学会启事："美国新银行团代表史蒂芬氏，前曾在本校讲演一次，备受同学欢迎。惟前次演题系《铁路借款用途的监督》，自应包涵铁路借款、用款'应当监督'与'如何监督'两问题。而实际上所讲者，只有前一问题，对于借款是否有垄断性，亦未深讲。敝会特请史氏于本星期六日下午四时再讲一次题为《新银团非垄断机构》，由马寅初先生担任翻译。史氏又允于讲毕后任人质难，对于监督问题有疑问者，彼亦甚愿详加解释。"《北京大学日刊》

本月 于北京中国大学商学研究会演讲《马克斯学说与李士特学说二者孰宜于中国》，童蒙正、刘荣卿笔记。认为："余非有所反对马氏，亦非主张李氏；况自知学问不足，岂敢妄谈？故今日演讲之目的，无非欲使吾国学子，知有李氏之学说而已。以余之所知，马氏良处固有，无奈中国非其时耳。盖现时无论贫富，皆受军阀之害，何能与美国资本家虐待劳工，同一而语哉？且中国之有资本者，皆系括地皮而来，并无虐待劳工情事。故最宜注意研究者，尚在目前切实之问题耳，无如一般学者，于社会主义，连篇累牍，不按国内之情形，高谈阔论，徒增社会之纷扰耳。故余谓李氏学说，与中国现时情形，实为相近，马氏之说，较为远耳。李氏主张保护政策，欲提高关税以施行之。兹请就李氏之学说，与中国现时之情形，详述之。"《马寅初演讲集》第一集，第220页

6月

6月16日 出席上海暨南学校商科茶话会并演讲。该校教职员学生百余人到会，主席高践四致欢迎辞：马博士于去年在沪时，曾任本校教席，为全体学生所景仰，云云。先生致答辞感谢。6月18日《申报》

6月20日　发表《不换纸币》。以学理结合实证详细阐述：（一）不换纸币果为何物乎？曰：不换纸币者，乃不负兑换之义务，而有法货效力之纸币也。（二）不换纸币既无兑换之义务，何以仍能流通于民间乎？（三）不换纸币可以为物价之尺度及支付之用具乎？（四）不换纸币发行额之限制应如何？（五）不换纸币之发行，何以必在危急之时？《法政学报》（北京）第3卷第2期；《马寅初全集补编》，第29页

6月21日　中国银行学社于上海西藏路举办宁波同乡会聚会，修改银行夜校章程。先生于会上演讲《中国公债问题》。6月21、23、24日《申报》

6月26日　报载："北京中行近电聘经济学家马寅初博士为发行部部长（即前之总司券），实行整理纸币。惟上海商科大学又拟聘马博士为教务主任，马博士因双方均有关系，两情难却，尚未定局。"《申报》

6月27日　就任上海商科大学教务主任。"上海商大教务主任原系聘定马寅初博士担任，嗣以马君有北京中国银行成约，于去年十月北上。兹该校一再敦请马君回任，顾闻马君刻亦会由北京中国银行电约为总司券职务，惟以该校敦促之殷，并鉴于国内高等商业教育之重要，不能坚拒，已于昨日到校视事云。"6月28日《申报》

6月28日　北京大学发文：致函马寅初先生赴上海主持招考事宜。7月15日《北京大学日刊》

7月

7月3日　受邀加入监督财政委员会。八团体国是会议组织成立监督财政委员会，函请马寅初、陈光甫、周作民等七人为委员。"兹特依据本委员会细则第二条，延请经济专家及富于财经经验者之规定，于七月一日开会讨论。佥以先生德高望重，热心国是，世所钦仰，当经出席委员一致公推，敦请加入本会，共商救国大计。"7月4日《申报》

7月7日　就职中国银行总行发行部长。"该行副总裁至沪敦促。现马氏定于本月十一日乘车北上。"《申报》

7月11日　全国财政讨论委员会成立，就职专门调查员。财政讨论会委员长顾维钧说明讨论会之责任：（一）巩固国家信用；（二）维持金融；（三）便

民利商。推举专门调查员十二人：马寅初、叶景莘、郭则范、吴南如、魏文彬、刘大钧、陈焕章、张运开、金问泗、程锡庚等。讨论会工作范围：(一)由国务总理、外交总长、财务总长提交者；(二)由委员长提出者；(三)由委员提出经委员长认可讨论者。《银行月刊》第 2 卷第 7 号，1922 年 7 月 25 日出版

7 月 18 日　离沪赴京就职。报载："兹闻马博士夫人因足疾未愈，一时不克来沪。马博士遂决定今日早车带同二女公子（均在本埠徐家汇启明女学肄业）北上云。"《申报》

7 月 24 日　币制总裁徐弗苏以币制改革方案征求梁启超意见。梁阅后复：可令唐浏阳之公子制案纲，"或更邀马寅初一订，必有可观"。《梁任公年谱长编》

8 月

8 月 10 日　张公权、王文伯邀马寅初、胡适等午餐，商谈教育界与银行界余款分配事宜，以避免双方误解与冲突。饭后，偕胡适游公园。"与马寅初同到公园，我自七月十四日游公园，至今四星期了。寅初身体很强，每夜必洗一个冷水浴。"《胡适全集·日记》

8 月 29 日　邀胡适共进午餐。《胡适全集·日记》

9 月

9 月 1 日　担任中国银行学社银行夜校校长。中国银行学社于上海四川路 77 号三楼创设银行夜校（上海银行学校），公推社员马寅初博士为校长，施博群硕士为副校长，会同银行学社社长朱博泉主持校务。《申报》

9 月 7 日　以校长身份偕施博群联署银行夜校招生广告。《申报》；《马寅初全集补编》，第 584 页

9 月 30 日　赴天津南开大学演讲。"天津电：北大教授马寅初，将于陷日（卅日）在南开大学演讲关税问题。"《申报》

10 月

10 月 10 日　于"双十节"演讲《十一年公债之市价如何计算》。分析 1922 年公债市价高低不一、涨落靡定之原因，说明"以故担保不确，信用不

优之公债,时有剧烈之涨落,适合投机者之心理"。《马寅初演讲集》第一集;《马寅初全集》第二卷,第 56 页

同日 发表《吾国滥铸铜元之原因》。指出滥铸铜元三大原因:(一)铸铜元以偿欠;(二)铸铜元以充军饷;(三)铸铜元以图私利。"以故铜元滥发愈多,零售贩卖之人愈形恐慌也。"《新闻报》增刊;《马寅初演讲集》第一集;《马寅初全集》第二卷,第 64 页

本月 于北京农工银行讲习所演讲《创设农工银行之必要》。以为农工银行不专以营利为目的,旨在辅助农工事业之发展,创设农工银行非常必要。尚无工商联合会及健全中央银行之前,"先由政府补助,助办小规模之农工银行,办理有效,然后招集商股,必易成功"。《马寅初演讲集》第一集;《马寅初全集》第二卷,第 77 页

同月 于北京平民大学演讲《地方财政》,为博士论文《纽约市的财政》之简要概述。《马寅初演讲集》第一集;《马寅初全集》第二卷,第 67 页

同月 赴天津南开大学演讲《裁厘加税问题》,邹宗善、刘炽晶笔记。围绕"裁厘加税问题",考察厘金来路、繁多种类及现实危害,阐述厘金不可不裁,然裁厘时机尚未成熟之道理。《中国关税问题》,1923 年 1 月出版;《马寅初演讲集》第一集;《马寅初全集》第二卷,第 72 页

11 月

11 月 14 日 主持北京大学经济学会委员会会议,因到会人数不足以形成决议,拟定 17 日重开。11 月 16 日《北京大学日刊》

11 月 21 日 主持北京大学经济学会秋季常会并演讲,徐兆荪整理。谓:"研究经济学,调查经济情形,须先从小规模之事业着手,则于大规模之组织可免漫无头绪,手足无措之虞。我人研究经济学,苦无本国材料,虽有学理,不能应用,如果吾人随时随地均留意而调查其经济状况,将来所得材料既多,于经济界前途必甚有裨益也。"徐兆荪于文前曰:"马寅初先生之演词,即依蔡校长之意思而发挥者也。惟我当时未曾笔记,回寓后,因其大足以为我等研究中国经济状况之门径,故追录其大要。疏漏之处,在所不免。尚希马先生及阅者谅之。"11 月 28 日《北京大学日刊》

11月25日　发表《中国重利问题》，童蒙正笔记。该文以各校演讲词合辑付刊。通过分析中国流通领域筹码（钱）与利息之复杂关系，探索国人储蓄与投资行为，结论："欲解决我国之重利问题有对内、对外二点：（一）对内，须使筹码增多，欲筹码增多须使信用制度发达。人人养成使用钞票、支票之习惯，欲支票畅行，须先使钞票通用无碍；欲使钞票通用无碍，须由法律规定钞票之十足兑现，且须统一币制。（二）对外，须改金本位。"《银行月刊》第2卷第11号；《马寅初演讲集》第一集；《马寅初全集》第二卷，第87页

本月　于北京中国银行同仁会演讲《中国银行所居之地位》，童蒙正笔记。以与美、英等中央银行功能相比较说明："吾人自以中国银行为中央银行自居，而其所以不能操有中央银行之实权者，盖别有阻碍在焉。"因而提出期望："中国银行虽有两次停兑风潮之发生，然其责不能不归政府负之。盖前发之钞票，非代表货物，乃代表战费为政府垫款而发行也。政府不特强迫中国银行垫款，且用之于无谓之战争，斯钞票之根本已空，又安能使其树立信用哉？故欲确立中国银行之基础，非使钞票有切实之货物不可（如前棉花之例，可以明矣），否则无济也。""鄙人甚望以后中国银行愿为营业上之猛进，万勿再受政府之压迫，为之垫款。以货物之需要，而发行钞票，树钞票之信用，流通全国，使支票亦得市面上之流通，助长商业之发达。金融伸缩适宜，则自无争夺发行钞票之虞矣。"《马寅初演讲集》第一集；《马寅初全集》第二卷，第106页

同月　于上海圣约翰大学经济学会演讲《金融界应注意之要点》，陆以铭笔记。论述银行与财政应当界限分明，不能相混合。政府筹款有两途："一为募公债；一为增国税。此则纯粹国家财政上之问题，亦即政府所宜审虑而措施者也。发行钞票，系金融上之问题，政府不宜干涉。"滥发钞票，"摧毁政府之信用，陷国家财政于破产也"。《马寅初演讲集》第一集；《马寅初全集》第二卷，第83页

12月

12月14日　于北大经济学会演讲《何谓经济》，刘崇年笔记。谓："经济之主旨在以最小之消费（cost）获得最大之效果（result）。""有成本可得效果，效果递增，即成本递减。因做事愈多，即效果愈多，而每次之成本愈少。效果愈多，即价值愈大，但价值愈大，价格未必随之而大。故学问高者，不

尽能得善价，有时对公众事业须尽义务。事业愈大，愈不能定其价格……余昔日借钱读书，今皆还清，且有盈余。为人须放大眼光，诸君前程远大，在座者或有一人为将来之大总统，即不必做官，亦可为大实业家，如煤油大王、钢铁大王、羊毛大王等。至于成本不必计较，以最小之成本，得最大之效果，此之谓合乎经济。"《北京大学日刊》；《马寅初演讲集》第一集；《马寅初全集》第二卷，第111页

12月17日 发表《小民之痛苦》。阐述铜元与纸币对小民生计之影响。因中央政府无监督地方之实权，以致各省铜元之滥铸，"铜币既多，价格自跌。据格来森恶币驱逐良币之原则，各省现银或归窖藏。或被吸收。现银日益短少，银价日益腾涨。而铜元与银价之比价当然日益跌落。百物昂贵，生计益窘。小民每日所得多以铜元计算，铜元日跌，其购买力日薄，社会焉得不呈杌陧不安之象"。《北大经济学会半月刊》第1号

同日 《北大经济学会半月刊》（第一号）出版。

本月 于北京大学演讲《吾国银行发行钞票困难之原因》，陈小兰、王双凤笔记。针对钞票发行困难八条原因，设计若干免除方法：（甲）伸张国币势力，废除银两。（乙）改造币厂的地位，设立于商业中心点的地方。（丙）交通设法使便利，一则使现洋搬运省事，一则钞票推广到内地去。（丁）注重商人道德和增加商业知识，一则使发行的人知道慎重，不至于冒险发行；一则使故意紊乱金融的人减少。（戊）政治修明，裁减不稳的军队。《马寅初演讲集》第一集；《马寅初全集》第二卷，第115页

同月 为《申报》创刊五十周年纪念刊《最近五十年》撰文《英法财政与金融之比较》。文前自识曰："尝考纷乱之财政，足以致金融之破坏，此其故何哉？曰：由于财政与金融混合之所致也。吾国今日之财政与金融所以难于收拾者，职是之故。夫财政者，所以维持政府者也；金融者，所以发展农、工、商各业者也。两者宜分离，不宜混合。分离则财政可理，金融活泼；混合则财政混乱，金融破坏。英国素主分离，故此次欧战，始终保守其平日之政策，军政各费皆取之于赋税与公债（财政），未尝强迫中央银行发行纸币（金融），以应军事上之急需。其结果金融界虽不免稍有变动，然未闻有破坏之事。若夫俄、德、法各国，则财政与金融时相混合，故此次战争，于募债、增税之外，复强

迫中央银行滥发纸币，以充其购买之能力，于是纸币愈发愈滥，其价值愈多愈跌。百物腾贵，汇兑大落，金融破坏，亦固其所。兹特就素主分离之英，与趋于混合之法，为比较之研究，以觇分离之益与混合之害焉。吾国财政，与法国如出一辙，财政当局倘能取英国之长，而舍法国之短，则财政与金融之前途，庶有豸乎。"《申报》创刊五十周年纪念刊《最近五十年》，1922年冬出版；《马寅初全集》第二卷，第119页

1923年（民国十二年） 42岁

1月

著作《中国关税问题》由商务印书馆出版。认为："财政问题中之最重要者，其惟关税问题乎？默观已往之财政事实，静察近来之财政状况，何一非直接或间接以关税收入为枢纽者。爰就管见所及，抽其最重要之点，分别言之于次：(1) 吾国海关税则之根据；(2) 吾国海关进出口税则之缺点；(3) 修改税则之困难；(4) 时时修改税则之理由；(5) 关税与整理公债基金之关系；(6) 二点五之附加税及其用途、存储与监督；(7) 裁厘加税。"此为中国学者首次系统论述关税问题，并提出一揽子改革方案。《马寅初全集》第二卷，第137页

2月

2月21日　于上海外滩仁记路22号偕中国银行宋汉章行长，共同主持中国银行上海汉口路银行新建银行大楼落成典礼，工商、银行界贺者数百人。2月22日《申报》；《银行周刊》第3卷第2期

3月

3月22日　于北京大学经济学会演讲《信用生产资本乎》，陈宝麟笔记。介绍英国学者 Macleod 及德国学者 Knies 关于信用是否生产资本之不同观点，综合论之，"吾人可得暂为结束一语，即：一物可以两用，信用则不能造资本。而且上述二说虽殊别，然其承认信用之实在则一也"。《北大经济学会半月刊》第7号；《马寅初全集补编》，第35页

3月24日　于燕京大学演讲《今日吾国之经济状况》，徐兆荪笔记。以为中国经济新旧兼具，久衰不振，异常复杂，其大要有数端：（一）我国无报告与统计可考，欲详悉经济状况，实有不能；（二）因欧战影响，进口影响颇巨，

且投机性增强；（三）我国曾屡遭水旱之灾，又以政变频仍，兵匪充斥，投机事业勃兴，终以环境所迫，时势所趋，实业仍能逐渐发达；（四）纱厂因供给不足，销路停滞，交易所因"营业赌博，混而为一"而失败。《银行月刊》第3卷第3号；《马寅初全集》第二卷，第160页

4月

4月4日 主持北大学生考试。"马寅初先生所授经济系四年级保险学一课定于四月四日上午八至十时在第三院大礼堂考试。"4月2日《北京大学日刊》

4月7日 于北京通才商业专门学校经济研究会演讲《中国之买办制》，秦彦钊笔记。买办作为半殖民地社会产物，一直受国人诟病。文章说明，此乃中外生意之必然。中外通商，言语不同，习惯各异，商情分殊，"外国商人赊卖货物于我国商人，于其人之信用，不敢确定，又不得不使买办为之担保，他日收款，则买办负其责，追帐款收回时，经手费不必一定俟外商给予，亦可向其索付（charge）若干，作为酬劳"。此制虽属难免，但却"害多利少"，存在"扣息"、"不经济"、"从中取巧"、"外商之欺诈"四大弊端。不过，国人不必特别在意，随中国商人外语水平提升，双方交往深化，买办自会退出历史舞台。《马寅初演讲集》第二集；《马寅初全集》第二卷，第166页

4月24日 发表《短期财政计划我见》。财政部次长张心谷为解政府短期财政之艰，提出：政府每月以盐余50万作存款，引几家殷实银行合组公库，以七八年后基金加倍为饵，让银行为政府每月发行钞票200万元充行政费。文章评论，此举必为"从井救人，人未救而身已先死"。筹款充政费乃财政上事，可以增加旧税，推行新税，以及发行公债解决。而发行钞票系金融上事，钞票绝不能滥发，发行钞票当视商务、实业情形，"断不容其随政费之消长以为伸缩也。"《京报》；《马寅初演讲集》第二集；《马寅初全集》第二卷，第170页

4月27日 应北京女师高附中校长邀请演讲《中国女子之经济问题》，陈小兰笔记。"女子经济独立，虽不易办到，然至少须要办到经济自立，不靠丈夫也可吃饭。切不可于学生时期因有父母之抚育而无忧，于出嫁以后有丈夫之赡养而无虑。"并为女子自立指出几条途径：（一）出阁毋索妆奁。妆奁多为点缀门面之奢侈品……与其要过时不能穿着之衣服，何如要永远能用之银

钱。银钱既可买公债、股票，亦可储蓄于银行、钱庄。（二）嫁后使丈夫保寿险。（三）毋为赌博性质之投资以希图发横财。（四）欲放款项于安全之途则买公债票。（五）职业问题。（六）女子参政问题。"吾国学生在学生时代高谈参政，一旦出阁，缄默无语，此其故何哉？盖由于经济不能自立之所致也，似此运动参政决无成功之一日。"《华安杂志》第 2 卷第 4 号；《马寅初演讲集》第二集；《马寅初全集》第二卷，第 365 页

本月 为堀江归一《银行论》作序。力陈金融界努力学习、借鉴外国经验之重要："吾国金融事业，昉自周官质剂，历代因革，其用未宏，晚近参用欧制，银钱行号，规模粗具。专门学者，知兴业造端于此，提倡不遗余力。市井不学，复以此为利薮，竞相创设，殆若林立，只以不善营运，未能裨益社会，且以同业之相搏也，往往相为残贼，势将同归于尽，百业与相关联，必至玉石俱焚，可弗惧哉！夫银行业非人人得而经营者也，若者为其本业，若者非所当务，若者可抛，若者宜注，若者可缓，若者宜急。国内金融，宜若何而调剂？国际交易，宜若何而扩张？非研求有素，深悉其原理者，虽使老于市廛，难期动中肯綮矣。堀江是书取材丰富，析理详明，不惟足供研学之助，俾吾国业银行业者读之，有所憬悟，故乐为之序云。"〔日〕堀江归一：《银行论》，陈震异译，商务印书馆 1923 年 4 月出版；《马寅初全集补编》，第 413 页

5 月

5 月 25 日 发表《吾国公债票之买卖》，系清华学校演讲词。谓中国"无真正之金融界，欲知金融界之情形，当悉证券之需供情形"。深刻剖析中国金融领域投机买卖无序现象，最后揭示："中国金融界之安全与破坏，中国数万万人之生死存亡，惟一个英国人是赖。斯人为谁？则总税务司安格联是。如安格联肯继续保管，则公债安全，银行界安全，中国安全；安格联而恝然置之，或竟毅然拒绝支付，而尽以之偿还无抵押之外债，则公债危，银行倒，中国乱，是故各界到处欢迎安氏。固然因安氏尚无负于我国民，实则因安氏有此大势力，政府尊之，商界捧之，无异于胁肩谄笑，仰其鼻息，亦可耻矣。巨额之关税与关余存之于汇丰，在昔无利息，今则仅二厘，而国人不敢问者，亦正以此耳。"《银行月刊》第 3 卷第 5 号；《马寅初演讲集》第二集；《马寅初全集》第二

卷，第 425 页

该文载于《晨报》时，作者附记："须知中国有中国的问题，决不能以西洋学理，为解决之秘诀，必须从研究中国的事实入手，不知病源，虽有名医，亦无所用也。自此以后，深望吾国经济学者，从事于研究中国的事实，解决中国的问题，幸无高谈哲理，专以西洋学理相炫耀，但在中国研究经济问题，殊不容易，最妥方法，先从片断的调查入手，而后将材料编成有系统的文章，再以文章送请专门家（即内行人）校阅一遍，务请其勿存客气，详加批评。庶几学识经验，可互相参考也。"5月31日、6月1日《晨报》；《马寅初全集补编》，第531页

6 月

6月1日 为王效文《货币论》作序："《货币论》为经济学之一部，而究研独难。论意义，则至今未定；论制度，则变革无常；论本位，则种类庞杂。至若价值之学说如何，则尤为学者所争论不已，而至今尚未确定者。故《货币论》不易编，亦不易讲。西哲所著之《货币论》多矣，然不偏于此，即偏于彼。东儒所编之《货币论》亦夥矣；然求其能合国情，而得称为善本者，亦不数觏。"
王效文：《货币论》，商务印书馆1923年出版；《马寅初全集补编》，第414页

6月5日 于南开大学演讲《吾国银行业与欧美银行业之比较》，陈小兰笔记。以中国近年新办现代银行业，自经营理念、运行机制、职能范围、信用程度等方面，与欧洲、美国之成熟、发达银行业进行比较。指出中国银行业尚处草创初始阶段，其职能仅以"买卖公债"为主。"列举其因，约有四端：（一）国外汇兑事业不易做；（二）外国货币买卖事业不易做；（三）国内押汇事业经营甚少；（四）抵押放款事业亦甚少。"最根本差异乃在于，欧美银行融资放贷，主要投入铁路、矿山、农产品等经济建设事业，而"吾国公债票所代表者为何物？收入之钱，久已浪费，或饱贪吏之私囊，或助武人之残杀。此种公债，非代表国家之财产者"。"可知吾国金融界程度较之美国金融界，相去尚太远。若与欧洲相较，更不可以道里计矣。吾人将何以处此？"《银行月刊》第3卷第9号1923年9月25日出版；《马寅初演讲集》第二集；《马寅初全集》第二卷，第371页

7月

7月28日 上海总商会民治委员会开会讨论全国财政整理委员会之任务。认为国事应先从整理财政入手。凡全国各省区各县各项收支预算决算及一切税则均要求由委员会妥议处置办法。全国各金库收支细数与事实不符时，由委员会依法起诉；各委员会应收国、省、县之财政情形按月编刊公告；关、盐余款无论已经指定用途或临时移拨，均应由委员会议决方可照拨；铁路会计应亦按上述各条办理，国内外银行借款予政府时，要求经委员会通过，违反此，各银行或银行团通告全国各界与之断绝经济关系，并将经手各人设法处罚；未裁厘以前所有捐税除苛佃应即停止外，其余暂改为认捐，由各商会稽核报告。会议还提出请中央银行提供几年来政府内外债详细资料，以便编制《中央财政研究报告书》。会上提议，委托马寅初等编制该《报告书》。上海市工商联合会：《上海总商会议事录》，上海古籍出版社2006年版；《中国财政研究报告书》；《东方杂志》第21卷第19期

8月

8月10日 出席银行公会召开紧急联席会议，反对王克敏以银行总长身份兼任政府财长。王克敏遂以各地中行股东及银行联席会议以维持中国银行尤为重要为由，拒绝任职。《王克敏长财之经过》，《银行月刊》第3卷第7号

8月18日 上海总商会民治委员会召开第7次常会，决定聘请金融界领袖、经济专家、曾充财政总长并有声望者为顾问。议决：请秦润卿、盛竹书、马寅初、钱新之、徐沧水诸君为顾问。《上海总商会议事录》

本月 参与中国华洋义赈救灾总会[1]工作。后出任该会农利会委员。

9月

9月10日 上海总商会民治委员会召开临时会议，研究理财具体方案。

---

[1] 该总会1921年11月16日于上海成立，会长梁如浩先生，总部设北京市菜厂胡同6号，初以美国圣公会传教士为骨干，联合中国地方士绅进行传教及慈善活动。1923年8月成立水利、农业合作信贷委员会，颜惠庆、王正廷、马寅初、于树德等为该会委员。主要工作为指导直隶各地创建农村信用合作社。1923—1927年，帮助创设信用合作社561家，影响良好。

因仅到四省，未能如期开议，故将《中央财政报告书》奉上，请将各省财政情形函告以备汇齐后另订日期再行召集讨论。《中央财政研究报告书》由委员盛竹书、徐沧水、马寅初、钱新之编制。报告书详细介绍中央财政支出短绌之原因、近年中央重要收入之概数、近年中央军政经费之概数、现负外债之概数、现负国内公债及国库券之概数、现负银行欠款之概数。民治委员会拟于九月召集以全国商会代表为主体之全国理财会议，清理全国内外债及收支款项，并制定管理全国、省、县各级财政办法。《上海总商会议事录（1901）》；《上海总商会月刊》1923年第9号

9月12日 张勋去世，与北洋法政学校刘景山教授合撰挽联："天不遗一老，名自足千秋。"上联谓上天不容此第一号遗老留在世上；下联典出《世说新语·尤悔》篇，东晋权臣桓温云："既不能流芳后世，亦不足复遗臭万载耶！"《奉新张忠武公哀挽录》，津门博爱印刷局1924年出版，国图收藏

9月19日 至中南海瀛台参加全国财政整理会成立大会。会长颜惠庆，会员张弧、吴毓麟、孙宝琦、庄蕴宽、王克敏等。后因不赞成该会方针而辞顾问之职。认为："军阀专横，穷兵黩武，虽竭全国之财源，难填无底之饷窟与私人之欲壑，以致国贫民病，债台高筑。近且纷乱如麻，整理莫由……贫穷之政府，当尽押绝，借债无门，除卖国而外，别无筹款之法。彼有识者忧蹈埃及、印度以外债亡国之覆辙，主张如何整理，为国家计固未可厚非，独惜其未虑及将来之大害耳！盖不加整理，则外资无从投入，内债亦难借得。如果一旦加以整理，则债额日增，饷糈有出，军阀更可展其杀人之伎俩，助长政府之罪恶。借款与政府者固罪不容于死，而整理者，亦未辞其咎。整理即间接增政府之罪过。此鄙人之所以主张不整理之意也。"《无确实抵押品之内外债问题》，《马寅初全集》第二卷，第285页

9月22日 出任上海总商会民治委员会顾问。民治委员会第十二次常会会议，方椒伯主席报告，"本会前日聘请顾问五人，马寅初君已来函允"。《上海总商会议事录》

本月 《马寅初演讲集》第一集，由商务印书馆出版发行。选录1920年1月至1921年7月演讲稿《银行之根本问题》、《中国公债问题》等44篇。

10月

10月2日 启事："保险学现已授课，尚有多人未曾到堂。前部甚为重要，如不听讲日后难以继续，希诸位同学务各按时到堂，幸勿自误。"10月4日《北京大学日刊》

11月

11月1日 发表《吾国银行业历史上之色彩》。考察、研究山西票庄与政府之关系、山西票庄与本地钱庄之关系、山西票庄与洋商之关系后，认为山西票庄于"历史上之贡献与功效"甚巨："今之谈银行业者，每谓欧美银行组织完备，发达迅速，而吾国之银行业尚属幼稚，无足述者。殊不知吾国银行业极盛之时，英、美、德、法诸国尚在草昧时代，几不知银行为何物也。尝考吾国银行业发轫于山西，盖山西出产以盐、铁为大宗，丝、煤次之，自给之外，余额悉运销于外省，年复一年，获利甚厚，遂成为中原富庶之邦。但以盐、铁在外省换得之现银，不可无特殊之机关以任运送保管之责，于是山西票庄兴焉。山西帮之成为银行家者，固自然之结果，亦环境使然也。"汉口银行公会:《银行杂志》创刊号；《马寅初全集》第二卷，第385页

11月25日 发表《何谓九八规元》。《晨报》附作者识："上星期鄙人应中国大学之请，在该校大礼堂演讲'上海之规元银'，听讲者除大中学生外，尚有北大经济系学生一二百人，因人数过多，黑板上所书之数目字，多不能寓目，用笔记录，自感困难，以故各生寄来之笔记，虽甚明晰丰寔，不免稍有错误，且寄来之稿件甚多，有改不胜改之苦，因特将原稿投寄《晨报》，请为刊登，听讲诸君，请照此稿自行改正可也。"文章详细说明"九八规元"之来由、地位、作用以及何以成为整理、统一币制之障碍，总结曰："实际上并无此物，不过其重量与成色有一定之规定，丝毫不容假借，以视银洋之成色高低不一者，奚啻霄壤。规元之所以可贵，即以此也。华洋交易，必以规元为本位者，亦以其一定不变，计算上不致发生变动故也。故欲废去规元，必先有如规元一定不变之物以代之，倘以新国币为替代品，则新国币之成色、重量必须使之确定，归于划一，但欲使之确定，非实行自由铸造不可。"12月6、7日《晨报》；《马寅初演讲集》第二集；《马寅初全集》第二卷，第177页

11月26日 《马寅初演讲集》第一集于北大发售。"出版部售书课新到书籍:《马寅初演讲集》、《万国联盟》、《心理学大纲》、《东西文化及其哲学》等。"《北京大学日刊》

本月 于北京通才学校演讲《日本震灾后金价何以看跌,投机家何以失败》。剖析此次事件前因后果:"今次日本震灾,东京与横滨已化为灰烬,欲图复兴,则所需之食料、木料以及一切建筑料等,必须仰给于外人。我国物产丰富,价且极廉,一般投机家遂预料我国之出口货必大增。以上述之原则推之,出口货增,日金必跌。至英、美两国多用日丝,此次日丝多被焚毁,则英、美所需之丝,必仰给于中国,故出口必盛,出口盛,先令与美金必俱跌。此日本震灾之后金价所以看跌之理由也。金价既看跌,一般投机家遂纷纷抛出……不料抛出之后,先令不跌,即日金、美金亦无大变动,大失其望。盖日本储存之粮食,目前尚敷应用,不必亟亟买进。英、美两国对于华丝、桐油等货,此时亦不急于购买,因而中国之出口贸易,未尝因日灾而骤增。但日前抛出之期金,必须补进,虽价稍涨,亦必忍痛吃亏,以便交割。此投机家失败之理由也。"《银行杂志》第1卷第3期,12月1日出版;《马寅初演讲集》第二集;《马寅初全集》第二卷,第389页

12月

12月1日 发表《我国经济界之三滥》。指出中国经济三大弊端:(一)滥借内外债;(二)滥铸铜元与辅币;(三)滥发纸币。"三滥之根本原因,实系军阀之祸。使军阀不去,财政无整理之望,金融无旺盛之期。"《晨报》五周年纪念增刊;《马寅初演讲集》第二集;《马寅初全集》第二卷,第172页

12月上旬 于北京平民大学演讲《上海之银洋并用问题》(又名《上海设造币厂之必要》),陈小兰笔记。着重考察中国整理币制之障碍:"我国欲发达商务,必须整理币制,改用金本位,以与各国相颉颃。欲改行金本位,当自统一银本位始。银本位制尚紊乱而无系统,焉望其能实行金本位制?欲统一银本位,当先去银本位统一之障碍,其障碍维何?即银两是已。规元、行化、公砝皆银两也,皆巍然居于其所在的市面之冲要地位而睥睨银币者也,故必推翻之,而后可定洋元之一尊。银国币为本位之势力既一旦固,然后从事于金本位

之建设，此为必然之步骤，非可躐等以求也。"《北大经济学会半月刊》第17期，1923年12月；《马寅初演讲集》第二集；《马寅初全集》第二卷，第189页

12月15日　于北京平民大学演讲《上海设立造币厂之重要》，共两讲，杨一言笔记。开场白云：本讲与《吾国关税与币制的关系》、《何为九八规元》两篇是有连带关系的。现在中国的经济上，非先统一币制，不能预备实行金单本位制。"不过我们须首先着手的，就是要统一银单本位制才行。但是内中有多少障碍，非把它铲除不可。障碍中之最大者系银两制度，如规元、行化、公砝、洋例，以及所谓库平、关平等。这些东西的势力都很大，阻碍币制的统一非常厉害。其中尤以规元为最有力量。故我们首先要着手的地方是在上海，因为既有地理的关系，并且这规元的势力尤其大。鄙人惟一的主张，就是以'自由铸造'的方法来铲除规元，而自由铸造与造币厂有极大的关系，这就是今天要讲这题目的大概了。"12月17、18日《晨报》；《马寅初全集》第二卷，第184页

12月17日　出席北京大学廿五周年纪念，并合影留念。

12月18日　致书上海商业储蓄银行总经理陈光甫，商谈中国银行与商业储蓄银行支票往返事宜。《马寅初全集补编》，第477页

12月30日　发表《中国财政之根本问题》，系保定河北大学演讲词，姚志崇笔记。文曰："外人因权利的关系，要求政府将财政清理，当局见外人主见如是，知不能有违，亦不敢有违，于是有财政整理会之设。遂使内部情形，方然略有头绪。倘然没有外人要求，恐怕一篇糊涂帐，至今不能清楚。""目前中国政治的状况，可以用'乱七八糟'四个字来包括"，其根本问题在于赋税体紊乱且不合道理。"长此以往，恐中国税则，愈进愈乱，愈乱愈糟，积习相传，将来着手整理，决非易事。""中国要讲真正的共和，必先使一般人民，都有知识，欲使其有知识必先提倡普通教育，而办普通教育之资，必取之于富的阶级，欲取之于富的阶级，必先实行所得税、遗产税、累进等税，换言之，必使财富化为福利，始能渐进于真正共和之域。"《晨报》；《马寅初演讲集》第二集；《马寅初全集》第二卷，第205页

1924年（民国十三年） 43岁

1月

1月13日　于北京民国大学演讲《中外救济银根紧急方法之不同》，姚志崇笔记。"中国金融的恐慌，可否用外国所用的方法来救济，确是我们读经济学者必须研究的问题。据鄙人历年在金融界上考察的结果，知道处于现在中国金融制度的下面，是断不可抄袭外国所用的方法来救济市面的。倘若将来制度改良，信用昭著，当然可以照欧西的先例办理。"5月4日《申报》；《马寅初演讲集》第二集；《马寅初全集》第二卷，第197页

1月25日　发表《银之市场与银之现期两种买卖》。以英国伦敦银市场为例，具体介绍银之买卖中现货与期货两种买卖之原则、内容、过程以及须注意诸项要领。《银行月刊》第4卷第1号；《马寅初演讲集》第二集；《马寅初全集》第二卷，第393页

1月27日　于华北大学演讲《评公库制之缺点》。《申报》

2月

2月11日　《天津中报》启事：特聘马寅初、吴南如诸先生为顾问，"随时赞导用正谬误"。《申报》

2月15日　于华北大学演讲《公库发行制与集中制之比较》（又名《公库制与集中制之比较》），姚志崇笔记。就财政部与币制局所拟之《公库制大纲》发表评论，以古今中外实例剖析公库制与集中制各自利弊，认为新出台《公库制大纲》"有根据、有见地"，"倘然能够实行，确是极好的事情"。但"按之事实，恐难办到，并且他自身也有缺点"，以至"在公库系为人作嫁，在省银行，则利市百倍，最后公库现金被军阀吸收殆尽，而使不良纸币充斥市面。所以不驱除省银行所凭藉的军阀，公库制决难办到，即使办到，也无好的结果"。《华

北大学旬刊》第17期，1924年2月29日出版；《马寅初演讲集》第二集；《马寅初全集》第二卷，第349页

2月17日 发表《吾国创办公司之困难》，系北京大学演讲词。分析中国市场环境种种不规范，致办公司之不易，"中国人发起是一件事，成功又是一件事，可概也矣！然则有救济之方法否，或曰缩小资本，由一千万元而变一百万元斯可矣，此法固善，然有时亦不适用。盖人言可畏，经理或以面子关系，不甘小就，亦属枉然。且一百万元既都变为地皮、房产，少活资以周转，亦无从营业。此时惟有利用感情作用，出而游说，不愿加入者，则多方鼓动之，允许其将来之特别权利，或举伊为董事，法虽鄙贱，然其用心亦良苦矣"。告诫办公司者不可不慎，"上海有许多经理，因人力之挟持而成厥功享大名者矣。然其人之道德，必孚于众望方可。故操公司事业者，不可不注重道德也"。《申报》；《马寅初演讲集》第二集；《马寅初全集》第二卷，第345页

2月28日 发表《上海经济新闻如何读法》，系朝阳大学演讲词，陈振鹭、任恩灏笔记。讲解何谓标金、标金如何计算、标金与汇兑之关系、标金与投机之关系。要求经济科学生"于其内容及其与他种经济现象之关系，皆能道其所以然"。一年后，本文发表于《上海总商会月刊》，作者自按："此篇系十三年在朝阳大学所演讲者，因时机未至，迟不发表。今日上海标金生意较前更盛，此篇有披露之必要。"《上海总商会月刊》第5卷第2号；《马寅初演讲集》第三集；《马寅初全集补编》，第43页

3月

3月20日 于北京大学经济学会演讲《改革吾国币制之第一步》，姚志崇、陈小兰笔记。称："然则如何而能使洋票见信于外人乎？则在现洋充足，成色良好。如何使现洋足用，成色良好乎？一言以蔽之曰，'自由铸造'。故自由铸造，乃改革币制之第一步。上海造币厂早日成立，此则鄙人之深愿也。鄙人平日抱定自由铸造之主张，研究愈深，觉得平日之主张不谬。"《北京大学日刊》；《马寅初演讲集》第二集；《马寅初全集》第二卷，第333页

本月 于北京法政大学演讲《以科学眼光观察中国之财政与金融》，姚志崇、尹文敬笔记。文曰：中国政费来源有三种："（一）租税；（二）公债；

（三）纸币。第一、第二两项来源，乃财政范围内的事情；第三项系金融范围内的事情。国家发行公债，以为弥补军政各费之用，将来当由租税归还，此财政范围内事也。市面发生恐慌，银行可多发纸币来救济，此金融范围内事也。本来金融是金融，财政是财政，两者不能混而为一。惟当国库空虚，政费奇绌之时，政府当局筹款之方法，往往逾越财政界限而侵入金融范围，此种'饮鸩止渴'之政策，前鉴不远。然而财政当局，仍不顾利害，军政费之款项，专在金融界上筹划者，厥故何哉？盖亦大有其原因在也！""以纸币代替租税，在政府方面，固有种种之利益矣；然在人民方面，则其害尤大于租税也。盖增加租税虽系剥夺人民一部分财产，然与社会之安宁秩序，尚无大碍。设滥发纸币，势必驱逐现金银于流通市场之外，激起物价之腾贵，商业、民生，两受其害。吾故曰：与其滥发纸币，莫如增加租税也。"《银行月刊》第2卷第4号，1924年4月5日出版；《马寅初演讲集》第二集；《马寅初全集》第二卷，第214页

4月

4月3日　为北大经济系四年级保险学考试监考。3月29日《北京大学日刊》

4月6日　发表《何以上海必须设立票据交换所》。谓："上海之银行今日虽不能与钱庄相抗，然最后之胜利必归银行，可断言也。欲得此胜利，非先为种种筹备不可。票据交换所，筹备中之要者，断不能待时机已至，始着手筹备也。况票据交换所者，系银行抵抗外敌之一种武器，盖交换所成立之后，银行相互间之欠人与人欠两项，可以放钱业轧公单之方法，两相抵冲，现金之用途减少，搬运之麻烦可去。既可省手续，又免担风险，银行从此可以致全力于营业矣。"《申报》；《马寅初演讲集》第二集；《马寅初全集》第二卷，第222页

4月20日　为陈其鹿[1]《银行学》作序：该书"新颖赅要，明白晓畅，循此可以进窥西籍之涯涘，而又便于商业学生与银行执事之用者，殊不多觏"。陈其

---

[1] 陈其鹿（1895—1981），字莘之，昆山陈墓人。早年就读于上海南洋模范中学，1918年北京大学法科经济门毕业，入美国哈佛大学获商科硕士。先后任江苏法政专门学校教员，上海中国公学大学部、福建厦门大学工商科、中央大学经济系教授。1930年任浙江省政府秘书处秘书兼第一科科长，1952年后专业从事著述写作，任上海市文史馆馆员。其著作有《初级统计学》、《统计原理与实习教材》、《统计图示法》、《计划统计与核算图示法》、《统计学》、《农业经济学》、《资本主义发展史》、《英国对华贸易史》等。

鹿:《银行学》，商务印书馆1924年5月出版；《马寅初全集补编》，第415页

4月27日 发表《读第五届银联会议决各案随抒我见》。首先批评银联会每次议案形同具文，致"禁者自禁，办者自办"。继指出银联会议统一硬币而不统一纸币之错误，"各省之造币厂，皆在军阀掌握之中，各省财政当局，皆以币厂为利薮，无一不可冒上海造币厂之名，私铸轻质之银洋，混杂其中，使之当沪币行使……一经查出，有何权力可以禁止外省不再冒铸？如向中央政府呈请设法禁止，试问命令不出都门一步之中央政府，有何力量使之服从？"主张"欲统一吾国币制，固须实行自由铸造，尤须注重纸币与各省之造币厂也"。
《申报》；《马寅初演讲集》第二集；《马寅初全集》第二卷，第227页

5月

5月14日 于北京交通大学演讲《整理案内各种公债涨价原因》，江东笔记。就"入春以来，整理案内各种公债，市价狂涨"之现象，列出十二条因由：（一）保险费之投资；（二）保证准备金；（三）邮政储金之投资；（四）养老金之投资；（五）学校基金之投资；（六）投机之发展；（七）个人买卖；（八）置产要品；（九）公债易于脱手；（十）以公债当押金；（十一）作交易所证据金之代用品；（十二）公债汇兑。6月22日《申报》；《马寅初演讲集》第二集；《马寅初全集》第二卷，第229页

5月17日 于北京平民中学演讲《中国何以如此之穷》，童蒙正笔记，认为："中国人所得的富和外国人根本上有不相同，外国人所得的富，大半是经营实业得来，而中国人大半是贪贿来的。所以对于这种富人，我们尤其是要反对的，且讲这些富人是谁：（一）从前和现在的官僚；（二）现在的军阀。""军阀的财源，不仅在纸币一端，截留国税，擅发债券，亦是筹款的不二法门。强有力的大军阀，如张作霖、吴佩孚等，且占据铁路，不肯放松，所有铁路收入，理应充造桥修路基金之用的，亦移作军饷。此外一般第二等军阀，因无铁路可占，遂从事于私贩鸦片，并奖励乡民，改种罂粟……社会生产的能力，于以日杀，国计民生，也皆受累了。"军阀拿现银"向外人购军械，而军阀的小兵，又偷去卖给土匪，所以中国年来匪乱四起，有兵的地方，就有土匪……社会因之扰乱，人民不得安宁，有资本的不敢投资，一切实业因以

停顿，工人也就失业了，学校也弄得关门，毕业学生也没有事情可做……中国于是愈穷了"。同要反对者还有官僚贪贿："目前急切进行还是推倒淫威军阀和贪贿官僚，第一步防止他们购买军械，省耗无谓的滥费；第二步平治各地土匪；第三步实行均富方法，然后渐渐达到均富的社会。"而均富的途径要通过三种所得税：劳动所得税，是凭劳心、劳力所得，应当从轻征税；财产所得税，前虽凭劳动所得，但后来不劳而获坐收房租、地租、股息等，这类所得税应以重征；遗产税，既不费了心，又不费了力，无异一种意外之所得，这类税更应当重征。然中国只有劳动所得税，却没有财产税及遗产税，显然非常不公平。6月1日《申报》；《马寅初演讲集》第二集；《马寅初全集》第二卷，第235页

本月 加入中国经济学社。中国经济学社第一届年会于北京中央饭店召开，增加金问泗、程万里等50余名新社员。中国经济学社成立于1923年11月，由清华教授戴乐仁（英）、刘大钧等发起，第一届会长为刘大钧。初始社章：（一）研究现代经济问题；（二）输入外国经济学说；（三）刊印经济书籍及论文；（四）社员间交换经济智识。吴育园：《中国经济学社略史》，《中国经济问题》，商务印书馆1929年3月出版

同月 于华北大学及北京法政专门学校演讲《欧战后之货币》，邹泽焯笔记。从：（一）战后货币之影响于投资者；（二）战后货币之影响于营业者；（三）战后货币之影响于劳动者三个方面，论述一战后全球货币变动大势。《法政学报》（北京）第3卷第8期，1924年6月出版；《马寅初演讲集》第二集；《马寅初全集》第二卷，第317页

同月 为汉白纳著，徐兆荪译《人寿保险学》作序："人寿保险者，社会的事业，论其效用比储蓄为尤大，于国家社会经济关系綦重，在欧美各国早经通行，而在我国尚属萌芽。推原其故，虽因吾国未能如欧美诸邦，厘订专律，以监督保险公司之营业，并保护投保人之利益；要亦未能明悉保险之性质，视保险如投机如赌博，有以致之。查吾国各书肆，于他种科学均有专书讨论，独于保险一门，尚付阙如。"〔美〕汉白纳：《人寿保险学》，徐兆荪译，商务印书馆1925年8月出版；《马寅初全集补编》，第420页

6月

6月19日 中华教育改进社于南京召开年会，讨论并公布中小学教材名单及作者：商业教材组：《不兑换纸币问题》 马寅初。6月21日《申报》

本月 发表《价值论》（又名《价值》），曲殿元、王清彬笔记，分门介绍经济学中有关价值诸学说：劳力说、生产费说、效用说、边际效用说、社会边际效用说、社会价值说等。希望学生多加学习，于各种学说都有认识："社会既为变动的，则研究之亦应采用动的方法，始为精确。"《东方杂志》第21卷第11期；《马寅初演讲集》第二集；《马寅初全集》第二卷，第242页

7月

7月1日 出任北京民国大学董事会董事，为该校创办经济系并担任系主任。《申报》

7月2日 中华教育改进社年会启事：7月7日下午，马寅初演讲《中国之财政与教育之关系》。《申报》

7月3日 报载：《保险与储蓄》（旬刊）"创办号将于七月一日出版，内有马寅初、王效文、沙仲渊、郑重民诸君之保险储蓄论文研究。"《申报》

7月4日 上午，于南京东南大学体育馆出席中华教育改进社第三届年会。会前主持审查该会资金使用状况，抽查十三年六月收支各帐，证明各项帐目毫无错误。会议由熊希龄夫人毛彦文主持，熊希龄主席，代表到者16省150余人，分34组，讨论议案共90余案。

先生于商业教育组会议提议：委员叶渊，现办集美学校，学问渊博，尤熟悉南洋情形，著有专书，应请其演讲。众同意，叶遂作简短演讲。继由先生演讲《不兑现纸币问题》。《新教育》第9卷第3期；《中华教育改进社第三次社务报告》

下午，宣讲《国家预算（财政）与币制之关系》。《中华教育改进社年会会务一览》

下午四时，至东南大学体育馆演讲《中国财政与教育之关系》，听者近千人。开场云："现在中国财政，腐败已达极点。"从收入、支出、内债、外债、国会及审计院之失职、非自由关税等各方面分析，皆病入膏肓。"国中实业，稍有起色，及至欧战停止，新办实业，如面粉、棉纱等等，完全失败。""可知

今日之教育经费，既不能仰助于政府，又不能取给于实业，补救之策，惟有利用庚子赔款，及实行卷烟税之两法。"7月5、6日《申报》;《马寅初演讲集》第二集;《马寅初全集》第二卷，第321页

7月5日 上午，于全国平民教育促进会演讲《中国内债问题》。"全国平民教育促进会通过请求政府退回庚赔，用于平教。又推熊（希龄）夫人、王伯群、陶知行代表全体，加入筹划全国教育经费委员会会议。本日上午十时，马寅初在公共演讲厅报告《中国内债问题》，听者甚多。"

晚，出席欢迎中华教育改进社社员大会暨第九届毕业典礼。《中华教育改进社年会会务一览》;7月7日《申报》

7月7日 出席中国教育改进社筹划全国教育经费委员会会议。陈宝泉、熊希龄、袁希涛、范源廉、陶行知、郭秉文等24人参加。会议第七项讨论"拟征收烟卷吸户教育特捐提议案"。议决：请邓芝园先生、马寅初先生修改议案再行向大会提议。《新教育》第9卷第3期

本月 为《国际汇兑与贸易》作序："夫国际贸易，非若国内贸易之简而易知也。盖必侦察国情，互通声气，固无待言。至国际汇兑，其复杂亦与贸易等。欲免国际贸易与汇兑之困难，自非培养人材不可。国内关于国际汇兑与贸易之著述，殊不多见，学者病焉。"傅文楷、丘汉平：《国际汇兑与贸易》，上海民智书局1926年出版;《马寅初全集补编》，第421页

8月

8月14日 应武昌中华大学暑校之聘赴鄂，是日晚抵达。8月16日《申报》

8月15日 于中华大学演讲。8月17日《申报》

8月20日 晚，偕张君劢出席汉口银行公会宴。《申报》

8月21日 于武昌中华大学演讲《中国币制问题》。详述"在银本位未统一之先，海关不能改用金货之理由"。《晨报六周年纪念增刊》，1924年12月1日出版;《马寅初演讲集》第二集;《马寅初全集》第二卷，第263页

8月22日 于国立武昌商科大学演讲《德发债票问题》，金国珍、萧贞昌笔记。分别讲授中国经济界内部对"德发债票"之两种意见、各自理由及利弊。《马寅初演讲集》第二集;《马寅初全集》第二卷，第268页

晚，出席汉口银行公会宴，演讲《银行之危险》（又名《中国之银行问题》），李国瑄、金国珍笔记。认为："西洋中央银行利高，普通银行利低。平时生意，中央银行不与之竞争，均由普通银行承揽。遇有恐慌时，中央银行即出面维持，但利率较高。日本则反乎此，中央银行利低，普通银行利高。因日本普通银行资本不足，平时亦须中央银行帮助。及遇恐慌发生，则中央银行之力量在平时已用尽，无余资以救济恐慌矣。""中国之银行以低利贷于钱庄，复由钱庄以高利转放于商家者，其情形与日本相同。"8月23日《申报》；《银行月刊》第4卷第9号；《马寅初演讲集》第二集；《马寅初全集》第二卷，第295页

8月23日 于武昌中华大学经济系演讲《吾国关税问题》，胡治新、杨悦祖笔记。评述一战之后，中国政府代表参加华盛顿会议，要求承认中国关税自由原则虽获通过，然同时拟定"九国协约"又致关税自由之实施大打折扣。《马寅初演讲集》第二集；《马寅初全集》第二卷，第273页

8月24日 于武昌师范大学演讲《经济与教育之关系》，李国瑄笔记。通过资本与劳动之比较、各国工资之比较、中国各种工人之比较，说明："中国现在之经济情形为资本缺乏，劳工太多，因之利率过高，工价低廉。故中国每百元年利约二十元，劳动者之工资每月约三四元。外国每百元年利不过五六元，而工人薪金有竟超过中国工人工资几十倍者。其所以相差如是之远者，中间有经济之关系，然此亦属教育问题。假能普及工人教育，当然可以多得报酬，此即所谓增加生产。此即余所谓经济与教育之关系也。"《马寅初演讲集》第二集；《马寅初全集》第二卷，第277页

8月25日 于北京大学毕业同学会湖北分会演讲《中国外债之特色》，胡志方、田元魁笔记。细述中国外债特点：担保品；无公私之分；以银行为代表；借款国之优先权；势力范围；管理权；债、赔各款均存入外国银行；各种特权；政治作用等九种特点。《工商新闻百期汇刊》，上海工商新闻报馆1925年4月出版；《马寅初演讲集》第二集；《马寅初全集》第二卷，第281页

同日 离汉返京。8月27日《申报》

本月 赴汉口银行公会演讲《中国银行界前途之危机》，戴铭礼笔记。主要阐述金融业两大危机：（一）公债买卖。"银行营业当以投资商业或由钱庄放

与商人为主旨,不应买卖公债来冒危险。"(二)发行纸币问题。"以纸币换货物,还不在现洋上面,所以真正之商业银行大受其亏。因为军阀之银行滥发钞票,永不回行。于是愈发愈多,充斥市面,而商业银行之地盘尽被占据,如今日之东三省然。"《银行杂志》第1卷第21期,1924年9月1日出版;《马寅初演讲集》第二集;《马寅初全集》第二卷,第329页

同月 于武昌中华大学演讲《金法郎问题》(又名《金佛郎问题之研究》),萧贞昌、蔡正梗笔记。剖析中法之间金法郎事件起因与所引发各种观点及利弊。《现代评论》第1卷第12期,1925年2月28日出版;《马寅初演讲集》第三集;《马寅初全集》第二卷,第306页

同月 于武昌中华大学暑校演讲《无确实抵押品之内外债问题》。谓"中国现在最危险之问题,首推无确实抵押品之外债,而内债次之。盖外债不还,则有破产之危险;内债不还,则失国家之信用。"分析中国内外债诸项荒唐数据,指出头痛医头之"整理"无济于事,要害在于"贫穷之政府,当尽押绝,借债无门,除卖国而外,别无筹款之法"。《马寅初演讲集》第三集;《马寅初全集》第二卷,第285页

10月

10月10日 发表《一年来之金融》。就1924年金融界所发生重要现象与事件以及来龙去脉、历史影响,一一评述:(一)上海票据交换所;(二)银洋并用问题;(三)宁厂规元成色低减问题;(四)上海钱庄领用中钞问题;(五)香港华商银行搁浅后之影响;(六)京沪金融恐慌。《申报》;《马寅初全集》第二卷,第313页

同月 为王怡柯[1]编译《货币学》作序。"美国经济学者肯列所著之《货币》一书(Money, by David Kinley),久供美国各大学诸生研攻之助,与夫吾国各大学诸生普读之本。王君怡柯取而汉译之,征序于余,余深维是书之要,在包罗万端,可谓之为货币学概论,非他书之专论一面者可比,其于今日吾国经济思想界,必大有裨益焉。"该书大体根据美国肯列(David Kenley)《货币

---

[1] 王怡柯,河南大学法学院院长,中国经济学社社员。主要论著有《货币论》、《农村自卫研究》。

学》著作编写，并加之以作者本人搜集中国材料及有关中国币制史论述。王怡柯：《货币学》，商务印书馆1924年10月出版；《马寅初全集补编》，第416页

11月
为南洋大学经济学会《经济学报》创刊号题写刊名。影印件

12月
12月19日　于北京政治学会演讲《最近中国经济恐慌之根本原因》（又名《十三年中国经济恐慌之根本原因》）。原稿系英文，由《银行月刊》译出。认为："此次恐慌之解释，金融专家及报纸所述，均不足以阐明其真谛。"真正之原因，"实基于中国发行银行为自杀的竞争发行，在挤兑袭来之时，准备现银，往往不足应付。盖发行银行经由钱庄之手，滥发钞票于金融市场。易言之，以钱庄为交易之中间，而无限制发行其钞票也"。《银行月刊》第5卷第1号（四周年纪念号）；《马寅初演讲集》第三集；《马寅初全集》第二卷，第300页

12月25日　发表《收回权利与关税问题》，童蒙正笔记。从多个方面阐述关税收回之重要，主张逐步次第收回关税自主权，"关税权不收回，中国实业永无发达之望"。《银行月刊》第4卷第12号；《马寅初演讲集》第三集；《马寅初全集》第三卷，第346页

1925年（民国十四年）　44岁

1月

1月1日　为王效文[1]等《保险学》作序。该书分总论、寿险、水险、火险四编，讲述保险之源流、沿革、制度程序，各种保险之利弊，保险费之计算及契约之订立等。"国人固有步武西人而营保险业者矣，然本因社会不明保险之原理，三十年来仍未见有大效也……（本书）使国人知保险之性质与效用，不复以诈欺虚浮之业目之，冀收互助之效，其有益于社会岂浅鲜哉？"王效文、孔涤庵：《保险学》，商务印书馆1925年2月出版；《马寅初全集补编》，第419页

本月　为陈其鹿《统计学》作序。指出："夫我国夙称文明，禹贡九州之时，去今有四千余年；当时西洋诸国，未离猿狁之风；而至近代，蒸然丕变。学艺蔚兴，文野强弱，彼此易地，其故何哉？盖中国数千年以来，科举之毒，深中于人心。士大夫狃于旧习，每立一言，不求参证于事实，但求其为先圣之所曾道；一若先圣之言，可以穷天地亘万世而毫无疑义者，何其俱欤！遂至真理愈晦，学术愈衰，而国以不竞。西洋则不然，虽一理之微，一物之蕴，一言之立，一策之行，必绳之于事实，证之于计数，求其精确至当，然后心安而理得。"陈其鹿：《统计学》，商务印书馆1925年1月出版；《马寅初全集补编》，第417页

3月

3月5日　《北京大学日刊》公告："马寅初现住酒醋局勤良巷三号。"

本月　《马寅初演讲集》第二集，由商务印书馆出版发行。选录1921年11月至1924年1月演讲文章《以科学眼光观察中国之财政与金融》、《一年来

---

[1] 王效文，浙江黄岩人，北京大学法学士，曾任北京法政学校、浙江法政学校、上海南方大学、复旦大学、东吴大学等校教授，1935年任太平洋保险公司设计部长，著作颇丰，由马寅初介绍入中国经济学社。

之金融》等45篇。

  同月 发表《出洋学经济与商科的留学生应有何种预备》，蔡可选笔记。以自己经验与观察，引导出洋学子修炼九方面素养：（一）写信及书法；（二）了解、关心"中国社会经济情形"；（三）注意习惯；（四）讲究交际；（五）明白人情；（六）抱定能牺牲的精神；（七）宜往商业发达的地方；（八）使社会上一般人明白经济学；（九）预备领袖人才。《马寅初全集》第二卷，第339页

  同月 发表《吾国公司之弊病》。参照欧美公司治理模式，考察中国公司治理状况，指出其几种通病：（一）公开之公司，因"股票极易自由授受，购股之人只求目前一己之利益，不顾日后公司之危险，至于公司事业之发展与否，以及公司寿命之永久与否，于彼更觉淡漠"；（二）公司之改进重外表而轻"营业之内容"，"公司当以信用为最关紧要"；（三）未与银行、交易所建立投资、担保之信用关系；（四）公司所定"不一定"之"官利"，"容易别生枝节"，引发股东"种种疑虑"；（五）公司"创办之人无专门知识，复不肯求教于人，办事疏忽，不知利害之关切，擅用股款，以图肥己，侵蚀公资，以入私囊"；（六）吾国人民素好赌博与投机，惟投机为赌博之尤者。《马寅初全集》第二卷，第418页

  同月 发表《吾国新式银行之准备金问题》。认为中国银行之准备金，参照欧美银行百分之十五至百分之二十标准，"似太薄弱"，其原因为：（一）钞票流散之不远也；（二）银两习惯未除也；（三）交通之不便也；（四）存款之时常提取也；（五）小钱庄之取巧也；（六）吾国商业银行之贴现业，尚未发达，即有健全之中央银行，亦无济于事也。"就以上诸大端而观，吾国新式银行之准备金成数，实不得不较欧美为高。"《马寅初全集》第二卷，第382页

4月

  4月16、17日 于中国大学讲演《中国对俄国之关税新约应如何订定》，童蒙正笔记。时中俄会议行将开幕，有望重新讨论中俄经济关系，因研究此事并提出建议，力图在关税方面维护国权。分五个问题阐述：（一）中俄关税之概况；（二）各国之关税制度；（三）货物分类之重要；（四）货物分类之标准；（五）税率之分类。坚持争取"完全之关税主权"：（一）自主权；（二）税

率能自由伸缩；（三）收入能自由增减。"我国并一而无之。其影响在各方损失之大，何可胜计。此次中俄恢复邦交，关于关税之订定，吾人固不敢望有完全之国定；而完全之协定，则须反对者也。至少限度，当采取德国、日本所行之国定、协定税率。"《银行月刊》第 5 卷第 4 号；《马寅初全集》第二卷，第 517 页

4月18日 致信《晨报副刊》编辑："许先生之笔述详尽透达不胜钦佩。许先生笔记只有一点小错，揭之于下。"特别点明，这些小问题或许是"由于弟口述不清所致，其错未必一定在许也"。4月19日《晨报副刊》；《马寅初全集补编》，第 585 页

本月 夫人王仲贞于北京生长子本寅。马本寅毕业于复旦大学。1948 年由翁文灏介绍任资源委员会水力发电总处钱塘江勘测处甲级公务员；1950—1951 年于哈尔滨大学攻读研究生；1951—1952 年留学列宁格勒土建学院；回国后任建工部北京工业建筑设计院工程师、北京市第五建筑工程公司高级工程师，北京市政协委员，为享受政府特殊津贴高级工程师。妻卢立理，为同盟会员、中华民国嵊县首任县长卢梅卿孙女，长期供职外贸部。育有二子：思一、思中。

5月

5月20日 商务印书馆广告："马博士之演讲集第一集出版后风行一时，兹博士又集其两年来在各大学之讲稿四十五篇续为第二集，此集所论多为目前之财政经济问题亟待吾人解决者，其中又有关于经济学原理之文数篇……亦研究经济学者之极好参考资料也。"《申报》

5月23日 为《中国国外汇兑》撰写自序："故关于国外汇兑之种种问题，华商莫知其详也，国人莫名其妙也，即老于钱业与银行业之人，亦不明其究竟也。兹为揭破国外汇兑奥妙起见，特著是书，一以供国人应用之知识，一以备学者研究之资料。虽不能谓发挥尽致，亦足为将来深造之基础焉。"此为自美归国后第一部专著，故于扉页题"先严庆常府君纪念册"。全书十六章，十余万字。介绍国外汇兑的原理及各种业务知识，并对中国国外汇兑业务详加叙述：（一）吾国国际汇兑上之银；（二）吾国国际汇兑之根本要素；（三）各国电汇与即期汇兑银行卖价计算法；（四）银行信汇与跟单押汇；（五）委托购买

证；（六）办进出口货之方法；（七）各国远期汇票银行买价计算法；（八）天津对各国之汇价计算法；（九）上海天津对各国之汇兑计算法（续）；（十）横滨对各国之汇兑计算法；（十一）上海之间接汇兑（或称三角汇兑）；（十二）上海标金与国外汇兑之关系；（十三）香港币制；（十四）国外汇兑记帐法（上）；（十五）国外汇兑记帐法（中）；（十六）国外汇兑记帐法（下）。《中国国外汇兑》，商务印书馆1925年12月出版；《马寅初全集》第三卷，第152页

本月　当选中国经济学社副社长。中国经济学社第二届年会于北京举行。刘大钧连任社长，吴泽湘、杨培昌、赵文锐、金问泗、卫挺生、陈长蘅、程万里当选理事。先生建议并推动学社修订社章，增加"赞助中国经济界之发展与改进"之宗旨，以求主动参预国家政治、经济之决策。吴育园：《中国经济学社略史》

6月

6月5日　于北京民国大学演讲《中国国家税与地方税之划分》，许兴凯笔记。从：赋税在财政上之重要、民国二年之《税法（草案）》、《宪法》中规定之划分法、划分之标准何在、《宪法》划分之说明、划分后困难之补救等六方面，论述中国分税现状及其弊端，主张："国家税与地方税既然分开，中央与地方，所各应办之事，自亦须分开。""省之所有，只契税等少数收入，而应办之事又甚多，如何是好？吾以为对于此种困难，应当将国家税之一部，如烟酒税等，由中央征收，再分派之于各省。"6月9、10日《晨报副刊》；《马寅初演讲集》第三集；《马寅初全集》第二卷，第435页

6月10日　于湖广会馆演讲《中英日之经济关系》（又名《中英日之经济的关系》），许兴凯笔记。鉴于社会上抵制英日货情绪日涨，从分析国内航线、关税、盐税、进口货、机器、海产、交易所之取缔及码头捐之批评等领域间中英日各自经济比重及纠缠关系，说明："有人以为反对码头捐，是为商人，其实不然。捐大则物价贵，吃亏的仍是中国人民！诸君抵制英日货的时候，要知道哪一种货是英日货物，最好是把'商标公报'拿来一查，便可以知道。"6月14日《晨报》副刊沪案特1号；《马寅初演讲集》第三集；《马寅初全集》第二卷，第442页

6月13日 演讲《上海不宜继续罢市》。"五卅"事件引起举国愤懑,商人罢市、工人罢工、学生罢课,局势严峻。先生因多方演讲、撰文,申明己见:"此次上海英捕惨杀华人案发生后,举国哗然,上海罢工、罢市以示威,全国罢学以表同情,物质上损失虽大,而精神上之得益实不小。"然"罢市可暂而不可久,况上海为全国金融之中心,商业之枢纽,一旦罢市,不啻全国罢市,影响于国家财政,国民生计,至深且大。""今日吾国对英、日之惟一武器,是实行抵制英、日货……欧洲各国自大战以后,各采取保护政策,提高关税以阻外货输入,而德、奥、俄等国,又因元气斫丧,不易恢复,对于英货,无购买能力,故英国剩余之货物,不得不销之于东亚,以中国为尾闾。倘我拒绝其货,势必陷兰开斯于万劫不复之地,工、资两党,必群起向英国政府责问,英国政府之命运,危乎殆矣。英国政府不怕华人抵制,乃畏本国工、资两党之捣乱,此抵制英货之秘诀也,望国人共起而图之。若夫上海罢市,则自杀之道,幸勿坚持。"《马寅初演讲集》第三集;《马寅初全集》第二卷,第451页

6月15日 于北京大学演讲《如何提倡中国工商业》。"吾之主张,以为欲图富强,必振实业;欲振实业,必予以保护;欲予保护,非取消不平等条约与收回关税自主之权不可。欲收回海关,不能仅凭外交,必须先予英、日以经济上之损失,使之有所觉悟,易就我范,纵令英、日顽强,不肯修改条约,亦可以久长之抵制,代保护关税。"具体提出保息、减收运费、创办铁路押汇、组织国货商场、劝导及减免税捐等六条措施。7月3、5、6日《晨报》;《马寅初全集》第二卷,第471页

同日 发表《以抵制英日货代保护关税》。阐述:中国"不仅一国之殖民地,乃列强之殖民地也。其经济上之地位,远在印度、埃及之下,岂不可悲?为今之计,惟有排斥英、日之货,以为收回关税之替代。盖保护关税之目的,在培养实业,使之基础巩固,不致受他国之攻击而动摇。排斥外货之用意,直接予敌人以痛苦,间接予国货以销路,且使之日益勃兴,足供本国全部之需要。是其目的与保护关税相同也。列强既不肯以主权还我,我惟有另辟途径,以求达到其目的耳"。《晨报》副刊;《马寅初演讲集》第三集;《马寅初全集》第二卷,第454页

6月16日 应北京交通大学学生邀请,为"沪汉惨案"发起筹款援助,

演讲《保护关税筹款方法与抵制英日货物》(又名《筹款方法与抵制英日货》),米世珍、丁越鸿笔记。针对社会上种种振兴民族工商业之筹款方法,提出设想:"第一,特别捐——一面用扣薪办法(stop at source),说明暂时适用,无永久性质,与所得税不同;且声明直接汇往上海,不入军阀之手。其方法则由学校或机关直接扣除一次或两次,并规定每百元以上扣若干,二百元以上扣若干。而其他一方面,则专向家资数千万元之军阀捐助,如徐世昌、孟恩远、陈光远、王占元辈,一一募化。第二,纪念邮票——人居两地,遇有事故,势必借书信以通声息,不能因为邮费贵了就不写信;如寄往上海是三分,现在我们可以加一分。既无害于邮政,实有利于邦国。并可特印沪案纪念邮票,加印当日惨状,使见者触目惊心,爱国心油然发动。其功效当不止可以筹款而已。第三,电影及戏院附加捐——上电影戏院去的,大半是些阔佬,他们都有戏剧的嗜好,决不会因为门券增价,就不去看。第四,军饷附加捐——端午节快到了,张、冯都须筹措军饷。我们请求彼等除军饷之外,每人多筹一百万元,想必是可以的;因为他们断不能说'我们只晓得筹军饷,不管你捐不捐'"。附带谈及:"现时有许多学生,仍然在马路上拦阻行人,不管他能捐与否,非捐不可,甚至把人家买点心的钱都捐了去,未免无理;遇着汽车,大家就把它包围起来,要强迫纳捐。尤可恶者,无论捐钱多少,都不给收条,何足取信于人?这是很足以引起反感而有玷学生名誉的——其实所得也不多,我希望这种办法,以后要停止才好!"6月23日《申报》;《马寅初演讲集》第三集;《马寅初全集》第三卷,第326页

6月20日 发表时论《总罢市、总罢工之足以自杀》。针对"五卅事件"后所盛行总罢市、总罢工、总罢课之主张,认为其后果不堪:(一)汇兑飞涨,洋商获利也;(二)金融纷乱、倒闭频仍也;(三)生产停滞,坐以待毙也;(四)物价腾贵,民不聊生也。最终受害者还是民族工商业及百姓生计。《现代评论》第1卷第28期;《马寅初全集》第二卷,第458页

6月25日 发表专论《上海租界之历史及其性质》。指出:"上海租界之性质,与天津、汉口、广东稍有不同之处。上海租界,不过系中国政府划出一块地,以便外人居住通商之用,一切主权,仍属中国。"故而"当五月三十日惨杀案发生之际,倘我国有强有力之中央政府,即可遣兵入租界,代为维持秩

序，并保护华人生命财产。乃政府诸公始终视沪租界与津、汉无异，遂失此良好机会"。《银行月刊》第5卷第6号；《马寅初演讲集》第三集；《马寅初全集》第三卷，第320页

6月27日 发表《不平等条约于我国经济上之影响》，系北京师范大学演讲稿，许兴凯笔记。认为"不平等条约中影响我国经济最大的，是（A）领事裁判权；（B）对外贸易取缔权。因为外人在中国有领事裁判权，不服从中国的法律制裁。因为中国关税系协定的，关税入口税率值百抽五，不能增加。且又有出口税亦是值百抽五，可谓不通之极。中国没有权力可以取缔外国货物的输入，一切在经济的损失就因而生出来了"。6月27、28日《晨报》副刊第1214沪案特号、1215号；《马寅初演讲集》第三集；《马寅初全集》第二卷，第462页

本月 为童蒙正著《中央各省财政概况及整理循序刍议》作序。该论著完成于1925年5月15日。《银行月刊》第5卷第5、6号

同月 于清华学校及北京师范大学演讲《中国预算之缺点》，金嘉斐笔记。从学理结合现状批评中国预算及预算制度：（一）预算分两种：一曰纯计预算，二曰总计预算。（二）国家大政方针，皆由预算表示之。外国开国会，由当局说明增减理由，审查、通过预算，议会方能监督政府实施。中国国会，则未曾注意于此。（三）财政之整理，必须以财政监督之程度如何为前提，若监督不严，整理亦难。审计院长由大总统委派，为大总统属下官吏，并非独立机关，实为虚设机关。（四）中国预算，不但制度未善，即预算中之科目亦皆不妥。（五）宪法上所规定关于预算者，颇多矛盾。"上列五端，不过就中国预算制度缺点之大者言之。然即此五端，已足使中国之预算制度不能实行，而吾人于此，又可知中国之财政问题。"《清华学报》第2卷第1期；《马寅初演讲集》第三集；《马寅初全集》第三卷，第331页

7月

7月17—19日
当选北京各团体与各校沪案后援会主席团主席。北京各团体与各校沪案后援会于北京大学第三院第四教室召开国民大会，筹备会推出主席团主席。被推者为易培基、李石曾、徐谦、顾孟余、周鲠生、马寅初。7月20日《申报》

7月25日 发表专著《汇丰银行》。深入研究英国汇丰银行特点、功能及对中国经济巨大影响。全书分四节：（一）汇丰之实力与弱点（根据汇丰六年中之贷借对照表而讨论之）；（二）汇丰之钞券发行（今日拒用汇丰钞票之声，高唱入云，其实汇丰之势力，不在钞票，乃在支票）；（三）汇丰如何操纵我国国外汇兑（国外贸易多由洋行经手，而洋行多靠汇丰）；（四）汇丰如何得铁路借款、政治借款之特别权利（与怡和组织中英公司专司其事）。"综以上所述，可知英国之侵略政策，无论在政治方面、交通方面与贸易方面，无非欲以中国为贩卖商品之尾闾，吸收中国原料，与之交换制品。故出口者为贱价之生牛皮，进口者为贵价之皮带、皮鞋与皮箱；出口者为羊毛，进口者为极贵之哔叽、绒毯与直贡呢；出口者为铁沙，进口者为贵价之铁条、铁链、铁管、铁锚等。如是出口之货，其价贱，进口之货，其价贵，故吾国年年居于进超，若欲反进超为出超，非提倡工商业不可。不然，吾国将永为原料之供给者，与制品之消费者。但欲提倡工商业，非收回关税主权不可。但关税主权，一时不易收回，故非以抵制英日货，代保护关税不可（但鄙人并不主张采用美国之极端保护政策，理由详《关税特别会议问题》一篇）。"《银行月刊》第5卷第7号；《马寅初全集》第三卷，第1页

7月29日 就中华教育改进社帐目致书张伯苓："承嘱查帐，已遵示于本月二十九日就收支报告表，逐项查核无讹。"《新教育》第11卷第2期，中华教育改进社1925年9月出版

本月 于京兆公署演讲《吾国之财政适合于对外宣战否》。从三方面剖析：（一）财政之现状；（二）财政之制度；（三）财政之基础。结论"吾国倘不整理旧税，实行新税，永无对外宣战之可能"。"中国之金融界，犹如一盘散沙，未及宣战而乱矣。"《银行月刊》第5卷第8号；《马寅初演讲集》第三集；《马寅初全集》第二卷，第485页

同月 于山西青年会演讲《中国农工商矿之状况》，赵晋承笔记。分析农、工、商、矿四业现状后认为：四业，矿只剩一半；大工业是没有的；农，仅以豆、茶出口，棉则沦为原料供给市场和熟货销售市场；商业因进口关税低而难以发展。《马寅初演讲集》第三集；《马寅初全集》第二卷，第501页

8月

8月4日 发表记者讲话，陈述反对关税会议之理由。8月5日《申报》

8月17日 赴山西大学出席中华教育改进社第四届年会。到会者张伯苓、熊希龄、冯振邦、胡适、王正廷、黄炎培、陶行知等。《申报》

8月18日 抵达太原。8月19日《申报》

8月19日 中华教育改进社董事会议，因故缺席，先由熊希龄主席报告：请马寅初先生审查十三年帐目无讹，有马寅初先生审查函为证。后由社长张伯苓代读财务核查报告："逐项查核无讹。"中华教育改进社《会刊》

8月20日 上午，出席中华教育改进社会务会议及学术会议。

下午，演讲《不平等条约与经济关系》（又名《不平等条约与中国经济之关系》），郭任之笔记。以翔实资料，从中国受列强经济侵略五大主要领域：租界、领事裁判权、协定关税、轮船、铁路，阐述中国民族经济深受压榨、难以发展之痛苦。8月21日《申报》；《马寅初演讲集》第三集；《马寅初全集》第二卷，第509页

8月23—28日 赴苏（江苏）、宁（南京）等地演讲。《新教育》第11卷第2期

8月31日 报载："前者上海学生联合会设办夏令讲学会，曾邀请中国银行总发管理马寅初来沪演讲，嗣因马氏公务浩繁，不克如期来沪。昨日学联会接马氏来函，定于九月三日由京起程，除途中稍有勾留外，准于九月十日抵沪，十一日即可开始演讲。闻马氏此次来沪之意，欲使工商学三界对于吾国经济情形，益加明了，并与实业界、商界领袖交换意见。附马氏所定讲题于后：（一）资本家之对于工会与工人之对于资本家；（二）此次罢工非阶级战争，乃种族战争；（三）中外经济关系之重要基点；（四）中国经济上之大危险；（五）列强在中国经济侵略之方法；（六）关税主权不收回中国实业无望；（七）英国之过去现在与将来；（八）中国之金融适合于对外宣战否；（九）中国之财政适合于对外宣战否。"《申报》

本月 共产党人漆树芬以政治经济学新作请益先生。阅后认为，内容可佳，但书名稍嫌刺目，建议契合书之内容改为《经济侵略下之中国》。该书原名《资本、帝国主义与中国》，1925年3月由郭沫若写序，郭将书名改为《帝

国主义铁蹄下的中国》。1925年10月该书由上海光华书局出版，封面为马寅初题写"经济侵略下之中国"，扉页系书法家萧娴原先所题"帝国主义铁蹄下的中国"。影印件

9月

9月8日 报载："总商会添聘关税会议委员"，同时添聘王介安、赵晋卿、马寅初等十人"参与委员会共同研究"。"闻委员会会议时间，定于即日起，午后一时至二时，在总商会内云。"《申报》

晚，抵沪。"马寅初博士，已于昨晚快车到沪，暂寓中国银行。将于十一日下午起，在陆家浜职工教育馆演讲。惟演讲确定时间，俟今日与学生会接洽后再定云。"9月9日《申报》

9月9日 出席上海总商会关税会议委员会全体大会。委员有：王晓籁、劳敬修、顾子槃、何积璠、沈燮臣、宋汉章、吴蕴初、王介安、赵晋卿、马寅初、徐沧水、钟紫垣、盛灼三、施伯安、冯少山、叶惠钧、闻兰亭等。《申报》

9月10日 于上海职工教育馆演讲《中国经济上之大危险》，姚志崇笔记。"马寅初博士，此次应上海学生联合会之邀，来沪演讲。本定十一日开始演讲后，以学生联合会所登广告，载明十日在职工教育馆开讲，马氏不得不勉允其请。""知前所定之《雇主与劳工》一题，易起各方误会，遂不能不略事变更。"9月11、12日《申报》

9月11日 应上海总商会邀请加入关税委员会，"兹悉总商会以马君对于关税，素有研究，故特备函，请其随时莅临该会所组之关税委员会，发抒宏论，共同讨论，以咨研究云"。《申报》

9月12日 上午，于上海职工教育馆演讲《关税问题之讨论》，徐恒耀笔记。9月13日《申报》

下午一时半，出席上海总商会关税委员会会议。报载："次请马寅初演说，马君因另有演讲之约，不能久留，仅略述北京政府及各界对于本届关税会议之趋向后，会长方椒伯请马君书面指示意见，马首肯，旋先退席。"9月13日《申报》

下午二时至四时，于上海职工教育馆演讲《中国商人之痛苦》。《申报》

9月13日 于上海职工教育馆演讲《中国财政之紊乱》，姚志崇笔记。指出："今我国财政情形，五花八门，光怪离奇，实属腐败已极，岂仅谓之紊乱已哉。"继从预算、赋税、募债、征收方法、监督机关、决算等方面揭示中国财政紊乱原因及黑幕。特地说明近年何以注重演讲："余在美国留学，费去许多光阴脑力，著成《纽约市的财政》一书，当时窃以为所见不差，归国后必能应用。然一入国门，则情形悉变。而所著之书询之国人，皆茫然不知。盖本国情形大异，此书不适用也。余受此挫折，决计不再从事著不适国情之书籍，专以演讲宣传，评论事实，颇见成效。" 9月15日《申报》；《马寅初演讲集》第三集；《马寅初全集》第三卷，第36页

9月14日 上午，于上海职工教育馆演讲《中国关税自主》。

下午，出席上海总商会关税委员会会议。9月16日《申报》

9月15日 上午，于上海职工教育馆演讲《中国经济之分裂》，姚志崇笔记。报载："马寅初博士在上海职工教育馆演讲，本定十八日截止。兹以本埠各学校及杭州苏州无锡南京各处，函电分驰，邀请演讲，而马氏以京务纷繁，又不能多时在外。故决定在职工教育馆之演讲，于今日作一结束。"9月15日《申报》；《马寅初演讲集》第三集

下午三时，于上海澄衷学校演讲《经济要素》。首由主席曹慕管致辞：扬子云：《法言》有云，学行之上也，言次之也，教人又其次也，咸无焉为众人。务学不如务求师，师者人之模范也。模不模，范不范，为不少焉。马先生行、言、教三者俱全，庶几人师，吾人得于今日联瞻其言论，亦足以为模范。先生着重指出："中国重大问题，盖在内不在外，更非所语于共产与反共产也。中国不特资本缺乏，且无真正之资本家。其在外国人必先以实业致富，然后为官，在中国则适反之。试观今日大公司之股东，泰半属于武人、官僚，思过半矣。且夫今日中国之人民，殆无一不受武人荼毒，而商人为最。""今所交易，乃为有害之军火，杀吾国民，毁我财富，则中国安得而不贫？然而此又武人之必需物也。故中国贫穷之根本，实起于军阀。吾人努力合作所应打倒者，乃军阀，非资本家也。中国无所谓资本家。即有之，亦军阀之牺牲品耳。其境遇之苦，与劳动无异。" 9月17日《申报》；《马寅初演讲集》第三集；《马寅初全集》第三卷，第42页

晚，出席银行学社第十五届年会并演讲。到会者除社员外，来宾有徐新六、谢芝庭等。主席朱博泉述欢迎马寅初博士及郑莱君之意，马、郑二君依次演讲毕，会议通过两条议案：（一）关税自主；（二）关款必须存入殷实之华银行。9月17日《申报》

9月16日　下午，出席上海中国公学及国立自治学院开学典礼并演讲《中国劳资问题》，祝平笔记。先由张东荪致词："今日我校开学，所欲报告者甚多，但最可喜者，即本校聘请专任评阅论文之教授马寅初博士居然能来沪与会是也，并可赐吾人以深满之教训，实属巧遇。""价值（value）为经济中最重要部分，而说明价值起因之理论，则有多种。有曰生产费说（cost of production theory），有曰再生产费说（cost of reproduction theory），有边际效用说（marginal utility theory），而马克思与李嘉图同为主张劳力说（labor theory）者，实则李嘉图并不以劳力为价值之唯一元素（only element），盖其时机器已见发明，而机器即资本之一种。故李氏决不仅以劳力为唯一元素也。马克思乃单引其劳力之说，以自成其所谓马克思学说焉。""吾国学校，太重书本。所讲者俱属外国学说，所引者俱属外国事实。故学生脑中所得印象，仅为一种'完整的系统'（perfect system）。及一睹本国经济状况，即觉千差万别，头绪纷繁，自然大不满意。既不能得相当之解释，又不暇作精深之研究，于是相率而趋于主张共产之一途矣。""余仅略窥中国经济状况，而有人即指余为资本主义者，实则余不过实事求是，对本国经济情状，略事研究而已。故称余为经济学者（economist），余或可当，若目余为资本主义者则实不敢承。""社会最大之幸福，须使财富普遍于全民。然欲达此最大之幸福，必先有多量之生产，而欲谋生产之发展，则必予以充量之自由。故一切军阀之障碍，须铲除净尽。故现在中国之问题，不在共产与非共产，而乃在军阀与非军阀也。"9月17、18日《申报》；《马寅初演讲集》第三集；《马寅初全集》第二卷，第513页

9月17日　应杭州银行公会邀请于浙江教育会及省立中学演讲《五卅事件后中国经济上之损失》，徐兆荪笔记。认为："五卅事件吾国所得之利益，乃系精神的，而非经济的。……但精神是精神，不足与语乎经济上实在之财富。……故抵制须自有实在之物，利用精神以为之，始有利益之可言。若如吾国缺乏资本与人才，则徒受损失也。欲谋资本充裕，一须国内停止战争；二须

奖励资本。吾国现处生产时代，若乏资本，则各业均无振兴之望。至若人才则全恃青年，须如外国之发明家迭起无穷。但欲发明须有深湛之研究，欲深湛研究须有专事学问之青年。仅手执打倒资本主义之旗帜，何补于实际。故就经济而论，吾国目前所应提倡鼓吹者，一为资本——有形之物；二为人才。"9月21日《申报》；《马寅初演讲集》第三集；《马寅初全集》第三卷，第65页

9月19日 由杭返沪，即应上海中国银行与交通银行等邀请，演讲《中国银行为何不能行贴现》（又名《吾国何以不能施行贴现政策》），吕越祥、邹君斐、唐惟梁笔记。报称："今晨九时三十分，马氏偕北大学生姚志崇君北上，沿途尚须至苏州东吴大学、无锡锡社、南京东南大学演讲。马氏至宁后，将乘轮应武昌、长沙、九江三处之演讲，惟时局不靖，或许中止云。"文曰："余前晤交通银行总理梁燕孙先生，谈及贴现政策，彼颇有意提倡。今特以此为题，借以研究。一国之中央银行，即所谓'银行之银行'，自当实行此'贴现政策'，惟因经济上、财政上及法律上之关系，有不能见诸实行者，爰为分述如下。"（一）发行不统一；（二）国库不统一；（三）票据之不适宜；（四）拆票办法之不宜。"此不能施行贴现之原因四也。再者鄙人对于统一货币，从前主张先废划头银、汇划银，次废两用元，末则改为金本位。但此次鉴于沪上发现民三恶币，觉从前论调尚非其时。盖公估局信用甚著，商家所用之九八规元，以公估局之批示为标准，确定无差，中外乐用。若处此军阀势力之下，而提倡用元，既有民三之劣币私铸，则此后民四、民五难保不继续发现，是故废两为元，徒为彼等辟一发财之途径，何必多此一举哉。"9月21、23日《申报》；《马寅初演讲集》第三集；《马寅初全集》第三卷，第338页

9月29日 《北京大学日刊》布告：马寅初十四年至十五年度课程：二年级"货币"、"银行"；三年级"财政学各论"；四年级"保险学"。

本月 应上海光华大学校长张寿镛邀请，演讲《关税问题》。为光华大学成立后首位受邀讲演名家。馆藏

同月 为北洋大学卅周年校庆题写祝词："巍巍大学，创于析津，中西一贯，化洽作人。回忆曩岁，身受陶甄。春风入座，善诱循循。人才蔚起，雅彦彬纶。时经卅稔，历久弥新。用刊崖略，事迹披陈。以垂不朽，永寿贞珉。"《国立北洋大学卅周年纪念册》

10月

10月3日 偕胡适、王世杰、周鲠生同住武昌草湖门大街静宜别墅郭秉文家。《胡适全集·日记》"南行杂记9月"

10月4日 偕胡适、周鲠生由武昌至汉口。

晚,同赴汉口银行公会欢迎宴。会上演讲《中国关税问题》,戴铭礼笔记。认为:"夫关税自主真正之困难,对内言之,则厘金之不易裁撤是也。""对外问题,以现状言之,外人之不欲我有自主之关税、事实显然。""故无论对内对外言,欲达到关税自主,皆甚困难,今后欲期其成功,唯有借全国上下之努力,使政局廓清,统一实现,然后可以语此矣。"10月6日《申报》;《马寅初演讲集》第三集;《马寅初全集》第三卷,第69页

10月5日 偕胡适、周鲠生于汉口精武会演讲。10月6日《申报》

武昌大学教授李翊东致胡适函:"马寅初先生、周鲠生先生,政治经济学问是很有名的,湖北请来讲一次,又请来讲一次,我们一次受的益更比一次多的。"《胡适来往书信选》,第350页

10月22日 于北京大学演讲《营口由银码头渐变为空码头之原因及其经过》,沈文笔记。认为:"炉房以放出银码过多,往往架空图利,到卯挤兑,因而倒闭叠见,牵动市面。至甲午而中日战,庚子而拳匪乱,营口地处辽东,当然较之江南,影响尤烈。但因百足之虫,虽死不僵,故逐渐尚能恢复原状,然原气已伤。俄而日俄又战,营口为军旅所经,受害甚大,从此遂一蹶不振矣。加之商业中心转移大连等因素,营口金融业逐渐衰微矣。"《马寅初演讲集》第四集;《马寅初全集》第三卷,第44页

10月23日 于北京欧美同学会发表演讲《关税特别会议》。以详细调查数据逐项说明中国各类商品失去关税保护之损害。最后指出:"可知今日中国之问题,非极端之保护政策问题,乃取消不平等条约之问题也。不平等条约取消之后,中外立于平等之地位,中国实业已得一极大的帮助,可以与外资竞争。至于极端保护政策,一时尚谈不到也。即今日有保护之必要,亦当出以谨慎,若不问皂白,一切实业,皆予以保护,则为害非浅,可不慎乎!"《银行月刊》第5卷第11号(关税会议号),11月25日出版;《马寅初演讲集》第三集;《马寅初全集》第三卷,第50页

10月31日 与在京教授50多人讨论成立研究关税自主团体。报载：10月31日午后六时，北京大学教授马寅初等50余人，在南池子欧美同学会开会，讨论关税自主问题。议决数项：（一）推定筹备员，约在京教授为发起人，函约各大学教授，组织一单纯的研究关税自主团体；（二）将从前关税种种束缚，及现在研究所得，宣布国民，俾知真相；（三）随时向外国国民宣传，引起对我同情；（四）帮助并督促中国出席关税会议代表，将以前种种束缚取消，力求做到关税自主；（五）本次会议如不能做到自主，本团体应当唤醒国民，一直反对；（六）此项团体系单纯研究关税自主问题，不涉及他事；（七）推定马寅初、陈翰笙等九人为筹备员，负责联系各校及其他筹备事宜。《各大学教授运动关税自主》，11月2日《京报》，转引自孙家红：《通往经世济民之路——北京大学经济学科发展史研究（1840—1949）》

本月 于上海学生联合会演讲《吾国之入超如何补救》。认为，中国大额入超未以现金支付，盖缘于：华侨输入现金，宗教、医院等设施投入，借债于恶政府，外国驻军消费，外人旅游消费，外人投资于我国等六项收入填补相抵。"然其危险程度，已达极点。我人补救之策，唯一的方法，提倡工业。惟处今日之中国，只言提倡，而不事保护，焉能与外人相竞？欲求保护，非关税自主不为功。"《马寅初演讲集》第三集；《马寅初全集》第三卷，第341页

同月 于武昌大学演讲《英国之过去现在与将来》，赵演笔记。总结英国两百年称霸过程，分析第一次世界大战后所面临德、俄之挑战，以其"人民道德之堕落"、国内之分裂、殖民地之反抗，强国地位不可保也，"而将来则愈趋愈险"。《马寅初演讲集》第三集；《马寅初全集》第三卷，第75页

同月 于武昌中华大学演讲《中国缺乏资本之影响》。考察中国诸实业状况说明，"夫中国地大物博，煤铁产量素著，人工亦多。惟资本与人才两者，均甚缺乏。一旦振兴实业，非此四者俱备，不克为功"。出路在于，"当此时机，正宜提倡资本集中，借以振兴实业，抵制外资之侵入"。《马寅初演讲集》第三集；《马寅初全集》第三卷，第72页

同月 于武昌商科大学演讲《中国财政之改造》。指出，按一般财政之原则，财政与金融"界限显然，不容丝毫混乱"，"故纸币之发出，根据于实在之交易，在金融范围之内。今军阀为购军械打仗，而滥发纸币，已逾越财政界

限，而侵入金融范围。金融与财政混而为一。此种情形，危险殊甚。亟望商大学生对斯二者，加以特别注意。中国财政前途之改造，庶有豸乎"。《马寅初演讲集》第三集；《马寅初全集》第三卷，第 61 页

同月 应中华教育改进社之邀，于南京东南大学演讲《上海之工部局》，姚志崇笔记。此题曾拟演讲于上海租界内，被上海工部局阻止。故开场谓："今日所讲，为上海之工部局问题。此题本拟在沪讲演，后因地位关系，未果，我人在本国境内，而言论自由，反为别国人所监视、限制、剥夺，真是可恨！"演讲从工部局之组织，工部局中英人势力之由来，英人脑筋中之华人、英人拒绝华董之浅见，董事之失职及措施之不当，租界当局之越权行为诸方面揭示工部局真相。评曰："上海租界之行政监督，属于领事团，而执行市政之机关，则工部局也。然其中总揽一切，操纵把持者，则为英人。故谓之英人之工部局，亦无不可……即在现今之使团中，亦疑工部局之权威，几若天赋，非领事团可以控制也。"租界繁盛原因：国内政局不定，军阀四处专横；辛亥革命，武昌起义，清室官僚托庇租界；袁氏称帝，国库空虚，遂不顾国民生计，停兑钞票，中交两行地居租界，毅然拒绝，从此国内金融机关多集中租界；兵匪为祸，到处不靖，工厂实业不敢设于内地，而只好创设于租界，加之江浙两省富户羡慕租界生活，纷纷移居；中上之家，因缘战乱，亦多迁避。"军阀军阀，真今日万恶之所归。若辈一日不去，则非但我国无富强希望，且政治无入轨之日。"《马寅初演讲集》第三集；《马寅初全集》第三卷，第 80 页

11 月

月初 于上海交通大学演讲《关税自主与出厂税问题》，童蒙正笔记。针对正在中国召开关税会议之重要议题，认为："关税自主之声，现弥漫于全国；但欲求实际上之自主，现时尚难办到，须待厘金裁撤后，方可以达目的。即外人所谓承认者，亦不过承认我国有关税自主权耳。何日可能达到自主，固目前所难料及者也。唯于未达关税自主以前，须有过渡之办法，二点五附加税者，即为此过渡之办法也。兹篇所讲，即二点五附加税与关税自主之影响于实业为如何？抑于此两者以外，尚有其他之税可左右我国之实业否？"通过详细计算后主张："我国之征出厂税，乃内地税性质，关税自主固属重要，而此种内地税权

之收回，实亦有刻不容缓之图。其最善之法，固莫如修改不平等条约，将外国工厂出厂税加重，或我国工厂之出厂税免缴。"《银行月刊》第5卷第11号（关税会议号）；《马寅初演讲集》第三集；《马寅初全集》第三卷，第114页

11月5日 上午，于北京师范大学演讲《国民对于关税会议应注意之要点》，马志振笔记。痛陈："现今我国人民对于正在开议的关税会议，看得很淡薄，舆论界不大加以注意。在北京各报纸，讨论到关税会议的，只有《晨报》、《京报》，他如《益世报》等大都一声不响，上海报上满张所载的是战争的事情，不是说吴佩孚、孙传芳、齐燮元，就是讲张作霖、冯玉祥、张宗昌；对于关税会议竟看作不成什么一回事。汉口报是转抄上海报的。""以中国偌大的土地，上海《新》、《申》两报为舆论的中心，而对于如此重要的关税会议，竟缄默不言，在野人民又没有激昂的民气的表示，开会前途不是大可悲观的吗？为此兄弟不辞劳苦各处演说。""舆论是民气的表现"，因呼吁："自主案若说不能通过，将来到时间，我们自己须用革命的手段，单独宣言自主才行。"11月13日《京报》第327期副刊；《马寅初演讲集》第三集；《马寅初全集》第三卷，第108页

下午，于北京大学演讲《关税会议日美提案之比较》，姚志崇笔记。因连日演讲，开场曰："余近日身体微觉不舒，且加以声哑不能多讲，本题今晨在师范大学已讲过一次，在此处所述者虽不免稍有重复，然主要几点均不相同。""夫独立国家，当然关税有自主之权，倘独立国家，而不能自由赋课其国境内进出口之货物，则名虽独立，实等附庸。昔我国以城下之盟，结此片面的条约，束缚至今，将近百载。"进而分析日美代表之言辞，"其认我自主原则，实一种欺人手段"。"至于美国提案，其对于我国自主原则，虽后于日本而承认，且表面态度，亦不若日本之鲜明，然考其所提之条件，不若日案之苛刻难行。我为此言，非袒美也，两国着眼点所在，日则重在缔结新约，美则重在裁厘与海关保管，其间利害之不同，得失之悬殊。""日本在我国商埠附近，违约设厂，为数不少，无非贪图关税上、人工上、原料上之种种便宜。"《银行月刊》第5卷第11号（关税会议号）；《马寅初演讲集》第三集；《马寅初全集》第三卷，第121页

11月19日 于北京洋商公所作英文演讲《在中国的洋商》，孙伏园委托董秋芳翻译。从数方面阐述洋商在华之特权：（一）洋商的权利之得于现行关

税者；（二）洋商的利益之得于不法买卖者；（三）洋商的利权之得于特别割让者；（四）利权之得于外交行政处分者；（五）利权之得于政府的无利存款者。指出："现时中国正在走进产业革命和社会改造的时期了。她正需要外国专家的指导和诚意的合作。我们欢迎国外的劳动，国外的技艺和国外的资本。我们要教师和劲敌，可不要侵略者呵。"1926年3月6日《京报》第430期副刊；《马寅初演讲集》第三集；《马寅初全集》第三卷，第88页

11月25日　函谢陈光甫赠送近作，"大文拜读，感佩之至，此种文章真有价值，但不可多得"。《马寅初全集补编》，第477页

本月　于协和医科大学医院演讲《关税自主权何以必须收回》，金嘉斐笔记。文前自识："关税会议业已开幕，我国民众高声急呼。回忆一九二二年修税则时，国人多不注意，而今日距离不过三年之久，国民思想顿变，即研究医学者，与施行医术者，如贵院之教员、学生，均于此问题十分注意，可知思想界之进步。"继而从用从量税之损失、货物分类太粗之损失、规定标准年度上之损失、定价上之损失、重行分类上之损失五方面，进一步剖析收回关税自主权之理由。《银行月刊》第5卷第11号；《马寅初演讲集》第三集；《马寅初全集》第三卷，第100页

12月

12月5日　于民国大学演讲《关税会议与出口税》，许兴凯笔记。从分析欧美各国的出口税，现今的中国出口税，中国丝、茶的失败和出口税，中国出口税的来历，中国重农主义与陆路税，关税会议与出口税办法等方面，批评中国出口税之紊乱不堪，故"这次关税会议中国应当把各种出口税分别规定一次，不可仍按从前一律值百抽五"。《银行月刊》第5卷第12号；《马寅初演讲集》第三集；《马寅初全集》第三卷，第358页

12月25日　发表《关税会议与关款存放问题》，系北京金城银行演讲词，由童蒙正笔记。从（一）关款存放归入外国银行之由来；（二）金融紧迫与关款存放；（三）汇丰银行与关款存放；（四）收回关款存放之办法等四方面加以分析，结论："我国关税权若能收回，于商业上固有莫大之利益，于金融上亦可得莫大之实力。若以现今之关税制度，而欲商业之发达，银行之发展，无异

缘木求鱼。此则我商界、银行界同人宜加注意者也。"《银行月刊》第5卷第12号;《马寅初演讲集》第三集;《马寅初全集》第三卷,第129页

12月27日 发表《在中国的洋商》一文以反驳英国《泰晤时报》访员佛莱瑟之批评。北京《晨报》刊登《马寅初博士致〈北京英文日报〉及〈北京英文导报〉记者的信》。编者按:"本篇是十四年十一月十九日,马先生在洋商公所讲演的英文稿,马先生嘱托孙伏园先生在《京报》副刊上发表,孙先生再转托我译好后再送马先生修正过的。还有马先生致《北京日报》和《北京导报》的一封信,也是由我翻译出来,登在后面。"公开信评论美国审判员调查"五卅"惨案后所解释几点原因:(一)中国人在上海工部局纳了大部分的税,而在工部局没有一个董事,(二)民事或刑事案件,无论外国人是原告或被告,均经外国审判官依据外国法律裁决;(三)租界的主权之丧失;(四)不得中国政府认可,越界筑路;(五)工部局的越权管理;(六)违背条约。先生以为此论大致不错。但进而指出,中国近几十年间运动不断,国事难于入轨之主因"最重要的,是四亿五千万两的赔款,限三十九年之内付清。这笔款,连利息并计,通共是一亿四千七百三十五万五千七百二十三磅。其未抵押部分之海关税,五十里内的常关收入及盐税余额,都抵押了,作为赔款的担保。这么一来,外国的搜刮家便紧握了中国国家的财源,这种财源是中国所以生存在世界上为一个独立国家的最重要的条件呵"。"这个关于中国过去的国际关系之简单的观察,明白地表示出,其过失不在中国人,乃在外人之醉心于帝国主义的侵略。佛莱瑟君却以为在外国人取消治外法权和不平等条约以前,中国理所当做的是将国事纳入轨道。他的辩论是因果颠倒了。我的意思以为不平等条约一日不取消,中国的纠纷一日不解决,中国的国事一日不能纳于轨道。与佛莱瑟君之见解适相反。"至次年3月,论争尚延续,《京报》副刊重发《在中国之洋商》及反驳信,3月9日又发表彭学沛《读马寅初博士和佛莱瑟君辩护》,予以声援。《京报》副刊;《马寅初全集》第三卷,第93页

本月 应北京工业大学马君武校长邀请,演讲《日本之对于二五附加税与法国之对于奢侈税》,姚志崇笔记。原定讲题《关税自主与国内工业》,因"关税会议"更应引国人关注,于是改讲是题,揭发日本坚持二五附加税之用心,"故关税加至十二点五时,于彼无损,不妨送一秋波,以示亲善,其实非真正

友爱于中国也"。"而我国应归入奢侈税中之舶来品，各国多有，尤以法国最多。此次我国提案，有奢侈税与普通税之分别，将来会议税率时，必有一场争论。以我推测，法国反对必尤甚。"《马寅初演讲集》第三集；《马寅初全集》第三卷，第145页

同月 于清华学校演讲《关税会议与英日美》，姚志崇笔记。分析、比较关税会议各国提案，以为"关税会议之不能满足我国人民希望已可断言。倘各国仍用狡猾手段，附以条件承认，则此种会议，不如闭幕。此后关税政策，不必要再求各国为协议的承认，尽可单独的宣言自主。即使政府不能出此，则我人只有希望万恶之厘金，以阻止各国货物之销路。厘金固可以病中国之商人，然亦未始不可以病外国之商人也。厘金固为恶税，然若中国之并无所得税，营业税等良税，则厘金而课税合法，未必是恶"。《马寅初演讲集》第三集；《马寅初全集》第三卷，第353页

同月 于北京长老会演讲《中国厘金与外国厘金之比较》，金嘉斐笔记。比较中外厘金复杂性，以为不可断然裁撤，"果如美使所云，必先裁厘而后自主，万一裁厘自主之后，不数年中国援法国、西班牙之先例，即恢复厘金制度，岂海关税制度同时亦须恢复协定制度？须知厘金裁去之后，尚可以恢复，而海关一旦自主，断无恢复协定制之余地，则裁厘之事，实属一内政问题，毋庸外人置喙也明矣"。《马寅初演讲集》第三集；《马寅初全集》第三卷，第139页

同月 五女儿马仰峰（1925—2011）出生（张夫人生）。马仰峰于中央大学毕业后，师从徐悲鸿，后任上海美术出版社高级美编，九三学社成员。适先生好友北洋大学教授邓曰谟子邓元祥。邓元祥，中央大学毕业，中华民国时任职资源委员会，1949年后先就职于一机部，后调上海民航。育一子一女：邓康，邓苹。

1926年（民国十五年） 45岁

2月

2月25日 发表《我国银行间相互往来何以不甚密切》（又名《银行之势力何以不如钱庄》），李福星笔记。通过剖析中国商人买卖间之付款与担保关系，揭示"我国银行与银行无大往来的缘故，由于商人，钱庄与钱庄往来的缘故，亦由于商人；是商人真有左右银行、钱庄的能力明矣。不过中国商人知识短浅，头脑顽旧，不知银行为何物，信赖钱庄为神圣，所以使银行与银行本身往来的款项，亦多由钱庄经手"。《东方杂志》第23卷第4号，1926年2月25日出版；《马寅初演讲》第三集；《马寅初全集》第三卷，第314页

本月 夫人王仲贞生次子马本初，难产。马本初，浙江大学机械系毕业，1949年后任职于纺织工业部，后于国资委退休。妻唐申娟，乃先生朋友唐文献之女，供职于一机部。育有一女、二子：思润、思泽、思东。

3月

3月13日 教育特税督办公署成立。函聘蔡元培、马寅初、易培基、王正廷、胡适、李四光、沈尹默、王世杰、周鲠生等85人为参议。教育特税公署为执政府欲解决教育经费之特设机构。3月15日《申报》

本月 《马寅初演讲集》第三集，由北京晨报社出版发行。选录1924年5月至1925年12月演讲文章《如何提倡工商业》、《经济要素》等41篇。扉页记云："著书立说，第一要素，是精神上的快乐。余与王君珍蕙结婚以来，生有两男两女，皆聪明和蔼，予余以无穷的快乐。不料是集正在修改，内子忽患血崩之症。因流血过多，力不能支，百药罔效，几濒于危。幸赖北京妇婴医院山东李佳德女医士竭力主张用灌血法疗治，得庆更生。否则子女失恃，痛苦何堪。则是集出版，不知在何年月矣。用志数语，以留纪念。"《马寅初全集补

编》，第 587 页

同月 为吴士瑜《银行学》作序："回顾吾国银行，只须权要中人，向当局要求，即能取得发行之特权，宁非怪事！然此犹可以过渡时代，勉为拙解。惟当局既允其发行，而对于准备，又放任其自由，毫不加以干涉，金融扰乱，咎将谁归。论者曰：当局别有苦心，近年财政竭蹶，借债为生，利用多设银行，以便融通款项；而银行所以应当局之要求者，舍钞票外，亦别无他物，故不得不取放任主义。噫！果如是，则创造基础，无形破坏，钞票已变为纸币矣。财政金融，混合不分，欲国之富，又岂非南辕北辙乎？是书取材丰富，析理详明，举凡名词，皆以吾国商界通用为主，毫无晦混不明之弊。并引用西文，以备参考，研究斯学者，足资臂助焉。是为序。"吴士瑜：《银行学》，北京晨报社 1926 年 9 月 1 日出版；《马寅初全集补编》，第 422 页

4月

4月25日 发表《中国历年入超之解释及其危险》。考察中国与英国入超之不同，指出："吾国对外贸易，几年年居于入超。在英国有上述四种收入可以弥补，而在中国，则无以弥补。盖中国在海外既不投资，又无海外轮运及保险等事业，焉有收入以资弥补？"虽然外人在华种种投资，能弥补一些入超之收入，但外人"各种投资，其中危险性最大而且最可怕者，为外人之直接投资。现在中国缺乏资本，外资输入，援助华人创办事业，理应欢迎，岂有拒绝之理？况外资输入之时，外国技术上、管理上的方法，均与外资同来，华人可以就地学习，岂非极好之事？不过吾辈所欢迎之投资，不是带危险性的投资。从前美国亦赖英人投资，开辟富源。但管理经营之人，仍是美国人。英国人不过到时索利息而已。所以英人在美之投资，于美国有利无害。中国则不然，外人投资于中国，直接操纵一切，不仅索利息而已"。"倘中国对外贸易，年年居于入超地位，其危险真非言语所能形容，可不惧哉！现在关税会议早已开幕，国人运动关税自主之呼声甚高，此实为中国经济上之大关键。如将来外人在中国设立之工厂，中国政府可以抽收比较华人稍重的出厂税，中国货物就不难与他竞争。出厂税何以比较要稍重？因外人资本雄厚，加以精巧之机器，多年之经验，远非华人所能望其项背。但欲定较重的出厂

税，关税自主权，非收回不可。"《东方杂志》第 23 卷第 8 号；《马寅初全集》第三卷，第 367 页

5月

中国经济学社第三届年会选举产生新一届理事会，刘大钧、马寅初均连任。吴育园：《中国经济学社略史》

6月

应广东国民政府邀请，偕上海工商界人士王晓籁、钱新之、穆藕初、虞洽卿等赴广州考察新政，贡献经济政策。万仁元：《蒋介石年谱初稿》，中国第二历史档案馆，1935 年；《王晓籁五十自述》；本人文章等

期间请广州市长孙科陪同，拜访共产国际代表鲍罗廷。"从前鄙人在广东，知道鲍罗廷对于佃农问题很有研究，且他家中藏有许多很有价值的广东、湖南等省的佃农调查统计。有一天，同孙哲生先生到他家里去讨论租金问题。讨论许久，他也没有发表确定的意见，因为土地使用法虽由俄国独创，但是他们的土地制度根本和中国不同。"《中国租佃制度之研究》，《马寅初全集》第五卷，第 155 页

7月

7月9日 偕上海工商学界人士观礼国民革命军誓师北伐。盛典结束，赴国民政府主席谭延闿及广州市长孙科公宴。《王晓籁五十自述》

7月23日 出席北伐军总司令蒋介石欢送上海工商学界人士晚宴。《王晓籁五十自述》

7月29日 北京法政大学暑期演讲会演讲《中国贫弱的根本原因》。谓："经济所讲者，乃以利为中心，以应乎社会宜动不宜静之趋向。故孔氏为非经济学者。吾人试观其毕生之所祖述、比拟者，非尧、舜、禹、汤，即文、武、周公。尊古太重，信古太深，结果一意墨守成法，不期若何进取。以经济学言之，孔氏毕生所提倡者，只是静的社会，而非动的社会。后世受其影响，递及今日，而有此日就贫弱、公私交罄之现象横生。良可叹也！我国古代，除孔氏之学说

外，复有其他各种重农轻商学说，喧腾于世，人民习闻已久，日深濡染，性质益倾保守。社会亦因以愈静，毫无蓬蓬勃勃之气象矣。"传云"士之本在学，农之本在耕，是故士为上，农次之，工商为下。本末轻重，昭然可见"。此古代重农轻商之铁证，"我以为无物质文明，决不会有精神文明。盖无物质文明，则精神将无所丽附也"。7月30日《申报》；《马寅初全集》第三卷，第375页

9月

9月25日 于光华大学演讲《中国财政与金融之关系》。9月26、28日《申报》

同日 发表《货币价值论》，介绍欧美关于货币价值两大流派。一为量数学说，即"货币价值其量而定"，又曰"物价视货币流转之速度而定"；二为物价标准说，或边际效用说。商业发达亦即使社会变动之原因，约有四端：（一）人口；（二）新发明；（三）管理法及组织法；（四）资本——资本充足，亦一势力。"以上四端，人口影响于中国甚少。因中国地方辽阔（人口在中国乃可曰是静的），要者非于原有'静的'之上加'动的'不可，'静'勿为恶，道德上甚善，故须保存之。同时再加上积极的'动'，欲行何事，固须存希望目的，尤须尽其责任，努力前途，庶可与外人竞争矣。"文章虽视中国"人口"问题为"静态"，但仍予以重视，介绍各国人口学者及其学说，特别将李恰多之"田租说"与德国派人制自然说相比较，而倾向于运用新的技能、社会组织而改造中国之社会，化解人口、社会矛盾。认为中国农人亦如法国，人为自然所制，然中国幅员辽广，气候不一，数省歉收则有之，全国歉收则未之有也。救济农人首先在于提高他们自身。《银行月刊》第6卷第9号

9月26日 偕盛俊于上海中央西菜社招待沪上经济学家，发起组织中国经济学社上海分社，推李权时、潘序伦、盛灼之为筹备员。9月28日《申报》

9月27日 赴广州、厦门等地考察、讲学。9月28日《申报》

9月30日 发表时论《共产主义与中国资本》。实证分析中国诸实业领域因资本不足举步维艰之状况，说明"吾国现在之大患，不在产业之不共，乃在资本之缺乏。吾国无真正资本家，现在所得移为资本家者，寥寥无几。以经营实业，每多患微薄。倘并此而均平之，则俄国前车之鉴不远"。《上海总商会月刊》第6卷第9号；《马寅初全集》第三卷，第381页

10月

上旬 闽粤之行，演讲《中国经济上之根本问题》。从四方面阐述：（一）中国历代之重农轻商主义；（二）中国受列强侵略与受侵略后之经济状况；（三）挽救此种局面之策略；（四）提高农民生活程度之两种方法。重点说明推进信用合作复加以消费公社、贩卖公社等团体，则收效必宏。"一可以和缓平民激烈之反动；二可以节省平民之费用；三可以增进平民之生产；四可以补救贫富之悬殊；五可以培养互助之精神；六可以减少阶级之争斗。一言以蔽之曰，欲解决吾国今日之贫富问题，合作公社之功用，不可忽视也。若必用平分土地之法以解决之，则手段过激，势必引起极大之反动，殊非中国之福。国内土地，于兵灾之后被强豪兼并者，固所不免，然以善意购得者，确居多数，若不分黑白，一律没收，分给于贫农，未免太不公平。且均分之后，难保不有强豪再起而兼并之。若夫贫农，亦非全是受强豪压迫而堕落者，其平日不肯安居乐业竟自暴自弃以致于失业者，不知凡几，若不问善恶，一律以土地分给之，未免太不公允，且均分之后，难保不再有卖田出地以图苟安者。欲为今日计，只有禁止兼并，限制占有额之一法。"《中国经济问题》，《东方杂志》创刊三十周年纪念刊；《马寅初演讲集》第四集；《马寅初全集》第三卷，第390页

10月10日 为《经济学报》（南洋大学卅周纪念日）题写刊名："经济学报（南洋大学铁路管理科经济学会），马寅初题"。并发表《中日商约修改之必要》，沈炎廷、贡乙青笔记。认为该商约规定以十年为限，已两次错过机会，今年是期约之年，若不乘机修改，则将错过时机。商约修改最要紧者有四点：（一）居住权；（二）关税协定；（三）领事裁判权；（四）沿岸贸易及内河航行权。《经济学报》（南洋大学铁路管理科经济学会）第2卷第2期

10月17日 于厦门集美学校农林部演讲《农村信用合作社》。作为华洋义赈总会农利委委员，介绍该组织在直隶省农村逐步推行农村信用合作社内容与成效。"公积金越多，信用越大，所以借款的数目越多，这是农民很大的利益。"希望学生们毕业后能做这些有益事业。《马寅初演讲集》第四集；《马寅初全集》第三卷，第386页

10月18日 于厦门集美学校农林部演讲《不平等条约外的不平等》。分析中外不平等条约规定之外，还有外商经济强势、中商信誉不佳、产品低端以及

国内财政混乱、武人当道等现象，给国人造成种种不平等。告诫学生："诸君在学，须不忘建设。读书以外，须留意切实的知识，修自己的品德、才干，守秩序，负责任，力成一建设的人格。预备好了，再挺起肩头去做。表面的游行运动，还在其次呢！"《马寅初演讲集》第四集；《马寅初全集》第四卷，第117页

10月20日 应集美学校校长叶渊邀请，至厦门讲学。"马寅初博士到厦门来演说，所谓'北大同人'正在发昏章第十一，排班欢迎。"《鲁迅书信》

11月

11月4日 清华教师代表钱端升致函胡适："清华校长，在现在状况之下，要有下列几点：（一）通过外交部，（二）美使馆不反对，（三）学生不反对。除了这三点以外，我们希望能得一个学者，有勇敢心者，并且有好的taste（风趣）者。可是这种人又有多少呢？有人提过马寅初，但他是太好好的一个先生，恐怕整顿清华不起来。有人同我说王雪艇很有点力量，我也是这样想，但恐怕打不进外交部，而且他不是留美学生，美使馆也许要反对他。要是你肯来，什么问题都没有。"因先生与胡适两人皆无意于此，舆论遂息。《胡适书信往来》，第409页

11月8日 自厦门回上海筹建中国经济学社上海分社。11月11日《申报》

11月10日 发表《中国之财政与金融》。从财政之现状、财政之制度、财政之基础、财政之扰乱金融四方面阐述中国财政与金融之紊乱关系。《东方杂志》第23卷第21号；《马寅初全集》第三卷，第406页

11月14日 于上海宁波同乡会主持中国经济学社上海分社成立大会，演讲《广州之经济状况》。11月11日《申报》

11月22日 代表中国经济学社与商务印书馆洽谈合作事宜，议订"合印中国经济学社丛书契约"，主要内容：著译之书，每年以200万字为率，但各书分量无定；学社将稿本交印书馆后，印书馆如不欲印行，应于半个月内开具理由，交还学社；印书馆收到稿本，应于三个月内出版；版税照定价抽15%；书式由双方临时协定之；书价由印书馆酌定之；著作权由各著译人之所有，每书由印书馆与著译人另立专约为据；每种印成后赠送学社20份；本契约以两年为期，期满续订与否，由双方订之。孙大权：《中国经济学的成长》

12月

12月10日 发表《中日现行通商航海条约之研究》。主张修改《中日商约》，修改居住条款、税则条款、沿海贸易条款；废除领事裁判权。指出关税问题极为复杂，"吾国工资甚低，物价尚廉，生活程度不高，一旦采用美国之极端保护政策，物价腾贵，非一般人民所能堪，势必引起经济上之剧烈变动，非社会之福"。应积极收回自主权，也应对中国丝业、面粉等产业予以保护，其余却是不必加以极端保护。以"五卅"惨案前后状况为例，上海发动抵制日货运动，中日纱厂纷纷停工，但国人对棉纱消费并不能减少，日本棉纱反而源源不断，结果抵制日货没实现反被日本所利用。《东方杂志》第23卷第23号；《马寅初全集》第三卷，第425页

本月 为厦门双十中学校学生会《炉炭》半月刊创刊题写刊名。鲁迅记曰："此地无甚可为，近来组织了一种期刊，而作者不过寥寥数人……大学生都很沉静，本地人文章，则'之乎者也'居多，他们一面请马寅初写字，一面请我做序，真是殊属胡涂。"《鲁迅书信》"11月28日"

同月 于北京演讲《为整理内外债所发行一种统一公债究以何种货币为宜》。"以为债务之向以银圆为本位者，可照九六公债例，发行一种银圆公债以整理之。其以外国货币计算者，则发行一种美金公债，以整理之。"理由有四：（一）美国闲款太多，债票易于销售，利率与折扣亦必较便宜。（二）各国对美汇兑，多趋于逆势。（三）一国对外贸易之发展，恒视对外投资之多寡以为准。美国在吾国之投资，远在英、日之下，故其对吾国之进出口贸易，亦不及英、日远甚。（四）欧战以后，欧洲大陆各国之货币，几无一不跌落，即金镑纸币，虽未跌价，然对美金之比价，一时亦远不如前。《马寅初演讲集》第四集；《马寅初全集》第三卷，第421页

本年 演讲《吾国内债亟应改良之几点》。分析指出："吾国内债自整理案成立以来，信用日增，颇为社会所欢迎，投机者虽多，而投资者亦不少，不过以之与欧美公债比较，尚有缺点，亟宜改良。"（一）公债与国库券界限不清；（二）抽签无定期；（三）银行不宜为公债之投机；（四）交易所不应开做公债、期货。《马寅初演讲集》第四集；《马寅初全集》第三卷，第434页

同年 演讲《有价证券之贷借》。"在外国借贷股票,在中国借贷公债票,已成为今日证券买卖之一种现象。"这种借贷于外资银行与中国银行、钱庄均可视为抵押品,而为外资做事经纪人亦愿意同业融资。"盖银行利率,必高于同业。且向银行借款,手续麻烦,加以种种挑剔……(银行)值万元之押品,只能作一七折,甚或打一六折,故借数不多;而同业借款,可以直出,不打折扣。"其间风险因中国尚无银行法,是否违法,不得而知。根据信用予以通融。此况"在中国商场中,极为普通。吾国钱庄放款,向以信用为主……盖钱庄与商人关系甚切,熟悉其营业之内容,而商人自身,又保守信用"。《马寅初演讲集》第四集;《马寅初全集》第三卷,第448页

同年 演讲《俄国庚款之估计》。研究庚款赔偿及政府财政状况,结论:英、美、法、日等国承认全部缓付,俄国亦有部分缓付,加上政府公债至民国二十六年始抵竣,"以缓付、停付两部分之剩余相加,共得一亿一千零三十二万七千七百六十三元,故自十五年起,至二十九年止,十五年之内,教育界可以有一亿一千余万元之数兴办教育事业也"。《马寅初演讲集》第四集;《马寅初全集》第三卷,第451页

1927年（民国十六年） 46岁

1月

1月1日 东吴大学授予马寅初、张一麐名誉法学博士学位，张元济、赵紫宸名誉文学博士学位。《张元济年谱长编》

1月5日 中国经济学社上海分社于青年会殉道堂举办"马寅初先生从粤、闽考察北返欢迎会"，先生演讲《经济与思想》。《商业杂志》编者按："听者四百余人，而经济学家为其泰半。马氏之议论宏伟，解释详明，听者无不满意，足证马氏经济学根底之深。此篇系李文杰君笔记。"指出："中国目下经济之纷乱，其原因言人人殊，愚意则实为思想锢塞有以致之。夫工商业之发达，与'利息'甚有关系。目下中国金融界利率甚高之原因，实中国人数千年仅顾目前之思想有以造成之。"1月6日《申报》；《马寅初演讲集》第四集；《马寅初全集》第四卷，第1页

1月6日 于上海复旦大学演讲《中国经济上之根本问题》。报曰："由该校商科主任李权时博士主席，听讲者约近千人，掌声赓续不绝，足征其讲词之动人也。兹记其大纲如次：（一）中国重农轻商观念不合生产之真谛；（二）重农为中国社会静止之原因；（三）中国输出价贱之原料，而输入价贵之熟货，为外人层层剥夺，漏卮甚巨，入差每年多至二万万至三万万元，是谓经济侵略；（四）英国国际贸易亦为入差，但有轮船保险银行等企业，及国外投资之收入之抵销，（五）中国则除华侨及教士汇款与俄人所助款项稍资抵补外，余则尽为外债及外人投资，主权及管理多归外人，国内企业遂难发展；（六）补救之法有三：（一）收回关税自主权；（二）收回治外法权；（三）平定政局，我国农民占人口百分之八十五，故中国经济上之根本问题乃在如何增进农民购买力。共产主义养成倚赖性，决不能解决此问题，适当办法端赖利用科学。1.利用自然科学以除天然压迫；2.利用社会科学以消人为压迫。"1月7日《申报》

2月

2月12日 中国经济学社召开社务会议，商讨"与商务印书馆商订经济丛书合同事。讨论结果，一切仍请副社长马寅初君全权进行，交涉一切"。先生于会上提议："上海社员甚多，且为引起注意经济学之研究起见，本年大会，宜在上海举行。"理事会讨论通过此议，即函知上海分社社长盛俊在沪筹备。《中国经济学社社刊》第1期

本月 于北京大学演讲《银价低落救济问题》，就国际银价持续下跌对中国经济之影响及应对之策，分七方面阐述：（一）银价跌落之主因；（二）银价低落之害；（三）救济之方策；（四）即欲实行虚金本位制非先废两用元不可；（五）废两用元；（六）海关改征银圆；（七）采用金本位制之程序。建议采用金银并用为金本位尚未行前之过渡办法："金银并用，既无法定比价之维持，又不受镑亏之损失，且可逐渐养成人民用金之习惯，免除重铸银币之耗费，固属有利。然利之所在，弊亦随之。盖金银市价涨落靡常，彼此互换，不免引起投机云云。殊不知今日国内之以金银为投机者，早已有之，标金之投机，洋厘之盘剥，以及汇兑之卖空买空，无一不以金银为投机品者，且金银投机为用银国所必不可免，岂因金、银并用而遂发生投机乎！况金银并用，以兑换费伸缩法定比价，是一种过渡办法，并非以此为止境，为时甚短，不必过虑，即或有弊，亦利大于弊，庸何伤哉。"《马寅初演讲集》第四集；《马寅初全集》第四卷，第4页

同月 演讲《投机与赌博之区别》。以学理与实例说明："社会之财富，不因赌博而增加，反因赌博而减少，且趋于纷歧，其效用适与投机相反。故赌博当在禁止之列，而投机当分别好歹，不得一律视为赌博也。"《马寅初演讲集》第四集；《马寅初全集》第四卷，第2页

3月

3月4日 就契约内遗漏贴用印花税一节，致书商务印书馆王云五。《中国经济学社社刊》第2期

同期社刊载："本社财政及银行研究股，由马寅初君领导，每星期开会一次，讨论国内财政银行各问题。现已开会三次，参加者颇形踊跃，讨论题目为

'币制与国际贸易之关系'。"

3月10日　得王云五就贴印花税一节复函。《中国经济学社社刊》第2期

3月15日　为大夏大学经济学会编《经济丛刊》题写刊名。

3月23日　于北京农业大学演讲《中国历代的经济政策，尚共产乎，抑尚均富乎？》，黄育熙、王恩荣笔记。从古时之井田制、北魏的均田均富的政策、古来尚有均输平准等法，亦均富制度等十二方面综合阐述："虽然，中国虽不能实行共产，然观历代之经济政策确含有均富之精神，与共产主义不相冲突，盖共产主义之精神，亦不外乎均富二字。所不同者，历代施行经济政策是用一种和平手段，或防患于未然，使贫富阶级不致发生，或徐图改革，贫富之悬殊日益减少。而俄国一九一七年之革命，是用一种激烈手段。我国现在既无大资本家，则共产无从说起。中山先生谓中国人都是穷人，不过穷人之中，有大穷小穷之别而已。此言诚是，夫举国皆穷，则有何产可共？故在今日而言共产，实属隔靴搔痒之谈，理想与事实相去太远。反之，若在今日而言均富，则颇切近于时势。均富云者，防患于未然，使贫富阶级无从产生之谓也。比年以来，中国力谋不平等条约之取消，与关税之自主。资本之集中，大量之生产，将接踵而起。若不乘此时机，先行预防，则将陷欧美阶级争斗之覆辙，故从速实行均富政策，实为今日刻不容缓之举。孔子说：'不患寡而患不均'，也是均富的政策。以现在中国情形而论，应云：既患寡又患不均，世界之贫国，莫贫于中国。所以当极力主张把西洋科学搬进来，以开发实业。一面要应用中国旧有的均富政策，以求其均，此农业大学之所以必需也。"《马寅初演讲集》第四集

3月28日　于清华学校演讲《中国今日之劳资问题》，云钺、孙碧奇笔记。谓："今日之共产党，多系二十余岁之青年，其领袖亦多系德高望重之辈，其所以冒险为此者，亦无非为救国耳。若因其亲俄而即以卖国贼视之，无乃太过乎？鄙人之意，以为欲研究共产与不共产之问题，莫善于使两派学者（共产派与非共产派）详细讨论，外采欧美之学说，内察国内之情形，著书立说，互相辩论，庶真理可求，而误会可免。"又谓："据鄙人观察，中国之劳工极需设法保护，而资本家困难亦须设法消除。"中国传统家庭生产制度特点，于厂主与工人、劳与资之间，不存在尖锐对立，与西方资本主义工厂不同。况且近世民族工业厂主，更于艰难中忍辱负重，力撑实业，殊为不易。故"今日劳资之问

题，不宜专以劳工为目标。而解决之理，应通盘筹划，使劳、资两方之痛苦，均得同时解除之"。《上海总商会月报》第7卷第4期；《马寅初演讲集》第四集；《马寅初全集》第四卷，第37页

4月

4月1日　发表《海关改征金币私议》。时国内外舆论多有主张中国海关关税改征金币者，文章认为，此议脱离国情，弊多利少，进而阐述"在银本位未去之先，海关不能改用金货"之六点理由：（一）政府损失；（二）外人反对；（三）标准无定；（四）调查困难；（五）违反经济原则；（六）给与奸商取巧之机会。《新国家》第1卷第4号

4月7日　发表《吾国赋税中之均富政策》，系北京华北大学演讲词，顾会宏笔记。思考探索中国均富问题，认为现行税则包括用地租税、财产赋税、盐盘、海关税等均大不公平。大都均为平民所付，富人几可称为无税，故其结果贫富更将不均，故余以须减轻间接税，即所以减轻贫民之赋税。增加遗产税、所得税、公司营业税等以重富人之赋税，此为均富政策之一。用和平手段逐渐改良，以达均富之目的，已不甚易。何况其欲用激烈之手段，根本改为共产，则其能无危险乎。《晨报》

4月25日　于北京政法大学演讲《中俄经济上之关系》，袁惇序笔记。剖析中俄经济关系中卢布问题、庚子赔款问题、中东铁路问题、中国所受之损害，尤论"中东铁路含有政治问题，关系中国极大。现在欧美帝国主义者全注目此路——他们倡共管该路说，至今尚不绝，所以我中国更不可不注意！"《法政学报》（北京）第5卷第1、2合期；《马寅初演讲集》第四集；《马寅初全集》第四卷，第45页

4月28日　于燕京大学演讲《马克思主义与中国之劳农》，茅善昌笔记。说明马克思主义"集产主义"主张，乃工业文明高度发达之结果，"但中国之劳工，为数尚少。欲行共产制于中国，非得农民之帮助不可。因农民占全国人口百分之八九十也。但马克思之集产说，于英美等大量生产之国，或可试办。因资本与劳工皆集中于一处也。若试行之于农，则可断其必归失败。何以故？以农业之根本原则大异乎工业之根本原则也"。《马寅初演讲集》第四集

5月

5月6日 于北京师范大学演讲《马克思在中国有实行之可能性否》，顾曾宏笔记。认为："马氏此书可谓空前之杰作，并可谓其代表此书出版以前之况状。但马氏故世后，世情变迁甚大，此则当然不在其书之内。""求马克思学说之要点，为资本制度扩大之结果，即是社会主义，故资本主义实是一种自杀主义。"然而，"欲实行共产制度，必先养成公德，使人人无自私自利之心，而后方可言共产。""故以理论言，马克思主义理应先在美国施行，但以实际言，则又无实行之可能。夫马克思主义之在美国尚无实行之可能，况在中国乎？现今当局禁止研究共产主义，余以为宜使学者详为研究以明其利害。"《马寅初演讲集》第四集；《马寅初全集》第四卷，第51页

5月13日 于清华学校演讲《新经济政策下之金融问题》，孙碧奇笔记。认为："将来无论革命成功与否，总有一种新经济政策的实现；倘若共产党成功，也不会一下就实行共产，必定先由目前的经济制度逐渐地改到共产制度，在这改革的时期里面，必有一种经济政策。""也不太缓，也不太急——太缓于社会经济没有改进，固然不好；太急的也怕不合国情，不能成功。"金融改革要在三点："（一）欲统一币制，必先增设上海造币厂，实行自由铸造，以期废两用元，一俟币制统一，再改金本位。（二）中央银行须有单一纸币发行权，可以用股息以限制其盈利，而不能节制其资本。（三）低利率的农工银行是希望有的，可是照上文所述某议案的办法，恐怕办不成功。"《上海总商会月报》第7卷第4期；《马寅初演讲集》第四集；《马寅初全集》第四卷，第56页

5月18日 于北京司法储才馆演讲《实行新经济政策之障碍》，彭时笔记。考察、分析保护关税与节制资本互相冲突之复杂关系："（一）保护关税；（二）大量生产，资本集中；（三）归政府承办，即有外债可借，亦患无相当人才。我国政府中人多无经验，能够胜任吗？""据此看来，一面保护关税，一面大量生产，在现在情形之下，不如仍由私人办理为妙，不知诸君赞成这种主张？"《上海总商会月报》第7卷第5期；《马寅初演讲集》第四集；《马寅初全集》第四卷，第64页

5月30日 于北京女子学院中学部演讲《女子之正当运动》，林君励笔记。

谓"诸君都是望前进步的女子，切勿望后退。所以我希望你们在学校里尽力发挥自己的特长，以备将来出去改造社会。我们要知道：社会只能慢慢地去改造，不可实行急性的社会革命，推翻一切现存社会制度，像实行政治革命似的去打倒一切恶势力。这点要请你们注意才对"。6月4、6日《晨报》副刊；《马寅初演讲集》第四集；《马寅初全集》第四卷，第72页

6月

6月22日 蒋梦麟致胡适函："寅初兄想时会面，子丈及同人等极愿其来浙担任经济一门，已函文伯兄转咨，兄如晤时亦乞代为劝驾。"《胡适来往书信选》，第438页

本月 于上海青年会演讲《思想与经济》，李文杰笔记。介绍子母相权说、节用酬偿说、时间说三种利息学说。阐述"盖美国国富，民亦富，市场游金甚多，固其原因之一。然主因则思想也。美人饶有前进不馁之精神，计划未来之思想，于目前之事业，固意趣盎然，对于将来之希望，兴味尤为浓厚。若夫我国人，但顾目前，不计将来，偶受挫折，动辄追溯已往。或则讴歌尧舜，或则称颂禹汤，浑浑噩噩，不知何谓进取。重现在，轻将来，此中国利息之所以高也。重现在，尤重将来，此外国利息之所以低也。明乎此，可知利息之高低，完全受国民思想之左右，有志抑低利息者，舍改良群众思想外，其道尚何由哉"。范祥善：《现代财政经济评论集》，世界书局1930年1月出版；《马寅初演讲集》第四集；《马寅初全集》第四卷，第78页

同月 受蔡元培之邀偕谭熙鸿南下杭州，居西湖北山路保俶山南麓之"春润庐"。谭住前幢，马住后幢。谭伯鲁：《回忆马寅初先生》，《走近马寅初》，第41页

同月 受聘国民政府中央研究院筹备委员及第三中山大学筹备员。[1]

---

[1] 1927年6月，国民政府教育行政委员会改革教育管理制度，提出并试验"大学院"与"大学区制"。依省份划为若干大学区，按北伐进军序次，命名为第一中山大学（广东）、第二中山大学（湖北）、第三中山大学（浙江）、第四中山大学（江苏）。1927年，国立第三中山大学，于"求是书院"基础上合并浙江公立工业专门学校与浙江公立农业专门学校成立。1928年4月1日，更名"浙江大学"。

7月

7月2日 应杭州市财政局邀请为杭州绅商演讲《市财政》,沈咸恒笔记。从五方面阐述:(一)市政与市财政之关系;(二)市财政之特色;(三)适宜市财政之地价税;(四)地价税法之研究;(五)其他一切市财政。勉励绅缙,"市为全市民之市,一切建设与市民休戚相关。新税推行,税收稳固,于市财政得有充分之力量,以便造成新杭州市,则非望全市绅商茝筹硕划,辅助政府进行不可"。《马寅初演讲集》第四集;《马寅初全集》第四卷,第82页

7月6日 偕蔡元培、邵元冲、胡适、李璜、马叙伦、邵裴子、蒋梦麟等于西湖中楼外楼聚餐。席间议论筹备第三中山大学事宜。《邵元冲日记》

7月9日 列席浙江政治会议分会第20次会议。出席委员:蒋梦麟、蔡元培、马叙伦、张人杰、庄崧甫、邵元冲,主席张人杰。议案:(一)推定浙江财政委员会委员名单:除财政厅长颜大组为例任委员外,计推定委员张静江、叶琢堂、马寅初、王文伯、周骏彦、庄崧甫六人。决议:照拟通过函知省政府分别查照聘任,并先拨款1000元交该会购备参考图书。(二)《杭州不动产保证登记条例》:由马寅初先生说明,累进税合于赋税之社会的目的,系属国家政策,应由国家主办。若市政府以增加收入为目的,则累进税率其收入殊不固定,不如用比例税收入数量可以一定。决议:由马寅初先生拟定税率办法再行讨论。《浙江政府公报》1927年8月号

7月13日 出席浙江省务委员会第34次会议。浙江省务委员会第三十四次会议记录

7月21日 为金国宝[1]《中国币制问题》作序。金国宝:《中国币制问题》,商务印书馆1928年7月出版

7月22日 出任浙江省政府委员,职衔一级简任官,月俸大洋600元。中央政治会议第一百十四次议决:"浙江军事早经结束,原设之浙江省政务委员会应即改组为浙江省政府。又议决,咨请政府任命张人杰、蒋中正、马叙伦、颜大组、蒋梦麟、程振钧、阮性存、李伯勤、周凤岐、蒋伯诚、陈希豪、

---

[1] 金国宝(1894—1963),江苏吴江人,复旦大学毕业,哥伦比亚大学硕士,中国经济学社社员。曾任国民政府南京市财政局局长、中央银行会计处处长,1949年后任复旦大学、上海财经学院、上海社会科学院教授。

陈屺怀、邵元冲、马寅初为浙江省政府委员。""兹定于七月二十五日上午八时在本会召集新政府各委员宣誓，分别就本、兼各职正式成立，省政府即于同日下午五时在省政府举行第一次会议。今即函达即希查照，分别转知各委员。"《浙江省政府公报》"中国国民党中央执行委员会政治会议浙江分会公函第五十七号"

7月25日 出席"临时主席抽签编定委员席次：（一）蒋梦麟，（二）阮性存，（三）张人杰，（四）马寅初，（五）程振钧，（六）蒋中正，（七）陈屺怀，（八）马叙伦，（九）周凤岐，（十）李伯勤，（十一）蒋伯诚，（十二）邵元冲，（十三）颜大组，（十四）陈希豪。"《浙江省政府公报》"浙江省政府委员会第一次会议"（以下出席浙江省政府委员会会议，均简注《浙江省政府公报》）

7月29日 创办新浙江经济杂志社。"马寅初创办'新浙江经济杂志社'，内容分财政赋税币制金融农工商业路电邮航出产物价生计调查等类，定八月十日出版。"《申报》

7月30日 发表《帝国主义与新经济政策》。分析国民政府新经济政策三项主要内容之可行性。禁现出口与禁止米面运至北方两项，"不平等条约下之禁现出口，不但不发生效力，反使现银逃走，反使外国银行发财，故欲施行新经济政策，非取消不平等条约，收回租界不可"。关税自主一项"为最适宜，若坚持到底，定能发生多少效力"。《上海总商会月报》第7卷第7期；《马寅初演讲集》第四集；《马寅初全集》第四卷，第88页

本月 为王仲武《统计学原理及应用》作序。精辟概括中国缺乏统计学之现状及其弊害。"我国固无统计，能统计者亦不数见。虽然社会需此，不啻饥者待食，渴者待饮，治学执业交苦之矣。政府设统计专局，十数年略无成绩。学校设统计科目，所造甚鲜。忧时者病焉。余谓临事之先，亟应储材，灌输学术，尤不宜缓。但统计为实用之学，必得体用兼备学术皆明者，方不至临事无措。而我国坊间流行之书，与学校所授之课，率皆略于方术，有空疏之弊。以此治学，虽至勤无补。西籍佳者，又非尽人能读。宜乎统计人才，迄今犹寥落若晨星也。且是学也，与各科学皆相关联，而尤根于高等数理，非浅学所能，则著作之林无善本，又何怪乎？"王仲武：《统计学原理及应用》，商务印书馆1927年7月出版；《马寅初全集补编》，第423页

8月

8月9日 由沪返杭。报载:"浙省财政委员马寅初博士,于日前来沪,已志昨报。兹悉马君本于昨日,到党务训练所讲演,题为《帝国主义与新经济政策》,昨因急于返杭,不及演讲,兹将其稿录下。"8月10日《申报》

8月26—29日 出席浙江省政府委员会第15次会议。以被委任为中央经济委员会委员,须常出席中央所有财政委员会议为由,请求辞去省财政委员会主任,仍任委员。议决:应由财政委员会开会决定。《浙江省政府公报》

8月31日 出席浙江省政府委员会第17次会议。

本月 应同乡吴殿扬[1]邀请,借杭州皮市巷125号筹建私立剡光小学,任校董。影印件

9月

9月2日 出席浙江省政府委员会第18次会议。议案:(一)修正《杭州市暂行条例(草案)》(民政厅提议);(二)《宁波市暂行条例(草案)》。议决:以上两案交马委员寅初审查后再行核议。《浙江省政府公报》

9月4日 报载:"省政府委员兼财政委员会主任马寅初,提出辞去主任职务,经全体委员会挽留,已允暂为维持。"《申报》

9月7日 出席浙江省政府委员会第19次会议。

9月9日 出席浙江省政府委员会第21次会议。提出:修正《宁波市暂行条例(草案)》审查报告书。议决:大体通过。其条文俟整理后于下次会议付议。《浙江省政府公报》

9月12日 于浙江高等商科学校演讲《营业税在税制中之地位》。介绍税制中对人税与对物税之原理,以说明"吾国之税制缺点甚多,亟应设法改善,对人税中之奢侈税已着手进行;对物税之地税,在乡间固系一种旧税,而在城市中亦已开始征收。今日尚未开办者,有对人税中之所得税,介乎对人税、对物税两者间之遗产税,与对物税中之营业税。所得税与遗产税已划归中央,应

---

[1] 吴殿扬(1880—1974),嵊县浦口棠头溪人,清末武举出身,浙江武备学堂毕业,曾两次于杭日租界所设擂台击败日本武士,轰动杭城。辛亥革命杭州光复后,任师长,获孙中山大元帅三等龙虎勋章。1925年退出军界,寓杭行医。

归中央负责办理。至营业税则划归地方,理应由地方迅速施行"。《浙江之营业税一览》,浙江财务人员养成所1928年4月出版;《马寅初演讲集》第四集;《马寅初全集》第四卷,第94页

9月18日 《国闻周报》"时人汇志"介绍:"马寅初,浙江嵊县人,四十四岁,天津北洋大学学生,后赴美留学。初入耶鲁大学,毕业得文学士,继入哥伦比亚研究政治经济,复得文学硕士、哲学博士学位,更入纽约大学商科两年于会计统计等学作高深研究。凡在美九年,于民国四年返国,受国立北京大学聘任为法科教授、经济系主任,九年至沪充浙江兴业银行顾问,并任交易所董事,更襄助东南大学创立商科,十一年复回京任中国银行总行钞券主任,仍在北京大学授课,近年于中国经济问题,颇致力研究。时有著作披露,并迭在各地讲演。本年任浙江财政委员会委员,并兼主席。"《国闻周报》第4卷第36期;《马寅初全集补编》,第607页

9月19日 出席中国经济学社上海分社第七次理事会。会议推定马寅初、潘序伦、李培恩、李权时为演讲股职员,并商定10月18—20日借上海天后宫桥上海总商会召开第四届年会。陈震异、李可权:《中国经济学社第四次年会纪录》,《中国经济问题》,商务印书馆1929年3月出版

9月21日 出席浙江省政府委员会第26次会议。议案:《宁波市土地登记条例(草案)》。议决:交李委员伯勤、马委员寅初审查报告后再议。《浙江省政府公报》

9月23日 出席浙江省政府委员会第27次会议。提议:浙江卷烟统税局应由本政府委派会办一人以资佐理案。议决:委派浙江卷烟统税局会办一人由财政厅遴员呈请省政府任命并呈报中央备案。《浙江省政府公报》

9月26日 出席浙江省政府委员会第28次会议。

9月27日 出席浙江省政府委员会临时会议。

9月28日 出席浙江省政府委员会第29次会议。

同日 杭州市市长邵元冲因挪用公款事引咎辞职,省政府将委蒋伯诚继任,蒋氏推辞不就。公众则主张市长由市民推举。报载:"马寅初有兼任杭州市市长说。"《申报》

9月30日 出席省政府第30次会议。

10 月

10月1日 出席浙江省政府委员会临时会议。会议（一）浙江卷烟统税局呈送《浙江省指定卷烟保管仓规则草案》；（二）宁波市长呈送"《征收宁波住屋捐章程》案"。议决：交马委员寅初审查报告后再议。《浙江省政府公报》

同日 民国政府发表浙江省政府委员十人：何应钦、朱家骅、蒋伯诚、陈其采、程振钧、蔡元培、蒋梦麟、陈屺怀、阮荀伯、马寅初，以何应钦为主席。10日2日《申报》

10月4日 担任江苏省农民银行筹委会委员。江苏省第43次政务会议通过委员叶楚伧、张寿镛提请设立农民银行筹备委员会案，委请马寅初、皮宗石、唐有壬、蔡无忌、过探先、陈淮钟、陈其鹿为筹备委员。筹备处设于南京鼓楼斗鸡闸二号，10月29日开始办公。10月6日《申报》

10月10日 参加浙江省政府主席何应钦就职典礼，各界及团体代表四百多人观礼。《申报》

上午，演讲《中国之劳农与经济》。比较中、日、印三国工人之工作时间、年龄、工作态度、工资等状况，认为"中国之工人实有莫大之痛苦，而同时资本家亦有同等之感觉，两者均有日暮途穷之叹"。出路在于增加生产，而销路又因农穷而受阻。"吾人如欲解决工的问题，必先解决农的问题"，兴水利、除病害、设农工银行、改善交通、调剂人口、引进外资开发富源，"总而言之，今日中国之经济问题，既非共产问题，更非劳资、战争问题，乃是弭兵与取消不平等条约之问题"。《马寅初演讲集》第四集；《马寅初全集》第四卷，第102页

下午，应邀演讲《马克思价值论之批评》。例举种种实例评论马克思劳动价值论。认为，价值不光由劳动产生，技术、管理、信誉、年代、经营等"无形之物"均系价值之成因。10月24日，陈独秀化名"撒翁"以《马寅初又来出博士的丑》为题，于《布尔什维克》第1期上回应马寅初不懂马克思价值论。《时事新报》双十增刊；《马寅初演讲集》第四集；《马寅初全集》第四卷，第110页

同日 发表《海关征金之困难与改用金本位步骤之商榷》。原文未署名，1927年《银行周报》十周年纪念刊上，主编刘大钧指为马寅初博士所写。文章以为："欲使关税改征金币，既有种种困难，为今之计，莫若预备采用金本位之一法，其法须先统一银币，欲统一银币，须在上海设一大规模之造币厂，

实行自由铸造，一面令海关改征银元，废除银两，养成国人本位币之观念，同时并为采用金本位之预备，其步骤如下：（一）建设上海造币厂，实行自由铸造。（二）海关改征银元。（三）预备采用金本位，发行金汇票。"《中外经济周刊》第206号；《马寅初全集补编》，第49页

10月13日　因公赴沪。

10月17日　出席浙江省政府委员会第34次会议。

10月19日　出席浙江省政府委员会第35次会议。提呈："《宁波市土地登记暂行条例》业已审查修正，请核议案。"议决：照审查修正案第二条删"国有"二字，第四条第四项等于款"国有"改为"公有"二字，余均通过。蒋梦麟提议："改组浙江财政委员会为浙江财政审查委员会，拟以本政府全体委员为该会委员，并推定马委员寅初为主任委员，魏颂唐、程远帆为常务委员案。"议决：通过。其委员会章程，交马委员寅初、魏委员颂唐、程委员远帆起草。《浙江省政府公报》

10月21日　出席浙江省政府委员会第36次会议。浙江禁烟局呈请令斥宁波市长及警备师随时协助禁烟事宜。议决：令该局长将该局章程及详细办法呈送候核，并推马委员寅初、陈委员纪怀审查后拟订防止流弊办法提出会议，该局长并应于本会开会时出席报告。《浙江省政府公报》

就此次会议，报载："《浙江省财政委员会章程》，前经省政府第三十五次会议决定，推马主任寅初、魏委员颂唐、程委员远帆起草。该会组织大纲已由马委员寅初提出政府第三十六次会议通过。"10月30日《申报》

10月24日　出席浙江省政府委员会第37次会议。

10月26日　上午，出席浙江省政府委员会第38次会议。

下午，于杭州第三中山大学工学院演讲《平均地权》，潘墨卿笔记。赞成孙中山先生主张，实行"平均地权"，实现"耕者有其地"。同时认为，中国土地情形与俄、法不同，"出价收回，力有未逮；武力强夺，势所不能；重加税率，则地主不服"。"所以平均地权，仅可采平和之法，不如用中山先生之遗产税法及所得税法较为合宜。"《经济学社季刊》第1卷第1期；《马寅初演讲集》第四集；《马寅初全集》第四卷，第122页

10月28日　出席浙江省政府委员会第39次会议。提呈：《浙江财政审查

委员会组织大纲》案，议决：第三条委员会下加"以省政府主席为当然主席并"十二字，余照原案通过；《浙江省指定卷烟保管仓规则》案审查报告，议决：暂准试办。《浙江省政府公报》

10月31日　因公赴沪。《浙江省政府公报》

本月　为黄嘉谟编《芙蓉花泪》剧本作序。《拒毒》第27期

11月

11月1日　于杭州第三中山大学演讲《中国之经济组织》，沈文笔记。认为："吾国经济组织之混淆，小规模事业之发达，生产量之减少，人民物质幸福之寡陋，家庭制度观念之过切，团体信用之缺乏，利用外资之不易，发展交通事业之困难，八者实因果相循，互相关联，此因彼果，循环无已。""是故吾人现今之希望，以为中国之经济，在事业上则要求大多数人民通力合作，以求大规模生产之发展，以团体之观念代家庭观念，以团体信用代个人信用，利用外资以建筑铁路，以求实业之发达，使人民得享受物质之幸福。"《马寅初演讲集》第四集；《马寅初全集》第四卷，第130页

同日　于杭州商民协会演讲《何谓商》，潘墨卿笔记。提出："若一国有实业而无商人，则货不流行，制造不发达；若仅有商人而无实业，则外货内流，利权外溢。然而实业家与商人皆以谋利为目的，商人于自己有利，不惜贩卖外货；实业家于自己有利，必设法排斥外货，两者利害在在相冲突。"《马寅初演讲集》第四集；《马寅初全集》第四卷，第127页

演讲结束，嵊县籍青年汪荣宝持文章请益，自我介绍系先生同乡，冒昧请为介绍工作。遂介绍为《浙江政报》编辑。汪氏不负期望，后成为民国文化界闻人。《汪荣宝自述》

11月3—4日　赴宁波考察、处理禁烟事务。《浙江省政府公报》

11月6日　担任中央研究院筹备员，负责"银行组"。11月7日《申报》

11月7日　出席浙江省政府委员会第42次会议。提呈：《管理区公款公产委员会章程》业经审查请核议案，议决：照审查报告通过；《本省禁烟应订具体办法》案，议决：交财政审查委员会暨民政厅、财政厅合同拟具办法提出会议，一面并由省政府电致财政部。《浙江省政府公报》

11月8日　于杭州青年会演讲《本省之禁烟问题》。批评政府现行禁烟方法"非但不能禁止，倒反好象在那里奖励吸烟"。盖因戒烟药分销处招人包办，以赚钱为要。"我今天讲了许多，并不是反对禁烟，是反对现在禁烟的办法。但是财政部的明令已下来了，不能收回了。我个人是这样反对，我头先就说过，是以大学教授的资格来讲的，和委员毫无关系。我现在希望诸君能一致联合起来提倡一下！"《马寅初演讲集》第四集；《马寅初全集》第四卷，第137页

11月9日　出席浙江省政府委员会第43次会议。提呈：各县田赋附税业经审查请核议案。议决：应保留再严密审查，惟教育费、建设费两项规定各征一成。其教育费原已超过一成征额者照旧办理，不足一成者按一成征收，建设费专充各县筑路之用并应集中于省政府由建设厅通盘计划分配于各县。《浙江省政府公报》

11月11日　出席浙江省政府委员会第44次会议。提呈：浙江财政审查委员会预算书。议决：此项预算系依照财政委员会预算并无增加应予通过。《浙江省政府公报》

11月12日　于国民党浙江省党部演讲《反对今日之禁烟办法》。开场白："今日得应贵党部之召，来此讲禁烟问题，觉得非常荣幸。其实鄙人并非为演讲而来，乃为全浙人民请愿而来。今日之禁烟问题，实吾浙之生死问题，不得不请诸君特别加以注意。"11月13日《申报》；《马寅初演讲集》第四集；《马寅初全集》第四卷，第140页

同日　出席浙江省政府总理诞辰纪念会并代表省政府演说。"总理的遗训，今天本席要将目前禁烟的政策讲给诸位知道。现在禁烟的办法中我们所最不满意的，就是叫商人承包，奸商滑吏朋比渔利，名为禁烟，实则变本加厉推广鸦片营业。""昨日财政部派员来商，已将本政府几点意见托其转致，且看他办法如何，其妥当，我们可以赞成，否则还须请诸同志一致坚持反对。"《浙江省政府公报》；《马寅初全集补编》，第532页

11月14日　上午，出席浙江省政府委员会第45次会议。提呈：请发浙江财政审查委员会关防案。议决：由省政府刊发；提议："照浙江财政审查委员会组织大纲，应设秘书长一人，现拟由魏委员颂唐兼任，又秘书三人，拟以沈文、潘墨卿、钱墉补充，并请审查资格"，议决：通过。《浙江省政府公报》

11月18日　上午，于上海出席中国经济学社社务会议，选举产生第四届理事会：社长马寅初，副社长刘大钧，理事盛俊、杨端六、潘序伦、金国宝、周诒春、刘秉麟、李权时。除周诒春外，其他八位理事均常居上海、杭州，表明学社重心南移。第四届第一次理事会议决定：创办经济刊物，推卫挺生、马寅初等32人组成编辑委员会。陈震异、李可权：《中国经济学社第四次年会纪录》，《中国经济问题》，商务印书馆1929年3月出版

下午，偕年会代表参观。《中国经济学社第四次年会纪录》

11月19日　主持中国经济学社第四届年会。报告总社筹备年会情形，本届年会于上海天后宫桥上海总商会举行，会期三天，主要议程为：公开演讲、宣读论文、参观考察等。《中国经济学社第四次年会纪录》

下午，参观商务印书馆印刷厂、复旦大学等。先生即席谈道："幼时来沪读书，即爱读《申报》，乃该时习时务者所必阅。现在仍爱读《申报》，商业新闻，尤所注意。将来欲研究五十年来之金融史，如洋厘、银拆等历来变动之经过者，尤非请教《申报》不可。"《中国经济学社第四次年会纪录》；《马寅初全集》第四卷，第146页

晚，大东亚酒楼公宴，张公权、徐寄庼、褚惠僧、胡适、王云五、高梦旦、冯少山等百余名流出席。先生代表学社致欢迎词，来宾张公权、褚惠僧、胡适等即席演讲。《中国经济学社第四次年会纪录》

11月20日　上午，主持社务会议。大会宣读论文。《中国经济学社第四次年会纪录》

中午，商务印书馆于上海大东亚酒楼欢宴中国经济学社社员，代表学社致词："商务印书馆实为中国教育文化之中心机关，辱承欢迎，愧不敢当。现在中国中经济问题，虽属甚多，但劳资问题之解决，要为其中心问题，深望贵馆多多发行关于劳资合作问题之各种名著，以期消弭社会隐患。敝社同人，力所能及，敢不力为。谨代表敝社致谢，并祝进步。"《马寅初全集》第四卷，第157页

下午，公开演讲《中国银行制度问题》，潘楚基笔记。阐述中国无真正之中央银行，外国银行势力太大，我国银行或钱庄作用范围太窄小偏畸等三大弊端。《中国经济学社社刊》第1卷《中国经济问题》，商务印书馆1929年3月出版；《马

寅初全集》第四卷，第153页

11月21日 上海总商会、上海商业联合会、上海县商会、闸北商会宴请中国经济学社年会代表。冯少山致词后，先生致词："鄙人代表敝社致谢各商会盛意。总商会供给敝会会场，尤为感激。中国历来思想，重农轻商，故士农工商，列商于第四位，以其仅懋迁取巧，非真能生产，故取之而不为虐。通过税制度之起源，即根据此种思想。但吾人研究经济学者，以为商人迁无用之物于有用之地，其为生产，实与农工无异。此种思想上之纠正，即吾人所努力工作，以贡献于商界诸君之一端，深望商界诸公，对于敝社亦当予以助力为幸。"
《马寅初全集》第四卷，第152页

晚，偕中国经济学社年会代表赴银行俱乐部出席银行周报社宴请，戴蔼庐主席致欢迎词。

11月22日 于上海第四中山大学商学院演讲《吾国编制预算之困难》，沈文笔记。认为："吾国之所谓预算云者，徒有空名，并无实际，真正之预算，十六年来从未办到。盖预算之原理，在收支两方之适合……若收多于支，易养成执政者之浪用，如以国家公款，移作党费，酿成无谓党争……若支多于收，则政费不敷，惟有举债度日之一途，或发纸币，或发公债，或向银行借款，凡此三者，俱与金融有关，直接间接，使一国之货币膨胀；货币膨胀之结果，影响所及，物价腾贵，进口货增加，国际汇兑率下跌，贸易上进口出口货之差额，亦随之而镑亏，种种不良之现象，接踵发生。是故一国预算，无论其收多于支，或支多于收，俱不相宜，非至收支两方面互相适合不可。"财政预算无从编制之诸原因：（一）支出方面之数目过巨，而收入方面之数目又不确定；（二）收入之不集中；（三）税收之不易增加。而吾国税收之情形：（一）不能办富人税，只能在穷人身上着想，（二）办新税甚难，加旧税较易；（三）官吏腐败，故行包办制。《马寅初演讲集》第四集；《马寅初全集》第四卷，第147页

11月23日 出席浙江省政府委员会第49次会议。提呈："浙江省卷烟税收照原案应以十分之六留归浙用，此款未据该税局解到，应严令催解案。"议决：应令该局长于下次会议出席，报告征收及解款情形。《浙江省政府公报》

11月24日 上午，出席浙江省党部、政府联席会议。

下午，就《浙省禁烟问题》发表记者谈话："浙省鸦片早已禁绝，如果开

禁，民国初年，因吸鸦片而遭枪毙者，岂不死得冤枉。中国有侠盗义贼，贩卖鸦片发财者，比之盗贼犹不如，其为害甚于盗贼。"11月26日《申报》

11月28日 出席浙江省政府委员会第51次会议。提议：拟请省党部派员会同审查浙省禁烟办法。议决：通过。由省政府函知省党部。《浙江省政府公报》

11月30日 上午，出席浙江省政府委员会第52次会议。提呈：浙省禁烟办法一案业经会同省党部代表暨各委员详细审查请核议案。议决：照审查报告通过，令知浙江禁烟局，另拟详细办法呈候核定。《浙江省政府公报》

下午，出席大学院教育经费计划委员会会议。讨论蔡元培院长所提创设教育银行一案，推定郑洪年、钱永铭、马寅初、冯少山、汤钜等负责筹备，拟定资本为500万元。12月1日《民国日报》

12月

12月4日 发表《评财政部浙江禁烟局改组宣言》。认为："禁烟政策，兼寓筹饷，而饷糈所出，端赖江浙，因江浙素称富庶。""鄙意以为禁烟之事，宜划归民政，不宜划归财政。盖财政以收入之多寡，为考成之标准，收入愈多，成绩愈好，此与禁烟本意，大相背驰。若夫民政，则以禁烟之成绩，为考成之标准，吸烟者愈少，成绩愈好，此与禁烟之本意，适相符合。故以财政部任禁烟之责，专以筹饷为目的，系根本错误。"《申报》；《马寅初演讲集》第四集；《马寅初全集》第四卷，第158页

12月13日 报载："此间马寅初博士发表《评浙江禁烟局改组宣言》后，颇得舆论同情。嗣王鲲徒提出答辩，凌独见及瀚字记者，均著文反驳之。"《申报》

12月14日 出席浙江省政府委员会第57次会议。蒋伯诚代主席提议浙江禁烟局长人选问题。议决：以陈希曾为浙江禁烟局局长，程远帆为禁烟局副局长，聘杜惕生为禁烟监察委员会主任委员，朱家骅、马寅初、双清为禁烟监察委员会委员，并请省党部派出监察委员二人，又由地方团体挑选出监察委员三人，其团体由省党部选定。《浙江省政府公报》

12月15日 发表《此后禁烟意见》：禁吸、不筹款、不包商、任用人员、

采考试制等。12月17日《申报》

12月17日 出席浙江省政府委员会第58次常委会会议。报告："本省建设经费财部曾允于卷烟税项，下月拟十万嗣经与吴处长面洽每月加拨五万元。"议决：本省月拨十五万元万难支配，应函请财政部每月仍照十分之六原案划拨至，于此项每月加拨之五万元暂借作本省禁烟局开办费用，俟拨还后概划作本省农民银行基金。《浙江省政府公报》

12月19日 出席浙江省政府委员会第59次会议。提呈：请将本省烟酒附税暂行拨借禁烟经费案。议决：此项附税仍应另储以应急需，至禁烟费用究需若干，应由民政厅通过通盘筹划拟订条例，提会核定。《浙江省政府公报》

12月20日 于杭州出席北京大学二十九周年纪念会，演讲《北大之精神》，沈文笔记。感叹时下吏治之恶劣："寅初此次反对鸦片，时有人以'在此种社会，何必做恶人'之语，来相劝勉。若寅初家中妇女如作此语，寅初本可不加深责。然此种浅薄之语，竟发诸现在之官吏与夫东、西留学生之口。呜呼！一人公正之勇气能有几何，今不以努力助鼓励，而反以冷水浇头，人心至此，可深浩叹！"并批评有些北大同人请托谋职，讲究职位、薪金诸般行为。认为这种文化之深层弊端在于："公家观念之薄弱，已达极点，而对一己之升官发财，譬诸厕所之苍蝇，群相骛集。故无论何界，苟有一人稍有地位，则其亲戚、朋友，全体联带而为其属下，家庭观念之深切，世无其右。"望以北大精神克服之："北大昔日既为群众之导师，今而后当如何引导人民，打破家庭观念，而易以团体观念；打破家庭主义，而易以国家主义，恢复人生固有之牺牲精神。""所谓北大主义者，即牺牲主义也。服务于国家社会，不顾一己之私利，勇敢直前，以达其至高之鹄的。"12月21日《申报》；《马寅初演讲集》第四集；《马寅初全集》第四卷，第162页

12月21日 出席浙江省政府委员会第60次会议。报告卷烟专卖及本省自设公栈困难情形。议决：缓办。《浙江省政府公报》

12月28日 出席浙江省政府委员会第62次会议。提呈：《浙省禁烟条例（草案）》，议决：交禁烟审查委员会重行严密审查后再议，一面因由民政厅先行拟订禁烟局组织条例提会讨论。提议："拟聘高等法院院长殷汝熊，推事宋贤华为禁烟监察委员会法律顾问案。"议决：通过。由该委员会函聘。《浙江省

政府公报》

12月30日 报载："省政府委员马寅初、兼财政厅长陈其采、兼建设厅长程振钧，近曾向何主席表示辞意。当经慰留，打消辞意"。《申报》

本年入冬 得同乡好友王云衢英年早逝讯，为致哀词："早岁担簦负笈，修业共校几星霜，嗣后南开植李，清华种桃，假天缘邂逅，小息在武林，幸芝宇常亲，俾得情殷话旧，询别来数载，知君精金良玉，刮目相看，念切及梓桑，关心两浙安危，梓祖甓陶，有志待时羡莫甚；平生虚己下人，广交四海皆兄弟，自此湖乐图书，申联手足，追往时恩爱，大被续姜氏，正棣花竞秀，不虞声断吹壎，读行述一篇，令我白马素车，伤神陨涕，宜深同骨肉，回首十年风雨，雷胶陈漆，无端分袂更何堪。"罗常培、张宗祥、喻鉴等同祭。《嵊县王云衢先生纪念册》，王珏孙辑，1928年铅印本

1928年（民国十七年） 47岁

1月

1月1日 于杭州第三中山大学演讲《中国之劳资问题》，沈咸恒笔记。编者按云："马寅初博士为经济学界巨擘，现任浙江省政府委员、财政委员会主席，平日于劳资问题尤为注意。盖近日之劳资问题已成为工商界之最大问题，又成为社会上之治安问题，若此问题不解决，则工商界终不能高枕无忧。"认为，"劳资问题之发生，完全在于阶级观念及阶级专政"。"凡事凡物，观念不同，而不能融和者，莫不发生阶级问题。若利害不同，兴趣不同，则发生阶级，尤为显然。"如果说"资本家容有不好，而资本确是好的"，"然中国则工人过多，资本太少，结果无事可为"。"但求我工人日有进步，将来得进而成为资本家"，"但愿吾国工人，皆能以诚挚之精神，坚毅之努力，互相劝勉，国家前途，实利赖之"。《商业杂志》第3卷第1号；《马寅初全集》第四卷，第165页

1月4日 于嵊县县党部演讲《鸦片问题》，刘章新、邢学皋记录。介绍几种有效戒烟办法，进而阐述禁烟与教育、经济、政治、法律之关系以及对外交的影响。"可知禁烟是不易的，断非一二年所能完成。"1月11日《申报》；《马寅初演讲集》第四集；《马寅初全集》第四卷，第169页

1月6日 《浙江禁烟条例》通过。"《浙江禁烟条例》已由马寅初、朱家骅诸委员订定，提交省政府第六十三次会议通过。"《申报》

1月10日 自嵊县返杭。1月11日《申报》

1月11日 出席浙江省政府委员会第66次会议。提议：请于本星期五召集本省禁烟监察委员会案。议决：通过，交民政厅办理。《浙江省政府公报》

1月16日 出席浙江省政府委员会第68次会议。提呈："本省烟酒附税每年二十万元向系按月报解省库拨充地方公益费用，该局久未报解，应严令补征案。"议决：由财政厅查明未解数目共有若干严令补缴，自十七年一月起并应限令按月照解省库。暂行借充本省禁烟费用。《浙江省政府公报》

2月

2月1日 担任《中央日报》[1]撰述委员。

2月2日 因公赴沪。《浙江省政府公报》

2月3日 参加沪上北大同学会第三次聚餐会,到者70余人。先由程振基主席报告开会经过,继请先生演讲《北大之精神与社会之状况》(又名《北大之责任与鸦片问题》),余精一笔记。希望北大同人共起而使"禁烟"实现,"禁烟有三要素:(一)当局须抱决心。如总理禁烟,必须禁绝,决无妥协余地。(二)须有舆论为后援。我做了两篇禁烟文章,但无一人响应。(三)须国际间帮忙。现在此三要素都没有,故禁烟实为中国存亡生死大问题。北大同人须用在校精神来加以改革"。2月5日《申报》;《马寅初演讲集》第四集;《马寅初全集》第四卷,第173页

2月6日 出席浙江省政府委员会第75次会议。报告:新委宁波市禁烟特派员卢逢泰在沪杭车中招摇滋事情形,并请处分。议决:应将该特派员即予撤委,另拣员接充。令禁烟局知照。《浙江省政府公报》

2月8日 出席浙江省政府委员会第76次会议。提议:财政审查委员会秘书潘墨卿现已委任瑞安县禁烟特派员,所遗秘书职务拟请委派李则本接充并请审查资格。议决:照准。《浙江省政府公报》

2月15日 出席浙江省政府委员会第79次会议。提呈:"关于省办禁烟事宜应否照常进行案",议决:在部派新局长未到以前应照旧进行,一面电催新任接收。《浙江省政府公报》

2月16—17日 应财政部部长宋子文之邀赴沪商谈禁烟问题。

2月20日 上午,于浙江省总理纪念周报告《浙省商洽禁烟办法之经过》。介绍与财政部长宋子文洽商情况,谓"我们做委员,一面自应服从中央,一面受地方付托之重,亦应顾全,凡所措施,必得兼筹并顾,方始安心"。"惟要求于部章上加一条'禁烟办法由浙江省增订补充适用之'是也。"浙省办法要

---

[1] 中国国民党机关报,《中央日报》于上海创刊,设董事会,由孙科、胡汉民、伍朝枢、潘宜之等组成,孙科任董事长。国民党中宣部部长丁淮汾任社长,潘宜之任经理,彭学沛为主笔。设编辑委员会,胡汉民任主席,吴稚晖、戴季陶、李石曾、陈布雷、叶楚伧、蔡元培、杨杏佛为委员。另设撰述委员会,邀请胡适、邵力子、罗家伦、傅斯年、邵元冲、唐有壬、马寅初、王云五、潘公展、郑伯奇等为撰述委员。报名《中央日报》集孙中山手迹。

点：（一）为特派员制。使县长不至直当其冲。（二）为禁烟法庭之独立。财部原定办法，系就禁烟局中附设法庭，不免有行政、司法混合之弊。"保全司法独立，乃至要之事。"（三）为奖励金之加厚。所有罚金以一成归中央，以九成充奖金，使全省警察人人努力于烟犯之捕捉。（四）为戒烟医院之设立。（五）为禁烟宣传办法。（六）为废止禁烟缉私队。责成警察完全负责办理。2月22日《申报》；《马寅初全集》第四卷，第176页

下午，出席浙江省政府委员会第81次会议。提呈："修正国民政府禁烟条例补充条文及本省禁烟补充规则业与财政部驻沪办事处接洽就绪，所有本省原定制度仍行保留应请通令各市县政府暨禁烟处照旧办理案"，议决：照办，该项补充条文及规则应呈报中央核准备案，请加委程远帆为禁烟局副局长，以便会同余局长接收办理。《浙江省政府公报》

本月 江苏省农民银行筹建完成，先生等呈报江苏省政府请另行任命监理会，以便交代。《银行周报》第12卷第7期

3月

3月7日 出席浙江省政府委员会第88次会议。报告：财政审查委员会秘书钱墉因病辞职，所遗职务拟派王永新接充并请审查资格。议决：通过。《浙江省政府公报》

3月8日 于杭州演讲《现代之新经济政策》。考察新政策之主要内容：限制房租、限制物价、禁止投机、增加工资、禁米出境、整理金融等实施情况，结论："欲行政策，必先学问，无学问之政策必遭失败，试考此六点，已无一不失败，其他可以知矣。"《马寅初演讲集》第四集；《马寅初全集》第四卷，第178页

3月9日 出席浙江省政府委员会第89次会议。提议：统一国币应先实行废两用元。谓："我国货币之紊乱，至今日已达极点，内为商民所诟病，外为列邦所耻笑。"提出"将各省虚银两本位，先行一律废除，则推而至于上海之规元，亦可决定废除，将来关税，亦即总缴银圆。无论中外商民，必均享其便利，而政府方面，免去收进折合银两，放回再合银圆之两重亏耗，又甚有益，实为利国利民之举"。国民政府如能"本革命之精神毅力，积极实行，以立我国币制之基础，并示中外大政之设施"。议决：呈请国民政府核办。5月1

日《时事新报》;《废两改元，统一国币之提案》,《马寅初全集》第四卷，第203页

3月15日 于海宁县禁烟处演讲《台湾禁烟之办法》，王永新笔记。认为台湾禁烟成功，得益于五点因素：登记完密、鸦片官卖、烟价低廉、地势优异、警政完善。"所述五端，除地势优异限于天然外，其余胥可为吾人禁烟之借镜。"《马寅初演讲集》第四集；《马寅初全集》第四卷，第184页

3月16日 出席浙江省政府委员会第91次会议。提交三项议案：(一)报告：据禁烟局余局长报称临海县属私种烟苗甚多应如何办理。议决：由本政府派员会同禁烟局专员前往查明呈候核办。(二)报告：财政部修正禁烟条例迄未颁布，于本省禁烟事宜之进行诸感不便，应否电催。议决：电呈中央请令财部将修正禁烟条例迅速颁布。(三)报告：禁烟局拟在宁波设立公栈，保管运浙烟土。该处滨海运输较便，恐滋流弊。应否由省政府直接派员办理。议决：该公栈职员人选应由禁烟局特加注意，并责令切实办理不得稍涉弊混致干严究，即由马委员知照该局长遵办。一面由本政府令斥该地方官认真稽察。《浙江省政府公报》

3月19日 出席浙江省政府委员会第92次会议。报告：禁烟条例尚未经财政部修正，闻禁烟局已在实行应如何办理。议决：令禁烟局余局长于下次会议出席报告再行核议。提议：国民政府令实行减薪，所有本政府职员所得捐应否照旧办理。议决：所有本政府所属各机关职员所得捐自三月份实行减薪起暂行停扣。《浙江省政府公报》

3月21日 浙江省政府主席何应钦，委员蔡元培、朱家骅、陈其采、程振钧、蒋伯诚、蒋梦麟、马寅初、陈屺怀、双清等人就"统一币制应先废两用元案"分别提呈改革方案。4月23日，宋子文将该提案及金融监理局意见呈报国民政府。5月1日《时事新报》刊登《马委员提案全文》。1932年至1935年，国民政府实施此现代化货币改革。《浙江省政府公报》

同日 浙江省县长考试考试委员暨襄校员合影留念。浙江开全国县长考试之先河。影印件

3月26日 出席浙江省政府委员会第94次会议。财政厅长陈其采报告：新委本厅第二科科长魏颂唐尚未就职情形。议决：推马委员寅初催促克日就职，并由秘书处函催。《浙江省政府公报》

3月28日　出席浙江省政府委员会第95次会议。禁烟局送拟订《招商采用戒烟药料临时规程暨戒烟药料总栈及各县代售处临时通过行规程》。议决：交法规审查委员会会同马委员寅初审查，于本月星期五（三月三十日）报告本委员会再行讨论。《浙江省政府公报》

3月31日　于杭州法政专门学校演讲《浙江之两税制》，沈咸恒笔记。详述两税制出台背景与原因："现在浙江拟实行之两税制，即为田赋与营业税。我们想实行之意思，一则因为此两种税已划归地方；二则因为单有田赋，地主有税，生意无税，亦不公平，故急于办营业税……若营业税一办，则凡有事业，均须与地主一样纳税……凡营业者均须纳税，似极公平，且有两种利益，即（一）公平；（二）一定。""两税制者，所以使负担平均之税制也。"《马寅初演讲集》第四集；《马寅初全集》第四卷，第188页

本月　为《唐庆增经济论文集》作序。指出："我国昔日学者多以言利为耻，所提倡者只系静态的社会，而非动态的社会。后世受其影响，至酿成今日贫困之现象，人民生产事业，均趋向于消极方面，并不向积极方面进行。故历史虽长，此学毫无进步可言……友人唐君庆增，曾在美国哈佛大学研究经济学多年，归国后在各大学执教鞭甚久，近汇集其所撰关于经济学之文字，编论文集一种……俱能详他人之所略，实为研究经济学之指南，亦提倡经济学声中之一宗大事也。故乐而为之序。"唐庆增：《唐庆增经济论文集》，商务印书馆1930年4月出版；《马寅初全集补编》，第426页

4月

4月8日　陪宴蔡元培等。"蔡元培、张静江、吴稚晖，由蒋梦麟、程振均等陪同，前往灵隐，中午在烟霞洞与李济深、陈铭枢、梁漱溟等一同用餐，蒋伯诚、朱家骅、马寅初、庄崧甫等作陪。"4月9日《民国日报》

4月15日　于浙江省立第一中学演讲《禁烟应归财政部办理乎》，沈文笔记。主张："禁烟系内政部之责任。中央政府诚有禁绝鸦片之决心，如设一监察委员会，聘任德学兼备，群众素所景仰之人才，若蔡孑民先生，若吴稚晖先生，若张静江先生，若张之江先生等等，出任指导，筹划进行。"《马寅初演讲集》第四集；《马寅初全集》第四卷，第193页

4月16日　出席浙江省政府总理纪念周活动。4月17日《申报》

4月19日　于杭州崇文中学演讲《关于禁烟问题之几个要点》，沈咸恒笔记。认为："禁烟归财政部办，有公开推广鸦片之弊，是绝对不能容纳。应改归内政部办，因内政部办理禁烟之成绩，是以吸烟者之多少为优劣，吸烟者愈少，成绩愈优，然后鸦片有廓清之日。吾对禁烟，主张归民政之意义，即在此。"《马寅初演讲集》第四集；《马寅初全集》第四卷，第198页

4月28日　报载：浙江省政府委员马寅初，昨由杭来京，会晤内政部长薛笃弼，商禁烟事宜。内部定三十日邀马在该部演讲。4月30日《申报》

4月30日　出席江苏省第49次总理纪念周，演讲禁烟问题，言及苏浙两省历史及两省政治上之连带关系。5月1、4日《申报》

本月　嵊县乡绅钱孔和、刘章新来杭上访，言嵊县上年以教育附捐之名义征收4万余元经费，今县府欲挪作他用，请为主持公道。遂将此事提交省政府会议，议决须归教育，委马寅初督办。嵊县县政府终将此笔经费尽投教育，共创办4所县立小学及一所乡村师范。《情系故里》，《马寅初在故乡》，第63页

5月

5月5日　得内侄黄孝源（已去世之娃娃亲黄氏之侄）问候函，告因战事失业。先生遂函请绍兴县县长帮助解决。馆藏

5月6日　于浙江普陀山演讲《今日之佛教》，遐晖笔记。谓："现在西方人渐渐觉悟了许多，都想到中国来研究东方的精神文明。能够代表东方精神文明的，佛教也算得着。将来物质精神互相调和，实大有补于东方、西方。我们绝对不说我们不去讲物质文明，因为人家无线电、飞机等一天一天的发明，一天一天的进步，漫说佛教不能存在，就是国家也会归于灭亡！所以我们单独去讲精神文明也是不行的。""共产党为什么要打倒宗教呢？因为俄国承认共产后，贵族、资本家一概推翻，俄国的僧侣是贵族式的，是资本家式的，不是平民式的，贵族、资本家推翻了，宗教也在打倒之列。中国的宗教并不是贵族化，在中国的帝国主义与宗教并没有多大关系。""耶教的新旧约里面什么上帝七天造万物，第一天造什么，第二天造什么，这类话都是神话，是迷信，然而他到今天为什么还能存在的呢？因为他能够为民众谋利益，能够跟着社会一起

走！我希望将来的佛教不要与社会完全脱离关系！要为民众谋利益！要跟着社会一块进步！进步！进步！祝诸君努力！"《马寅初演讲集》第四集；《马寅初全集》第四卷，第205页

5月21日 出席浙江省政府委员会第117次会议。报告徐寄顾价买陈季侃房一案情形。议决：查此案前据杭县呈复并无其他情弊，兹又据马委员报告价买属实应准发还。《浙江省政府公报》

5月26日 于南京总商会演讲《中国经济问题》（又名《中国工商业发达的原因在社会安静》）。认为中国工商业发达有赖社会安定。"工人与资本家当视为共同神圣，故工人与资本应共受法律之保护。"提出："（一）消灭劳资纠纷提倡劳资合作；（二）俟革命军攻克北京之后全国停战数十年，则社会安静，而投资者可无顾忌。一二十年之后，中国经济必能充裕稳固，而劳动生活，亦随之而舒适，工商业发达之目的，庶乎近焉。固也取消不平等条约，收回关税自主，裁撤厘卡，取消苛捐杂税为当务之急，苟军事不止，决无办法。"5月27日《中央日报》；《马寅初全集补编》，第533页

6月

6月21日 出席浙江省政府委员会第130次会议。议决：指定庄委员崧甫、马委员寅初、双委员清、陈委员屺怀与盐运使稽核分所长商订办法向中央建议。该盐务法案，以"浙江省政府委员庄崧甫、马寅初提议整顿盐务办法案"为蓝本。认为，如"天下皆食官盐，则每年收入当在一万万以上，而人民反可食廉价之盐"。然南北分裂，军阀混战，"各省自由加税，所加之附加税比正税少者一倍以上多者乃至三四倍。在产地盐本每担不过一角，销地盐税竟加至十二元。贩百斤之私盐可得十余元之利益，试问天下有为此厚利之营业乎？虽有严刑峻法亦无所用之。故照今年各省所加之税率，每担最低者为四元，最高者乃至十二元（四川省加至十八元二十元者尚不在内），以平均计之为每担六元五角。若照民八之销数，收入当在两万万以上而实收入适得其半，何以故？盖现在官盐之销额不满二千万担，是从前食私盐者占十分之三，今则占十分之五，而使此半数人民负担一万万以上之税款，天下不平之事岂有过于此者？今欲整理盐务增加收入不在增重盐税而在平均税率，不在增加缉私而在废

除引界，不在严禁私贩而在打倒专商，则税不必加而收入自倍，私不必缉而自无私盐矣"。《整顿盐务办法案》，景本白著、韬园：《盐务革命史》，南京京华印书馆1929年4月出版，附录第190页

6月24日 婉拒上海商科大学校长之聘。上海商科大学校长一职自1925年郭秉文离任后一直空缺，校董事会议，"兹悉该校校长一职，已经校董许世英等议请商学经济专家马寅初博士为该校校长云"。先生谢辞许世英[1]美意，但表示"愿为学校尽力"。6月24日《申报》

7月

7月1日 赴南京出席全国财政会议开幕式。《全国财政会议汇编》

7月5日 撰文《吾所希望于财政会者》，批评财政部破坏税制及腐败行为。"目下财政部在各省所设的骈枝机关，不知凡几。鄙人调查所得，则有煤油税局、禁烟局、印花税局、烟酒税局、卷烟税局、邮包税局、渔税局、锡箔税局、沙田局、内地税局、验契税局，又次添设糖类特税局、面粉特税局，每局于局长之外必有副局长，俸给之上，必有公费，而公费往往多于薪俸，且可兼领，打破国民党兼差不可兼薪之成规。近闻部内参事司长，多兼部外局长，薪水虽有兼有不兼，而公费另开，动辄四五百元，所谓廉洁政府在何处？倘司长可兼局长，则省政府委员何以不可兼县长？财政厅长何以不可兼统捐局长？试问如此办理，尚复成何体统？吾故曰：欲整理财政，莫要于戒浪与啬，欲戒浪与啬，莫善于由财政部以身作则，切实整顿，否则财政会议之召集，其效力直等于零，于整个计划仍无补也。浙江出席代表，亦将在会议席上以此意见贡献于财政当局，采与不采，全凭财政当局之良心而已。"《申报》；《马寅初全集》第四卷，第207页

7月9日 出席浙江省政府委员会第135次会议。财政厅长程振钧提议奖励商办温州温溪新闻纸制造厂。议决：应由建设厅拟具保息详细办法交马委员寅初会同财政厅审查提付会议。《浙江省政府公报》

---

[1] 许世英（1873—1964），字俊人，安徽东至县人，拔贡出身，清末曾任奉天审判厅厅长、山西布政使，北洋政府时期历任内务总长、交通总长、内阁总理，南京政府时期，派为驻日大使，1944年任全国赈灾委员会委员长，长驻香港，1947—1949年任蒙藏事务委员会委员长，1964年病逝台北。

7月16日　出席江苏省农民银行开业典礼。《江苏省农民银行二十周年纪念刊》

7月19日　出席浙江省政府委员会第138次会议。提议：财政审查余、嵊两县蚕种制造场十七年经临预算及省立蚕业改良场推广栽桑费暨十七年度经常费报告。议决：余、嵊两场经常费原列指导所办公费各八百元保留，余照审查报告通过。《浙江省政府公报》

8月

8月2日　出席浙江省政府委员会第141次会议。会前，省党务指导委员叶溯中等面告特种刑事地方临时法庭，派携带手枪之便衣队逮捕杭县县党务指导委员廖应、潘永珂情形，嘱查明原委当经转询特种刑庭。各委员相继发表意见，议决：即日令特种刑事地方临时法庭：潘、廖二指委如非确有证据之现行犯立即查明释放。如有重大情事应将此案速予审理并详细具复。省党部不甘此结果，又派省党务指导委员周炳琳[1]等到会陈情："（一）党部政府对于特种刑庭均有监督指挥之权责，而政府又为主管之执行机关，希望省政府断然直接处理。（二）请省政府立即召特种刑庭庭长钱西樵带同本案文卷证据到会共同审定以明虚实而资取决。（三）去年所称为共产党者因时期环境不同未必尽属实在。"先生起谓："请各省指委暂时退席俾便从长讨论！"本案复经各委员详细讨论，并咨询高等法院院长后，会议认为：省政府无直接处理本案之权，除照前项决议办理外亦无以命令指挥特种刑庭释放廖、潘两人之权。省指委对于本政府之决议既未能认为圆满，惟有请示中央。《浙江省政府公报》

8月5日　于杭州环龙路主持中国经济学社临时会议。马崇淦、戴蔼庐、刘大钧等20余人到会，先生受托起草《对国家财政问题》宣言。8月6日《申报》

8月6日　出席浙江省政府委员会第142次会议。提呈"财政审查浙江省政府奖励温州温溪新闻纸制造厂案"，议决：由建设厅与创办人接洽后再议。合议：法规审查委员会审查"《浙江省扶助工业暂行章程》报告案"，议决：交

---

[1] 周炳琳（1892—1963），字枚荪，浙江省台州市黄岩人，五四运动积极分子，北京大学经济系1920届毕业生，著名教育家。历任清华大学经济系教授，国民党浙江省党务指导委员会委员兼组织部长，北京大学经济系教授、法学院院长，河北省教育厅长，国民政府教育部常务次长，国民政府参政会参政员兼秘书长。新中国成立后，任北京大学校务委员、经济系教授，民革中央委员，全国政协委员等职。

马寅初、陈其采、朱家骅再予审查。《浙江民政月刊》会议摘要

8月8日　出席浙江省政府临时会议。朱家骅主席报告：南京禁烟委员会请推派熟悉禁烟情形委员一人代表与会。议决：公推马委员寅初代表与会。《浙江省政府公报》

8月10日　《马寅初演讲集》第四集，由商务印书馆出版发行。该书选录1925年11月至1918年5月演讲稿《鸦片问题》、《浙江之两税制》等45篇。《申报》刊登商务印书馆书评。

8月18日　会同缪斌、陈其采联名推荐金建宏为诸暨县县长。《浙江政报》第390期

8月21日　报载："冯总司令行辕，在金陵大学神学院，除公务外，好学不倦。现请经济专家马寅初博士讲经济学与财政学，业已十余日，每晨五时半开讲，至七时讲毕。以三刻钟讲授，以三刻钟问答。现在先讲经济，尚未及财政。连日讲'耕者有其地'，马君以为此问题，关系中国前途甚大，故特别注意三民主义与共产主义之区别，当视'耕者有其地'如何实施。冯氏为人十分谦和，行辕会客室内，只有藤椅一张，余皆板凳，对于马师颇殷勤云。"《申报》

8月23日　出席浙江省政府委员会第147次会议。庄崧甫提交《禁绝鸦片办法》，议决：交马委员寅初出席禁烟委员会时，酌量提出其第一项办法并通令各属遵办。《浙江省政府公报》

8月24日　国民政府特派钮永键、马寅初为禁烟委员，并指定马寅初为常务委员，又指定财政、交通两部部长为当然委员。8月25日《申报》

8月25日　国民政府宣布中央禁烟委员会成立，委员：蒋中正、冯玉祥、阎锡山、李宗仁、李济深、何应钦、钟可托、马寅初、李登辉、张之江、李烈钧、陈绍宽。以内政部长薛笃弼、司法部长蔡元培、外交部长王正廷为当然委员，并指定张之江为主席，薛笃弼、钟可托为常务委员，黄乃祯为禁烟委员会秘书长。《全国禁烟会议汇编》

8月29日　出席浙江省政府委员会第149次会议。民政厅、财政厅暨陈委员屺怀、马委员寅初会同审查宁波市政府十七年度岁出入预算案报告。议决：照审查报告办理令，该市政府自行统筹核减行政经费，并令切实撙节开

支。《浙江省政府公报》

本月 发表《评财政会议之各项议案》。编者按云："马君寅初为中国经济学界泰斗。此文评骘全国财政会议之各项议案：（一）营业税与厘金之得失；（二）国地两税划分之理由及分析；（三）采用虚金本位之不切国情；（四）禁烟不必提出大会讨论。末复论及整顿盐务办法之颠倒本末。如老吏断狱，胆大心细。关心全国财政会议者，不可不读此文。"文章尖锐批评："宋部长禁烟提案，详言盈耳，非无所取，然禁烟属民政范围。四月十八日中央政治会议通过之省政府组织法内，载有明文，安能复归财会讨论。财会讨论之范围，在财务耳，其十七年施政大纲，亦明白言之。所谓财政政策、经济政策，无非开源节流，试问禁烟能开税源乎？抑能节流乎？若禁烟可在财会讨论，则警政、市政、教育何独不可在财会讨论？故此禁烟提案，鄙人认为错误。……更有言者，此次浙江省政府出席代表庄崧甫委员与鄙人提议整顿盐务办法案，原则在求就场征税，买卖自由。而财部所宣布之十七年度施政大纲内，以划一统率整顿盐场为第一步，而以就场征税买卖自由为第二步。实则就场征税买卖自由，为整顿盐税根本办法，尽可趁此次全国空前财政会议中，定一实行办法。不意财部竟颠倒本末，模棱其词，强分二步以自欺欺人。舍远大而未图，示天下以不广也。乃者财会已成过去，已决议之各案，国人盼其次第施行。有如大旱之望云霓者。财政当道勉乎哉。"《商业杂志》第3卷第8号

同月 发表《东三省之货币交易与套卯》。剖析、梳理东三省金融机关与货币买卖之特殊复杂状况及其来龙去脉，指出："商家作买卖，须先抛本钱。东三省套卯盛行，卯者利也，即买卖双方相套谋利云耳。套卯不外两种：（一）作粮食现期买卖；（二）作货币现期买卖，后者即官帖等是也。""东三省货币之复杂，已如上述，必有极完备之交易机关，方足以保交易之安全。故在东三省各重要商埠，无一不设有交易所。而交易所（亦称信托）有粮业交易所与钱业交易所之别。其在大连与南满铁路附属地之交易所，则为日人所办，名为取引所、交易所，所开行市分现市、期市两种，而期市又分近期、远期两种。""东三省交通极便，为全国冠，铁路以外，尚有长途电话，消息极灵。如长春行市忽跌，而哈埠尚未波及，其得消息较早者，即可于长春买进，立刻电嘱哈埠支店或代理店卖出，一进一出，适足相抵，不冒丝毫之危险，而获预定之差

金。故当行市涨落极大之时，交易所极形忙碌，而电话局亦有应接不暇之势。此种异埠买卖，谓之斜调，其目的在赚各地间之差金，与目的在赚时间上差金之套卯不同。"此文为了解东三省复杂金融情状之力作。《马寅初演讲集》第四集；《马寅初全集》第四卷，第 210 页

同月 杭州清波学舍扩建为杭州清波中学。应创办人裘冲曼[1]邀请，先生任该校顾问，继任校董。

9 月

9月21日 出席浙江省政府委员会第 159 次会议。楼金鉴秘书报告禁烟委员会电告 11 月 1 日召开禁烟会议。议决：公推马委员寅初代表赴会。《浙江省政府公报》

9月28日 上午，中国经济学社第五届年会于杭州平海路旧省教育会开幕。代表学社致开幕词："本社历史已有六七年之久，往年每在北地举行，客岁始在沪集合。去年举行年会时，承冯少山先生竭力帮助，开会时，鄙人提议在杭开会，今年居然达到目的。复承魏颂唐先生竭力帮助，今日始底于成。"会务讨论公推先生为会议主席。《中国经济学社第五届年会纪录》，《经济建设》；《马寅初全集》第四卷，第 217 页

中午，杭州银行及钱业两界于杭州头发巷绸业会馆宴请会议代表，陈其采致欢迎词："前军阀跋扈，学社社员所讨论、所研究者尽系学理方面。今军事结束，建设伊始，国民政府开财经两会，皆邀经济学社社员出席，足证已由学理宣言进为实际改造矣。"先生代表会议致答谢辞："前此学界与社会关系不甚密切，实则研究学问者，与各业办事者，皆有学识。不过办事者由经验中求得之。现在敝社社员，对于实际问题，各自专门研究，可见双方已渐熔于一炉。今年来杭举行年会，其目的固非游览而已，乃欲一睹杭地经济状况，借资参考。"《中国经济学社第五届年会纪录》

下午，偕会议代表泛舟西湖。《中国经济学社第五届年会纪录》

---

[1] 裘冲曼（1890—1974），字颂梅，嵊县石璜人，北京测绘学堂毕业，笃信基督，曾任浙江测量局局长。1925 年，在杭创办清波学舍，任校长，著有《尺度考》、《测地考》。1949 年后，任浙江省政协委员、浙江省文史馆馆员。

晚，偕会议代表赴财政部直属驻杭税务机关于三潭印月公宴。浙江省代主席蒋伯诚夫妇、委员王竹斋、宓廷芳、程振钧夫妇等一百余人到场。《中国经济学社第五届年会纪录》

9月29日　上午，出席大会自由演讲。《中国经济学社第五届年会纪录》

中午，杭州市总商会、拱宸桥商会、绸业会馆三商业团体于头发巷公宴经济学社会议代表。总商会会长王竹斋先生致欢迎词，先生代表会议致答词。《中国经济学社第五届年会纪录》

下午，应在杭各校邀请，诸会议代表分赴各校演讲。《中国经济学社第五届年会纪录》

晚，偕会议代表出席浙江经济学会于新市场新庆园酒楼公宴。《中国经济学社第五届年会纪录》

9月30日　上午，出席年会宣读论文大会。《中国经济学社第五届年会纪录》

中午，浙江大学工学院、劳农学院、文理学院、浙江省立法政专门学校、浙江省立医药专门学校、浙江省地方自治学校、浙江财务人员养成所、浙江省立高级商科中学、浙江省立第一中学等九校，于省教育会西楼公宴会议代表。

下午，主持召开经济学社理事会，以76票再度当选理事。《中国经济学社第五届年会纪录》

晚，代表浙江省财政审查委员会，会同浙江省政府代表陈其采、浙江省建设厅代表程振钧宴请会议代表。《中国经济学社第五届年会纪录》

本届年会共收11项提案：请政府速照财政会议及裁厘委员会议决案实行裁厘以苏民困案（魏颂唐）；筹备本社基金案（潘序伦）；拟请督促政府实行废两改元案（徐寄庼）；本社应筹设固定社址案（马崇淦）；编纂经济辞典案（林襟宇）等。上述提案后大多落实。《中国经济学社第五届年会纪录》

10月

10月1日　上午，偕会议代表赴海宁。海宁县政府招待午餐，下午游海宁观潮。《中国经济学社第五届年会纪录》

晚，中国经济学社借旧省教育会场所答谢各界，先生代表学社致答谢词。《中国经济学社第五届年会纪录》

晚七时，浙江省政府何应钦、蒋伯诚、陈蔼士、朱家骅、蒋梦麟、陈屺怀、庄崧甫、双清、程振钧柬请经济学社会议代表聚会浙江省政府大礼堂，蒋伯诚代主席致词。《中国经济学社第五届年会纪录》

同日　发表《拒毒前途》。曰："盖法令之用，往往利弊相随。禁烟条例不可谓不严，人民畏法之结果，适予禁烟人员以营私舞弊之机会……一年来，浙省之稽察员受贿赂者有之，监警擅罚不报者有之，禁烟委员营私者有之，法禁愈严，则蒙蔽愈深。故法禁而无民众之监视，其力甚薄也。"《申报》(拒毒运动周特刊);《马寅初全集》第四卷，第220页

同日　南京消息："苏浙两省府及沪市府已派定出席禁烟会议代表。闻苏叶楚伧，浙马寅初，沪曹振飞。"10月2日《申报》

10月2日　偕经济学社会议代表应钱江轮船公司邀请游富春江，于船中午餐。《中国经济学社第五届年会纪录》

10月3日　主持中国经济学社五届一次理事会。到会理事：马寅初、刘大钧、李权时、刘南陔、卫挺生、戴蔼庐。会议推选出版委员会及学社基金委员会成员。推荐陈蔼士、徐兆荪、周炳琳、王永新加入经济学社。《中国经济学社第五届年会纪录》

10月5日　为浙江财务人员养成所开学典礼演讲。勉励学员："你们到此地来求学，目的若是将来为要钱，那末我们的财务人员养成所，就可以改做贪官污吏养成所。诸君若是有了这个思想，我劝你们就不必来。我们现在在国民党管治之下，首须建设廉洁政府，尤要打倒贪官污吏，难道还可以再来造出像那从前的贪官污吏吗？"《马寅初全集》第四卷，第222页

10月21日　出席浙江省政府委员会第170次会议。提议《禁烟实施要项》。议决：交法规审查委员会审查，下次会议提出报告。《浙江省政府公报》

10月24日　出席浙江省政府委员会第171次会议。法规审查委员会提交审查《禁烟实施要项》报告。议决：照审查报告修正通过，交马委员寅初提交禁烟委员会。《浙江省政府公报》

11月

11月1日　出席全国禁烟会议开幕式，宣誓："余敬宣誓，谨以至诚遵从

总理洗净鸦片流毒之遗训，中国国民党禁绝鸦片之政纲，国民政府之禁烟法令，全国民众之拒毒公意，努力铲除烟毒，完成国民革命。如背誓言，愿受党国最严厉之处罚。谨此宣誓。"到会中央禁烟委员名单：蒋中正、冯玉祥、阎锡山、李宗仁、李济深、李登辉、王宠惠、王正廷、宋子文、王伯群、薛笃弼、陈绍宽、马寅初、张之江、钟可托、李烈钧、何应钦、钮永键及各省代表61人。先生受任"禁种组"组长。《全国禁烟会议汇编》，1928年12月出版

同日 于上海参加第一届工商部中华国货展览会开幕式。孔祥熙、张之江等各界名流，各国使节及各界群众五万余人出席盛典。国民政府主席蒋介石莅会场行升旗礼，淞沪警备司令部鸣礼炮。开幕式后，先生对工商界演讲《中华国货事业发展之障碍及其救济之方法》，曰："今天要根本救国就必定要自己的工能制造国货以抵制外货，自己的商能推销国货，直接运售以免外人剥削。但二者都非有银行辅助不可就。我们的观察知道，上海银行设立至今十几年来都抱此宗旨努力不已，是社会所能信任。以今日在座诸君都是我们工商界的朋友，多与上海银行有关系的，甚望彼此继续合作，努力奋斗。我国前途就有希望了。最后还有一句话，就是救国不是一般青年学生空口喊打倒帝国主义所能办到的，必定要我们脚踏实地自己做自己的事。"《工商部中华国货展览会实录》

11月2日 出席第一次会议。先生提议："本细则所定'副主席由会议公推'一节，虽经国府明令，但与《全国禁烟会议组织条例》冲突，《组织条例》系由政治会议通过，交国府公布，国府绝不能随意更改法章，故本席提议，仍请国府任命。"《全国禁烟会议汇编》

11月3日 分组讨论。

11月4日 禁烟会议全体会员参观中央党部、中央国术馆，谒中山陵。

11月5日 出席第二次会议。报告禁种组审查意见。提出：前次国际代表，请北京政府派大员调查各省禁烟况，亦未办到，结果报告亦不确实，故此次请求政府派大员到各省，实为必要。《全国禁烟会议汇编》

11月6日 出席第三次会议。黄嘉惠会员提出：据确实报告，政府公务人员吸烟者，颇不乏人，如海军总司令杨树庄、内政部次长赵丕廉，应请本会呈请政府调验（众鼓掌）。黄婉会员起立，以良心担保福建省政府主席兼海军总司令杨树庄并无吸烟形迹，且福建禁烟甚严。先生起谓：杨总司令吸烟，似

为人所共知者，但无论吸与不吸，请予调验可也（众鼓掌）。朱经农会员提出调查陈调元军长在沪贩卖鸦片一案。决议：全体赞同，关于检举陈调元一案及调验杨总司令及赵内次长一案，当慎重研究，即公推伍会员连德、马会员寅初、黄会员嘉惠、朱会员经农、王会员维藩，讨论办法，并由马会员寅初召集会议。讨论第十一案公务人员贿赂条文时，先生提议："应加'并追缴其收入之贿赂'一句。"全体一致通过。《全国禁烟会议汇编》

11月7日 出席第四次会议。报告6日临时提案审查结果等。

11月8日 出席第五次会议。讨论《禁烟条例》。先生认为：第一条，由县区村里闾邻连保，共同担负，吸烟罪，恐因无权利，不易实行；第二条，以前烟民登记，多系不实。会议成立调查陈调元、杨树庄、赵丕廉审查委员会，指定张杜兰、马寅初、朱经农、曹振飞、罗运炎、钟可托、张之江为审查委员，黄嘉惠列席，由黄琬召集。先生报告：黄琬系福建省政府代表，非杨树庄代表，故不得代表杨树庄。黄琬曰：本人不代表杨树庄，因是福建省代表，不得不代为请求。先生谓：黄先生既系代杨树庄请求，便不当加入审查会。对禁烟人员办法，先生提出："本案规定以道德为准则，但据本人经验，有好多人道德好而才不足办理禁烟，同时有道德不好而办理反有经验者，故此规定，似乎只以道德为准不妥。"《全国禁烟会议汇编》

11月9日 出席第六次会议。杨剑虹代先生报告《关于国际之禁烟办法案》提案。建议三点：（一）实行海牙禁烟公约；（二）宜力争出席国际调查；（三）租界内一律施禁。议决：采纳。会上，先生还有提议多项：（一）有组织禁烟委员会之必要，因民政厅事务太忙，将禁烟重责令民政厅去作，恐无大成效，此浙江现下情形，有设立之必要。（二）因禁烟费究由行政支出，或司法支出，浙江提案，以禁烟罚金充禁烟经费。（三）由各省司法机关交中央，恐有折扣，至加重烟案人罚金，无什么不可。（四）为中央禁烟委员会经费想法，请主席指定人，讨论办法。（五）有地方因田亩税重，不得不种烟，所以当改轻种烟田地之赋税。谈到烟税时，先生谓：不必为烟民想法，上次某财政部长上台，对我提议，请浙江省政府不要反对财政部对江浙两省之二千五百万鸦片税，财政部可以拿出一部分与浙江省政府，但请保守秘密，以免他省援例请求，当时我们仍反对到底，结果虽然财政部失去了二千五百万之收入，临时至今也未因没有收入而不上台，财政部尚如此，烟民更可知，所以不必为烟民设法，他们自然会去想法。对先生此禁烟经费提议，大会议决：用大会名义，呈请国府，转饬财部速拨经费，以维烟禁。《全国禁烟会议汇编》

同日 国民政府任命马寅初、邵元冲等43人为立法院立法委员。《立法院立法委员姓名录》

11月10日 出席第七次会议。宣读大会议决案。

本次会议先生提交论文《禁烟谈》。《全国禁烟会议汇编》

11月11日 于上海香港路四号银行俱乐部主持中国经济学社五届二次理事会。到会理事：马寅初、刘大钧、李权时、徐寄庼、戴蔼庐。会议主要内容：审核本年六月十三日马寅初代表学社与商务印书馆王云五签订之出版合同；讨论由俞寰澄提出、马寅初补充之筹募基金办法；推荐许炳汉、赖绍周入社。《中国经济学社第五届年会纪录》，《经济建设》

11月16日 出席浙江省政府委员会第179次会议。楼金鉴秘书报告：财政审查委员会主任马寅初，因奉命调任为立法院立法委员函请辞职。议决：应查明立法院立法委员可否兼职再行酌办。《浙江省政府公报》

11月21日 于上海东吴大学法科演讲《平均地权》。11月23日《申报》

12月

12月1日 出席浙江省国货陈列馆开幕式，发表演讲并欣笔题词："山海之精，人文之英，蔚为华粹，奇异琅琳，是乃国货，耀目晶莹，陈列就宿，万品千名，物质进化，科学昌明，欧亚商场，努力竞争，造端宏大，提倡苦心，勉旃同志，勿懈经营。"《浙江省国货陈列馆增建劝工场新屋落成纪念特刊》；影印件

12月8日 出席国民政府立法院第一次会议。到会者：院长胡汉民，副院长林森，委员吕志伊、宋美龄、焦易堂、马寅初、钮永健、邵元冲、吴尚鹰、庄崧甫、卫挺生、王葆真、王世杰、吴铁城、傅秉常等70人。《国民政府立法院会议录》，广西师范大学出版社2004年版（以下出席立法院会议，未注出处者，均见于此书）

12月25日 出席立法院第三次会议。

12月26日 出席立法院经济委员会第1次常会，委员张志韩、马寅初、邵元冲、黄昌谷、吴尚鹰，委员长邵元冲。审查监督商办航空事业条例案等，

议决：（一）《商办航空事业条例》案付张志韩、马寅初审查。（二）《农民银行及信用合作社组织及条例》，由委员马寅初起草。（三）《调济粮食办法》由委员马寅初负责搜集资料研究并请朱羲农先生协助。另议决：经济委员会常会每星期五举行，由委员轮值处理。经抽签法定轮值顺位如下：（一）吴尚鹰，（二）张志韩，（三）马寅初，（四）黄昌谷，（五）邵元冲。

12月28日　出席立法院经济委员会第2次常会。

12月29日　出席立法院第4次会议。

12月30日　于上海香港路四号银行俱乐部主持中国经济学社第五届第三次理事会。商讨学社与商务印书馆王云五签订续约等事宜。《中国经济学社第五届年会纪录》，《经济建设》

本月　为田斌《中国盐税与盐政》作序，批评中国盐税制度："专卖赋税代相为用，继则创立引钞，名目繁颐，人已不胜其苦。洎乎晚代，官专卖其名，商独占其实，以言主权，则稽核给引，操自外人。以言税则，则加价附捐层出不已，军阀引商交相作弊，盐务遂愈不可收拾。虽间有一二以整顿盐务为志，因场专卖场征税，主见之不同，两难融洽，迄无解决。"田斌：《中国盐税与盐政》，江苏省政府1929年12月印发；《马寅初全集补编》，第424页

同月　与魏颂唐、程远帆合编《浙江省田赋一览表》，承担卷首"《浙江省田赋一览表》缘起"，并题写书名。文曰："吾浙田赋沿前明旧制，浙西粮赋科额重于浙东。自清季洪杨以后，各县鱼鳞册籍散佚，虽屡经查粮赋，而地质、人事之迁变，科目种类之复杂，隐漏、飞洒之黑暗，即老吏久于其事者，大率因循习惯，莫能明其真相，人民受负担不平均之累亦相忘于无言，年复一年，不可究诘田赋制度之淆乱盖已久矣。今者党国肇兴，革除旧染训政，建设根本之计，首在遵奉总理民生主义、平均地权原则，按价征税，从事于土地上之改革建设。入手办法自以清丈为扼要之端。顾清丈费重事繁，非旦夕所可集事，而清丈之先尚有前提，为整理土地赋税所不可不知者，则今日土地赋税实际上之状况是也。是以本会同人就调查所得各县田地、山荡亩额，每亩应征银米科则折征银圆数目暨随正带征附税等项，以及近年土地价格与业户收取租息情形，汇编为《田赋一览表》。"《马寅初全集》第四卷，第223页

1929年（民国十八年） 48岁

1月

1月5日　上午，出席立法院第5次会议。

下午，出席立法院经济委员会第3次常会。议决：（一）国府饬送交通部所拟《电信条例》付经济委员会会同军事委员会审查；（二）监督《商办航空事业条例》案，付委员马寅初、张志韩审查。

1月7日　出席立法院经济、军事、财政委员会联席会议，到会委员邓召荫、卫挺生、陈长蘅、魏怀、曾杰、陈肇英、刘盥训、邵元冲、黄昌谷、张志韩等，会审国民政府交通部《电信条例》案。

1月9日　出席立法院法制、经济委员会第1次联席会议，到会委员焦易堂、吕志伊、林彬、邵元冲、郑毓秀等15人。会议：（一）《南京特别市房产营业登记章程暨施行细则》，议决：暂毋庸议。（二）《南京特别市土地登记章程暨施行细则》，议决：暂毋庸议。（三）审查《奖励华侨回国兴办实业条例》案，议决：继续审查。

1月10日　出席浙江省裁厘委员会成立大会，先生与王晓籁、王芗泉等被聘为委员。《银行周报》第13卷第3、8期

1月11日　出席立法院经济委员会第4次常会。提呈：本会聘请经济专门人员办法案。议决：付委员马寅初起草。

1月12日　出席立法院第6次会议。

1月19日　出席立法院第7次会议。

1月21日　上午，出席立法院经济委员会第5次常会。

下午，出席立法院法制、经济委员会第2次联席会议。审议：（一）《奖励华侨回国兴办实业条例》案，议决：通过。（二）起草各种工程师登记条例、各种技术人员执照条例、各种技术训练学校立案规则案。议决：通过。（三）

审查《上海特别市筑路征费章程》，议决：付马寅初、吴尚鹰、林彬三委员初步审查，由马委员寅初召集。

1月22日 出席立法院第8次会议。

1月26日 出席立法院第9次会议。

1月29日 出席立法院第10次会议。

本月 发表《中国之国际汇兑银行》。编者按："中国银行现已改为国际汇兑银行，其责任极重，而企图维艰。马博士前任职北京中行有年，且为当代经济学大家，故其思想之深邃，理解之精密，自高人一等。本篇为马博士在南京中国银行演讲词。"文章核心观点：对内须力谋巩固自身基础，对外须充量发展国际贸易。分六部分说明：（一）国际汇兑银行之地位及其性质；（二）纸币发行制度；（三）办理国外汇兑；（四）运用支票及汇票；（五）银行之信用承受；（六）中国银行（国际汇兑银行）与中央银行（国家银行）之关系。《商业杂志》第4卷第1号

2月

2月1日 出席立法院经济委员会第6次常会，审议《上海筑路征费章程》初步审查报告案等。

2月2日 上午，出席立法院第11次会议。

下午，出席立法院法制、经济委员会第3次联席会议。继续审议上海特别市拟具该市《筑路征费暂行章程》初步审查报告案，议决：付原审查人马寅初、林彬、吴尚鹰三委员起草《筑路征费条例》，由马委员召集。

2月3日 于上海香港路四号银行俱乐部主持中国经济学社第五届第四次理事会。到会理事：马寅初、刘南陔、李权时、徐寄庼、戴蔼庐、寿景伟，列席：潘序伦、李伯嘉、程振基、何德奎等。会议通过促成设立武汉、北平两处分社案。2月4日《申报》

2月16日 出席立法院第13次会议。

2月20日 出席立法院财政、经济委员会召开第1次联席会议，到会委员邵元冲、吴尚鹰、张志韩、曾杰、陈长蘅、卫挺生等，主席邵元冲。审议《财政部监督地方财政条例》案。

2月22日 出席立法院法制、经济委员会第4次联席会议。审查修正省政府组织法增设土地厅案，议决：《土地法》正在起草中，在《土地法》未公布以前省政府无增设土地厅之必要。

2月23日 出席立法院第14次会议。

2月24日 偕刘大钧、徐寄庼柬邀经济学社社员银行家张公权、李馥荪、钱新之聚宴。席间商议：学社准备具呈财政部补助经费，张、李二君务必从旁吹嘘，并请盛灼三拟写呈文。《中国经济学社第五届年会纪录》，《经济建设》

2月26日 中国经济学社召开第五届第五次理事会（因事未出席）。会议：（一）钱新之提议，浙江财政厅捐拨西湖官产为中国经济学社以设立经济图书馆提案，获浙江省政府会议通过（浙江省政府将杭州宝石山顶小楼，即原肺病疗养所，租予中国经济学社，象征性年租金1元，期限50年）；（二）通过由马寅初代表中国经济学社呈文财政部，请求补助经费，并请张公权、李馥荪协助案；（三）讨论决定，按协议商务印书馆赠送学社图书20册，10册存社，10册分赠上海总商会图书馆、南京中央大学图书馆、广州中山大学图书馆、北京大学图书馆、东北大学图书馆、桂林大学图书馆、西北大学图书馆、武汉大学图书馆等8处。《中国经济学社第五届年会纪录》，《经济建设》

3月

3月2日 出席立法院第15次会议。

3月7日 下午，出席立法院财政、经济委员会第3次联席会议，会审《县组织法（草案）》。

3月9日 上午，出席立法院第16次会议。

下午，出席立法院经济、外交、法制、财政、军事委员会第1次联席会议，邵元冲、马寅初、焦易堂、傅秉常、钮永健等24委员出席。审议修正《县组织法（草案）》。

3月17日 主持《工厂法》立法辩论会。立法院经济委员会以《工厂法》中盈余分配问题，为晚近经济学中之重要问题，殊有集思广益之必要，遂邀请中国经济学社专家辩论，以作《工厂法》起草时之参考。经济学社举行以"《工厂法》中之盈余分配问题"为题开公开辩论会，马寅初主席，正方王云

五、朱懋澄，反方潘序伦。3月7日《申报》

3月27日　出席立法院财政、经济委员会第5次联席会议，继续审查《矿业法（草案）》。

4月

4月6日　出席立法院第18次会议。

4月12日　上午，出席立法院法制、经济委员会第5次联席会议。代表经济委员会报告：审查修正《工会条例》案，议决：通过；上海特别市《筑路征费暂行章程》案第二次审查报告案，议决：交吕志伊、黄昌谷、史尚宽、罗鼎四委员会同原审查人马寅初、吴尚鹰、林彬三委员审查。

下午，出席立法院经济委员会第7次常会。审议：（一）河南《劳资争议处理法施行细则》案；（二）《工厂法》、《商会法》及《工商同业公会条例》案，议决：交马寅初、张志韩审查。

4月13日　出席立法院第19次会议。

4月20日　出席立法院第20次会议。

4月22日　主持中国经济学社关于《工厂法》第二场公开辩论会："盈余分配的规定是否应该归入《工厂法》中"。到会1000余人，正方社员为朱懋澄、陈德征，反方社员为徐玉书、潘序伦。

4月25日　出席立法院法制、经济委员会第6次联席会议。审议上海市政府具呈地方官厅整理商办公用实业意见请明定法规案，议决：交史尚宽、马寅初、孙镜亚三委员初步审查，由史委员召集。

4月27日　出席立法院第21次会议。

4月28日　于上海香港路四号银行俱乐部主持中国经济学社第五届第六次理事会。到会理事：刘南陔、李权时、徐寄庼、戴蔼庐、寿毅成，列席：李伯嘉。《中国经济学社第五届年会纪录》、《经济建设》

5月

5月4日　出席立法院第22次会议。

5月6日　应妇女学术研究会邀请，于南京文化大学演讲《中国妇女之地

位问题》。5月5日、7月3日《申报》

5月11日　上午，出席立法院第23次会议。

下午，出席立法院经济委员会会议，讨论《民法》、《商法》、《土地法（草案）》案，议决：推马寅初、卫挺生审查。5月12日《申报》

5月15日　发表《华银行之放款》。受东三省官银号总办鲁穆庭[1]之请，聘为《东三省官银号经济月刊》特约撰述。文章从学理与现实考察结合详述华银行五种主要放款法：（一）信用放款；（二）抵押放款；（三）透支；（四）拆票；（五）其他各种放款。结论："放款种类繁多，殊难列举，以上所述，不过其荦荦大者。但有一点值得吾人注意，即大银行之分行，对于其管辖内全体之资金，应有一种具体之计划。例如管辖内所属支行，不宜准其自由陈请总行放做，以免各支行运用资金，各不相谋。甲地有过剩之虞，乙地或有不足之象，似应通盘筹算，方足以资调剂而利金融。应分三项研究之：（一）将各属放款数目，定一总额；（二）资金不足者由管辖行定一补助额数；（三）运用方法。其大致情形，不外先就银行自己实力，再就各地商业状况，酌定放款额数，令各属将放款数目种类并利息之厚薄，呈报管辖行，妥为分配。其资金不足者由管辖行拨款补助。其有余裕者，则酌量调回。庶彼此得挹注之利，而营运无呆滞之虞。汇兑所，为银行组织中之最小一级，尤不宜准其自由放款，以免风险。虽抵押品均属确实，究与汇兑所地位不符。但有时亦有酌做者，当视其实力之厚薄而定，或量予核减，或令其缓放，管辖行应酌定范围，列举数项，呈候总行核准，再行续做。"《东三省官银号经济月刊》第1卷第1号

5月18日　出席立法院第25次会议。

5月29日　国民政府举行孙中山奉安大典。立法院院长胡汉民及马寅初、庄崧甫委员等80余人参祭。总理奉安专刊编纂委员会：《总理奉安实录》

本月　发表《训政时期的地方财政》。编者按："古人之理财，不患寡，而患不均，否则民有所偏病。马君且主张均税。审其收入之丰啬，营业之实况，定征税之多寡，以免佣者受亏，黠者巧避。并将田赋等划归各县收入，以符自

---

[1] 鲁穆庭（1897—1969），字际清，东北陆军军需学校毕业，历任东北联军军需处长、东三省官银号总办、辽宁省造币厂厂长、河北省政府委员兼财政厅长河北省银行总办等，新中国成立后，任辽宁省政协第一、二、三届常委。

治之实,既利地方,复不害国赋,诚理财之要意也。"文章主旨:"应将田赋划归各县收入,用值百抽一做原则。均税之法莫善于征所得税。"此项主张,多次于立法院据理力争,不惜得罪权贵,经修改终获中央政治会议通过。然自中央政府接管田赋后,反为地方充实县地方财源所利用,至1946年,若干县之田赋已收至民国六十六年(1977年)。因此叹喟:"故吾人对于主张制者,诚有始作俑者,其无后乎之感。"《商业杂志》第4卷第5号,1929年5月出版

6月

6月6日 西湖博览会开幕。出席典礼者万余人,参观者十余万人。国民政府代表孔祥熙、中央党部代表朱家骅、行政院代表蒋梦麟、立法院代表马寅初、中央委员林森、褚民谊,省政府委员陈其采,省党部委员陈希豪、叶溯中,博览会会长张人杰、副会长程振钧及各省代表,杭州各机关,各学校代表等出席。6月7、8日《申报》

6月8日 出席立法院第27次会议。

6月14日 出席立法院经济委员会、商法起草委员会联席会议。审议行政院据报军政部请将安徽屯卫田仍归该部管理案。议决:全国公有土地应遵照中央政治会议议决,土地原则应归土地行政机关管理。营产亦属公有土地之一种。

6月15日 出席立法院第28次会议。

同日 发表《票据法原则》。考察中国现行流通种种标据之不规范状况,研究西方市场经济发达国票据理论与经验,提出中国制定《票据法》思路与原则:"中国从前既没有《票据法》,现在想加以规定,究竟应该采取那一种方式,从那一处入手呢?我们谈到此处,觉得有两点应该注意:第一是酌量保存中国旧有的良好票据习惯,其次是参照外国的成例。我们知道票据的流通是具有国际性的,我们立法,当然也应该适合世界的通例,庶免闭门造车,出门不能合辙的弊病;所以规定中国《票据法》,而以外国法作根据,同时更参酌中国旧例,截长补短,斟酌损益,实在是一个最适当的方式,最相宜的下手处。"从:(一)概念;(二)票据的意义;(三)票据的种类;(四)票据的提示;(五)票据的转让;(六)票据关系人的责任;(七)《票据法》的重要;(八)

票据的执票人等各方面详尽阐述。最后公布并说明经立法院通过之《票据法主要原则》十九项。《东三省官银号经济月刊》第 1 卷第 2 号；《马寅初经济论文集》第一集；《马寅初全集》第五卷，第 33 页

6 月 16 日　于上海香港路四号银行俱乐部主持中国经济学社第五届第八次理事会。初推贾士毅、卫挺生、马寅初、刘大钧、金国宝、陈钟声、蔡竟平为第六届年会筹备员，议定本届年会于首都南京举行。后加推陈长蘅、陈灿、陈华寅、欧阳雪、刘廷冕、朱彬元、孙拯、叶元龙为筹备委员，主席卫挺生，演讲委员会委员长马寅初。朱彬元：《中国经济学社第五届年会纪录》，《经济学季刊》第 1 卷第 2 期

6 月 22 日　出席立法院第 29 次会议。

6 月 24 日　担任立法院特别令遵事。《国民政府立法院训令》第 228 号："令本院委员傅秉常、马寅初为令遵事，现准外交部函，以本部现因积极与各关系国谈判撤销领事判权事，拟将民国十五年以后中国对于法典方面之改进情形详确调查，以为交涉之根据，相应函请贵院将我国最近所颁布之《刑法》、《刑事诉讼法》，及正在起草中之民法及商法等，其中所采用欧美各国法典中之基本原则，及精神之处，及编订之经过情形详晰见示，以资参考等由，除分行外，合行令仰该委员迅将民、商法起草中所采用欧美各国法典中之基本原则，及精神之处，及其起草经过情形分别详叙具覆，再关于函内《刑法》及《刑事诉讼法》两项，查系由前司法部草拟，经由本院咨请司法院查复，合并饬知。此令。中华民国十八年六月二十四日。"《国民政府立法院会议录》

6 月 25 日　出席立法院第 30 次会议。

6 月 28 日　出席立法院法制、经济委员会第 8 次联席会议。会审：（一）核议修正通过《特种工业保障法》案初步审查报告。（二）《佃农保护法》案，议决：《佃农保护法》在未经修正公布以前自应暂予适用，但原条文颇有欠妥之处，并应赶速修正以合现情。

6 月 29 日　出席立法院第 31 次会议。

本月　发表《我们为什么要征求统计材料》。精辟阐明统计材料之重要："然则统计果何自而成，曰成于材料，及应用所集之材料，合于所征之事实，则精真，应用之方法准于所绳之学理，则得当。精真则可信，得当则致用。若

夫所集之材料不合于所征之事实，则失真，应用之方法不衷于学理，则不当。不当则不信，失真则动辄悖谬违实用矣，是故人类不惟其有统计也，必也正确可信而致于用；又不徒有统计也，必善用之，而著效始有真价值。"《西湖博览会特刊》;《马寅初全集补编》，第 56 页

同月 《禁烟谈》及《关于禁烟问题之几个要点》，编入国民党宣传部《禁烟宣传汇刊》，列为该书重要言论。

7月

7月2日 会同焦易堂、邵元冲等继续审议《考试法（草案）》及修正《考试院组织法（草案）》案。

7月3日 北京大学学生会通告："兹将各系代表联席会来函及提交学校及课程建议书公布于后：经济系应增聘教授：陈翰笙、李光忠、王建祖、马寅初、陈启修。"7月5日《北京大学日刊》

7月4日 会同焦易堂、邵元冲等10位立法委员，审查《考选委员会组织法》及《典试委员会组织法》，会后审查报告函送秘书处。《立法院公报》第8期

7月5日 会同焦易堂、邵元冲等继续审查《考选委员会组织法》、《典试委员会组织法》及《现任官吏办法》案等案。《立法院公报》第8期

7月6日 出席立法院第32次会议，会同焦易堂、邵元冲等报告审查《考试法（草案）》案。7月7日《申报》

7月8日 主持商法起草委员会会议，审查、修正《商会法（草案）》和《工商同业公会条例（草案）》。

同日 至中央无线电台播讲《中国女子的地位问题》（又名《中国妇女的地位问题》）。阐述中国传统社会及国民政府成立以来，女子财产权之特征及其新变，与英、美两国女子地位相比较，说明中国男女地位平等目标尚属遥远。仅有法律规定尚不够，"法律给女子行为能力，这个能力还是空的，要女子本身有了能力，才是真正的能力。能力在什么地方得来呢？外国谚有之：'知识就是能力'，等到女子有了知识，她自己能够保护自己，才不会受别人的骗，才不会受无理的痛苦了"。所以"女子在知识上对于经济问题，还应加以深切

的认识，才能走入男女平等的正轨，得到男女平等的实惠"。7月3、15日《申报》；《马寅初全集》第五卷，第1页

7月13日 出席立法院第33次会议，会同焦易堂、邵元冲等提呈：（一）审查《考试法（草案）》案，议决：修正通过。（二）审查《考试委员会组织法（草案）》案；（三）审查《典试委员会组织法（草案）》案。7月14日《申报》

7月14日 中国经济学社于上海香港路四号银行俱乐部召开第五届第九次理事会。讨论先生来函："杭州宝石山肺病院旧址，浙省府同意租本社，修理费魏颂唐言需五千元。初杭大有电灯公司俞丹屏君允每年捐助学社五千元，近该公司归为官办，致此款无望。钱新之君会允捐款助学社，可否由理事会去函催询。"议决：致函浙江财政厅长钱新之，以房急需修理，允助本社捐款，请速解决。并由杭州分社宝石山肺病疗养院旧址，租赁合同从速订定。先生函荐陈友琴加入学社。《中国经济学社第五届年会纪录》，《经济建设》

7月16日 立法院召开第34次会议，因故缺席。会议：（一）委员焦易堂、邵元冲、马寅初等报告审查《考选委员会组织法（草案）》案，议决：照修正通过。（二）委员焦易堂、邵元冲、马寅初等报告审查《典试委员会组织法（草案）》案，议决：照修正通过。7月17日《申报》

7月19日 出席立法院第35次会议。领衔商会法委员吕志伊、焦易堂等26人提呈《商会法（草案）》案及《工商同业会法（草案）》案审查报告，议决：照修正案通过。

7月23日 出席立法院第36次会议。经济委员会会同商法起草委员会、劳工法起草委员会报告，审查《工商同业公会法（草案）》案，议决：修正通过。7月24日《申报》

7月24日 出席立法院法制、经济、财政、外交、军事五委员会第3次联席会议，审议、修正通过《兵役法》原则草案案。7月26日《申报》

7月27日 出席立法院第37次会议。7月28日《申报》

本月 专著《中华银行论》由商务印书馆出版发行。自序谓："欲知中国之财政与金融，非先明中国银行业之原理不可。且年来吾国各大学之经济系与商科大学、商业专门学校等，皆以银行一学列入专科，讲义中所选用之教材，固当取诸西书，尤当讨论本国事实，引举本国证例，庶于学理与实际，均能顾

及，俾学者一读，不仅关于基本学理，可得一种知识，即于基本学理所由生之环境与关系，亦可稍稍窥悉，此实著述家之使命也。鄙人见是书需要之急，乃不揣谫陋，着手著述，虽不能发挥尽致，亦足为将来深造之基础耳。"内分：总纲，华银行之存款，华银行之支票，华银行之放款，华银行之抵押放款与抵押品，华银行之贴现，华银行之外埠期票买卖，华银行之汇兑，华银行之押汇，银拆、洋拆、洋厘与标金，中央银行，钞票，银行发行记帐法等十三章，详论中国银行业务方方面面，为金融界人士之必读书。《马寅初全集》第四卷，第226—469页

8月

8月9日 于上海香港路四号银行俱乐部主持中国经济学社第五届第十次理事会。到会理事：马寅初、刘秉麟、李权时、徐寄庼、戴蔼庐，列席：徐玉书、俞寰澄。呈函："商务印书馆，赠送《中华银行论》二十册，作者留十册，八册送八大图书馆，二册留本社。"推荐吴鼎昌、周作民、谈丹崖三人加入学社。《中国经济学社第五届年会纪录》，《经济建设》

8月10日 出席立法院第39次会议。

8月15日 出席立法院法制、外交、财政、经济、军事五委员会第5次联席会议，会审《监察委员会保障法（草案）》案。

同日 发表《辽宁之金融》。"吾国内地之金融，各地互异，异常复杂……东三省之货币，以官币辽钞为大宗。官帖基金不固，市价常跌，辽钞自停兑以来，亦忽涨忽落……辽宁省钞（即奉票）亦有大洋票、小洋票之分，概不兑现，其大洋票每一元六角，原可换现洋一元，后则跌落至一元七八角，至奉直战争时，跌至二元六七角。在近数月来，辽钞价格上之变化，真有出人意料之外者，由二十五元辽钞兑现一元之行市，逐步落价，竟降至六十元兑现一元。"

"由此观之，纸币之为害，较公债尤甚。公债尚有种种阻碍，不便多发。而纸币可以层出不穷，无法阻止。不特此也，吾国之赋税与公债，不过无伸缩力之可言，一旦有事，固不足恃，但纸币非特无伸缩力，且有一种反伸缩力，不但财政窘迫，且扰乱金融，使工商业连带受影响也。"《东三省官银号经济月刊》第1卷第4号；《马寅初经济论文集》第一集；《马寅初全集》第六卷，第

255 页

8月17日　出席立法院第40次会议。

8月24日　出席立法院第42次会议。

8月27日　出席立法院第43次会议。

本月　与胡适共同推荐毛彦文获美国密西根大学安娜堡分校奖学金，每月80美元。与毛氏同获奖学金赴美求学者有：沪江大学郭美德、南开大学刘菊淡、金陵女大张肖松等。毛彦文回忆

9月

9月3日　出席立法院第45次会议，会审劳工法起草委员会报告起草《工会法（草案）》案。议决：付劳工法起草委员会会同委员马寅初、朱和中审查。

9月7日　出席立法院第46次会议。

9月10日　出席立法院第47次会议。

9月12日　出席立法院第48次会议。

9月14日　出席立法院第49次会议。

9月15日　发表《交易所法原则》（又名《新颁布之〈交易所法〉》）。对《交易所法》之重要原则加以说明：（一）何谓交易所；（二）交易所之组织；（三）证据金、追加证据金及增加证据金；（四）经纪人或会员之名额；（五）经纪人与职员；（六）交易所区域上之限制；（七）交易所中买卖之物品，为一种或数种乎，抑为一种或一种类乎。《东三省官银号经济月刊》第1卷第5号；《马寅初经济论文集》第一集；《马寅初全集》第五卷，第127页

9月21日　出席立法院第50次会议，会同陈长蘅、焦易堂等委员提议提前起草《户籍法》；领衔商法起草委员会诸委员提呈《票据法（草案）》审查报告，议决：加派史尚宽、林彬对草案第十九条、第五十八条重新审查。9月26日《申报》

9月26日　于上海香港路四号银行俱乐部主持中国经济学社第五届第十二次理事会，会商于杭州创办经济图书馆事宜。"经济学家马寅初纠集经济学会杭会员许叔玑、周季纶、潘更生、赵文锐等创办大规模之经济图书馆。业经择定杭州西湖宝石山顿开岭，兴筑高大洋房，已与李合顺营造厂订定合

同，日内即将动工。至建筑经费，共为十万元，除由浙江财政厅长钱新之捐廉五万元外，其余均由马寅初博士负责筹募云。"推荐何浩若、刘奎度等入社。《申报》

9月28日 立法院召开第51次会议，因故缺席。会议：商法起草委员会马寅初、史尚宽等提呈《票据法（草案）》起草报告。

本月 受浙江财务人员养成所特聘，指导经济问题。该所位于杭州市柴木巷，系培养浙江省财政厅干部之专科学校，1928年9月成立，校长魏颂唐。聘王克宥讲授"统计学"与"党义"、孙晓村讲授"行政法"、魏友新讲授"簿记"。1929年，浙江省实行呈报土地及开征营业税，缺乏人才，故特聘开设"经济问题"课程，该课程自1929年9月开至1932年，马仰曹担任经济问题课程助教。《浙江财务人员养成所一览》

10月

10月4日 出席杭州各界拒毒运动周西湖博览会拒毒宣传大会，演讲《拒毒须从家庭做起》，获大会感谢章。认为，中国社会力量薄弱，贪官污吏多，是因为中国法律力量太薄弱。"中国法律，立法定得太严，行法得太疏。以状态言，立法贵疏，行法贵严。"同日演讲者有项兰生、王正廷。10月5日《申报》；《马寅初全集》第五卷，第13页

10月5日 出席立法院第52次会议。

同日 受聘上海交通大学实业经济组主任，为铁道管理学院二年级主讲"公家财政"。《交大三日刊》

10月8日 出席立法院第53次会议。10月8日《申报》

10月9日 下午，主持中国经济学社第六届年会开幕式，社员120余人出席，邀请立法院院长胡汉民担任本届名誉社长。胡汉民、邵元冲等演讲。朱彬元：《中国经济学社第六次年会纪录》，《经济学季刊》第1卷第2期

晚，工商部张轶欧司长代表孔祥熙宴请与会社员。先生代表中国经济学社致答词。《中国经济学社第六次年会纪录》

10月10日 上午八时，偕与会社员赴机场出席阅兵典礼。《中国经济学社第六次年会纪录》

十时，至金陵大学，主持第六届第一次社务会议。高票连任社长，刘大钧为副社长。先生因担任社长已历数年，恳请按社规辞去社长一职，经全体一致挽留，仍续任。《中国经济学社第六次年会纪录》

中午，偕全体与会社员赴首都银行界公宴。《中国经济学社第六次年会纪录》

下午，偕全体与会社员瞻仰中山陵。《中国经济学社第六次年会纪录》

晚，出席交通部公宴与会社员，代表中国经济学社致答辞。《中国经济学社第六次年会纪录》；10月12日《申报》

10月11日 上午，大会演讲《中国租佃制度之研究》（又名《中国的租佃制度》、《中国之租佃制》）。从：（一）在起草中的《土地法》；（二）现行租佃制的弊病；（三）租佃期限与永佃权；（四）押金与包租制；（五）租金的规金诸方面，剖析现行租佃制度之不合宜，提出改革思路："中国的租佃制以'耕者有其田'为最终的目的，在改进的过程中，规定永佃权等来保障佃农的生活，乃是最重要而妥善的办法。至于租金的确定，还须慎始慎终，到将来研究得出完好的结果以后，再来讨论，而现在确以不规定为妥当。"《东三省官银号经济月刊》第2卷第1号；《马寅初全集》第五卷，第155页

中午，立法院公宴全体与会社员，胡汉民致欢迎词。先生代表经济学社致答词。《中国经济学社第六次年会纪录》

下午，安排与会代表分组赴各处参观、考察。《中国经济学社第六次年会纪录》

晚，偕会议代表出席南京市长刘纪文、财政局局长金国宝于夫子庙老万全酒店公宴。《中国经济学社第六次年会纪录》；10月12日《申报》

10月12日 上午，出席立法院第54次会议。

中午，偕会议代表出席中央大学于安乐酒店公宴。《中国经济学社第六次年会纪录》

下午，参观中央大学，并出席中大经济学会茶话会。《中国经济学社第六次年会纪录》

晚，主持中国经济学社答谢公宴，年会社员及各界来宾200百多人出席，代表经济学社对首都各机关招待雅意致谢。来南京出席太平洋会议之美国代表、《世界大战经济史》主任编纂沙德维尔教授等三人受邀出席。《中国经济学社第六次年会纪录》

10月13日　偕会议代表60余人赴镇江游览，途中议定下届年会于无锡举行。江苏省政府设午宴招待。10月14、15日《申报》

10月15日　发表《土地增价税》。认为平均地权"是党的一个根本主旨，行之得当，则社会民族普受其益；稍生阻碍，则失人民对于三民主义之信仰"。继而提出土地增价税主张，若地价涨率甚速，"么这里面必定不是全由人工、资本经营而得的，其中必有大部分是完全由于社会的进化所致。地主不劳而获的、非正当的，甚或有炒地皮的，课以重税，使一部分增益归公，是应当的"。《商业杂志》编者按："'平均地权'是实现民生主义的一个方法，征收土地增价税是实行平均地权中之先决问题。马博士因鉴于三民主义之实行为当今急务，爰提出《土地增价税》一文，详加讨论，议论透辟，说理翔明。"《东三省官银号经济月刊》第1卷第6号；《商业杂志》第5卷第1期；《马寅初全集》第五卷，第109页

10月19日　出席立法院第55次会议。

10月25日　出席立法院法制、经济委员会第11次联席会议，会审（一）建设委员会华北、太湖流域《水利委员会组织条例》案；（二）东方大港、北方大港筹备处组织章程案。

10月26日　出席立法院第56次会议，会审（一）邵元冲、马寅初、史尚宽等报告拟具《人民团体设立程序（草案）》案，议决：照案通过。（二）陈肇英、庄崧甫、马寅初报告拟就《渔会法（草案）》案，议决：修正通过。（三）蔡瑄、陈肇英、庄崧甫、马寅初报告拟就《渔业法（草案）》案。议决：修正通过。

10月27日　于上海交通大学演讲《新颁票据法之精神》（又名《〈票据法〉总说明》）。以"（一）吾国票据不发达之原因，（二）历年来关于票据之判例，（三）编订本草案之准据，（四）本草案总则及各章之说明"四方面，详细阐述《票据法》之法理根据与现实作用。《马寅初经济论文集》第一集；《马寅初全集》第五卷，第64页

晚，偕邵元冲赴穆藕初家聚餐。《邵元冲日记》

11月

11月2日　立法院召开第57次会议，因故缺席。会审商法起草委员会马

寅初、戴修骏等提呈核议划一工商同业公会与商会改组期间案及解释《工商同业公会法》施行细则应否由工商部另定案审查报告案。

11月5日　出席立法院第58次会议。

11月6日　上午，出席中国经济学社第七届理事会第一次会议，向理事会汇报"财政部宋子文先生捐助本社基金洋二万元已如数领到"。孙大权：《中国经济学的成长》

下午，继续出席立法院第58次会议。

11月7日　继续出席立法院第58次会议。

11月8日　继续出席立法院第58次会议。

11月9日　出席立法院第59次会议。

11月10日　穆藕初夫人金氏五十寿辰，偕孔祥熙、虞洽卿、黄炎培、王正廷、邹韬奋等前往贺寿。《穆藕初先生年谱》

11月16日　出席立法院第60次会议。

11月19日　出席立法院第61次会议。

11月20日　继续出席立法院第61次会议。

11月23日　出席立法院第62次会议。

11月30日　出席立法院第63次会议。

12月

12月5日　立法院举行一周年纪念。院长胡汉民，副院长林森，顾问戴季陶，全体委员、职员及南京各机关代表三百余人与会。先生代表商法起草委员会于会上演讲。12月7日《申报》

12月7日　出席立法院第64次会议。会审：（一）商法起草委员会提呈《公司法》起草报告案；（二）讨论解释市保卫团可否适用于《县保卫团法》案。12月8日《申报》；《国民政府立法院会议录》

12月10日　继续出席立法院第64次会议。

12月11日　主持中国经济学社第七届理事会第二次会议，汇报："据基金保管委员会李馥荪、徐寄庼二君报告，已以基金购买续发二五公债二万五千元。"孙大权：《中国经济学的成长》

12月14日 出席立法院第65次会议。商法起草委员会提呈：审查划一工商同业公会与商会改组期间案。*12月15日《申报》*

同日 为黄序鹓[1]《中国经济史长编》作序。"非研究本国经济，不能操胜算。欲了解本国之经济状况，则于已往之经济变迁，安可不特加注意！现今中国之生产落后，民生窘迫，无经济发展可言。然就已往之历史而论，民族巍巍然存，迄于今日，自必有其特质，以为依着。此长时期经济方面之沿革损益，其中非无长处，发扬固有特长，吸收欧美良制，则经济竞争，方不至有落伍之虞。语云：知己知彼，百战百胜，实为确论。黄先生大著，其有裨社会，岂浅鲜哉，余因乐而为之序。"*影印件*

12月17日 立法院召开第66次会议。会审商法起草委员会报告拟就《海商法》案。结果：因争辩太烈，只通过六条，其中第一、二附条，尚未议决保留至三读会时讨论。*12月18日《申报》*

12月21日 出席立法院第67次会议。

12月23—25日 主持商法起草委员会与民法起草委员会联席会，商讨、修正商法起草委员会提呈《保险契约法（草案）》。

12月24日 出席立法院第68次会议。会审：（一）商法起草委员会会同民法起草委员会报告审查《海商法（草案）》案。议决：修正通过。（二）《商法》起草委员会提呈《保险契约法》起草报告。议决：照修正案通过。

12月26日 继续出席立法院第68次会议。

---

[1] 黄序鹓（1877—1949），字季飞，号谢斋老人，江西省萍乡市人，中国经济界耆宿之一，历任民国第一届国会议员、立法委员、考选委员、高等考试典试委员，曾任广西五金矿务局总办、财政部佥事等，并创办《不亡》杂志。《中国经济史长编》历数十年于1947年完成，由蔡元培、马寅初作序，著作共分12册，包括序言皆小楷书写，今藏国家图书馆。

1930年（民国十九年） 49岁

1月

1月7日 于上海交通大学演讲《日本的金解禁问题》。详述日本政府实行拖延数年之"金解禁"政策对经济、贸易巨大影响，以及日元解除金禁、恢复金本位后之前景："国民的购买力确定，国家的经济稳固，并且因为金价的常趋于平静，一切商业贸易，也无重大的变动，这样不但本国人民愿意拿出资本来经营事业，就是外国人也愿意投资于国内帮助事业的发展了。""本来国家施行政策，所以兴利除弊，在施行政策以前，一定要审慎精详，才不致贻无穷之害。这种禁止现金输出，原是国际经济的变态，日本稍不留意，竟使十二三年来，天天在无可奈何中受痛苦。这是使我们受到一个极大的教训，同时我们对于日本这一次金解禁的希望，正和滨口首相所发表的声明书相同。就是金解禁只是打破阻止国民经济发展的第一道关门。将来一定更要改善国际借贷关系，而使金融界健全发展。政府方面，固然仍要拿定紧缩方针，努力养成国富，一般国民还是要用出紧张的精神，和衷共济，勤俭力行，然后国家的兴旺，才指日可以等待了。"1月18日《交大三日刊》；《马寅初经济论文集》第一集；《马寅初全集》第六卷，第78页

1月11日 于出席立法院第70次会议。

1月14日 上午，出席立法院第71次会议。

下午，于大夏大学演讲《日本的金解禁问题》。

晚，于上海交通大学演讲《日本的金解禁问题（续）》。报载："时届隆冬，期迫大考，听者仍极拥挤"，马氏"喘息而至"，"情况极形匆促。谓方以此问题在大夏大学演讲，故声已稍哑，请众原谅。于此可见马博士之忙碌，迥非常人所可及，而其致力学术界之热忱，亦弥可钦佩也"。1月13、15日《申报》

1月15日 主持中国经济学社第七届理事会第三次会议，向理事会汇报：

"购买南京地皮四亩八分四厘五毫四丝四忽，需款二千余元，决定由各理事另行筹募。由社长担任六百元，金国宝理事担任五百元，余由其余理事分担。"孙大权：《中国经济学的成长》

  同日 为光华大学经济学会创刊《经济杂志》题写封面。影印件

  1月18日 出席立法院第72次会议。

  1月23日 出席经济、财政、土地法起草委员会召开第1次联席会议。审议国道建设费预算标准案、《建筑国道筹款计划大纲》案、《建筑国道征用民工通则》案、修改《土地征收法》案。

  1月25日 出席立法院第73次会议。

  同月 《论金贵银贱之救济》（又名《金贵银贱之救济方法》）。时下银价暴跌，工商各业均呈停顿状态，市面恐慌，舆论纷起，因言："吾所欲言者约可分为三层：（一）银价跌落原因不一，就其难以索解者，加以说明，如日本之金解禁，何以能使银价跌落？（二）对于时人所主张之奇异补救方法（如禁银进口，禁止金业交易所投机买卖等）加以批评。（三）为一劳永逸计，惟有采用金本位之一法，但亦有人主张暂用虚金本位制，以为过渡之办法者，两者孰优，当详加讨论。"《统计月报》第2卷第1期；《马寅初经济论文集》第一集；《马寅初全集》第五卷，第116页

2月

  2月8日 出席立法院第75次会议。

  2月10日 得贝祖诒、胡祖同[1]函，吁请尽快颁布银行公会单行法等。影印件

  2月12日 主持中国经济学社第七届理事会第四次会议，向理事会汇报募捐情况。孙大权：《中国经济学的成长》

  2月13日 就《商会法》与《同业公会法》及《银行法》事复贝祖诒、

---

[1] 贝祖诒（1893—1982），江苏吴县人，东吴大学毕业，时任中国银行上海分行经理，1946年任中央银行总裁，1949年后到香港，任上海商业银行行长。胡祖同（1887—1936），浙江鄞县人，英国伯明翰大学商科硕士，时任交通银行总经理、上海市工部局华董，1934年任中央银行国库总部经理。两人同为银行公会负责人。

胡祖同书:"奉示祗悉,此事涉及立法之精神与主旨,未识敝院同人能否赞成,弟当代为陈述意见,结果如何,容当日后函告可也。"《马寅初全集补编》,第 478 页

同日 发表《日本金解禁之由来与结果》。细论日本金解禁之来龙去脉,日本为此困扰 13 年之久,乃因三重顾虑:"当此之际,欧美金价既涨,故其货物之价亦增,于是日人多需要国货之代替品,然国货之替代品,或则原料来自外国,价亦涨,或则商人无道德,乘机抬高,于是民生维艰,工厂罢工,劳方要求加资,市面更形惶惑,且外债之偿还,又受损失,国家预算,顿被破坏,故无论如何,非金解禁不可。虽然,禁之既久,解除亦难。盖解禁后,外国货物,势将低落,货商又将大受损失,是以日商来压迫日商,影响亦大,此顾虑者一。外国投机家购进日金者颇多,解禁后,将蒙其害,此顾虑者二。解禁时,非有绝对充分之准备,即多备现金以应付挤兑不可,此顾虑者三。是以不解禁固不可,解禁亦不可,而日政府的陷于进退失据之中,延荡踌躇积十三年,而至于本年度一月十一日,始告解除云。由此观之,政治革命易,而经济上之变制,则极当审慎。"《申报》

2 月 19 日 出席立法院第 76 次会议。

2 月 20 日 发表《德国之土地增价税》(又名《平均地权》)。从德国颁布土地增价税法之缘由、德国土地增价税之变迁、德国土地增价税之计算法、免税与减税、提前施行期等方面,详尽考察其来龙去脉、法理依据与实施情况,并与英国之地价税加以比较,阐明各自优劣得失。最终立意为中国"平均地权"提供参照。"平均地权是中国目前最重要的问题,但是要实行平均地权,就要制定《土地法》,否则是无从着手的。不过中国从前对于《民法》、《商法》、《劳动法》或者已有草案,或者没有草案,也已有许多学者讨论过,所以都还有些蓝本可依据。至于《土地法》在中国既没有草案,也没有经过学者讨论,完全是一种新创的法典。但是中国虽没有依据,在欧美各国却已有许多《土地法》的规定了,所以现在先把外国的《土地法》,介绍给各位知道,将来对于中国制定《土地法》,是很有许多地方可采取和借鉴。今天先把德国的情形来申述一番。"《市政月刊》第 3 卷第 2 期;《马寅初全集》第六卷,第 48 页

2 月 21 日 于上海交通大学演讲《金贵银贱与关税征金问题》(又名《金

贵银贱与关税征金》），程志政笔记。评析关于金贵银贱种种看法：银子跌价，对于中国工业有好处；银价跌则中国出口货可增加；进口货出口货涨价，其余东西也都要涨等。认为，最根本影响在于"百物都要涨价。不但经济问题，而且成为社会问题；不但是社会问题，而成政治问题"。关税征金的重要性，是其可成为"改良币制的基础"。《交大月刊》第 2 卷第 3 期；《马寅初全集补编》，第 64 页

2 月 22 日 出席立法院第 77 次会议。审议行政院咨请颁布银钱公会单行法规案，议决：付商法起草委员会审查。

2 月 26 日 出席立法院经济委员会第 10 次会议。会议：（一）审查《电气事业法（草案）》；（二）审查《国道暂行条例》案；（三）审议《建筑国道征用民工通则》案，议决：不成立。

2 月 27 日 出任中央大学经济学系主任。《申报》

2 月 28 日 出席立法院第 78 次会议。

同日 致浙江实业银行总经理李馥荪[1]书："奉上印鉴两张，请查收为荷。签字二人改为三人，当然须用正式公函通知贵行。但本社办事之人系以社员兼充，都系义务性质，非贵行专雇行员办理行务者可比，故理事会之议决案往往搁置数月不办。实际上弟以社长兼任秘书、文牍、会计、筹募员等职务，觉得心有余而力不逮，下半年决定不再任理事矣。张静江先生捐助一万元已拨，此外尚有张学良之一万元，刻接徐玉书兄来信，谓有二千元交入贵行。先生为社员中之铮铮者，未识能否捐助二千元。叨在爱末当荷俯允，全社同人亦当感激不尽。"《马寅初全集补编》，第 482 页

本月 为中华会计专科学校会计月刊社编《会计月刊》题词："司会要诀"。影印件

3 月

3 月 1 日 复徐寄庼、李馥荪书："奉示敬悉，嘱件当尽力帮忙，详细情

---

[1] 李铭（1887—1966），字馥荪，浙江绍兴人，日本山口高等商业学校毕业。时任浙江实业银行总经理、上海银行公会主席，后任中国银行董事长，并长期担任中国经济学社基金保管委员。

形已详致淞荪先生信中，请与淞荪兄接洽。弟今晚回杭，下星期五由沪乘夜车晋京。"《马寅初全集补编》，第484页

3月8日　出席立法院第79次会议，领衔商法起草委员会诸委员提呈《海商法》、《保险法》施行日期案审查报告。

3月13日　出席立法院经济委员会第11次会议，审议通过修正《电气事业条例（草案）》案。

3月14日　主持商法起草委员会会议，修正《商标条例》案。

晚，主持中国经济学社第七届理事会第五次会议，汇报："浙江省政府来电捐助本社基金一万元，业经省务议决，并令财政厅照拨，本人下星期赴杭领取。""杭州宝石山房屋由省政府租与本社为图书馆，租约由本人代表签字。""穆藕初经手募集三千元业已收到。""徐玉书、俞寰澄二先生募集二千元亦已收到。"孙大权：《中国经济学的成长》

3月15日　出席立法院第80次会议。

同日　发表《银价跌落救济问题》。指出：最近银价暴跌，先令大缩，认识与应对之要点，除此前所提意见外，尤强调"国际汇兑联席会议"之重要。《东三省官银号经济月刊》；《马寅初经济论文集》第一集；《马寅初全集》第六卷，第186页

3月18日　国民政府命令：派朱家骅、陈布雷、马寅初、张乃燕、雷啸岑、郭心崧为浙江省政府县长考试、典试委员，张人杰为委员长。3月19日《申报》

3月22日　出席立法院第81次会议。

3月25日　出席立法院第82次会议，会同焦易堂等提呈《省区铨叙委员会组织条例（草案）》案。

3月27日　出席立法院财政、经济委员会第5次联席会议。

3月31日　以立法院代表身份到杭，出席全国运动会。4月1日《申报》

本月　就中国经济学社年会安排致中国经济学社公开信：

今年年会经去年大会议决定在北平举行，惟议决之前并未经过讨论，就目前之情形而论，在北平举行事实上或不可能，其理由如下：

（一）往来川资过巨，即以半价论，亦非多数社员所能负担。

（二）或因别种关系，陆路交通断绝。

（三）北平之老社员多已南下，现在留北平者甚少，会事乏人筹备。

（四）北平各校开学向较南方为迟，如九月间在北平举行年会，听讲者必不踊跃，北平又非商埠，商人之智识又极幼稚，即对商人讲学，亦不致受人欢迎。

（五）北平政治上之形势不可预测。

综合以上理由，今年年会非另择地点不可，社长提出无锡，经本理事会核准通过，并经京沪杭社员六十余人赞同，兹将无锡优点列之于下：

（一）无锡工厂林立，为将来实业中心之一，研究经济学者尤当亲往参观。

（二）无锡与苏州距离不远，凡未到过苏州者，可以前往游览。

（三）无锡临太湖，沿湖风景足供社员之游览。

（四）无锡地点适中，于京汉沪杭各地之社员均甚方便。

（五）无锡之实业界巨擘均表示欢迎。

惟事关大会议决案，爰昭章函请贵社员赞同，如于四月二十日以前不来函声明者，视为默许。专此通知，敬希台察。《马寅初全集补编》，第485页

4月

4月1日 于杭州梅东高桥大营盘运动场出席全国运动会开幕典礼。组委会会长戴季陶及蒋介石、朱家骅等讲话，张静江、王正廷、吴稚晖、褚民谊、陈果夫、穆藕初等各界要员出席。《申报》

晚，偕穆藕初、邵元冲、杭州市长赵文锐等至杭州聚半园聚餐。《邵元冲日记》

4月2日 上午，偕穆藕初、邵元冲等游西湖及三潭印月，午间聚餐楼外楼。下午游黄龙洞、紫霞洞。《邵元冲日记》

4月5日 出席立法院第83次会议。会同焦易堂等提议救济限制用盐行销区域草拟《盐制物品条例》提请公决案。议决：付财政委员会会同经济委员会审查由财政委员会召集。

同日 就财政部币制报告及经济学社准备刊印币制专号事复李馥荪书：

"财政部送来之凯末顾问币制报告，洋洋数万言。弟以出席全国运动大会，尚无暇研究，中国情形异常复杂，闭门造车，难望适合。本社已准备刊印币制专号，惜具体文章绝无仅有也。"《马寅初全集补编》，第482页

4月10日　为上海特别市社会局编《上海特别市罢工停业统计（民国十八年）》作序。指出："顾我国经济界，频年来外受帝国主义之压迫，内受军阀之蹂躏，力量已极微薄。近则工潮勃发，其出于正当要求者，固深表同情，若迹近需索，试问将何以堪？故劳工问题实宜从速解决，而劳工统计之编制，遂有刻不容缓之势。"该书1930年9月由商务印书馆出版。《马寅初全集补编》，第427页

4月12日　出席立法院第84次会议。会议：法制委员会提交审查《交通部航政局组织条例（草案）》案。议决：再付法制委员会会同委员马寅初、卫挺生等审查。

4月14日　主持商法起草委员会会议，审议修正《商标条例》案。

4月15日　发表《银价跌落与人民生活之关系》（又名《银价低落与人民生活之关系》）。时逢银价不稳，学者及大众对其利弊与发生原因认识不一，疑虑重重，因从："银贱因金贵乎，抑金贵因银贱乎"、"银价跌落，能使银的产量减少乎"、"银价跌落影响及于物价"等方面，给予说明，最后指出："银价跌落，无论什么东西，都要涨价：进口的货要涨价，出口的货也要涨价，工资要涨，各地方各时间的东西都要涨价。既然样样东西无往而不涨价，人民的生活自然日趋艰难，所以我们现在这种情形之下，大家非实行节约不可。"《东三省官银号经济月刊》；《马寅初经济论文集》第一集；《马寅初全集》第六卷，第206页

4月16日　上海交大"重要校闻"："演讲委员会上星期邀请马寅初先生莅校演讲《金本位虚金本位等重要问题》，连讲两夜，听者甚众。"《交大三日刊》

4月26日　出席立法院第86次会议，会审：（一）《备荒基金法（草案）》，议决：付财政委员会审查。（二）《商品检验条例（草案）》，议决：付法制委员会会同经济委员会、商法起草委员会审查。（三）领衔商法起草委员会诸委员及审查委员魏怀提呈《商标条例》案审查报告，议决：修正通过。

4月30日　与诸同仁发起成立国民经济合作社。总社设于南京，下设法制、编撰、宣传、会计、征集、事务、文书、妇女、青年等组，再于各商埠设

分社。5月1日《申报》

本月 著作《中国关税问题》由商务印书馆重版，增加第八章"关税自主之过渡"。说明中国关税自主运动曲折、艰难之过程，最终获得"国定新税则"，"故此项国定税则，犹为关税自主之过渡办法也"。《马寅初全集补编》，第58页

同月 陈其鹿著、马寅初校之《资本主义发展史》由上海商务印书馆出版。该书使用文言体，加标点。全书分14章，论述资本主义之发端与发展。末章述"中国资本制度之已往及将来"。

5月

5月1日 鲁迅主编《萌芽月刊》发表署名致平文章：《马克思——马如克思——马寅初》。以与北洋军阀当年搜缴"马克思书籍"相联系评曰："马克思——马如克思——马寅初，这个方式表示着甚么呢？这并不是表示别的！这是表示在历史上有数千年文化的中国近数年来发生的一种事实！"即"这种思想，因为他是真实地深刻地认识社会解剖社会的东西，对于中国的统治阶级成为危害其社会的存在的一种危险思想"，标示着"统治阶级和其代理人的头脑，还在低能的程度"。

1928年《马寅初演讲集》出版后风靡全国，尤为青年学子所喜，引起某些当政者不满。1929年年底至1930年年初，济南警察搜缴该书，书店停售，并拘留持有《马寅初演讲集》的青年。《北洋画报》1930年第1148期以《难兄难弟——马克斯与马寅初》为题转载该事件，谓原为上海西报报道。影印件

5月4日 于上海青年会演讲《现银进口应否征税》，徐雉笔记。针对财政部所赞成"加税"政策，从四方面分析其所行不当，势必助长金融投机活动。《申报》；《建设中之中国》，青年协会书局1932年4月刊行；《马寅初全集补编》，第78页

5月7日 发表《银税问题》，林运铭笔记。文章批评流行之"补救银价"论，"关于银税，目下有二种主张：一是固定银税，一是活动银税。对于固定银税，我素来反对，至于活动银税，也有几点不敢赞成的理由"。（一）由购买银条以抵补期货交易观察活动银税的缺点；（二）由契约特权引起之套先令观

察活动银税的缺点；（三）银价变动无常；（四）活动银税有时阻碍银子的输进；（五）活动银税有时促起两重投机。《中央日报》副刊"大道"；《马寅初全集补编》，第 60 页

5 月 10 日　出席立法院第 88 次会议，会审《矿业法（草案）》、《农矿部组织法》案及《中日关税协定》。5 月 11 日《申报》

5 月 12 日　上午，出席立法院第 89 次会议。讨论《中日关税协定》案，外交部长王正廷到会陈述。

下午，出席立法院法制、经济、外交、财政、军事委员会联席会议，审查临时会议决议。5 月 13 日《申报》

同日　国产丝绸展览会成立研究委员会，聘马寅初、陈郁、何玉书等 24 人为委员。5 月 13 日《申报》

5 月 13 日　出席立法院第 90 次会议。

5 月 16 日　出席立法院法制、商法起草、经济委员会联席会议，讨论《商品检验条例（草案）》，议决：付马寅初、孙镜亚、张志韩三委员共同初步审查。

5 月 17 日　出席立法院第 91 次会议，领衔商法起草委员会诸委员提呈解释《工商同业公会法》第一条意义案审查报告。议决：审查通过。5 月 18 日《申报》

同日　得贝淞荪、秦润卿[1]、徐寄庼[2]、胡祖同函，附对金融业工会法意见："案查敝两公会于本年二月中为同业公会问题呈请财政部另颁银行公会单行法以资遵守。去后财部曾提呈行政院当议决咨送贵院审核，弟等上次赴京关于此事亦得与贵院诸同仁交换意见，而执事来沪时复获饱聆明教，诸承关垂，曷胜感幸！兹因本案开议在迩，爰拟就《金融业公会法（草案）》一件，寄奉台阅，藉供参酌。"影印件

5 月 24 日　出席立法院第 92 次会议，代表财政委员会会同经济委员会报告《审查盐制物品条例（草案）》案。议决：照审查报告通过。会议指定委员

---

[1] 秦润卿（1877—1966），浙江慈溪人，时任中国垦业银行总经理、交通银行上海分行经理、上海钱业公会主席。
[2] 徐寄庼（1882—1956），浙江永嘉人，浙江杭州高等师范学堂毕业，留学日本，时任上海浙江兴业银行常务董事、绸业银行监察人，1932 年中央银行代总裁，1946 年浙江兴业银行董事长、上海市议长。

焦易堂、楼桐孙、马寅初等为《盐法》起草委员。5月25日《申报》

同日 复贝淞荪、秦润卿、徐寄庼、胡祖同（孟嘉）书："刻奉大函并《公会法（草案）》均收悉。惟此项草案应由银行公会呈请财政部转呈行政院咨送立法院审议（原为财政部代拟之稿，当以财政部名义提出），未识已送部否？甚为念念。"《马寅初全集补编》，第480页

5月25日 发表《购买力平价》。从学理与国际市场经济经验阐明购买力平价功用，着重说明购买力平价与汇价关系，"故就汇价之高下，可以推测购买力平价之涨落，反之就购买力平价之涨落，可以推测汇价之上下变动也，研究购买力平价之利益在此"。《东三省官银号经济月刊》第2卷第5期；《马寅初经济论文集》第一集；《马寅初全集》第六卷，第89页

同日 与中央大学经济系全体师生集会合影。《国立中央大学半月刊》第2卷第7期

5月31日 出席立法院第93次会议。

同日 得胡祖同函，言望《金融业公会法》案早日开议。《马寅初全集补编》，第481页

本月 为《世界经济丛书》作序。精辟阐述了解世界经济之要："盖经济组织，纯然超国界而以世界为一体矣。盛衰隆替，息息相关，利害祸福，缘之以生，趋利避害，人情所同，究有何道以致之乎？必也明其大势，知其原因，务使真相毕露，洞若观火，然后可以言防患救弊，否则其不为天演公例所淘汰者几希。"《世界经济丛书》，上海大东书局1930年6月出版；《马寅初全集补编》，第425页

同月 为朱彬元《世界金融状况》作序。朱彬元：《世界金融状况》，大东书局1930年6月出版

同月 为杨哲明《世界交通状况》作序。杨哲明：《世界交通状况》，上海大东书局1930年6月出版

6月

6月3日 出席立法院第94次会议。

6月5日 就"标金飞涨"发表记者谈话，谓："此次标金飞涨系内地金

商操纵，与世界金涨并无关系。"6月6日《申报》

6月14日 出席立法院第95次会议。

6月21日 出席立法院第97次会议，领衔商法起草委员会诸委员报告审查《〈票据法〉施行法（草案）》案。议决：修正通过。

6月25日 于江苏镇江教育厅演讲《金贵银贱问题》。

同日 发表《印度之改用金块本位制》。综述印度数十年来改革币制之概况，尤其近三年施行金块本位制之利弊得失，"顾一切经济运用，皆无已往之损失"。此情可为吾国借鉴，"中国逐渐采行金本位币制法草案，刊于报端。兹事之重而且大，毋庸喋喋，而其间困难挫折，固亦遍地皆是也。兹将印度数十年来改革币制之概况，略述于后，亦为改革币制声浪中作一他山之助"。《东三省官银号经济月刊》第2卷第6期；《马寅初经济论文集》第一集；《马寅初全集》第六卷，第235页

6月28日 出席立法院第98次会议。

6月29日 于上海香港路4号出席中国工商管理协会成立大会，该会由银行公会主办。6月30日《申报》；《纺织时报》第710期，1930年7月3日出版

6月29日—7月1日

出席上海交通大学第三十届毕业典礼及新建筑落成仪式并演讲。霍有光、顾利民：《南洋公学—交通大学年谱》

本月 请辞中央大学经济系主任。中央大学经济系学生闻讯迅速召开执行委员会会议。会议推刘世超、赵桓生委员持函请马主任打消辞意；同时致函校长请留马主任。未果，复召集执行委员会与学术委员会联席会议，首由赵桓生报告挽留马主任及学校当局接洽经过。会议议决：（一）再向学校及院当局请求坚决挽留马主任；（二）推刘世昭、徐宗士、赵桓生、史毅敏四君赴无锡出席中国经济学社第七届年会，并当面恳切挽留马主任。《国立中央大学半月刊》第2卷第7期

同月 发表《新颁布之〈商标法〉》。对修正旧《商标法》，颁行新《商标法》提出14方面看法：（一）修正《商标法》之原因；（二）《商标条例》与《商标法》不同之点；（三）《商标法》之重要原则；（四）罚则；（五）第二十九条商标异议之规定；（六）法定期间；（七）对于洋商呈请注册之规定；

（八）关于联合商标之解释；（九）关于变更或涂销事项；（十）旧《商标法》第二十六条分为两项规定之说明；（十一）商品之分类；（十二）呈请注册应指定之商品；（十三）构成商标之积极条件；（十四）商标争执之一例。《中央大学法学院季刊》第1卷第2期；《马寅初经济论文集》第一集；《马寅初全集》第五卷，第169页

同月 为朱彬元著《货币银行学》作序："我国今日当维新之始，各项学术，均在幼稚时期；各大学虽有货币银行之学程，然所采用之教本类皆欧美书籍，每觉详略失当，不切国情；是故教本之编著，实为急要。"朱彬元：《货币银行学》，上海黎明书局1930年9月出版；《马寅初全集补编》，第429页

同月 发表《关于印度币制之变迁》（又名《印度币制之变迁——由虚金本位而至金块本位》），此内容多次演讲，上海交通大学演讲稿为程志政笔记。以印度虚金本位与金块本位实行情形与中国比较，认为："印度的虚金本位，中国是不合用的。（一）中国警察侦探不好，有时与匪通声气，假造货币，毫无办法禁止。（二）印度没有租界。中国人在租界上做违法的事，转转照会，早已捉不到了。（三）中国进口码头很多，海岸线太长，到处可以由外国造好伪币进来。（四）中国官吏，以为有利可图，往往滥铸不已，政权不统一，无法禁止。（五）虚金本位制度的机键在准备金块，然而准备金是在外国的，中国是独立国，一遇战事，便有危险。""在中国说，金块本位比虚金本位容易实行。可是没有金子，目前终是什么都行不通的。"《交大季刊》第3期，1930年7月出版；《马寅初全集补编》，第67页

7月

7月1日 发表《救济银慌非亟采虚金本位不可》，系中央大学及建设委员会演讲词，林绍运笔记。分析中国金融形势，表示："鄙人向主张金本位，而不主张虚金本位，但金本位非目下之财力所能办到，故为救急计，不得已迁就采用虚金本位。盖现代金银价趋势，已逼得区区中国立足不住。而目下救济方策，又无较虚金本位为优者，是以赞成其见之实行。"《银行周报》第14卷第24期；《马寅初全集》第五卷，第206页

同日 发表《关税征金与改革币制》（又名《关税征金问题》）。评论政府

关税征金举措。"此次海关进口税改用金单位一事,其目的在保障以关税担保之各项外债,免致税收方面,因金汇高昂受巨大之损失。""吾以为关税征金,虽不能谓为中国币制上一大改革,然此种办法,与币制改革,不无关系。""政府此次所定之征金方法,极为巧妙。所有进口关税,不以进口货之金价为标准,仍适用海关征税之物品表册,丝毫不加以更动。不过将海关两折合金币单位。则以后之关税征金,不以金价为根据,仍以我国趸售市价为标准也。故上述之六种反对的理由皆不成立。岂特不成立已也,政府此举,不啻为金本位制立一基础也"。《经济学季刊》第1卷第2期;《马寅初经济论文集》第一集;《马寅初全集》第五卷,第217页

7月4日 时上海各商号中多有借"储蓄"两字为增加营业资本之唯一方法,不惜诱以厚利,多方招徕,严重扰乱社会金融秩序,引起银行业公愤,纷纷要求通过法律加以规范。上海银行公会审议通过所拟《储蓄银行条例(草案)》,分寄各大银行征求意见。随后,上海大陆银行、上海浙江兴业银行、浙江实业银行、中华银行、江苏银行、中南银行、新华银行、交通银行以及商业储蓄银行经理王志莘等意见书陆续寄至立法院商法起草委员会,交通银行、上海银行、浙江实业银行、浙江兴业银行则联名上书发表意见。

至9月底,先生总汇各大银行关于《储蓄银行法》之意见,著文《关于〈储蓄银行法〉之各种意见》。自云:"作者以此事与社会金融有重大关系,与吾国银行业本身亦有切己之利害,似应早日呈请政府,订立储蓄银行单行法,予以取缔。"《马寅初经济论文集》第一集;《马寅初全集》第六卷,第111页

7月5日 出席立法院第99次会议。

7月10日 出席《渔会法》、《渔业法》起草委员第3次审查会,审查《鱼市场法(草案)》案。

7月12日 出席立法院第100次会议。

7月19日 出席立法院第101次会议,会同委员蔡瑄等提呈《鱼市场法(草案)》审查报告案。议决:照审查、修正通过。

7月25日 发表《读财政部甘末尔计划书后(及续)》(又名《读财政部甘末尔设计委员会改革币制计划书后》)。从学理与现实两方面剖析"计划书"所采取之方法及草案内容,认为,此计划"系由现行通货直接改用一种金本

位通货，无过渡之步骤，故称之为直接计划"，"在理论上，固甚妥善，亟应见诸实行，但一旦实行，难免不发生影响而阻止其实行也"。《东三省官银号经济月刊》第2卷第7、8期；《马寅初经济论文集》第一集；《马寅初全集》第六卷，第265页

7月26日 出席立法院第102次会议。

本月 于上海交通大学演讲《租佃制》，婉芬笔记。细述中国租佃制来龙去脉以及民国以来租佃法改革情况。"现在中国农矿部也定了一个《租佃法》，一共三十几条，拿到立法院由我来审查。当中规定业佃契约，以五年为最低限度，最多却没有规定。英国的田地不分，所以永远制可以适用；中国既然大家瓜分，自然永远制是行不通的。租佃的期限也不宜过长，因为中国有一种特殊情形。譬如湖南地方，向有押租金的制度。这种押租金，至少须与一年租额相等。""现在这个问题，立法院已收到许多统计，可是我还没有决定怎样规定，留给诸君讨论吧。"《交大季刊》，1930年7月出版；《马寅初全集补编》，第70页

8月

8月2日 出席立法院第103次会议，领衔商法起草委员会诸委员提呈《工商同业公会法》对于一区域以上之同业组织联合会并无规定可否另订条例或将该法酌予修正案审查报告案。

8月5日 于上海交通大学演讲《金贵银贱于中国是否有利》。《南洋公学—交通大学年谱》

8月9日 出席立法院第104次会议。

8月23日 出席立法院第106次会议。

8月25日 离宁赴镇江。

8月26日 于镇江教育厅演讲《金贵银贱问题》。《申报》

8月30日 出席立法院第107次会议。领衔商法起草委员会诸委员提呈：(一)修正《商会法》第四十二条改组期限为一年六个月及《同业公会法》改组期限一并修正案；(二)《工商同业公会法》中既设有一会仍可否准用《商会法》第五条，但书之规定于县属繁盛区镇分设同业公会，又可否准用《商会法》第八条第二项规定许工商同业公会设置分事务所案审查报告案。

9月

9月12日 召集商法起草委员会会议，审议工商部提呈，"按《商会法》第三条第四款拟设立公断处之意见"案。一致认为："《商会法》第三条第四款规定工商业之调处及公断事项为商会职务之一种，并未寓有另设公断处之意。所以调处及公断事项商会可以依据条文自为分配处理，无庸再行特设商事公断机关。是否有当，理合具文呈请鉴核，并候提交大会公决。"

9月13日 出席立法院第109次会议。

9月17日 得戴季陶书："此次年会开会，弟不能如约赴会，实在抱歉得很，敬掬其至诚，略述所怀，托桂崇基先生代弟出席，朗读其文，即以赠之先生，信笔写成，文字均不堪入目，不过聊作纪念而已。"《胡适来往书信选》

9月19日 就中国经济学社第七届年会事致李馥荪函："中国经济学社第七届年会定自九月二十日至二十三日止在无锡举行，一切程序早已在报上宣布，谅荷察阅。沪锡近在咫尺，二三小时可达，如能抽暇，请来锡一叙。今年到会者异常踊跃，且多从南京来者，拟请吾兄来此一游，弟当在宴会席上介绍兄演说……以二十分钟或二刻钟为限。于介绍兄演说时，弟当提及兄对于本社之贡献，使社员对兄有一种好感（即财部之二万元捐款靠兄之力得来）。吾兄演说时，不要提及实业银行。如兄能在无锡多住几日顶好，否则二十二日来，二十三日可去。弟今日携眷由杭赴会。"《马寅初全集补编》，第483页

9月20日 立法院举行第110次会议，代表商法起草委员会会同法制、军事委员会提呈《船舶登记法（草案）》及《船舶法（草案）》审查报告。议决：重行审查。《国民政府立法院会议录》

本日 中国经济学社第七届年会于无锡商会大礼堂开幕，代表学社作总报告，许师慎笔记。继由戴季陶（史维焕代读）、邵元冲演讲。朱彬元、许师慎：《中国经济学社第七次年会纪录》，《经济学季刊》第2卷第2期

下午，偕会议代表赴东门亭子桥工艺机械厂、西村里恒德油厂、周三浜庆丰纱厂、惠工桥丽新染织厂、惠山浜茂新第二面粉厂参观考察。《中国经济学社第七次年会纪录》

晚，偕会议代表出席无锡县政府公宴，潘县长致欢迎词。《中国经济学社第七次年会纪录》

9月21日　无锡商会、银行联合会、钱业公会、面粉厂联合会、纺织厂联合会、丝厂同业公会等七团体，邀年会代表及新闻记者游览太湖等地，由梅园园主荣德生招待午宴。《中国经济学社第七次年会纪录》

9月22日　于无锡县大礼堂主持年会大会。会议选举马寅初、刘大钧、朱彬元、李权时、卫挺生、潘序伦、金国宝、钱永铭、盛俊、戴蔼芦、陈长蘅、徐寄廎、刘秉麟、邵元冲、何德奎、唐庆增、李馥荪为理事。讨论通过社长所提交恢复上海分社案、确定本社总社地址并设分社办法案、确定第八届年会开会地点案。先生向会议报告："社员前南京特别市财政局长金国宝之助，购定首都老王府官地五亩，该地在首都银行大公司之中心点，地甚重要，依市价须值万金以上，现照官价以二千元购得。"《中国经济学社第七次年会纪录》

晚，偕会议代表出席无锡县党部、江苏省立教育学院、江苏省立无锡中学、无锡县教育局、无锡县教育会、无锡县立初级中学、无锡县立女子初级中学、江苏省立锡中实验小学、私立国学专修学校、私立竞志女学、私立无锡中学、私立辅仁中学十二团体欢迎公宴。《中国经济学社第七次年会纪录》

9月23日　参加大会学术演讲。出席中国经济学社第八届理事会，当选第八届经济学社社长，并演讲。《中国经济学社第七次年会纪录》

下午，年会闭会。《中国经济学社第七次年会纪录》

9月25日　前往吊祭行政院长谭延闿。9月26日《申报》

9月27日　出席立法院第111次会议。会议：（一）商法起草委员会提交对工商提出设立公断处审查报告案，认为没有必要再设公断处。（二）代表商法起草委员会会同法制、军事委员会提交《船舶法（草案）》审查报告，议决：重行审查。

本月　为陈长蘅著作《三民主义与人口政策》题词："民生政策"。该书由上海商务印书馆出版。

10月

10月3日　应上海交大经济学会邀请演讲《田赋状况》。《南洋公学—交通大学年谱》

10月4日　出席立法院第112次会议。

10月11日　出席立法院第113次会议。

10月16日　出席立法院经济、军事委员会第2次联席会议,会审实行移民实边以救失业人民而固国防案。议决:推王用宾、马寅初等五委员初步起草《移民实边法》。

10月18日　出席立法院第114次会议。

10月23日　应上海交大演讲委员会邀请演讲《营业税问题》。《南洋公学—交通大学年谱》

10月25日　出席立法院第115次会议。

10月28日　第四届太平洋国交讨论会拟定1931年于中国召开。大会筹备会广延国中领袖,讨论中国方面提案,冀收集思广益之效。"大纲暂定三种:(一)中国经济建设与国际提携问题;(二)满、蒙之国际关系;(三)太平洋上之种族与文化接触问题。以上三项总题,业经函请马寅初、徐淑希、胡适之三君,分任专责,切实研究。"《申报》

本月　发表《今日中国之田赋问题》。《交大经济周刊》第21期

同月　为贾士毅《民国财政简史》作序。该书由商务印书馆1932年1月出版,继编增补1930—1940年间财政状况,更名《民国财政史》。

11月

11月1日　出席立法院第116次会议。

同日　全国工商会议于南京炮标(现为中山东路钟山宾馆所在地)励志社大礼堂召开,到会176人。先生当选审查委员会主席团成员,并任审查委员会第一组召集人,成员有邵元冲、虞洽卿、卫挺生、李权时、楼桐生等43人。《全国工商会议汇编》,工商部1930年印

11月8日　出席立法院第117次会议。(一)代表财政委员会报告审查《国民政府主计处组织法(草案)》案,议决:修正通过。(二)代表商法起草委员会会同法制、军事委员会提呈《船舶法(草案)》案重行审查报告案。(三)领衔商法起草委员会诸委员提交《〈海商法〉施行法(草案)》起草报告案,议决:重行审查。

11月22日　出席立法院第118次会议,代表商法起草委员会会同法制

委员会提呈《〈海商法〉施行法》审查报告案。议决：照修正通过。该法案自 1931 年 1 月 1 日起正式施行。

11 月 25 日　发表《新颁布之《〈票据法〉施行法》。将《〈票据法〉施行法》逐条录下，详解其内涵及讨论意见。《东三省官银号经济月刊》第 2 卷第 11 期；《马寅初经济论文集》第一集；《马寅初全集》第六卷，第 228 页

11 月 26 日　出席立法院法制委员会第 100 次会议。法制委员会会同审查委员马寅初、吴尚鹰审查修正《航政局组织条例（草案）》初步审查报告案。

11 月 28 日　出席立法院法制、经济委员会第 15 次联席会议。修正通过《森林法（草案）》初步审查报告。

11 月 29 日　出席立法院第 119 次会议。

12 月

12 月 2 日　出席立法院第 120 次会议。

12 月 4 日　出席立法院第 121 次会议。

12 月 5 日　主持中国经济学社第八届第三次理事会，向理事会汇报"上海银行公会救助一万元收到"。孙大权：《中国经济学的成长》

12 月 19 日　出任立法院经济委员会委员长。"令本院经济委员会委员长马寅初，本院经济委员会委员吴尚鹰、张志韩、史尚宽、马超俊、冯兆异、方觉慧、史维焕、张默君为令遵事，兹派马寅初为本院经济委员会委员长，吴尚鹰、张志韩、史尚宽、马超俊、冯兆异、方觉慧、史维焕、张默君为本院经济委员会委员，除分令外，合行令仰遵照。此令。"《国民政府立法院训令》第 825 号

12 月 23 日　出席立法院第 122 次会议。

12 月 25 日　发表《营业税之模范》。详细介绍德国营业税之分类、税则、税率、税表编制等各种情况，以为中国营业税制定之参照。《东三省官银号经济月刊》第 2 卷第 12 期；《马寅初经济论文集》第一集；《马寅初全集》第六卷，第 72 页

同日　担任立法院土地法起草委员会令遵事。"令本院土地法起草委员会委员吴尚鹰、王用宾、邓召荫、陈肇英、马寅初为令遵事，兹派吴尚鹰、王用宾、邓召荫、陈肇英、马寅初为本院土地法起草委员会委员，由吴尚鹰召集，

除分令外，合行令仰遵照。此令。"《国民政府立法院训令》第833号

同日 担任立法院商法起草委员会令遵事。"令本院商法起草委员会委员马寅初、戴修骏、卫挺生、楼桐孙、罗鼎、黄右昌、史维焕为令遵事，兹派马寅初、戴修骏、卫挺生、楼桐孙、罗鼎、黄右昌、史维焕为本院商法起草委员会委员，由马寅初召集，除分令外，合行令仰遵照。此令。"《国民政府立法院训令》第839号

12月26日 主持立法院法制、经济委员会第16次联席会议，会审《实业部组织法（草案）》，议决：付马寅初等初步审查，由马寅初召集。

12月27日 出席立法院第123次会议，代表经济委员会会同法制委员会提交《农会法（草案）》审查报告案，议决：照审查修正通过。

同日 担任立法院盐法起草委员会令遵事。"令本院委员焦易堂、庄崧甫、陈长蘅、邓召荫、罗鼎、林彬、马寅初、刘盥训、方觉慧、王用宾、卫挺生、曾杰、楼桐孙、孙镜亚、陈肇英，为令遵事。查《盐法》亟待制定，兹派焦易堂、庄崧甫、陈长蘅、邓召荫、罗鼎、林彬、马寅初、刘盥训、方觉慧、王用宾、卫挺生、曾杰、楼桐孙、孙镜亚、陈肇英起草，由焦委员召集，除分令外，合行令仰遵照。此令。"《国民政府立法院训令》第842号

12月29日 应上海交通大学邀请演讲《中国之盐税改革问题》。《南洋公学—交通大学年谱》

本月 得浙江省财政厅有关营业税事函："裁厘实行收入锐减，抵补之方急不容缓，营业税之举办已成必然之趋势，现经着手筹备草拟章则。惟事属初创，苦无依据，深恐闭门造车，未必出而合辙。凤仰执事精研税法，熟谙商情，用特检奉一份就正有道。务祈详加察阅尽量指教，俾成完善之法规，以期推行而尽利。"《浙江财政》（营业税专号）1931年第6期

同月 为《经济学原理》作序："伏读之下，既惊佩福田氏之能以流畅之笔述奥衍之理，复敬服陈君之忠实精勤，惠此国民。夫我国今日，非举国争谈建设乎？非共致力于经济幸福乎？若斯之役，经济学识，何等重要！"〔日〕福田德三：《经济学原理》，陈家瓒译，上海小星书店1930年12月出版；《马寅初全集补编》，第430页

同月 为费保彦[1]《整理国债计划全编》作序:"吾友费君四桥,究心计学,逮二十载。其于世界金融之趋势,吾国财政之源流,端居矻矻,潜讨靡遗……审其内涵,颇能洞中窍要,可谓一有系统之专书,以为整理之根据。"费保彦:《整理国债计划全编》,1930年12月出版;《马寅初全集补编》,第431页

---

[1] 费保彦(1892—1980)又名子彬、四桥,江苏武进人。清末为吉林督军署秘书。民国初年任黑龙江省财政厅厅长。1920年6月与郁崶合编《货币纲要》。直奉战争后,任段祺瑞善后委员会主任、中国外交部顾问。著《善后会议史》,北京寰宇印刷局1925年出版。1932年"一·二八"淞沪抗战后,改业从医。解放后迁居香港开设诊所,为香港名医,著有《四桥随笔》、《食养本草》等。

1931年（民国二十年） 50岁

1月

1月1日 发表《中国田赋制度之现状——"中国田赋问题之研究"中之一节》。考察中国四种主要田赋——地丁、漕粮、屯租、租课之历史演变及现状，指出："然沧海桑田，日迁月移，田地之境况，时有变异，其科则如能随之而定，亦足使收益纳赋，永得其平。奈现今田亩之等级，犹沿用明万历年间张江陵所订定者，相隔三百余年，未尝更动，欲求其公平正确，安可得乎！""此外又因中国田赋既已纷杂，又无详明之簿册可资查核，一凭征收钱粮之胥吏，任意执管，秘不示人。于是日久弊生……而政府官吏，则皆颟顸昏庸，置之不问。于是田赋之数，日益减少。即以江苏省而论，年可收入一千数百万两者，迄今已不足七百万两。如不再设法救济，真不知成何境况也！"《国立中央大学半月刊》第2卷第7期（经济专号下）；《马寅初经济论文集》第一集；《马寅初全集》第五卷，第225页

1月8日 出席立法院法制、经济委员会第17次联席会议。审议《实业部组织法（草案）》初步审查报告案。

1月10日 出席立法院第125次会议。代表经济委员会会同法制委员会提交《实业部组织法（草案）》案审查报告。议决：照审查通过。

1月16日 主持立法院财政、经济委员会第8次联席会议，审议取缔《倾销税条例（草案）》案。

1月17日 出席立法院第126次会议，领衔戴修骏、张默君诸委员提呈《教育会法（草案）》起草报告案，议决：修正通过；领衔商法起草委员会诸委员提呈《〈农会法〉施行法》案审查报告案。

1月19日 应邀出席浙江省营业税会议。月中，浙江省财政厅函请："浙省营业税因时势之需要，业经着手筹办，制订章则，预备实施。惟以推行新税

事关重大，一方既须维持公家之收入，一方尤应衡量社会之经济，并顾兼筹方臻妥洽。作事难于图始，研究不厌求详。兹定于一月十九日上午九时在敝厅举行会议，讨论一切，用特敦请台端拨冗莅止，发抒伟见示我周行，俾利进行。"应邀到会专家、知名人士：虞洽卿、王晓籁、徐寄庼、王竹斋、王芗泉、金润泉、宓廷芳、徐青甫、潘序伦、叶琢堂、卫挺生、陈长蘅、俞丹屏等37人。合影留念。《浙江财政》（营业税专号）1932年第6期

1月22日 主持立法院财政、经济委员会第9次联席会议，修正通过《倾销货物税法（草案）》。

1月23日 出席立法院法制、经济委员会第18次联席会，会审修正《建设委员会组织法（草案）》案。

1月24日 出席立法院第128次会议，代表经济委员会会同财政委员会提呈《取缔倾销税条例（草案）》审查报告案，议决：照审查通过；代表劳工法起草委员会会同法制委员会提交《〈农会法〉施行法》案审查报告案，议决：照审查修正通过。

1月25日 发表《浙江之土地陈报及改正赋额》。评析浙江省土地陈报计划，提出五条商榷意见：复查手续繁重，能否于二十年二月以前办竣；已办陈报图册，是否完备，能否作为复查抽丈之依据；简法抽丈，是否准确；复查抽丈经费，所筹划者，是否敷用；凭陈报册改正田赋，是否尚欠慎重。"故为今之计，若就陈报加以整理，宜先从审查草丘总图及编号清册入手，图内暂编地号及业主姓名、住址，未完备者，加以复查，悉使完备，则于将来办理清丈，不无稍补耳。"《东三省官银号经济月刊》第3卷第1期；《马寅初经济论文集》第一集；《马寅初全集》第六卷，第243页

1月28日 国民党上海市党部演讲《裁厘后的营业税问题》。认为，（一）厘金之弊害，留难商人，营业以有厘金而无把握；（二）营业税应归省办之理由；（三）营业税与厘金之比较；（四）营业税将来应以所得为标准。总之，营业税之征收，势在必行，否则省、市政府之财政，必无办法。1月29日《申报》；《马寅初全集》第五卷，第239页

1月30日 出席立法院法制、经济委员会第19次联席会议，修正《建设委员会组织法》案。

1月31日　出席立法院第129次会议。

本月　发表《江浙两省筹备之营业税》，丁藏林笔记。以国外营业税之历史、收税之标准说明，中国营业税有自己国情，不可照搬外国，当以资本周转次数、毛利、营业之数目为标准，此"为过渡时期不得已之办法"。《交大季刊》第4期；《马寅初经济论文集》第一集；《马寅初全集》第五卷，第229页

同月　筹办经济图书馆。"日前刘（湛恩）校长晤中国经济学社社长马寅初博士，协谋合作，决以院舍一部分借与中国经济学社开办一价值银洋壹万五千元之经济图书馆，已在筹备期中，冀能与该院（指上海沪江大学商学院）同时成立。"《中华图书馆协会会报》第6卷第4期

2月

2月5日　主持立法院经济委员会会议，审查《银行法（草案）》。"立法院经济委员长马寅初，起草《银行法》已竣，5日开会审查。"2月6日《申报》

2月6日　主持商法起草委员会《公司施行法（草案）》审查会，实业部派员列席。

2月7日　出席立法院第130次会议。代表经济委员会会同法制委员会提交《建设委员会组织法》案审查报告，议决：照审查修正通过。2月10日《申报》

2月9日　浙江省定于3月1日全省开征营业税。应浙江省张载阳主席邀请，于浙江省各区营业税征收局长及督征员宣誓就职大会演讲《营业税在税制上之地位》。阐明："吾国今日创办营业税，系根据历史，并参以新学理融合而成。盖以现代各国租税之趋势，皆以所得税为中心，而以收益税（即营业税）、财产税、财产交易税及消费税四者补其不足。"《银行周报》第15卷第5期；《马寅初经济论文集》第一集；《马寅初全集》第五卷，第244页

2月14日　出席立法院第131次会议，领衔商法起草委员会诸委员提交"《〈公司法〉施行法（草案）》起草报告"。

2月16日　出席立法院第132次会议。领衔商法起草委员会诸委员提交"仿造或恶意影射商标律无正条如何处断，可否从立法方面另行设法予以救济案审查报告"。议决："商法起草委员会会同委员史尚宽、林彬、罗鼎、马超俊、刘克俊再审查。"

2月18日 出席立法院第133次会议。领衔商法起草委员会诸委员提呈报告起草《银行法（草案）》案，议决：修正通过。（二）代表经济委员会会同财政委员会提呈《江浙丝业公债条例》案审查报告，议决：修正通过。

2月19日 主持立法院财政、经济委员会第10次联席会议，审查《江浙丝业公债条例》及还本付息表案。

2月23日 应上海交大演讲委员会之邀演讲《中国之预算与决算》，丁长龄笔记。考察发达国家经验，从：（一）预算之准备；（二）预算之编制；（三）预算之议定；（四）预算之施行；（五）决算之编制等方面，阐述中国预算之弊及改革途径。《交大季刊》第6期（经济号）；《马寅初经济论文集》第一集；《马寅初全集》第五卷，第300页

2月25日 发表《外货倾销亟应取缔论》。逐条评析《倾销货物税条例（草案）》，说明规定理由，分析实行上之困难，结论曰："吾国《倾销税法》，尽取各国所采之标准，合而有之，其施用之范围既广，其困难之程度，自必较高。"《东三省官银号经济月刊》第3卷第2期；《马寅初经济论文集》第一集；《马寅初全集》第六卷，第157页

本月 发表《〈《公司法》施行法〉之精意》。告曰："兹将《〈公司法〉施行法（草案）》与修正案之审查经过情形，及各条设立及修正之理由，逐条说明于后，以供研究商法者之参考焉。"《马寅初经济论文集》第一集；《马寅初全集》第五卷，第258页

3月

3月1日 出席中国经济学社上海分社成立大会，即席阐发沪上设立分社之趣旨。3月3日《申报》

3月7日 出席立法院第134次会议。

3月13日 召集商法起草委员会会议，审查仿造或恶意影射商标律案。

同日 发表《对于〈银行法〉之解释》（又名《马寅初氏对于〈银行法〉之解释》），受百笔记。《银行周报》编者按云："《银行法》自立法院通过后，颇为一般金融业者所注意。本报关于《银行法》正在研究之中，当陆续撰文发表。盖法律之订定，贵在能施行之而有效，且法律为一般的规定，《银行

法》尤有公法的性质，故希望其既不致阻碍斯业之发展，同时又不致损害社会之福利，庶几法律之精神，得以贯彻。"文章对《银行法》中若干关键内容：银行不得为商店及公司之股东；对于银行间互购股票，严加禁止；银行股东负加倍责任；公积金问题；银行之存款准备问题；银行检查问题等，通过比较德国、美国之银行法并结合中国银行实际情况加以说明。《大陆报》；《马寅初全集补编》，第74页

3月15日　出席立法院第135次会议。会审《实业部林垦署组织法（草案）》，议决：交法制委员会会同经济委员会审查。

3月18日　出席法制、经济委员会联席会议，审查《实业部林垦署组织法（草案）》案。

3月20日　上午，出席立法院法制、经济委员会第21次联席会议，修正通过《实业部林垦署组织法（草案）》案。

下午，主持法制、财政、经济委员会第1次联席会议，审议《铁道法（草案）》，包括《民业铁道条例（草案）》、《专用铁道条例（草案）》、《地方官营铁道条例（草案）》。

3月21日　出席立法院第136次会议。主席代理院长邵元冲、财政部次长张寿镛列席。领衔商法起草委员会诸委员提交仿造或恶意影射商标律无正条如何处断，可否从立法方面另行设法予以救济案重行审查报告。议决：按审查修正通过。

3月25日　发表《〈普通银行法（草案）〉具体说明》。对于准备出台之《草案》，从《银行法》史略、本草案所采之主义、本草案之方针、银行之定义及其营业范围之确定、经营主体之限制等二十方面详加说明。《东三省官银号经济月刊》第3卷第3期；《马寅初经济论文集》第一集；《马寅初全集》第五卷，第312页

3月28日　出席立法院第137次会议。

4月

4月4日　立法院举行第138次会议，因故缺席。会议通过法制委员会代理委员长王用宾、经济委员会委员长马寅初联名提呈《实业部林垦署组织法

（草案）》案审查报告。

4月11日　出席立法院第139次会议，代表经济委员会会同法制委员会提呈解释《农会法》第十六条疑义及关于农会职员之选举如有不能写选票者究应如何救济案。议决：修正通过。

4月15日　主持财政、经济委员会第11次联席会议，商议行政院咨"市政府有无主管矿政之权"，议决：矿区在直隶于行政院之市政府管辖区域内者，当然以市政府为主管官署。

4月16日　主持立法院财政、经济委员会第12次联席会议，审查修正《民国二十年江浙丝业公债条例》及还本付息表案。

4月17日　主持立法院法制、财政、经济委员会第2次联席会议，审议《铁道法（草案）》等案。

4月18日　出席立法院第140次会议。（一）会审《全国经济委员会组织条例（草案）》案，议决：付法制委员会会同经济委员会、财政委员会审查。（二）代表经济委员会会同财政委员会提呈修正《民国二十年江浙丝业公债条例案》审查报告，议决：照审查通过。（三）代表经济委员会会同财政委员会提呈市政府管辖区域内之矿区应否以市政府为主管官署审查报告案。

4月24日　出席立法院法制、经济、财政委员会联席会议，会审《全国经济委员会组织条例（草案）》案。

4月25日　出席立法院第141次会议，讨论《营业税法》案，议决：付财政委员会会同经济委员会起草。

同日　发表《中国之盐税问题》。论文分绪论、盐税制度、引票问题、盐税问题、治私问题、缉私之弊、报效问题、均税问题、改革问题等章节。利弊相权，以为"就场征税之自由买卖，实非上策；而专卖制则尽产尽收，永无私盐，国库即无损失，各地运盐均有定商，即无食贵食淡之弊，而全国盐政，均由国家组织之机关处理，更无垄断之可言，三弊可免，专卖制于销产上，又较就场征税为善矣"。《东三省官银号经济月刊》第3卷第4、5期；《马寅初经济论文集》第一集；《马寅初全集》第五卷，第15页

4月29日　召集商法起草委员会会议，审议一镇分属两县管辖应如何设立商会案。

本月　为辜孝宽《浙江省禁烟史略》作序。"国民政府成立以来，于民国十七年特设禁烟委员会，颁布禁烟法规，一秉总理遗训，严厉禁烟。迄今数载，尚未见效，良以寰宇未臻统一，军阀割据，法令不能贯彻。日言禁烟，而烟氛增盛；侈言拒毒，而烟毒蔓延。今则国内军事已完全统一，中央政令所及，遇苗即拔，遇土即焚，遇吸即惩，严绝烟土之来源，旁杜外来之供给，烟祸庶有澄清之望欤。辜君孝宽供职浙江民政厅，主办禁烟事宜，本其经验所得，著《浙江省禁烟史略》一篇，详述禁烟机关之沿革，烟禁弛张之原因，禁烟政策之更迭，民众拒毒之情形以及最近禁烟之计划。鉴既往之失败，以定今后之方针；察过去之情形，以测将来之事绩。"辜孝宽：《浙江省禁烟史略》，杭州青年印刷公司 1931 年 4 月印行；《马寅初全集》第五卷，第 285 页

5 月

5 月 1 日　主持立法院财政、经济委员会第 13 次联席会议，起草《营业税法》案。

5 月 2 日　出席立法院第 142 次会议。领衔商法起草委员会诸委员提呈核议一镇分属两县管辖应如何设立商会案报告。

5 月 15 日　于上海交大演讲《新公司法》。《南洋公学—交通大学年谱》

同日　发表《东三省的金融状况》。编者按云："经济学博士马寅初氏近在中央大学经济学系'中国经济问题班'上对该班学生演讲《东三省的金融状况》，议论至为透辟。兹录其演讲稿如次，以供留心东北经济情形者之参考焉。"文章着重剖析东北官银号之利弊得失，从官银号的事业、官银号情形特殊的理由、官银号的批评、奉票涨跌无已之原因、如何整顿官银号等几方面论述，指出："官银号既然是由私人创办的银行性质，那末银行只能办理银行的事情，提倡实业应由国家出来执行，如此则名义上较为确当，在结果上较为圆满，而今日官银号私人包办，似乎不大应该。"并提出，不滥发纸币、不购买不动产、稳定纸币价格、需要充足的资本等整理建议，"总之，官银号的性质既同银行，那末就应该按照银行的原则专门去办理银行的事业才是"。《东北新建设》第 3 卷第 4、5 合期

5 月 16 日　主持立法院经济、财政、土地法起草委员会第 2 次联席会议。

审议《国道建筑费预算标准》案、《建筑国道筹款计划大纲》案、《建筑国道征用民工通则》案、修改《土地征收法》案。

5月19日　立法院举行第143次会议，因故缺席。会议讨论："中央政治会议第272次会议关于上海钱业公会等呈请另订《钱庄法》一案决议交立法院案。"议决：付商法起草委员会审查。会议核议商法起草委员会提呈《工商同业公会法》条文案审查报告。议决：照修正通过。商法起草委员会委员马寅初等提呈一镇分属两县管辖应如何设立商会案审查报告，议决：照报告通过。

5月20日　为《进步英语读本》（英文）作序。《进步英语读本》为初中英语教课书（标准世界中学读本），分第一、第二两册，由上海进步英语编译所编著，进步英文社1931年6月初版，上海世界书局发行。馆藏

5月21日　主持中国经济学社第八届第八次理事会，汇报："钱承绪社员热心社务，特为本社筹募基金洋一万元，近据来函款已有着落。"孙大权:《中国经济学的成长》

5月25日　上午，出席立法院财政、经济委员会第14次联席会议，商讨起草《营业税法（草案）》。

下午，于立法院总理纪念周演讲《对于〈钱庄法〉之意见》。对部分资本家要求另立《钱庄法》据理驳斥，阐明十点理由，并特别说明："我们立法，不应专重资本主，而对于资本主之对方，亦不能不兼顾及之。但向我们说话者是资方，我们不能专凭资方一面之词来立法；资方之对手方，如存款人等，因无组织，没有派代表向我们说话，存款人或债权人于钱庄倒闭之后，方有债权团之组织，但事前却毫无组织，我们站在立法上，决不能因他们无组织，便将他们受法律保护的权利都牺牲了。"财政部采纳此主张，驳回钱庄业另定《钱庄法》请求。6月8、9日《申报》；《马寅初经济论文集》第一集；《马寅初全集》第五卷，第286页

5月28日　主持商法起草委员会审议中央政治会议送交关于上海钱业公会呈请另订《钱庄法》案，财政部派员列席。

5月30日　出席立法院第144次会议。会议：（一）代表经济委员会会同法制、财政委员会提呈《全国经济委员会组织条例（草案）》审查报告，议

决：修正通过。(二)代表经济委员会会同财政、土地法起草委员会提呈：《国道建筑费预算标准》案、《建筑国道筹款计划大纲》案、《国道暂行条例》案、《建筑国道征用民工通则》案、修改《土地征收法》案合并审查报告案，议决：审查通过。

同日 出席立法院法制、经济、财政委员会联席会议，审议《全国经济委员会组织条例》初步审查报告案。

6月

6月5日 上午，主持立法院财政、经济委员会第15次联席会议，审查修正《营业税法（草案）》整理案。

下午，出席立法院法制、经济委员会第24次联席会议，修正通过《邮政储金法》、《邮政国内汇兑法》初步起草报告案。

6月6日 出席立法院第145次会议。会议：(一)审查《船舶载重线法（草案）》，议决：付商法起草委员会审查。(二)代表经济委员会会同财政委员会提呈《营业税法（草案）》起草报告。(三)领衔商法起草委员会诸委员提呈解释官营及官商合营之商业可否加入商会案审查报告。(四)审查中央政治会议送交关于上海钱业公会呈请另订《钱庄法》案，议决：照审查通过。

6月15日 出席立法院第146次会议。

6月16日 主持中国经济学社第八届第九次理事会，报告赴宁波接洽年会筹备事宜，并汇报："本社南京新街口之社所基地约五亩许，因地价太涨，又在热闹地点，不适建筑社所及图书馆之用，业由本人及卫理事数次与京市政府接洽，现市府准拨董家桥官地九亩余与本社，已由本人代表到土地局接收，并亲到董家桥设置界石，基地地图亦经领到。"孙大权：《中国经济学的成长》

同日 就国际银会议问题发表记者谈话："银价衰落，亟待救济，此项会议，洵属要图，国际商会中国分会发起召集，此事须得政府充分援助，尤盼共党早日消灭，国体安定，庶有发起资格，且可提高国际地位。"6月17日《申报》

6月17日 上午，主持商法起草委员会第37次会议，审议《工商同业公会法》第十四条运用上各项问题及增订《工商公会法》第十五条条文案。

下午，出席立法院财政、经济委员会第16次联席会议。审查修正《民国二十年浙江省清理旧欠公债条例（草案）》案及《民国二十年江浙丝业公债》条文案。

6月20日　出席立法院第147次会议。会审：（一）代表经济委员会会同法制委员会提呈《邮政储金法（草案）》及《邮政国内汇兑法（草案）》起草报告案。（二）代表经济委员会会同财政委员会提呈修正《民国二十年江浙丝业条例》条文案、《民国二十年浙江省旧欠公债条例（草案）》审查报告。议决：照修正通过。

6月25日　发表《〈营业税法〉之精要》（又名《〈营业税法〉之精意》）。详细介绍《营业税法》立法讨论过程及条文依据，为该法实施消除各种疑虑。《东三省官银号经济月刊》第3卷第6期；《马寅初演讲集》第一集；《马寅初全集》第六卷，第165页

6月27日　出席立法院第148次会议。

6月28日　于南京畅谈世界经济状况："美国提议停付战债一年，世界金融已呈活跃之象。"6月29日《申报》

数周后，著文《战债和赔款之缓付问题》。分析美国总统胡佛6月20日缓付债务宣言主张背后之原因及对世界经济、金融所产生巨大影响。认为，对中国而言，亦得几种利益：使金价低落，银价上涨；中国对外赔款，能援例停付一年等。惟希望能此延伸，争取取消战债，中国就会获得促进建设事业之良机。《马寅初经济论文集》第一集；《马寅初全集》第六卷，第180页

6月29日　出席上海交通大学第三十一届毕业典礼，并演讲。《南洋公学—交通大学年谱》

本月　为浙江财务人员养成所编印之《票据法》题写书名。影印件

同月　发表《浙江之营业税》。详解"裁厘改税"过程中浙江省近年于《征收营业税大纲》基础上之种种变通与创新，其优点为"使普通人不至以反对厘金者反对营业税，庶几推行尽利，人民、政府无交困之虞"。《经济学季刊》第2卷第2期；《马寅初经济论文集》第一集；《马寅初全集》第五卷，第248页

同月　发表《德国之营业税》。详细介绍德国营业税收益标准、税则分类之原理与方案设计、营业税则表编制之科学与精密，故"德国政府应用此法所

得之成绩，颇有可观，且于学理上亦说得通。"《经济学季刊》第2卷第2期；《马寅初经济论文集》第一集；《马寅初全集》第五卷，第294页

同月 为上海商科大学第三届毕业生纪念册题词"经济匡时"。影印件

7月

7月4日 出席立法院第149次会议，代表商法起草委员会同审查委员陈长蘅等提呈《工商同业公会法》第十四条运用上各项问题并拟增订《工商同业公会法》第十五条条文案审查报告案。

7月6日 发表《反对今日之鸦片公卖政策》（又名《反对鸦片公卖》）。《商业月刊》编者按："鸦片流毒，尽人皆知，为国际贸易上最大之漏卮，且为外交史上最大之创痕。国弱民懦，实基于此。若再任其公卖，流毒更无抵止，以致引起公众之责难。马先生痛斥公卖政策之不当，与历来各种公卖税政之弊害。近顷国府虽有撤销各省禁烟查缉处之说，而此文不可不一读也。"《马寅初经济论文集》第一集；《马寅初全集》第五卷，第306页

7月11日 出席立法院第150次会议，代表经济委员会会同法制委员会提呈《国际贸易局组织章程》案审查报告案。

7月14日 因禁烟事与政府意见不合，请辞立法院委员及禁烟委员会委员之职，表示今后拟就大学教席并从事著述。返杭归家。7月15日《申报》

7月21日 当选太平洋学会中国分会代表。"7月间，中国分会在上海举行年会，讨论会议人选及议案等问题。经反复讨论，确定金贵银贱、内河航权之收回、驳复费唐报告诸问题最值得注意；此外，决定特别派人对万宝山事件做精细之调查。各会员均认为本届杭州大会，在国际宣传上有最严重之关系，对于出席人选，非常注意。经研究决定出席名单为：颜惠庆、陈立夫、张伯苓、胡适、王世杰、丁文江、徐新六、马寅初、刘大钧、张公权、陈光甫、周作民、王云五、董显光、夏晋麟、陶孟和、吴经熊、曾宝荪、徐淑希、刘鸿生、陈衡哲、鲍明钤、吴大钧、林文庆、甯恩承、吴贻芳、蒋梦麟、刘湛恩、阎宝航、钟荣光、王卓然、苏上达、李纶三、何廉、王国秀、陈达、陈寄梅、刘竹君、杨杏佛、李熙谋。"《时事新报》；《胡适全集·日记》"7月28日"

7月25日 立法院举行第152次会议，因故缺席。会议通过经济委员会

委员长马寅初、财政委员会委员长冯兆异联名提呈《银行业收益税法（草案）》案审查报告案。

8月

8月26日 立法院举行第158次会议，因故缺席。审议经济委员会委员长马寅初、财政委员会代理委员长陈长蘅提呈国民政府《民国二十年赈灾公债条例》及还本付息表案审查报告案。

8月29日 主持中国经济学社上海分社选举大会，演讲《新经济思想与中国经济学社》，主张官民合作召集一经济议会，以解决目前关于经济上之各项重要问题。8月30日《申报》

本月 为赵烈《中国茶叶问题》序："夫茶之为物质虽微，而用至广，海关出口首推大宗，当时欧美诸邦概为华茶销售之场，国际贸易久著声誉。嗣因日本崛起，印度、锡兰继之，不数十年，美之销路被夺于日本，英之销路被夺于印锡，而我素负盛名之产茶祖国，反居日本印锡之后。推原其故，虽由捐税太重有碍畅销，实亦一般农民茶商不知研求之所致也。迩者国家酌免税厘，固为减轻成本维持行销起见，然此亦治标之策，非治本之计也。治本之计维何？以言种植，则选种下播培肥采摘诸端无一不宜讲求，以言制造，则烘焙搓揉贮藏装潢诸端无一不宜研究，而启达其智识，要非科学不为功。"赵烈：《中国茶叶问题》，上海大东书局1931年8月出版；《马寅初全集补编》，第432页

9月

9月1日 受聘上海交通大学经济研究所主任，月俸400元。自书简历，于"有何特长技能或专门学问"栏填"毫无特长"；于"过去曾任何职及任职期限"栏填："大学教授、立法院委员、浙省政府委员、浙江财政委员会委员长、浙江兴业银行顾问、中国银行顾问及总发行"。于"成绩如何"栏填"不甚好"；于"经济状况如何"栏填"尚好"。上海交通大学档案馆

同日 于宁波主持中国经济学社第八届年会。演讲《资本主义欤共产主义欤》，贺君笔记。是文为思想变化代表作。"本人向倾向于资本主义，但现在已觉极端资本主义不能施行于中国，极端共产主义亦不适用。我们应该舍短取

长，采用第三途径。即一面做有计划之生产，一面保留私产制度。""召集经济会议，令全国实业团体，各界各派代表，会议生产办法，先计划各种基本实业，至小生产则可从缓。俄国计划产业，完全取消盈利；中国应保持相当盈利，而由政府代表消费之人民以防生产者之操纵，成功后复以法律保障之。"年会讨论通过向国民政府提交《救济水灾意见书》。《申报》跟踪报道此届年会会况，配发评论。

数月间，报刊多予转载。《东方杂志》评论，该演讲可"见马氏思想之变迁"，"马寅初教授向倾向于资本主义，近因鉴于世界经济之衰落，各国失业恐慌之危机，对于资本主义深致怀疑，且主张中国今后宜采仿俄国有计划的生产，以促国民经济之进步"。9月3—6日《申报》；《马寅初全集》第五卷，第375页

9月4日　为朱通九《劳动经济学》作序。指出："劳资问题，为经济上分配问题。因分配不匀，发生问题。因是工会中人以为欲解决分配的不匀，非先推倒资本制度，攻击资本主义，和'打倒资本家'不可，否则恐难奏效。然此说余实不敢赞同。须知我国目下资本缺乏，何来资本家。资本制度的基础未固，何来资本主义的罪恶。须知我国的劳资的纠纷，不在分配，而在生产。如生产能依一定的计划而增多，劳资两方，各能多得，种种纠纷自能减少。"朱通九：《劳动经济学》，上海黎明书局1931年10月出版；《马寅初全集补编》，第433页

9月8日　立法院召开第161次会议，因故缺席。会审中央政治会议第二八七次议决之原则审查国民政府《民国二十年赈灾公债条例》及还本付息表暨行政院呈为救济水灾委员会宋委员长提议《赈灾公债条例》请照原案通过又准宋委员子文提出所拟《赈灾公债条例（草案）》各案议决补定原则三项录案函经国民政府批交立法院案。议决：付财政委员会会同经济委员会审查，由财政委员会召集。

9月10日　出席立法院第162次会议，代表经济委员会同财政委员会联呈照中央政治会议第二八七次议决之原则审查国民政府《民国二十年赈灾公债条例》及还本付息表案审查报告。

9月19日　出席立法院第163次会议。

9月26日　出席立法院第164次会议。

本月　发表《浙江公债之史的观察及今后举债之方针》。考察浙江省民国

以来十二次发行公债,其办法由粗疏而周密,利率日渐巩固,达到"信用卓著,民众输将"之效果。值得注意者仍有以下之点:"当公债募集之始,应先将发行公债之原因、应募公债之手续、还本付息之办法、公债之用途、对于人民之利益,尽力宣传,使人民了然于公债之性质,则募集自较容易。""用途的公开者,即公债之用途应受人民之监督,使名实相符。而此项公债之如何用法,以及每月支用之数目,亦按月公告,庶可免滥用之弊。""支出之膨胀为文明国家永久的现象,洵非虚语。夫支出膨胀,则预算失均,政府筹措弥补,已感困难;苟遇事变猝发,或关国家之存亡,或系人民百年之福祉,苟无公债以应缓急,行见仰屋坐困,一筹莫展。惟公债既为财政上必不可少之一种救急制度,则救急者权也,权不可以为常。否则呼庚呼癸,寅食卯粮,于理财原则上为不取;积年滥发,影响金融,于经济上有大害。故公债骏马也,必配以缰勒,方可驰驱任意,不致奔放难收。此缰勒者何? 即我国自昔所奉之恤民节用、量入为出之理财原则也。""浙江省公债发行次数不为不多,发行债额不为不巨,而财政之支出如故,百事之待兴仍然。且以债额过多,影响预算,度支更显其捉襟见肘之状。幸历届当局均能力维信用,但省地方财政已中慢性毒,此皆无上述缰勒以制之故也。迩者浙江省财政当局悯民生之困苦,惕财用之维艰,一反从前铺张扬厉、饰政自喜之举,节浮滥之费,罢不急之务,量入为出,与民休息,实行我国固有之理财原则。是不啻使已发之公债得一层绝大之保障,抑亦为浙江省财政上一大新机之显现。""以上三项,为吾浙将来举债所应取之方针。惟政府施政,有赖于人民者至巨,故人民对于公债之态度,亦当有所改善。深冀浙江民众,对公债发行,能踊跃应募;对于公债用途,能厉行监督;对于政府苦衷,能曲加体谅。官民合作,不为过甚之责难,使政府得从容筹措,应付时艰,则政府之利,即人民之利也。"《银行周报》第15卷第33期;《马寅初经济论文集》第一集;《马寅初全集》第五卷,第362页

本月 专著《经济立法理论》一书付印。见《中国经济学社一览》及马寅初上海交大登记档案,但该书至今阙如。

10月

10月3日 出席立法院第165次会议。

10月9日　主持立法院财政、经济委员会第20次联席会议，会审《矿产税条例（草案）》案及修正《矿业法》条文案。

10月10日　为程联《世界信托考证》作序："信托公司，对于经济事业，可代人投资经理，裨益社会，效果甚大。盖资金运用，既无阻滞之虞，经营事业，复无缺乏之患也。吾国经济事业亟待发展，此项公司实为当务之急。"程联：《世界信托考证》，1931年11月出版；《马寅初全集补编》，第435页

10月16日　上午，主持立法院经济、财政委员会第21次联席会议，讨论行政院咨请解释《银行业收益税法》第一条案。

下午，出席立法院经济、军事委员会第2次会议。

10月17日　出席立法院第167次会议。代表经济委员会会同财政委员会提呈解释《银行业收益税法》条文案审查报告案，议决：通过。

10月24日　出席立法院第168次会议。

10月30日　上午，主持立法院财政、经济委员会第22次联席会议：（一）修正通过《矿产税条例（草案）》初步审查报告案；（二）修正《矿业法》条文案。

10月31日　出席立法院第169次会议。

11月

11月6日　主持《商法》起草委员会会议，审议《船舶载重线法（草案）》案。

11月7日　出席立法院第170次会议。代表经济委员会会同财政委员会审查委员罗鼎提呈《矿产税条例（草案）》审查报告案，议决：审议通过。

11月11日　出任全国财政委员会委员。财政委员会职能：审查国库各项收支。成员组成，政府：蒋中正、林森、于右任、宋子文、何应钦、李煜瀛、邵元冲、张学良、徐永昌、韩复榘；工商界：荣宗敬、刘鸿生、范旭东、虞和德；金融界：张公权、李馥荪、吴达铨、周作民；学者：顾孟余、胡适、马寅初、朱家骅、杨铨；委员长孙科。《银行周报》第15卷第44期

11月15日　于国民政府会议厅出席全国财政委员会第一次会议。

11月21日　发表《租税的系统》，秦雅牲笔记。指出："现在中国，无所

得税，仅有财产税与支出课税（如关税），交易所税收入不多，遗产税未曾举办，营业税则始行举办。财产税之房捐，仅充公安局之经费。所得税单施行于政务机关之人员，以所抽得之税，作为党务人员养老金。若必需品之盐、米等，则反课税之，视为收入之大宗，这或者是政治未上轨道时暂有的财政现象！"《财政经济汇刊》第1卷第1期；《马寅初经济论文集》第一集；《马寅初全集》第五卷，第233页

11月27日 出席立法院法制、经济委员会第26次联席会议。讨论《实业部中央模范林区管理局暨直辖各场所章程》等案。

11月28日 出席立法院第171次会议，领衔商法起草委员诸委员提呈《船舶载重线法（草案）》审查报告案，议决：通过。

本月 为《交大季刊》（抗日特刊）撰写序文："全国国民当以必死之心、必死之力、必死之情，为武力之抵抗，亦当以必死之力、必死之情，为经济绝交之维持，以武力抵抗为经济绝交之护卫，以经济绝交为武力抵抗之后盾，相辅而进，以挫强暴，以求生存！""经济绝交非徒不买卖日货已也，其必共同致力于生产，使消极之性质尽变为积极；武力抵抗非仅赖数百万荷枪实弹之士兵已也，其必全国总动员，共同为抵抗之准备，使部分之力量变为全体之力量。"《交大季刊》（抗日特刊）第7期；《马寅初全集》第五卷，第373页

12月

12月3日 于江苏省财政厅出席江苏省营业税会议。《银行周报》第15卷第48期

12月8日 发表《商标与〈商标法〉》（续文《再论商标与〈商标法〉》）。从商标之要件在于顾客对商店之好意说起，"有顾客之信任心，然后有商标之价值；有商标之分别，然后能汇集顾客之信任心"。"然赖商标以推广营业者，其营业范围必甚大，经济状况必进步。"《商标法》即为政府保证商店之商标专用权，防止奸商欺冒而订定。《银行周报》第15卷第47期；《马寅初经济论文集》第一集；《马寅初全集》第五卷，第378页

《再论》分八部分详述：商标宜简单显著，不宜平凡；商标以信用道德为基础；使用主义与呈请主义；商标之移转；商标注册之利益；商标之仿冒；洋

商之商标,以及结论。然足感喟者:"自《商标法》公布以来,请求注册者,洋商反较国人为多(几十之八九为洋商),足见商人知识浅陋,未明商标之功用,尤昧于商标注册之重要,以致影射伪造,漫无限制,'桂香村'、'稻香村'等无地无之,黑白真伪无从辨别,正当之营业既毫无保障,而消费者之利益亦阴受损害,社会上复起无谓之纠纷,影响不为小也。"《马寅初经济论文集》第一集;《马寅初全集》第六卷,第38页

12月12日 出席立法院第173次会议。

12月18日 上午,出席立法院财政、经济委员会第23次联席会议,审查江西、山东、河南、福建四省《征收营业税条例》案等。

下午,出席立法院经济委员会第12次会议,审议:修正《电气事业条例(草案)》。

12月19日 出席立法院第174次会议。

12月21日 发表《英国停止金本位之前因后果——对于我国抵制日货之影响》。分析英国停止金本位之各种经济、政治因素,其主要原因为:"信用制度之破坏,盖生产过剩之结果,物价不能不跌。"此况于中国抵制日货大有影响,"深望吾国各处抗日会注意及此,否则功败垂成,岂不可惜"。《财政经济汇刊》第1卷第2期;《马寅初经济论文集》第一集;《马寅初全集》第五卷,第385页

12月25日 主持法制、经济、财政委员会第3次联席会议,审议《铁道法(草案)》等案。

1932年（民国二十一年） 51岁

1月

1月1日 国民政府行政院召开首次国务会议，"修正《财政委员会组织大纲》，以期集合全国金融实业领袖及经济专家，协谋财政改进，并请聘任孙科、陈铭枢、何应钦、韩复榘、张学良、徐永昌、何成浚、黄汉梁、张嘉璈、李铭、吴鼎昌、周作民、陈辉德、钱永铭、胡祖同、荣宗敬、刘鸿生、范旭东、虞和德、王孝赉、王云五、郭乐、顾孟余、胡铨、马寅初、杨铨、金井羊、唐有壬、李煜瀛、陈公博、陈锦涛、林康侯、孔祥熙、邓召荫、卢学溥、叶恭绰、胡笔江、谈荔孙为财政委员会委员，并以陈铭枢、何应钦、黄汉梁、张嘉璈、李铭、陈辉德、钱永铭、刘鸿生、林康侯为常委"。《正谊周报》创刊号，1932年1月16日出版

同日 为嵊县新民报创刊题词："嵊新民报社创刊"。1月1日《嵊新民报》

1月16日 出席立法院第175次会议，代理院长覃振主席，内政部长李文范、海军部长陈绍宽、外交部次长傅秉常列席会议。会议：（一）会同庄崧甫、陈长蘅、黄序鹓等临时提议关于《全国财政委员会组织大纲》未经立法程序依法提出质询案，议决：付财政委员会审查。（二）会同彭养光、张维翰等提议拟定《事务官保障方案》案。议决：付法制委员会审查。（三）会同财政委员会陈长蘅提呈福建、江西、山东、河南四省《征收营业税条例》暨施行细则案审查报告。

1月18日 出席立法院财政委员会第66次会议，会审修正《全国财政委员会组织大纲》案。

1月22日 上午，主持立法院经济、财政委员会第24次联席会议。审议行政院咨据实业部呈矿区税似无另订之必要请转咨案，议决：实业部所拟各节不无理由，矿区税条例可从缓另定。

下午，主持立法院经济委员会第13次会议，审查修正《电气事业条例（草案）》。

1月23日 出席立法院第176次会议。会议：（一）讨论《全国财政委员会组织大纲》，议决：付财政委员会审查。（二）审议马寅初、庄崧甫等委员提议关于《全国财政委员会组织大纲》未经立法程序提出质询案。议决：再付财政委员会讨论。（三）委员彭养光、张维翰、黄序鹓、马寅初等提议拟定《事务官保障方案》案。议决：付法制委员会暨自治法起草委员会于起草《公务员保障法》时参考。

1月29日 出席立法院第177次会议。

本月 发表《浙江营业税之现状》。就浙江省创办营业税以来之成效及所遇种种问题予以解答，营业税"创设以来，虽税收有限，而推行尚属顺利。惟欲使之日臻于完美，尚有待于将来之改进。兹将一年来发展之情形分别述之于下，以供留心财政者之参考焉"。（一）"资本"两字之解释；（二）趸卖、零卖之解释；（三）兼售零盐、烟、酒之商店应否缴纳营业税；（四）棉纱、火柴、水泥贩卖业应否纳税；（五）煤油公司应否缴纳营业税；（六）医师、律师、会计师、技师应否缴纳营业税；（七）箔类税；（八）茧帖与牙帖之区别；（九）各省税率不得以上海市税率为比例；（十）分业征收之困难。《马寅初经济论文集》第一集；《马寅初全集》第六卷，第97页

2月

2月1日 于南京出席国民政府"国难会议"。1月18日，国民政府令云："民国肇造，二十有一年，变乱频仍，幸克勘定，迄于今日，内忧甫息，外患方长，凡我国人，亟宜淬厉精神，共同御侮。兹定于二月一日在首都举行国难会议，共谋自卫之道，一心一德，济此艰危，所有会议一切事宜，着由行政院妥为办理，此令。"行政院1月19日议决，21日公布名单189人：丁文江、王世杰、王云五、王昆仑、史量才、吴佩孚、李书城、沈尹默、胡文虎、胡适、马寅初、段祺瑞、陈寅恪、张伯苓、张东荪、章士钊、章炳麟、梁士诒、陶行知、黄炎培、黄金荣、黄郛、翁文灏、傅斯年、熊希龄、黎照寰、罗隆基、顾维钧等。《正谊周报》第2卷第3期

3月

3月30日 出席立法院第178次会议，（一）代表经济委员会会同财政委员会提呈《矿区税条例》有无另订之必要案审查报告，审议通过；（二）领衔经济委员会诸委员提呈建设委员会拟具《电气事业条例（草案）》修正案。

4月

4月4日 出席立法院第180会议。

4月7—12日 出席国民政府"洛阳国难会议"，全国442位资望之士被聘为会员。《正谊周报》

4月30日 立法院举行第183次会议，因故缺席。委员陈肇英、马寅初、庄崧甫等提呈审查《实业部江浙区渔业管理局组织（草案）》审查报告等案。

本月 围绕"国难期间经济"问题，发表驳论《读徐青甫先生〈国难期间经济之设计〉书后》。从学理上剖析徐文"认定信用就是资本，或信用可以造资本"，是"混用信用、货币、资本三者为一物"。徐青甫回应《读马寅初先生对于拙著国难期间经济设计书后提出辩论》，姚庆三亦参与论争《与徐青甫先生马寅初先生论国难期间经济之设计》。最后，先生以《国难期间之上海银行业联合准备制》回应徐、姚二位先生，结束讨论。文章以金融与财政之具体计算与运作过程，阐述与徐先生主张"颇有不同"。"各银行联合应付市面，则危险可以免除，其目的在渡过此难关。与徐青甫先生之计划不同，不以其为生产之工具，无非使散漫无组织之银行，于恐慌时，互相联合，互相扶助，使不致受时局之影响而濒于倒闭；一俟风潮平静，工商各业恢复旧观，则此公共准备制，即可以解散矣。"《银行周报》第16卷第16期；《马寅初经济论文集》第一集；《马寅初全集》第五卷，第392页；第六卷，第1页

同月 撰写《长期抵抗之准备》。《时事月报》按语："本文作者于出席洛阳国难会议后所撰，因为五月号本刊已出版，赶不及发表。兹者中日关系因上海停战协定签订，略见变迁；惟日本法西斯蒂派尚积极活动，中国不能不有抵抗之准备。本文就中日情势观察非常深刻，既有不磨之价值。"文章指出："近日本已积极准备，在东三省以二十分之一之贱价，强买粮食，一旦大战发生，日人必捷足先登，占据青岛、宁波、广州、温州、厦门等各沿海要地，封

锁中国。英美虽强，亦鞭长莫及。我国若不速起作相对之准备，以图长期之抵抗，国亡将无日矣。""大战之时，上海将为最危险之区，沪宁、沪杭铁路一断，吴淞炮台被占据，船只不能出口。上海被占领后，公共租界或将步闸北之后尘，亦意中之事。中外银行之准备金，必被日人攫取，此事防不胜防。""尤有进者，日人既占据沿海各岸，势必侵入长江，截中国为南北两段，不但分我兵力，且破坏统一，此为政治上、军事上之大不利，急应设法防御。此次上海中日战争，日本得胜，多赖空军之力。抵抗之法，自以振兴空军为急务。"又云："就目前国际情形上观察，美日在太平洋必不免于冲突，我国以联美为最宜，因中美邦交，素称和好，易于合作；目下联俄尚有问题，不易解决。但美俄或有联合之可能性……其惟一问题，只在于共产主义之宣传。倘俄国允许宣传共产，只在法律范围以内，公开活动，如德国共产党可以公开游行，则俄美复交，固属可能之事也。美俄联合，中俄亦不妨复交，如是则共产党亦能参与抗日工作，增加人民力量，群策群力，一致对外，则国家庶有望矣。"《时事月报》第6号；《马寅初经济论文集》第一集；《马寅初全集》第五卷，第425页

同月 发表《现银进口应否加税》，为青年会演讲词，徐雉笔记。分析指出，目前财政部赞成之加税政策，只对买空卖空之投机家有好处，在征税原则上是说不通的。《建设中之中国》，上海青年协会书局发行，商务印书馆1932年出版；《马寅初全集补编》，第78页

5月

5月12日 应邀于上海宁绍人寿保险公司杭州分公司成立大会演讲《人寿保险之涵义与价值》。谓："人寿保险的名词，在英文是 life insurance，这英文的涵义亦不十分透彻，要知道人寿保险不是'保寿'，是保一个人的生产'能力'(power)，这种生产能力因死亡而消灭时，可用经济的力量来维持它的意思。""我以为我们要在中国提倡人寿保险事业，须注意下列三点：一、要使社会一般人懂得人寿保险的意义——是生产，不是浪费，是积储，不是投机。二、要政府有确定的保险法，保障保户，限制投资。政府并不得滥收税费，暗侵保费。三、要公司本科学的原则，认真办事；要知道所收保费是保户的信托，并非公司的盈余；公司有保管的责任，无滥用的权利。如果能这样做，人

寿保险事业在中国自能蒸蒸日上，与欧美各国并驾齐驱了！"《马寅初全集补编》，第 80 页

5月14日　出席立法院第185次会议。

5月15日　就中国经济学社本年年会议题"讨论国难经济问题"，会同年会论文委员会委员长黎照寰致函中国经济学社社员：年会讨论国难经济问题大纲：（一）中国国难问题与世界经济之关系；（二）国难时期之经济问题及其解决办法。《马寅初全集补编》，第 486 页

5月17日　主持成立中国经济学社中日贸易研究所。与上海分社理事盛灼三、王志莘、蔡承新、戴蔼庐、潘秩四等商定。该所经费除中国经济学社拨款外，助款者有：上海市民地方维持会，史量才经募；上海市商会，徐寄庼经募；国际贸易协会，郭秉文经募；上海开滦售品处，刘鸿生经募；国立交通大学研究所，黎曜生经募。个人赞助：潘公展、王延松、吴开先、蔡苕铃。翌年6月《中日贸易研究》一书出版。孙大权：《中国经济学的成长》

5月19日　召集立法委员陈肇英、庄崧甫、朱和中、周纬、张默君、林彬、卫挺生等开会，审查修正《实业部江浙区渔业管理局组织章程（草案）》案。

5月22日　本月18日，得上海宁绍保险公司总经理胡咏骐函："日前杭州敝公司举行开幕礼，猥承玉趾光临，蓬荜生辉……按人寿保险，系信用事业，且为金融集中机关，故美国当局，对于寿险同业之投资，订有明文规定，严厉监督。惟吾国政府，尚无相当限制，兹因现今寿险公司创设日多，倘无明令规定，势必任意投资，弊窦滋生，不特影响同业信誉，抑且扰乱社会金融，贻误人民生计，为害之烈，诚匪浅鲜……甚望台端出席至法院时，提议明令规定，以杜弊病，而利民生，则不胜馨香祝祷耳。"先生复书云："现今寿险公司创设日多，对于同业之投资，应订明文以为相当限制，弟意颇表赞同，目下院中正在从事规定，知注特闻。"《马寅初全集补编》，第 494 页

5月28日　立法院召开第186次会议，因故缺席。会议（一）法制委员会会同财政委员会、经济委员会提呈《全国财政委员会组织大纲》审查报告；（二）讨论委员庄崧甫、马寅初、陈长蘅等临时提议《全国财政委员会组织条例》未经立法程序提出质询案。议决：《全国财政委员会组织条例》修正通过。（三）委员蔡瑄、陈肇英、马寅初等报告审查《实业部江浙区渔业管理局组织

条例（草案）》案。议决：修正通过。

本月 致赵乃抟书："此间日机虽时来示威，摇动人心，惟除苋桥航空校内稍有损失外，城内并无飞机掷弹之事，尤无大火延烧之惨剧，尊示中所云谅系传闻之误。今日消息浏河闸北等处相继克复，日白川大将阵亡，日舰均下旗致哀，我苟能坚决抵抗，暴日之野心决不得逞，可断言也。"影印件

6月

6月10日 主持经济、法制委员会第27次联席会议，审议《邮政简易人寿保险法》、《实业部中央模范林区管理局暨直辖各场所章程》等案。

6月11日 出席立法院第188次会议。

6月18日 出席立法院第189次会议。

6月19日 出席中国建设学会成立大会。

6月25日 上午，出席立法院第190次会议。会议修正《全国经济委员会组织条例》案。议决：付法制委员会会同经济委员会、财政委员会从速审查。

同日 参与发起筹建上海图书馆公启。发起者蔡元培、史量才、沈钧儒、唐文治、马相伯、黄炎培、舒新城、何炳松、杨杏佛、王云五、王晓籁、徐新六、叶景揆、何德奎、孙科、黄郛、穆藕初等123人。《马寅初全集补编》，第588页

6月30日 会同立法委员陈长蘅、庄崧甫、卫挺生、罗鼎等，讨论、修正《盐政改革委员会组织法》案。

本月 《经济思想》印行。此书为1929年至1931年于浙江财务人员养成所之讲义，共四讲，为早期统制思想代表作。第一讲"资本主义与社会主义、共产主义之区别"，对资本主义及俄国式之激烈共产主义皆不赞同，主张取其长而避其短，当采用"民主与合作的精神（democratic and cooperative）以改良社会，则时间虽稍缓，然牺牲小，社会不致大遭荼毒矣"。应对经济危机之策为："第一步当开全国经济会议，以实业团体、工会及国民党三者联合组织之，而以国民党代表消费者，先用顾问的性质，倘著成效，则以法律保护之。此种计划实行之后，则总理之实业计划可以实行，实业计划告成，则中国即成为国家社会主义（state socialism），与俄国同。

俄国虽自称为共产主义之国家,此不过名义之言,实则为国家社会主义。"
《马寅初全集》第五卷,第406页

7月

7月1日 主持立法院法制、经济委员会第28次联席会议,审议实业部《奖励工业技术暂行条例》所订妨害专利权科刑办法决议案,议决:付委员罗鼎、刘克俊、郗朝俊、史尚宽、马寅初共同初步审查。

7月2日 出席立法院第191次会议,代表经济委员会会同法制委员会提交《实业部中央模范林区管理局暨部辖模范林场棉粱试验场地质调查所种畜场章程(草案)》审查报告。

7月6日 于上海南京路大陆商场约翰俱乐部演讲《国难期中之世界经济潮流》(又名《国难期间世界经济大势》)。认为,目前俄国共产主义已采用资本主义之优点,"俄国一切皆与昔日不同;惟有一步,则始终不放弃,即通盘筹算之计划(planning)也。惟其有计划,故免盲目生产之祸"。"中国今日,虽不能完全采取俄国政策,至少亦须有一种计划,否则即能成大实业国家,亦不过蹈各国之覆辙而已。总而言之,中国介乎二者之间,应取两种主义之长而含其短,故商人与学生,均须快快觉悟。"7月7日《申报》;《马寅初经济论文集》第一集;《马寅初全集》第六卷,第13页

7月8日 出席立法院第192次会议。(一)领衔商法起草委员会诸委员报告审查修正《盐政改革委员会组织法》案。议决:照报告案,无庸修正。(二)代表经济委员会会同法制、财政委员会提呈《铁道法(草案)》案审查报告,议决:修正通过。(三)报告审查《交通部交通职工事务处章程》案,决议:无庸本院审议。

7月8—17日 应行政院长汪精卫邀请参加国难外交会议。会议日程:8—9日,为外交;10—11日,为内政;12—13日,为财政;14—15日,为建设;16—17日,为教育。会期共10日。报载:国民政府行政院长汪兆铭,邀请国内专门学者,齐集首都,商议政府对内对外大计。被邀者或为教育行政人员,如蒋梦麟、王世杰、张伯苓、陈布雷等是;或为大学教授,如胡适、丁文江、任鸿隽、朱经农等是;或为国内著名专家,如马寅初、吴鼎昌、徐新六等是;

或为政客式学者，如罗家伦、谢冠生、高一涵等是。皆属一代时贤。迁伯：《南京学者会议之检讨》，《正谊周报》第 1 卷第 8 期

7月14日　主持立法院法制、经济、商法起草委员会第 2 次联席会议。审查《农品检查条例（草案）》案、《商品检验条例》案初步审查报告案、《实业部商品检验局组织章程》案，议决：以上三案付委员马寅初、张志韩、黄序鹓、罗鼎、狄膺共同初步审查，由马寅初召集。

7月16日　出席立法院第 193 次会议。

同日　于上海交通大学演讲《论废两改元问题》（又名《废两改元问题》）。据理力驳各类反对"废两改元"意见，并将废两改元后之优点，略述如下："（一）财政上之占惠，向之财政上种种弊病，多出于由银两折合洋元，或再由洋元折合银两，一出一入间，其弊遂成。（二）将来改革币制时，易于着手，因银币已统一，无论将来改金本位，或逐渐采行金本位，均易于办理，非若已往之紊乱，无从下手。（三）时间经济，费用节减，银两如废，则银圆之用途统一，手续因以简便，固无须如往日之记帐，须记以洋之帐，同时兼须记银两帐，费用既大，手续又见繁复。（四）银行票据交换所可望成立，因时势之需要，票据交换所，当然可望筹设，立国于今日之世界，而银行界尚无票据交换所之设立，在国际上，实为一种奇特现象。（五）各地之银两，均可相继废除，因中国其他各埠汇兑，均以上海规元为标准，上海规元既被打倒，各地银两，自无立足之地。（六）上海造币厂一定开工，废两改元之后，洋元需要正亟，于是沪厂开工，以济通货之流转，市上物价，不致发生影响。"文章发表于《申报》后，引起冯炳南、吴经熊等论争。7 月 16、21 日《申报》；《马寅初经济论文集》第一集；《马寅初全集》第六卷，第 8 页

7月26日　得中央银行副总裁陈行电，邀莅沪列席"废两改元"会议。"废两改元问题，前曾函请发表意见，兹定本月廿七日下午二时半举行会议。"《中央银行史料》，中国金融出版社 2006 年 6 月出版

同日　参与创办杭州树范中学。该校创办人均为社会贤达：邵力子、许绍棣、邵裴子、王竹斋、马寅初、傅学文、寿毅成、张健中、黄奠华、徐文召，邵力子为主席校董、许绍棣为校长。《杭州历史大事记》

7月27日　晨，得陈行急电：废两问题，亟盼专家研究，日前函请发抒

宏见，未荷赐复，至深怅惘。先生往返京杭，行止靡定，渴望莅沪，藉聆伟论，鹄候示复。弟陈行叩，感。《中央银行史料》

1933年3月3日，徐堪列席立法会议，会后致电陈行：孙（科）特别关注，情形顺利，请即释念。4月6日，国民党中央政治会议第351次会议通过陈行提案。4月8日，国民政府行政院训令第1534号颁布实施。《中央银行史料》

7月30日　出席立法院第195次会议。

8月

8月1日　发表《再论废两改元并答吴经熊先生》。从学理与现实结合逐条批评，"吴先生之言论，类皆矛盾，大抵专为钱庄强辩，不明经济真相所致耳"。《申报》；《马寅初经济论文集》第一集；《马寅初全集》第六卷，第27页

8月26日　主持商法起草委员会会议，审查修正《工商同业公会法》第七条条文案。

8月27日　出席立法院第199次会议，合议审查修正《劳资争议处理法》案及修正《工会法》条文草案案。议决：以上两案再付劳工法起草委员会会同经济委员会、军事委员会审查。

本月　发表《信用合作》。认为："信用合作社积极的好处，能使社会道德向上。合作社入社须要社员介绍，并经四分之三或五分之四或全体会议之通过；品行不端的人，就不能入社，对于道德上影响很大。由此可以得到很大辅助，使社会上一般人自然渐趋于良善了。现闻有的合作社社员间只有借钱的合作，没有还钱的合作，这是很不好的现象。"《浙江省建设月刊》第6卷第2期；《马寅初全集》第五卷，第428页

同月　于上海交通大学演讲《中国人的家庭观念与中国经济问题》。《南洋公学—交通大学年谱》

9月

9月2日　上午，出席立法院法制、经济委员会第29次联席会议，修正通过《实业部奖励工业技术暂行条例》所订妨害专利权科刑办法案初步审查报告等案。

下午，出席劳工法起草委员会、经济委员会、军事委员会联席会议，审查修正《劳资争议处理法》及《工会法》第二十三条条文案。

9月3日 出席立法院第200次会议，领衔商法起草委员会诸委员提呈修正《工商同业公会法》第七条条文审查报告。

9月10日 出席立法院第201次会议。会议通过劳工法起草委员会委员长史维焕、经济委员会委员长马寅初、军事委员会委员长钮永键提交重行修正《劳资争议处理法》及《工会法》条文案。

9月14日 出席中国经济学社杭州分社成立大会。主持中国经济学社第九届年会第五次筹备会议，与会代表寿毅成、金润泉、朱惠清、魏颂唐等24人。讨论通过《筹委会办事细则》。先生担任本届年会招待委员会委员长，马仰曹为招待委员。9月15日《申报》

9月16日 中国经济学社第九届年会开幕式于浙江省党部大礼堂举行。代表学社致开幕词："本社创办以来，已逾十年，社员五百余人，学者占三分之二，实业家、金融家占三分之一，学理与经验事实并顾，社务发达，即基于此。本届年会在杭州开会，有三原因：（一）上届年会决定地点为沈阳、青岛、杭州三处，由社长择一举行，不久即有九一八之变。一年以来，东北依然沦陷，故决定在杭州举行，定期于九一八前后，吾人实不胜感慨。（二）浙江普遍被认为是模范省，建设事业如杭江铁路、汽车道、电话等，甚有成绩，且对鸦片厉行禁止。（三）研究经济者，平素专注意大商埠，但大商埠仅为货物分散集中之地，经济命脉，源于内地，故本会特考察杭江铁路（该路由杭达赣经十一县，多系富庶之区），并以浙省当局对本社平时甚多帮助，应表感谢。至本社社务，除社员著作已刊出目录外，尚有《经济学季刊》定期举行，而上海之经济研究会，曾调查工厂一千余家，费银二万余元，尤以毁于日本炮火下之闸北工厂之调查统计甚为完备，日后交涉赔偿时，仅本社能提出此种确实数字，甚堪宝贵。又上海分社所研究《中日贸易统计》已编竣，计三百三十一页，将告成者有《中日贸易研究》四十万字，在接洽中者有经济辞典之编纂。"杭州分社社长金润泉致欢迎词，吴达铨、张公权、李馥荪演讲。《申报》称："开幕之日，民生路省党部门首，气象万千，车马如织，社员而外，各机关长官团体民众前往观礼者，途为之塞。"9月17日《申报》；《马寅初全集》第五卷，

第 431 页

中午，杭州市政府于西湖国术馆公宴全体代表。王永新：《中国经济学社第九次年会纪详》，《经济学季刊》第 4 卷第 2 期

下午，于宝石山出席杭州分社讨论会。会议中心论题："国难时期之经济问题"。《中国经济学社第九次年会纪详》

晚，浙江省党部、浙江省政府于省政府大礼堂公宴全体代表。《中国经济学社第九次年会纪详》

9月17日　上午，至杭州大学路省立图书馆出席年会第二次讨论会。黎照寰主席，吴达诠、徐寄庼、刘大钧等31人到会。《中国经济学社第九次年会纪详》

中午，浙江省商会联合会、杭州市商会、银行业公会、钱业公会、绸业公会、典业公会于三潭印月公宴全体代表。《中国经济学社第九次年会纪详》

下午，于三潭印月出席第三次讨论会。黎熙寰主席，魏颂唐、王雨桐等宣读论文，先生与刘大钧作重点发言。《中国经济学社第九次年会纪详》

晚，民政厅、财政厅、建设厅、教育厅及国立浙江大学于浙江大学大礼堂公宴会议代表。《中国经济学社第九次年会纪详》

同日　立法院召开第202次会议，因故缺席。会议审议修正《渔会法》及其施行法草案案。议决：付委员蔡瑄、楼桐孙、马寅初等审查。

9月18日　晨，中国经济学社年会全体会员赴东天目山考察。《中国经济学社第九次年会记详》

晚，于东天目山寺大殿举行"九一八"国难纪念，并召开常务会议。经选举连任第九届社长。副社长刘大钧，理事张公权、贾士毅、吴鼎昌、何德奎、李权时、戴克谐、黎照寰，候补理事寿景伟、陈长蘅、卫挺生、盛俊、金国宝。《中国经济学社第九次年会纪详》

9月19日　偕会议代表赴西天目考察。晚返杭。《中国经济学社第九次年会纪详》

9月20日　晨七时，偕会议代表参观杭州电厂闸口新厂。《中国经济学社第九次年会纪详》

上午九时，杭州铁路局安排年会代表赴金华考察，于列车上公宴。《中国

经济学社第九次年会记详》

晚，王云五、潘铭新等社员应浙江省立第七中学邀请演讲。年会代表是夜宿金华。《中国经济学社第九次年会纪详》

9月21日　上午，偕年会代表游览金华山。《中国经济学社第九次年会纪详》

下午，年会代表赴兰溪考察。晚，兰溪县商会等十三团体公宴会议代表。《中国经济学社第九次年会纪详》

9月22日　偕年会代表游桐庐七里垅、严子陵钓鱼台。晚，宿舟中。《中国经济学社第九次年会纪详》

9月23日　中国经济学社假西湖国术馆答宴各界，先生代表学社致谢词，省政府鲁涤平致答词。《中国经济学社第九次年会纪详》

9月26日　应浙江大学校长程天放邀请演讲《世界经济大势与中国所受之影响》。指出："世界上有三种经济制度：意大利采法西斯主义，苏俄采共产主义，美国采资本主义。意大利的法西斯是反对外国的资本主义，国内的资本主义并不反对。苏俄的共产主义则不但外国，而且国内的私人资本主义也是反对的。美国则采极端的私人资本主义。中国在此三者，先应采取哪一种，兄弟对于这个问题有点感想。照兄弟个人意见，来推测世界经济的大势与中国的影响，以为将来经济制度多半是趋向于国家的集产主义，即国家的资本主义。"《国立浙江大学校刊》第105、107期；10月10日《大晚报》；《马寅初全集》第五卷，第449页

本月　发表《中日经济与抵制日货之关系》。剖析日本依赖外贸之经济结构。认为："日本之希望在棉。它之棉织品出口，占总值百分之二十五，其中之一半，即在中国推销。所以中国抵制日货，抵制它所有希望之棉业，即足致其死命（同时美国不买它的丝）。"《银行周报》第16卷第42期；《马寅初全集》第五卷，第432页

本月　《马寅初演讲集》第4册，由商务印书馆出版发行。选录1925年11月至1918年5月演讲《鸦片问题》、《浙江之两税制》等45篇。

10月

10月1日　出席立法院第204次会议。审议《银行兑换券发行税法（草

案)》案。议决：付财政委员会会同经济委员会审查。

10月3日 浙江省国术馆总理纪念周演讲《欲救中国之亡，非助义勇军与长期抵制日货不可》。提出："中国讲道德，可分两种：一种是消极的，一种是积极的。消极的道德，教弟子不弄牌，不抽鸦片烟为止境了；积极的道德，不但不弄牌，不抽鸦片，更要奋斗长进，于'不'字上更加一'做'字，才是好办法。保管财产果然要紧，再加以'做'则资本可以生利息。如果仅仅守着资产吃饭是不对的。兄弟希望杭州人士明了这一点的意思，尽一己的财力，来接济东北呼饥号寒的义勇军。"10月4日《杭州民国日报》；《马寅初全集》第5卷，第443页

10月4日 发表《〈劳资争议处理法〉之沿革及内容》。20世纪30年代初，劳资纠纷加剧。劳资争议调解无结果者应付仲裁委员会仲裁。立法院讨论、制定《劳资争议处理法》时，曾经历主张"强制仲裁"转为"任电仲裁"，再到"强制仲裁"之反复、曲折过程。本文以亲历者视角，详述讨论、争议及实验情形，说明条文修订背景及内涵，既阐述《劳资争议处理法》之法理依据，又说明立法严谨、慎重、吸纳各方意见之内情。《银行周报》第16卷第38期

10月6日 出席立法院财政、经济委员会第26次联席会议，审查修正《银行兑换券发行税法》案。

10月8日 出席立法院第205次会议。

10月15日 出席立法院第206次会议，代表经济委员会会同财政委员会提呈修正《银行兑换券发行税法（草案）》审查修正案。

10月17日 报载："马寅初在镇江讲对日贸易与抵制日货。"《上海晨报》

同日 致周作民书："本社社章，原有一次缴足六十元者得为永久社员，永久免缴常年社费之规定。前月在杭州举行第九届年会，社员有感每年缴费之不便，愿一次缴足六十元的永久社员者达五十余人，现已先后缴到永久社员社费。因思先生常居平津，亦必感每年缴费之不便，可否加入永久社员。"《马寅初全集补编》，第488页

10月18日 以浙江省筹募救国义捐会执行委员会名义，会同绍兴商会会长祝星五提议各界公决：募集义捐接济东北义勇军继续抗日案。绍兴县档案馆

"绍兴县政府训令";《马寅初全集补编》,第 534 页

10月20日 得周作民复函:"睽违请教,时深谒想,顷奉手书……承以加入永久会员一节,弟远处冀北,正感不便,既如尊嘱,自当追随,除将会费六十元由敝京行交许继廉先生外,专此布复。"《马寅初全集补编》,第 488 页

10月29日 出席立法院第 208 次会议。

10月31日 以浙江筹募义捐委员身份募捐接济东北抗日义勇军。《新编浙江大事记》"1932 年 10 月 31 日"

11 月

11月6日 出席立法院第 209 次会议。会议通过修正《银行兑换券发行税法》业经明令公布并通饬施行案。

11月9日 于上海交通大学经济学会演讲《中国今日之经济地位》,会后放映东北义勇军抗日战片。《南洋公学—交通大学年谱》

晚,主持中国经济学社第十届理事会第三次常会,报告"季刊经费已有着落"。孙大权:《中国经济学的成长》

11月12日 出席立法院第 210 次会议。

11月17日 主持立法院经济委员会第 15 次会议,审查《合作社法(草案)》。

11月18日 主持立法院法制、经济、商法起草委员会第 4 次联席会议,修正通过《实业部商品检验局组织条例(草案)》。

同日 发表《中日经济问题》,系中央大学会计统计班演讲词、缪锦璜笔记。从市场经济角度深入剖析日本经济之地少人众,资源短缺之弱点,以及对中国市场与资源的依赖与掠夺。明乎此,当采取积极制日方略。"中国历来抗日的手腕,都是消极的,都是以'不'字来包括一切,即是不买日本货,不用日本物,这个笼统的'不'字,何能致人的死命。我们抵制日货,并非任何日货都加抵制,只要在每年输入中国的二万五千万的棉织物加以抵制,便是日本的致命伤。至于仅仅于输入的数万或数千之值的牙粉牙刷的抵制,搔他不痒,打他不痛,这又何必呢?我们不但在消极方面注意于棉织物的抵制,在积极方面要更加注意:一九二八年调查,上海的

纱锭有三六〇〇〇〇支，日本便占一三九〇〇〇〇支，约占全数百分之三十八。他所以极力在上海投资兴建纱厂，有下列三个因素：(一)市场靠近；(二)上海与采买原料之地带靠近；(三)中国之工资贱，生活程度低。以上是他的原因，他的目的便是要藉上海日本的纱厂来打倒中国的纱厂，日本既能利用上列三因素来打倒中国的纱厂，我们何不更进一步的利用他们已经告诉我们三种因素，积极准备，努力兴工来打倒日本纱厂呢？"《时代公论》第1卷第34期

11月19日　出席立法院第211次会议，代表经济委员会会同财政委员会提交修正《监督地方财政暂行法（草案）》审查报告等案，议决：审查通过。

同日　报载：浙江省举行募捐东北义军运动，捐款由省救国义捐会委托中国银行地方银行代收，由王建扬、方定中、马寅初、王惜寸、王芗泉、金润泉、叶溯等主持办理。《申报》

11月20日　晚，应浙江乡村建设研究会、中国经济学社杭州分社、国立南高东大、中大毕业同学会杭州分会三团体之请，于杭州青年会演讲《中国农村救济之根本问题》。《浙江教育行政周刊》1932年第14期

11月24日　主持立法院经济委员会第16次会议，审查通过《合作社法（草案）》。

11月25日　出席立法院第213次会议。

11月26日　出席立法院第214次会议，代表经济委员会及商法起草委员会会同法制委员会提呈《商品检验条例》及《商品检验局组织条例（草案）》案审查报告。

11月28日　于国民党浙江省党部扩大纪念周演讲。向与会代表募捐支援东北义勇军："兄弟在杭想筹一点款援助义勇军。大家想想，我们在这里，简直像天堂，义勇军在关外血战，若我们不帮忙，这是良心道德上所过不去的。"
11月29日《杭州民国日报》；《马寅初全集》第五卷，第453页

11月30日　发表《农村经济与家庭观念之关系》。认为："中国国民袭封建遗风，宗族思想，牢不可破，事事以家庭为单位，甚至以家庭为本位。五世同居，九世同堂，传为美谈，民族思想，甚形薄弱。""战争、饥馑、抛杀婴孩，几成我国社会普遍现象，无一非发挥积极限制之权威。农民生活穷困至

此，犹不自悟，更安能望其提高？目前提倡工业，救助过庶人口，缓不济急。"
《银行周报》第16卷第46期；《马寅初全集》第五卷，第457页

12月

12月21日 主持中国经济学社第十届年会第三次理事会，报告："华北分社成立案"。决议：与中国统计学社合作成立中国社会科学研究会；本社季刊经费推马社长向杭州方面筹募。《中国经济学社第十届年会纪事》

12月28日 下午，于上海复旦大学演讲《日汇暴跌与中国》问题。《申报》

同日 于上海复旦大学商学院演讲《中国农村救济之根本问题》（又名《中国家庭思想与经济关系——农村救济之根本问题》、《马寅初论中国农村救济之根本问题》）。《商学期刊》编者按："其内容注重于如何救济中国农村经济破产之方法，并阐发中国家庭思想与农村经济破产之关系，意义深刻，语极中肯，尚望读者勿以明日黄花视之也。"1933年1月1日《时事新报》"建设特刊新浙江号"；《马寅初全集》第六卷，第293页

同日 发表《中国之合作社法原则》。分章阐述：合作社之意义、合作社之分类、合作社之责任、合作社之免税、合作社之设立、合作社之社股、合作社之公积金及公益金、合作社盈余之分配、社员之表决权、合作社之联合会等。《银行周报》第16卷第50期；《马寅初全集》第五卷，第466页

本月 《马寅初经济论文集》第一集，由商务印书馆出版发行。收录1928年至1932年论文40篇。涉及多项经济问题：关于平均地权2篇、《票据法》3篇、《交易所法》与《公司法》2篇、商标与《商标法》3篇、《营业税法》6篇、《银行法》、《钱庄法》、《储蓄银行法》3篇、国难3篇、金本位问题3篇、世界经济问题3篇、废两改元3篇、银价与物价4篇、改用金本位3篇、内政3篇。以下几篇为首次发表。

《怎样去平均地权》，系浙江自治学院演讲词。"兄弟对于这个题目，已有十几次的演讲，不过每次所讲的，都不相同。因为要实行这个办法，必须费一番苦工研究，必须缜密周到，方可逐步办理，施行尽利……和法律一样，能行得通的法律才有效力，行不通则成具文，所以不能不谨慎。""吾们现在要奉行'平均地权'，要达到耕者有其田的目的，还要下一番苦心。"文章以现代经济

理论说明平均地权并非把土地收来大家平分这样简单，须考虑地价之计算、地价税之特点、税地价与税地租不同、地租是什么等多重因素。《马寅初全集》第六卷，第 173 页

《物价变动之影响》。以经济学理论结合民国以来国内物价变动不居之现实，阐明："物价变动之害，不在其平准之高，亦不在其平准之低，而在其平准之忽高忽低，使一切经济关系均呈畸形之变化，或无端而得厚利，或凭空而坐巨失。当其飞涨之际，举国债权人皆受无形之损失，所有之财富因以减少，应得之利益因以丧失。非谓其财富与利益尽归消灭，特谓其潜移于他人，而全国财富之分配呈不健全之变化耳。"最后建议："故调节物价，除交易中介之外，他种原因亦应注意，始可收效。今先宜使国人明了物价变动剧烈之利害，与变动之原因，进乃共图安定之方策，经济幸福，斯乃可期。"《马寅初全集》第六卷，第 215 页

《银贱潮中应注意前因后果》。国内银价跌落，舆论纷攘，就原因何在、影响深浅，又怎样应付等国人关注问题，从六方面回应：（一）日本金解禁与此次金贵银贱的关系；（二）金贵银贱时中国并不能得到增加出口货之利益；（三）设立汇兑银行之必要及办法；（四）废两改元的意义；（五）关税征金后消费者所受之害处；（六）中国对于国际汇兑会议应作何种准备。《马寅初全集》第六卷，第 221 页

《世界经济之大势》。考察百多年来欧美经济发展趋势及规律："由人口之增加，发生移民政策；因移民之困难，即有工业之发展。工业上因求固定成本之减轻，其生产只增无减，于是生产品大增，发展工商业问题一转而为推销工业品问题，于是寻觅市场，设法招徕，国内市场，又设法保护，因而提高关税，抵制外货之侵入，投资倾销，竞求国外之市场；工商业之竞争不已，其最后出路，自以兵力之战争解决之耳。"然第一次世界大战之后，"各国非特高筑关税壁垒，拒绝不容，且更自出其大量生产，相与竞争，如是激荡酝酿，何能避免世界第二次大战之爆发？"指明出路或在近期出现世界工商业之国际合作，"盖目下工业以国际合作闻者，已有一一成功之事例。其一即为糖业，世界产糖最富之地如古巴、爪哇及日本等，均以竞争而蒙损害，集议合作。今则除将现有存底脱售外，以后之产额，均须依据分配之市场，各别销售之。又如

皮毛骨业，因各国关税之提高，未能发展。今亦规定各国相互取消关税，停止竞争。故目下国际联盟对于国际合作一事，非常注意，努力倡导，不遗余力，庶可促工商业之进展，求自由贸易之实现，世界恐慌可止，社会安宁可保"。
《马寅初全集》第六卷，第249页

同月 发表《中国家族观念影响于农村经济有根本救济之计划否》。认为"现在中国经济，异常危险，解决困难的途径，鄙意以采取小工业制度为最宜。但如中国人的家庭思想不根本地改造，人口继续增加，结果仍然只是无办法"。
《旁观》第6期"经济专号"；《马寅初全集》第五卷，第479页

同月 发表《田赋改革之必要》。剖析浙江田赋情况，指出："一正税，一附税，均呈一紊乱复杂之现象。在公家则亏短国课，在人民则负担不均，是现行田赋制度，已成无主义、无系统之一种杂乱无章办法。若不亟起改革，则国计民生必至两受其害。至若征收方面，厥弊尤巨。综合各县经征田赋，亩额、银额、米额，均有原有及造串两数。"因存亩额不实、户名不实、胥吏侵渔、折算困难、串式不良等五种弊端。为此，提出除旧布新之思路。《浙江财政》第7卷第7期；《马寅初经济论文集》第一集；《马寅初全集》第六卷，第19页

本年 担任杭州青年会总队长，开始实验设想中农村信用合作制度。《吾对于改造中国经济之意见》，《青岛青年》第49期；《马寅初与青年会》，《电声》（上海）1937年第11期

1933年（民国二十二年） 52岁

1月

1月1日 为《时事新报》"新浙江号特刊"题词："富春抒华，武林制胜"。《马寅初全集》第六卷，第292页

同日 发表《英日汇兑暴跌与中国》。分析指出："日本汇兑之跌落，足以表现日本财政之拮据，日本国力之衰弱。苟美国予以经济上之压迫，必有崩溃之一日，拭目待之可也。吾人日后抵货之工作，必须加紧，使日本之出口货愈益减少。"《杭州民国日报》"元旦增刊"；《马寅初全集》第六卷，第300页

1月12日 国民政府令：委任马寅初、焦易堂、梁寒操等97人为立法院立法委员。1月13日《申报》

1月17日 兼任立法院财政委员会委员长。国民政府立法院令7号："令本院委员马寅初，兹派该委员为本院财政委员会委员长。此令。"《立法院公报》第45期

出席立法院第一次谈话会，孙科主持，到会委员66人。《立法院公报》第45期

下午，出席立法院经济委员会会议，审议《合作社法（草案）》案。

同日 致交通部招商局总经理刘鸿生[1]书："蔡仲悦兄为兹中西书院同学，服务贵局已二十余年，忠心任事，颇著成绩，又于局内情形亦异常熟悉，务请顾全学谊，继续任用，以收驾轻就熟之效，不胜感幸之至。"《马寅初全集补编》，第487页

1月20日 出席立法院第3届第1次会议，代表经济委员会会同审查委员楼桐孙提呈起草《合作社法（草案）》案，议决：付委员焦易堂、马寅初等

---

[1] 刘鸿生（1888—1956），浙江定海人，先后创立中华码头公司、中华煤气公司、大中华火柴公司等，1932年至1936年任交通部招商局总经理。新中国成立后任上海市政府顾问、华东军政委员会委员。

审查，由焦委员召集。

同日 立法院指令第 2 号："令本院财政委员会委员长马寅初。函呈一件辞财政委员会委员长职务由，函呈悉该委员长硕学通才，资深望重，务望勉为其难，即日到会视事。所请辞去委员长一职应毋庸议。再该委员长间或因事离京可委托委员陈长蘅代理职务，除令陈委员遵照外并仰知照。此令。"《立法院公报》第 45 期

1 月 31 日 再次请辞立法院财政委员会委员长职。因在立法、行政两院两席会议上反对财政部禁烟条令，遭强势抵制，当即辞职而去。2 月 1 日《申报》

本月 发表《为讨论续借美麦问题联想及于中国之粮食政策》。时政府决定续借美麦四十余万吨，至国内粮价下跌，因指出："夫开辟荒芜，兴治水利，其有益公私，自不待言，政府从而助成之，亦可谓厚裨民生，克尽厥职。惟值此国中大熟谷贱伤农之时，骤进大量美麦，置数亿小农之生计于不顾，殊属失策，外交上虽有难言之苦衷，农民经济上实有慎重考虑之必要，况美国之贷美麦，原因在生产过剩，麦价狂跌，欲与其余产麦诸国，如加拿大、阿根廷、澳大利亚等，作猛烈之竞争，乘其小麦尚未收获之际，赶行兜销，以期减少过剩，维持麦价，故不惜以我国市场为倾销之尾闾。美国政府，为其农民所谋如此，而我国政府，反助其倾销之计划，益陷农民于水深火热之中，两国政策之矛盾，一至于此，夫复何言？""世界多数国家，无论食粮之能否自给，无不对其本国农业加以保护。我国反听其自然，任其倾销，加速摧残，前途何堪设想！"《时事月报》第 8 卷第 1 期；《马寅初全集》第六卷，第 304 页

2 月

2 月 3 日 出席立法院第 3 届第 2 次会议，立法院长孙科指令："令财政委员会委员长马寅初据请辞去委员长职务应毋庸议由。"

2 月 7 日 发表《浙江之田赋》。认为田赋多年短少主要缘于制度不良与粮册散失，短收之症结有五端：匿款、抗粮、逃粮、漏征、飞洒诡寄。彻底解决问题，有待全国统一之新《土地法》出台、实施，实现"平均地权"、"耕者有其田"目标。眼下土地尚未厘清情况下，权宜之计为推行钱翟士先生所订《整理田赋办法大纲》，换发新户折，征粮造册，即以新粮册为依据，所需费用

以催追旧欠田赋充之。特文说明："上列整理办法十二则，仅举其大纲，且须待实施时之修改。至于细目，亦有待实施时之拟议。惟此项换发新户折办法，其极显明之本旨，即在注重人民之产权，而给以有力之证据。原以浙江省田赋，久失清理，人民所持以为产权证据之户折，或有或无，颇难考其究竟。且持有户折者，其形式各县亦不一律。更有受里书、册书等之愚，于过户时，私相授受者，不知凡几。则其户折之真伪，亦滋疑惧。若不及时印制换发，则人民产权之保障，日见动摇，自不待智者而尽知其不可矣。关于换发新户折之手续，既繁且重，更不收取丝毫费用，以示体恤。据此观察，宜有推行尽利之望。苟主其事者，胥能切实奉行，一经期满竣事，在治标方面，所有历年欠赋，既借以收清理之实效；在治本方面，以有新粮册之产生。而清丈之初步，亦予以进行。此后对于田赋进一步之整理，以及征收制度之改善，似均觉不难于措手矣。"《银行周报》第17卷第4期；《马寅初全集》第六卷，第321页

2月8日　主持立法院财政委员会第3届第1次会议，研究《中日关税协定》案。

2月9日　出席立法院宪法草案起草委员会第1次会议。

2月10日　出席立法院第3届第4次会议。会审（一）通过《宪法委员会组织条例》；（二）讨论《宪法（草案）》起草程序案，议决：付由张本知、吴经熊、焦易堂、傅秉常、马寅初、吴尚鹰、陈肇英审查。2月11日《申报》

2月16日　出席立法院宪法草案起草委员会第2次会议。

2月17日　上午，出席立法院第3届第5次会议。

下午，主持商法起草委员会会议，审议对于华洋合资公司应以法律方式明定限制案。

2月23日　出席立法院《宪法（草案）》起草委员会第3次会议。讨论分组，议决：分四组，委员除第一组推定徐元诰暨审查委员张知本、吴经熊、焦易堂、陈肇英、吴尚鹰、马寅初、傅秉常，并指定副委员长张知本召集外，其余三组委员由院长指定之。

2月24日　上午，出席立法院第3届第6次会议。领衔商法起草委员会诸委员提呈对于华洋合资公司应以法律方式明定限制案审查报告。

2月27日　出席中国经济学社杭州分社同人聚丰园招待会，邵元冲、寿

毅成、周骏彦、赵志游、陈布雷等同席。

2月28日 发表《从维持米价问题说到钱币革命》。认为："本年各省米产丰收，米价惨跌，农村经济岌岌堪虞。推原其故，一因外国廉价食粮得免税进口，竞相倾销，一因国内食粮之移动则禁令重重，调节维艰。故救济之道，一面应对外国余粮进口应征收伸缩的进口税，杜其竞销，一面各省间之防谷令应从速取消，使能尽量流通，恢复国内市场，收有无相通、多寡相济之实效。生产者与消费者之利益，各得其平，毋使偏枯，农村经济不难逐渐恢复繁荣。"进而批评政府方案，"不但不能收维持米价之利，反有扰乱金融之虞"。《银行周报》第17卷第7期；《马寅初全集》第六卷，第331页

3月

3月2日 出席立法院宪法草案起草委员会第4次会议。

3月3日 出席立法院第3届第7次会议。会审《银本位币铸造条例（草案）》暨换算率计算法案等案。

3月8日 立法院财政委员会召开第3届第2次会议，缺席以示辞意。陈长蘅代理主席，会议（一）审查《浙江省整理债务办法》及修正各种公债还本付息表案。议决：推马委员长寅初等初步审查。（二）审查江西省增加丁米田赋附税为地方自治经费案。议决：推马委员长寅初等初步审查。

3月9日 出席立法院宪法草案起草委员会第5次会议。

同日 就"禁金出口"问题接受采访。3月10日《中央日报》

3月10日 立法院召开第3届第8次会议，因故缺席。会议通过财政委员会委员长马寅初提交山东省二十一年度地方普通岁入岁出总预算书案审查报告案。

3月12日 出席南京陵园管理委员会中山文化教育馆成立大会。该馆1933年1月24日经中央执行委员会会议准予备案，全国各界领袖蒋中正、吴敬恒、蔡元培、于右任、孔祥熙、朱家骅、马寅初等331人为发起人。筹委会委员长：孙科。《中山文化教育馆筹备委员会总报告》

3月16日 出席立法院宪法草案起草委员会第6次会议，提议增加"人民有运用财产之义务案"。

3月17日　出席立法院第3届第9次会议。

3月23日　出席立法院宪法草案起草委员会第7次会议。

3月24日　出席立法院第3届第10次会议。

3月28日　发表《中国与银问题》。剖析政府近年实行种种中国银价止跌方案，认为："综上六法，无一切实可行者。故银价跌势之骤，虽已继续三年，仍无丝毫之救济。今日防止银价再跌之要求，比较提高之希望似较踏实，惟欲从货币用途上设法推广其销路，已难办到。即能办到，于人类经济亦无何等利益。最好莫如从工艺上设法推销其容纳之量，实无止境，银价当能维持。至我国银本位不能适应潮流，必须改用金本位，彰彰明甚。"《银行周报》第17卷第11、12期；《马寅初全集》第六卷，第379页

3月30日　出席立法院宪法草案起草委员会第8次会议。

3月31日　出席立法院第3届第11次会议。

本月　发表《新〈商会法〉与〈工商同业公会法〉》。以新旧《商会法》之比较、新《商会法》要点说明等十五方面，论证"现行之《商会法》与过去之《商会法》有根本不同之点。本篇所研究者，国内外思想变迁，环境转移，旧有之工商团体组织，有不能适应潮流之处，故有新《商会法》与《工商同业公会法》之颁布"。《经济学季刊》第4卷第1期；《马寅初全集》第六卷，第345页

同月　发表《日本之经济》。从七方面剖析日本之经济：（一）日本无资格列为工业国；（二）入超为日本之致命伤；（三）日本是否有无形之出超以相抵销；（四）日本入超成一循环圈；（五）日本对外贸易之研究；（六）英日两国的比较；（七）日本在华纱厂独多其故何在。结论："日本缺乏原料，实无资格列为工业之国家，而其人口蕃多，生养乏术，非使全国工业化，又不足以济困而救贫，故其进口货额，日见增多，入超已成一循环圈，而为不可医治之病。环顾国内，既无无形之出超，以相抵销，对外贸易，更乏适当之市场，以图弥补。生丝业之胜利，将见夺于人造丝之美，殖民地之范围，复远逊于遍布全球之英。险象环生，一无足恃，社会有人满之患，经济有破产之虞，岌岌乎殆哉。日本之前途，诚有不堪设想者。兹者入寇吾华，意图圆成其大陆之迷梦，兽欲暴行，实为人类所不容。吾国同胞，诚能一致厉行对日经济绝交，始终不懈，则工业弗昌民食不足之蕞尔岛邦，将不攻而自溃，此势之所必至而理有固

然者也。"《军需杂志》第19期；《马寅初全集补编》，第82页

同月 于上海交通大学讲授《世界经济大势》之人口部分，黄宝桐笔记，共六讲。第一讲：人口论。介绍马尔萨斯、汤姆逊等人口理论，指出这些理论不足。第二讲：人口论（续）。从三方面观察移民问题。移入国、移出国、移民本身各立场不同，各国所定之移民政策，均以冀扬彼国光，昌彼民族。第三讲：资源问题。从食物、燃料、煤油、水力等方面，阐述人口与资源之关系。第四讲：大量生产论。从大量生产特性、造成国际间纠纷，以及国际间竞争中影响最大行业，阐发倾销、抵制等现象产生原因。第五讲：市场问题。从市场种类、保护政策与自由贸易，阐述英美各国开辟国内外市场之方策等。第六讲：世界不景气之普遍观。剖析欧战以来世界不景气之原因。该讲题为民国时期各大学中罕见之课程，表明先生重视人口问题由来已久。国立交通大学《经济学报》创刊号；《马寅初全集补编》，第92页

同月 为复旦大学经济学系《经济学期刊》创刊号题写刊名。影印件

同月 为何士芳《英汉经济辞典》作序。以为，"我国崇尚科学，历有年所，唯绍介科学知识者漫不经心，于名词尤觉凌杂，或以音译，或以意译，往往同一西名，而中名多至数十，学者病之"。"今日我国科学名词虽未尽统一，而国人因类习用已属不少，惜散见群书，搜集非易。何君士芳研究经济，施教有年，博学多闻，孜孜不倦，早有编辑《英汉经济辞典》之志愿，籍树统一之先声，凡关于经济事物学术之名词，见于报章杂志专书撰述者，广为搜罗，随时对照，迄今四载，裒然成帙。"何士芳：《英汉经济辞典》，上海商务印书馆1934年2月出版；《马寅初全集补编》，第438页

4月

4月10日 为上海华商宁绍人寿保险公司《人寿》（季刊）创刊号题写封面。本期刊载先生演讲词《人寿保险之涵义与价值》及公司总经理胡咏骐与先生来往信函。影印件

4月11日 上午，出席财政、法制委员会第3届第2次联席会议。会议：（一）审议修正《审计部组织法（草案）》；（二）审查《国债基金管理委员会条例（草案）》；（三）修正《国债基金管理委员会条例》案。议决：以上两案付

原审查委员并加推马委员长寅初、焦委员长易堂、史委员维焕、陈委员剑如再审查，由马委员长寅初召集；（四）审议行政人员卸任后关于亏欠款项连息追缴办法应否订入《公务员交代条例》案。

同日 发表《评黄元彬之银贱有利于中国说》。广东中山大学黄元彬教授发表《银问题意见》一文，"论旨之要点，在分金贵银贱为两事，其影响于我国经济者未必相同"，先生以八条理由"未敢赞同"：（一）银价跌落，使跌势无止境。（二）使银价继续下跌不止，海外华侨汇款必至大减，于国内工业资本及国际贷借之结算，均有不利。（三）现在中国正欲利用外资开发富源，但外资亦将因银日贱而有所顾忌。（四）中国各项新兴工业，所用原料、机件，大都仰给海外，如火柴业、纺织业等，其原料属洋货者不少。洋药、化学品更直接自外洋输入。此种原料、机器以及种种设备，其买价均依金价计算，中国吃亏不少。（五）中国政府每年偿付外债本息甚巨，大部分以关税收入为担保。（六）中国政府消耗物品，几无一非舶来品。（七）中国制造品纵能运往外国贱售，外国为保护国内工商业计，早有取缔倾销之规定，防止倾销，严厉执行。（八）倘出口倾销者为原料品，则彼邦人士欢迎之不暇，虽不至有禁止之举，试问与我国有利乎，抑有害乎？诸如此类，不胜枚举。故谓银贱与中国有利，实属纸上空谈，不切实际。《银行周报》第17卷第13、19、20期；《马寅初全集》第六卷，第390页

4月12日 主持立法院财政委员会第3届第3次会议。会议：（一）审查《浙江省整理债务办法》及修正各种还本付息表案，议决：修正通过。（二）江西省增加丁米田亩赋附税为地方自治经费案。（三）修正《民国二十一年江浙丝业短期公债条例》第十条条文案，议决：按修正案通过。

4月13日 出席立法院宪法草案起草委员会第10次会议。

4月14日 出席立法院第3届第13次会议，代表财政委员会会同法制委员会提呈修正《审计部组织法（草案）》审查修正案，议决：通过。

4月19日 主持中国经济学社第十届理事会第五次常会，报告：永久社员周骏彦、王澂莹两先生共募季刊基金金库券五千元业已收到。议决：拨洋132元，购第四卷季刊送社员。《中国经济学社第十届年会纪事》

4月20日 出席立法院宪法草案起草委员会第11次会议。

4月21日　出席立法院第3届第14次会议，（一）代表财政委员会提呈审查报告《浙江省整理债务办法》及修正各种公债还本付息表案案；（二）代表财政委员会会同法制委员会提呈行政人员卸任后关于亏欠款项连息追缴办法应否订入《公务员交代条例》案审查报告。

4月28日　出席立法院第3届第15次会议。

4月29日　与记者谈《美弃金本位之观察》。4月30日《申报》

本月　参与公葬李大钊，捐款20元。北大历史档案

5月

5月2日　发表《我对于中国新式金融业之观察》。比较说明旧式金融业之落后，而目前新式金融业"种种之进步"，"乃是由于中国明达之事业家，深知新事业之有利，含辛茹苦，积极经营，于不知不觉中，挽回权利不少，不平等现象无形消减不少。外行虽根深蒂固如汇丰银行者，其钞票流通于市面者已不经见，中国、交通、中央各银行钞票，势力雄厚，已足以起而代之矣"。然亦有亟须改进处，"新式银行之力改个人关系为法律关系。如能长此循序渐进，则前途诚无限量也"。《银行周报》第17卷第16、17期；《马寅初全集》第六卷，第394页

5月5日　出席立法院第3届第16次会议，代表财政委员会会同法制委员会提呈《国债基金保管委员会条例（草案）》修正案。

5月19日　出席立法院第3届第18次会议，代表财政委员会会同经济委员会、外交委员会提呈审查《进口货物原产国标记条例》补充办法审查报告。

5月26日　出席立法院第3届第19次会议。

5月30日　《银行周报》发表黄元彬回应文章：《由世界经济会议说到银行问题并答马氏寅初》。《银行周报》第17卷第19期

6月

6月1日　出席立法院法制、军事、商法委员会第3届第1次联席会议。审议：《航业奖励法》、《造船奖励法》、《航路标识条例》、《商港通则》等案。议决：再付马寅初召集修订。

6月2日　出席立法院第3届第20次会议。

同日　就青岛中国经济学社年会事宜致周作民书："吾社本年年会，定自八月二十一日至二十七日在青岛举行，前经社中函达，谅承台洽。查每届年会例有名人演讲，以期启示良箴。……素仰先生学术湛深，经验宏富，务请俯允于八月二十一日开幕时到会演讲。"《马寅初全集补编》，第489页

6月6日　发表《中国之最新式事业》及访谈《马寅初谈统制经济问题》。总结百货商店等新事业近年发展情状："外商之地位大有江河日下之势。故外人经营成功之秘诀，吾国商人皆已能为之，将来逐步加进，未始不可尽夺外商之势力。外商初来海上，吾国海外贸易几为其垄断，高视阔步，目空一切。今则中外势力，足可对垒。""最奇者，此种新兴经济事业，无国家之保护，无特优之待遇，而能于不平等条约之势力圈内，努力奋斗，卓然自立，诚属难能而可贵。"《银行周报》17卷21期；《马寅初全集》第六卷，第403页

6月7日　主持立法院财政委员会第3届第4次会议，审议江西省增加丁米田亩赋附税为地方自治经费案，议决：缓议。

同日　就年会事再致周作民书："去年年会演讲者为蔡元培、张公权与李馥荪三先生。今岁年会公议请台端与沈市长、陈光甫先生、梁漱溟先生讲演。……用特备函敦请，希将讲题先行开示，至为感荷。再大世兄业经理事会通过加入为永久社员，并望届时挈同偕行。"《马寅初全集补编》，第489页

6月8日　出席立法院法制、财政委员会第3届第4次联席会议，（一）审查《各机关办理岁计会计统计人员办公处组织条例（草案）》案。（二）继续合议《铁道部统一会计统计委员会组织规章（草案）》案。

6月9日　出席立法院第3届第21次会议，报告修正《民国二十一年江浙丝业短期公债条例》条文案。

6月10日　主持立法院财政委员会第3届第5次会议，（一）核议修正山东省二十一年度岁出临时门预算表案，议决：修正通过。（二）核议整理公债六厘债票及七厘债票还本付息表案，议决：不议。

6月15日　报载："中美五千万美金之'棉麦借款'，经宋财长在美签订后，中政会业已予以追认，并交立法院予以追认。"马超俊、马寅初等九委员，"于十五日晨开会审查后，已将审查结果呈报"。6月16日《申报》

6月16日　上午，出席立法院第3届第22次会议，报告修正《电气事业

条例（草案）》案、《湖南省救国借款及救国捐各章程》案、《订购棉麦面粉借款合同》案、《铁道部统一会计委员会组织章程（草案）》、《商港条例（草案）》等案。

同日 发表记者谈话《对经济会前途之观察》。6月17日《申报》

同日 因未得周作民复函，先生再度致书："前径函请台端到会演讲，并恳先示讲题，迄今多日未奉惠复，至为系念。现离会期渐进，诸事尚待筹备，究竟俯允与否，乞即函复，以便决定。"《马寅初全集补编》，第490页

6月19日 致周作民书，请为推荐永久社员二人："吾社成立迄今，已历十载，团结力量殊嫌薄弱，负责之人亦嫌太少，以致进步迟缓，欲矫此弊，端赖多集中坚分子，以固吾社基础。素仰台端热心社务，拟请于最短期内，征求永久社员二人（原有普通社员改任或另邀新社员均可）。惟以富有经济学识或经验并品行端正者为限。庶几团结力量可求增加，社务进行可期发达，而吾社在学术界之地位亦可渐增光荣。"《马寅初全集补编》，第490页

6月21日 上午，主持立法院财政、经济委员会第3届第3次联席会议，财政部曹树藩、周典、盛俊、李干，交通部部长朱家骅、次长张道藩，教育部部长王世杰，卫生部部长刘瑞恒，贸业部次长郭春涛等列席。会商《现行海关进口税税则》及《药品进口征税意见》。

同日 应刘鸿生之请，致书约定造访时间。《马寅初全集补编》，第487页

6月22日 得周作民复函："奉诵十六日台翰，承嘱将经济学社今岁年会讲题奉告，兹拟就华北实业与金融关系上立题，届期前往演讲，藉以质教于诸公。"《马寅初全集补编》，第490页

6月23日 上午，出席立法院第3届第23次会议，报告修正江西省请增加丁米田亩赋附税为地方自治经费案、山东省二十一年度岁出临时门预算表案。

会后，就"银价问题"发表记者谈话。6月24日《中央日报》、《申报》

下午，主持立法院财政、经济委员会第3届第5次联席会议，继续审查修正《海关进口税税则》案。

6月30日 出席立法院第3届第24次会议。报告"审查修正整理六厘七厘债票还本付息表"等案。7月1日《申报》

本月 发表《棉麦借款问题》。从借款之条件、何以不发行公债募集现金而限于棉麦、借款之利益、借棉之动机、将来货到中国后对各方之关系等十一个方面，剖析美国善后银公司给予中国政府五千万美元棉、麦贷款之利弊得失及应对之策。《军需杂志》第22期；《马寅初全集》第六卷，第424页

同月 发表《世界经济会议前之美国经济政策与吾国经济之关系》。从（一）世界经济会议与美国放弃金本位之关系；（二）技术主义与美国货币制度；（三）技术主义之批评；（四）美国放弃金本位之目的；（五）安定汇兑；（六）世界经济会议与银价之关系；（七）银价提高与我国之影响；（八）赞成我国征银出口税之批评；（九）不使银贵不易办到；（十）货币价值宜贱乎宜贵乎十个方面深入阐述，结论："美国提高银价之企图在求银价提高后长期的安定，认为于我利多而害少。"《时事月报》第8卷第6期；《马寅初全集补编》，第120页

同月 发表《中国经济之复兴与减低利息之必要》。从十方面论证"中国今日产业之不发达，原因虽多，而利率之高实为重要原因之一"。"倘利率不能减低，一般产业仍不能达复兴之目的。即如现在各方提倡之农村贷款办法，除筹集资金外，亦需要利息低廉，方能减轻农民负担，庶农民能得实惠。"《中山文化教育馆季刊》第4卷第2期；《马寅初全集》第六卷，第411页

同月 为陆桂祥编译《世界经济恐慌之解剖》作序。"世界经济陷于恐慌状态者已三四年，迄今仍无复苏之征兆，亦无解决之途径。虽各国政府殚精竭虑请求种种救济方策，提高关税，膨胀通货，限制汇兑，统制经济等，皆其彰明较著者。奖励保育，不遗余力，终鲜实效。恐慌之程度，反与日俱增。岂资本主义经济制度之将没落欤？抑组织上有未尽善欤？由前之说，则现行经济制度，非根本改造不为功。由后之说，挽救尚非无术。诚今日经济学者所聚讼纷纭者也。"〔英〕爱因济格：《世界经济恐慌之解剖》，陆桂祥编译，上海申报社1933年6月出版；《马寅初全集补编》，第436页

同月 为周萍洄[1]先生纪念册题词："萍洄先生千古，睿谔光仪"。影印件

---

[1] 周萍洄（1878—1933），清癸卯举人，后留学日本，法政大学毕业。早期同盟会会员，中华民国第一次国会众议院议员、浙江省议会议长，台州府中学校校长，1933年4月15日逝世，6月17日安葬台州老家。

7月

7月2日 接受《中央日报》记者采访，谈"棉麦借款利弊"。7月3日《申报》

7月3日 就青岛年会事致周作民书，"嗣因赴会社友，分由京乘火车及由沪乘轮船两路出发，为谋两路社友均能于开会之时到达青岛，兹将年会开幕日期改为八月二十四日，较原定日期延迟三天"。《马寅初全集补编》，第491页

7月4日 发表《中国之棉织业问题》。比较、研究日本在华纱厂与华商纱厂生产、经营之方方面面，以为日本纱厂有六大优势，故于竞争中胜出。提出华商纱厂所当采取六个方案，"如能一一实行，华商纱厂，当不怕日货之倾销矣，前途且有无限之希望"。《银行周报》第17卷第25期；《马寅初全集》第六卷，第435页

7月7日 出席立法院第3届第25次会议，报呈审查修正山东省二十一年度岁出临时门预算表、《劳资争议处理法》条文案、《合作社法（草案）》、《上海市征收暂行地价税章程（草案）》等案。

7月8日 发表《改革辅币意见》。7月9日《中央日报》

8月

8月1日 发表《中国之土地整理问题》。研究比较全国各地区所实行四种主要土地改革、整理办法，认为共产党之土地政策"最激烈，闽西次之，豫鄂皖又次之。其最和平者，当推二五减租。二五减租，与土地政策有密切之关系，今尚未能推行全国，仅浙江略见成绩，江苏成绩甚劣。三省办法虽亦有此用意，但不称二五减租，而名曰处理法"。《军需杂志》第25期

上旬 应浙江建设厅厅长曾养甫之邀演讲《利用外资问题》。编者按语："本厅曾厅长以马氏回杭之便，特邀讲演。此篇即为马氏在本厅总理纪念周所讲，关于吾国过去利用外资之失败，与夫美棉、麦借款之意义，分析颇为详尽；并以现今外人在华投资，非利用外资，乃为外资所利用，道人所未道，尤足以唤醒当局者之迷梦。"文章分别阐述现行利用外资三种方式："一为特许，二为合资，三为借款"之利弊后，指出："吾人欲将外人之直接投资，移转用于国人身上，其唯一条件，在收回租界与领事裁判权。近来外人亦赞美我国自办之事业，如（一）银行；（二）百货商店；（三）进出口贸易。故借资与中国

人或与中国人合资经营，亦无不可。然彼辈所惧者，中国人不重视法律，且会计制度亦不确立，会计办理不善，盈亏不分；故吾人今后之努力，在积极方面，严守法律，一面不得不取消领事裁判权，使外人投资于内地之农业。"《浙江省建设月刊》第7卷第3期；《马寅初全集》第六卷，第445页

8月12日 报载："马寅初等昨晨赴青，出席中国经济学社第十届年会。" 8月13日《申报》

本届年会由中国经济学社永久社员胶海关总会计师马祈善[1]任筹备委员会委员长。徐兆荪：《中国经济学社第十届年会纪事》，《经济学季刊》第4卷第4期

8月24日 中国经济学社第十届年会于国立山东大学礼堂开幕，先生主持大会并致开幕词，强调理论研究必须与实际相结合，不可"一味放言高论"。会议主题："中国经济之改造"。青岛市政府胡家凤代表沈鸿烈市长致欢迎词。《中国经济学社第十届年会纪事》

乡村建设研究院主任梁漱溟讲题：《解决中国经济问题之特殊困难》；金城银行总经理周作民讲题：《华北产业之发展与金融之关系》；上海商业储蓄银行总经理陈光甫讲题：《中国经济改造的根本问题》。《中国经济学社第十届年会纪事》

下午，偕会议代表参观华新纱厂、华北火柴厂、冀鲁针厂。《中国经济学社第十届年会纪事》

晚，青岛工商学会于迎宾馆公宴会议代表。《中国经济学社第十届年会纪事》

8月25日 于山东大学出席年会演讲、讨论，先生代表总社提出《利用外资问题》。"各社员发表意见甚多，尤以对于《利用外资问题》最具兴趣。"《中国经济学社第十届年会纪事》

晚，偕会议代表赴青岛市商会公宴，朱雨亭致欢迎词。8月26日《申报》

8月26日 上午，偕会议代表自由游览。《中国经济学社第十届年会纪事》

中午，中央驻鲁各机关胶济铁路局、胶海关、统税局、渔业局、电报局、电话局、商品检验局、印花税局联合宴请会议代表。《中国经济学社第十届年会纪事》

---

[1] 马祈善（1889—1968），字筱砚，号图河，绍兴小皋埠人，马寅初同祖父弟。

下午，赴山东大学主持社务会议，会议书记徐兆荪报告，理事会通过与中国统计学会合组中国社会科学研究会，并由两会合办中国经济统计研究会。《中国经济学社第十届年会纪事》

先生于大会演讲《复兴农村的途径》，备受与会代表关注，指出："如要中国的工商业发达，须先增加农民购买力，要增加农民购买力，必须使农民富庶，现在中国农村已经破产，工商业也因之不能发达。"复兴农村"最重要的还是增加农村的生产，像改良农具、改善种子、免除害虫等等，都要研究提倡，务使农村的生产量增加，然后交通发达，再减轻运费。这样，物品多而生产费小，农村经济自然亦得活动了"。最后以山东为例，谓其经济、政治均大有起色与希望。《华安》第2卷第1期；《马寅初全集》第六卷，第468页

晚，偕会议代表赴青岛沈鸿烈市长宴请。《中国经济学社第十届年会纪事》

8月27日　偕年会代表参观李村模范村及游览崂山等处。《中国经济学社第十届年会纪事》

晚，于青岛咖啡馆主持答宴青岛各界。《中国经济学社第十届年会纪事》

8月28日　偕年会代表乘火车由青岛赴济南。《中国经济学社第十届年会纪事》

晚，偕会议代表出席济南银行公会暨中央银行欢迎宴。《中国经济学社第十届年会纪事》

8月29日　偕年会代表游趵突泉、广智院等处。《中国经济学社第十届年会纪事》

中午，偕会议代表出席山东省政府主席韩复榘宴请。《中国经济学社第十届年会纪事》

晚，偕年会代表赴泰安。《中国经济学社第十届年会纪事》

8月30日　偕年会代表游泰山后自泰安赴曲阜。《中国经济学社第十届年会纪事》

8月31日　偕年会代表参观孔府、孔庙、孔林。《中国经济学社第十届年会纪事》

本届年会商议下届年会几个候选地点：长沙、重庆、温州、北平、广州。湖南省主席何健闻讯致电社长马寅初："报载贵社下届年会将在长沙举行，聆悉之余，毋任欣幸。湘省物产，诸待考查，各项建设，亦待指导，特电欢迎，

务恳贵会早日决定，以便饬属筹备招待也。"

先生回电："长沙何主席芸樵先生勋鉴：感电敬悉。湘省物产丰饶，自先生主政，力图建设，敝社来岁年会咸主在长沙举行，藉资观摩。顷承电邀，毋任感泐。俟召集各理事决定后，再行奉闻，肃先电谢。"《本社十一届年会预志》，《经济学季刊》第5卷第1期

9月

9月1日 于济南进德会演讲《利用外资问题》，韩复榘及山东省各机关公务员全体往听。9月2日《申报》

同日 赴邹平参观山东乡村建设研究院。报载："立法院财政委员会委员长、交通大学教授马寅初先生，为国内最负盛名之经济学家，于九月一日，携同浙江地方自治学校校长马巽伯先生来本院参观，二日由本院杨效春先生领导参观印台庄机织合作社，三日午前八时在本院大礼堂演讲题为《乡村工业》，除本院全体参加外，实验县之工作人员，亦参加谛听云。"乡村建设研究院院刊《乡村建设》第3卷第5期

9月3日 参观山东乡村建设研究院，并演讲《如何复兴农村？——提倡农村工业》，王伯平笔记。"诸位先生：兄弟到邹平来，不是来研究的，也不是来考查的，只算是走马看灯。因为邹平可看的事太多了。实在没有多余的时间详细的来看。兄弟来的时候，曾受浙江地方自治筹备委员会的委托，到贵院来学点办法，故回去的时候或者要做一篇报告。今天梁漱溟先生让我来讲演，兄弟预备拿《乡村工业》这个题目，贡献点意见。"《乡村建设》第3卷第5期

9月8日 上午，主持立法院财政委员会第3届第6次会议，会审（一）《民国二十一年建设委员会续发电气事业公债条例（草案）》，议决：修正通过。（二）中央政治会议准行政院函据财政部提议续征海关附加税百分之五先行执行提请追认案，议决：追认。（三）中央政治会议决议追认浙江省政府发行民国二十一年金库券案，议决：追认。

下午，出席立法院第3届第29次会议。

9月14日 上午，主持立法院财政、经济委员会第3届第7次会议，修正《海关进口税则》，拟具补充意见。

下午，出席立法院第3届第30次会议，代表财政委员会报告审查浙江省民国二十一年度金库券案、审查《民国二十二年建设委员会续发电气事业公债条例（草案）》案。

9月20日　主持立法院财政委员会第3届第7次会议。审查河南、安徽、湖北、河北、广西、南京市、上海市、北平市、青岛市及威海卫管理公署二十一年度地方岁入岁出总预算案等10案。

9月21日　主持立法院经济、商法委员会联席会议。审议同业公会会员欠缴会费及同业抗不入会应如何处置案。

9月22日　出席立法院第3届第31次会议，报告续征海关附加税百分之五案。

继续主持立法院财政委员会第3届第7次会议，审查河南、安徽、河北各省二十一年度地方岁入岁出总预算案等10案。

9月28日　主持立法院财政委员会第3届第8次会议。审议《华北地区短期金库券条例（草案）》案，议决：暂缓执行。

9月29日　出席立法院第3届第32次会议，代表商法起草委员会会同经济委员会提呈：同业公会会员欠缴会费及同业抗不入会应如何处置案审查报告；领衔商法委员会诸委员提呈：拟具《处理商场债务案件补救办法》案。

同日　出席立法院民法、经济、商法委员会第3届第1次联席会议，审议修正《民法》条文案。

本月　发表《凯塞尔社会经济学原理之解释》。研究比较经济学价值论中成本说与边际效用说："凯塞尔云，现在外表（objective）、内蕴（subjective）都有，成本说重外表，边际效用说重内蕴，而此则二者并重，可谓不偏不倚，适合中庸之道，或有批评者曰，凯塞尔不讲价值，只讲价格（pricing），现在虽未涉及价值（value），一切都以价格立论，可是在定论函数时，已经含估值（valuation）在内矣。"《经济学季刊》第4卷第3期；《马寅初全集》第六卷，第450页

同月　为唐庆永《现代货币银行及商业问题》作序。"吾国海通以还，商业处处失败，迄于今日，民生凋敝，国步多难，其原因亦非一端。而币制紊乱，银行基础薄弱，要非无故。是以货币银行与商业，无异三位一体，不可相

离。"唐庆永：《现代货币银行及商业问题》，世界书局1935年1月出版；《马寅初全集补编》，第440页

10月

10月3日 发表记者访谈《马寅初谈统制经济——应从米麦统制货币统制做起》。记者按语："近来国人对于统制经济，颇感兴趣，政府当局亦有主张此种经济政策，以挽救当前经济困难者。惟我国现在情形，有无采行此种政策之必要与可能，且将如何着手，凡此皆系极费解答之问题。记者特于前晚往访我国著名经济专家马寅初博士于立法院，叩询渠对此问题之意见。"文章指出："当前要图，应从米麦统制做起，其具体办法，一方面由铁道、交通两部减轻米麦运费，俾国内米麦得以畅通。一方面由财政部征收粮食进口税、倾销税，以抵制外米入口，同时由实业部积极提倡农村合作（如信用合作、产销合作），以奖励并控制米麦产销，并由中央设立粮食管理机关，以为调节粮价之枢纽，此事关系国计民生至为巨大，而且较易实行，实为试行统制经济之着手点。"《银行周报》第17卷第38期

10月4日 上午，主持立法院财政、经济委员会第3届第8次联席会议，审查征收外米进口税案。

下午，主持立法院财政委员会第3届第9次会议。修正通过《银本位币铸造条例》第十二条条文案。

10月5日 主持立法院财政、外交、经济委员会第3届第2次联席会议。审查修正《进口货物原产国标记条例》条文案。

10月6日 出席立法院第3届第33次会议。代表财政委员会会同民法委员会、商法委员会提呈修正《民法》债编第六百十一条条文审查报告等案。

10月10日 以立法院委员身份特准参加全国经济委员会议。该委员会常务委员为汪精卫、孙科、宋子文、蒋介石、孔祥熙。委员会职能："凡国家一切经济建设或发展计划，其经费由国库负担或辅助者，应经本会审定呈请国民政府核准行之。"10月11日中政会第378次会议通过。10月2日《申报》；《全国经济委员会组织条例》，《革命文献》第二十四辑

同日 发表《统制经济问题》。分析自由市场经济与计划经济各自利弊，

认为："故中国欲以自由竞争政策发展实业，其不可能既如此，其不必要又如彼。舍统制政策，计划行事外，别无他道。惟统制意义之范围有广狭，广者如苏俄，狭者如英美，中国固不必梦想俄制，始得称为统制，而时人之反对统制者，皆恐从此吾国将陷于俄国化，万劫不复，实属误会。要知俄制过于极端，英美制未尝不可效法也。"《杭州民国日报》；《马寅初全集》第六卷，第459页

同日 发表《中国之工资与利息问题》。深入探究中外各国工资与利息问题，从学理上阐述：（一）工资与各种不连带职业之关系；（二）工资与各种连带职业之关系；（三）人对土地之关系；（四）人对资本之关系。指出："我国今日工资既低，利息则甚昂，以视欧美资本主义国家工资高而利息低者，适得其反。此其关系于国民之利害者甚大，将由何道以解决之，诚为吾人所当注意者。兹为研究便利起见，先假定一社会简单事业之报酬，使之逐渐繁复，藉觇工资与利息分配消长关系之因果，以为吾人研究之基础。"《银行周报》第17卷第39期

10月13日 出席立法院第3届第34次会议，代表财政委员会提呈修正《银本位币铸造条例》第十二条条文案；代表财政委员会会同法制委员会报告审查修正《中央造币厂组织法（草案）》案。

10月16日 于杭州之江大学演讲《世界经济会议失败与中国之关系》，亚谋笔记。认为，因美、英、法三国各怀其私心而致世界经济会议失败，对中国影响"其最大问题即为外货至中国倾销减售。如现在日、俄货充斥市面。其原因：（一）由于日本货不能运往他国销售，只有中国为惟一之市场。（二）我国工业幼稚，不能抵制，只得任其侵入"。"所以要实行统制经济的方法，须全国精密组织起来，加以抗止，才能有效。" 10月31日《之江校刊》第58期；《马寅初全集》第六卷，第464页

10月20日 上午，出席立法院第3届第35次会议。

同日 主持立法院财政委员会第3届第10次会议，财政部代表邹琳、董溥铭列席。审查通过《民国二十二年关税库券条例》暨还本付息表草案案。

10月26日 主持立法院财政委员会第3届第11次会议。通过《民国二十二年华北救济战区短期库券条例（草案）》案。

10月27日 出席立法院第3届第36次会议，报告审查修正《民国二十二年关税库券条例》暨还本付息表草案、《民国二十二年华北救济战区短

期库券条例（草案）》等案。

本月 发表《世界经济大势》。《经济学报》第 5 卷第 8、9 期

同月 为魏文翰《海上保险法要论》作序。"我国商业后进于人，国内保险事业，其始均由外人经营之，因多引外人之法律习惯以为用，而保险契约之订定，亦多以外国文字为之，以致我国投保之商民，对于其中规定，每苦知之不详，设欲加以研究，则又以书籍之缺乏，未由探讨。"故此书"裨益我国商业界与学术界者实非浅鲜。"魏文翰：《海上保险法要论》，上海市保险同业工会 1933 年 12 月出版；《马寅初全集补编》，第 437 页

同月 为王雨桐《最近之东北经济与日本》作序。"盖日本资本主义经济，虽先我国发展，但基础仍甚微弱，既不足与英美先进资本主义国争衡，亦难望永久压制我国经济之勃兴。除加我以种种不平等条约为桎梏外，犹嫌不足，更不惜抛弃国际信义，穷兵黩武，一意孤行，多方破坏，惨不忍言。侵略之机关，为南满洲铁道株式会社与关东厅，互相勾结，不但在满铁附属地企业之经营，且超越附属地带，为军事、警察、教育、土木等事业之布置。野心勃勃，灼然可见，较十七八世纪英国东印度公司之侵略印度，更有计划有秩序。国人熟视无睹，任其自然，致成今日之局，昏聩之咎，其何能辞！两年以来，日本对其卵翼下之所谓满洲国，掠夺路权，采伐林矿，统制金融，劫取农田，种种榨取，无所不用其极。全满精华吮吸殆尽，闻者发竖，听者心寒。乡友王君雨桐，关怀时事，向不后人，决心编制《最近之东北经济与日本》，以供国人参考。"王雨桐：《最近之东北经济与日本》，新中国建设学会出版科 1933 年 12 月出版；《马寅初全集》第六卷，第 472 页

同月 为胡继瑗《海洋运输原理》作序。"返视吾国内河及沿海航权，既多旁落外人手中，海洋运输更绝无踪迹。言念及此，感慨良深！海运事业，内容虽极复杂，凡关于船舶之构造与购买，航路之开辟与港湾之修筑，既需巨额资本，业务之经营与改进，政府之监督与奖励，亦需多量人才，皆有待于长久岁月之培植，不能一蹴而成，尤非我国目前能力所及；然我官民倘有建设之决心与毅力，未尝不可就原有航业机关，力加整理，徐图发展；整理之道，必自充实海运之知识始。"胡继瑗：《海洋运输原理》，上海商务印书馆 1935 年 6 月出版；《马寅初全集补编》，第 442 页

11月

11月3日　出席立法院第3届第37次会议,审议建议修正《县长考试任用原则》第一项条文案"、修正《公司法》条文案等案。

11月9日　主持立法院法制、财政委员会第3届第6次联席会议,审查修正《官吏恤金条例(草案)》案。

11月10日　出席立法院第3届第38次会议。

11月17日　出席立法院第3届第39次会议。会议(一)通过河南等九省市及威海卫管理公署二十一年度地方普通岁入岁出总预算及编制地方应注意事项呈奉国民政府指令准予公布候令行政监察两院分别转饬遵照并令主计处遵照案。(二)审议《民国二十三年江西玉萍铁路公债条例》暨还本付息表草案。议决:付财政委员会会同经济委员会审查。

11月18日　于国立上海商科大学演讲《中国币制本位问题》,叶骥才笔记。分析指出:"然则金本位制度为吾国适宜之制度乎?曰:庶几乎矣,惜其实施为不可能耳!何则?盖金之产出额,欧战后有减少之势,洎乎今日,英、日、美诸资本主义先进国俱相率放弃之矣。若我国欲行金本位,必须购进大宗金子,今各国既已自感不足,更遑论出售?一也。在此情况下,若售银购金,则银价越跌,金价越涨,一出入间,即蒙遭双重损失,将何以堪?二也。"《经济学月刊》第1卷第2期;《马寅初全集》第七卷,第10页

11月23日　主持立法院财政、经济委员会第3届第9次联席会议,审查(一)《民国二十三年江西玉萍铁路公债条例》暨还本付息表草案;(二)《湖南省建设公债条例》暨还本付息表草案。

11月24日　出席立法院第3届第40次会议,报告修正《公司法》条文案。

11月26日　主持立法院财政委员会第3届第11次会议。审查增加洋麦及面粉进口税案,议决:洋麦进口征税,麦粉进口加税。

11月30日　发表《提倡国货之方法》(又名《提倡国货之办法》)。指出:"我们提倡国货,有什么方法可以保护呢?我认为只有一个方法,就是把所有在中国的工厂,无论是中国的,还是外国的,一律增加其税率,就是'提高统税'。然后把中国厂家所纳的税之半数,以奖励金的名目,去奖励它。这样表面上,税是平等的,无分中外,一律提高,并无差别;不过实际上,中国工

厂负的税,等于以半数用奖励的名目发还给它,因为奖励实业是中国政府的责任,外国人当然不能反对。"《中华国货报》启示:"本期有马寅初博士《提倡国货之办法》,为全国实施提倡国货者必读之文。"《南京市政》第35期;《马寅初全集》第七卷,第29页

本月 为中华人寿保险协会题词:"吾人大半均赖日常收入以为生,苟一旦身遭不测,妻孥即失所依赖,欲谋救济,厥惟人寿保险。人寿保险者,非保吾人可以长生而不死,乃赔偿其因身故所受经济上之损失也。"《马寅初全集》第六卷,第467页

12月

12月1日 出席立法院第3届第41次会议。

12月6日 主持召集立法院财政、经济委员会第3届第10次联席会议,审查《湖南省建设公债条例》暨还本付息表草案、《二十二年江西玉萍铁路公债条例》暨还本付息表草案等案。

12月8日 上午,出席立法院第3届第42次会议。代表财政委员会会同经济委员会提呈《民国二十三年湖南省建设公债条例(草案)》修正案审查报告等案。

下午,主持立法院财政、民法、刑法、商法委员会联席会议,讨论《印花税(草案)》案。

12月14日 主持立法院财政委员会第3届第13次会议,审议修正《民国二十二年湖南省公债条例》条文案。

12月15日 出席立法院第3届第43次会议,提呈《海关缉私条例(草案)》审查报告。

1934年（民国二十三年） 53岁

1月

1月1日 发表《个人计划》。拟定1934年个人努力目标四项：（一）中国经济学社方面：扩充永久社员为三百人；充实本社季刊内容；完善、美化社所。（二）研究方面：完成《中国经济改造》。（三）立法方面：起草《储蓄银行法》、《商业登记法》，修正《保险法》。（四）体育方面：练剑、爬山，强体健身。《东方杂志》第31卷第1期；《马寅初全集》第七卷，第1页

同日 发表《谈我国之统制经济》（又名《我国之统制经济谈》、《世界经济会议之失败与我国统制经济之关系》）。对宋子文"主张我国实行统制经济"表示赞成。认为："现在各国的大量生产，因不能互相流通，只有倾销到中国市场，而中国实业很幼稚，不能与之抵抗，虽然可以提高关税阻止外货进口，然而也不是一个好办法，因外人仍可将工厂移设至中国。所以只有将全中国的工厂联合起来成一个大团体，以整个的计划和步骤与之抵抗，然后力量增厚。这样的一个组织，就是统制经济。"《杭州民国日报》元旦特刊；《马寅初全集》第七卷，第3页

同日 为杭州之江文理学院经济学会《之江经济期刊》创刊号题写刊名。影印件

1月9日 于之江大学总理纪念周演讲《白银问题》，何进寿笔记。对"因国外银价之高涨，国内之银乃向外流，国内感银之缺乏物价下跌，工厂因其成本高而物价反下跌，致难维持，工人因而失业"问题，主张以三策对应：（一）采公库制；（二）行"夸他制"；（三）比较有效之办法，厥为政府与人民之合作，提倡国货。1月24日《之江校刊》；《马寅初全集》第七卷，第7页

1月11日 下午，主持立法院财政委员会第3届第14次会议，修正通过《民国二十三年关税库券条例（草案）》案。

1月12日　出席立法院第3届第44次会议，报告《修正民国二十二年湖南省公债条例》条文案、《民国二十三年关税库券条例》暨还本付息表草案。

1月15日　发表《中国金融制度之缺点与其改革方案》。分析指出中国金融组织七大缺点：准备金非设四种不可；分存机关多，准备需多；无真正中央银行；票据制度欠发展；三个清算集团不能相互清算；平时讲情面，紧急时自顾不暇；发钞过滥。改良方法亦有七端：（一）小银行太多，应设法合并；（二）取消领券制度，集中发行；（三）设立清算所；（四）统一币制；（五）充实中央银行；（六）充实华商银行内容；（七）国际贸易之改善。《申报月刊》第3卷第1期；《马寅初全集》第七卷，第16页

1月18日　主持立法院财政委员会第3届第15次会议。审查通过南京市二十二年度地方岁入岁出总预算；《民国二十一年湖北省善后公债条例》第六条条文暨还本付息表案；更正修正《银本位币铸造条例》第十二条条文内小数点案。

1月19日　上午，出席立法院第3届第45次会议，领衔商法委员会诸委员报告审查《合作社法（草案）》案。

下午，主持立法院财政、经济委员会第3届第11次联席会议，审查加征煤油汽油进口税案。

本月　为《经济学月刊》第1卷第2期题写刊名。

2月

2月9日　出席立法院第3届第46次会议，提呈南京市二十二年度地方岁入岁出总预算案审查报告、《民国二十一年度湖北省善后公债条例》条文案暨还本付息表案审查报告案；代表财政委员会建议：呈请国民政府通令中央各机关，凡未经法程序所征收之赋税、捐费及缔结之契约，统限于本年三月底以前送交本院核议案。

2月16日　出席立法院第3届第47次会议，代表财政委员会会同王祺等委员报告审查《合作社法（草案）》案；会同焦易堂、卫挺生等委员临时提议查各机关组织法关于预算、会计、统计部分职权行使之规定尚未划一拟请分别修正案。

2月22日 主持立法院财政委员会第3届第16次会议，财政部代表董溥铭列席。审查修正通过《二十三年湖北省整理金融公债条例（草案）》案。

2月23日 出席立法院第3届第48次会议，报告审查修正《民国二十三年湖北省整理金融公债条例》条文案。

本月 出席全国经济委员会会议。《全国经济会议汇编》

同月 发表《统制经济问题》。就米、煤、金融、共区、财政、国际贸易等方面逐项论述如何实施统制经济。认为："各国正在图谋废除其汇兑之管理。我若设法进行，亦为国际情形所不许，管理汇兑其弊如此，而况于国营贸易乎？反之，国际经济倘得借自由贸易之力，恐慌逐渐消失，并得恢复繁荣，各国转而东顾，远东纠纷，或可借政治手腕解决，实世界之大幸也。故国营贸易，虽间为时人所赞许，而关系重大，实行最难。故吾仅赞成就少数重要之实业，加以统制可矣，一时不必扩大范围也。"《时事月报》第10卷第2期；《马寅初全集》第七卷，第33页

同月 发表《〈白银协定〉批准问题》（又名《对于〈白银协定〉之意见》）。以学理结合现实剖析政府于世界经济会议上所认可《白银协定》，对中国存九大危害：白银价格提高、将来银价重跌、失去币制改革机会等，故"吾意最好不批准《协定》"。《河北财政公报》第53期；《马寅初全集》第七卷，第44页

3月

3月1日 主持立法院经济、财政、外交委员会第3届第3次联席会议，审查《白银协定》案。

3月2日 出席立法院第3届第49次会议。提交"对《白银协定》意见"。"凡三千余言，结论最好不批准银协定，况美国自身已不履行协定，每月卖千万盎斯，继续十个月，总计一亿盎斯，已破坏供需之平衡，又何能强中国遵守，此其一；前美金债贵时，亦曾减轻其金币价值，约当从前之六成强，从前一盎斯纯金可换二十三元之美金，现在合三十五元，尚有主张至四十元者，则其成色已在本位币千分之八百以下，又何能强中国金币不能减其成色至千分之八百以下，此其二。如果要批准协定，应加添自由之附件，拟款如

下:'倘银价高涨,于中国金融及产业有不良影响时,中国政府为保护产业与改革币制之必要,得自由采取相当之行动。'一面请与全国工商领袖经济专家共同研究,如顾季高、孙蒸、刘大钧、刘振东、黄元宜、白爱德等六人均有请教之必要。"会后,发表记者谈话《对〈白银协定〉意见主张不予批准》。3月3日《申报》

3月8日 立法院财政、经济两委员会召开联席会议,按照中政会决议原则批准通过《白银协定》案,附带保留声明免受协定限制。先生对此案发表记者谈话,公开向海内外征求意见,并说明为何要"附带保留声明"。因:《协定》第四条规定,我国不得以熔币之银出卖,换言之,即限制我于四年内不得改金本位。以四年之久,国际金融变迁,至如何程度,殊难臆揣,倘任其自然,物价加倍下降,外货源源入口,农工商业均将破产,危险万分。故批准《协定》,附带保留声明,倘白银涨至最高程度时,我可趁此时机,改为金本位,以白银易黄金后,我可免受他人宰割之苦。3月10日《中央日报》;《申报》

3月9日 出席立法院第3届第50次会议。代表财政委员会会同法制委员会提呈修正《官吏恤金条例(草案)》案。

3月15日 上午,主持立法院财政委员会第3届第17次会议,审查《铁路建设公债条例(草案)》案。

下午,主持立法院外交、法制、商法委员会第3届第1次联席会议,审议《船舶无线电台条例(草案)》。

继续主持立法院经济、法制、商法委员会第3届第1次联席会议,审议《商品检验法》条文案。

3月16日 主持立法院法制、军事、商法委员会第3届第2次联席会议,再议《航业奖励法》等案。

3月22日 出席立法院第3届第51次会议。

3月30日 出席立法院第3届第52次会议。代表财政委员会会同法制委员会、经济委员会提呈修正《商品检验法》条文案;领衔商法起草委员会诸委员提议请改定《卷烟统税条例》案。

同月 为刘振东《中国币值改造问题与有限银本位制》作序:"改革我国币制之议多矣,有主采用金本位者,亦有主采用虚金本位者;盖两者皆须利用大量现金，金贵银贱时，我国无力采用，倘金贱银贵后，同量之银可换取之金多至数倍，则改革之举，轻而易行，实为千载一时之机会。采用以后，不但我国对外汇兑变动不致甚剧，即国内物价之升降亦可与各国一致，不至单独冒银价涨跌之风险，岂非一举而数善备耶。"刘振东：《中国币制改造问题与有限银本位制》，上海商务印书馆1934年11月出版；《马寅初全集补编》，第439页

4月

4月1日 发表《美国白银政策与我国之利害》。剖析美国白银政策促销美货之用意，比较国内赞成与反对批准《白银协定》意见，以为赞成意见"所举各项，殊嫌琐屑，利益过于微末……不足与不利各点相提并论也"。《时事月报》第10卷第4期；《马寅初全集》第七卷，第65页

4月6日 出席立法院第3届第53次会议，代表财政委员会会同外交委员会报告审查修正《海关缉私条例（草案）》案。

4月13日 出席立法院第3届第54次会议。审议修正《大学组织法》条文案。

4月16日 发表《对〈白银协定〉意见》。《民智》第3卷第4期

同日 发表《美国之吸收黄金白银政策与我国之关系》。深入透析美国政策之用意及运作机理，"然则美国政府吸收白银政策，纯为稳定将来币价，而无其他作用乎？是又不然。其目前之功用，与收买黄金政策无异，盖亦以纸币收买白银，收买价格较市价为高，与多量纸币购买少量黄金如出一辙。银价固可提高，而纸币又膨胀矣。同时所购白银储库中，以为发行银票（silver certificate）之准备，则通货又多一度之膨胀。故购买白银之目前作用，可视为膨胀通货政策之一；将来又可用以减少金之责任，安定物价，而白银自身之价值，亦不至大跌。其余如银矿商可以获利，美国货在华之销路可以推广，皆在意料中。诚一举而众善备也"。进而阐述对中国之影响，"我国今日之物价，已不可再跌。过去农产物价格既跌，农民之收入已大减，而其支出如赋税、房租、利息、工资、肥料等多不能比例跌落，或自始即未尝跌落，农民已经叫苦连天。今使银价高涨，物价跌而又跌，岂此奄奄一息之农民所能忍受"。"物价指数（虚线）之升降与外汇之趋势，亦步亦趋。至去年年底亦已跌落甚巨，我

国出口事业大受影响矣。倘银价继续上涨，日后之患，更不堪设想。为今之计，非设法保留生银，阻其流出不可。我国政府果有改革币制之决心与机会，则生银听其流出，亦复何妨？不过在未决定之前，听其流出，银价愈高，物价势不得不更落。应如何防止，实有研究之价值。"《东方杂志》第31卷第8期；《马寅初全集》第七卷，第52页

4月18日　主持立法院财政委员会第3届第18次会议。会议：（一）审查通过山东省二十二年度地方岁入岁出总预算案；（二）修正通过民国十九年电气事业长短期公债还本付息表案；（三）《民国二十三年湖北省整理金融公债条例》第九条条文案；（四）《铁路建设公债条例（草案）》案；（五）审查改定《卷烟统税条例》案；（六）起草《出厂税法（草案）》案。

4月20日　出席立法院第3届第55次会议，代表财政委员会报告审查修正《铁路建设公债条例（草案）》案。

4月22日　主持立法院财政、法制委员会第3届第8次联席会议，审查《会计法（草案）》等案。

4月27日　上午，出席立法院第3届第56次会议，代表财政委员会报告：审查山东省二十二年度地方岁入岁出总预算案、核议变更民国十九年建设委员会电气事业长短期公债还本付息表案、修正《民国二十三年湖北省整理金融公债条例》条文案等案。

下午，主持立法院法制、财政委员会第3届第9次联席会议，审查《国民政府主计处组织法》条文修正草案等。

4月30日　于浙江大学演讲《不平等条约不废除我国经济状况无法改善》。《国立浙江大学校刊》第171期

本月　发表《制度学派康蒙斯之价值论》。详述制度学派产生之理论渊源、现实背景以及与各经济学派之比较，为国内全面论述制度学派之早期著作。《经济学季刊》第5卷第1、2期；《马寅初全集》第七卷，第77页

5月

5月4日　上午，出席立法院第3届第57次会议。会议审议（一）中央政治会议第404次会议关于《民国二十三年玉萍铁路公债条例》决议原则六项

连同条例草案函经国民政府交立法院办理案,议决:付财政委员会审查。(二)中央政治会议第404次会议关于《民国二十三年中英庚款六厘英金公债条例》决议原则六项连同条例草案函经国民政府交立法院办理案,议决:付财政委员会审查。(三)代表财政委员会会同法制、军事委员会联名提呈《航路标识条例(草案)》案。

下午,主持立法院财政、刑法委员会第3届第1次联席会议,审查《妨碍银本位币处罚暂行条例(草案)》,议决:不成立。

5月10日　主持立法院财政委员会第3届第19次会议。会议:(一)通过《民国二十三年玉萍铁路公债条例(草案)》;(二)初步审议《民国二十三年中英庚款六厘英金公债条例(草案)》;(三)继续审查改定《卷烟统税条例(草案)》;(四)审查《财政收支系统法原则(草案)》及《整理地方税捐条例原则(草案)》。

5月11日　出席立法院第3届第58次会议,代表财政委员会会同刑法委员会报告审查修正《海商法》条文案;《妨害银本位币铸造条例(草案)》,经审议:该项草案不成立,会商行政院咨请颁布《银钱业公会法》单行法规案一案,认为:毋庸再行单独规定另立《银钱业公会法》。

5月14日　发表《余对于银行资本额股东负双倍责任及储蓄银行董事、监察人负连带无限责任之意见》。该文系呈立法院会议意见。从(一)上海金融业一般之情形;(二)提高银行资本额;(三)银行股东之双倍责任;(四)储蓄银行董事、监察人之连带无限责任四方面,予以陈述。《银行周报》第18卷第18期;《马寅初全集》第七卷,第117页

5月15日　浙江省生产会议开幕典礼演讲:"此次财政部召集财政会议,在求收支适合,裁去苛捐杂税,则信用可以提高,外资亦可利用。浙江已走上经济统制之路,且土匪已肃清,地方亦已安静。大家要乐观,中国一定是有希望的。"《浙江省生产会议报告书》;《马寅初全集》第七卷,第114页

5月17日　主持立法院财政委员会第3届第20次会议。继续审查《民国二十三年中英庚款六厘英金公债条例(草案)》案。

5月18日　立法院举行第3届第59会议,因公缺席。会议:审议财政委员长马寅初提呈《民国二十三年玉萍铁路公债条例》暨还本付息表草案、《民

国二十三年中英庚款六厘英金公债条例（草案）》、《公务员恤金条例》条文修正案等。会同吕志伊等委员临时提议：建议中央速由行政院令主管机关拟订新《盐法》施行法。尅期实行新《盐法》，并严禁奸商售卖掺杂劣盐以免毒害民命。

5月20日 为浙江生产会议闭幕式致词。提出两点建议：（一）利用交通整理各地名胜风景，吸引旅客；（二）提倡华人与外人通婚，以调剂两方之经济。《浙江省生产会议报告书》；《马寅初全集》第七卷，第116页

5月21—30日 出席全国第二次财政会议，任第三组主席。发表议订县市预算意见：中国向无县市预算。民国二十年始有所谓预算章程，为地方预算之根据。但预算章程所规定之地方预算，只限于省市，县预算不与焉。认为县市预算可使全县地籍洞悉无遗。在粮多田少者，自可以剔除其不合理之重累；在粮少田多者，自可使其负应负之负担。平衡负担之效，由此可见。并提出取缔有奖储蓄提案，谓："此种有奖储蓄，有害国计民生。"25日，全体会员致函蒋介石委员长："国事艰难，至此已极，欲谋解除民困，首在恢复社会经济……秩序安定，财政整理，较易为力。"《全国财政会议汇编》；5月26日《申报》

5月25日 财政会指定张寿镛、马寅初、高秉坊、蔡光辉、刘奎度、覃士毅、卫挺生、陈长蘅、秦汾、陈瑞、赵棣华、庞松舟、李承翼、彭学沛、吴镜全、宋怀祖十六人为大会宣言起草委员，由李承翼主稿，各委员商定原则。5月26日《申报》

下午，主持召开财政审查会议。会议指定马寅初、梁敬錞、庞松舟、郭秉龢起草《中央统筹补助地方财政办法》案，于26日提交大会。会后，财政部长孔祥熙邀全体会员野餐。5月26日《申报》

5月28日 发表《美国白银政策与〈白银协定〉》。详尽考察美国白银政策之经济、政治背景，着重解析中国政府对《白银协定》保留声明之用意以及财政部与立法院态度差异："《白银协定》何以有保留之声明。《白银协定》第四条责成中国不得将银币熔化出售银两（于四年之内）。换言之，即美国银价无论提高至任何程度，中国物价无论跌落至任何程度，中国皆不得放弃或改革现行之货币制度，岂不大受束缚乎？故中国应附一保留声明，万一于中国国民

经济有妨害时，中国得自由行动，或放弃银本位，或采用别种补救方法，于无形之中将《白银协定》推翻。乃财政部反于本《协定》之上，再加上一种束缚，在财政部提出之保留声明中，有银价无论提高至任何程度，中国必死守现行银币之意，不惜将全国之国民经济，断送于签订此项协定者之手。丧心病狂，莫此为甚。兹将财政部之原保留声明与立法院之修正案列下，以供阅者之参考（立法院之保留声明已取得政治会议之同意）。"《银行周报》第18卷第20期；《马寅初全集》第七卷，第127页

5月30日　主持立法院财政委员会第3届第21次会议，审查通过财政部提议现征百分之五海关附加税自本年七月一日起再行继续征收一年案、减免各货出口税修订税率案等案。

6月

6月1日　上午，出席立法院第3届第61次会议。

下午，对记者发表《取缔有奖储蓄》五点理由。认为："禁止有奖储蓄，情节重大，须有四方面努力，方达到目的之希望。（一）立法方面，（二）行政方面，（三）党部方面，（四）舆论方面，报纸即为舆论之代表。"6月2日《申报》

6月8日　出席立法院第3届第62次会议。

6月14日　启事：青岛沈鸿烈为使属员明了世界经济大势起见，特倡办暑期经济讲习会，请马寅初来青主讲。《申报》

6月15日　出席立法院第3届第63次会议。

6月19日　发表《国外贸易与工业奖励之关系》。"一面减少进口，一面增加出口，则其效更速。无论如何，必须首先振兴国内之工业，使民生之必需品能首先自给，则进口之减少，或出口之增加，庶皆有切实之基础，断非空言所能成事也。工业之振兴，其有赖于国家之奖励者，关系至为重大。"提出三条奖励法：原料进口免税；法定奖励（见已颁布《工业奖励法》）；其他各种补助。《银行周报》第18卷第23期；《马寅初全集》第七卷，第134页

6月21日　主持立法院财政委员会第3届第22次会议。修正通过（一）《民国二十三年湖北省整理金融公债条例》第九条条文案；（二）青岛市二十一

年度地方普通岁入岁出追加预算及青岛市二十二年度地方普通岁入岁出总预算案审查报告。

6月22日　上午，出席立法院第3届第64次会议。代表商法委员会报告：拟就《储蓄银行法（草案）》。

下午，会议通过《储蓄银行法》后，发表《禁止有奖储蓄理由书》。认为"有奖储蓄贻害国民经济者至深且巨，实有彻底肃清之必要"。举述其弊及对应方法：（一）被诱民众数目可惊；（二）中外待遇，未免不平；（三）利权外溢；（四）与新生活运动相反；（五）中饱之烈；（六）妨害真正储蓄；（七）财政部处置失当等十六条。6月24日《申报》;《马寅初全集》第七卷，第144页

6月27日　主持立法院财政、经济联席会议第3届第12次会议，修正通过《海关进口税税则（草案）》。

6月28日　主持立法院财政委员会第3届第23次会议。（一）审议通过《民国二十三年上海市市政公债条例（草案）》暨还本付息表案。（二）临时提议，请行政院长出席报告整理国有各铁路外债与订立新债之经过情形及其结果案。

6月29日　出席立法院第3届第65次会议，报告修正《民国二十三年湖北省整理金融公债条例》条文案、青岛市二十一年度地方普通岁入岁出追加预算案及青岛市二十二年度地方普通岁入岁出总预算案、《民国二十三年上海市市政公债条例》及还本付息表案及《取缔棉花搀水搀杂条例（草案）》等案。

本月　发表《生产会议与统制经济》。《浙江建设》第7卷第12号

同月　发表《评财政部之白银政策》。以学理分析与数学计算，得出结论："故财政部之愿望，不啻梦想，顾仅止于梦想，未为害也。万一中外银价相差过远，而中央银行却不能集中现银，则反予汇丰银行以吸收中国存银之机会，集有巨数，便可由外国兵舰运出，以图厚利，中国其如彼何。中外银价相差愈远，则汇丰银行可获之利愈大，是财政部之提高银出口税，反予洋商银行以贩运白银出口之良机也。"《时事月报》第11卷第6期;《马寅初全集》第七卷，第149页

7月

7月4日　经先生坚持不懈努力，终使财政部会议通过"取缔有奖储蓄提

案"。7月5日《申报》

7月8日 应沈鸿烈邀请赴青岛。

7月9—12日 为青岛政府公务人员授课,谈"世界经济大势",共七讲。

7月16日 发表《全国财政会议议决之重要原则》。认为"会议之目的,在减轻田赋附加及废除苛捐杂税,以减轻农民负担,用意良深"。以(一)何谓苛捐杂税;(二)废除办法;(三)抵补方法;(四)督促方法;(五)实施步骤等方面,阐明会议应循重要原则。《东方杂志》第31卷第14期;《马寅初全集》第七卷,第164页

7月20日 应军事委员会邀请为军官训练团讲演。"本届军委会军官训练团开学以来,蒋驻团部,每日升旗降旗,均亲训话二小时以上,虽挥汗如雨,各官员均精神百倍,极振奋。每日课程,除军事动作野外演习外,党国名人及专家马寅初、陈绍宽等分别讲演,各就其学术特长发挥,训练收效殊巨。"7月21日《申报》

7月25日 发表《如何使上海游资及外国余资流入内地以为复兴农村之准备》。分析指出:"欲藏富于民,复兴农村经济,积极地说,利用内资的方式有六,利用外资之方式有二;消极地说,不使内地资金流出之方式有二,利用外资之方式有二(即货物借款与白银借款)。但白银之不可用既如此,货物之中,亦必须直接与我有用而为我所不能生产者为上策。若棉麦借款,既足使政府蒙受损失,更增进农村经济崩溃之严重性,不可不慎也。"《银行周报》第18卷第29期;《马寅初全集》第七卷,第184页

本月 赴庐山为军官训练团授课,并为蒋介石单独讲解经济、财政问题。"今夏在庐山军官训练团讲演时,值炎夏烈日当空,汗流浃背,无事闲坐,已难忍受;而受训之人员,皆全国高级军官,无不富于研究精神,同坐在地上听讲,每次时间常在八九十分钟,精神均甚贯注,未尝稍懈。秩序井然,纪律严肃。总指挥、军长、师长等,尤愿虚心研究。吾人平常观念,以为中国军人不学无术,颇为失望;而此次所得之印象,适得其反,颇觉中国军人求知之欲望,较文人尤为强烈。故中央政府应时常使全国重要军官,得有集中训练之机会,将来定能救中国。此亦余生平所感之快事也。""因在庐山讲学之便,在烈日之下,曾挈子女跑上庐山最高之汉阳峰。据说在此峰上,可以远望汉阳,

故名，其高可知。徒步往来，始终不懈，有益于身体，良非浅显。"《快乐之生活》，《马寅初全集》第七卷，第302页

期间四川实业家卢作孚应蒋介石邀请上山，特登门造访先生，诚邀中国经济学社翌年年会至成都举行。"民国二十三年夏，军事委员会在庐山办暑期军训时，鄙人亦在山上讲学，四川大实业家卢作孚先生因公上山，乘便访余，嘱余代邀中国经济学社同人在成都举行一次年会，并询余意见，余极端赞成，即以此意转告学社理事部，经理事部一致通过，原定二十六年九月在成都举行第十届年会，嗣以成渝铁路尚未完成，而京沪杭等地距离成都太远，公务员，银行与公司之职员，以及大学教授，均有不便向机关学校请假之感，遂改在福州举行。"《从速开发西南富源》，《马寅初全集补编》，第299页

8月

8月24日 偕甘乃光、梁寒操、陈长蘅同行赴湘。中途于汉口接受记者采访：因"时间仓促，拟归来时与武汉人士畅谈白银问题，并商讨取缔万国储蓄会。原外人吸收资本，实反本党政策。该会如集资五六万万以上，即可操纵一切，致我死命，将成东印度公司第二，望国人对此觉悟，党政当局加以取缔云"。8月25日《申报》

8月25日 偕立法院副院长邵元冲、内政部长甘乃光、立法院秘书长梁寒操等同车抵长沙，湖南省主席何健及各厅长20多人赴站台迎接。8月26日《湖南国民日报》

8月26日 主持中国经济学社第十一届年会。年会于湖南大学开幕，何健率省府要员出席并致欢迎辞，介绍湖南环境与物产，希望经济学家为发展湖南经济出谋划策，切望金融界前来投资。先生代表中国经济学社致开幕辞："本社基金现有十万多元，大半为政府、银行界、实业界等帮助，故今后本社社员，以其群力所得，为国家社会服务，国富则吾社亦富。"邵元冲以《经济统制与能力统制》为题演讲；东道主湖南大学校长胡庶华对与会者深表欢迎。《中国经济学社第十一届年会》，《经济学季刊》第5卷第4期

8月27日 上午，出席年会大会，围绕年会中心议题"中国施行统制经济之商榷"宣读论文，展开讨论。休息期间，先生阅湖南大学学生小报《星期

报》，与复旦大学商学院院长余楠秋言："岳麓书院历来是道南正脉，今日学生中居然有人大谈社会经济问题，真是空谷足音。"《中国经济学社第十一届年会》

中午，偕会议代表出席湖南省党部宴请。《中国经济学社第十一届年会》

下午，偕会议代表参观湖南工业试验所、国货陈列馆，天心阁公园等。同上

8月28日　上午，主持中国经济学社社务会议，再度当选社长。副社长刘大钧，理事潘序伦、王志莘、周作民，候补理事唐庆增、何廉、王澂莹。先生旋向理事会报告一年来学社工作大要：（一）华北分社成立；（二）杭州分社建设就绪；（三）新社员增加60余人；（四）本社出版丛书数种；（五）本社季刊仍改由商务印书馆出版；（六）本社季刊稿费增加。因基金会计王志莘未到，代为报告大概情形。《中国经济学社第十一届年会》

会议期间，接受《星期报》记者采访。鼓励学生："你们的报纸办得不错，青年人应该关心社会、研究社会、熟悉社会，要敢于发表自己的意见，不要人云亦云。"欣然为报纸题额，并书"自强不息"横幅相赠。《中国经济学社第十一届年会》

8月29日　上午，于长沙中山堂出席大会学术演讲会。《中国经济学社第十一届年会》

晚，于长沙中山堂演讲《有奖储蓄之禁止》。《中国经济学社第十一届年会》

本月　发表《利用外资之三种方法》。对政府新近出台利用外资之三项原则给予学理与实例上解释：（一）借款与中国政府，外人仅居债主地位；（二）外人与中国政府合办各项事业，可居股东地位；（三）特许或称租让，外人在中国法律范围内得完全自由使用某资本与技术，如开矿权等，外人可利用特许经营，满期后产权须无偿的交还中国。最后表示："由党的立场言，非利用外资，决不能达迅速建设之目的，就行政和经验言，利用外资，在在可虑，瞻前顾后，歧路彷徨。国是前途，踌躇莫决，当局者衷心之苦闷可知也。""中国因怕外人操纵，而外人亦怕中国人不守法，双方各在顾虑，诚为我国今后利用外资之障碍也。"《中山文化教育馆季刊》第1卷第1号

同月　发表《上海之金融组织及其缺点》，张敏光笔记。对比英美银行组织结构与金融功能，指出上海金融组织种种缺陷："本国银行非但无中央银行的接济，在政府需款甚急时，中央银行反而求助于各银行，所以在银根吃紧

之时,各银行只收不放,商家乃不得不抛售商品,物价下落,利息抬高,金融界既陷于混乱,商业亦受莫大的损失。""钞票的发行,又为中国金融界之大缺点。上海发行钞票的银行有中央、中国、交通、四明、浙江兴业、中南、通商、盐业等九家……钞票乱发的结果,如在平时尚无关紧要,一旦风潮紧急,各银行皆不能不收回钞票,于是钞票流通额愈益减少,银行虽得以避免危险,而现金必因之吃紧,则银拆又要上升。"改进之法:"(一)取消汇划,此虽不易实行,但必须促其实现;(二)票据交换所应该合并;(三)发行钞票必须集中;(四)中央银行要求其有实在的力量。如有实在力量的中央银行,联合准备库就可以不必要了。中央银行应允许商股加入,法国准许商股占有百分之四十九,由董事公推,商业银行自然信任中央银行,而将准备金存于中央银行。所以政府将中央银行的股票让出一部分来,也是集中准备金的有效方法。以上各点,都易实现,小银行之互相归并也是必要的。"《商学期刊》第2卷第8期;《马寅初全集》第七卷,第200页

9月

9月1日 偕会议代表游览南岳衡山等地。《中国经济学社第十一届年会》

9月2日 由湘抵汉。9月3日《申报》

9月4日 于汉口青年会礼堂演讲《有奖储蓄及白银问题》。报载:听讲者有武汉市党部负责人、教育厅长、银行公会主席、汉口商会主席、各机关职员、学校学生2000多人。指出:"万国储蓄会吸收了中国六千五百万现金,放在上海法租界,如果二次大战一旦发生,敌人再不像'一二八'时客气,不管租界不租界,炮弹到处尽成灰烬,所以,兄弟极力主张资金不要集中上海,应流入内地。"美国提高银价政策后,"正是为日本人造机会,因为从前日货倾销后,日商投资中国,现在银价提高,日商则从所得现银向美国买棉,再在日本做纱布运到中国来卖,一往一返,无不牟利,反而增加日本对华的倾销。日下朝野各方面认为中国白银如此下去,不久即空"。"较好的办法,是采取'管理货币政策',将全国现金集中,钞票在法律上兑现,汇兑与市价完全划一,如此中国人购外货,一定用中国钞票,外国人得了中国钞票,不得已也只好买中国土产回去。不过,这种办法,必须有治法,有治人,才能

做到。"9月5日《武汉日报》；《马寅初全集》第七卷，第205页

晚，乘建国轮赴庐山牯岭海会寺为军官训练团授课。9月5日《中央日报》、《申报》

9月5日 发表《亟应准备之战时财政问题》。从（一）总论；（二）一般的理论；（三）资金集中于上海之危险与不利三方面阐述战时财政准备之要点，而"最要前提在求社会安宁，其责任全在今日之武装同志身上"。《银行周报》第18卷第34期；《马寅初全集》第七卷，第209页

9月14日 出席立法院第3届第66次会议，报告审查《审计法（草案）》案、委托审查规则案、《〈审计法〉施行细则（草案）》案、陆海空军委托审查规则案等案。

9月21日 出席立法院第3届第67次会议。

9月25日 发表《中国抵抗洋货倾销方策之我见》。分九方面系统阐述此经济方略：（一）中国抵抗洋货倾销之必要；（二）抵抗洋货倾销之一般的困难；（三）中国抵抗洋货倾销之特殊的困难；（四）各省自行抵抗办法之流弊；（五）中央统一办理之困难；（六）利用各省商会及工商同业公会之折衷办法；（七）中央监督之责任；（八）各省应互相谅解，提倡国货之流通；（九）抵抗在华洋商工厂之方法。最后指出："此举须视中央政府之权力如何。如中央政府有强大之权力，诸事就可顺利进行。"《银行周报》第18卷第37期；《马寅初全集》第七卷，第219页

9月27日 主持立法院财政委员会会同民法、商法、刑法委员会第3届第1次联席会议，议决《印花税法（草案）》第十六条税率表等案审查报告。

9月28日 立法院举行第3届第69次会议，因公缺席。会议审议财政委员会委员长马寅初、军事委员会委员长陈肇英联名提呈中国国防经费及一般预算之概况案审查报告。

9月29日 主持立法院财政、民法、刑法、商法委员会第3届第2次联席会议，审查修正《印花税法（草案）》案。《国货月报》第1卷第9期

本月 紧急发表《白银出口问题》讲话。因美国政府大量收买白银，国外银价较国内为高，国内诸商人为获私利大量倒卖，致白银外流，国内银根紧缩，市面颇受影响。考虑事关对外贸易与国货消长，故对来访记者曰：美国提

高银价，有近的目的、远的目的及更远的目的，最终系为控制我国之经济。其接济之办法，则禁银出口，以我国无法统制，恐不能收效；若征银出口税，亦无妥善办法。惟一救济办法，在我国增加生产，以减少输入，欲减少输入，非统制贸易不可。《国货月报》第1卷第9期

10月

10月2日 出席立法院第3届第70次会议，审议修正《中华民国宪法（草案）》。

10月3日 上午，主持立法院财政委员会第3届第24次会议。修正通过《财政收支系统法原则（草案）》。

下午，继续出席立法院第3届第70次会议。

10月4日 继续出席立法院第3届第70次会议。

10月5日 上午，出席立法院第3届第71次会议。

下午，主持立法院财政委员会第3届第25次会议。院令开具将来立法计划简明项目案。

10月6日 继续出席立法院第3届第71次会议。

10月8日 上午，就《储蓄银行法》发表记者讲话："《储蓄银行法》，原则上当无重大修改。"10月9日《申报》

下午，继续出席立法院第3届第71次会议。

同日 发表《湖南之经济与金融》。详细考察湖南省地理资源，近代工商业发展状况，认为："湘省天然资源之丰富，劳力之饶多，与夫建设精神之焕发，无往而不可振兴实业，挽回漏卮，徒以困于资本，不能畅取欲为，一若英雄无用武之地。故应如何充实建设之资金，实为全湘人士今后所渴望者也。"为此，提出两对策：（一）吸收外埠之游资；（二）禁止有奖储蓄。《银行周报》第18卷第39期；《马寅初全集》第七卷，第234页

10月9日 上午，出席立法院第3届第72次会议，会审《中华民国宪法（草案）》。

下午，就"白银问题"发表记者谈话。谓："制止白银出口，惟有国人一致不用外货，同时政府应严厉执行统制，衣食住二者绝对采用国货，如此出口

数额，即可相抵，白银自不致流出矣。"10月10日《申报》

10月11日　继续出席立法院第3届第72次会议。

10月12日　出席立法院第3届第73次会议，代表财政委员会及商法起草委员会报告审查修正《印花税法（草案）》案；会审《中华民国宪法条例》案。

10月13日　继续出席立法院第3届第73次会议。

10月16日　出席立法院第3届第74次会议。

10月17日　上午，主持立法院财政委员会第3届第26次会议。审议通过：青岛市二十一年度第二次追加地方普通岁入岁出拟定预算书案；北平、安徽、江苏、察哈尔、福建、河南、宁夏及湖北省二十二年度地方普通岁入岁出总预算案。另案：《民国二十三年浙江省地方公债条例》案及《民国二十三年江苏省水利建设公债条例（草案）》，议决：碍难审议。

下午，应国府职员补习教育教务委员会邀请演讲《白银问题》。10月18日《申报》

10月19日　上午，出席立法院第3届第75次会议。

午间，就采用"金本位制"发表记者谈话。10月20日《申报》

10月20日　继续出席立法院第3届第75次会议。

10月22日　继续出席立法院第3届第75次会议。

10月23日　出席立法院第3届第76次会议，讨论修正《中华民国刑法（草案）》。

10月24日　继续出席立法院第3届第76次会议。

10月25日　上午，主持立法院财政委员会第3届第27次会议。修正通过民国二十三年完成沪杭甬铁路五厘半借款案、《财政收支系统法原则（草案）》。

下午，继续出席立法院第3届第76次会议。

10月26日　出席立法院第3届第77次会议，代表财政委员会报告审查上海市及江苏、察哈尔、福建、河南、宁夏各省二十二年度地方普通岁入岁出总预算案及青岛市二十一年度第二次追加地方普通岁入岁出总预算案。

10月27日　继续出席立法院第3届第77次会议。

10月31日　出席立法院第3届第78次会议，会审《刑法》修正案。领衔诸委员提议将修正案第264条条文改为"意图营利而办理有奖储蓄，或未经政府允准而发行彩票者,处一年以下有期徒刑,或拘役,得并科以三千元以下罚金";第二项改为"凡经营有奖储蓄或为买卖前项彩票之媒介者,处六月以下有期徒刑、拘役或科或并科一千元以下罚金"。获大会通过。11月1日《申报》

本月 出任浙江兴业银行董监会董事。浙江兴业银行董监事换届,适王澄莹调任贵州财政厅长。省政府局部改组,省府决议聘任朱孔阳(守海)、吴峤(锐东)、马寅初、陈行(健庵)、叶瑜(琢堂)、金百顺(润泉)、徐恩培为董事,王锡荣(芗泉)、张法成(忍甫)、徐行恭为监察人。推朱孔阳为董事长,徐恩培仍为常务董事兼总经理。

同月 为启尔邦《货币银行原理》作序:"吾国币制迄未确立,本位问题,犹为各方争论之焦点,四十年如一日。新式银行业亦不甚发达,中央银行尚甚幼稚。凡此诸端,应如何解决,内可以助长国民经济之发展;外足以适应世界经济之潮流,皆有待学理之研究也。"〔美〕启尔邦:《货币银行原理》,方铭竹、王清彬译,长沙商务印书馆1938年1月出版;《马寅初全集补编》,第454页

同月 为上海复旦大学银行系《银行期刊》创刊号题写刊名。影印件

11月

11月1日 上午,主持立法院财政委员会第3届第28次会议,继续审查《财政部系统法原则(草案)》,议决:重加修正通过。

下午,继续出席立法院第3届第78次会议。

11月2日 上午,出席立法院第3届第79次会议。会议:(一)审查修正《〈国籍法〉施行条例》条文案;(二)代表财政委员会报告审查北平市、湖北省、安徽省三地二十二年度地方普通岁入岁出总预算案及追认《民国二十三年浙江省地方公债条例》暨还本付息表案、《江苏二十三年水利建设公债条例》暨还本付息表案。

会后,接受记者采访谈《商业登记法》。谓:"《商业登记法》为民法中之特别法,因民商法对于经理人、学徒均有规定,而于商号登记及帐簿等,均未有规定,故起草《登记法》"。"《登记法》意义在求民商法合一,原则注重于登记商号及帐簿,至于责任问题应否列入,尚待研究。"11月3日《申报》

11月8日 主持立法院财政委员会第3届第29次会议。(一)审查通过《民国二十三年浙江省地方公债条例（草案）》案；(二)审议通过上海市二十二年度地方普通岁入岁出总预算案；(三)审议修正《汉口市市政公债条例》暨还本付息表草案。

11月9日 出席立法院第3届第80次会议。呈议《财政收支系统法原则（草案）》审查报告等案。

11月11日 发表《国富与未来大战之关系》。考察世界工业强国"国际贸易发展与战时财政之关系"，认为"各国对于战时取用外国之军需品，虽以英国之信用，犹不能无担保品……况我国平时入超额已甚庞大，战时必更大，则入超之抵补问题，情形更为严重。今后救济之道，一切军需物品应能自给为上策，欲求自给，非复兴农村经济，提高农民生活程度"。《武汉日报》；《马寅初全集》第七卷，第251页

11月14日 主持立法院财政、民法、商法、刑法委员会联席会议，商讨中政会令立法院解释《印花税法》所定税率理由案，议决：推由马寅初、卫挺生、陈长蘅、刘克俊起草说明书。11月15日《申报》

11月15日 于国府大礼堂演讲《白银问题》。"对防止白银出口，及白银在国际市场之地位，阐述甚详，并勉励国人提倡国货，以减少国际贸易之入超"。11月16日《申报》

同日 发表《评财政部之白银政策》。追踪研究美国白银政策实施后果，以为对中国影响甚巨，分十一方面审视：(一)提高物价与救济恐慌；(二)如何提高物价；(三)物价提高至若何程度；(四)美国收购白银之政治上的背景；(五)收购白银与提高中国之购买力；(六)财政部之对策；(七)财政部亦忘《白银协定》之批准乎；(八)金本位乎，虚金本位乎；(九)中国可否采行金本位制；(十)问题不在改用金本位与否；(十一)断然的处置。结论："现在财政部不但无一事可为，他人欲有所为，财政部反阻挠之，是诚何心哉？今夏余在江西，江西省政府方欲举办一省之贸易统制，余亦参与其事。统制计划，已议定矣。会孔部长莅临庐山，坚持不许，其事遂寝。良以各省实行贸易统制以后，外货进口必将减少，进口减少，则影响于税收至巨。故财政部不惜以多方阻其成。大者非所论，即就取缔有奖储蓄一端而言，亦非今日之财

政部所愿办。盖一则以万国储蓄会势力雄厚，又系外人所创办，故不敢取缔；一则以有奖储蓄机关，颇有益于财政部，故亦不愿取缔也。"《绸缪月刊》第1卷第3期，1934年11月出版；《马寅初全集》第七卷，第258页

11月16日 上午，出席立法院第3届第81次会议。会议：（一）代表财政委员会报告审查上海市二十二年度地方普通岁入岁出总预算案，议决：照案通过。（二）领衔诸委员临时提议，拟请将《印花税法》税率表内关于发货票银钱收据及帐单之税率酌加修改采用简而易行之定额税案，议决：付财政委员会会同商法委员会、民法委员会、刑法委员会修正。

下午，与记者谈话，谓："《银行法》关于股东责任之一部分，立法院准备自行修正。"11月17日《申报》

同日 发表《世界第二次大战我国经济上的准备》，姚公孟记录。特别强调：如果那时敌人把我们上海的现款一拿走，再把上海的海口封锁起来，接着发生的就是粮食问题，因为中国出产的米一向不够自己吃，每年要从外国输入一千余万担洋米，那时候洋米不能进来，社会上也一定要发生大恐慌，这是第二点要说的。但是，上海现在还是外国人的租界，我们在世界第二次大战未发生前所要准备的，就是要把上海收回来，本来收回租界，取消不平等条约，是本党的政策。南京、天津、北京、马关、辛丑这许多不平等条约，是中国的致命伤，因为这些不平等条约束缚我们的关税政策，破坏了我们的法治。现在中国关税算是已经收回了，但是实际呢，还未能尽保护的效能。至于撤销裁判权，虽然在十七年以后，像汉口、镇江、九江、威海卫等处已经收回，但是上海则至今还没有收回。上面讲过上海不但在战时重要，就在平时也很重要，上海的租界能够收回，领事裁判权才可收回，因为领事裁判权不收回，外国人在中国可以带自己的法律到各处去，他们可以不领护照，可以不受中国法律的限制。所以领事裁判权以租界而存在，反过来说，租界取消，领事裁判权自然也能收回，所以我们收了上海租界，其余一切都迎刃而解，然而外国人安肯把上海交还给我们。现在上海在一天繁荣一天，愈繁荣，愈不容易收回，要使上海地价日渐低落，人口日渐减少，经济恐慌，收回便容易成功，我们对于上海，要像过去广东对待香港的办法，那么上海才有收回的希望。《青年》第1卷第12期

11月23日 立法院开第3届第82次会议，因故缺席。会议（一）通过

修正《印花税法（草案）》第十六条税率表案审查报告案。（二）审议财政委员会委员长、商法委员会召集委员马寅初会同民法委员会召集委员傅秉常、刑法委员会召集委员刘克俊联名提交《印花税法》规定税率理由案审查报告案。

11月26日 于上海大夏大学经济学会演讲《白银问题》。11月28日《申报》；大夏大学《经济期刊》第3期

同日 发表《资本主义国家经济思想之两大派》。研究、比较亚当·斯密与李斯特学说产生背景及主张异同，认为"彼二人者同时主张个人企业，同时承认自由贸易为经济上最高原则。顾斯密氏所着眼者，为世界之财富，而李氏所着眼者，为国家之财富。结果则均以繁荣世界，谋全人类之利益为目的"。对中国而言，"吾极端主张保护政策，以卵翼本国方在萌芽之工业，以图挣脱帝国主义者之经济锁链。故审此度彼，吾不得不对李斯特之学说表示同情。至于将来中国经济地位，已达到与先进诸国同一之境界，应否再行自由贸易，则须视将来之情形而定"。《银行周报》第18卷第46期；《马寅初全集》第七卷，第268页

11月27日 出席立法院第3届第83次会议。

11月28日 继续出席立法院第3届第83次会议。

11月29日 上午，主持立法院财政委员会第3届第30次会议。会议：（一）审议二十三年度国家普通岁入岁出总预算案，议决：付全体委员审查，由马委员长寅初召集。（二）修正《汉口市政公债条例》暨还本付息表草案，议决：本案全不合法，应请咨行政院对发行机关严加申斥。

下午，出席立法院第3届第84次会议，代表商法委员会会同经济委员会提呈《取缔棉花搀水搀杂暂行条例》条文案审查报告。提议请将《印花税法》税率表内关于发货票银钱收据及帐单及税率酌加修改案。

12月

12月7日 上午，主持立法院财政委员会第3届第31次会议。审查二十三年度国家普通岁入岁出总预算案，议决：财务费内关盐两项经费分别核减其余照案通过。

12月11日 就各报报道出任俭德银行董事一事发表声明：本人"既非该行股东，更非该行董事，特此声明以免各界误会"。谓："去年该行曾派其秘书

郑某来杭，邀余担任该行董事长，余以不知该行内容，又非该行股董，坚决谢绝。复得该行来信，谓已举余为董事长，复去函声明不就。且照公司法之规定，亦不合法。后又得该行来函，谓某某日开董事会，请余赴沪出席，并汇来川资洋二百元。余又去函声明不合，并将原洋退还，但深恐其上财政部呈文中，仍将贱名列入，故特向财政部探询。据主管人员口称，列名者为马云初并非马寅初云云。呈文中既不列余名，故该时不即登报声明。今日各报所登余为该行董事之消息，阅之甚为诧异。该行所有函件，均善为保存。" 12月12、13日《申报》

12月17日　出席立法院第3届第85次会议，报告修正《汉口市市政公债条例》暨还本付息表草案案。

12月18日　继续出席立法院第3届第85次会议。

12月19日　上午，主持立法院财政、法制委员会第3届第11次联席会议，审查通过修正《财政部组织法（草案）》、制定官俸法规案初步审查报告等案。

下午，继续出席立法院第3届第85次会议。

12月20日　主持立法院财政委员会第3届第32次会议。会议：（一）审查通过中央政治会议秘书处函导淮委员会改编二十三年度岁出经常概算系变更主管范围抄检查原件请查照办理案；（二）威海卫管理公署二十二年度地方普通岁入岁出总预算案及二十二年度地方普通岁入岁出追加预算案；（三）修正通过《民国二十四年青岛市市政公债条例（草案）》暨还本付息表草案；（四）《民国二十四年湖北省建设公债条例（草案）》暨还本付息表草案；（五）民国二十三年湖南省建设公债案。

会后，就社会所谣传通货膨胀政策发表记者谈话。12月21日《申报》

12月21日　出席立法院第3届第86次会议。代表财委会报告审查二十三年度国家普通岁入岁出总预算案经过，另由财委会其他委员发言，认为关税、盐税经费太大，应切实减少。引起激烈争论，后采纳吴尚鹰折中办法，财委会于审查报告书后附一文件，说明应行核减理由，请财政部注意核减。12月22日《申报》

会议其他项目：代表财政委员会报告审查修正《民国二十四年青岛市市政公债条例（草案）》、威海卫管理公署二十二年度地方普通岁入岁出总预算案、

《民国二十四年湖北省建设公债条例》及还本付息表草案、《民国二十三年湖南省建设公债条例》案及改编导淮委员会二十三年度岁出经常概算案。

12月25日 于杭州高级中学演讲《白银问题》。12月27日《申报》

同日 发表《发展农工与集中力量》(又名《经济力量集中之途径与运用之范围》)。讲述如何集中经济力量抵抗日本侵略之方法，指出中国应注意三点经济危险：(一)日本国外贸易之扩张，中国以抵货手段抗日本，反使日本向全世界奔跑；(二)日本政策，是以满洲为其资源，中国为其市场；(三)日本必向外发展，故不但与中国为敌，且将与世界为敌。接着，谈到如何遵循"孙总理实业计划"之"四大原则"："第一，择其需要之最切者；第二，择其阻碍力之最小者；第三，择其地位之最适宜者；第四，择其事业之有近利，可以招引外资者。"可分七大类实施：凡与中国自然资源有密切关系者可以兴办；中国本有特别技能之事业，不能放弃；本国原有市场之物品，应力求自给；本国自有原料之工业，不能放弃；基本工业非自办不可；建筑铁道；农村工业。《银行周报》第18卷第50期；《马寅初全集》第七卷，第281页

12月26日 国民党中央政治会议通过任命焦易堂、马寅初等86人为第4届立法委员。12月27日《申报》

本月 《中华银行论》(增订版)由商务印书馆出版发行。增订版补充"废两改元"、"上海华银行之联合准备"、"上海之票据交换所"、"中央银行"、"中国之金融制度及其缺点"等章节。《马寅初全集补编》，第133页

同月 上海交大出版《国立上海交通大学同学录》。介绍研究所职员：马寅初，浙江嵊县人。美国耶鲁大学学士，哥伦比亚大学经济学博士，曾任北大、中大教授，立法院经济委员长。现任校管理学院特约教授、研究所实业经济组主任。

1935年（民国二十四年） 54岁

1月

1月1日 发表《快乐之生活》，表示1934年《个人计划》已办到百分之八九十，尤感快乐者：身体粗康，家庭和乐；中国前途，颇有希望，令人感觉无限兴趣。"惟快乐之中，尚有最感不快者两事：即禁烟与取缔有奖储蓄是也。"1月1日《东方杂志》；《马寅初全集》第七卷，第302页

1月14日 宣誓就职国民政府立法院第4届立法委员，兼任财政委员会委员长。

1月17日 上午，主持立法院财政、法制委员会第4届第1次联席会议，出席委员：陈长蘅、狄膺、林彬、焦易堂、郑洪年、史维焕、卫挺生、黄右昌、梅汝璈等。审议（一）《各机关办理岁计会计统计人员办公处组织条例（草案）》；（二）《各机关主计人员任用条例（草案）》等案。

下午，就"中国经济危机"发表记者谈话。谓："中国经济现多集中于上海，一因交通便利，二因燃料充足，三因出口便利，即内地愈不便利。一旦国际间发生危险，上海首当其冲，届时欲移内地已不可能。个人意见，现在如欲移上海工厂离开便利地带，而移入不便利站处，虽不可能，但分其力量在南京、汉口、九江、芜湖、无锡、宁波、杭州等处，平均发展，以建设内地工业，亦未始非补救之道，望工业界注意。中国白银完全集中上海，极为危险。不独平时影响整个农村经济之发展，一旦国际间发生变化，外人存沪之现银，仍可运往香港，而中国存沪之现银，运外既不可能，运内亦不可能，则全国人民储于银行之存款二十一万万，及银行发行之钞票四万万，均将化为乌有。为未雨绸缪计，惟有充分向农村投资，使中国现银完全分布于内地，庶几可以临危机应变，高枕无忧。综观中国今日经济之危机于此，非人民自决自觉，实无法可以挽救。"1月18日《中央日报》、《申报》

1月18日　出席立法院第4届第1次会议，继续担任财政委员会委员长、商法起草委员会召集人。

1月19日　立法院发布第73号院令："令立法委员马寅初、陈长蘅、卫挺生、史维焕、张维翰、狄膺、王秉谦、刘通、陈剑如、王漱芳、林柏生、萧淑宇、王征、刘振东、郑洪年；兹派立法委员马寅初为财政委员会委员长；陈长蘅、卫挺生、史维焕、张维翰、狄膺、王秉谦、刘通、陈剑如、王漱芳、林柏生、萧淑宇、王征、刘振东、郑洪年为财政委员会委员；除分行外，合行令仰遵照。此令。"

立法院第79号院令："令立法委员马寅初、戴修骏、卫挺生、翟曾泽、黄右昌；兹派立法委员马寅初、戴修骏、卫挺生、翟曾泽、黄右昌为商法委员会委员，并指定马委员寅初召集会议。除分行外，合行令仰遵照。此令。"

1月20日　发表《白银问题》。从（一）金贵银贱之不利于我国者可分两点说明之；（二）美国收买白银之目的，概括之可分三种；（三）美国何以必须提议国际金银并用制；（四）美国之收买白银有害于中国，有益于日本；（五）《白银协定》之用意；（六）白银出口征税能阻白银之外流乎；（七）欲阻白银外流非解决入超问题不可等方面，进一步系统论述《白银协定》于吾国经济重大影响。《武汉日报》"星期专论"；《马寅初全集》第七卷，第305页

1月22日　发表《有奖储蓄与民族自觉》（又名《经济团结与民族自决》），为陆军大学演讲词。进一步剖析万国储蓄会之弊害：（一）开发法国租界；（二）违背党纲；（三）妨害真正储蓄；（四）丧失权利；（五）经济力量集中上海之危险；（六）上海动产移动之困难。"兄弟之反对有奖储蓄，不在储户个人利益之被剥削，其目的纯在救中国救民族，使中国脱离不平等条约之束缚，以达民族自决之境界。今日民族之所以不能自决，即在个人行动过于自由，个人利益过于重视，缺乏国家民族之意识。今后国人应尽量牺牲个人自由，求全国之统一，则不平等条约之束缚虽多，断不至无法解救。若一致不加入有奖储蓄会，则又其小焉者矣。诸君试观九一八后之日本陆军总长，已不知更易几许，而其军事之国策，则始终一贯。反观我国，中央主任长官之更易，其情形又何如者，不能无憾焉。以上所言，似属过于悲观，然吾人倘再一转念使全国官兵皆能一致行动，则国家前途，仍有无限希望与乐观，正因我国经济之落后，凡

百事业，皆待建设，而世界各国最新之物质文明，皆可供我国之自由利用。"
22—27日《中央日报》；《马寅初全集》第七卷，第319页

1月23日 应国府文官处邀请演讲《公库制》。1月24日《申报》

同日 受立法院商法委员会委托起草《信托法》。"立法院商委会开会，推马寅初起草《信托法》。"《时事新报》1935年第7期

1月24日 上午，主持立法院财政、经济委员会召开第4届第1次联席会议，委员长马寅初，出席委员张维翰、郑洪年、王秉谦、陈剑如、卫挺生、萧淑宇、刘振东、陈长蘅、史维焕、王漱芳、狄膺、林柏生、刘通等。审议《交易法条例（草案）》案。

下午，主持立法院财政委员会第4届第1次会议，讨论立法院院长交议应行制定法规各案。议决：（一）《公债法》，推陈长蘅、卫挺生、马寅初初步起草。（二）《中央银行法》，付马寅初召集起草。（三）《出版税法》，推委员陈长蘅、卫挺生、史维焕、马寅初初步起草，陈长蘅召集。（四）《火酒统税条例（草案）》、《民国十九年建设委员会电气事业长期公债条例》第七条条文案、《民国十九年建设委员会电气事业短期公债条例》第七条条文案等案，推马寅初召集陈长蘅、郑洪年等作初步审查。

1月25日 出席立法院第4届第2次会议。代表财政委员会会同法制委员会提呈制定官俸法规案审查报告。

1月29日 南京《中国日报》社论《对党政人员贡献几句话——确守公务上责任》。不指名批评马寅初种种言论及行动不符合"党国利益"："现在中央立法机关中有一位著名的经济学者，在立法机关内主持财政经济方面的工作。这位学者每逢讨论到经济财政金融问题的时候，或者讲演著述的时候，或是在私人谈话的时候，每逢到与以前有过关系的银行或公司利益有关系时，无不是站在银行或公司的利害上来说话，甚而至于政府关于财政经济上的措施只要与银行公司的利害相冲突的时候，他就不免表示怀疑或反对。"最后告诫："一个人既然接受任命服务公家，他如果是懂得政治责任和公私分际的时候，就得自己检点一切的言论，为顾到国家的利益与公务员责任而严格地限制自己。"杨勋、徐汤莘、朱正直：《马寅初传》

同日 发表《最近日本国外贸易之发展与中国之关系》。以详尽调查数据

与研究,从五方面探讨日本外贸与中国经济之关系:(一)最近日本对外贸易之新倾向——原料进口增加、成品出口扩张;(二)日本何以必需极力增加出口;(三)中国应取之对策;(四)日本经济势力之侵凌英国;(五)最近日本独占满洲之进展。《银行周报》第19卷第3期;《马寅初全集补编》,第178页

本月 专著《中国经济改造》,由商务印书馆出版发行。该书为作者于上海交通大学期间所著。1935年1月,上海交通大学第七次教务会议决议,列入《大学丛书》之一,由商务印书馆出版。上海交通大学将该书列为上海交大研究所自1926年成立以来第三大研究成果。《马寅初全集》第八卷

本书乃作者留学归国二十余年考察与研究之总结。扉页言:"国家忧患固使余有勇气担任此著述,家庭亲爱亦使余有精力完成此工作。献给仲贞与子女。""并以此书纪念亡儿本炎亡女仰元。"卷首附写于1934年11月1日自序,谓:"任何国家,欲立足于此横流遍地之世界,必须在经济上谋得出路,而在经济上谋出路之不二法门,便是积极在经济方面奋斗。此种奋斗,不出攻与守两途。工业先进国所取者是攻势,而经济落后之国家所取者是守势。故本书主张先使国内经济充实,增加抵抗力量(守势),而后再设法推销各种工业制造品于海外(攻势)。不让欧美各国独美于前也。但以目前经济情形而言,既遭外力摧残,又无自卫能力,前途危险,至为可虑,不得不在此风雨飘摇局势之下,觅得一对策也。"

著作由十篇组成:总论、本书提要、国际贸易、金融、经济统制、利用外资、财政、银问题、土地问题、结论。每篇分三至五章不等,共三十七章,约五十万言。覆盖中国经济发展各主要问题,金融、财政、外资等,相当内容为最新研究心得。

一、重新认识西方经济学各大流派。对自由主义经济学派不再一味肯定,对亚当·斯密为代表正统学派"私利与公利并行不悖、自由竞争、财产的私有"作一分为二评价:"自由主义派可总评曰:功过各半。其功之处,如人类自利心所驱使始肯努力工作,未可厚非,此其一。自由竞争则优胜劣败,天演淘汰,社会始有进步,此其二。私有财产制,尚不存在,人类财富恐不能如今日之多,此其三。"但其亦含有三种弊端:(一)公利与私利并非一定并行不悖;(二)自由竞争学说并不可靠;(三)政府对若干事业有干涉之必要等。对国家

主义学派给予肯定。"德国历史学派对于斯密派之说，颇多批评，彼以为斯密派之所以主张自由贸易者，实有背景。当时英国之工商业，凌驾各国之上，彼以制造品供给各国，而各国则以食品原料与彼交换，彼将输入之原料加工制造以后，即增其值，以与人交换食品与原料。故自由贸易，利在英国，而非产业落后诸国之利。李斯特深明此理，鉴于当时德国工商业之落后，乃倡保护贸易说，以矫正国人之视听，而图国内幼稚工业之保育与发展。"斯密与李斯特两派学说，虽然观点不同，但也有共同之处：（一）李斯特虽主张以保护贸易，着重国家经济，但仍不废私人企业之意。其与今日之所谓统治经济者，相去尚远；（二）斯密以为政治制度与经济制度绝然分开。李斯特亦有此意，但以为政府对于经济制度，可以稍加干涉；（三）斯密讲求扩大财富总额，李斯特以为财富之总额，愈大愈好；（四）斯密主张自由贸易，李斯特亦承认自由贸易理论上正确，但以为后进国家之工业，必须先与先进国家立于同一地位，而后可以言自由贸易。以此观"今日之中国，根本谈不到自由贸易。斯密氏之说，实可置之不论。盖今日之中国，已成为外货倾销之场所。高筑关税壁垒，犹不足以抵制于万一。若再主张自由贸易，是自愿为外货之尾闾，而国内气息奄奄，脆弱不堪之工业，反将因此而促其夭亡。故在中国之不能言自由贸易，实无人敢置异议。在李斯特之时，德国之经济地位，虽不及英国，然较之今日中国所处之地位，固犹高出万倍也。而李氏犹且以保护贸易为德国倡，则今日中国之对外贸易，虽加倍保护，犹虞其不及，岂复有敢倡言自由贸易者乎？……因此吾极端主张保护政策，以卵翼本国方在萌芽之工业，以图挣脱帝国主义者之经济锁链。故审此度彼，吾不得不对李斯特之学说，表示同情。同时李氏保护学说尚需修正，在今日之中国，渠所主张之保护政策，已不足用。吾人应另采更有效之方策以补充之。……李氏维护私人企业之意，亦应加以纠正，盖欲发展中国经济，已非实施统制不为功，无限制私人企业，非所宜于今日之中国，即先进国家，亦有放弃私人企业，采取统制经济之趋势。吾人内察国情，外审潮流，深觉中国经济实有通盘筹划之必要，故李氏之学理与政策，均须加以修正也"。

二、从自由经济到统制经济。宣称"本书重全体主义"，以此为中国实施统制经济政策之理论基础。英美资本主义与苏联社会主义均不适合中国，只有实行德国斯班等主张全体主义。从全体主义观察重商主义干涉政策及统制贸易，"则重商主义确有'实获我心'者"。中国历史上农本主义即中国之全体主义，"中国历代经济政策，素取干涉主义，禁抑自由竞争，重农轻商，处处为农民着想。在今日观之，似有不适时事之感。但其施政方针，有一贯之系统，足为吾人师法。故吾只须取其精神，变通其法可也"。"今日中国所处之地位，除集体（全体）主义外，无生路，无希望，乃至无可为之事。"欧美各国已现没落之自由资本主义，在中国"已不适用，且亦不能用。何以故？即富如美国，事业皆操纵于托拉斯之手，徒集资金于少数大资本家，其拥有几千万数万万者，亦数见不鲜，而几千万民众，竟至失业。……今既知纯粹资本主义之流弊，而犹欲效之，使西洋失败之历史，在中国重演一次，殊不值得"。国内无大工业良好环境，工业幼稚，不堪竞争等，国际上列强利用关税政策、货币政策、倾销政策等加紧对中国实施经济侵略，而中国又受不平等条约束缚，根本无反抗之力。"中国欲以自由竞争政策发展其实业，势已不能。然则中国经济之出路，只有统制经济之一途，显然可见。"然须注意者，"统制之范围有广狭，广者如苏俄，狭者如欧美，中国固不必梦想俄制始得称为统制。而时人之反对统制者，皆恐从此吾国将陷于苏俄化，万劫不复，实属误会。要知俄制过于极端，欧美制未尝不可效法也"。

　　三、复兴农村与土地问题。第二篇"本书提要"中专设一节"从复兴农村方面观察本书各章之连锁"。认为，两党解决土地问题之出发点皆不错，"共产党之平分一切土地与国民党之耕者有其田，原则上皆甚合理"。然两家的途径及办法皆存弊端。"国民党之土地政策，分为三个阶段：（一）征收地价税及土地增益税以平均地权，（二）使耕者有其田，（三）收土地为国有。土地法对于第一个阶段规定綦详，究竟如何可以达到第二个阶段，使耕者有其田之目的，亦有所规定。至于第三个阶段土地法似尚未顾及，土地法尚未实行。以今日之情形而论，恐一百年后，亦不能实行。即能实行虽不可谓彻底解决我国之土地问题。然农民之痛苦，可以解除大半矣。至共产党主张土地国有，其步骤太速，其手段太烈，似利少而害多。依共产党土地暂行法之规定，凡地主之土地，一概没收为公有，此与国民党之办法不同。前者夺业主之土地，使之无地，没收归公，后者无非使已失土地之业主，不得恢复其所有权（如闽西之办法），或就无业主之土地，行计口授田之法（如豫鄂皖之办法详国民党之土地整理办法一章），其手段较为和缓耳。"实际可行者，乃是浙江省近几年之经验："浙江已实行二五减租办法，即照土地常年正产收获之半，再减十分之二点五，为佃户应缴地主之租额。换言之，土地常年正产收获全数十分之三点七五归地主，六点二五归佃户。与昔四六分或三七分者，佃户与地主适易位而处，意在迫使地主放弃土地所有权，而增加佃户之收益，策进其兴趣，取得所有权之观念与能力，亦必日渐加强，以达其目的。"

《中国经济改造》出版，学界震动，被公认为民国以来学术成果经典之作。张素民《评马寅初著〈中国经济改造〉》曰："马寅初先生新著《中国经济改造》一书，为其生平得意之作。出版两月，即已再版，足见销行之速。……马先生回国已久，对于吾国经济情形研究有素，讨论各种问题了如指掌。是书诚国人研究经济者必读之书也。"该书之贡献"在对于吾国国家贸易、金融、经济统制、利用外资、财政、白银、土地等问题之论例。凡求吾国经济常识者，尤宜人手一部"。国立暨南大学《商学期刊》第1卷第1期，1935年6月出版

同时亦有学者对书中主张统制经济及其他个别观点提出商榷，其中以张毓珊《马寅初著中国经济改造》与戴介民《如何改造中国经济？——兼评马寅初著中国经济改造》两篇文章为代表。

同月 为孙佐齐《中国田赋问题》作序："迄于今日，田赋竟成我国财政上之大谜，墨幕重重，莫可究诘，言整理者，皆感棘手。今后欲图彻底改革，非公开研究不可。各省有见及此，先后计划整理者，颇不乏人。前浙江省政府曾设财政委员会，会中委员多系浙中财政专家，竭尽心力，始编成详尽之田赋一览表，举凡田赋之名目税率科则赋额亩数，一览无遗。今日浙江省政府对田赋之整理，悉以此为根据，颇收相当效果。使全国各省皆能踵而行之，则改革不难矣。"孙佐齐：《中国田赋问题》，新生命书局1935年4月出版；《马寅初全集补编》，第441页

同月 发表《吾国何以必须采用统制经济》。《出版周刊》第110期

2月

2月1日 上午，出席立法院第4届第3次会议，代表财政委员会同法制

委员长联名提呈改善审议财政法案程序办法案："查财政为立国大计，如预算案、公债案、税法或税则、税率等案，于国政之推进，人民之负担，皆有密切关系，事前必须有充分审议之时间，方可精密慎重，权衡利害，为适当之决议，委员等就历年参加立法之经验，对于财政立法不无深感困难之处，现值本届成立伊始，为救以往之迫促，免临时之彷徨，谨就管见所及，条陈改善审议财政法案程序办法三端。"

下午，主持立法院财政、刑法委员会第4届第1次会议，委员狄膺、史维焕、王征、王秉谦、郑洪年等24人。会议：中央政治会议交审议《妨碍银本位币制处罚暂行条例（草案）》，议决：（一）不成立；（二）推委员马寅初召集起草理由书。

同日 发表《入超问题》。以学理与实证密切结合，从九方面阐明入超问题：（一）白银问题与入超问题之关系；（二）中国解决入超问题之途径；（三）日本侵略中国之理由；（四）各国抵制日货之办法；（五）中国抵制日货之历史及其效果；（六）中国抵制之困难；（七）中国抵制洋货之具体方策；（八）中央监督之责任；（九）抵抗在华洋商工厂之方法。《国府文职》第1期；《马寅初全集补编》，第187页

2月3日 报载《马寅初对最近几件金融立法的说明》，应答《中国日报》之非难。《国货月报》编者附识："目前中国农村衰败，工商崩溃，恐慌程度，达于极点。挽救方法，虽不一端；立法得失，殊关重要。最近《储蓄银行法》及交易所税两案，财政部与立法院意见出入，几经修改，舆论纷纭，社会瞩目。顷承马寅初先生赐寄《对几件金融立法的说明》一文，嘱为发表；同时，财政部方面，以马先生文内，有批评财政部三处，发表辩正文一篇。兹特分别照登，以供国人参考。"文首曰："日前偶阅南京某日报，对于鄙人之立法工作，加以指摘，大概系不明了立法情形所致。鄙人服务立法工作，转瞬六载有余，不无相当经验，深知责任之艰巨，弊窦之难防，故对每一法案，无不特别慎重，期免陨越，凡献身党国之同志，义所应尔。故鄙人每以党员之地位，对于危害党国，借便私图之流，不得不以正言相责，虽得罪于人，在所不计，岂有他哉！某报竟以金融及交易所税等为口实，信口雌黄，淆乱视听，不能无辩。"继而据理详述《储蓄银行法》案、交易税案、《销毁银本位币处罚条例》

等案立法讨论过程，反驳不明真相之指责。最后谓："鄙人对于经济方面之理由，当有更详细报告，庶造谣中伤者，无所售其计也。"《武汉日报》；《国货月报》第2卷第2、3合期；《马寅初全集》第七卷，第366页

2月5日 于浙江广播电台播讲《万国、中法两储蓄会吸收储蓄之黑幕》。

2月7日 上午，主持立法院商法、民法、外交三委员会联席会议，讨论"华洋合资"及"合伙责任"两问题。2月8日《申报》

同日 主持立法院财政、经济委员会第4届第2次联席会议，审查《交易税条例》初步审查修正案。

2月8日 出席立法院第4届第4次会议，代表财政委员会会同经济委员会报告审查《交易税条例（草案）》。

2月10日 于南京陆军大学演讲《中国经济危机》。2月15日《钱业月报》发表鑫伯《读马寅初氏陆大演讲有感》："立法委员马寅初氏于本月十日在首都陆军大学演讲《中国经济危机》一题，实具有充分之理由，大足令人闻而警惕者。其所称之危机有三：（一）外人利用国人资金以为操纵我国金融之工具。（二）工业集中沪上一隅。（三）白银大部聚集沪上。"

2月13日 主持立法院财政委员会第4届第2次会议，审议《民国二十三年湖南省建设公债条例》案等。

2月15日 出席立法院第4届第5次会议。代表财政委员会报告审查修正《民国二十三年湖南省建设公债条例》条文案、《民国十九年建设委员会电气事业长期公债》条文案、《民国十九年建设委员会电气事业短期公债条例》条文案，并会同民法委员会审查《商人债务清理暂行条例（草案）》。

2月17日 发表《个人主义与全体主义》。总论曰："中国人民本如散沙一般，知有个人而不知有团体。自欧化东渐，更益之以英美个人主义之潮流，于是人人倡言自由而团结之观念益薄，外侮一至，便如秋风之扫落叶，莫之能御矣。今者内忧外患，交相煎迫，若不力改个人主义之积习，讲求团结之方策，则亡国之祸，可立而待。德国人民之团结精神素称于世，自欧战以后，益复变本加厉，讲求团结，以图摆脱列强之束缚，恢复战前之地位，比年以来，其势力果已蒸蒸日上，又可与列强一拼高下矣。窃以为一国之盛衰，系乎其国之思想与精神者，至深且巨。德国人之思想，有以全体主义为中心者

(Universalism)，从前有亚当·茂勒（Adam Muller）与李斯特（List），最近有奥国维也纳大学教授斯班（Spann）者，特树全体主义之旗帜，恢宏旧说，更添新知，遂俨然为德意志思想界之中心人物。中国历史上亦有讲究全体主义者，余将略述其梗概，以唤起国人之迷梦，矫正个人主义之积习。"《武汉日报》；《马寅初全集》第七卷，第333页

2月22日　上午，出席立法院第4届第6次会议。（一）代表财政委员会提交《民国二十三年湖南省建设公债条例》条文案审查报告、修正《民国十九年建设委员会电气事业长期公债》条文案审查报告及《民国十九年建设委员会电气事业短期公债条例》条文案审查报告各案；（二）代表商法委员会会同民法委员会提呈《商人债务清理暂行条例（草案）》案。

下午，主持立法院财政委员会第4届第3次会议，审议院令交付审查各案。

2月23日　领衔发起中国经济学社等23家国内著名学术团体联合通电督促万国储蓄会结束："中央党部国民政府钧鉴：各省市县党部政府报馆民众团体及全国同胞公鉴：国民储蓄，自有正当途径，断不可以赌博方式行之，尤不可任外人在我国境内藉赌博式之储蓄，以吸收我劳苦民众血汗易得之金钱。其中如法商万国储蓄会在商埠及内地之势力，实令人触目警心。其组织及办理成绩如何，中国政府不得监督过问，其内容则道路颇多传说，亦无从臆断。惟其吸收资金，除获利不计外，已多至六千五百余万元。现正方加无已。竭举国之脂膏，供外商之利用，则危险状况，实不言可喻。……届此有奖储蓄会尚未结束之时，尤望同胞未曾加入者绝对不可再行加入。其已经加入者，暂时不可单独退会，任其挟持。应各分别省区办理登记，进行组织储户联合会，以团体之力量，协助政府，为交涉后盾，务期达到收回储款全部本息之目的而后已。当此国民经济困难之时，同胞惟有刻苦耐劳，寸积铢累，从事正当生产之投资，方能自救。万不可逞侥幸之心，存非分之想，尤不可以血汗之资金，供外商之取巧。务恳政府与民众一致努力，收回利权。此后并将有赌博性之组织积极取消，挽回漏卮，培养民德，此实救国之要图也。中国经济学社、中国科学社、中央大学、中山大学、南开大学、上海各大学教职员联合会、金陵大学、金陵女子文理学院、湖南大学、北洋工学院、复旦大学、沪江大学、暨南大学、浙江大学、厦门大学、山东大学、东吴大学、中国工程师学会、中国矿冶工程师

学会、中国电业工程师学会、统计学社、会计学社同叩。梗。"《银行周报》第19卷第8期

2月25日 出席中国经济学社杭州分社社员大会,并报告分社财政状况。2月26日《申报》

2月26日 财政部发言人于《中国日报》刊文《对马寅初金融立法说明,财政部发言人之辩正》。

本月 发表《公库制问题》。对中国财经体制提出批评:"现今中央银行之总裁即为国民政府之财政部长,在各国政治已上轨道之政府,犹难免不借财政权力以扰乱金融,况我国乎?又况以财长而兼为中央银行之总裁乎?"《银行周报》第19卷第6期;《马寅初全集》第七卷,第340页

同月 发表《定额分配输入制问题》。关注世界经济中一新现象,"定额制(quota system)为此次世界经济长期恐慌中之产物,法国行之收效最宏,其次为英国,而德国虽亦采行此制,则终于失败。夫同一制度,成败异数,其故何哉?容后再述。中国是否亦可效法法国,施行定额制,以求一出路乎?"分析中国经济运行中存之诸种缺陷:(一)缺乏统计;(二)外交棘手;(三)对进口商人不易分配;(四)过去关税协定印象恶劣之影响;(五)工商意见不能一致;(六)《进口货物原产国标记条例》之前车可鉴;(七)日人利用机会坐收渔人之利;(八)偷运难防;(九)入超过巨尤足为施行定额制之梗等,结论:"可知我国欲采用定额制,对内对外,困难重重。故在法国之行而有效者,未必适用于中国也。"《社会经济月报》第2卷第2期;《马寅初全集》第七卷,第353页

3月

3月1日 上午,出席立法院第4届第7次会议,代表财政委员会报告《妨害银本位币处罚条例(草案)》案。

下午,出席立法院外交、法制、商法委员会第4届第1次联席会议,修正通过《船舶无线电台条例(草案)》初步审查报告案。

晚,偕立法院长孙科、国府委员马超俊、铁道次长曾仲鸣乘23时夜车离京,次日晨抵沪。3月3日《申报》

3月6日 中政会第447次会议,任命蒋中正、汪兆铭、叶楚伧、孙科、

居正、于右任、戴季陶、孔祥熙、宋子文、陈其采、何应钦、朱培德、唐生智、陈立夫、唐有壬、王世杰、陈绍宽、马寅初为审查预算计划委员会委员。3月7日《申报》

同日 主持立法院商法、民法两委员会联席会议，审查《商业登记法（草案）》。3月7日《申报》

3月8日 出席立法院第4届第8次会议。代表财政委员会报告：审查修正威海卫管理公署二十二年度地方普通岁入岁出追加预算案、二十二年度青岛市地方普通岁入岁出总预算案；代表财政委员会会同法制委员会修正《中央造币厂组织法》条文案。

3月13日 主持立法院财政委员会第4届第4次会议，审查修正湖北省二十三年度地方普通经常临时岁入岁出拟定总预算案等。

3月15日 上午，出席立法院第4届第9次会议。代表商法委员会会同法制委员会、外交委员会提呈《船舶无线电台条例（草案）》。

同日 主持立法院财政、刑法委员会联席会议第4届第3次会议，审查《偷漏国税处刑原则》。

3月26日 发表《利用外资方式中之华洋合资问题》。考察中国外资进入现状，结合立法院立法讨论意见，说明时下华洋合资政策原则："特许现在不能实行，借款亦属不易，故今日利用外资，大都均采华洋合资一式。在不损失中国主权范围以内，中国政府得与洋商合资办理各种建设，而以公司名义进行，此为原则。新近中国政府与洋商合资经营事业，有中德合资之欧亚航空公司，中美合资之中国航空公司，将来华商经营公司，亦可以许洋商投资，但须受下列四种限制：（一）华股必须占百分之五十以上；（二）华董须占多数；（三）董事长及总经理，必须由中国人充任；（四）商人合资，应受中国《公司法》及其他法律之制裁。此四点为华洋合资之大原则。"《银行周报》第19卷第11期；《马寅初全集》第七卷，第373页

本月 为潘文安、张一凡《财政金融大辞典》题词："本编搜罗财政金融术语一万有余，以明确之解释，供检查之便利，贡献于学术界者，良匪浅鲜矣。《财政金融大辞典》出版有期，书此奉贻。"潘文安、张一凡：《财政金融大辞典》，上海世界书局1937年出版；《马寅初全集补编》，第575页

4月

4月5日 立法院召开第4届第11次会议，因故缺席。会议：（一）审议财政委员长马寅初提呈湖北省二十三年度地方普通岁入岁出总预算案，修正《汉口市市政公债条例》暨还本付息表草案、南京市二十三年度地方普通岁入岁出总预算案、民国二十四年《汉口市建设公债条例》暨还本付息表草案；（二）财政委员会会同商法委员会提呈修正《交易所法》条文案。

4月6日 担任浙江省县长讲习会讲习。浙江省县长讲习会特聘"陈立夫、马寅初、徐谟等担任党务、政治、经济、外交等专门讲演"。《申报》

4月10日 发表《余对于读书之经验》。重申学者自由、独立之立场："纵使因特殊关系，立法委员可以牺牲，大学教授决不愿牺牲也。"同期发表经验谈者有：蔡元培、章益、孙伏园、董修甲、张相、武育干、张素民、曹聚仁、刘真如等20人。《文化建设》第1卷第7期；《马寅初全集》第九卷，第53页

4月11日 由杭晋京，途经江浙交界父子岭与汤浦站间，司机不慎车头撞及桥栏，先生头部碰伤。4月15日《时事公报》

4月12日 出席立法院第4届第12次会议。

4月13日 晚，由京返回杭州，就诊广济医院，伤无大碍。4月15日《时事公报》

4月16日 于浙江县长讲习会演讲《英美日等世界经济恐慌而采用通货膨胀政策以刺激国外市场，增加货物出口同时亦障碍外货入口之理由》。阐明通货膨胀不能行于中国之道理。

4月17日 于浙江省县长讲习会演讲《定额分配及封锁款项两者均不能行于中国》。介绍德国所行封销款项制有"输入自少而输出大增"之功。然此法"中国不能行使"，因信用未著，转手难免，"吾人知外货输入中国，其货价已在外人银行付出，中国之银已入外人之手，自不能在中国封锁其款项，使外人仍向中国购货或作游历之用，理至明矣"。4月18日《东南日报》；《马寅初全集》第七卷，第385页

4月18日 立法院召开第4届第13次会议，因故缺席。会议审议财政委员长、商法委员会召集人马寅初提呈山东省二十三年度地方普通岁入岁出总预算案审查报告案及修正《会计师条例》案等案。

4月26日　出席立法院第4届第14次会议。

4月30日　发表《合伙企业之连带无限责任问题》。阐述合伙企业连带责任之法理，介绍立法院讨论《民法》相关条文不同意见之辩论情形，认为："从各方面看来，合伙分担问题，不如在《民法》隐名合伙之规定上设法解决，只须将隐名合伙加以明白解释，不必另行修改，当可适应商人之需要，足以补救连带无限责任之缺点。至于《公司法》则万万不能修改。"《银行周报》第19卷第16、20期；《马寅初全集》第七卷，第389页

5月

5月1日　主持立法院财政委员会第4届第9次会议，审查通过青岛市二十三年度地方普通岁入岁出拟定预算案等。

5月2日　主持立法院财政、经济委员会第4届第5次联席会议，修正通过《中央银行法（草案）》初步审查报告案。

同日　发表记者谈话："美国白银政策影响世界金融非浅，如此继续演进，其扰乱状态，不能臆测，我国受害，更为重大，补救之方，实不容缓……余正努力研究，最近期间，发表个人之所得，与国内学者一商榷之。"5月3日《申报》

5月3日　出席立法院第4届第15次会议。

5月4日　晨，偕孙科、吴铁城、曾仲鸣、褚民谊、傅秉常等抵沪。《申报》

5月8日　受聘上海交通大学国际问题研究会荣誉会员。

5月9日　出席立法院第4届第16次会议，代表财政委员会报告审查青岛市二十三年度地方普通岁入岁出总预算案；代表财政委员会会同经济委员会提呈修正《中央银行条例（草案）》案。

5月16日　为《法光特刊》（《大日报馆》一周年纪念）题词："民之导师"。影印件

5月22日　上午，应南京市工人福利总会贾国民主席邀请演讲《国民经济建设运动之真谛》。"首都工界，于昨晨十时，假市党部大礼堂举行演讲大会，到各工人团体及市农会等代表共五百余人。"向工农兄弟呼吁："我们自己的钱，要拿出来建设，不要再给外国银行骗去了。存要存本国的银行，买要买本国的东西，使国民经济慢慢地复苏转来。"5月23日《中央日报》；《马寅初全

集补编》，第 200 页

下午，参加立法院经济、商法委员会第 4 届第 1 次联席会议，委员吴尚鹰、罗运炎、杨幼炯、邓公玄、张志韩、董右昌、卫挺生、周一志、梅恕曾、姚传法等出席。会议修正通过《中国农民银行条例》原则及草案。

同日 发表《入超问题与利用外资》。回答一长期研究难题："中国经济问题之症结，在入超一端，余已屡屡为文言之，故一切经济问题，均须从解决入超问题入手。但于此有一矛盾之点，即欲解决入超问题，非开发中国之富源，振兴中国之实业不可。而开发富源、振兴实业，本国资本不足，势非利用外资不可。然欲利用外资，入超必不可免，无入超，则外资无由而至。故矛盾之点即为欲利用外资，非有入超不可，而欲免除入超，即无外资可以利用。"考察国际诸国贸易入超影响，分十一个方面说明中国应取之道。"若不论入超为何物而徒求出入之相抵，外国资本，何从进口乎？中国之入超虽巨，苟生产机器占其大部分是无伤也，所怕者今日之入超大半为消费品耳。故吾人不求入超之完全抵消，但求消费品之进口减少，生产品之进口增加，将来自能反入超而为出超。"《时事月报》第 12 卷第 5 期；《马寅初全集》第七卷，第 407 页

5 月 23 日 发表记者讲话。首先赞同行政院孔院长提议，"对偷运银币银类出洋，或前往不行使银本位币地方之人犯，一律照危害民国紧急治罪法，分别处以死刑，无期徒刑，或五年以上有期徒刑，并得并科币额或价额五倍之罚金"。继言及，因美考察团最后之地点为杭州，而杭州银行、经济、工商各界均盼余能至杭州与美国考察团当面研讨，"解铃还是系铃人，中国社会人士，均盼美国上下早日设法"，以解中国白银问题之困难。5 月 24 日《申报》

5 月 24 日 上午，出席立法院第 4 届第 18 次会议，代表商法委员会会同经济委员会提呈《中国农民银行条例（草案）》修正案。

下午，主持立法院财政、法制委员会第 4 届第 3 次联席会议，审查修正《盐政改革委员会组织法》条文案初步审查报告案。

5 月 29 日 主持立法院财政、经济委员会第 4 届第 7 次联席会议，审议通过（一）修订《海关出口税税则》案；（二）修订海关进出口附加税案。

5 月 30 日 主持立法院财政委员会第 4 届第 10 次会议，审查修正《财政收支系统法（草案）》初步审查报告案。

同日 发表记者谈话，剖析美丰银行停业几点原因，呼吁："深盼国人今后对外国银行，勿信赖太高，对万国银行储蓄会勿再存奢望，最好不存款入外国银行，不缴款入万国储蓄会，免受不可逆料之损失。"《中央日报》；《马寅初全集补编》，第535页

5月31日 上午，出席立法院第4届第19次会议，代表财政委员会会同法制委员会报告修正《盐政改革委员会组织法》案。

继主持立法院财政委员会第4届第11次会议，审查《财政收支系统法（草案）》初步审查报告案。

下午，主持立法院财政、法制委员会第4届第4次联席会议，审查《偷漏国税处刑原则》案。

本月 为全国邮政总工会宣传部《中华邮工》创刊号题词："中华邮工月刊纪盛：德行传命"。影印件

6月

6月1日 继续主持立法院财政委员会第4届第11次会议。

6月3日 于杭州无线电台播讲"禁烟禁毒问题"。对军委会最新禁烟禁毒举措予以说明："据军委会之意见，《禁烟法》施行以来，因定罪太轻，未能切合实际，未见效果；军委会颁行之各项禁烟法规适用范围，推至十九省五市，故《禁烟法》已失其效用。鄙意以为今日之种烟运烟，往往与不肖军人不无关系，尤非以军事委员会委员长直接负责全国之禁烟禁毒，不足以肃清烟、毒。"表示"行见十数年来余所努力主张之禁烟运动、禁毒运动，将由全国最高军事领袖之势力，以一贯有效之步骤实现之矣。此诚我国禁毒前途至可乐观之大事也。"《浙江省拒毒会总报告》；《马寅初全集》第九卷，第5页

同日 就白银问题发表意见《我国银本位应放弃乎抑应维持乎——向美考察团进一忠告》。南京《中央日报》连日刊发，编者按："经济专家马寅初，以三日杭州各界招待美国经济考察团，马氏应各界之请，为使该团明了中国白银货币问题，特草就一文，用中英文分印，向该团进其忠告，希望该团将此项意见，于归国时，向美国政府陈述。文长八千字，为中国发生白银问题后有系统之巨著，亦为国人所亟须考察者。"诸报刊全文转载，引起各界重视白银问题，

纷纷撰文支持。文章研究美国白银政策对中美两方经济的实际影响，从十方面论述：（一）平衡税与平衡贸易；（二）政府与社会之一致的行动；（三）平衡贸易之困难与以货易货；（四）决定货币贬值政策是否可以安定人心；（五）稳定外汇与稳定物价；（六）稳定外汇必须管理通货；（七）中国缺乏通货管理之条件；（八）再论放弃银本位之利益；（九）再论放弃银本位之弊病；（十）折衷办法。结论："本篇大意，首在探讨阻止现银出口之方策。平衡税既非根本办法，于是乃有均衡贸易之论。但生产品之入超，不能阻止，于是有主张以本国农产品，换外国之生产品者，但今日不能实行。有主张向外国借款者，但亦限于种种条件，不能实现，结果银子仍须出口。于是有主张货币贬值者，但亦有人反对。以为一旦贬值，将伊于胡底。故有第三者出，主张本国货币之汇价与英镑相联，以防币值之无限的下跌者，但结果中国币值随英镑以上下，不但本国不能自主，且将牺牲国内物价，以维持汇价，殊不值得。盖国内物价与四亿人民都有关系，而汇价只与几个进出口商有关系也。故有人以为不如牺牲汇价，取一适当之物价水准，作为稳定币值之标准之为愈。然此非实行通货管理不可，而中国以各种条件未曾具备，不能实行通货管理。于是陷于进退两难之境，放弃银本位固不能，不放弃亦不可。此皆美国提高银价之所致，解铃还须系铃人，希望美国顾全两国向来之友谊，改变方针则幸甚。吾人若提出一折衷办法，取有限制贬低币值政策，但抵不过美国提高银价之势力，此法依然无效。结果仍不能阻止白银之出口。现在上海存银只有三亿二千万两，其中百分之八十五在本国银行之手，但恐国外银价不断上涨，现银出口，无法阻止，故银行不敢放款。银行不放款，则工商业如何能繁荣？工商业不繁荣，生产不增加，如何能平衡国外贸易？贸易不平衡，则现银外流，依然无法阻止。由是以观，中国经济，如美国不放弃购银政策，于将永陷此循环圈之内，而不能自解。""美国如不再幡然改图，中国经济更将不堪问闻矣。今日美国自办之美丰银行已经停业，长此以往，恐中美贸易将全部停顿矣。此吾人所以不得不对美国提出如上之忠告。深愿美国详察之。"《中央时事周报》第4卷第23期；《马寅初全集》第七卷，第419页

6月4日 得美国考察团团长福勒斯函，索取《我国银本位应放弃乎抑应维持乎》。表示极愿考虑此问题，俾其返国时与美人士共同研究之。美驻华商

务参赞安立德亦托人前来索取英文译本，以寄往华盛顿各报。6月5日《申报》

同日 主持中国经济学社第十二届理事会第十五次常会，讨论通过用基金3万元至3.5万元建筑南京社所，用基金1.5万元购置经济图书，并推马寅初等五人为社所建筑委员会委员，王云五等三人为购置图书委员会委员。孙大权：《中国经济学的成长》

6月5日 发表《吾国生产问题中之两方面——货币方面与经济方面》。以学理结合国内外经济现象考察中国生产中货币与经济之关系："观中国生产问题，当知中国今日之病，其由于货币方面者小，而由于经济方面者大。中国之货币问题，其病起自外感。今日因美国提高银价，以致中国现银源源流出，银行现金准备日减，不敢放款，因之市上支付工具日感缺乏，以致货物停滞，物价惨跌。追溯其故，咎在外来势力之捣乱，与本国银行利率无关。今日就令中央银行降低利率，亦抵不过美国购银势力之大。如欲阻银外流，必须减少消费品之入超，非增加生产不为功。但欲增加生产，又遇两大阻碍，一为储蓄太少，二为人工太多，不能改用机器。有此两病，中国生产力之发展必阻滞而缓慢。欲求迅速，非利用外资不可。"《银行周报》第19卷第24期；《马寅初全集》第七卷，第434页

6月7日 出席立法院第4届第20次会议，代表商法起草委员会提呈起草《保险业法（草案）》案。该法案于1936年11月27日立法院第4届第81次会议通过，1937年1月11日国民政府公布。《中央日报》

6月8日 就限制外商保险业问题发表记者谈话《谈〈保险业法〉》。《中央日报》按语曰："《保险业法》业经立法院三读通过，记者以该法对于华洋合资问题，仅准华洋合资共办财产保险，不准经营人身保险。对于外国公司经纪人，特别予以限制，使其营业范围，仅能及于通商口岸，不得侵入内地经营，关系我国国民经济，至为重要。特往访主草该法之立法院商法委员会召集人马寅初氏，叩询其立法要旨，承解释甚详，并列举过去买办阶级为虎作伥之罪恶，致令我国今日国内经济，发生极度不安。因有此历史上之教训，故不得不在今后立法中，遇有上列问题时，特加缜密规定，期作亡羊补牢之策。马氏所言极为透彻，爰纪录于次。"文曰："保险业对于华洋合资，不可无限制，即其一端。现在上海保险公司中，有二家系华洋合资，故赞成华洋合资外，其余各

公司皆不赞成华洋合资。有人以为华洋合资，可以利用外资，此种观念，实属错误。要知保险公司，性质特殊，与其他建设事业不同，如铁路、如水利等事业，可以利用外资，名副其实。若保险公司则不然，假定有一华洋合资保险公司，资本四十万，外资占三分之一，或中外各半，中国能利用外资者，只此十余万，或二十万元之资本而已。而公司所吸收之资金，可以多至几千百万元。试问到此结果，为中国人利用外资乎？抑外国人利用中国内资乎？论者之言，抑何不察之甚耶。"6月9日《中央日报》；《马寅初全集补编》，第202页

6月10—14日 偕张公权、陈光甫、刘大钧、贝淞荪、叶恭绰、金国宝等中方专家，与美国考察团面商"白银问题"。6月9日《中央日报》

6月11日 主持立法院财政委员会第4届第12次会议。修正通过《财政收支系统法（草案）》第四十三条以下及附表案。

6月12日 主持立法院财政委员会第4届第13次会议，审议通过（一）民国二十四年福建省地方建设公债及清理旧欠公债案初步审查报告案；（二）民国十六年党军入闽后福建省债务仰并案审查具报案；（三）民国二十四年四川善后公债案。

6月14日 出席立法院第4届第21次会议，代表财政委员会报告审查修正《财政收支系统法（草案）》案。

6月18日 应学校生活周刊社约请撰文《中国经济之危机》。阐述世界经济恐慌产生原因及影响中国经济之途径与过程，指出中国危机格外深重在于自身四条特殊原因：（一）领事裁判权之存在——舶来品输入，中国人本可禁止进口，去向洋行交涉，但为了领事裁判权的存在，便感捉襟见肘了；（二）外国银行之势力——中国人不信仰本国银行，喜欢存款到外国银行里去，银行放款给洋行，洋行奖励进口，这不是中国人自杀的下策吗？（三）中国处于次殖民地的地位——一面以原料供给他国，一面接受他国之制造品；（四）日本之野心——日本欲以东三省为资源地，以中国为市场。挽救危机方法，要者亦有四端：（一）提高关税；（二）蒋委员长之经济建设；（三）奖励本国工业；（四）抵抗洋货倾销。《学校生活》第109、110期；《马寅初全集》第七卷，第448页

6月19日 主持立法院法制、外交、财政、经济、军事委员会第4届第1

次联席会议，审议二十四年度国家普通岁入岁出拟定总预算书案。

6月21日　出席立法院第4届第22次会议，代表财政委员会会同法制、外交、经济、军事委员会提呈民国二十四年度国家岁入岁出总预算案审查报告。

6月22日　发表《对白银问题的意见》。《中央日报》

6月26日　主持立法院财政委员会第4届第14次会议，审查修正通过《民国二十四年四川善后公债条例（草案）》及还本付息表案初步审查报告案、《民国二十三年关税公债条例（草案）》案及还本付息表案。

6月28日　出席立法院第4届第23次会议，代表财政委员会报告审查《商事调解委员会章程（草案）》案。

6月30日　携全家与王正廷夫妇乘海宁轮由沪赴青岛。"马系县政府聘任暑期经济学讲习会讲演，王系参加世运暑期训练会事宜。"7月1日《申报》

同日　发表《金融与财政》。从学理上论述，"金融为商业范围内之事，有自生自灭之作用，财政则无此功能，故财政与金融应划分处理，庶得其道矣"。《武汉日报》；《马寅初全集》第九卷，第20页

本月　发表《世界经济恐慌之起源过程及其结果》（佚文）。《国府文职》第2期

同月　发表《中国经济问题与中国货币问题》。从四方面：（一）货币与经济之关系；（二）经济恐慌之原因；（三）世界经济问题与中国经济问题；（四）中国经济问题解决之困难，论述中国经济问题与中国货币问题之深刻关系，并提出化解思路："总之，先解决经济问题，要借款；先解决货币问题，要借款；经济问题、货币问题同时解决，也要借款；以至于蒋委员长之经济建设如欲保持银子，亦莫不为借款问题。"《国府文职》第2期；《马寅初全集》第九卷，第92页

同月　发表《法库制与解决白银外流问题》。《中华月报》第3卷第6期

同月　《交大经济》介绍新著《中国经济改造》。《交大经济》1935年第4期；影印件

7月

7月1日　发表《世界经济恐慌如何影响及于中国与中国之对策》。从学理与实际考察结合上探讨世界经济恐慌对中国之深重影响，分别剖析英、美、

日、德诸国救济经济恐慌方法，于中国均难于借用，除奖励本国工业之具体方案外，抵制洋货倾销更赖吾民众之彻底觉悟、组织节俭会及提倡国货会等种种方法，不厌其多，造成一种心理风气，庶可养成强有力之社会制裁。此外则可以同业公会为一主干。"凡同一营业之商店，依法有七家以上即应组织同业公会，惟在目前一则因商人知识之欠缺，罔知利害，一则因领导者难得才德两全之人物，握有公会理事之地位者，每每自便私图，致启同业之疑惑，以致多数商号不愿加入同业公会。自今以后，应由政府严厉规定《工商业登记办法》，银行公司固须强迫登记，即私人合伙，亦应定一强行法规，迫使登记。盖目今我国商业组织，私人资本及合伙占绝对多数，全国各种公司已依法登记者不过三千余家。故私人合伙，对于吾国工商业尚占绝大势力，如果政府不予设法登记，如何能实施统制？既经登记之后，即迫令加入公会。最初《同业公会法》，尚系任意法规'得组织公会'。嗣虽修正为'应组织公会'，但对于应加入而不加入者，尚无具体办法之规定。嗣后应于《同业公会组织法》中补充规定，目前或可限制其请愿权以迫使加入，例如商号遇有事件向政府陈述或请求者，必使其经过同业公会转呈之手续，或欲设立商号请求登记时，应同时令其加入公会，否则不准登记。如此则各同业公会必将纷纷组织，于是再由政府监督指导，令其慎重理事人选，或不妨由政府意旨提出候选人。且注意公会内各商号都一律平等，不可任令少数操纵，致令同业灰心怨望，则同业公会之组织，当然可以健全，一面使各同业公会均须加入商会，政府对于商会亦加以指导监督，使臻健全，务使政府能统率指导商会，商会能统率指导同业公会，庶政府及工商业成一整个意志贯注、富有活动力之一有机体。政府不必有实施统制之名，而收统制之效。日本之同业公会即系如此，吾人亟应仿效。商会及各业同业公会组织既健全，精神意志既贯注，乃由同业公会规定办法。凡有同业，均须贩卖国货，其有必须贩卖洋货者，须经同业公会代办。各商号购买行销存货之数量，均须按期报告公会登记，公会转报商会登记，则各业销售数量，均可有一统计，根据此项统计，随时设计指导如何减少洋货，如何以国货代替，而为有效之抵制，则自可减少外货之倾销矣。以上为吾国对于世界经济恐慌之狂潮中惟一可行之途径，吾人均当努力以赴挽回劫运，至于如何使之收效，如何在种种不平等条约下，不致使外人有所借口，在四面强邻威迫下，如何不增加政府之困难，而能运用肆应以收宏效，则在吾人之悉心体会竭力勉赴矣。"《东方杂志》第32卷第13期；《马寅初全集》第七卷，第456页

7月5日 出席立法院第4届第24次会议，代表财政委员会报告《民国二十四年福建省地方建设公债条例（草案）》案。

7月9日 主持立法院财政委员会第4届第18次会议，通过威海卫管理公署二十四年度地方普通岁入岁出拟定总预算书案等。

同日 发表《苏俄经济生活之鸟瞰》。"余迭承各校学生要求讲演苏俄经济状况，因事不果。兹特抽暇草成斯篇，纯为学理之研究，其目的在使读者略知苏俄经济之梗概云耳。"认为，苏俄革命成功，但经济改造前途艰苦。一无共产国家之先例可援，又惑于空疏之学说。苏俄的经济组织优胜于资本主义经济之处甚多，但苏俄经济能否胜过资本主义经济，减低生产成本是其关键。《银行周报》第19卷第29期；《马寅初全集》第九卷，第7页

7月12日 立法院召开第4届第25次会议，因故缺席。会议：（一）审议财政委员长马寅初提呈南京市民国二十三年度地方普通岁入岁出追加预算案；（二）外交委员会委员长傅秉常、商法委员会召集人马寅初联名提呈加入《国际载重线公约》案审查报告。

7月12日—8月16日 应青岛市市长沈鸿烈邀请，携全家至青岛，主题演讲《中国当前之经济问题》，共分十一讲：世界经济恐慌如何发生；放弃金本位以救济恐慌；中国亦可放弃银本位以救济今日之不景气乎；假定中国决定放弃银本位；金本位有恢复之可能否；虚金本位（或称金汇兑本位）；国人认为与国家存亡有关之入超问题；利用外资；从贷款国方面研究利用外资之利害；世界经济之趋势；国际和平经济繁荣之途径。该书"弁言"曰："中华民国二十四年之夏，青岛市大礼堂落成，沈市长为发扬本市文化，并思灌输经济学识于一般民众，特延聘马寅初博士来青岛讲演中国经济问题。计自七月十二日起，至八月十六日止，共讲演十一次，闳言谠论，倾动一时，诚盛事也……新设之大礼堂，可容纳一千人弱，而志愿听讲者，竟逾两倍。"《中国当前之经济问题》；《马寅初全集》第七卷，第479页

期间，与蔡元培及家人聚会并合影，照片题写："马委员长与蔡元培先生一家合影留念"。《蔡元培画传》，上海人民美术出版社1988年10月出版

7月29日 应"铁道部全国铁路沿线出产货品展览会"之邀，于青岛市民众教育馆演讲《中国要早日实行工业化》。提出发展四原则：（一）所办的轻工业，必须与农村有密切关系；（二）对于吾国固有技术的轻工业，应该提倡；（三）提倡轻工业，要注重用资本少、人工多的先行举办；（四）轻工业的出品须普遍适用，且为农民购买力所能担负，以便推广。最后指出要利用外资，但不要为外资所利用。《铁道公报》第1236期；《马寅初全集》第九卷，第1页

本月 为宓公干《典当论》作序："典当与合作社，一为对物信用，一为对人信用。典当与小本借贷制度，前者重在供给消费资金，故不问放款用途。后者重在协助生产，故监督放款用途。三者均有其特殊之功能，当可并行不悖。惟典当为旧式金融机关，迄于今日，殊有改善之必要。俾成为现代经济机构之一环。虽然，改革制度，亦难言之矣。有学理而无经验，每致闭门造车，于推行上动生问题。有经验而无学理，又易陷于支离矛盾，于全局无大裨益。"宓公干：《典当论》，上海商务印书馆1936年8月出版；《马寅初全集补编》，第448页

同月 为广东怀集县图书馆落成题词："集东西文为渊薮，览当世事以融通；尽录其长舍所短，初前为异终于同"。《马寅初全集补编》，第575页

8月

8月1日 发表《吾对于经济建设之意见》（又名《中国之经济建设》及《吾对于改造中国经济之意见》）。介绍《中国经济改造》主张全体主义之理由，并重点阐述改造方案："处于今日中国情形之下，设若改造经济问题因国内国外种种关系，似乎不能操之过急，像俄国那样用极激烈的手段推翻一切。但是也不能效从前英国从容的建设，因为时间已经来不及了，所以我们所采取的手段也须适当；否则恐怕危险丛生。英国的经济政策抱个人主义，因为也是先进国家，那时没有人和他竞争……中国应先把个人主义撇开，因为中国所用的教科书，除了中小学的教科书，自己编辑者外，大学用书，多是英美的原版，假如我们也染到个人主义的余毒，都就不得了啦！""只有使银行、交通、工厂、农业四大团体共同联合起来，又在政府指导之下，群策群力，勇往迈进，那样才能把外边这层势力冲破，好像孵化的小鸡，从蛋壳出来，得见天日一样。冲破之后，方可不受帝国主义资本之威胁，且可在互惠原则之下，讲真正的经济

提携。但是四者合作不能缺一，否则还是没有用处的。"而"欲谈经济建设，唯一的问题是先要改变农人'靠天吃饭'，'听天由命'的思想，要改变他们的旧思想，就应该先解除他们的痛苦，须先要给他们利益。希望内乱不再发生，军费逐渐缩减，即不能缩减，也希望不再增加。其次利用外资，再讲治水。倘若每年化五千万元从事治水，有十年的工夫，五万万元或可以免除水患。其实，现在每年为黄河、长江筑堤赈灾化用的钱，也不止五千万元。水患既除，完全证明'人事可以胜天定'，人民当然可以安居，他的思想必大变，天可以不怕，更怕什么外国人呢？"《银行周报》第19卷第32期；《青岛青年》第49期；《马寅初全集》第九卷，第39页

8月11日 发表《就银本位之资格论中国可否放弃银本位》。据新经济形势进一步研究银本位问题。自（一）银本位之资格；（二）放弃银本位者即取消银本位之三种资格；（三）银本位具有三种资格之用意；（四）自由铸造可骤然取消乎；（五）欲取消兑现必须集中现银，今日之现银能集中乎；（六）今日平衡税之作用；（七）现银应否绝对禁止出口等方面剖析，结论："我国欲放弃银本位之资格，事实上皆不易办到。"《武汉日报》；《马寅初全集》第九卷，第30页

本月 为唐庆增《中国经济思想史》作序："经济思想史即研究各时代经济思想之所由生与其影响于经济环境之效果，得失分明，取舍有则，裨益于人类经济生活者，岂浅鲜哉！故各国学者对于经济思想史之研究，莫不蔚成大观。中国自古以农立国，古先圣哲经济思想之灿烂，较之欧美各国，未遑多让。惜汉后儒者以言利为讳，经济思想遂少系统的发展。海通以还，西学东渐，欧美经济思想史，遂亦风行于我国矣。而研究中国经济思想史者，尚鲜其人，能无憾乎！"唐庆增：《中国经济思想史》，商务印书馆1936年出版；《马寅初全集补编》，第446页

9月

9月6日 出席立法院第4届第27次会议，代表财政委员会报告威海卫管理公署二十三年度地方岁入岁出拟定总预算案。

9月7日 对《中央日报》记者就英国政府首席经济顾问罗斯爵士即将来华发表评论。9月8日《中央日报》

9月11日　主持立法院财政委员会第4届第18次会议。会议（一）审议通过威海卫二十四年度地方普通岁入岁出拟定总预算书案；（二）审查上海、青海二十三年度地方普通岁入岁出拟定总预算书案等案。

9月13日　出席立法院第4届第28次会议，代表财政委员会报告审查上海市二十三年度地方普通岁入岁出总预算案。

9月20日　上午，出席立法院第4届第29次会议。代表财政委员会报告审查《二十一年度湖北省续发善后公债条例》审查修正案、威海卫管理公署二十四年度普通岁入岁出总预算案。

会后，接待英驻华大使贾德干。贾氏受侨华英商会之托访马寅初，恳谈修正《商标法》问题，并将各汇案请马参考。贾此次访马与罗斯爵士来华有关，谓罗斯氏此次来华系考察经济情形。9月21日《申报》

9月25日　主持立法院财政委员会第4届第19次会议。修正通过《民国二十四年电政公债条例（草案）》及还本付息表案。

9月27日　出席立法院第4届第30次会议，代表财政委员会报告审查青海省二十三年度地方普通岁入岁出总预算案、《民国二十四年电政公债条例（草案）》及还本付息表案等案。

9月30日　出席立法院法制、经济、财政委员会第4届第1次联席会议，审查修正《民业铁道条例（草案）》、《专用铁道条例（草案）》、《地方官营铁道条例（草案）》等案。

10月

10月3日　就沪工商救济对策发表批评。《中央日报》

10月4日　出席立法院第4届第31次会议。会审修正《民营铁道条例（草案）》、《地方官营铁道条例（草案）》、《专用铁道条例（草案）》。议决：三案由马寅初委员召集，于两星期审竣。

同日　国立上海商科大学江湾新校舍落成，复函裴复恒院长表示祝贺，并题词一幅。"贵院新屋落成忻何如之，勉成题词一则随函附上。"该题词阙如。

上海财经大学档案；朱迎平：《马寅初与上海财经大学》，《马寅初纪念馆专刊》2007年第5期

10月8日　为上海复旦大学银行学系三十周纪念刊《银行期刊》题写封面。

10月10日　专著《利用外资与经济建设》出版，杭州大风社大风文库发行。论述入超与利用外资之关系及中央政治会议决定三种利用外资之方法及其实例。全书共十一章：（一）入超与利用外资之关系；（二）中国应设法取消入超否？（三）入超之改性；（四）俄国如何利用外国生产工具？（五）中国过去之利用外资与俄国迥不相同；（六）日本真有余资贷与中国乎？（七）银行团之组织及其经过；（八）反对借外资者之理由；（九）赞成借外资者之理由；（十）中央政治会议决定之三种利用外资之方法及其实例；（十一）结论。

10月15日　主持中国经济学社理事会议，讨论通过中国社会科学研究会建议中国统计学社、中国经济学社等三团体于二十五年试办联合年会案。孙大权：《中国经济学的成长》

10月18日　上午出席立法院第4届第33次会议，偕连声海委员等联呈重行审查《民营铁道条例（草案）》、《公营铁道条例（草案）》、《专用铁道条例（草案）》案，议决：修正通过。

下午，出席立法院审查修正《中华民国宪法（草案）》会议。

继续主持立法院财政委员会第4届第20次会议。合议（一）上海市保险业、银行业、钱业各同业公会对于保险单及支票本票印花税率申请碍难负荷，或请仍照旧案缓贴；（二）审查批准南京市政府函，为立法院前此讨论《印花税法》时对于小商人定义似有肩挑负贩不在此限之解释究竟如何决定请查复案；（三）为管理中西医药新闻广告传单所给验许证应否粘贴印花请查复案。

10月19日　继续出席立法院审查修正《中华民国宪法（草案）》会议。

10月20日　发表《英日联合对华投资问题》。剖析日、英、美三国近来对华投资动向，认为对日资须格外警惕："日本预定计划以满洲为原料策源地，而以中国本部为市场，是以开发中国，急不容缓。在我国亦亟欲开发以裕民生，开发富源，自非利用外资不可，故中央政治会议已决定利用外资之三种方式，一借款，二合资，三特许。倘日本前来投资，究应采用何种方式，自须审慎考虑。借款恐日本不信任，特许则危险太大，想当局决不至采用此式，故可用者只有合资一式。"《武汉日报》；《马寅初全集》第九卷，第48页

10月23日 主持立法院财政委员会第4届第21次会议，通过院密令《铁道部收回广东粤汉铁路公债条例》修正第五条、第七条条文草案等。

10月24日 出席立法院第4届第34次会议，会同委员傅秉常、吴经熊等呈报审查修正《中华民国宪法（草案）》案。

10月25日 上午，出席立法院第4届第35次会议，会同委员傅秉常、吴经熊、吴尚鹰等呈报修正《中华民国宪法（草案）》条文案，议决：通过修正案。

下午，中国社会学社、中国经济学社、中国统计学社联合召开委员会议，改选中国社会科学研究委员会常务委员。委员长马寅初，副委员长黎照寰，书记吴泽霖，金国宝任会计，吴大钧、吴景超、王志莘为常务委员。孙大权：《中国经济学的成长》

同日 发表《欢迎外资》。就英国政府首席经济顾问罗斯爵士来华考察，提出"对中国投放新资"建议："中国图迅速发展经济，对于凋敝之农村经济，固宜设法使之复兴，而大量生产之工业经济，尤不可不特别致力。欲达此目的，非大量利用外资不可。欲接济中国以新资本者，已大有人在。英国苟有诚意扶助中国，于两国均有裨益，实为中国官民所极端欢迎者也。"《绸缪月刊》第2卷第2期；《马寅初全集》第七卷，第364页

10月31日 出席立法院第4届第36次会议。代表财政委员会报告《民国二十四年水灾工赈公债条例（草案）》案；提交修正《商标法》条文草案案，议决：通过修正。

本月 得福建省高等法院院长童杭时函，谓父母坟墓合迁枕山安葬，请为题写《像赞》。承命题写："洁泉[1]老伯先生、德配魏太夫人：渺渺双星，芒殒云停。读书尚志，积德馀馨。潜身振绪，教子贻经。冢哲仪国，仲嗣扬庭。法权法则，省宪省刑。式遵彝训，聿具典型。燕翼垂裕，鸾祜被灵。枕山合吉，奕祀留铭。侄马寅初拜题（印）。"《马寅初在故乡》扉页

同月 发表《欲解决入超非利用外资不可》。为专著《利用外资与经济建

---

[1] 童洁泉（1855—1924），名圣功，字汝廉，嵊州市下王村人，贡生出身，早年参与浙江保路运动，辛亥间慷慨资助北伐义军，受浙江总督汤寿潜褒奖。夫人魏氏性好施与，建桥、施粥，出资在枕山建新校舍，并节衣蔬食补助学校费用。

设》之辑要，后附结论："利用外资已为中国急不容缓之问题，故吾人所注意者不在利用外资之可否，乃在如何利用外资之一点。过去之利用外资，不但虚有其名，且为外资所利用。今后吾人希望利用之外资，可以中央政治会议通过之原则为根据，与英美等国进行交涉。衡以数年来之历史，乃最近各国协助之热心，借款之可成，当无问题。日款亦免不了要借多少，借款成功，建设有成绩，不但入超性质大形改变，不久之将来，入超亦能取消，白银流出之危险亦消灭于无形。中国经济问题，不将逐步解决乎？"《银行周报》第19卷第38期；《马寅初全集》第九卷，第55页

同月 发表《个人主义之将崩溃》。认为："个人主义表现于经济界者即为自由竞争。自由竞争之结果，必造成独占。中国工业虽未发达，然已渐由自由竞争而进入于独占之途。盖自由竞争之结果，必两败俱伤，于是弱者为强者所并，其势均力敌者亦协议合并，而造成所谓卡特尔（cartel）、托拉斯（trust）等独占组织，然后其势力益臻雄厚。有新者起，必掊击而毙之。"《银行周报》第19卷第41期；《马寅初全集》第九卷，第70页

同月 为崔晓岑著《中央银行论》作序。认为，"确立一良好制度而善运用之，其难有甚于登蜀道"。"窃以为今后之成绩，当视下列三条件之能否达到。（一）中央银行原则必须遵守；（二）组织必须完密，营业尤须稳健；（三）政府人民切实合作，共同扶植行务之进展。所谓原则者，即世界先进国经验所得中央银行必不可缺之条件也。例如发行纸币，代理国库，集中准备，业务独立等是也。至于组织，尤贵完密。盖中央银行为代表国家之机关，与一国财政有密切之关系，故组织贵能实施国家之政策，而又不受政治变动之影响，与政府声气相通，而又不受当局之压迫。此则理事会之职权应当独立，总裁之人选必须摆脱政党之羁绊，股东之权限不宜过大，稽核与监督不可不严密也。组织完善矣，业务进行尤贵稳健，保全实力，超越风潮，以博社会之信仰，而收挽狂澜于既倒之效。"崔晓岑：《中央银行论》，商务印书馆1935年10月出版；《马寅初全集补编》，第444页

11月

11月1日 接受记者采访，谈"阎锡山物产证券问题"。《中央日报》

同日 为《世界倾销问题》作序，并予推荐："国民对于倾销不可不有一相当之认识，以为日后实行抵制之准备。吾友刘秉麟先生，本其积年学识经验，参证欧美名著，著为是书。钩元提要，洵属应时势之需要。"刘秉麟、潘源来：《世界倾销问题》，上海商务印书馆1935年出版；《申报》；《马寅初全集补编》，第577页

11月2日 赴杭演讲《财政部改革币制令》。舆论称此举为"巩固国家金融急要之图"。11月3日《申报》

11月5日 就"法币政策"发表记者谈话。11月6日《大公报》

11月8日 出席立法院第4届第37次会议。

11月中旬 回嵊县考察法币政策实施后金融状况。与嵊县商会会长汪正金、绅商杨成章等商讨因实施法币政策所致银根紧张之对策。汪氏提出于街市辟一门面，由先生与浙江省地方银行商洽开设嵊县分行，以为试点。

11月26日 主持中国经济学社南京座谈会，讨论"今后中国应采取之经济政策"。指出，目前纸币政策弊端颇多，希望社员对纸币政策、土地政策提出问题，发表意见。《经济学季刊》第7卷第1期；《马寅初全集补编》，第543页

11月27日 致朱孔阳[1]书："先生发起筹建泉唐（钱塘）公墓一事，须得吕厅长复函。关于免费面积一项，已电请内政部核复。"

信中所附函件即浙江省民政厅长吕必筹回信。回信内容如下："寅初先生勋鉴：展诵，大札敬悉。朱孔阳先生发起筹建钱塘公墓一案，已由杭县县政府转呈到厅。惟以所拟简章关于免费区面积一项，核与部颁公墓条例尚有未合。为垂示永久，计手续不厌详密，已电请内政部核复。如果私人团体筹设之公墓可不受条例之限制，自当即行备案。知关勤注，谨先奉复。"1934年，浙江兴业银行总经理朱孔阳先生发起筹建"钱塘公墓"，请求先生支持。该项目得到浙江省民政厅长吕必筹政策上支持，1935年3月9日余杭县政府呈文浙省民政厅，5月14日余杭县政府第293号文件下达，批准建立。项目以集股方式募得资金，于杭州留下镇购置"僵土地"二百多亩，建成"钱塘公

---

[1] 朱孔阳（1892—1986），上海松江县人，著名金石书画家、慈善家，同盟会会员，杭州青年会负责人，先生好友。1979年先生平反，偕妻赴京祝贺，1981年6月先生百岁寿诞，遍约上海书画名家合作《百岁好学图》以贺。

墓"。其中划出部分作为"义地"，埋葬弃尸或贫穷无力安葬者。钱塘公墓建成后，先生被推为董事长，聘朱孔阳为总经理，马一浮、项兰生等为赞助人。不久，又与朱孔阳等以集股方式筹集资金，于杭州玉皇山麓购置山土地，筹备成立"农村公益社会"，实验农村信用合作制度：新村里农民自耕自给，无老板、无地主，推举不脱产管理人员，专司组织生产及对外交换商品。该计划实验方兴未艾，全面抗战爆发，不得不放弃。故而先生1948年于上海演讲中，曾表示在杭州有四百余亩土地，将来要献给国家。《马寅初全集补编》，第486页；《云间朱孔阳纪念集》

11月28日　主持立法院财政委员会第4届第23次会议，通过河南省、察哈尔省、江西省二十三年度地方普通岁入岁出总预算案等。

11月29日　出席立法院第4届第38次会议，代表财政委员会报告修正《民国二十四年广东省建设公债条例》条文案。

本月　发表《补救金本位制之四种方案》。面对"金本位已难恢复"之情势，探索并提出图物价安定之四种补救方法：复本位制、制表本位制、多数物品本位制、补偿金元制。《银行周报》第19卷第46期；《马寅初全集补编》，第212页

12月

12月1日　发表《中国经济建设》。《上海党声》第1卷第45期

12月2日　抵杭，接受记者采访，谈"财政部改革币制令"。12月3日《申报》

12月4日　主持立法院法制、外交、财政、经济、军事委员会第4届第2次联席会议，审议二十三年度国家普通岁入岁出第二次追加预算案。

12月12日　主持立法院财政委员会第4届第24次会议，通过南京市二十四年度地方普通岁入岁出总预算案、青岛市二十三年度追加地方普通岁入岁出总预算案等。

12月13日　出席立法院第4届第39次会议。会议（一）代表财政委员会报告审查察哈尔省二十三年度地方普通岁入岁出拟定总预算书案、河南省二十三年度地方普通岁入岁出总预算案。（二）代表财政委员会会同法制、外交、经济、军事委员会提呈审查修正二十三年度国家普通岁入岁出追加预算案。

12月19日　主持立法院财政、外交委员会第4届第2次联席会议，审议关于轮船提单应贴印花可否酌与变更案。议决：改为出入国境者每张贴印花二角；国内运输者每张贴印花四分。

12月20日　上午，出席立法院第4届第40次会议。代表财政委员会报告审查南京市二十四年度地方普通岁入岁出总预算案及江苏省、青岛市、甘肃省、宁夏省二十三年度地方普通岁入岁出总预算案。

下午，主持立法院财政、刑法委员会第4届第6次联席会议，修正《妨害国币惩治暂行条例（草案）》。

12月26日　中国经济学社第十二届年会于广州召开，获广东各界热烈欢迎。上午，偕全体年会代表出席开幕式，致祭黄花冈。《中国经济学社第十二届年会纪事》，《经济学季刊》第7卷第1期，1936年6月

中午，偕会议代表赴中山大学校长招待公宴。《中国经济学社第十二届年会纪事》

下午，出席论文演讲与讨论。本届年会主议题为"积极进行之国民经济建设运动"，共宣读论文18篇。《中国经济学社第十二届年会纪事》

晚，偕会议代表赴第一集团军总部暨广东省政府欢迎宴。《中国经济学社第十二届年会纪事》

12月27日　上午，出席论文演讲与讨论。《中国经济学社第十二届年会纪事》

下午，偕会议代表参观新造糖厂。《中国经济学社第十二届年会纪事》

晚，偕会议代表赴广州市长欢迎宴。《中国经济学社第十二届年会纪事》

12月28日　上午，出席论文演讲与讨论。《中国经济学社第十二届年会纪事》

中午，偕会议代表赴岭南大学宴请。《中国经济学社第十二届年会纪事》

下午，偕会议代表参观西村士敏土工厂。《中国经济学社第十二届年会纪事》

12月29日　上午，偕会议代表赴广州各机关、团体参观考察。《中国经济学社第十二届年会纪事》

下午，于珠江澄天舫中举行社务会议，选举新一届社长、理事，出席社员38人。社长刘大钧报告："本社有十六年之历史……在此时期中，马寅初先生担任社长，征集基金，推进社务，不遗余力，故本社能有今日，实受马先生之赐。今年因社章限制，马先生不获连任，故暂由大钧滥竽，年余以来毫无贡

献,扪心自愧,明年改选社长,甚盼马先生愿仍旧主持一切,使本社社务日益发展,此大钧所馨香祷祝者也。"《中国经济学社第十二届年会纪事》

12月30日　中午,中国经济学社举行答谢宴会。《中国经济学社第十二届年会纪事》

本月　出席浙江省地方银行嵊县分行开业典礼。偕浙江省地方银行行长童蒙正回乡。妹夫黄泽镇镇长余星如任首任分行行长,次年由侄子马本中接任。抗战期间,诸多企业迁嵊县,分行发挥重要金融服务功能。《情系故里》,《马寅初在故乡》,第69页

同月　应邀为嵊县保长训练班作演讲《中国何以如此贫弱》。呼吁:"打仗的力量,一是人力,二是物力。最后兄弟希望诸位,就是要节省经济,以助政府。勿尚奢侈,不嫖,不赌,不吸鸦片,是做一个人应该如此的,并且是一定要做到的。这不过是消极的道德。我们要多做好事,为地方国家服务,才是积极的道德。在平时要注重智、德、体、勤四个字。天天求知识,讲道德,锻炼身体,勤奋服务。人力、物力都具备了,中国一定富强。"《嵊县保长训练队演讲学员通信录》;《马寅初全集》第九卷,第192页

本年　黄绍竑召集浙省县长至杭开"讲习会",请汪精卫、马寅初演讲。会后赴笕桥航空学校参观蒋介石专用飞机,并乘教练机巡视杭州。《浙江历史大事记》

1936年（民国二十五年） 55岁

1月

1月1日 发表《上海证券交易所有开拍产业证券行市之可能乎》。针对学界与工商界就交易所是否开拍公司证券行市之热烈讨论，论述中国金融业资金周转呆滞之症结在于，"帐面信用无法转让，不若商业票据可借贴现以流通也。故中国资金之冻结，即由于信用筹码之缺乏"。提出三种办法以图补救：（一）发行公司债券，代替以前厂基及机器之抵押借款；（二）以银行承兑汇票代替动产押款（动产即指商品之类）；（三）以商业承兑汇票代替信用放款。此三种办法，皆所以增加信用筹码者也。彼等以为现在上海所感缺乏者，为信用筹码，非支付筹码。《东方杂志》第33卷第1号；《马寅初全集》第九卷，第82页

1月5日 发表《物产证券与按劳分配》。对阎锡山《物产证券与按劳分配》一书予以评述，谓书中所论"四种分配制度"于学理上皆有偏差，并就其主张"物产证券"代替金银而为货币提出十九点疑问。《银行周报》第20卷第1期；《马寅初全集》第九卷，第98页

1月9日 上午，主持立法院财政委员会第4届第25次会议，修正通过《辅币条例（草案）》案。

下午，主持立法院财政委员会、外交委员会第4届第3次联席会议，审查修正《印花税法》税率表第十二目轮船单税率草案案。

1月10日 上午，出席立法院第4届第42次会议，代表财政委员会报告审查修正《辅币条例（草案）》案；代表财政委员会会同刑法委员会提呈审查修正《漏纳货物税处罚（草案）》修正案，议决：通过。

继主持立法院法制、外交、财政、经济、军事委员会第4届第3次联席会议，审议二十三年度国家普通岁入岁出第三次拟定追加预算案。

1月11日 发表记者谈话《复本位币制难实现——美国之倡此说系宣传

作用——购银改变方向偷运将绝迹》。《中央日报》；《马寅初全集补编》，第536页

1月17日 立法院召开第4届第43次会议，因故缺席。会议审议通过法制委员长吴经熊、外交委员长傅秉常、财政委员长马寅初、经济委员长吴尚鹰、军事委员长何遂联名提交二十三年度国家普通岁入岁出第三次追加预算案审查报告案。

1月19日 发表《中国经济改造之中心问题》，说明《中国经济改造》一书目标有二：应付战争；解决恐慌。本文"只与中国战事有关之经济问题加以阐发"：上海关系之重大；发展内地经济之途径；发展内地工业之外交上的困难及其补救；农村副业之提倡；今日建设之成绩；入超之改性问题。《武汉日报》；《马寅初全集》第九卷，第113页

1月21日 中国经济学社第十三届理事会于上海香港路银行俱乐部开会，选举新一届社长、副社长。先生与黎照寰同得五票，自请为副。本届理事会黎照寰任社长。《中国经济学社第十三次年会纪事》，《经济学季刊》第7卷第3期

1月22日 主持立法院财政委员会第4届第27次会议，修正通过《民国二十五年第二期铁道建设公债条例（草案）》案等。

1月24日 出席立法院第4届第44次会议，报告财政委员会审查江西省二十三年度地方普通岁入岁出总预算案。

同日 为王雨桐《中国对日之债务问题》作序。综论中国外债问题之深重，认为："以国别论，则日债居第一位，复杂尤甚，危险亦最大，识者痛之！国民政府成立后，虽严定利用外资之方式，一扫过去之积弊，然对过去外债，不可不积极整理；对日债之整理，尤为当前急务，朝野所一致焦虑者。"王雨桐：《中国对日之债务问题》，上海商务印书馆1936年9月出版；《马寅初全集补编》，第450页

1月27日 发表《马寅初发表对新货币政策之意见——我国人应先革除迷信金属心理，银行尤应先改进业务并互相团结》（又名《对新币政策之意见》）。编者按："立法院财政委员长马寅初，日前应某团体之邀，出席讲演对于新货币政策之意见与希望。此为马寅初对新货币政策施行后第一次发表言论，语颇扼要，兹特摘录原词如次。"对新货币政策提出十二方面看法，望国人察之：（一）银本位不易维持原因；（二）提出三点希当局注意；（三）中

英人士对通货的心理；（四）白银常受我国人尊敬；（五）深望国人勿迷信金属；（六）中英银行制度之异同；（七）我国银行系统不整齐；（八）中英银行业务亦不同；（九）工商业救济端赖放款；（十）我国银行紧缩信用放款；（十一）英国银行制度之缺点；（十二）防止国际汇兑不稳定。1月27、28日《中央日报》；《马寅初全集补编》，第218页

1月31日 出席立法院第4届第45次会议，报告财政委员会审查修正《会计师条例》条文案、《印花税法》条文及税率表草案案。

2月

2月6日 下午，主持立法院财政委员会第4届第28次会议，审查（一）《民国二十五年统一公债条例》；（二）民国二十五年复兴公债及还本付息表案等。

会后，发表记者谈话："政府将已发之债券利息减轻，但银行吸收存款时，对民间所订之利息，事关契约，未便亦随之而减低，银行因政府对债券减息所受之损失，必为数甚大，不仅与政府维持金融之原则相背，且有陷害银行营业之嫌。""平津之燕京、南开等大学基金，均已购买债券，藉恃债券利息为学校经费之来源。沪市孤儿寡妇，据调查所得，投资于债券，赖债券利息以维持生活者，亦为数甚多。若政府统一公债利息减轻，不仅剥削人民已得之权利，且有摧残人民热心投资债券之罪恶。"2月7日《中央日报》；《马寅初全集补编》，第537页

2月7日 出席立法院第4届第46次会议，报告财政委员会审查修正《民国二十五年统一公债条例》及还本付息表草案案。

2月9日 为蔡元培祝寿并参与发起创设孑民美育研究院，印发《蔡孑民先生七秩大庆创设孑民美育研究院启》，以寿仪移作基金。发起人蒋介石、虞洽卿、熊希龄、阎锡山、张继、张群、张伯苓、张公权、冯玉祥、陈果夫、梅贻琦、陈布雷、陈光甫、居正、邵力子、胡适等。晚间张学良、顾维钧、王云五、梅兰芳到，出席寿宴者共509人。该研究院因战火扩大，全民倾力抗战而夭折。《蔡孑民先生七秩大庆创设孑民美育研究院捐册》

2月上旬 宿立法院宿舍煤气中毒，幸得自救。报载"马寅初煤气中毒，

单衣卧雪"。2月28日《中央日报》

2月13日　上午，主持立法院财政委员会第4届第29次会议，审查修正民国二十五年复兴公债年息改为六厘发行日期改迟一月案。

下午，主持立法院财政、经济委员会第4届第8次联席会议。审议通过《民国二十五年铁路建设公债条例（草案）》暨还本付息表案。

2月14日　立法院开第4届第47次会议，因故缺席。会议审议财政、经济两委员会提交《民国二十五年复兴公债条例》及还本付息表草案审查报告。

2月21日　出席立法院第4届第48次会议。

同日　主持立法院法制、财政委员会第4届第5次联席会议。审查《财政部组织法》修正草案初步审查报告案。

2月28日　上午，出席立法院第4届第49会议，会审通过《土地法》及《土地法施行法》。

下午，主持法制、外交、财政、经济、军事委员会第4届第4次联席会议，审议二十四年度国家普通岁入岁出追加预算案。

本月　发表《再论物产证券与按劳分配》。继前文之后，感到"此外又有一大问题，即在社会主义的国家，货币能否取消，大属疑问。以余所见，恐不可能"。"不察者以为货币可以从此取消。倘我不喝啤酒而国家予我以啤酒券，则啤酒券于我无用，我必以之与人交换所需之物，如汽水。由是可知在社会主义的国家，仍有交换，不过所交换者，只有消费品，而无生产品，因生产品均已归国家所有故也。"《银行周报》第20卷第4期；《马寅初全集》第九卷，第126页

3月

3月6日　出席立法院第4届第50次会议，代表财政委员会会同外交、经济、法制、军事委员会提呈审查修正民国二十四年度国家普通岁入岁出追加预算审查案。

3月11日　主持立法院商法、经济委员会第4届第2次联席会议，审查修正《取缔棉花搀水搀杂暂行条例（草案）》初步审查报告。

3月13日　出席立法院第4届第51次会议，代表商法委员会会同经济委员会联合审查修正《取缔棉花搀水搀杂暂行条例（草案）》案。

3月16日　发表《入超与币制改造问题》。剖析国际贸易与货币密切关系,指出:"现在论货币问题者可以分为两派,一派主张恢复金本位,一派则主张废止金本位,改用纸本位。此两种主张,在英美争论甚烈。倘外国均改纸本位,则中国之银本位,更将无法维持。国人对于银本位存废问题,意见甚多,其中有若干议论,甚为怪僻,例如主张发行地皮流通券,发行棉麦券,均为怪僻之思想,此外又有一派主张统制外汇。"《武汉日报》;《马寅初全集》第九卷,第132页

3月20日　立法院开第4届第52次会议,因故缺席。会审法制委员长吴经熊、财政委员长马寅初提交修正《财政部组织法》案、《财政部关务、盐务、统税三署组织法(草案)》及《财政部印花烟酒税处组织章程》案合并审查报告案各案。

3月25日　主持立法院财政委员会第4届第30次会议,修正通过《民国二十五年四川善后公债条例(草案)》及还本付息表案。

3月26日　接受记者采访,谈"我国对外贸易"问题。3月27日《申报》

3月27日　出席立法院第4届第53次会议,报告财政委员会审查《民国二十五年四川善后公债条例(草案)》及还本付息表案。

3月29日　出席商务印书馆股东常会。董事、监察人先后报告营业状况及结算情形;继议盈余利息分派之议案,皆通过。照章选举董事、监察人。张元济、李拔可、夏鹏、鲍庆林、王云五、高梦旦、高凤池、徐善祥、刘湛恩、丁榕、蔡元培、张蟾芬、徐寄庼等十三人为董事;马寅初、周辛伯、陈光甫三人为监察人。3月30日《申报》

本月　发表《论纸本位》。主张:"倘纸本位诚能采用,对于社会实有大利。譬如中国约有二十余亿元之现银,如不用于货币,即可剩出以供建设之用,资本不致于死搁。惟从历史上观察,无一政府可靠,故言及纸本位,便有谈虎色变之概,此其所以难行也。"《银行周报》第20卷第9期;《马寅初全集》第九卷,第137页

4月

4月1日　主持立法院财政、法制委员会第4届第7次联席会议,审查《妨

害国币惩治条例》。

4月2日　晨，接受记者采访，谈"非常时期财政政策"。"关于我国非常时期应采行之财政政策，时实多所论列，记者特于昨（2日）晨以此问题，叩询经济专家马寅初氏意见，承答甚详。马氏认为非常时期采行纸币政策，可使国家资本消减，而陷于万劫不复之地。马氏主张非常时期之国家财政，应以开办所得税为主要收入，必要时，再作有限制之通货膨胀，并发少数公债，以补助之，不仅对于财政紧急需要，可供支用，且易于复员时期之再图经济复兴。"明确指出滥发纸币之危险，主张政府立即开办所得税，"以便人民对纳缴所得税，养成一种善良习惯，而为国家培植财政，坚固基础"。记者附记："马氏并以渠个人缴纳所得税捐为例，渠在立法院所得薪俸，渠按月扣缴所得捐五六十元，在扣缴之初，心中似有所失，现因已成习惯，不仅毫无感觉损失，且认为系每月应尽之义务。"文章反响甚大，支持与反对声浪此伏彼起。4月3日《申报》；《马寅初全集补编》，第539页

4月3日　出席立法院第4届第54次会议。

4月4日　出席马光启与徐善祥（凤石）之女订婚宴，蔡元培、曾养浩证婚。《张元济年谱》

下午，至国际饭店绿厅出席商务印书馆董事会。《张元济年谱》

4月10日　上午，出席立法院第4届第55次会议，代表财政委员会报告审查《妨害国币惩治暂行条例》案，认为该案应缓议；修正案对隐藏现银一则未列入条文者，理由有二：民间偶藏少数现银，如规定应受惩治，不啻为警察开方便之门，徒扰人民，此其一；用政治力量强迫人民交出现银，反促以使人民隐藏现银，只须稳定法币信用，人民自当以存银兑换法币，此其二。议决：照陈议通过。4月11日《申报》

下午，主持立法院财政、刑法委员会第4届第8次联席会议，审议《偷漏货物税处罚法》条文案。

同日　就非常时期财政问题发表第二次记者谈话。《中央日报》以《马寅初续谈非常时期财政——早办所得税俾养成纳税者习惯、旧外债延期还本亦财政一出路》为题报道"非常时期财政问题"，自经济专家马寅初氏发表主张后，"国内经济学者，均表示严重注意。佥以马氏鉴于德国战时纸币政策之惨痛教

训，不主张我国亦采行纸币政策，确为复员时期保存国家经济基础之要图，否则，国内资金悉数消减，几十百年不易恢复也。惟所得税我国尚未举办，即使政府立时开征，税收能否如我人所期望，则大多表示怀疑。以记者所知，有主张应以整理财政以充实非常时期之财政收入者，亦有主张征发民财以纾国难者，更有主张以开办土地增值税、加征娱乐捐、奢侈税、印花税、邮资及劝募捐税以裕国库者，记者以此事乃当前国人急欲解决之问题，用举以上所知，再请益于马氏，藉作学理之探讨。"文章表示："对于以上各种增加非常时期国库收入之办法，均可赞成，惟土地增值税，收入有限，德国初办时即如此，且属于地方收入，英国之土地增值税与印花税收入，在战事期内反比战前减少。征发民财，在国民爱国热忱极高之国家，或可勉强行使，否则反引起国民反感，应慎重出之。似应先从宣传入手，激发人民之爱国心，而后再用劝募方法以取得之。其他如娱乐捐、奢侈税、邮资费加价、以及战争赢利税等等，虽为数有限，然集腋成裘，亦不无小补。"1937年1月，国民政府开征所得税。4月11日《中央日报》；《马寅初全集补编》，第541页

4月13日 发表《中国之新金融政策》。支持民国二十四年11月4日起所实施纸币政策，然主张政府一定要做到：（一）预算须平衡；（二）中央银行须独立；（三）主管人员应廉洁。否则，目前之纸币政策必将危险。《武汉日报》；《南洋星洲日报》；《马寅初全集》第九卷，第144页

4月17日 出席立法院第4届第56次会议，报告修正《偷漏货物税处罚法》条文案。

4月24日 出席立法院第4届第57次会议，受孙科委派，会同吴经熊、傅秉常等八委员审查《宪法（草案）》修正原则案。4月25日《申报》

4月29日 主持立法院财政委员会第4届第31次会议，审议通过北平市、安徽省二十三年度地方普通岁入岁出总预算案等。

同日 接受记者采访《谈复兴农村意见》："今后农村贷款应统一，银行减息应详密考虑。"4月30日《申报》

4月30日 出席立法院第4届第58次会议，代表财政委员会会同法制委员会提呈审查修正《行政院组织法（草案）》案。

本月 为粤汉铁路竣工撰文《粤汉铁路完成与中国经济之发展》。粤汉铁

路部门编印精美纪念册，赠送出席通车庆典者。实业部：《粤汉铁路株韶段通车纪念刊》，1936年出版

同月 发表《论英国之外汇平准基金》。研究认为："英国外汇平准基金之功用，可得四点：（一）制止英镑对外汇价不必要之变动。（二）帮助物价水准之提高。（三）使美元、法郎等外币逐一与镑汇相联。英国欲以外汇基金同时兼顾内外，本极困难。对美似已不成问题，惟对法尚不可靠。因法国尚为金本位，但亦摇摇欲堕。万一法国金本位不能维持，则对外汇价必将有剧烈变动。今先与相联，实为未雨绸缪之计，使变动之来，得以和缓。（四）为世界树立先例。"《银行周报》第20卷第14期；《马寅初全集》第九卷，第153页

5月

5月1日 上午，出席立法院第4届第59次会议。

下午，出席中国经济学社社员会议，讨论成立南京分社，孔祥熙、梁寒操、陈长蘅、卫挺生、曾养甫、吴景超、彭学沛等50多人出席。会后，发表记者谈话："本年年会，原定在赣举行，现决改上海开会，分社与分社之间，并拟举行辩论会，辩论题为'中国新货币政策究为安定汇价抑为稳定物价'。辩论时以京沪两分社为第一组，杭州、华北为第二组，然后再将两组优胜者复辩。"5月7日《中央日报》；孙大权：《中国经济学的成长》

5月2日 继续出席立法院第4届第59次会议。

5月5日 于上海交通大学管理学院演讲《非常时期管理经济》。《南洋公学—交通大学年谱》

5月7日 与记者谈《发展对外贸易》：首先"对统制茶叶表示原则赞同，惟应由国家统一主持，尽量使商人参加股份，其要点在品级之检验"，再次谈及非常时期财政问题，主张以采用"所得税"为要，"遗产税只适用于发展教育基金；地产税等因非常时期地价必低落，无从征收，农人土地税不应再加征，以益痛苦；又盈利税在非常时期宜采用此税，各国行之有素，欧战时欧美商人因战事而骤富，政府乘机征其盈利税，其效极宏大"。5月8日《申报》

5月8日 上午，出席立法院第4届第60次会议。

下午，于励志社演讲《非常时期经济问题》。主张："此时必须有一种切实

可行的统制方法，即一面增加生产，男女老幼均应尽一份的责任，一面节约消费，节约亦必须加以统制。民间自动的节约，等于不节约。统制之法甚多，在中国最适用者为：（一）劝导，如一二八之役，十九路军所得之丝绵衣服，皆由劝导得来。（二）加税，如锡可以供军需，此时不应用以制锡箔，以加税的方法制止之。（三）定量分配，如汽油为吾国所最感缺乏之物，此时民间应竭力节约，每人每周所用，不得超过若干加仑。吾人需知战时最可怕者为物价上涨，穷人生活困难，不免铤而走险，影响于前方战事。且另一方面，物价上涨，造成暴富的阶级，愈使一般人感不平，因而内部容易产生冲突，不得不于事前设法避免，除增加生产节约消费之外，尚须力避通货无限之膨胀，使物价不致上涨，吾之所以不主张纸币政策者为此。"5月9日《中央日报》；《马寅初全集补编》，第223页

5月10日　于南京通光社为军官习训班演讲《非常时期的经济问题》，唐崇让笔记。明确指出："'非常时期经济'，就是统制经济。"从五方面阐述其要点、统制经济之意义、如何统制经济、统制办法、节约运动、统制纸币。《空军》第180期

5月13日　主持立法院财政委员会第4届第32次会议，通过《民国二十五年浙江省整理公债条例（草案）》暨还本付息表案。

5月17日　发表《中国新金融政策与银价跌落之关系》。分析国际金融形势变化对中国新货币政策影响，提出："为维持政府之信用计，不如痛痛快快声明实行纸本位制，使纸币与现银完全脱离关系，一面必须将政治纳入正轨，尤其管理货币当局应绝对尊重道德，则实行纸本位制，未尝不能收良好效果。"《武汉日报》；《马寅初全集》第九卷，第158页

同日　发表《稳定物价与稳定汇价》。分析稳定物价派与稳定汇价派两派思想之理由与局限，盖因两派："以为对内稳定与对外稳定不能同时兼得，于是有主张对内稳定者，有主张对外稳定者。实则两者并非相反而系相成，欲求对内稳定，不必牺牲对外稳定，反之欲求对外稳定，不必牺牲对内稳定，二者可以同时存在，抑且必须相辅而行。"《银行周报》第20卷第19期；《马寅初全集》第九卷，第175页

5月20日　偕黎照寰代表中国经济学社吊唁胡汉民逝世。5月21日《申报》

5月24日　发表《非常时期之财政问题》。论述战时财政"应如何筹措",分七方面:(一)安定人心之必要;(二)中国财政制度不利于战争;(三)军需品之真实性;(四)中国财力之薄弱与集中之危险;(五)纸币滥发之不可;(六)中国财政之出路;(七)释疑。提出"持久战"论:"以中日整个经济组织比较,日本物力虽较中国为强,然日本为新兴之工业国,财产集中于大阪、横滨、东京等大都市,实不能胜任长期之战斗;中国以农业经济为主,财富比较分散,有久战之能力。故吾意国人如有决心作长期抵抗,前途颇可乐观也。"
5月24、25、26日《申报》;《马寅初全集》第九卷,第167页

5月25日　应竺可桢校长邀请于浙江大学演讲《非常时期之经济问题》。
《国立浙江大学校刊》第251、252期

5月27日　主持立法院财政委员会第4届第33次会议,通过《沪杭甬铁路筹款合同(草案)》。

5月28日　发表记者谈话《遏制走私办法》。5月29日《申报》

5月29日　主持立法院财政、经济委员会第4届第9次联席会议,审查通过财政部提议海关附加税继续征收一年案。

5月30日　于嵊县保长训练队演讲《非常时期经济问题》。《剡声日报》报道:"马寅初博士(嵊东浦口人)应罗县长之请,于昨日在嵊保训队作第二次演讲,由县府刘科长嘉桐笔记,讲题为《非常时期的经济问题》。历时约三小时之久。因马先生精神焕发,毫无倦容,故听者咸正襟危坐,悉心听讲,秩序至为整肃。讲词因整理不及,兹先刊载一段,以供社会人士先睹为快焉。"
《马寅初在故乡》,第79页

文章分八个方面讲述非常时期之经济:(一)工农并重的先决问题;(二)中国的进步与展望;(三)我们应有的努力;(四)战时物价腾贵原因;(五)应征所得税;(六)厉行节约运动;(七)统制的方式;(八)战后的复原。最后希望:"归根结底,非常时期的经济是要统制。要统制是总动员,动员以前要实行所得税,动员时候才可平衡物价,动员以后才可恢复原状。希望嵊县的舆论界赞成兄弟这个主张。我们主张打仗,但输了要赔款,赢也不要人家赔款,我们拿来没有用,要'自力更生',才是一个大国家。"《嵊县保长训练队演讲学员通讯录》,1936年6月印行;《马寅初全集》第九卷,第199页

6月

6月1日 于嵊县保长训练队演讲《统制经济》。阐发"欧战以后，有两大原则：一是公理战胜；二是资本不丰富的国家，不能打胜仗。此两原则现在被意大利推翻了，推翻的方法，是统制经济。中国要像意大利一样，劳资合作，不能像美国常有劳资纠纷。我们统制的方法是对内的，其方法有三：（一）交通；（二）通货；（三）工商团体。现在交通方面已渐便利，火车运国货，运费也减低；通货方面，纸币也平稳；工商团体，财政部也赋予权力。银行也可放款到农村，国货工厂必将增多，农民的原料，也有地方销售，价钱可望增高。农民好了，政府也好，政府好收税，统制经济成功"。《马寅初全集》第九卷，第210页

6月2日 于中央广播电台广播《非常时期经济问题》。6月4日《申报》

6月3日 主持立法院财政委员会第4届第34次会议。会议（一）通过河北省二十三年度地方普通岁入岁出总预算案；（二）否决宁夏省二十四年地方普通岁入岁出总预算案等。

同日 赴中央广播电台谈《防止走私最好的方法》。认为中国统制方法与外国不同，"欲统制工商团体，必须先从组织着手，一旦成功，不但目前之走私问题可以解决，即其余一切的一切，皆可迎刃而解矣"。6月5日《申报》；《马寅初全集》第九卷，第188页

6月5日 出席立法院第4届第61次会议，代表财政委员会报告审查修正《民国二十五年浙江省整理公债条例（草案）》案。

6月10日 就"修改《工商同业公会法》"发表谈话。《中央日报》；6月11日《申报》

同日 发表《内价与外价之关系：为武汉日报七周年纪念作》。因"近来国内有一派学者，以为稳定物价与稳定汇价，不能同时兼顾，为国家经济着想，与其牺牲物价之安定，不如牺牲汇价之安定，另有一派，则主张稳定对外汇价"。分析指出："以上两派，以为对内稳定与对外稳定，不能同时兼得，于是有主张对内稳定者，有主张对外稳定者，实则二者并非相反而系相成，欲求对内稳定，不必牺牲对外稳定，反之欲求对外稳定，不必牺牲对内稳定，二者可以同时存在，抑且必须相辅而行，例如工业国家之原料，须向外国购买，倘

对外汇价跌落，则进口原料必涨，原料涨价则工业品亦必涨价，此为对内稳定破坏于对外汇价之跌落者，（即对外不稳定），反之本国通货膨胀，出口增加，进口减少，现金流入，通货愈增，物价更高，在对方则以现金流出，准备减少，信用紧缩，物价跌落，二国之物价既有高低，则二国之货币购买力，亦必发生变异，前者之货币购买力低落，后者之货币购买力提高，于是此二国货币之比价（即汇率）亦必与前不同。譬如同为一物，在中国卖国币四元，在美国卖美币一元，则国币与美币之比价为四与一（即国币四元等于美币一元），倘美国物价提高，中国物价跌落，该物在中国只卖三元，在美国须卖一元五角，则国币与美币之比价，将改为二与一（即国币二元等于美币一元），此为对外稳定破坏于对内之变动者，由此可知对外不稳定，对内亦不能稳定，反之对内不稳定，对外亦不能稳定，故二者实系相成而非相反。"《武汉日报》

6月11日　上午，出席中央国民经济计划委员会第一次会议，被推为战时经济组组长。6月12日《申报》

下午，出席立法院法制、财政委员会第4届第9次联席会议，审查《公务员储蓄条例（草案）》初步审查报告等案。

同日　发表记者谈话《以买卖外汇为投机者，应依法调查取缔》。《中央日报》

6月12日　上午，出席立法院第4届第62次会议，报告财政委员会审查河北省二十三年度地方普通岁入岁出总预算案及宁夏省二十四年度地方普通岁入岁出总预算案。

继主持立法院法制、外交、财政、经济、军事委员会第4届第5次联席会议，审查通过二十四年度国家普通岁入岁出第二次追加预算案、二十三年度国家普通岁入岁出第四次追加预算案。

6月14日　发表《非常时期的管理经济》（又名《非常时期之经济问题》）。主张统制经济，对金融、贸易、交通皆行统制，反对滥发纸币、通货膨胀，支持征收所得税及遗产税。《武汉日报》；《马寅初全集》第九卷，第219页

6月19日　立法院召开第4届第63次会议，因故缺席。会议（一）审议通过法制委员长吴经熊、财政委员长马寅初联名提呈修正《财政部组织法》第二十三条条文案；财政委员长马寅初提呈《〈财政收支系统施行法〉施行条例》案；（二）讨论法制委员长吴经熊、财政委员长马寅初联名提呈关于各机关办

理岁计会计统计人员额数如何规定请预决定以资依据案;《公务员储蓄条例（草案）》案。

6月26日　出席立法院第4届第64次会议。会审（一）代表财政委员会报告审查南京市、甘肃省、察哈尔等省二十四年度地方岁入岁出拟定追加总预算案;（二）代表财政委员会会同外交、经济、法制、军事委员会联名提呈二十三年度国家普通岁入岁出第四次追加预算案;二十四年度国家普通岁入岁出第二次拟定追加预算案;（三）代表财政委员会会同刑法委员会提呈《惩治偷漏关税暂行条例（草案）》修正案。

6月29日　主持立法院法制、外交、财政、经济、军事委员会第4届第6次联席会议，审查通过民国二十五年度国家普通岁入岁出总预算案。

6月30日　立法院召开第4届第65次会议，因故缺席。会议审议法制委员长吴经熊、外交委员长傅秉常、财政委员长马寅初、经济委员长吴尚鹰、军事委员长何遂联名提呈二十五年度国家普通岁入岁出总预算案审查报告。

本月　为《不惑集——中外名人格言汇编》重版题词:"《不惑集》再版书此志佩,'言为世范,式此南箴'"。凌善清、汤厚生:《不惑集》,正心出版社1936年7月出版;影印件

7月

7月1日　为上海宁绍人寿保险公司五周年题词:"上海宁绍人寿保险公司清赏:刚健笃实辉光"。《马寅初全集》第九卷,第237页

7月4日　代表立法院财政委员会出席国民经济建设运动委员会成立大会,并当选该委员会委员。会长蒋中正。《交易所周刊》第2卷第17期

7月8日　致周诒春（寄梅）函,推荐王克宥[1]就职:"寄梅先生大鉴:国民经济建设运动总会筹备事宜大致想已就绪,足以促进国民经济之发展者,效力之宏,定可预卜。兹有进者,弟前北京大学学生王克宥君系民国十五年经济学系毕业,深思好学,博涉群书,相随十载,建树颇多,并历任前浙江法政

---

[1] 王克宥,浙江黄岩人,北大毕业后长期任马寅初助手。曾任立法院财政委员会书记、天台县县长。1949年后曾任马寅初机要秘书,后因"历史问题",留用于北京大学经济系资料室。

专门学校等处教授多年，学识经验，两皆丰富。现在助弟从事著述，颇称得力，倘承延聘为专门委员，必能从容建树，襄赞高深也。如何之处，敬候复音。"未几，《中央日报》公布王克宥为国民建设运动总会专员。《马寅初全集》第十五卷，第331页

7月9日　出席立法院第4届第68次会议。会议审议通过财政、经济两委员会起草《所得税暂行条例》。代表财政委员会报告审查安徽省二十四年度地方普通岁入岁出总预算案。7月10日《申报》

7月14日　发表《两种主义之相互影响》（又名《资本主义与社会主义相互影响》）。从工业、农业、商业等多方面考察苏联统制经济，发现其"实行社会主义，但于不知不觉之中，仿冒欧美者仍不少"，故其进步甚速。"但今日之资本主义亦颇受社会主义之影响。所谓统制经济即是含有社会主义之意，在苏俄五年计划初定之时，资本主义国家窃笑之。四年以后，世界恐慌起而苏俄之五年计划成，于是资本主义国家始觉当初所见之非，乃亦提倡统制经济矣，此即为社会主义之影响于资本主义。在两种制度并存之时，终必互相影响。""就现在之情形而论，苏俄之统制经济可谓大告成功，但其工业程度尚未达到欧美之境。将来如至欧美程度，统制能否成功，尚未可知。"《银行周报》第20卷第27期；《马寅初全集》第九卷，第238页

7月20日　主持立法院财政委员会第4届第39次会议，通过安徽省二十四年度地方岁入岁出总预算案。

7月28日　发表《非常时期之经济问题》。以学理与实证结合，全面、深入论述战时经济之特殊性，其与普通自由竞争经济之种种差异，认为："战时经济之应由政府统制，决无疑义。至欲统制，外国容易实施，中国颇为困难，因英、美、德、法为工业国，我国为农业国。"细述农业国统制经济之各种困难，应对措施等。特别指出各国战时经济所必行共同政策："但有一种方法为各国均可采用者，例如'节约'，平时为人人所注意，至战时则成为政府之政策，以人民自动节约颇为不易，等于不节约，新生活运动有节约之意在内。我国之穷，在于国民无积蓄。都市之人，生活奢侈，不事积蓄。乡村之人，生活困难，不能积蓄。又遇婚丧等事，铺张扬厉，所费綦多，甚至举债亦不为惜，实属冤枉。如遇亲戚贵显，辄托求事，事不成功，须给川资，养成舒适习惯。

凡此恶习，统须革除。节约之目的在乎增加军事所需物品之数量，物价仍不致膨胀，即一方须增加生产，一方须减少消费。游手好闲之徒，均能有事可为，男女老幼之辈，各尽一份责任，生产即可增加，消费自可减少。但欲使私人自动节约，其效果必等于零，故须政府加以统制。"《新人周刊》第2卷第47期；《马寅初全集》第九卷，第226页

8月

8月3日 发表《中国经济改造问题》。考察1840年前后以来中国经济变动情况，以为"中国今日的经济病症，是旧经济破产，新经济未成立，而同时受着资本帝国主义的剥削，以致失业成为老病。今日中国经济的改造，即是要对着这个病症，而施以适当的药剂"。"先决问题，在乎执行法律，在乎使法律有效。所谓法律，包括一切合法的口头或书面的契约和习惯。若法律不能执行，等于'死文字'。"改造经济，"当然以中山先生所倡的民生主义为最后目标。所以我们改造经济的时候，应随时去节制资本和平均地权。资本受了节制，无大资本家之产生；地权一经平均，无大地主之产生。我们改造了中国经济，而同时免掉了大资本家和大地主的产生，则财富之分配平均，庶可达到最大多数之最大幸福"。《新人周刊》第2卷第48期；《马寅初全集》第九卷，第246页

8月11日 发表《积极推进中的日本南进政策》。以详实材料精辟分析日本南进政策，"一般人也许会以为，日本的南进政策与中国的利害关系比较浅，而与英美荷的利害关系比较深，换一句话说，日本南进的目标，不是中国，而是英美荷诸国在南太平洋的势力。可是，我们如果进一步的加以一番估计，那我们会很容易的明白，日本的南进政策，正和他的大陆政策一样，其目标都在于征服整个的中国，换句话说，就是把白人的势力排斥于亚洲之外，完成其早经声明的'亚洲人的亚洲'的幻梦"。《交大学生》第5卷第1期，1936年9月5日出版

8月16—20日 于北平"水木清华"参加中国科学社年会。

8月21日 发表《我国币制能不受任何国家币制变动之牵制乎》。对财政部长孔祥熙在美所订《中美货币协定》第二次宣言中所谓"我国币制保持独立地位，而不受任何国家币制变动之牵制"，从四方面提出质疑：（一）战前英、

美、法三国货币制度之运用；（二）战后之变化；（三）使英、美、法三国通货复归平衡之四种方策；（四）中国币制能不受英、美、法三国币制变法之牵制乎？结论："若与美元联，则对英之镑汇必变，若与英镑联，则对美之汇兑必变，两者必居其一矣，安能谓国币价值不受任何国家币制变动之牵制乎？"
《银行周报》第20卷第32期；《马寅初全集》第九卷，第253页

8月29日 立法院召开第4届第69次会议，因故缺席。审议通过财政委员长马寅初提交《民国二十五年四川省建设公债条例（草案）》案审查报告案。

本月 《经济名人汇志》介绍先生略历："籍贯：浙江嵊县。年龄：五三岁。学历：一九〇七年北洋大学毕业，一九一〇年美国耶鲁大学毕业，一九一三年哥伦比亚大学研究院毕业，得博士学位。研究科目：在北洋大学为矿科，在美国为经济、法律与社会学。经历：曾任北京大学教授十二年及教务长，浙江兴业银行高等顾问，中国银行总发行，浙江省政府委员，浙江财政审查委员会主任委员，中央大学经济系主任，交通大学教授，陆军大学教官。现任国民政府立法院委员兼财政委员会委员长。学术成绩：美国耶鲁大学荣誉会委员，曾著《美国纽约市财政》（英文）、《中国国外汇兑》、《中华银行论》、《马寅初演讲集》（一、二、三、四集）、《马寅初论文集》（第一集）、《中国关税问题》、《中国经济改造》等书。党籍：民国二年在美国纽约入国民党，浙江省党部登记补字第〇〇二〇四号。"《四川经济月刊》第6卷第2期；《马寅初全集补编》，第608页

9月

9月2日 由杭返宁治病。报载：马寅初今晨自杭抵京，因足疾未愈在京延医诊治。9月3日《申报》

上午，主持立法院财政委员会第4届第41次会议，修正通过河北省二十四年度地方岁入岁出总预算案。

9月4日 出席立法院第4届第70次会议。

9月5日 与蔡元培等共同发布高梦旦先生追悼会启事。《蔡元培全集》第八卷

9月8日 主持立法院财政委员会第4届第42次会议。会议（一）审议

《民国二十五年整理广东金融公债条例（草案）》及还本付息表案；（二）修正通过准财政部函复《民国二十五年江西省整理土地公债条例》案内关于公债基金各点案。

9月9日 致赵迺抟书："弟今年在北高峰山上避暑，特为子女等聘国术专家一人，授以国术。弟自己亦加入学习，自觉颇有所得。拟请吾兄代办宝剑一把，式样大小，另单详述。价洋约在二十元左右，但在二十元以上亦不计较。"影印件

同日 与黎照寰联名致函周作民、卫挺生、杨荫溥等理事，订于9月12日于香港路银行公会俱乐部召开经济学社十三届理事部第七次常务会议。馆藏

9月10日 上午，与记者谈《活泼农村金融》。记者云：马氏足伤未愈，于卧榻之上尚著《中国经济政策》。9月11日《中央日报》

下午，主持立法院财政委员会第4届第43次会议，修正通过《民国二十五年整理广东金融公债条例（草案）》及还本付息表案。

9月11日 上午，出席立法院第4届第71次会议，代表财政委员会报告审查宁夏、湖北两省二十四年度地方普通岁入岁出总预算案、湖北省地方追加二十三年度普通岁入岁出拟定总预算案审查报告案；代表商法委员会提交《审议民国二十五年整理广东金融公债条例（草案）》及还本付息表审查修正案。

会后，接受记者采访，谈"农本局理事会定期成立"。9月12日《中央日报》

9月12日 于上海香港路银行公会俱乐部出席中国经济学社第十三届理事部第七次常务会议。《中国经济学社第十三次年会纪事》

9月13日 发表《国际贸易何以有统制之必要》。从国际贸易实行统制讲到整个经济加强统制，进而主张"今者中国政府亦将膨胀其权力，举凡经济、教育、文化以及与国家福利所关之事，均有'包举宇内，囊括四海'之势，此非以中国人民知识太浅，不足与语民主也，亦以内外交迫，形势严重，非集中权力，雷厉风行，不足以图强。故今日问题之重心，在于内部之改造，澄清吏治，刻不容缓，摧毁在政治上之家庭思想，实为根本之图"。《武汉日报》；《马寅初全集》第九卷，第261页

9月17日 主持立法院财政委员会第4届第44次会议，修正通过《火酒统税征收条例（草案）》初步审查报告。

同日 发表《各国经济统制之理论与实际》。重点考察美国与苏联统制经济优劣异同，综论世界"六种统制方式，前四种为资本主义国家之统制，后两种为社会主义国家之统制，虽统制之程度不同，要皆使自由经济为之变色，良以现代社会欲从纷乱状态而进入于整饬，已非内在势力之自动调节所能奏功。盖今日之经济机构与前大异，昔为竞争，今为独占，惟竞争始能衰多益寡，调盈济虚，以趋均衡，一至独占，自动机构为之固定，失其作用，又以昔日之生产过程较短，易于调整，今则生产过剩至为久长，一陷于错误，即不能回头。故昔日可以凭供求之自相调济，达到均衡状态，今则供求已不能自相调济，非有外力以制之，经济均衡不可复得，此放任政策之所以宜于昔而不宜于今也"。
《银行周报》第20卷第36、41期；《马寅初全集》第九卷，第267页

9月18日 出席立法院第4届第72次会议，代表财政委员会报告审查《民国二十五年江西省整理土地公债条例（草案）》；代表商法委员会会同军事、法制委员会提呈《造船奖惩条例（草案）》。

9月24日 出席立法院法制、财政委员会第4届第10次联席会议，通过《各机关主计人员任用条例（草案）》初步审查报告案等。

9月25日 上午，出席立法院第4届第73次会议。代表财政委员会提呈《火酒统税征收条例（草案）》审查报告案。

继主持立法院法制、外交、财政、经济、军事委员会第4届第7次联席会议，审查通过民国二十四年度国家普通岁入岁出第三次追加预算案。主计处代表欧阳葆真列席说明。

9月27日 上午，于上海八仙桥青年会出席中国经济学社第十三届年会开幕式。本届年会代表达300余众，为历届年会之最。开幕式由社长黎照寰主席，财政部长孔祥熙专题演讲《经济复兴与经济学社之使命》。上海市长吴铁城、市党部代表何元明、上海市商会主席王晓籁、地方协会杜月笙等先后发言祝贺。马孝焱（先生子侄）代表中央研究院到会祝贺。立法院长孙科因事不能到场，特致电预祝成功。《中央日报》、上海《新闻报》发表长篇社论祝贺。
《中国经济学社第十三届年会纪事》，《经济学季刊》第7卷第3期

中午，偕年会代表赴中国经济学社上海分社假青年会招待宴。《中国经济学社第十三届年会纪事》

下午，于年会辩论会上演讲。《中国经济学社第十三届年会纪事》

晚，上海市商会、上海市银行公会、钱业公会、地方协会、轮船业公会、中华工业总联合会、中华国货产销协会、机制国货工厂联合会等工商团体联合公宴全体社员，王晓籁致欢迎词。先生代表学社致谢辞："本社之组织与其他学术团体稍有不同之处，即本社分子以罗致学者及事业家为依归。学者研究学理，事业家有实际经验，互相印证，彼此参考，以求经济事业之进展，而奠定国计民生。"《中国经济学社第十三届年会纪事》

9月28日　上午，出席宣读论文大会。《中国经济学社第十三届年会纪事》

下午，出席年会辩论会。《中国经济学社第十三届年会纪事》

晚，偕会议代表赴中央银行公宴，傅汝霖代表孔祥熙致词。《中国经济学社第十三届年会纪事》

9月29日　上午，演讲《非常时期之物价问题与纸币政策》。提出："欲求战事之胜利必须统制物价，固言之成理，但只统制物价而不统制纸币，则通货膨胀，物价飞涨，统制物价仅矣。余不赞成利用纸币政策为战时筹款之不二法门，因战时采行纸币政策，可使国家资本消灭，而陷于万劫不复之地。余主张非常时期之国家财政，应以开办所得税为主要收入之一，必要时，再作有限制之通货膨胀，并发少数公债以补助之，不仅对于财政紧急需要，可供支用，且易于复员时期之再图经济复兴。"《经济学季刊》第7卷第3期；《马寅初全集》第九卷，第292页

中午，偕会议代表出席上海市长吴铁城于市政府大礼堂公宴。《中国经济学社第十三届年会纪事》

下午，出席中国经济学社社务会议，社长黎照寰报告社务。会后年会代表参观市中心区各项建设。《中国经济学社第十三届年会纪事》

晚，商务印书馆、中华书局、世界书局、上海各大学联合会、国立中央研究院、上海中华基督教青年会、申报馆、新闻报馆、中国科学社、环球中国学生会等团体假青年会联合公宴年会代表，王云五致欢迎词。《中国经济学社第十三届年会纪事》

9月30日　安排年会代表分两组赴常熟、苏州考察、游览。《中国经济学社第十三届年会纪事》

本月 为梁庆椿《世界粮食问题》作序："其中主张粮食并非人口相对待之问题，而为其他种种繁杂之原素所形成。盖食粮有时较人口之增加为速，人口并不过剩而粮食仍成为问题者所在多有。故现世粮食问题之重心，已从生产消费方面转移至分配问题。至于粮食状况之变化及其动向与方式并非一成不变，而随时随地不同，更无所谓悲观与乐观。梁君主张各国应移侵略之野心与武力，以克服自然界而求粮食问题之最后解决，尤为深切时要。"
梁庆椿：《世界粮食问题》，上海商务印书馆 1936 年 9 月出版；《马寅初全集补编》，第 451 页

10 月

10 月 1 日 上午，偕年会代表参观商务印书馆、电力公司、沪江大学、闸北水电公司、票据交换所、永安纺织第一厂等。《中国经济学社第十三届年会纪事》

下午，出席中国经济学社国际大饭店茶会。《中国经济学社第十三届年会纪事》

晚，中国经济学社借静安寺路国际大饭店举行答谢各界茶话会。先生代表学社致闭幕词，谓"本社同人，对于社务，比前益加努力，凡于经济学有研究之人，以及于事业界有成绩之人，务祈随时介绍，俾达集思广益之目的"。呼吁"救亡图存，全仗学术界与事业界互相合作"，对抗战胜利充满信心。《中国经济学社第十三届年会纪事》；《马寅初全集》第九卷，第 281 页

10 月 2 日 出席立法院第 4 届第 74 次会议，代表财政委员会会同法制委员会提呈：审查修正立法院、司法院、考察院及外交部等部委《组织法》条文草案等案。议决：以上二十四案修正通过。

10 月 9 日 出席立法院第 4 届第 75 次会议，代表财政委员会会同法制、外交、经济、军事委员会联名提呈二十四年度国家普通岁入岁出第三次追加预算审查报告案。

10 月 10 日 发表《中国能行复本位乎》。评论："马格斯（Markus）氏之复本位说，实行上困难尚多。且各国复本位制失败之历史，相继不绝，其最大之症结，因其不能成为国际的共通制度，任何一国，均无力维持法定之比率。""故吾意尚不如维持汇兑本位之简而易行也。汇兑本位虽不无缺点，未行之先，

固宜审慎周详，改行之后，则不可不努力维持，犹如浙江之二五减租，施行之初，未免过于草率，弊窦丛生，改行以后，得其利者亦不在少数，若轻率废除，反对者又大有人在，远不若维持之得策也。"《大晚报》；《马寅初全集》第九卷，第284页

同日 发表《法郎贬值与中国》（又名《法郎贬值与我国所受影响》）。从四方面论析中国受影响之程度：（一）法郎贬值之限度；（二）法郎贬值与中国直接之影响；（三）法郎贬值与英美汇兑直接之影响；（四）法郎贬值对中国间接之影响。10月10、16、17日《中央日报》；《马寅初全集》第九卷，第286页

10月15日 与记者谈"中英借款"问题，并谓"两年来著述《中国货币问题》全部三十章，约百万言，近此书甫已脱稿，适法郎贬价致参考部分均需修正，颇费时间。"10月16日《申报》

10月16日 出席立法院第4届第76次会议。

10月21日 主持立法院财政委员会第4届第45次会议，修正通过《民国二十五年青岛市建设公债条例（草案）》及还本付息表案。

同日 就社长、副社长人选致周作民书："中国经济学社第十四届理事会依照社章须互选社长、副社长各一人。查李权时、潘序伦二先生均任本社理事多年，李先生并曾任本社季刊编辑主任，对于社务素甚热心，拟请先生于互选之时，即选李先生为社长，潘先生为副社长，于本社前途必更多发展之希望。"《马寅初全集补编》，第491页

10月23日 出席立法院第4届第77次会议，代表财政委员会提呈审查修正《海商法》第二十三条条文案及《民国二十五年青岛建设公债条例（草案）》及还本付息表案审查报告。

10月26日 与记者谈《改进银行保证制度意见》。谓："我国职业界现行之保证制度，素沿用个人及铺保单制。此种制度在现今社会经济错综复杂之下，于各方面均感不切实用，流弊诸多。在舞弊案发生之后，保证人每能尽符保证赔偿之原旨。而为人作保，尤须尽无限责任，欲助人反被累，咸惮于尝试，因此在从业员方面极感觅保之困难，此在银行界为尤甚。吾人观以年来舞弊侵占被控案件层见叠出，而无抑制之办法，故改进保证制度，实为社会各界一致之企望。"10月27日《申报》

10月30日 出席立法院第4届第78次会议，代表财政委员会提呈《民国二十五年青岛建设公债条例（草案）》及还本付息表案审查报告案。

11月

11月2日 上午，偕浙籍著名学者何炳松赴金华参加金华中学35周年校庆。

下午，为学生演讲《国际经济大势与中国之危机》（又名《世界经济大势与中国危机》），金祖孟笔记。指出："世界经济在欧战后，受了赔款与战债的影响，演出不景气现象。因不景气产生了三个目的；从这三个目的，发生六个方法，只这六个方法尚不足，更有集团经济之组织。日本被摒弃在世界各大经济集团之外，它为生存起见，于是组织东亚经济集团，独霸远东。要实现独霸远东的迷梦，必须排除在东亚足以妨害他发展的美俄两大敌人。无论与美俄发生冲突与否，一定要抓住中国做他的市场与原料供给地。归结到本身的问题，中国愿意不愿意被日本抓住统治呢？'不愿意'是一致的答案。"《浙江省金华中学周刊》第23期；《马寅初全集》第九卷，第427页

11月6日 出席立法院第4届第79次会议。

同日 会同黎照寰致函周作民、李权时、潘序伦等理事，定本月14日于银行公会俱乐部召开联合会议。馆藏

11月7日 发表《意大利之经济统制》。分析比较几种统制思想之不同背景；"意大利之统制思想，与德国不同，前者为其艰难之环境所造成，后者则基于国家万能之传统观念，自认为最优秀之民族。中国之情形又与意、德不同，在思想上主张忠孝仁爱，信义和平，不若德国之超人哲学，弱肉强食，视为天理；就环境论，则土地辽阔，资源丰富，无意大利贫瘠之苦，惜不能开发耳。中国之问题乃在如何脱离不平等条约，因有不平等条约之束缚，一切行动，皆失其效。"《银行周报》第20卷第45期；《马寅初战时经济论文集》；《马寅初全集》第九卷，第312页

11月13日 出席立法院第4届第80次会议，领衔商法委员会诸委员提呈修正《保险法（草案）》案及起草《保险业法》施行法草案案报告。

11月14日 于上海香港路银行公会俱乐部出席中国经济学社第十三届、

十四届理事联合会议。馆藏

11月18日　主持立法院财政委员会第4届第46次会议，审查修正《民国二十五年北平市市政公债条例（草案）》及还本付息表初步审查报告案。

11月27日　出席立法院第4届第81次会议，代表财政委员会提呈《民国二十五年北平市市政公债条例（草案）》及还本付息表案审查报告；领衔商法起草委员会诸委员报告起草关于华洋合资公司之单行法规案。

12月

12月3日　出席立法院法制、财政第4届第11次联席会议，会议修正《海军部组织法》条文案及《监察院组织法》条文案等。

12月4日　出席立法院第4届第82次会议。

12月8日　发表《世界经济大势与中国前途》。剖析世界经济中一根本矛盾："现今各国一面既不欲他国货物之进口，惟恐其多，同时又希望本国货物之出口，多多益善。天下事之矛盾，孰有过于是者？然而事实上各国当局均漠视此种原则，而惟向前迈进，迷途不返，良可慨也。"日本企图控制中国市场，使中国永为农业国、原材料产地，所以中国前途在于，"工业之发达，至无限境，国富之增殖，亦无限境。凡欲富国者，不能单独固守农业，同时亦必须发展工业。中国如永为农业国，即中国永无致富希望。富与强每相提并论，中国如无致富希望，亦即中国无强盛之日。可不惧乎！"《银行周报》第20卷第48期；《马寅初全集》第九卷，第319页

12月11日　出席立法院第4届第83次会议。

12月15日　杭州市小学校长集中训练班演讲《国防经济》，唐更生、李国光笔记。分三讲：第一讲：财富与生产；第二讲：统制经济；第三讲：生产与统制之结果。文首曰：国防经济，与非常时期经济的意义不同。非常时期经济，是战时经济；例如发行公债，应付急需等。国防经济，乃战争以前经济上的准备，可以备而不用；但一旦战事发生，却可有恃无恐。《浙江青年》第3卷第2期；《马寅初全集》第九卷，第367页

12月16日　出席立法院第4届第84次会议，代表财政委员会提呈南京市二十四年度地方普通岁入岁出总预算案审查报告。

12月24日 出席立法院法制、财政委员会第4届第13次联席会议，修正《监察院组织法》条文案等案。

12月25日 上午，出席立法院第4届第85次会议。

下午，出席立法院法制、外交、财政、经济、军事委员会第4届第8次联席会议，审查通过民国二十四年度国家普通岁入岁出第四次追加预算案。

同日 就学社颁发永久社员证事致周作民书："查填发永久社员证书，须由正、副社长盖章，先生之章如每次寄沪加盖，颇多不便，可否将尊章存置此间贵分行，藉便随时送去盖用。"《马寅初全集补编》，第492页

本月 专著《中国之新金融政策》出版，该书为任职上海交通大学期间研究成果，列为大学丛书之一，由商务印书馆出版发行。全书分为两编，三十三章。论述1935年11月国民政府宣布实行法币前后之金融政策。第一篇新金融政策施行以前所讨论之问题，侧重研讨实行法币前为阻止白银外流、外贸入超，解决中国经济金融困境而提出之各种出路与方法；第二篇新金融政策实行以后所讨论之问题，讨论实行法币实质、法币地位、汇价、本位制、中央银行"独立"以及所面临问题等。该书扉页记："谨以此书纪念中国经济学社及嵊县民义社已故之社友。"书尾云："此书所讨论者，为中国生产问题中之货币方面。货币为支付工具。支付工具者，即社会之总共所得购买社会之总共产品之媒介而已，至于如何产生各种产品则属于生产问题中之经济方面，归纳于拙著《中国经济改造》之中，此两书衔接之处也。"

该书出版后，引起日本经济界重视。日本经济学者森下修一（1913— ）翻译为该文，东京ダイヤモンド社昭和十八年（1943）1月10日出版，列为日本国国防科学丛书参考。《马寅初全集》第十卷，第1—477页

1937年（民国二十六年） 56岁

1月

1月1日 发表《中日问题》。认为，中日两国土壤接近，同文同种，皆有特殊之便利，本可通过正常贸易，共存共荣。日本所采策略，不但方法拙劣，目的亦未必能达到。"且中国之市场为列强所角逐，决非日本单独所能支配。日本以武力侵略中国之程度愈深，则英、美、苏俄等国抗日之结合亦必愈固，距离日本之目的，岂不更远？惟有维持中日之和平关系，促进两国经济之发展，英、美、苏俄亦能均沾其利益，未有不乐观厥成者。"《东方杂志》第34卷第1号；《马寅初全集》第九卷，第347页

同日 是刊复登《经济思想随社会环境变迁之程序》。考察世界各国经济思想受社会变迁之影响，从亚当·斯密、边沁学说到现代国家干预经济思潮，阐发学理，总结规律，说明当今世界经济情形，大异于斯密氏时代，国家干涉经济事业，为社会环境所需要。《东方杂志》第34卷第1期；《马寅初全集》第九卷，第332页

1月8日 出席立法院第4届第86次会议，代表财政委员会会同法制委员会提呈修正《监察院组织法》第十一条条文案。

1月9日 发表《日本工业进步之原因》，指出："日本工业之进步。其原因可分别为三个：（一）工业之组织力大；（二）私家财政势力大；（三）人工廉贱。此为日本近年工业进步之原因。日本工业之有进步，为欧美各国所共同承认者。欧美各国之畏惧日本，并非在日本之军事设备有如何之进展，乃在其工业进步之速也。"《银行周报》第21卷第2期；《马寅初全集》第九卷，第349页

1月12日 得周作民函："承示中国经济学社填发永久社员证书，须由正、副社长章，嘱将鄙章存置敝京行一节，遵即照办。"《马寅初全集补编》，第492页

1月13日　主持立法院财政委员会第4届第48次会议，通过江苏省二十五年度地方普通岁入岁出总预算案。

1月15日　上午，出席立法院第4届第87次会议。

继主持立法院财政委员会第4届第49次会议，审议《印花税法》及税率表关于招商局所出提单应缴印花税案。

本日　致周作民书："兹定于本月二十二日（星期五）正午十二时，假南京新街口国际饭店，举行本社第十四届理事部第二次常务会议，务请拨冗出席，共商社务之进行。再者，本社总社经社章明定设于首都，近则通讯处亦由沪迁京，所有理事会议拟应在南京举行。又弟自去秋以来，已不在沪授课，上月举行第一次理事会议时，系专诚至沪出席。本月二十二日之会，至恳贲临，万一因事不克来京，务祈转请在京理事，代表出席，所有意见亦请该代表届时提出。"《马寅初全集补编》，第492页

1月19日　得周作民复函："月之二十二日午刻中国经济学社第十四届理事部第二次常务会议，满拟出席，藉承诸公诸论，只以事牵，未克分身。"《马寅初全集补编》，第493页

1月22日　上午，出席立法院第4届第88次会议，代表财政委员会提呈江苏省二十五年度地方普通岁入岁出总预算案审查报告。

同日　出席中国经济学社第十四届理事会第二次常委会议。《马寅初全集补编》，第493页

1月26日　主持立法院财政委员会第4届第50次会议，会议修正《印花税法》及税率表关于招商局所出提单应缴印花税案。

1月29日　出席立法院第4届第89次会议。

本月　发表《走私之背景及对抗方策》。认为："走私问题，已成我国今日财政经济上之严重问题。吾人对此问题发生之基本原因及其用意，并应如何对抗，均有了解之必要。"分三点述之：（一）走私之基本原因；（二）走私何以能破坏法币政策；（三）中国对抗走私之方策。《张菊生七十生日纪念论文集》；《马寅初全集补编》，第225页

同月　为中华工商专科学校三七春级毕业生题词："三七春级毕业纪念刊：声应气求。"影印件

2月

2月5日　出席立法院第4届第90次会议。

2月6日　发表记者谈话："马寅初讲国际经济"。2月6日《杭州市教》

2月12日　出席立法院第4届第91次会议。

2月14日　发表《中国国外贸易如何失去权利与古典派学说应如何更正》。指出："中国之经济地位为次殖民地之地位，中国之国际贸易即为帝国主义者侵略中国之工具。"《武汉日报》；《马寅初全集》第九卷，第360页

2月23日　发表《中国之工业化》。以一般工业化理论，考察中国工业化过程及落后状况，指出："中国工业化之不能迅速发展，社会思想之欠健全实为一最大原因。盖中国人富于发财思想，且多希望快快发财，以图终身享乐，经营工商业者亦不能外此。故开设工厂者，倘于今年或数年内能获大利，足够舒适生活，即不再继续努力，优游自得，社会咸称之为福人。""视工业如赌博，孤注一掷，缺乏真正企业心。"《银行周报》第21卷第7期；《马寅初全集》第九卷，第383页

2月24日　主持立法院财政委员会第4届第51次会议，审议通过青岛市二十五年度地方普通岁入岁出总预算案、评议公务员代表其机关出席任何组织不得接受费用案等案。

2月25日　出席立法院法制、财政委员会第4届第14次联席会议，审议修正《主计人员任用条例》条文案。

2月26日　出席立法院第4届第92次会议，代表财政委员会提呈青岛市二十五年度地方普通岁入岁出总预算案审查报告。

3月

3月1日　为浙江省提倡国货会《国货季刊》创刊题词："国货季刊发行纪念：改进国货产销方法为解决国民经济之先决问题"。《马寅初全集》第九卷，第395页

3月4日　主持立法院财政委员会第4届第52次会议，修正通过《财政收支系统法施行条例（草案）》再付审查案初步审查报告。

3月5日　出席立法院第4届第93次会议。代表财政委员会提呈《财政

收支系统法施行条例（草案）》案审查报告。

3月15日　为上海大夏大学经济学会出版《经济丛刊》第1卷第7期题写刊名。

3月16日　发表《非大量生产之中国经济及其救济办法》。"故大量生产与政治社会法律各方面皆有密切关系。中国法律与经济之关系究何如乎？票据法虽公布有年，规定汇票、本票、支票皆为要式的票据，必其票据具备法定形式，而后始有法律上之效力，而钱庄所出票据，每每不具备法定形式，均本于习惯，对于法律置若罔闻。苟有事故发生，私相和解，亦鲜有涉讼法庭者。人情重过法律，此为中国法律之特色，亦即工业不能发达甚速之一因。"健全同业公会之组织，为一救济办法。《银行周报》第21卷第10期；《马寅初全集》第九卷，第396页

3月18日　主持立法院财政委员会第4届第53次会议，修正通过《广东省港河工程美金公债条例（草案）》暨还本付息表案。

3月19日　出席立法院第4届第95次会议，代表财政委员会提呈修正《预算法（草案）》案审查报告。

3月26日　出席立法院第4届第96次会议，代表财政委员会提呈《民国二十六年辟浚广东省港河工程美金公债条例（草案）》审查报告。

本月　为萧明新《土地政策述要》作序。认为："土地生产力应如何改良增进，方可供居住之人类以充分之生活资料，此为解决土地生产问题之目的。解决各种土地问题之方案，即为土地政策。因土地问题之内容关系极其复杂，故土地政策之研究亦至为重要。历代土地政策之性质如何，各国土地政策之内容又如何，均足供研究当前中国土地政策者之比较参考。"萧明新：《土地政策述要》，长沙商务印书馆1938年5月出版；《马寅初全集补编》，第455页

4月

4月2日　出席立法院第4届第97次会议。

4月3日　发布启事："经济学社年会本年在闽举行，已推定马寅初等为筹委，并拟出发台湾考察经济。"《申报》

4月9日　主持立法院第4届第98次会议，因孙科病养，代理主席。会议

(一)《防止私贩麻醉药品公约》案，决议：照外交、法制两委员会审查报告通过，该公约应予批准，按该公约目的与我国禁绝烟毒政策相符，其内容与我国现行法令亦无抵触，故院会予以批准，以示我国禁烟禁毒决心。(二)修正海军部编制表统计室部分案，决议：照军委会审查报告通过。(三)审议河南、宁夏两省二十五年度地方普通岁入岁出总预算案。4月10日《申报》

4月13日 发表《奖励国货工厂之困难与增加资本之方法》。提出奖励国货工厂两种办法：(一)中外工厂差别待遇法；(二)政府参加资本不取股息。而增加中国企业资本方法有五端：(一)保护优良工厂；(二)奖励华侨投资；(三)取缔投机；(四)利用外资；(五)中国资金不为外人利用。《银行周报》第21卷第14期；《马寅初全集》第九卷，第408页

4月16日 出席立法院第4届第99次会议。

4月23日 出席立法院第4届第100次会议，代表财政委员会会同法制、外交、经济、军事委员会提呈二十四年度国家普通岁入岁出第五次追加追减预算案审查报告。

4月30日 出席立法院第4届第101次会议，会同傅秉常、吴经熊等提呈修正《中华民国宪法（草案）》条文案、审查修正《国民大会组织法（草案）》案及审查修正《国民大会代表选举法（草案）》等案。

本月 为《银行生活》"特种现金保证办法专刊"作序。指出，银行现行保证制度已不合于时代潮流，"吾人既认银行现行保证制度有废除之必要，及《特种现金保证办法》确有利于银行、于行员，自当促其早日实行。深望银行当局，共负此推行之责，及全国工商界，均循此改善，以解除过去数十年间所受保人制度之痛苦。此不仅于改进人事管理上，有莫大之助力，由此凡各业本身，不再遭受意外之损失，从业员亦可安心尽职，其裨益于工商繁荣，国力充实者，岂浅鲜哉！"编辑曰："《特种现金保证办法》自经交通银行总经理唐寿民先生及该行总秘书兼人事课长王维骃先生从事规划，提交银行学会讨论，已引起全国金融界深切注意。编辑部将有关文章、意见收集整理成册，请马寅初先生作序，以为供各界参考。"《银行生活社》第7、8合期；《马寅初全集补编》，第452页

同期刊载先生关于银行现行保证制度及特种现金保证办法谈话。

5月

5月1日 发表《我国预算法币与工业之连锁关系》。认为中国财政预算近年虽有改进，但仍存收款数不确定、人治大于法治、权力不集中、手续太繁杂四点弊病。自法币施行后，"物价上涨的情形，对于工业是有相当好处的，因为物价上涨，工厂容易赚钱。去年各地纱厂，莫不欣欣向荣，多半是由纱价上涨所致。但就另一方面说，物价上涨，消费者不免受亏，尤其是一般靠薪俸生活者，收入有一定额数，物价增高，就难免感觉负担过重。惟其中技术人员，因事业进展，需要人才，却也可以善价而估。至于新兴生产事业间，或也有受到成本过大的影响"。"所以物价上涨，是利害互见。其利在使工厂获利，其弊在使建设事业受阻。故相当的涨价，固不无裨益，而无限制上涨，有百害而无一利也。"《银行周报》第21卷第18期；《马寅初战时经济论文集》；《马寅初全集》第九卷，第419页

5月5日 主持立法院临时会议，审查《革命债务公债条例》案。5月6日《申报》

同日 发表《解决分配世界资源问题当从自由贸易做起》。从九方面分析第一次世界大战之后世界各国争夺世界资源之形势及严重后果：（一）德国好战之真因；（二）德国挑战之借口；（三）德国挑战之借口实难成立；（四）德国挑战之目标；（五）美国总统有挽救危机之权力与希望；（六）自由贸易与中国并无妨碍；（七）美国肯放弃战债乎；（八）日本敌视苏俄之原因；（九）日苏战争势不可免。《世界政治》第1卷第5期；《马寅初全集》第九卷，第448页

5月9日 出席商务印书馆股东大会。商务印书馆假上海西藏路宁波同乡会召开股东大会。张元济主席致开会词后，首由总经理王云五报告1936年度营业概况及结算情形；继由监察人马寅初报告一切帐目均经查核无误。旋通过修改公司章程案，重新选举新一届董事会成员。当选董事者：王云五、高凤池、李拔可、夏鹏、张元济、刘湛恩、蔡元培、鲍庆林、徐善祥、徐寄庼、丁榕、陈光甫、李伯嘉等；当选监察人者：马寅初、黄炎培、杨端六等。5月10日《申报》

5月10日 发表《中国工业进步迟滞之原因及其救济办法》。认为，中国工业进步迟滞之原因约有六点：（一）利息重；（二）无标准；（三）交通不

便;(四)工人少;(五)家庭思想发达;(六)法律与经济之关系。非大量生产中国经济之救济办法,主要有二:(一)健全同业公会之组织;(二)著者之批评。"惟既曰保护幼稚工业,其保护时期应以幼稚时期为限,若超过幼稚时期而犹予保护,养成商人之依赖性,不思改良进步,亦属非计。"《海王》(旬刊)第9卷第24期;《马寅初全集补编》,第258页

5月15日 发表《何以要修正工商同业公会法》。回顾、总结商会法及工商同业公会法自实施以来利弊得失,以及"九一八"、"一二八"事件发生后所面临新情况,说明修正工商同业公会法之理由及修正草案讨论情况。最后表明己见:"利用工商同业公会团体以为抵抗外国经济之侵略,本为余数年来一贯之主张,(参看拙著中国经济改造第十八章)健全工商业公会之组织,亦为余所赞成者,惟必如此改组,谓即能健全其组织,余不能无疑耳,余意以为两全计,如公会决定卖价为一元三角时,其成本在一元三角以上工厂股份,可合并于效能较大之工厂,然后予以封闭,如此关闭工厂之股东,不至全然失望,公会编制之阻力,自能大减,惟效能较大之工厂或以其机器不合用,不愿承受,或资力缺乏,无力承受,均成问题耳,假定子丑等工厂有承受之意,而无能力,将如何救济乎,或谓请政府加入资本,则事大可为,要知此点亦有困难,国民政府现对各项工业,固无不力图奖掖,亦因限于财力,政府直接所愿经营者,大都偏重重工业,轻工业则概经私人经营,如钢铁厂,机器厂,飞机厂,造船厂等政府皆可直接举办,或参加资本,若棉丝等轻工业,则尚无意经营,盖一意经营重工业,犹觉缓不济急,遑论轻工业乎,故归结言之,官民皆困于资力,而有束手无策之慨也。"《国货月刊》第3卷第11期

5月18日 发表《中国保险业与新中国建设之关系》。剖析中外保险业与工业资本关系,认为"中国保险公司未必怕外国同行之竞争,因(一)外国保险业公司开支浩大,不若中国保险业公司开支之省;(二)中国保险业公司熟识国内情形,非外国保险业公司所能企及。有此两点,中国保险业公司,未必无优势,尚看国人之努力如何耳!非法律所能完全控制矣"。《银行周报》"一千号纪念刊"第21卷第19期;《马寅初全集》第九卷,第433页

6月

6月18日 出席立法院第108次会议，讨论财政部提呈《遗产税暂行条例（草案）》。财政部为筹财源，起草《遗产税暂行条例（草案）》提交立法院，立法院会议：转付陈长蘅、郑洪年、刘振东、史维焕、刘通审查。陈等研讨后具呈修正《遗产税原则（草案）》交财政委员会核示。财政委员会对该案形成两派意见：马寅初、史维焕等主张遗产税可缓办理，是为缓议派；陈长蘅、刘振东主张继承税应与遗产税同时征收，是为修正派。"十八日院会议审议该案时，两派竟发生激烈之舌战。首由马寅初报告财委会审查经过，及两项决议理由。杨公达起谓：财部倡办者为遗产税，本院竟为代加一继承税，有何依据？卫挺生起作解答。谓：政府日用浩繁，间接税已加无可加，遗产税为直接良税，马委员长前作公开演说，亦曾一再称道，况有产可遗者，皆富有人，较压榨贫民，自然此善于彼。至两税同办，全为维持子女多寡间纳税平衡办法，并非额外加征。刘振东谓：财部已将此项税收列入预算，缓办似无理由，国家用钱，自应取之于民，尤应取之于富民。本税施行，农民毫无所苦，两税虽名称不一，而性质相同，应请审议通过。马寅初再度发言，谓：适所报告者，系财委会意见。现再表示个人主张。约分七点：（一）财部既加征盐统等税，即不应再藉口办良税，以增人民负担。（二）各税齐加，民力是否可堪胜任。（三）财部只倡办一税，本院又为代加一税，无论性质如何相同，安能一一为老百姓解释，立院是否将成怨府。（四）新税未经立法程序，财部即已列入预算，强本院以必遵，可见其目无本院。（五）此税施行未见即能征及真正富人，尤其上海租界寓公，所得税办理情形，可为明证。（六）本院每次向财部索调文件，均经年累月而不交来，独此次征求加征继承税意见，立即答复赞同，其情如见。（七）上次讨论遗产税草案时，财部列席者司长、秘书、参事等甚多，本院只二人，希望能秉公说法。马说到精彩处，掌声四起。继马欲起立发言者，有萧淑宇、杨公达、史维焕等多人。……林彬谓：最好重付审查，以便从长研究，俾能得一具体方案，且时间方面亦可不受限制。院长以林案征询众意，一致通过。"《银行周报》第21卷第25期

6月25日 出席立法院第109次会议，代表财政委员会报告审查二十六年度国家总预算案，议决：通过。

本月　得中政会6月23日《请柬》，谓："庐山夏日，景候清嘉，嘤鸣之求，匪伊朝夕。先生积学盛名，世所共仰，汪蒋二公，拟因暑季畅接光华，奉约高轩，一游牯岭，聆珠玉之谈吐，比金石之攻错。幸纡游山之驾，藉闻匡世之言。扫径以俟，欣停何如。"影印件

同月　谈《中国经济合作问题》，胡葆良笔记。《浙江教育》第2卷第6期

7月

7月1日　发表《中国棉业之前途》。指出："中国所产棉花，倘被攫在日人掌握中，足致我国之死命。"故"中国纱厂既须改良，内地纱厂尤要改良，改良之第一义，在充实其力量。增加资本，为充实力量之一法，必须政府、银行界及纱厂三方协力进行而后可"。"但政府只能限于设计，因政府目前无多大财力可以补助也。金融界则予以资金之融通，义不容辞。工厂自身对于工厂管理之方法，亦应力求科学化与专门化。如是三方合作，必有甚大之效果也。"《东方杂志》第34卷第13期；《马寅初全集》第九卷，第470页

7月4日　乘冯玉祥专车抵庐山，为庐山暑期战时训练团授经济课程。蒋介石于庐山办战时训练团，自任团长，训练教育长陈诚，牯岭总队长黄绍竑，海会寺总队长孙连仲。训练团学员分两部，一部为各省要员、各军总指挥；一部为军官、警官、县长、军训教官、政训教官、党务人员、中学校长、新运会职员、童子军领队，目的在统一抗战思想。《庐山谈话会经济组同人关于战时财政与金融之意见》；《马寅初全集补编》，第497页

7月8日　为战时训练团开讲。

7月9日　致浙江建业银行董事长金润泉书："前托先生致函江山县商会，代觅宿所（日期约在八月二十八九日），未识江山方面有无回信，甚为悬念。弟七月四日抵庐，现住牯岭火莲院赵澹园，家眷同来，天天跑山，已于昨日开讲。"《马寅初全集补编》，第497页

7月13日　发表《世界资源地之分配》。指出："世界资源之分配，不但为一经济问题，亦为军事、政治、外交问题。凡研究军事者，实有认识之必要。"自九方面阐述：（一）世界天赋资源丰啬之不同；（二）欧战以前之自由贸易；（三）世界大战前后情势一变；（四）今日各国保护资源之方式；（五）

德国之报复；（六）战机延缓之原因；（七）德国要求殖民地之分配方式；（八）德国理由之不充分；（九）战争危机之救济办法与美国之关系。《银行周报》第21卷第27期；《马寅初全集补编》，第267页

7月15日　与浙江大学校长竺可桢、南开大学校长张伯苓、北京大学校长蒋梦麟、清华大学校长梅贻琦、北大文学院院长胡适、广西大学校长马君武、金陵女子大学校长吴贻芳、中央研究院总干事傅斯年、商务印书馆总经理王云五、律师张志让、学者梅思平、胡建中、梁实秋等各界名流齐聚仙岩饭店，畅谈国事。

7月16日　于庐山牯岭图书馆出席庐山座谈会第一次会议。汪精卫主持，蒋介石、于右任、张群、戴季陶、冯玉祥及文化、经济、工商界代表马寅初、胡适、竺可桢、张君劢、王云五、张寿镛、曾琦、江问渔等158人出席。中共代表周恩来、博古、林伯渠列席。

7月17日　继续出席谈话会。蒋介石发表抗战宣言："芦沟桥事变的推演，是关系中国国家整个的问题……如战端一开，那就是地无分南北，年无分老幼，无论何人皆有守土抗战之责任，皆应抱定牺牲一切之决心。如果放弃尺寸土地与主权，便是中华民族的千古罪人！"《上海文史资料选辑》第44辑，上海人民出版社1983年发行

下午，参加经济组座谈，讨论战时财政与金融问题。《申报》；《马寅初全集》第十卷，第478页

7月18日　上午，赴海会寺参加暑期训练团首期毕业礼，并赴蒋介石午宴。7月17日《申报》

7月19日　第一次座谈会结束后，著文《二十六年暑期庐山谈话会讨论暂时财政问题》。文首曰："凡出席之人，几无一不发言，因其言论颇多精彩，故特作此篇，综合各人意见为概括的叙述，非仅一人之私见也。"该文转发于《四川经济月刊》时更名《战时财政问题》，编者按："本文为二十六年庐山谈话会经济小组会议会谈我国战时经济问题之结论，各专家皆有意见，由马寅初先生笔录而成。虽当时全面抗战尚未发动，而所拟之方案与日后当局采用之财政政策多相吻合。本文除前一小段曾登载于武汉日报外，大部均未发表，兹承马寅初先生赐投本刊，想亦关心战时财政问题者所亟欲先睹也。"文章主要提

出，(一) 中国战时财政之方法问题：加旧税与办新税、募内外债、增发纸币、集中全国金银、没收外逃资金以备抵付外债、实行征发；(二) 中国战时财政之物质问题：粮食、盐、滋补品、铜铁、发明新物质、从外国输入之物品、如何输入问题。《马寅初战时经济论文集》；《马寅初全集》第十卷，第 478 页

7月25日　发表《反对今日之鸦片公卖政策》。《商业月刊》编者按："鸦片流毒，尽人皆知，为国际贸易上最大之漏卮，且为外交史上最大之创痕。国弱民懦，实基于此。若再任其公卖，流毒更无抵止，以致引起公众之责难。马先生痛斥公卖政策之不当，与历来各种公卖税政之弊害。近顷国府虽有撤销各省禁烟查缉处之说，而此文不可不一读也。"《商业月刊》第1卷第3期

7月27日　与出席庐山第二次座谈会各界名流相聚仙岩饭店，并庆祝中国军队克复丰台重创日军。出席聚会者胡适、蒋梦麟、张伯苓、王芸生、潘序伦、陶希圣、蒋百里、萧一山、潘公展、段锡朋、经亨颐、张君劢、杜重远、叶楚伧、洪深等100多人。洪深建议以谈话会名义，发电勖勉宋哲元将军及二十九路军全体将士。电文云："第二期谈话会开始之际，奉读感电，敬悉我忠勇将士守土御寇决心，至深钦佩。读阅战报，尤切激昂。顷闻移节保定，切盼与中央所派各军同心戮力抗战到底。同仁等不敏，竭心力以从诸公之后。中国每一块土地，皆满布每一个国民之血迹，宁使人地都成灰烬，决不任敌人从容践踏而过。谨布精诚，遥祝胜利。"影印件

7月28—29日　出席第二次庐山座谈会。蒋介石返南京主持战局，谈话会由汪精卫主持。《上海文史资料选辑》第44辑

8月

8月5日　浙江省抗敌后援会成立，马寅初、徐青甫、竺可桢等十余人为委员。

8月10日　发表《中国之银行制度》。系统考察中国银行制度近年改革效果，认为："发行之统一，国库之统一，利率之降低，汇兑率之统制，皆为目前中国银行制度所已办到，或于最近之将来能完全办到者。""今日人民之存款皆集中于中央、中国、交通三行，或以为人民信任政府之象征。""中国欲建设

有成绩，必须利用外资；欲利用外资，必须汇兑稳定；欲汇兑稳定，必须纸币不滥发；欲纸币不滥发，必须预算平衡。"《银行周报》第 21 卷第 31 号；《马寅初战时经济论文集》；《马寅初全集》第九卷，第 460 页

9 月

9 月 15 日　于杭州就"粮食统制"发表记者谈话。谓："非常时期自由竞争、自由物价均不能适用……国内可耕而不耕之地，政府应强令业主耕种，不然交出由政府耕种，不但可以裕粮食，且可以救济失业，一面减轻地租，使耕者增加。"9 月 16 日《申报》

9 月 18 日　立法院开第 4 届第 115 次会议，因故缺席。审议通过财政委员会委员长马寅初提交《民国二十六年湖北省建设公债条例（草案）》及还本付息表案审查报告、江苏省二十五年度第二次追加地方普通岁入岁出总预算案审查报告案。

9 月 21 日　发表《非常时期之经济政策》。文前附志："中央为各地抗敌后援会定有三项原则：即（一）充实物力，（二）安定社会秩序，（三）接济失业。本篇根据此三项原则而作，除登载《银行周报》作为评论外，谨以之贡献于各地抗敌后援会与国民经济建设运动会各省分会。"《银行周报》第 21 卷第 37 期；《马寅初全集补编》，第 275 页

10 月

自江西回杭，将从江西景德镇专烧的一副白陶茶具赠送朱孔阳（云间鹤），告之将随政府"迁都"，嘱老友留杭维持青年会。约定抗战胜利日，以此茶具泡一壶浓浓的西湖龙井。又邀好友何燮侯漫步钱塘江堤观潮，何氏请为将临世之外甥取名，先生感谓：若生男孩就叫观涛，若生女孩取维宁如何。

陈观涛口述

11 月

11 月 18 日　发表《中国经济力量》。11 月 18、19 日《青岛民报》

11 月 29 日　发表《法郎贬值》。对 1936 年 9 月法国决定放弃金本位，

法郎贬值之世界金融事件,从(一)法郎贬值之用意;(二)法国何以至一九三六年始贬低货币之价值乎?(三)法郎贬值之办法等三方面深入剖析,指出:"法郎贬值虽与中国无直接影响,惟法国为金集团之盟主,法国放弃金本位,即金集团势已瓦解,直接影响英美之汇兑,中国间接所受之影响则不小,法国将放弃金本位之先,已与英美两国缔结三国协定,使三国间以后之货币制度,不再处于战争状态,所谓货币战争者,即相互以货币贬值,求促进本国货之出口,与抑制外国货之进口。"《武汉日报》

12月

本月 出席庐山谈话会,讨论战时财政问题,主张采取有效措施,以利长期抗战。于年末离开庐山经武汉转赴重庆。

同月 发表《十年来的中国经济建设》。以翔实资料,从六方面总结"我国十年来之经济建设概况":(一)国外贸易之改善;(二)交通之开发;(三)金融币制之整理与统一;(四)工业之发展;(五)农村经济之复兴;(六)经济统制之实施。中国文化建设协会:《抗战十年前之中国》,1937年出版;《马寅初全集补编》,第241页

1938年（民国二十七年） 57岁

1月

1月初 抵达重庆，住南渝中学，任教于中央大学兼经济系主任。

本月 与记者谈《对战时后方经济问题之意见》。坚信抗战必胜，主张开发内地，发展生产。记者问："我们一向期望的日本经济崩溃，何日方得实现？"答："这很难讲。日本以为中国不会团结，和中国以为日本一定会很快的崩溃，是同样的双方估计的错误。日本经济状况是相当危险，但日本人民爱国观念也很深，必须我们能够持久抗战下去，日本才有崩溃可能。"《四川月报》第12卷第1期，1938年1月出版；《马寅初全集补编》，第546页

同月 发表《战费应如何筹措》。考察研究欧战各国筹措战费法："（一）加旧税或办新税；（二）募内外债；（三）加发纸币。"对比认为："中国之财政制度则不同，中央税收，向以间接税为主，所得税创办伊始，设备诸多不周，征收尚未普遍，税率决难自由增加。即此一端，已可见外国应付战事财政之方法，非中国之徒事抄袭所能奏效。"《时事月报》第18卷第1期；《马寅初全集补编》，第280页

2月

2月15日 发表《从战争中所得之利益与中国应付战争的经济能力》。指出："此次中日战争，人力物力虽损失不少，而精神上与思想上都得益不少。此外，中国在经济上应付战争的能力，亦可提出两点为之证明。""我国今日一般农产物价，不因战争而腾贵，即可证明足有余力应付战争。""开战至今，中国外汇迄今屹然不动。法币价格维持不坠，到处流通者，此为要因。此即我政府法币政策应付战争能力之表现。"《战时经济月刊》第1卷第3期；《马寅初全集》第十卷，第493页

2月21日 就组建中国经济学社四川分社事致重庆银行公会主席、四川美丰银行总经理康心如[1]及重庆市财政局长刁培然[2]书："星期五日之聚餐，目的在邀请四川经济学社重要社员与重庆银行界闻人会同中国经济学社在渝社员（理事）发起组织中国经济学社四川分社。今年年会在四川举行，即由分社筹备。预料吾国经济重心有移渝之可能，犹宜早日组织分社。弟所邀之客只有二十四人（连主人在内），并非二十五人，因刘大钧先生为主人，同时亦为客人。拟请代定二席，每席十六元，如二席太少，三席亦可。"《马寅初全集补编》，第500页

2月26日 于四川省银行演讲《战后经济复兴问题》。向学界及金融界提出："吾人应努力研究战时经济，固无论矣，至若战后经济，尤须努力研究。因此次战争，我国损失綦重，元气大伤，亟应集万众之精思，以谋恢复旧观。惟研究战后经济，应注意下列问题。（一）救济难民问题；（二）安插伤兵问题；（三）救济失业问题；（四）恢复战区工商业问题；（五）整理财政问题，其中最重要者，为如何革除财政上之积弊；（六）确定金融制度问题。"《四川经济月刊》第9卷第4期；《马寅初全集补编》，第285页

3月

3月3日 致康心如书："中国经济学社四川分社筹备会请先生定期召集。至四川经济学社社员才学兼优者，谅不乏人，亦请先生选择若干人，以便函邀入社。弟寓南渝中学，通知书乞径寄该校为荷。"《马寅初全集补编》，第501页

3月5日 得康心如复函："前遵嘱订于本月七日星期一午后二钟假座银行公会开筹备会议。"影印件

3月7日 出席中国经济学社四川分社筹备会。

3月13日 发表《从速开发西南富源》，提出："国府西迁以后，沿海沿江各省多已遭敌人蹂躏，若干工业中心地带，经济繁荣城市，已陷于生产不可

---

[1] 康心如（1890—1969），陕西城固人，康宝忠先生弟，时任重庆市临时参议会议长、四川美丰银行总经理、重庆银行公会主席，1949年后，任全国工商联执行委员。

[2] 刁培然（1903—1973），四川江津人，哈佛大学硕士，民国政府财政部上海直接税局局长，时任重庆市财政局局长，1949年去台。

能之状态，因此中区若干省分如湖南湖北，西南区若干省分如四川广西云南贵州广东，在人力物力的接济上居于重要的地位。这几省份的开发，实为决定抗战最后胜利的关键，所以今日应火速将中区与西南区各省实行开发起来，时机已万分紧迫，一刻不容再缓。自今以后，宜移工厂于内地，以避免敌军之蹂躏，在平时可以使经济力量普遍于民间，在战时可以使经济力量维持于不敝。"
《扫荡报》；《马寅初全集补编》，第 299 页

3 月 21 日　出席中国经济学社重庆分社成立大会。社员胡庶华、康心如、叶元龙、何廉、刘大钧、沈笑春、谭熙鸿等 56 人到会，分社理事长康心如。
孙大权：《中国经济学的成长》

3 月 25 日　发表《此时何以有制定中央银行办理外汇清核事宜之必要》。
《武汉日报》

3 月 28 日　由渝抵蓉，接受记者采访，谓："后方建设为抗战之基本条件，川省经济建设前途极有希望。""我法币基础能长期稳定，则财政之筹划，当无问题。至敌人阴谋动摇我法币信用，财部已限制外汇办法，自可使敌无所施其伎俩。"3 月 29 日《申报》

4 月

4 月 1 日　赴灌县出席都江堰典礼。

4 月 16 日　张元济函王云五，嘱将 4 月 15 日董事会拟定之"民国廿六年（1937）营业情形"及"分支馆受战时影响"两件寄马寅初等。《张元济全集》第一卷，第 206 页

4 月 19 日　召集陈长蘅、卫挺生等审议《广东省国防公债条例》暨还本付息表案报告及《国民参政会组织条例》案报告。

4 月 25 日　出席立法院第 4 届第 120 次会议。（一）会同委员史尚宽、陈长蘅等报告审议《国民参政会组织条例》案。议决：照审查报告追认。（二）会同委员陈长蘅、卫挺生等报告审议《民国二十七年广东省国防公债条例》及还本付息表案并说明：查本《公债条例》已于二十七年三月一日明令公布，由国民政府令行本院知照，经交委员陈长蘅等审议，现经审议完毕，依本院议事规则第九条之规定具报。（三）会同委员史尚宽、戴修骏等报告审议《国民参

政会组织条例》案。并说明：查《国民参政会组织条例》已于二十七年四月十三日明令公布，由国民政府令行本院知照，经交委员史尚宽等审议，现经审议完毕，依本院议事规则第九条之规定具报。

4月28日 出席立法院第4届第121次会议。

本月 发表《统一公债之检讨》。以学理结合现实考察、阐述战时统一公债之必要：（一）统一公债发行之原因；（二）统一公债不减息之理由；（三）统一公债发行之办法；（四）公债减息之要求；（五）公债减息之办法；（六）统一公债之真正用意；（七）改组中之中央准备银行。《四川经济月刊》第9卷第4期；《马寅初战时经济论文集》；《马寅初全集》第十卷，第499页

5月

5月2日 出席立法院第4届第122次会议，会同委员史尚宽、陈长蘅等报告审议《中央造币厂分厂暂行组织规程》案。议决：再付原审查委员会审查。审议结果：修正通过，并将标题改为《中央造币厂分厂组织暂行条例》。

5月8日 发表《经济制度与国民幸福》。"本月八日余在《时事新报》曾发表一文，题为《经济制度与国民幸福》，感叹美国生产物增加之速，由于企业家少分红利，将利润之最大部分均累积为资本，故能加速发展。"5月8日《时事新报》

5月9日 出席立法院第4届第123次会议，会同委员史尚宽、陈长蘅等报告审议《交通部组织法条例》案、《经济部组织条例》案。议决：以上两案审查意见修正通过。

5月16日 出席立法院第4届第124次会议，会同委员史尚宽、陈长蘅等报告审议《经济部矿冶研究所组织条例》案，说明：查《经济部矿冶研究所组织条例》案，已于二十七年三月一日明令公布，由国民政府训令本院知照，经交委员史尚宽等审议，现经审议毕，依本院议事规则第九条之规定具报。

5月26日 出席立法院第4届第125次会议。

5月30日 发表《农工矿林之连锁》。主张，中国受外敌入侵以图自保之策，经济上"必先需办到'吃自己的米，穿自己的布'"，"故第一点，农工矿等事业，应联合共同发展。第二点，力量应集中重要之事业，不重要者可不必

办。故方法与目的应严加选择。中国人才资本皆感缺乏,不能事事顾到,只有集中于几种重大之事业,否则资本人才若过于分散,一事不成,且不经济,结果必多耗费与损失,非策之得也"。《大美晚报》;《马寅初全集补编》,第287页

本月　发表《中国社会组织与传统的经济思想之关系》。深入剖析儒道思想对中国社会组织及经济思想之影响,论述"中国民族精神重在一'安'字,私家学说亦无不以'安'字为同归"。故而于经济与财产分配上"重均富而不主集富"。以此与西洋之经济思想相比,指出"西洋之经济思想,以生产为起点,先有生产而后有分配。中国人则不顾生产,只讲分配。西洋人主提高生活程度,中国人则以安贫为高尚。吾非谓中国经济思想完全错误,中国均富社会所以能维持至如此之久者,分配思想之深入人心不无功效焉,否则中国之社会组织早瓦解矣。顾现在情形大变,旧的经济思想已不能适应世界潮流,故不能不加以变更。"《四川经济月刊》第9卷第5期;《马寅初全集补编》,第302页

同月　发表《法币与公债政策》。考察、阐述战时与平时公债政策之异同:"战时之公债政策,在利用人民储蓄,以应付事变。平时之公债政策,则在利用人民储蓄以创造财富。"然公债"以法币维持信用为条件。倘法币信用失坠,则公债政策势将无法推行"。《时事类编》(特刊)第15期;《马寅初战时经济论文集》;《马寅初全集》第十一卷,第10页

同月　发表《法币之将来》。考察抗战以来诸种新经济情况对法币之影响,认为只要生产发达、国内团结,近一二年内,"决不至蹈马克之覆辙,可以保证者也"。《时事类编》(特刊)第15期;《马寅初战时经济论文集》;《马寅初全集》第十一卷,第6页

同月　完成《论战时过分利得税》。阐述战时过分利得税内涵与外延,"只就因战争而获得意外收入的事业课以利得税,且只限于战时,不能维持到战后。此税目虽不外另辟新税以济财政上之穷乏,然亦施行社会政策之必要手段"。并提出采用此税之可能范围,议定几项大原则:(一)战时过分利得税应单独举办,不与现行所得税合并。(二)关于战时过分利得税之范围,亦有两种意见。第一种意见主张采列举方式,大别为三类:一为自然人及法人组织之营业;二为自由职业;三为其他经最高财务行政机关认为系利用战争投机之一时过分利得。农业免税,但经营农产品者仍应征税。第二种意见系在税收上有

经验之人提出，主张在抗战期间有下列过分利得之一者，应征战时过分利得税：营利事业之利得，超过资本额百分之十五者；财产租赁之利得，超过其财产原价额百分之十二者。"于此吾人对于政府有一合理之要求，即由战区移入内地之工厂及因战事受重大损失之营业应予免税。"《经济动员》第1卷第11号；《马寅初战时经济论文集》；《马寅初全集》第十一卷，第1页

6月

6月1日 发表《只有死路一条》。《时代文摘》第1卷第3期

本月 发表《余对于改善地方金融机构之意见》。从金融运行原理与实际情形两方面，批评财政部新定《改善地方金融机构办法纲要》。指出其后果，"货存仓库储不交易，则筹码之需要量小，而流通之法币反逐渐增加（货入则法币出），物价安得不涨？反之货物取出交易加多，而法币反少（货出则币入），物价安得不更跌？是有货无筹码，无货则反有筹码，显与金融之原则不符"。《四川经济月刊》第9卷第3期；《马寅初战时经济论文集》；《马寅初全集》第十一卷，第18页

7月

7月6—15日 出席武汉召开的第一届国民参政会。"真能代表民意的，要算第一届国民参政会。首次大会是二十七年七月六日在汉口举行的。那时恰是抗战一周年的前夕。抗战中心在武汉，全国的人望也集中在武汉，大家精神焕发，情绪高涨，确有一番蓬勃气象。那时的参政会，共有参政员二百人，虽非全由人民选举，大致多符人望，确能为人民说话，为人民争利，尤其由国防最高会议提出而由国民党中央执行委员会决定的'丁种'参政员，是曾在各重要文化团体，或经济团体服务三年以上，著有信望，或努力国事，资望久著之人员，其中包括各党各派各界的领袖，的确象征了全国的大团结。开会那天，全国哄动，而在武汉三镇的人民，尤其兴奋，像办喜事似的，多少人辗转找门路，想弄得一张旁听券，以冀一瞻几位共产党代表是否都长着红眉毛绿眼睛。一般人恭维参政会是民意机关的雏型。其实参政会更大的意义，在于它是团结抗战的象征，团结，给国家产生了极大力量，给国家增加了蓬勃气象。这

力量,这气象,以后虽经多少折磨,多少顿挫,终于把国家支持到抗战胜利。抚今追昔,怎不令人感慨!但后来参政会逐渐增加了选举的参政员,逐渐减少了'丁种'参政员,生气反倒随着逐渐减退了。说来奇怪,其症结尽管增加了'民主'成分,而全国性减了,团结劲差了。""确能为人民说话争利之第一届国民参政会",《财政学与中国财政》,《马寅初全集》第十三卷,第617页

7月7日 发表《抗战一年来之经济》。阐述四个问题:(一)上海的失守不影响于中国抗战的经济力量;(二)工厂内移问题;(三)农民的生活问题;(四)增进贸易出口之策划。《扫荡报》

7月10日 发表《法币与国内物价》。针对全面抗战以来政府财政减少,有可能增发法币之形势,提出:"法币不多发最好,万一不免多发,必须想法救济,以减少其流弊。"救济办法可得言者,约有四端:(一)法币向乡村推行。(二)向不用法币之省份推广。(三)银行尽量吸收存款。(四)发行公债。《武汉日报》;《马寅初全集补编》,第290页

7月25日 得康心如函及所转四川省政府秘书长邓汉祥函:"顷奉省府邓秘书长蓂阶兄函称,特此转达,即祈察照为荷。"邓函:"中国经济学社决定在峨眉山九老洞举行第十四届年会,极表欢迎。除已遵嘱令饬峨眉县府临期派队维持治安外,兹由府拨助法币贰千元。希即填据向东府秘书处具领,并盼代达欢迎之忱为荷。"《马寅初全集补编》,第502页

7月29日 就经济学社第十四届年会事复康心如书:"省府邓秘书长蓂阶兄对于敝社在峨眉山举行第十四届年会已饬县府届期派队维持,并由省府拨助年会会费法币二千元各节,极承雅意,甚感甚荷。""至邓蓂阶兄函示省府拨助年会会费法币二千元,无任感荷。此款当于日后举行年会时再填具收据请领。"《马寅初全集补编》,第502页

本月 发表《大工业之外同时维持小工业》,文曰:"于创办大规模之工厂外,同时提倡轻小工业以为农业之副业,其影响于国民生计者必大。倘农民富足,购买力充足,工业原料之取给,与制品之贩卖,始有发展之机会。国际贸易入超,亦可赖以抵制。否则徒斤斤于大工业之提倡,因大量资金一时不易筹集,不能立收效果。"同时提出轻小工业"收效必宏"之十七条理由。《现代读物》第2卷第7期;《马寅初战时经济论文集》;《马寅初全集》第十一卷,第22页

8月

8月3日 太虚大师至歌乐山造访先生。《太虚大师年谱》

8月4日 发表《今日可行法币贬值之政策乎》。《扫荡报》

8月24日 会同立法委员史尚宽、陈长蘅等审查修正《估计专员任用条例》和《契据专员任用条例》。

8月30日 致函贺蒋志澄荣任重庆市市长。重庆市档案馆

8月31日 发表《非常时期的法币与外汇》。针对国内主张法币贬值声音，指出："将法币贬值，虽可使进口货价高涨，不易输入，但正当之必需品，亦将大涨而特涨，于抗战前途不利。况人心恐慌愈甚，资金逃走愈多，投机家操纵力量愈大，华侨汇款愈少，而对于外汇高涨之主要原因（入超）不能根本解决。"主张维持法币信用，限制法币发行数量。《经济动员》第1卷第6期；《马寅初战时经济论文集》；《马寅初全集》第十一卷，第27页

9月

9月2日 出席立法院第4届第135次会议。

9月16日 出席立法院第4届第137次会议。

9月23日 出席立法院第4届第138次会议。

9月30日 出席立法院第4届第139次会议。审查《战时农矿工商管理条例》案报告。

本月 发表《第一次欧战后马克何以崩溃》。剖析欧战后马克崩溃之教训，结论："其原因在于德国负担巨额赔款，无法支付。各国初亦不料加德国以偌大赔款，反使自己受极大之损失。使各国早知如此，当初决不肯出此苛刻手段。"《四川经济月刊》第10卷第3期；《马寅初战时经济论文集》；《马寅初全集》第十一卷，第40页

同月 是刊复登《消极的经济制裁不如积极地实施援救》。研究国际上实施经济制裁之结果与教训，提出："由中国之立场观察之，与其对日施行经济制裁，不如实行国联大会与行政院议决之援华方案，盖施行经济制裁，费力多而收效少。国联对意大利施行之失败，可谓前车之鉴。"《四川经济月刊》第10卷第3期；《马寅初战时经济论文集》；《马寅初全集》第十一卷，第50页

10月

10月7日　出席立法院第4届第140次会议。

10月9日　应《经济动员》与《战时经济专刊》邀请出席战时经济座谈会。签到者：穆藕初、杨汝梅、楼桐生、刘大钧等20余人。先生发言指出："近来有两派人的主张：一派是主张拥护政府使法币稳固起见，一定要维持汇价。一派是商人，要维持国际贸易，获得暗盘利益。假使从事国际贸易没有好处，则国外贸易就要停止。从前每年外汇要达五千五百万元，而现在抗战九个月后，仅达二千三百万元。这种差额，其中约有两个解释。一个是走私的原故，一个是出口减少。总之这三千几百万元的差额，和抗战前途，关系很大。至于商人如何责备政府，有些事没有凭据，可以不谈。不过就后者言之，政府必要维持法币，而商人经营事业，亦必须有利可图，决无商人愿意亏本而营业的。所以我以为最好国际贸易归国家经营，而给予商人以百分之十的固定的利益，或者是给予佣金之类。"《经济动员》第1卷第10期；《马寅初全集补编》，第545页

10月18日　出席立法院法制、外交、财政、经济、军事委员会第4届第16次联席会议，审查《查禁敌货办法（草案）》及《禁运资敌物品办法（草案）》案。

同日　发表《论立法院通过之总遗产税》（又名《论总遗产税与分遗产税》）。表示："只就遗产总额征收之，税率甚轻，免税额亦宽，累进税率亦甚缓，且只就超额遗产之税率，采用累进制。此种温和税制，正与鄙人去年在立法院所争之几个要点相吻合，希望将来之推行，不至有若何阻碍也。"《武汉日报》；《马寅初战时经济论文集》；《马寅初全集》第十一卷，第55页

10月28日　出席立法院第4届第143次会议。

10月30日　发表《〈所得税暂行条例〉施行以来所表现之流弊》（又名《〈所得税暂行条例〉应即修正之理由》）。剖析各阶层集团避税、逃税之现象，提出意见："资本所得，不但不重税，且有逃税者。劳力所得，不但无法逃税，虽少至四十元亦不得免税。国家损失固大，人民负担，尤觉不平。此实为《所得税暂行条例》年余来施行结果所表现之流弊。"《扫荡报》；《马寅初战时经济论文集》；《马寅初全集》第十一卷，第60页

11月

11月4日 出席立法院第4届第144次会议。会审《非常时期特种考试暂行条例》、《非常时期过分利得税条例》等案。

11月8日 应重庆市银行商业同业公会邀请演讲《战时过分利得税》。《重庆市商会函告请各委员出席听讲》，重庆市档案馆档案

11月11日 出席立法院第4届第145次会议。

11月18日 出席立法院第4届第146次会议。

11月20日 发表《中国今后经济建设之趋势》。考察、比较苏俄式、德国式、英美式三种经济模式各自利弊，认为："中国以大同主义为鹄的，先以温和的手段，引入社会主义，今重工业国营，轻工业私营。均向大同世界前进，并行不悖，理论与事实相辅而行也。"中国经济学社年会论文委员会：第十四届年会论文集《战时经济问题》，1938年12月出版；《马寅初全集》第十一卷，第66页

11月25日 出席立法院第4届第147次会议。

11月30日 发表《法币官价非维持不可》。认为"法币之法定价值，绝对不可动摇"，分五方面给予论证：（一）金本位国间之汇兑平价；（二）不换纸币国间之汇兑平价（购买力平价）；（三）购买力平价与物价之相互关系；（四）纸币之信用不能完全脱离政府；（五）今日政府对于出口商之办法甚为适当。《中外经济拔萃》第2卷第11期；《马寅初全集补编》，第293页

12月

12月2日 出席立法院第4届第148次会议。

12月4日 发表《中国法币与英币联系之理由》。指出："吾国抗战力量依附于法币者不少，苟法币法定汇率一旦放弃，为害将不堪设想。欲知法定汇率之重要，非知法币与英币联系之理由不可。"（一）促进中外贸易之发展；（二）防止通货之膨胀；（三）预防整理之困难。《扫荡报》；《马寅初战时经济论文集》；《马寅初全集》第十一卷，第75页

同日 至重庆市银行公会，主持中国经济学社第十四届年会，并致词。行政院副院长兼财政部长孔祥熙以社员资格发言，表示政府维持法币决心，获

得全场数分钟热烈掌声。本届年会以统制外汇为讨论中心，共提交论文36篇，大多主张维持法币。先生于会上提交两篇论文：《非常时期的法币与外汇》、《法币法价打破之危险》。年会结束，国民经济研究所编辑《外汇统制与贸易管理》一书，于1940年3月由正中书局出版。《中央日报》

12月7日　于重庆南开中学演讲《读书报国》。《重庆南开中学1935—1952年大事记》附件表1

12月9日　出席立法院第4届第149次会议。

12月11日　发表《政府对于非常时期工矿业奖励办法之要点》。就立法院修正通过对工矿业奖励办法之思路、过程及要点加以说明，告工商界当明晓以下四点：（一）扩张适用范围；（二）宽订奖助条件；（三）增加奖助方法；（四）分别规定补助日期。《国民公报》；《马寅初战时经济论文集》；《马寅初全集》第十一卷，第79页

12月16日　出席立法院第4届第150次会议。

12月18日　发表《法币法价打破之危险》，总结中国经济学社第十四届年会讨论"是否维持法币汇价"观点，谓：绝大多数社员认为"法币信用，为今日我国命脉所系，断不可轻于贬值"，希望财政部坚持到底。《中央日报》；《马寅初战时经济论文集》；《马寅初全集》第十一卷，第83页

12月21日　向媒体呼吁："请严惩发国难财者。""中国抗战时期，颇多不肖分子不顾廉耻，甘心媚日，并乘机勾结一般浪人，从事各项破坏抗战之工作，而于中国获取巨利。此种下贱分子，险恶胜于敌人，实已罪不容诛。际此抗战时期，政府早有明令，按军律严惩。兹有经济学家马寅初博士，鉴于若辈发国难财者，若使久容，国家蒙害必致日深，故呈请政府，务速拟订有效办法，令饬全国负责机关缉捕严惩。"《申报》

12月23日　出席立法院第4届第151次会议。审查财政委员会报告审查《节约建国储金条例（草案）》案等。

12月28日　致康心如书："前承惠允加入本社为永久社员，热心赞助，不胜欢迎之至。兹送上正式入社志愿书一份。"《马寅初全集补编》，第503页

12月30日　出席立法院第4届第152次会议。

12月31日　发表《门户开放与高尚思想》。分析世界各国近百年日趋国

际化之大势，而日本军人倒行逆施，企图独霸。主张："吾人今后欲增进人类之物质幸福，尤有赖国际互助。开放门户，各尽所能，以交换其所需。个人能力所不及者，如图书馆、博物馆、公园、运动场等，皆有待国家之经济的建设。不但一国国民之利益，亦世界人类共通之利益。今日本则不然，蔑视中国，妄图征服，独占中国之利益，尽行排斥白人在华之权益。遑论中国不能忍受，英、美各国亦不能忍受。自私自利，一意孤行，终必自食其恶果。"《经济动员》第2卷第2期；《马寅初战时经济论文集》；《马寅初全集》第十一卷，第89页

同月 为贾士毅《抗战与财政金融》作序。贾士毅：《抗战与财政金融》，商务印书馆1938年12月出版

同月 发表《统制物价为节约运动与长期抗战之先决问题》。主张："对于节约运动，似应分三方面讲：（一）战时与战后一二十年应讲节约，平时则不应讲节约；（二）欲提倡节约，非先统制物价不可；（三）欲长期抗战，亦非先统制物价不可。"《四川经济月刊》第10卷第6期；《马寅初战时经济论文集》；《马寅初全集》第十一卷，第100页

1939年（民国二十八年）　58岁

1月

1月4日　立法院法制、经济委员会召开第4届第17次联席会议，因故缺席。会审《非常时期难民移垦规则》案，议决：再付原审查委员刘克俊、黄右昌、周一志、马寅初、等审查。

1月6日　出席立法院第4届第153次会议，会同刘克俊、周一志委员提呈《非常时期难民移垦规则》案审查报告，议决：再付原审查委员刘克俊、周一志、马寅初等审查，仍由刘委员克俊召集。

1月20日　出席立法院第4届第154次会议。

同日　发表《中国统制物价问题》。《改进》第1卷第3期

1月26日　出席立法院法制、经济委员会第4届第18次联席会议，会同刘克俊、周一志委员提呈《非常时期难民移垦规则》案重行审查报告案。

2月

2月2日　得重庆大学函："本校商学院一年级全体学生恭请先生莅校演讲，恭聆嘉诲，敬祈俯允所请，俾慰群望，并祈酌定时间，先期示知，以便公布，专函奉恳。"重庆大学档案

2月3日　出席立法院第4届第155次会议，代表商法起草委员会会同财政、经济委员会提呈审查修正《商会法》第二十九条条文案报告案。

2月10日　出席立法院第4届第156次会议，会同委员史尚宽、王昆仑、张西曼等报告起草《非常时期人民团体组织纲领（草案）》案。

2月18日　出席立法院第4届第157次会议。

2月19日　上午，继续出席立法院第4届第157次会议。

下午，应中国教育学术团体联合会办事处邀请，于重庆市党部演讲《法币

与抗战》。2月20日《新华日报》

2月26日　发表《统制物价政策中之最高价与最低价》。针对国内出现发战争财苗头，指出："在欧战时，欧洲各国虽征收暴利所得税，但发财者仍复不少。此点亦应早为之计，以免贫富阶级之尖锐化。故余极端反对通货之恶性膨胀。一则恐物价腾贵，贫民无以为生，不免铤而走险；二则物价飞涨，造成暴富阶级仇恨愈深，内部容易发生变乱；三则通货一经膨胀，恐无法制止，卒至价值大跌，战后欲图复兴，活动资本，已不可得。"重庆《国民公报》；《马寅初战时经济论文集》；《马寅初全集》第十一卷，第106页

3月

3月3日　出席立法院第4届第159次会议。

3月5日　发表《日本支那通提出破坏法币之种种方案及其结果》，剖析日本破坏法币种种手段：使用军用票、使用联银券、妄图组织国际银行、改用银本位等，反证我国巩固法币之重要，指出："法币贬值在经济上言，固无理由，在政治上言更不可也。"《时事新报》；《马寅初战时经济论文集》；《马寅初全集》第十一卷，第110页

3月10日　出席立法院第4届第160次会议。

3月17日　出席立法院第4届第161次会议。

3月20日　发表《我国白银政策与黄金政策》（又名《中国白银政策与黄金政策》）。考察1935年政府防止现银偷漏紧急法令实施后金银市场情状，对1938年11月新颁《监督银楼业收兑金类办法》予以评论："既非采取绝对的黄金国有之新制，亦非袭黄金自由买卖之旧制，乃系一种适合国情的和平统制政策。"重庆《中央日报》；《马寅初全集》第十一卷，第118页

3月24日　出席立法院第4届第162次会议，会审修正《奖励工业技术暂行条例（草案）》案。

3月26日　发表《核减利率应以一般经济情形为对象》。表示："顷闻政府有电饬全国典当商核减利息、延长限期以利平民之举，实值得吾人一致赞助。""惟吾人于此对于政府之利率政策，尚有更进一步之要求者。低利贷款于一般平民，固有实惠，而于抗战建国有关之轻重工业尤所必需。"重庆《国民公

报》;《马寅初战时经济论文集》;《马寅初全集》第十一卷，第115页

3月28日　至中央电台播讲《战时经济问题》。《广播周报》4月号

4月

4月7日　出席立法院第4届第163次会议，代表商法起草委员会提呈审查《民国二十八年建设公债条例》报告案。

4月21日　出席立法院第4届第164次会议。

4月30日　发表《中国的专利法》。对1932年政府颁布《奖励工业技术暂行条例》中有关专利内容加以检讨、修正、说明，使之趋于完善：（一）何谓新型、何谓新式样；（二）奖励之方法；（三）不得予以专利权之场合；（四）不得呈请专利权之场合。《中央日报》;《马寅初战时经济论文集》;《马寅初全集》第十一卷，第122页

本月　发表《论华北伪临时政府之币制统制及其对策》。剖析华北伪临时政府所行币制统制及其深层阴谋："一面讨伐中国，一面开发中国，即以中国的物力人力来作侵略之工具，其计至毒。但欲开发中国，必须树立一种新货币制度，可以日元为准备，另发一种联银券以替代法币。如是不但日元不致流回本国，对此一笔信用借款亦可于短期间内不必偿还。（中国行使日元无异给予日本以一种信用借款）。即法币之基础亦根本动摇矣。"为阻止其图谋计，提出各利害国家，一致拒绝日货进口，使人民拒绝使用伪币、中央政府豁免沦陷区全部田赋等七条办法。《时事月报》1939年4月号;《马寅初战时经济论文集》;《马寅初全集》第十一卷，第128页

春末　偕张澜同以国民参政会参政员身份赴四川达县视察，发表演讲，鼓励同胞们抗战到底。《达县文史资料》第三辑

5月

5月1日　就对日经济抗战形势与外汇政策发表乐观意见。《新知》（上海）第1期

5月7—13日

全国生产会议召开，先生与刘大钧、钱新之等为行政院长指定代表。《财

政评论》第 2 卷第 2 期

5 月 23 日　应重庆大学商学院一年级学生邀请演讲。重庆大学档案

本月　发表《论外汇平准基金》。研究英、美金融体系中外汇平准基金之不同作用，比较中国平准基金之功能，认为："国内物价时有剧烈之变动。在管理货币之下，现金之输出及输入，由平准基金负其责任，与中央银行之准备金无涉，自不至影响及于贴放政策，尤不能牵动国内之物价，使工商业得能继续进行，不受贴放政策之摧残也。"《财政评论》第 1 卷第 5 期；《马寅初战时经济论文集》；《马寅初全集》第十一卷，第 135 页

同月　由经济学家沈志远介绍认识周恩来、王若飞等共产党领导人，并与周长谈。从此对共产党产生新认识，后先生视此年为自身政治思想与立场转折年。

同月　任重庆大学教授兼商学院院长，移居重庆大学教授公寓"教员一号楼"。

6 月

6 月 28 日　上午，于党政训练班演讲《中日货币战》，阳春暄笔记。认为中日货币战之关键在于坚持中国法币政策，不为日人破坏所撼动，而取得优势之途径则为中国加入英镑集团："日本要中国加入日元集团，目的就在灭亡中国，成为日本帝国主义的殖民地。所以我们只要加入英镑集团，法币的基础才能稳定，外汇的比率，才能保持平衡，国际贸易才感便利。"《马寅初全集》第十一卷，第 145 页

下午，演讲《中国之国际贸易》，阳春暄笔记。考察中国国际贸易的特征、中国国际收支之概况、中国之入超如何抵补、外人在中国之直接投资、抗战期中的中国国际贸易、华侨向外经济之发展、华侨工商业日后发展之途径诸方面，最后强调华侨经济之重要："华侨在南洋的经济地位如此重要，对于抗战的关系又是如此重大，我们的国际贸易，已有了巩固的基础，占绝对的优势，可是不如别人的只有两点：第一是教育；第二是组织。今后我们要提高华侨的教育水平与加强同业公会的组织，前途的发展才得到一重保障。"《中央训练团党政训练班演讲录》；《马寅初战时经济论文集》；《马寅初全集》第十一卷，第 152 页

6月30日　发表《中国之金融问题》。回顾近十年中国金融整理成效，以为"今日之货币，与英美法最近之货币制度，性质相似，以纸币流通于市面，所有现银，完全集中于政府之手。现银之为用，除充发行准备，与对外国际收支清算外，国内不准用之。如此进步，欧美国家，费百年之努力，始告厥成，而我国之币制改革，完成于五六年之间，其成绩之所以表现于世人者，可谓空前。无怪欧美著名货币学者，如甘末尔等，均惊叹不置，而认为货币史上之奇迹"。浙江《东南日报》；《马寅初全集补编》，第314页

7月

7月24日　发表《日人攻击英国人之理由及英镑集团何以胜过日元集团》。以四条理由分析，"今日欲打倒中国法币，不能成功，迁怒于英国人"，然英镑集团有银行制度健全、通货价值安定、金市场自由、汇兑自由等优势，全面优过日元集团。中国属英镑集团，此为货币战中胜于日本处。《中央周刊》第2卷第3、4期合刊；《马寅初全集补编》，第317页

7月25日　就重庆大学改省立为国立大学致行政院副院长孔祥熙书："四川省立重庆大学自叶君元龙长校以还，校务蒸蒸日上，并聘初为特约讲座，半年以来，细心观察，学风校纪并不下于国立大学。惟因省立名义较差，尚不能负社会之期望，重庆为首善之区，而敝校以重庆为名，顾名思义似应改为国立。若援今重庆市府直隶钧院之例，当无不合也。敝校全体学生拟推代表晋谒钧座，面陈一切，敬乞先示接见时间及地点，以便转告学生。日来养疴山中，如承赐教，请寄歌乐山大木鱼四号。"1942年12月29日，国民政府行政院第594次会议通过决议，"省立四川（重庆）大学"改为"国立"。《马寅初全集补编》，第498页

8月

8月13日　就重庆大学商学院学生档案事宜复训导处书。"鄙人兼任本校商学院院长不过二个月之久，对于学生之品行尚未有相当之认识，愧不能在尊处送来之考核簿中逐一批注。日后如有学行特殊，应分别予以奖惩者，自当填表报告，以副尊嘱。"重庆大学档案

9月

9月3日 立法院召开第4届第172次会议，因故缺席。审议财政委员会委员长陈长蘅、商法起草委员会召集委员马寅初提呈审查《节约建国储蓄券条例（草案）》案。

9月30日 发表《何以急须吸收国内资金》。从利用储蓄扩大生产之场合、创造信用扩大生产之场合、政府提倡生产应采之途径等方面阐述，吸收国内资金扩大生产有四重目的：政治问题；维持法币；减少战后行政上之困难；减少免除人民、阶级间之摩擦。《经济动员》第3卷第7、8合期；《马寅初战时经济论文集》；《马寅初全集》第十一卷，第165页

10月

10月28日 出席立法院第4届第175次会议。

本月 为《中日货币战》撰绪论。该书为战时综合丛书第五辑。节选马寅初、朱契等8人著作及辑译日人文章，编为9章：论中日货币战、敌人之金融进攻、如何抵抗敌人的金融侵略、敌人统制华北外汇与中英借款、法币与日圆在中国、敌人对我货币侵略的失败等。《中日货币战》，重庆独立出版社1939年10月出版

12月

12月2日 上午，出席立法院第4届第176次会议。

下午，出席立法院财政、经济、商法起草委员会联席会议，代表商法起草委员会会同财政、经济委员会提呈审查《县乡银行法（草案）》案。

12月13日 至重庆南开中学演讲《战后经济问题》。《重庆南开中学1935—1952年大事记》附件表1

12月30日 出席立法院第4届第178次会议。

1940年（民国二十九年） 59岁

1月

1月4日 为董问樵著《国防经济论》作序。扼要说明国防经济之原则："盖普通国民经济学所注重者，为谋国民经济上之福利；国防经济学所注重者，为国家或民族在国防上之安全。经济学之原则，系用最小手段达到最大效果；国防经济学之原则，系使民族之生活条件与战斗条件一致。"董问樵：《国防经济论》，商务印书馆1940年8月出版；《马寅初全集》第十一卷，第185页

2月

2月10日 出席立法院第4届第181次会议。

2月21日 就中国经济学社会费事致沈笑春书："中国经济学社分存南京中国银行、上海交通银行及南京四明银行永久社费基金利息均按周年一分计算。兹查二十八年四月应支息金逾期已久，二十九年四月应支利息不久亦将到期。特寄上支款条八张，请分别办理为祷。再二十八年四月应支息金二千元，至本年四月可得复利二百元，尚请费神分向各行交涉，特别通融照给。"《马寅初全集补编》，第499页

2月24日 出席立法院第4届第182次会议。

2月28日 以商学院院长身份出席重庆大学校务会议。

3月

3月9日 出席立法院第4届第183次会议。

上旬 应陆军大学之邀为前线受训将官班授课，演讲《加征资本捐税及临时财产税》，钱荣堃笔记。谓："现在我们中华民族正处在生死存亡的关头，全国上下应该同心同德，共赴国难。但现在是'下等人'出力，'中等人'出钱，

'上等人'既不出力，又不出钱，还要囤积居奇，高抬物价，发国难财，实在可恶。还有一种'上上等人'，依靠手中的权势，利用他们掌握的机密，乘调整汇率的时机，大量购进外汇，获得巨利，存到外国，大发超级国难财，这种猪狗不如的'上上等人'，就是孔祥熙和宋子文。"将官们情绪激昂，热烈鼓掌。钱荣堃：《一九四〇年马寅初先生在重庆与四大家族的英勇斗争》；《马寅初全集》第十五卷，第402页

3月15日 受聘担任大学用书编辑委员会编委。影印件

3月23日 立法院召开第4届第184次会议，因故缺席。会议审议通过财政委员会委员长陈长蘅、商法委员会召集委员马寅初提交审查修正《节约建国储蓄券条例》第六条条文案报告案。

同日 出席蔡元培先生追悼会。

3月24日 《中央日报》（重庆特刊）发表《蔡先生思想之宽大》。"孑民先生道德文章，万流宗仰，而吾所最钦企者，为先生主持北大时对于思想言论力主自由。当时在北大，以言党派，国民党有先生及王宠惠诸氏，共产党有李大钊、陈独秀诸氏，被目为无政府主义者有李石曾氏，憧憬于君主立宪，发辫长垂者有辜鸿铭氏；以言文学，新派有胡适、钱玄同、吴虞诸氏，旧派有黄季刚、刘师培、林损诸氏。先生于各派兼容并蓄，绝无偏袒，更于外间之攻讦者，在《答林琴南氏书》中，表其严正之主张。故各派对于学术，均能自由研究，而鲜摩擦，学风丕变，蔚成巨观。北大师生，此后于国家于学术而能有所贡献者，胥先生培养涵盖之功；则先生办学之精神，宁不足为吾辈从事教育事业者所当效法乎？良师溘逝，怆怀靡已！谨述往事，用志追慕云尔！"《马寅初全集》第十一卷，第175页

本月 当选国民政府教育部学术审议会委员。国民政府教育部审议会为全国最高学术审议机关。学术审议会由教育部部长、次长、高教司长及25位聘任委员组成。其中选举产生委员13位：马寅初、冯友兰、傅斯年、竺可桢、吴有训、周鲠生、王世杰、邹树文、茅以升、颜福庆、蒋梦麟、腾固、马约翰等；教育部直接聘任委员12位：吴稚晖、朱家骅、张君劢、陈大齐、郭任远、陈布雷、胡庶华、程天放、罗家伦、张道藩、曾养甫、赵兰坪等。《高等教育学刊》第1期

同月 为胡继瑗《水险学原理》作序。论及:"吾国海通以来,达百余年,水险业之经营,素为外商独占。晚近国人经营之保险公司,渐形发达,始稍稍有人注意及此,则水险学识之灌输与提倡,已为当务之急。"胡继瑗:《水险学原理》,长沙商务印书馆1940年出版;《马寅初全集补编》,第456页

4月

4月8日 致康心如书:"本社邀请何芸樵、林云陔、刘纪文、胡家凤诸位先生酒叙,以答其往年本社在长沙、广州、青岛举行年会时热烈招待之盛意。特请作陪。"《马寅初全集补编》,第503页

4月12日 于国际联欢社设晚宴答谢何芸樵、林云陔、刘纪文、胡家凤,同席者刘大钧、康心如、彭浩如等。《马寅初全集补编》,第503页

4月20日 出席立法院第4届第186次会议,代表财政委员会会同法制委员会及秘书处报告查明未经立法程序之各项法规未送本院审议之新设机关组织预算及本院已通过之法规久未公布各案案。议决:交马寅初等委员审查。

4月28日 中国经济学社第十五届年会于重庆大学礼堂举行。报告学社基金情况:"本社基金,社员中主张购买外汇,如当时购进外汇,目前已超过百万元以上,然本席以为在此国家危急存亡之秋,不顾国家的危利,仅图个人利益,购买外汇,不仅于心不忍,而其行为实属可鄙。经济学社基金之筹募虽属万分困难,然不能仅图一社之利,而忘顾大义,所以非仅本席个人未购丝毫外汇,本人亦不赞成本社购买外汇,本社愿与国家共存亡。"进而揭露、抨击孔祥熙、宋子文勾结陈光甫等大买外汇,发国难财。"现国家不幸遭强敌侵略,危险万状,而保管外汇之人,尚逃走外汇,不顾大局,贪利无厌,增加获利五七千万元,将留为子孙买棺材!""马君发言时,面色变动,几于声泪俱下,且重行复述,激烈痛骂,其勇豪爽,不怕权威,深为全座千百人敬仰!"周寄梅谓:"此种言除马君外谁敢说出。"陈嘉庚:《南侨回忆录》,民国丛书第三编第23册

次日《大公报》以《关于买外汇——马寅初怒斥强盗》为题报道:"当报告基金时,马社长特加郑重声明……'基金会没有一文买外汇,我也没有一文买外汇,但××××××的人自己买外汇了,自己靠不住,还在骂别人,这是强盗行为'"。

5月

5月3日 出席立法院法制、经济委员会第4届第23次联席会议。

5月4日 出席立法院第4届第187次会议。代表财政委员会会同法制委员会及秘书处报告审查查明未经立法程序之各项法规未送本院审议之新设机关组织预算及本院已通过之法规久未公布各案案。认为："（一）应经而未经立法程序者。此种法规，虽其名称有规程章程办法纲要等等，按其性质，均系法律，而应经立法程序，其有紧急处置之必要时，亦愿依国防最高委员会议常务委员会第五十四次会议决议，于事后按立法程序，送立法院审议，以完成立法程序。嗣后凡有法律性质之条例规章，除确有紧急情形者外，均应先送本院审议，然后公布，以符程序。查此项应经而未经立法程序之法规，为数甚多，略举如次：（略）；（二）经立法院通过呈请公布而久未公布。此类法案，如《总动员法》、《妨害抗战治罪法》、《漏纳货物税处罚法》、《县市自治法》及其《施行法》、《县市参议会组织法》等，既未公布，亦未依立法程序，纲领第五项之规定发交本院依据修正，拟请分别补正以合程序。嗣后凡本院通过之法律案，如不公布，应请指示必须修正之点，发交本院审议。"议决：照审查报告向国防最高委员会建议。

5月6日 于重庆南开中学演讲《物价与财政》。《重庆南开中学1935—1952年大事记》附件表1

5月7日 中国经济学社召开理事会，彭浩徐临时提议："明年马社长六十寿辰，本社年会议决刊行纪念文集，应请推定负责人员案"。会议推定卫挺生、丁洪范、张圣庄、朱祖晦、金天锡五位先生筹备，请卫挺生召集。《中国经济学社第十五届年会纪录》

5月10日 发表《今日上海之金融问题》。剖析上海成孤岛后金融混乱情状：银行收活期存款，又不敢放出款项，投机者自多；汇划贴水，关系极大；黑市场弊害甚大，亦非取缔不可。亟需建立上海与西南建设之经济联系，利用上海游资投向西南。《时事类编特刊》第25期；《马寅初全集补编》，第320页

5月18日 就经济学社基金转帐事致康心如书："中国经济学社之基金拾余万元已请上海之基金保管委员会集中转交贵沪分行，以便汇渝，用特函达，即请转告贵沪分行照收。"《马寅初全集补编》，第504页

同日 立法院召开第4届第188次会议，因故缺席。审议通过委员史尚宽、林彬、陈长蘅、马寅初等联名提呈非常时期人民团体组织纲领案审查报告。

5月21日 马寅初先生六十寿辰纪念文集筹备委员会召开第一次会议，经议决要点如下：（一）书名：拟定为《中国经济六十年》；（二）内容：除战后经济建设外，纪念论文暂定为六十年来之中国经济思想、银行货币、财政、工业、农业、矿业、林业、渔业、牧业、商业、合作、国际贸易、保险、土地经济、公用事业、交通、经济政策、人口、劳工、会计、统计、经济教育，及其他经济史等类；（三）征稿：分函各社员征稿；（四）征稿日期：本年年底；（五）通信处：重庆沙坪坝重庆大学转中国经济学社马寅初先生六十寿辰纪念文集筹备委员会。《中国经济学社第十五届年会纪录》

5月29日 应基督教旅渝各大学校友联谊会邀请，带臂伤演讲《西南建设与法币问题》。指出："我们要从事西南的建设，一定要使法币稳定下来，否则，根本谈不上建设。"吸收上海游资只是望梅止渴，向发国难财者征收"临时财产税"，最为合理，也是最有效的稳定法币的办法。特别冀望政府，尤其希望全国最高统帅蒋委员长用革命手段，向发国难财者征收财产税。6月1日《新华日报》；《浙江潮》第118期

6月

6月1日 出席立法院第4届第189次会议。

6月15日 出席立法院第4届第190次会议。

6月19日 复康心如书："按奉六月十四日手示，藉悉中国经济学社基金保管委员会款计共捌万壹千零伍拾六元三角六分，已由贵沪分行代收。请费神照渝市最优行市代为卖出。暂存重庆中央银行（依上次理事会之议决）。"《马寅初全集补编》，第504页

6月25日 于重庆大学接受《新华日报》记者专访。7月3日以《马寅初先生谈抗战第四年经济——要真正有钱的出钱才有办法，国难财应该拿出来献给国家》为题刊发。《马寅初全集》第十一卷，第526页

6月27日 得康心如书，并复函："日前接奉手示，并附来支票一纸，计渝币壹拾万壹千余元。感谢感谢！此款已存入中央银行。在该行开一中国经济

学社基金户。一切条件，均已商妥。"再致："在贵行之敝往来户截至六月底止，恐不足叁万元之数，缺额若干如能早日算出，务祈示知，以便补足。"《马寅初全集补编》，第 505 页

6月30日 得康心如函："两示均悉，尊存款贰万柒千肆百元，自五月七日起，至六□□，除所得税外，连本利共计结存款贰万捌千壹百捌拾叁元六角六分。特此函复，即希察照为荷。"

"寅初先生大鉴：敝行增股承然认购叁万元，尊存款计尚不足一八一五·九五，已由弟垫付。兹奉上股据壹纸，希察收见复为荷。"《马寅初全集补编》，第 505 页

本月 所撰《法币法价打破的危险》收入《外汇问题与贸易问题》一书。该书分外汇问题及贸易问题两编，收入 1938 年 10 月之后报刊发表有关法定汇价及国营对外贸易等问题论文 20 篇。朱通九：《外汇问题与贸易问题》，国民经济研究所辑，上海独立出版社出版

7月

7月3日 发表《提议对发国难财者开办临时财产税以充战后之复兴经费》（又名《战后经济问题》、《战后的经济问题》）。通过：（一）战后需财之急迫；（二）战后急迫之需要可以纸币应付乎；（三）德国之纸币政策中国可采用乎；（四）余主张于战事结束后即开办临时财产税；（五）通货膨胀于发国难财者有益，于知识阶级与公务员有害等方面，阐述开办临时财产税之理由。并严厉批评："此外尚有几位大官，乘国家之危急，挟政治上之势力，勾结一家或几家大银行，大做其生意，或大买其外汇。其做生意之时，以统制贸易为名，以大发其财为实，故所谓统制者，是一种公私不分之统制。至于这几位大官大买其外汇之事实，中外人士知之甚稔。"中山文化教育馆：《时事类编特刊》第 54 期；《马寅初战时经济论文集》；《马寅初全集》第十一卷，第 176 页

7月6日 得康心如两函并复书："六月三十日手书始于今日接到，因'重大'第二次被炸，秩序稍乱，今日方得入屋内写信。附上沪洋支票一纸，计洋壹千五百元，乞代收，依最优行市卖出，以补足叁万元之数。"《马寅初全集补编》，第 506 页

7月10日　得康心如函再回复："心如先生大鉴：顷奉台函并股款收据一纸，一切费神，感谢感谢！前月奉上沪洋支票一纸，计洋壹千五百元，谅荷察收。尊垫之款他日当按日算息，将本利一并奉还也。"《马寅初全集补编》，第506页

7月26日　中国经济学社马寅初先生六十寿辰纪念论文集筹备委员会成立，会址重庆沙坪坝，并发出征求论文函。孙大权：《中国经济学的成长》

7月30日　上午，出席立法院第4届第192次会议。

同日　陈嘉庚致蒋介石函："本年四月二十八日，全国经济学社年会，假重庆大学礼堂开会，马寅初主席，言现实国家如此严重危险，而保管外汇之人，尚逃走外汇，不顾大局，贪利无厌，激烈痛骂，其勇豪爽，不怕权威，深为全座千百人敬仰！"陈嘉庚：《南侨回忆录》，民国丛书第三编第23册

蒋阅陈函后，认为系无端攻击，命重庆大学校长叶元龙陪马寅初来见。先生拒绝邀见并谓："叶元龙陪我去见蒋介石，我不去！要我去，除非宪兵来请。"8月起，国民党机关报奉命拒登马氏文章。叶沛婴：《马寅初先生在重庆大学》，马寅初纪念馆：《走近马寅初》，上海三联书店2008年11月出版

8月

8月5日　得康心如关于中国经济学社基金事宜函。"寅初先生大鉴：前嘱代收申款壹千五百元，昨天电已收妥，当照千分之二五八汇率，合渝法币一八八七元。除前代垫股款一八一五·九五元外，余七一·〇五元，特函奉上（利息自可不记，因系弟私人垫出），希查收。并乞将敝行前出代收款据一纸掷还为荷。"《马寅初全集补编》，第507页

8月6日　复康心如书："昨奉七月二十六日手书，敬悉托贵行代收申款壹千五百元已由贵沪行收妥。……承荷高谊，将余额七一·〇五元附函送来，感谢万分。惟尊垫股款一个月应扣息金十五元，敬以奉上，务祈察收，勿存客气。至贵行所出代收款据乙纸，弟未曾收到，谅因大轰炸后邮递有误所致。兹有要事奉商，另函详陈。"《马寅初全集补编》，第507页

同日　致康心如书："弟尚有现款四万元，因性喜读书，无法兼顾投资事，只得将此款交与素所信仰之友如先生者代为运用，未识先生愿意接受否。"《马寅初全集补编》，第507页

8月9日　得康心如函："六日赐示均悉。利息十五元，吾兄如此客气，只得遵命。并前敝行所出收据既未收到，当凭前函存卷可也。嘱件既存厚爱，曷深感幸。惟弟刻亦无把握，候有机会，再为奉商知。"《马寅初全集补编》，第508页

8月16日　就存款事致浙江兴业银行徐寄顾及中国银行潘久芬书："弟在贵杭行有马班记国币壹千捌百四拾元存款一笔，原订定期贰年，自二十六年八月拾壹日起至二十八年八月拾壹日止，后转期一年，至今年八月拾壹日满期，存单号数为B字第三二七号，现拟改定期为活期，以便随时支取。但邮寄支票簿至重庆亦甚费周折，可否将本息一并交与上海中国银行收敝往来户，以省手续。"《马寅初全集补编》，第510页

8月23日　会见冯玉祥。冯记：马寅初先生是热血抗战、有血性、有良心的人，因为他是中国经济界的老前辈，金融界多是他的学生，他对一切不平的危害抗战的经济弊病知道得最清楚，知道国家实在太危险了，故不顾一切，到处大骂，揭其黑暗。他前天见我说：反正我的年纪也大了，我还怕死吗？国家这样，我什么也不顾忌了，只顾我的良心。故所到之处都有特务人员暗跟随着。8月25日《冯玉祥日记》

8月24日　冯玉祥将先生于《时事类编》发表原稿及一些未准发表稿件送与来访客人周恩来、尹心田。《冯玉祥日记》

8月29日　得徐寄顾复函：B字第三二七号马班记户，"已送交上海中国银行，由该行收入尊马寅初户帐"。《马寅初全集补编》，第510页

8月30日　出席立法院第4届第193次会议。

9月

9月25日　就中国经济学社基金事致康心如书："中国经济学社基金存单开立日期此间尚无可查考，该单系寄存贵行保管，为五九〇号保管品，尚乞费神饬查见复为荷。"康复函："经查央行存单系二十九年七月十一日开立，每年六月二十一日支息一次，定于三年。"《马寅初全集补编》，第508页

9月26日　出席立法院第4届第194次会议，代表商法起草委员会会同法制、经济委员会及劳工法委员会联呈审查《社会部组织法（草案）》及修正

《内政经济农林各部组织法》有关条文案报告案。

本月 出席大学用书编委会全体委员会议。《教育通讯》第4卷第18期

10月

10月6日 发表《西南经济建设与继续抗战之先决条件》。再次强调希望全国知识阶层起来要求政府实行财产税,"不能不期望有全国一致拥护之蒋委员长,毅然施行,其裨益于抗战前途者正不亚于前方将士之忠勇也!……吾今日所主张之资本税,舍委员长外,实无第二人足以胜任此艰巨之工作者,不胜翘首企望之至也"。香港《工商日报》;《战时经济问题》第一集,商务印书馆1941年1月出版

10月20日 发表《对发国难财者征收临时财产税为我国财政与金融唯一的出路》。按语云:"自拙著《对发国难财者征收临时财产税以充战后之复兴经费》在本编特刊第五十四期发表之后,颇引起留心国事者之注意,学者中有谓临时财产税在欧洲固施行于战后,但在中国则战时与战后皆适用之。盖临时财产税译自英文之 capital levy。其理论产生于欧战之后,故在欧洲施行于战后。在中国吾人既知其理论与实际,不妨在抗战之第四年中首先施行,不仅为财政与金融谋一出路,且可解决今日物价继长增高之严重问题。"梅汝璈同刊撰文《响应马寅初氏的提议》。《时事类编特刊》第57期;《马寅初战时经济论文集》;《马寅初全集》第十一卷,第187页

本月 为贾士毅《民国续财政史》作序。贾士毅:《民国续财政史(1917—1931)》,上海商务印书馆1932年出版

同月 金国宝奉孔祥熙之命上门转达请先生出任财政部次长或中央银行总裁之意,当场表示无意于此。叶元龙:《马寅初先生被扣经过》

11月

11月10日 上午,应山东戏剧学院在渝职业青年之邀演讲《战时经济问题》,痛斥发国难财及存款外国银行者。钱荣堃:《一九四〇年马寅初先生在重庆与四大家族的英勇斗争》,《马寅初全集》第十五卷,第403页

中午,与梁漱溟、黄炎培等共进午餐。《黄炎培日记》

下午，应中华职业教育社黄炎培邀请携带儿女全家，于重庆黄家垭口实验剧院向社会各界人士演讲《战时经济问题》。开场白曰："今天，我的儿女也来了，我的讲话就算是对他们留下的一份遗嘱！为了抗战，多少武人死于前方，我们文人也要不惜死于后方。"继而表示："有人说他蒋委员长是民族英雄，我马寅初认为他不够格，他只是'家庭英雄'。他若要做民族英雄，必须做到四个字：大——义——灭——亲！"11月11日《新华日报》；赵国恩：《祝寿会风波》，《走近马寅初》

11月24日 应重庆大学经济研究社邀请演讲《我们要发国难财的人拿出钱来收回膨胀的纸币》（又名《在重庆大学经济研究室的讲演》），李亦民笔记。认为："我们的抗战，中等人出钱，下等人出力。至于有钱的上等人呢？既未出钱，又未出力，反而发了国难财。今日的中国还是私产制的国家，商人投资获利是合法的，当然未可□资；可是现在更有上上等的人出来利用政治力量做生意，大发横财，伤天害理，莫过于此！"演讲时，夫人及子女皆为听众。1941年2月13日《新华日报》；《马寅初战时经济论文集》；《马寅初全集》第十一卷，第198页

11月30日 出席立法院第4届第196次会议。

12月

12月6日 晨，宪兵团吴团长以"委员长召见"名义"邀请"先生至莲花池街吴家。

下午，重庆大学校长叶元龙奉蒋介石命随戴笠至吴团长家看望先生，朱家骅、梁寒操亦受命前来劝说，先生闻后不为所动。叶元龙：《马寅初先生被扣经过》，《走近马寅初》

12月7日 重庆大学校方告示：校长训话原定十时开始，现提早于八时召开。

叶元龙表示：我们学校昨天发生了这样一件事，很不幸。当务之急是营救马先生。马先生现在没有什么危险，希望同学们不要闹，以免增加马先生的困难。叶元龙：《马寅初先生被扣经过》，《走近马寅初》

12月8日 由宪兵"陪同"回重庆大学商学院移交工作，商学院院长暂

由校长叶元龙代理。先生于大礼堂"去前方战区考察经济"师生告别会上演说：，继续批评"上上等人"发国难财，破坏抗战。离校时与重大师生合影留念，全校师生2000多人夹道相送。赵国恩：《祝寿会风波》，钱荣堃：《一场惊心动魄的反蒋爱国斗争》等，《走近马寅初》

先生行前，当局告以派第三战区考察战时经济，故随身携带5本英文经济书籍，到息峰方知行动受限真相。

12月9日　前日邹韬奋、黄炎培等就先生被拘事求救于张治中。黄炎培记曰："张文白来述马寅初事经过，于职社请演讲事无关。马重大教授，集校诸生演讲，直斥孔、宋贪污，语侵椒房，有人告密，因留置于宪兵团长家，嘱好好优待，赠其夫人家用二千元，而送马去前方，为某战区经济委员会副主任委员。"12月9日《黄炎培日记》

同日　《唐纵日记》："马寅初迭次公开演讲，指责孔宋利用抗战机会，大发国难财。因孔为一般人所不满，故马之演说，甚博得时人之好感与同情。但孔为今日之红人，炙手可热，对马自然以去之为快，特向委座要求处分，委座乃手令卫戍总司令将其押解息烽休养，盖欲以遮阻社会对孔不满情绪之煽动也。"《在蒋介石身边八年：侍从室高级幕僚唐纵日记》

同日　《新民报》以《马寅初行矣，昨天挥泪别重大》为题报道："重庆大学商学院院长马寅初氏，顷奉命往□□区考察经济情形，所遗职务由该校校长叶元龙兼代，马氏以行期在即，特于昨日回校告别，该校学生均依依不舍，以时间关系匆匆数语，未尽欲言，马氏与学生俱皆落泪，全体学生送出校门。马氏于登车时，犹频频回首四顾。"

同日　重庆大学全校师生于大礼堂举行"援马大会"。学生签名向国民党国防最高委员会呈"陈情书"：马师，学者、专家、中国经济学界泰斗，一片丹心，忧国爱民。值强寇压境，国家民族处于危亡绝续之秋，奔走呼号，声嘶力竭，纯为救亡图存，肝胆可照……学生深受马师严格教育，自其来主重大商院，认真负责，不辞劳瘁，延聘名师学者来校任教，商院声誉蒸蒸日上，同学学业不断提高，马师爱校爱生也即爱国爱民，生等同马师朝夕相处，故知马师深。化雨春风，是爱马师切。马师年届六旬，天寒岁暮、悾偬远戍，情何以堪？而数百学子，羔羊迷途，学何以进？故为马师计，为生等计，为

国家民族计,涕泣陈词,恳请促马师返校主持院务。赵国恩:《祝寿会风波》,《走近马寅初》

学生请丁洪范教授草拟"罢课宣言":日寇侵华,步步深入,国家命运,危如垒卵。为了国家的独立,民族的生存,前方将士浴血抗战,而后方却有些人毫无心肝,籍抗日民族危机,利用政治权势大发其国难财……马师疾恶如仇,心情悲愤,心照日月,气冲牛斗,不畏强暴,振臂高呼,全国响应。马师的主张在理论上有充分根据,在事实上是济世良方,然而不得采纳,反失自由!……我们受马师数年教导,春风化雨,受益无量,我们决效法马师富贵不能淫、威武不能屈,正气凛然的精神,举行罢课,以示抗议!马师一片丹心昭日月,临危不屈泣鬼神,我们决定坚持正义,贯彻始终,吁请社会舆论声援,争取各界人士协助,马师一天不返重大,我们一天誓不复课。赵国恩:《祝寿会风波》,《走近马寅初》

同日 翁文灏记:"闻马寅初因屡骂宋孔,并怪蒋只为抗战领袖,不能大义灭亲,以为民族英雄,致为政府传告戒锡。"《翁文灏日记》

12月14日 媒体高度关注拘马事件,"今日官方宣布,重庆大学商学院院长马寅初已由政府派往华北调查经济"。《申报》

12月19日 重庆知识界、教育界掀起援马风潮。唐纵记:"现在马寅初的案子,成了沙坪坝的学潮,由商学院扩大到了全校,由重大扩大到了中大。共产党从中鼓动,因为最近国共关系的恶化,已由学潮变成了政治上的斗争。在一个恐慌的社会,星星之火,足以燎原的。"《在蒋介石身边八年:侍从室高级幕僚唐纵日记》

12月24日 重庆大学公告:"商学院院长马寅初先生离校,所遗中国金融一课程由李卓敏代为讲授。"重庆大学档案

12月29日 延安中共机关报《新中华报》头版发表《要求政府保障人权释放马寅初氏》社论。本月十二日中央社消息称:立法委员马寅初,奉派赴前方研究经济状况,业已首途等语纯属欺骗。据蜀中确息,马寅初氏六日被宪兵逮捕,囚禁卫戍总部。八日押送回家取物,并至重庆大学话别。送行者千余人,马氏慷慨陈词望诸生努力为国,勿以己为念;学生教职员均悲愤莫名,群情大哗,宪兵无法制止,乃迅速押解起行,放逐贵阳。《新中华报》

本月 曾琦[1]闻马寅初被政府遣送华北，赋诗《寄怀马寅初博士》："乍听朝阳第一声，横空阴翳若为明。朱云剑已凭君请，郑侠图犹待我成。萧艾不芟兰自馥，黄钟既毁瓦争鸣。江湖远迹应珍重，过关还期酒共倾。"《曾慕韩先生遗著》

---

[1] 曾琦（1892—1951），字慕韩，四川隆昌人，中国青年党领袖。1946年任"国大"主席团主席，次年任总统府资政，新华社公布的43名战犯之一。1951年卒于华盛顿。

1941年（民国三十年） 60岁

1月

除夕，重大商学院留校学生聚马家，贴两副对联。大门联云："院长在山城重先生去江流轻"，横批"师君亲"；房门联云："高山仰止景行行止"，横批"时穷节乃见"。宁业高、宁业龙：《马寅初反腐被囚》

2月

2月13日　延安《新中华报》全文发表先生于重庆大学演讲词，编者按语：马氏为我国著名经济学者，历任财政立法要职，于12月24日在重庆大学经济研究室演讲，对抗战时经济问题提出许多正确建议，并对发国难财者严加斥责，但不幸被当局逮捕，至今仍未释放，全国痛愤，纷纷抗议。

3月

3月中旬　先生亲自贵州息烽之家书，经蒋介石侍从室转由王克宥送达重庆家中。曰：在贵州息烽，一个人住在半山腰的平房里，可以看书，生活上有专人照顾。身体很好，请家里放心，勿念。马本初口述

3月22日　重庆《新民报》、《大公报》刊登《重庆大学全体学生为庆祝马院长寅初六十寿辰启事》："本年欣逢马院长寅初先生六十大庆，我全体同学为崇德报功，敬老尊贤起见，除将建亭购书以资纪念外，并订于三月三十日午后二时，在本大学礼堂开会遥祝，当晚举行游艺。凡马院长亲戚友好，届时敬祈光临指导。恐柬不周，特此奉告。赐教处：重庆大学商学院办公室。"影印件

3月23日　延安《新中华报》发表鲁哲时通讯：《马寅初教授被捕经过》。

同日　蒋介石侍从室主任陈布雷"手谕"重庆大学校长叶元龙："贵校学生为马君祝寿之事，委座甚为怀疑，事前校方是否知悉，事后作何处置，盼速

查明陈复。"赵国恩:《祝寿会风波》,《走近马寅初》

同日 政府当局新闻检查机关饬令《新民报》、《大公报》停止刊登先生寿辰启事。

3月24日 《大公报》抗命续登启事,仅将"全体同学"改为"商学院学生","遥祝"改为"庆祝"。赵国恩:《祝寿会风波》,《走近马寅初》

同日 重庆《新华日报》刊登"祝寿"启事:"立法委员、重庆大学商学院院长、中国经济学家马寅初先生,今年欣逢六十大庆,重大全体同学为庆祝热心抗日救国之前辈起见,特定于本月三十日(星期日)下午二时在该校大礼堂举行庆祝大会,并于当晚进行游艺,望各界马氏好友光临出席庆祝。"赵国恩:《祝寿会风波》,《走近马寅初》

重庆《新华日报》送寿幛:"不屈不淫徵气性,敢言敢怒见精神";周恩来、董必武、邓颖超联名赠联:"桃李增华坐帐无鹤,琴书作伴支床有龟",寿联由周恩来拟,董必武书。赵国恩:《祝寿会风波》,《走近马寅初》

3月28日 重庆大学告示:"奉教育部长面谕,给马寅初先生的祝寿会应停止举行。"宁业高、宁业龙:《马寅初反腐被囚》

3月30日 重庆各界人士聚集重庆大学为先生祝寿。莅会宾客董必武、沈钧儒、邹韬奋、张西曼等。新华日报社社长潘梓年、塔斯社重庆记者及邵南子、鲁明、陆诒等重庆各报记者到场。大厅悬挂寿联、寿幛,上书"老马识途"、"马首是瞻"等。张西曼代表来宾讲话:过去历朝言官专司谏议朝政之责。民国以来的监察院也算是言官衙门。可是,我就听不见他们的发言。仔细想了一下,原来言官的嘴巴只顾吃饭,就顾不得说话了。马先生不是言官,他那张嘴巴,实在令人钦佩,因为不管吃饭不吃饭,他都敢于说话。马先生言人之所欲言而不敢言的精神,足为学者模。为纪念马先生,我捐书一部,以示心香一瓣。今天祝寿会上不见寿公,使我们无限感慨,我以茶代酒,遥祝马先生健康长寿!大会纪念品系纪念章一枚及由重大学生手抄收录先生三篇演讲文集一本。

祝寿会上,赵国恩提议集资修建"寅初亭",张贴启事:"马寅初先生年高德劭,教学有方。自掌重大商学院以来,认真负责,对学生等言教身教,循循善诱,春风化雨,受益无量。值兹强寇压境,国步维艰,他奔走呼号,救亡图存，提出临时财产税的主张，是切中时弊的济世良方。然而不获采纳，反失自由，恶讯传出，舆论哗然！今六旬高龄寿辰之日，却身陷囹圄！我们为了崇德报功，尊老敬贤，拟筹建'寅初亭'以为纪念。使马先生的丰功伟绩共山（歌乐山）水（嘉陵江）而长存。希各方慷慨解囊，共襄盛举。"来宾纷纷拥护当场捐款，塔斯社记者捐 100 元。此次捐款共计 2200 余元。宁业高、宁业龙：《马寅初反腐被囚》

同日　《新华日报》重要声明："本报纪念马寅初先生六十寿辰之稿两篇，奉命免登。"

同日　《新华日报》华北分馆将重庆大学学生手抄先生三篇演讲稿刊印出版，名之《论对发国难财者征收财产税及其它》，内录《提议对发国难财者开办临时财产税以充战后之复兴经费》、《对发国难财者征收临时财产税为我国财政金融唯一出路》、《在重庆大学经济研究社的演讲》等三文。扉页记："作者因此三文，被捕入狱"。国图

4月

4月1日　新中国报社出版新中国丛书第三辑《中国内幕》刊文《马寅初演讲获罪》，揭露马寅初"流放"贵州之事实及原因。

本月　祝寿会后，重庆大学据"上级"指示，要求先生家属迁出。家人搬回歌乐山居住。

6月

6月3日　"寅初亭"奠基典礼与商学院第一届毕业典礼同时举行，先生夫人王仲贞、好友梅汝璈等应邀出席。重庆市档案馆

6月24日　于贵州息烽集中营自庆六十大寿。2月间向监方提出作寿要求，经报最高当局获准，是日设便宴庆贺。息烽集中营副官陈凤超回忆，馆藏

下旬　马寅初六十寿辰庆祝会筹备会致康心如函："寅初亭已于六月三日奠基，并已与成记营造厂签订合同，即日兴工建筑，月内可成，造价肆千捌百余元，除本院同学捐凑贰千元及梅汝璈先生在立法院代募得捌百元外，相差尚巨，而购书之款亦无着落，素稔先生对敝会此举热烈赞助，代募之款想已集有

成数，敬祈示知详情，俾克派人晋谒。"同年8月3日康复书，表示捐助200元。重庆市档案馆

祝寿会共计筹集寅初亭基金3200多元。原拟建宫殿式瓦亭，因校方梗阻，遂变通筑一草亭，余款购图书赠重庆大学图书馆。赵国恩：《祝寿会风波》，《走近马寅初》

月底 第三战区以先生年高德劭为由与最高当局商议，请转赴第三战区"考察"。先生由宪兵团长韩文焕陪同，自贵州息烽集中营转江西上饶集中营。途经贵阳暂停，先生于贵阳中学演讲，抨击政府腐败。讲至中途为韩文焕阻止。蒋介石侍卫副官王信德致马寅初中学贺信，馆藏

本月 中国金融年鉴丛书《中国战时经济志》，由世界书局出版，封面提字："中国战时经济志——马寅初书耑（印）"。编者敬谢云：《中国战时经济志》在困难之中编制进行，承全国各经济机关予以精神上之协助，及世界书局陆经理接受出版发行，得以顺利告成，实深心感。以尤孙院长哲生之赐题，马寅初博士之赐署，刘廷芳博士之赐序，以及沈女士姐妹之抄写，最为编者所铭谢。

7月

月初 转至江西上饶第三战区，获司令长官顾祝同善待，安置于江西铅山鹅湖寺院，过半自由生活。李寿雍（1926年北大经济系毕业生、时任第三战区政治部主任）与《前线日报》社长马树礼时来看望。

11月

11月29日 因香港某报云"马寅初已奉召回渝"，铁群致函邹韬奋主办《大众生活》（香港）询问先生近况。编辑部以"马寅初是否自由了？"为题答复："我们也听到有人传说马寅初先生有不久将恢复自由的消息，但尚未能证实。也许他还在'前方调查经济'罢！"香港《大众生活》新29号"信箱"

1942年（民国三十一年） 61岁

3月

3月4日 夫人王仲贞拜访国民党中央组织部长朱家骅未遇，留言："朱部长：闻宝眷已安全离港，至为欣慰。外子寅初离渝已一年有余，不时来函述及缺乏好书可读，精神上不无苦闷，公私损失均甚重大。特恳先生鼎力设法调回重庆，最好能在中央图书馆看书，俾遂所好，何幸如之。"台湾中央研究院"朱家骅档案"

3月5日 朱家骅复函："仲贞女士大鉴：昨承枉顾，失迎为歉。留书敬已诵悉，寅初先生远在异处，良甚劳苦，骅亦时在念中，遇有机会无不尽力，冀副谆嘱也。尚希善自宽慰为幸。"台湾中央研究院"朱家骅档案"

8月

8月20日 由上饶集中营转移广西桂林，何浩若迎候。临行前，顾祝同设宴饯行，赠名茶"大红袍"。先生家属口述

8月24日 返回重庆歌乐山大木鱼堡五号家中，但人身自由仍受限制。规定外出须经歌乐山警察局批准。先生家属口述

本月 商务印书馆王云五差人持函拜访，请为中学教材丛书编写《经济学概论》。

同月 成都市银行、钱业、商业同业公会与西华经济研究所合作，成立西华出版社。闻先生返渝，唐庆永特登门请为《西华经济》题写刊名。《西华经济》创刊号，1942年9月15日出版

9月

9月2日 重庆大学商学院院长刘大钧向张洪沅校长提议：请马寅初回

校。张洪沅与翁文灏商谈，极感为难。刘氏遂提出辞职。未几，商学院院长改由朱国璋（朱家骅侄）担任。"重大校长张洪沅来谈……马寅初返渝，商学院院长刘大钧请马回任。马言请刘代理数月，因此校方大感为难。"《翁文灏日记》

10月

10月24日 由孙科、叶楚伧陪同出席立法院第4届第227次会议。为返渝后首次露面。此后出席立法院会议徒具形式，不发表意见。

本月 张澜于"国民参政会"三届一次会议提呈请政府恢复马寅初之职业自由以励直言而裨国政案。《国民参政会纪实》；影印件

11月

11月1日 完成《经济学概论》。序云：此书蓝本为上海商科大学及杭州财务学校之讲义。"二十六年抗战军兴，余随政府入川。二十七年，军事委员会政治部为整理各军事学校政治教程，提高政治知识，以适应战时政治教育之需要起见，将编辑战时军事学校政治教育课本，嘱余担任撰著《经济学概论》一书。余本抗战救国，匹夫有责之义，即就上海商大之讲义，并参照英、美等国最近之经济学说，编成七篇二十一章，名之曰《经济学概论》，交政治部收用，作为政治部向余借用之物。此稿收回后，原拟留待战事结束后，再加以补充而后付梓。乃三十一年八月二十日余自前方回渝，适值商务印书馆以港、沪沦陷，全部迁渝。该馆总经理王云五先生以后方经济教本异常缺乏，嘱撰《经济学概论》一书，余以从事撰著另一部新书，无暇顾及此事，爰将政治部借用过的原稿交该馆印行，借以塞责。此书除"分配论"第二、第三两章理论稍深外，余皆简洁明白，似甚适合今日后方教育之需要。"《马寅初全集》第十一卷，第204页

11月28日 上午，出席立法院第4届第228次会议。

月底 出席重庆大学商学院四年级学生迎新会公宴。朱国璋记："月前，重大四年级学生公宴，马先生於沙坪坝席间，学生要求渠返校执教，渠以环境不许相告。时刘大钧先生亦在座，当即建议请人面恳委员长赐予召见，俾马先

生得面呈一切以释误会，而便执教。马先生当告曰：'委座如自动召见则当遵命，前趋晋谒托人说项则可不必。教书而需运动宁非怪事。'"台湾中央研究院"朱家骅档案"

会后，于"寅初亭"（草亭）留影。照片

12月

12月22日 朱国璋奉朱家骅之命登门看望，宣达蒋委员长致意，请全家移住北碚立法院。先生当即表示不便从命，称"（一）立法院中并无余屋，院外觅居颇属不易，困难一也。（二）举家全迁为费不资，困难二也。（三）歌乐山房屋系属己产，移居北碚负担加重，困难三也。（四）立法院中书籍甚少，研究工作难于进行，困难四也。（五）歌乐山距沙磁区较近，故可以利用各校藏书以备参考。北碚则交通不便，书籍接济非易，困难五也"。朱言诸难皆可解决，复以"山居清静适宜研究"推托不就。台湾中央研究院"朱家骅档案"

12月29日 出席立法院第4届第229次会议。

同日 朱家骅将马寅初谈话录文呈蒋介石："职对马先生近来言行动止，原亦随时注意。此次更令侄国璋因正在中央、重庆两大学任教之便，查察马先生近来态度。据复与马先生自述情形亦相符合。并云前次学生公宴时，有人建议托人转恳委座召见一次，俾可回校任教。马先生答谓：'委座自动召我自应晋谒，若托人说项则可不必。学校教书不比谋差。'此系实情。外间传说讹以滋讹，则不足信。奉令前因，拟请钧座不妨准其留原处研究战后经济问题，仍按月补助一千元，以示眷念学人之至意。伏祈鉴核。谨呈总裁蒋。"台湾中央研究院"朱家骅档案"

同日 蒋介石致令朱家骅："朱部长骝先勋鉴：闻马寅初先生回渝后，现住歌乐山寓所，似尚未有相当任务，良为系念。兹拟请孙院长哲生约其全眷移住北碚，即在立法院内担任具体工作，如研究战后经济问题等。倘其生活费用确有困难，可由中按月酌予补助壹千元，俾能安心研究以宏贡献。即请兄代表先与约谈。谈后将详情呈报，候核为盼。中正亥皓侍秘。中华民国卅一年十二月廿九日。"台湾中央研究院"朱家骅档案"

12月31日 朱家骅就马寅初事复蒋函："以一时不获抽空诣谈恐致稽延，

会舍侄国璋曾任重庆大学商学院会计系主任与马先生有素堪密。传语遂令其于本月廿二日代表前往，顷据报称马先生对于钧座体念下情之盛意，极表感激，惟移住北碚，颇有困难。""顾告此种困难均可设法解除，则以山居清静适宜研究[为言]。并云：'此次返渝以来，深自韬晦，绝无片言涉及政治财政，此后亦决不再有已往之情事发生。云外间设有传说则必以讹传讹，对委座之尊敬尤竭挚情'等。据称如此，似可请孙院长仍以立法委员延揽，准留原处研究战后经济问题。一面由钧座按月补助壹千元，以示眷念学者之至意奖励，俾能安心研究。奉令前因，理合将接洽经过呈复，仰祈鉴核。谨呈总裁蒋。"台湾中央研究院"朱家骅档案"

1943年（民国三十二年） 62岁

1月

1月16日　出席立法院第4届第230次会议。

1月30日　出席立法院第4届第231次会议。

本月　《经济学概论》由重庆商务印书馆出版，至1944年8月共印五版。1946年2月于上海出重订版，共印三版。1947年9月之增订版，至1948年8月，共印九版。该书入选新中学文库、大学丛书等，各种版本达二十几种，为民国时期最普及之经济学教材。全书分七篇：一、概论；二、价值论；三、消费论；四、生产论；五、交换论；六、分配论；七、结论。

2月

2月21日　蒋介石就马寅初事致函朱家骅："中央组织部朱部长勋鉴：卅一年十二月卅一日松字第205号签呈悉，马寅初君可准留居原处研究战后经济问题，并已令侍从室公费股自本月份起按月拨助壹千元交兄转致，希洽领转交，并代致慰问之意，为盼。中正。丑马侍秘。三十二年二月廿一日。"台湾中央研究院"朱家骅档案"

2月22日　拜访朱家骅，托朱为马仰曹安排工作，于"中央组织部长室用便笺"书写简介："马仰曹：燕京大学毕业，曾在上海英国大使馆服务，并曾任杭州高中教员。通信处：歌乐山木鱼堡五号。"会晤结束，朱派车送返，专门示条："径送寅初先生。"台湾中央研究院"朱家骅档案"

同日　朱家骅就马仰曹安排事致函陈百年、沈士远："马仰曹女士系寅初先生之公子，燕京大学毕业，曾在上海英国大使馆服务，并在杭州高级中学教员，新近自沪来渝亟图栖息，辄函奉介，敬希惠于会中酌给工作。"台湾中央研究院"朱家骅档案"

2月23日　得朱家骅函："昨谈至快，承嘱一节已致书百年、士远先生恳托矣。总裁关怀台端近况，并嘱转请研究战后经济问题，曾命仲谋面达，继将实情详报总裁。顷奉本月二十一日代电略开'马先生自可留居原处研究战后经济问题，并自本月份起按月拨助壹千元交兄转致，并希代致慰问之意'等因。总裁推崇学人之意甚可钦敬，兹已将本月份之壹千元领到。该款拟请托子言兄进城时带去转送，以后亦如此办理。"台湾中央研究院"朱家骅档案"

同日　江庸致蒋介石侍从文官沙孟海函："总裁自二月份起，每月送马寅初先生壹千元。兹送上支票壹张（壹千元），骝公请兄备函婉言致送，以后按月由部代领转发。此上孟海老兄惠鉴。"3月1日，沙孟海批注："已领来由曹子言兄转送"。台湾中央研究院"朱家骅档案"

2月25日　沙孟海致函组织部总务处汪处长："总裁令由侍从室公费服自本年二月份起按月拨助马寅初先生壹千元，由部座洽领转交。除二月份业已代领转送外，请贵处以后按月代领转发为荷。"信边专嘱："附卷阅后交还"。台湾中央研究院"朱家骅档案"

2月27日　出席立法院第4届第233次会议。

2月28日　陈大齐、沈士远联名致朱家骅函，已派马仰曹为考选委员会一等科员。

3月

3月1日　朱家骅于陈大齐、沈士远信上批示："转知寅初先生。"

3月2日　得朱家骅函："关于令媛仰曹女士事经致函百年、士远两先生绍介，顷接复：'拟即派为一等科员，惟本会未设女职员宿舍，想寅初先生寓所即在歌乐山，或无不便'等语知注特达。"台湾中央研究院"朱家骅档案"

3月3日　复朱家骅函："小女之事承荷关垂，铭感五内，惟百年、士远先生处还祈费神当面一谈，以便早日发表。委座赐予之津贴，因目下收支勉强适合，一时尚不需要，如将来物价继续增高，确有不能维持时，当再向委座讨饭吃。务乞代为转呈，不胜感激之至。"台湾中央研究院"朱家骅档案"

3月8日　得朱家骅函："手札甚佩高怀，继思此款为数虽微，若过事谦让，转失总裁推崇学人之美意，亦无以见故旧之厚谊。即弟亦无以复命，和光同尘昔贤所尚，切祈受纳，稍慰区区。至令媛之事已函百年士远两先生请其即予发表矣。"台湾中央研究院"朱家骅档案"

3月13日　出席立法院第4届第234次会议。

3月18日　就马仰曹事致函朱家骅："考选会之委任状业已送来，小女定今日赴会办公。此事全仗大力，隆情厚谊铭感五内。在小女得以所学见诸实施，愉乐倍增；在弟得籍此养成子女自食其力之美德，一扫吃饭不做事之恶习，对人对己不致汗颜。此乃蔡师之遗训，弟当拳拳服膺也。余不尽言，专此鸣谢。"台湾中央研究院"朱家骅档案"

4月

4月15日　出席立法院第4届第236次会议。

4月16日　造访老友潘序伦。

4月24日　中国经济学社第十六届年会于北碚立信会计学校举行，到会社员叶元龙、杨荫溥、卫挺生、潘序伦、章乃器、程天放等及国民党社会部、教育部，陪都重庆市党部等代表200多人出席，由社员、时任国民政府主计处处长陈其采主席。先生仍为社长，但未能出席。

4月25日　《新华日报》于"北碚简讯"栏中报道中国经济学社第十六届年会盛况时，又称："马寅初博士十八日上午在北碚沥夏亭茶社，作久已违别之公开演讲，题为《经济学与哲学》，听者多为青年学生。"实未有此事，该报借此举冲破政府当局不准报道先生回渝及在渝消息之禁令。

4月30日　出席立法院第4届第237次会议。

5月

5月15日　出席立法院第4届第238次会议。

5月29日　出席立法院第4届第239次会议。

6月

6月26日　出席立法院第4届第241次会议。

7月

7月10日　出席立法院第4届第242次会议。

8月

8月11日　致朱国璋函请代步问候朱家骅："近闻令叔骝先生抱有清恙，本拟趋访，但仔细一想不如不去，谅令叔亦能谅我也。惟念旧心切，无时或已，特函代步敬乞代为转达，不胜感激之至，余不尽言。"当晚，朱国璋致沙孟海函："马寅初先生来函慰问家叔之病，请以家叔名义复谢为感。"台湾中央研究院"朱家骅档案"

9月

9月15日　出席立法院第4届第245次会议。

9月22日　得朱家骅书，感谢病中致函慰问。

9月30日　出席立法院第4届第246次会议。

10月

10月15日　出席立法院第4届第247次会议。

10月29日　出席立法院第4届第248次会议。

12月

12月5日　致书中华高级会计职业学校校长尹见民[1]，请代买毛巾、牙膏、酱油、布等，并告立法院通知9日开会，决定于8日到北碚，9日回家。该内容写于名片背面，馆藏

12月30日　出席立法院第4届第249次会议。

---

[1] 尹见民，先生重大商学院学生，1942年与同学许天乙创办中华高级会计职业学校，聘先生为校董、名誉校长。

1944年（民国三十三年） 63岁

1月

1月15日 出席立法院第4届第253次会议。

1月29日 出席立法院第4届第254次会议。

2月

2月15日 出席立法院第4届第255次会议。

2月29日 出席立法院第4届第256次会议。

3月

3月20日 致书中华高级会计职业学校校长尹见民，索取代买毛巾、白布发票。馆藏

3月31日 出席立法院第4届第258次会议。

4月

4月15日 出席立法院第4届第259次会议。

本月 于北碚演讲《法币》。《公馀季刊》1944年第1期

5月

5月4日 出席立法院第4届第260次会议。

5月20日 出席立法院第4届第261次会议。

6月

6月28日 出席立法院第4届第262次会议。

本月 《通货新论》由商务印书馆出版。此著作完成于本年2月，自序云："本书之用意，在将第一次大战后所发明之各种新学说，凡可为中国将来整理通货之理论的根据；与大战后各国调整通货之种种方法与步骤，凡可为中国整理通货之经验的根据者，著成专书，对于当前的大时代，作一涓埃的贡献，庶几日后之政治家、国民大会代表、立法院委员、经济学者，以及工商界领袖、金融界巨子，凡对于通货问题有兴趣者，或与通货问题有利害之关系者，皆可以此书作参考之资料，而青年学生以及服务于工商业者，亦可从此书得一最基本之知识。"全书分二十四章，对第一次世界大战后美、英、法、德、意、加等经济强国整理货币之实践，其中之经验教训，以及在此过程中所涌现新理论、新学派一一深入透析。阐明各自机理，评说优劣短长，进而考察中国：中国战后，无论对内对外，不言建设则已，如言建设，必自整理币制始。

该书最后一章——第二十四章内容与货币整理无直接关联，特地谈及"中国社会组织与传统的经济思想之关系"，反映对战后中国经济重建导向之新思考。通篇以"安"字为核心。中国战后第一步设施莫要于安定人心，中国之传统思想重在一"安"字，西洋则重在一"强"字；"安"由"均"而得，"均"为求"安"之手段，"安"为行"均"之目的等。然而，今日所讲之"安"，并非安贫乐道，须跟上世界大势，西洋之经济思想，以生产为起点，先有生产而后有分配。中国人则不顾生产，只讲分配。西洋人主提高生活程度，中国人则以安贫为高尚。安贫思想不适合今日之世界，应创造"均富"新思想以替代之。"吾人嗣后不能再谈'安贫'，应讲均富之法，以期达到'自安'、'相安'与'治安'之大道，则国富民强，可以图自存矣。"

《通货新论》为民国时期比较货币学集大成之作，经济学界引为经典，工商界、金融界亦视为必读，对世人思考战后经济走势，提供参考与启示。该书列为中学文库，于重庆出三版，1946年2月上海初版，后又出三版。1981年再版，1999年商务印书馆再行重版。《马寅初全集》第十二卷，第1页

7月

7月22日 重庆大学师生将"寅初亭"改建为瓦亭，师生合影留念。
7月29日 出席立法院第4届第263次会议。

8月

8月27日 为学生蔡大风与管绍志结婚庆典作证婚人。

本月 于家中接受采访。记者何干请就政府发布《各省管制物资及实施纲要》表示意见,先生答曰:"不了了之!"记者再询:"这样发展下去,中国经济前途是不是有崩溃的危险?"复曰:"早已崩溃了!有了钱,买不到东西,这还能说经济不崩溃吗?"此次采访内容至1946年4月21日始由《消息半周刊》披露。

9月

9月20日 出席立法院第4届第265次会议。

9月25日 会同宋庆龄、于右任、孙科、冯玉祥等72人联名发表"邹韬奋先生追悼大会启事"。《新华日报》

本月 以中华高级会计职业学校名誉校长身份与教职员合影。影印件

10月

10月1日 参加邹韬奋追悼大会。10月2日《新华日报》

10月12日 出席立法院第4届第266次会议。

10月31日 出席立法院第4届第267次会议。

11月

月底 恢复行动自由。

12月

12月9日 出席立法院第4届第269次会议。

12月21日 重大校长张洪沅就马寅初重返讲坛事请示朱家骅:"窃查马寅初先生上年因言论偏激以致离校。两年以来闭门读书,潜心著述,言论思想亦颇改变。自返渝后,商学院同仁咸思其回校。马先生学识经验久为士林所钦仰,兹拟聘其返校继续讲学,籍宏教益,是否可行,敬祈钧裁。"台湾中央研究院"朱家骅档案"

12月22日 出席重庆工商界人士"星五聚餐会",演讲《中国工业化与民主是不可分割的》。考察第二次世界大战两大阵营国家各自工业化道路与民主制度及文化教育之关系,反观中国,指出:"欲谋中国之独立与生存,必先使之工业化。欲使之工业化,必先利用外资与技术……况提高农民生活水准,为中国工业化必不可缺的条件。实业界巨子与金融界领袖必抱有同一的见解。真所谓人同此心,心同此理,则于世界和平会议以前实行宪政,似业为全国一致的要求。"并论及"二五减租":"广东,湖北,江苏,浙江四省,以浙江之成绩为最优。因浙江的减租,主其事者为省党部,不同于江苏之由县长办理。党部与地主并无利害关系,故能认真办理,颇著成效。"12月23日《商务日报》;《马寅初战时经济论文集》;《马寅初全集》第十二卷,第255页

12月23日 教育部呈报:"张洪沅拟聘马寅初先生返校继续讲学,是否可行,祈钧裁示遵。"朱家骅批示"呈核"、"存"。台湾中央研究院"朱家骅档案"

12月29日 出席立法院第4届第270次会议。

本月 受聘立信会计专科学校,讲授《经济与哲学》。据《潘序伦传》载,所讲《经济与哲学》由秘书记录,准备整理后由立信会计图书用品社出版发行。1946年11月与记者谈话中亦提到正撰写《经济与哲学》一书,已具七八万字。但无下文。

1945年（民国三十四年） 64岁

1月

1月12日 至天官府街四号郭沫若家为沈钧儒先生71岁作寿，并会谈时事。到者王若飞、徐冰、章伯钧、柳亚子、杨耿光、许宝驹、屈武、王昆仑、邓初民、谭平山、左舜生、张申府、冷遹等。《黄炎培日记》

1月17日 出席立法院第4届第271次会议。

1月31日 出席立法院第4届第272次会议。

本月 张西曼主编《民主与科学》杂志创刊，聘马寅初、茅以升、周谷城、邓初民、陶行知、张申府、郭沫若、翦伯赞、谭熙鸿、费孝通、丁燮林等48人为特约撰述。影印件

同月 受聘为重庆大学教授，商学院四三级全体学生联名恭贺马师夫妇新年。馆藏

2月

2月2日 《新华日报》发表马寅初及重庆文化界人士对时局进言。

2月6日 赴重庆棉花街58号李绍涵家，与谭平山、黄炎培、杨耿光、郭春涛、邓初民、陈真如、杨虎、郭沫若、周恩来、王若飞、徐冰、陈家庆、左舜生、李幼椿、沈衡山、章伯钧、张申府、柳亚子、王炳南等畅谈时局。《黄炎培日记》

2月27日 出席立法院第4届第273次会议。

3月

3月1日 完成《战时经济论文集》编写，自序云："回忆二十年前鄙人所作的各篇论文与所讲的各项问题，专注重于介绍西洋学说，以今日之眼光视

之，可谓幼稚极矣；以视今日后起的学者所作的专著，更不能望其肩背，足见经济学这门科学在中国于短短的二十年之中已有长足的进步。然则后起者之学说，必驾乎前人之上，自为学术前进必由的途径。希望本集读者，以精益求精的态度作进一步的研究，使此学日变而无穷则幸甚。"《马寅初全集》第十二卷，第 287 页

3 月 4 日　应重庆伊斯兰青年会邀请于重庆中国回教协会演讲《战后中国的唯一出路》（又名《中国需要伟大的政治家，为老百姓做事》）。不指名批评蒋介石，"一个人不能是一个真空管……真空管是肚里空空的，没有东西，外面的东西却又坚决地抗拒不让进来"，并指出，"经济上的出路是：一个是民主，一个是和平，不民主的就是反潮流，是反动分子"。3 月 6 日《新华日报》；《马寅初全集》第十二卷，第 499 页

3 月 9 日　复函中华高级会计职业学校校长尹见民，告沈钧儒居重庆枣子岚垭 83 号，于林森路 172 号律师事务所办公，沙千里也在此办公。影印件

3 月 15 日　出席立法院第 4 届第 274 次会议。

3 月 18 日　重庆大学商学院学生因不满校方委派方秘书任商学院院长，贴出："欢迎马寅初任院长，驱逐方秘书"标语，并呈请重庆市政府。重庆市档案馆

3 月 21 日　应卢作孚邀请，于民生公司演讲《中国经济界的前途》。认为：中国的工业，在战后，一定要与全世界的工业联合起来。中国所产的东西，无论如何要准出口到外国，外国所产的东西，要销与我国。要这样，世界的安全才稳定。

本月　返重庆大学商学院任教。商学院学生贴出标语"欢迎马先生重长商学院"，集体罢课驱逐方院长。市警察局呈文市政府："重大商学院学生因不满方秘书继任院长，贴出欢迎马寅初任院长驱逐方秘书标语。"但先生知政府态度，亦无意回任，于是建议学生重请朱国璋任院长，使事态稍息。重庆档案馆

4 月

4 月 8 日　出席重庆文化界"欢宴文化战士郭沫若及文工会诸先生"会议。重庆文化界知名人士一百多人到会。先生于会上不指名批评蒋介石："解散文

工会的是真空管！"4月9日《新华日报》

4月14日　出席立法院第4届第276次会议。

4月25日　致重庆交通大学教务长李熙谋[1]书："承嘱，演讲自当遵命。兹定于下星期二（五月一日）上午十时左右到校，题为《国际经济趋势与政治的连系》。"后因所乘车辆于山洞抛锚，不能如期到校，改至5月8日演讲。《马寅初全集补编》，第512页

4月28日　出席立法院第4届第277次会议。

5月

5月8日　受重庆交通大学教务长李熙谋邀请，演讲《国际形势与国内政治的关系》。开场白云："战前对中国经济发生密切关系的是英国与日本，可是战后要被民主强大的美国与社会主义的苏联代替了。美国有着充分的财力、技术与正义；苏联有着伟大的计划与勇气。面临着这两大盟邦，需要建设的中国必须要善于利用这种形势才有希望。我们应该知道，美国是一个资本主义的国家，而苏联是一个社会主义的国家，两个不同制度的国家是有矛盾的。战后的中国应尽量避免去挑拨这个矛盾，不可抱着惟恐天下不乱的心理，这样对我们是毫无好处的。怎样避免这个冲突，以增强我们本身的力量，力使能在短期内建设成一个强大的中国？这实在需要一个具有远大的眼光、学问、道德、修养都好的人领导才成。一如我们古代历史上的伟大政治领袖商鞅、诸葛武侯、王安石诸人，他们都具备了在他们所处的时代作为一个政治领袖的条件，他们有丰富的学问，有高尚的道德修养，他们洁身自好；他们有以国家之治乱为己任的忠实和自我牺牲的精神。""战后，世界的经济趋势，是明显地走向经济民主的道路。不论是资本主义的美国和半封建的中国，都得循着经济民主的方向前进。"最后勉励听众："各位注意，各位是民脂民膏培养出来的，各位身体属于国家，各位做事应对得住国家，对得住自己的良心。

---

[1] 李熙谋，字振吾，浙江嘉善人，毕业于上海工业专门学校，美国麻省理工学院电机工程硕士、哈佛大学博士。1927年第三中山大学（浙江大学）成立，出任第一任工学院院长。1933年任暨南大学教务长、系主任，1938年任工学院长。1942年调任交通大学教务长。1949年后去台，历任台湾博物馆馆长、教育部常务次长。

应该要敢说敢笑，不要怕一颗枪弹突然飞到头上。"5月19日《新华日报》；《马寅初全集》第十二卷，第503页

5月10日　晚，于重庆龙化桥餐厅为女儿马仰惠与徐汤莘举行婚礼。婚典由国民政府立法院院长孙科主持，民主同盟领袖沈钧儒证婚。前来祝贺者：孙科、邵力子、顾翊群、左舜生、梅汝璈、关佩诗、马新善、徐冰、李云良、金国宝、王若飞、王炳南、郭沫若、于立群、张西曼、潘仰山、邓初民、柳亚子、黄炎培、章伯钧、张圣奘、金天锡、周佩箴、顾廷芳、朱通九、陈希诚、王竹尊、徐兆荪、陈达、叶沛婴、朱国璋、杜邦纪、王光、丁哲明、邢契莘、张雪羽、蒋世杰、马家骧、曾乐平、徐昭、王家松、孟韫佳、王克宥、任世铎等二百余人。次日，重庆《新民报》消息："郭沫若氏特往道贺，当场朗诵《民主家庭》贺诗一篇，风趣横生，博得掌声不少。"影印件

5月17日　为刘泽霖《银行国有论》作序。认为："近二十年来华人自办之银行，接踵而起，有如雨后春笋，其中尤以国家银行势力膨胀之速为最显著的现象。举凡昔日落在外商银行掌握中之大权，如关盐税之存放，外汇行市之议定，皆已次第收回，吾国金融业之发展不可谓不速。惟以组织之欠健全，管理之不良善，种种业务上之困难与弊病，皆因缘而生。故时贤撰文立说，多着重于组织与管理两方面。惟吾友刘泽霖教授独持异议，以为今日经济问题之关键，固在银行，而银行问题之重心，不在管理与组织，乃在制度，欲解决经济问题而不变更银行制度，徒劳而无功耳。刘教授抱此见解，故力主银行收归国有，不仅消极的可以制止物价之畸形膨胀，而积极的亦可配合国家之经济政策，俾战后之经济建设，可以顺利进行。"刘泽霖：《银行国有论》，中国文化服务社1947年11月出版；《马寅初全集补编》，第459页

5月30日　出席立法院第4届第278次会议。

6月

6月2日　赴中央大学为1945届全体毕业生演讲《中国战后之福利经济》。主张人类社会转入全面发展、平衡发展阶段："今后的福利经济，不但要求财富的增加，尤其要求财富的均享，所以中国之福利经济是要政府以有计划的方式改善全民生活，增进全民幸福。等待全民均富达到以后，就应讲究更高的价

值，那是真、善、美、圣。"《民主与科学》第1卷第5、6合期；《马寅初全集》第十二卷，第268页

6月8日 偕邵力子、柳亚子、茅盾、侯外庐等出席中苏文协、全国文协、全国剧协三团体欢送文化使节郭沫若赴苏会，并讲话："郭先生的被邀和出使，是再恰当地没有的了。将由于他的努力，不仅要使中苏文化交流，而还要使中苏思想文化交流。中苏毗邻一万八千里，没有理由可以拒绝这样的交流，这是二十世纪后半叶的主流，是阻遏不住的。"6月9日《新华日报》；《马寅初全集》第十二卷，第276页

6月16日 出席立法院第4届第279次会议。

6月18日 发表《思想何以要自由》。指出："思想的自由，产生了科学，中世纪思想不自由，酿成学术界的黑暗。科学是记述过去的伟大学者顺了三度空间中第四轴向不同的方面所走的路程，过去大的哲学家与科学家开发和扩展人类知识的领域，而大的工程师和技术人才把他们投影到现实的世界上来。"《天风》；《马寅初全集补编》，第325页

6月22日 就中国经济危机发表记者谈话，指出："中国经济危机好比吸食毒品。"6月24日《新华日报》

7月

7月28日 出席立法院第4届第281次会议。

8月

8月15日 出席立法院第4届第282次会议。

8月24日 出席立法院临时会议。

8月30日 出席立法院第4届第283次会议。

9月

9月1日 偕郭沫若等应邀出席"中苏友好协会"招待会，会见毛泽东、周恩来等中共领导人。

月初 赴中共重庆办事处会见毛泽东，恳谈两小时余。马本初口述

9月15日 应中国妇女联谊社邀请,于西南实业大厦演讲《美国问题、中国问题、中国妇女问题》。认为工业化就是"多数人有事干,各人可表现自己的能力。但中国的贪污就不能使中国工业化,不管有多少钱,都是吃光用光了,他们吃完了就死了,要老百姓横着一个重担,一年一年的来还债。要使中国取消贪污,光靠命令是不能解决问题的,要从小教育起,从小学到中学都需要妇女去教育"。"实行民主,人民来监督政府,才能彻底消灭贪污。"9月17日《新华日报》

9月16日 重庆市商会大礼堂演讲《黄金政策所表现之经济政策》,KN笔记。分二十余个方面阐明,抗战虽然胜利,但政府之黄金政策并不算成功,经济危机深重,遂造成政治上之自杀。"民主国家要有政团至少两个,一党在朝,一党在野。在野党监督在朝党,使不至横行无忌,一旦在朝党不为民众所信任,则在野党取而代之,则向之在朝党又变为监督者,以督促其政策之推行,如是政治方有进步。现在中国政党可归为三个:国民党、共产党与民主同盟。国民党假定其代表银行家、工业家与地主,共产党则代表农民。现大银行家、大工业家、大地主,几被一齐打倒,即本人为代表所打倒。故黄金政策所表现之政治政策,实为自杀政策,错误之至。"9月17日《商务日报》;《马寅初战时经济论文集》;《马寅初全集》第十二卷,第277页

10月

10月25日 发表《投资与国际贸易》,为银行人员训练班演讲词。提出解决工业建设缺少资本之五种救济办法:(一)东三省既已收复,该区输出品,为数甚多,善自经营,希望极大;(二)租借物资尚有余存,为数极大,可加利用;(三)我国在国外之存款,由于国内利率可能较国外为高,将可能回国;(四)日本赔偿我国损失可以物资如机器等抵偿;(五)美国希望我国在南洋群岛之贸易发展,但美国亦极希望能在南洋获得原料。如此,美国可供给我机器,我国可将商品推销南洋,南洋以原料供给美国,故我国商业市场可扩展至南洋一带。重庆《商务日报》;《马寅初全集》第十二卷,第285页

10月27日 张元济致王云五函:"自日寇开衅以来,弟生计大受窘迫。小儿在新华银行,月入甚微。弟以卖文鬻字藉作补助。……季芸告我,陪都

人士云集"，请代为邀请在渝有名望者，如黄任之、吴稚晖、张君劢、张伯苓、沈衡山、俞大维、马寅初、陈光甫等，给予介绍推荐。《张元济年谱长编》

10月28日 三民主义同志联合会第一次全体大会于重庆上清寺"特园"举行。1945年10月，该会加快筹备工作步伐，正式组建中央领导机构，制定政治纲领及组织章程，由邓初民、马寅初、郭春涛、许宝驹、何公敢和甘祠森分担起草任务。大会由谭平山主持，郭春涛任秘书长。柳亚子、马寅初、陈铭枢、邓初民、高崇民、何公敢等人发言。最后选举产生临时干事会，并决定筹建监察会。中央临时干事会人选17人：谭平山、陈铭枢、杨杰、朱蕴山、王昆仑、郭春涛、许宝驹、于振瀛、何公敢、甘祠森、柳亚子、马寅初、邓初民、余心清、高崇民、阎宝航、李世璋。前10人事为发起人，后7人为新增。商定李济深、冯玉祥、孙科3人为指导员。甘祠森：《回忆三民主义同志联合会》

本月 政治协商会议于重庆召开，马寅初、章乃器、杜斌丞、邓初民、史良担任民盟代表团顾问。《中国民主党派丛书——中国民主同盟卷》

11月

本月 《马寅初战时经济论文集》由作家书屋出版，发行人姚蓬子。抗战时期共撰论文60余篇，该书收录33篇，余皆散佚。重庆出二版，1946年2月上海初版，后又出三版。《马寅初全集》第十二卷，第287页

12月

12月9日 延安各界青年召开纪念"一二·九"十周年大会。大会主席团成员联名致函："寅初先生：延安各界青年纪念'一二·九'十周年的时候，怀念先生十年来对青年爱国运动，曾作热情的指导与支援；今日中国青年又在为反对内战要求和平争取民主而进行艰苦的斗争，先生复以大无畏的精神仗义执言，伸张公理，远道闻之，实深感奋。谨向先生致真诚的慰问与崇高的敬意。"大会主席团：陈伯达、何思敬、柳湜、张宗麟、齐燕铭、江隆基、冯文彬、黄敬、毛德贞、乔石、杨述、彭大谋、黄华、欧阳方、于刚。馆藏

12月13日 《新华日报》报道："著名经济学教授马寅初先生致函昆明各大中学教授、教师和同学，表示深切慰问，信里说：'我很同情你们的不幸遭

遇，我更憎恨反动派法西斯的卑劣无耻。愿坚持反内战，争民主的神圣意念，共同继续奋斗到底。'"

12月23日 于中国经济事业协进会招待政治协商会议代表茶话会，演讲《论官僚资本》。指出，战后中国正面临国营事业成为官营事业之结果，"内战不结束，固然一切都谈不到。但是，今天尚有另一种战争，虽隐而不见，而危害极大，这即是经济战争。此种战争如不结束，则民族资本没法发展。而官僚资本抬头，霸占一切，害国害民，难以言说"。12月24日《商务日报》；《马寅初全集》第十二卷，第289页

12月29日 出席立法院第4届第291次会议。

1946年（民国三十五年） 65岁

1月

1月1日 发表《工业革命与土地政策》。对土地改革提出新办法："土地改革如何进行呢？曰：减少小农场，建立大农场。但大农场怎样建立呢？曰：由政府设立土地银行，发行土地债券，备价征收每个农场所需要的土地面积或在乡镇普设地方公营农场或发展农民合作耕种，农民可以分若干年向政府偿还地价。农场是农户所共有，不分割给各个农户。其愿意退出者，只能领回其对农场所投之资本，另由其他农户来承乏。农场的工作由合作的农户共同担任，其收获亦由合作农户按所投的资本与所施的劳力分配。这样农场的土地，既可使用机械，其收获必较未机械化之前更加丰富，地价必涨，而所涨之价必须归公，则土地债券之付息还本，自不成问题。所涨之价愈高，其去土地国有的目的愈近，则一面耕者有其田，一面土地归国有，一举两得，建国前途，庶乎有望。大地主的土地既被征收去作大农场，其所得的土地债券，不致一无价值，可以全部或一部调换国营事业的股票，使他的资本改投于工商业，如是可以使他所持有的土地债券有可靠的出路，而他亦不致阻碍征收土地以建立大农场的倡举。"《新民报》；《马寅初全集》第十二卷，第291页

1月8日 于重庆西南实业大厦出席民建招待政治协商会议代表及各界人士茶话会。常务理事胡厥文、彭一湖主持。出席者有：中共代表董必武、王若飞、陆定一；国民党代表邵力子；民主同盟代表张东荪、梁漱溟、罗隆基、章伯钧、张申府；青年党代表陈启天、杨永浚、常乃德；无党派代表郭沫若、王云五、胡霖、钱永铭、缪嘉铭；政府方面于右任、褚辅成，及各界人士陈博生、胡子昂、胡健中、陈铭德、陶行知、王昆仑、潘梓年等140多人。黄炎培报告民建成立经过，向政治协商会议提供初步意见。《中国民主党派丛书——中国民主建国会卷》

1月9日 于重庆西南实业大厦出席重庆文化界七团体招待政协会代表茶话会。《和平民主建设的新阶段》，山东新华书店 1946 年 3 月出版

同日 发表《打倒经济专政》谈话。申述立法院最近未通过两方案之理由："第一，最高经济委员会之下设各种委员会及公司，表面是煞有介事，实际是口是心非，欲图包办一切，由丝、棉、毛、麻以至粮食、煤油、造纸、木材，凡是衣、食、住、行的无一不包办，连文化事业亦要包而办之，因纸张亦被统制也。该会组织方案所以通不过的原因，由于它一切人选都须经最高当局指定。""天下绝无这样的法律。除非立法院被搬回家去，所有的委员都是亲戚，才可以一意孤行。""所以说什么最高经济委员会等等，还不过是一个骗人、骗钱的玩意儿。""今天欲求政治清明，首先在实行民主，同时'经济专政'应赶快打倒，否则为害太深了。"《民主生活周刊》第 16 期；《马寅初全集》第十二卷，第 294 页

1月10日 谈"我国经济问题"。《新蜀报》

同日《新华日报》刊发消息"民主号角"："《民主报》日内发刊，社长决定为罗隆基，社论委员会由罗隆基、章伯钧、梁漱溟、郭沫若、马寅初、陶行知、邓初民等担任。"

1月11日 发表《吾对于政治协商会议的希望》。认为，吾国于八年抗战中民族自信心大增，然美国总统特使马歇尔却以太上皇自居。"其实中国国内的争执，是中国自己的事情，何劳他人置喙。吾故对于今日之政治协商会议抱有无穷之希望，握实权者万不可再固执成见，一些不肯放焉，致陷会议于僵局，须知会议的失败，即是自己的失败，亦是中国的大不幸。"《马寅初全集》第十二卷，第 296 页

1月25日 参加中央大学、重庆大学等十余所大中学校万名学生民主大游行。对中央大学学生《快报》记者曰：中国唯有团结、统一、民主、和平，才能保障主权，建设幸福的新中国。

1月31日 出席立法院第 4 届第 293 次会议。

同日 发表《读书与经济》。告诫莘莘学子："青年今日多读书，他日多做事，有成本即有效果，有效果即有价值，价值之来源虽由于成本，但不以成本之多寡定价值之高低。如欲求很大之效果，第一步须有高上之学问，第二步须

有健全之身体。"《经济知识》编者按语:"本会成立,多承本校师友关切。马寅初先生更特为撰文,勖勉有加,是特刊为前言,以酬厚意。"《经济知识》第1卷第1期;《马寅初全集补编》,第 327 页

本月 应董必武、王若飞之邀,于重庆曾家岩 50 号中共驻重庆办事处出席民主党派负责人及无党派学者国事商谈会。会上表示:"组织群众,组织队伍,这是中国共产党的事情,中共对此方面的工作是行家。我马寅初只会单枪匹马。但是,只要为了国家的利益,我是一定跟共产党走的。"《马寅初抨官僚资本》,许涤新序

2 月

2月4日 应中央大学学生自治会邀请演讲《〈新公司法〉和官僚资本》。申述立法院审议通过新《公司法》之立意与思路,对官僚资本与外国公司特权有所限制,故引起美国反对,最后说明美国照中国新《公司法》组织中国公司,可得六种过去未有之利益,实有益于外资公司于中国之营业。具体从八方面阐述:(一)新《公司法》之要点;(二)修正《公司法》何以不利于官僚资本;(三)过去外国公司在华营业所得之利益;(四)美国反对修正《公司法》之理由;(五)美国反对理由之不成立;(六)本国公司不营业之源流;(七)国防会议修正《公司法》重付立法院审议之经过;(八)外人遵守中国修正《公司法》之利益。《马寅初全集》第十二卷,第 298 页

2月6日 中国民主同盟机关报《民主报》发表社论《打倒官僚资本!——响应马寅初教授的呼吁》。

2月10日 "较场口事件"中被殴伤。重庆文化界、工业界、农业界等二十多团体于较场口集会庆祝政协会议胜利。会中遭暴徒冲击,郭沫若、李公朴及工人、新闻记者等六十多人受伤。事发后,邵力子、罗隆基、周恩来、邓颖超、廖承志等前往市民医院慰问伤者。《民主报》号外大标题:《政协成功,人民无庆祝自由——今晨较场口庆祝会上暴徒捣乱演成血案——强占会场、殴打主席团,郭沫若、李公朴、马寅初、罗隆基、施复亮、章乃器及群众多人受重伤》。2月11日《新华日报》

2月13日 带额伤赴国立艺专演讲《为什么要庆祝政治协商会议成功》。

2月14日《新华日报》

2月14日　至四川省立教育学院同题演讲。《新华日报》

2月15日　国民政府教育部函聘何炳松、马寅初、刁培然、顾毓琇、彭瑚、吴保丰、徐佩琨、徐柏园、朱国璋为上海商学院筹备委员会筹备委员，办理上海商学院复校事宜。《上海财经大学大事纪1937—1946年》，上海财经大学档案馆

2月16日　发表《低地租提高工资》。认为：众人皆知吾国工资低，利息高，地租高。工资低之原因，为劳工之边际生产力低；利息高之原因，为资本之供给不足；地租高之原因，为土地耕种推广之不易。吾人欲谋改进吾国之经济状况，提高人民生活水准，惟有一反上述各点而行之。换言之，即如何设法抑低地租与利息，提高工资，所应采行之政策，分消极与积极二种，今分述如次：（一）消极政策——减少农工之痛苦。（二）积极政策——农业机械化与工业化并行。《华商报》

2月17日　于中国经济事业协进会四川分会成立会演讲《中国工业要有发展，必须坚决反对官僚资本》。2月18日《新华日报》

2月19日　《新华日报》报道《经济学家马寅初等抨击"经济紧急措施"》。

2月28日　出席立法院第4届第295次会议。

3月

3月8日　上海商学院筹备会于重庆道门口中央银行业务局举行第一次会议，公推马寅初为主席。经议决呈请教育部核聘朱国璋为院长，并请先行赴沪接洽院址。《上海财经大学大事纪1937—1946年》，上海财经大学档案馆

3月13日　于中国中小工厂联合会、中国经济事业协进会、重庆钱业公会三团体联谊会演讲《进出口平衡不容乐观》（又名《论外汇政策》）。评论行政院长宋子文关于外汇问题之乐观论调，预计进口货将迅速增多，年年入超，政府之五亿元基金会很快用光。谓，我是悲观的，"宋院长所看见的都是有几百万几千万的有钱人，而我所见到的都是穷教授、学生和乡下人，所以两个人的思想怎能相同呢？"3月14日《新华日报》；《马寅初全集》第十二卷，第306页

3月14日　报载：较场口案祸首刘野樵等人诬告李公朴等五人案件，定于

本月十五日上午在法院审理，闻当场目睹之沈钧儒、郭沫若、马寅初等人士均将出庭作证。《新华日报》

3月28日 于重庆大学演讲，剖析国民政府"黄金政策"。丁一：《马寅初"奉命考察"的前前后后》

3月29日 赴重庆求精商业专科学校演讲《中国战后经济建设问题》（又名《中国战后之经济建设》、《中国今后之经济建设》），公彦记录。以为：经济政策有四条路可走，一条是"自由民营"；第二条是"统制国营"，这是苏联的政策；第三条是德国法西斯的"统制民营"。前面这三条都走不通，只有走第四条"自由民营，国营统制"，政府和老百姓彻底合作。特别强调"讲经济要辨是非黑白"，"第一要民主，一切应由社会各方贤达来合作，以德来号召，经济政策和计划应该绝对公开，让大家共同研究和参与，绝对不应什么都官办，今起棉纺织业官办了，蚕丝业官办了，听说木料也要官办了，我想将来棺材也要官办了，用官财来办棺材公司一定会大发其财"。3月30日《商务日报》；《马寅初全集》第十二卷，第311页

3月30日 于重庆大学发表临别演讲《中国今后应采的经济政策》。从七方面批评行政院长宋子文之经济政策：（一）对黄金政策不能同意；（二）钞票不能再发了；（三）国营、官办、民营的问题；（四）向外借款的用途；（五）新《公司法》的问题；（六）政府开发西北的失策；（七）外汇问题。最后曰："（宋子文）太乐观了。我以为能按部就班好好做下去，四年有办法，那也是很进步很迅速。恐怕是我太悲观。"《新华日报》；《马寅初全集》第十二卷，第318页

同日 偕杜国庠、郭沫若、陶行知等37人，发起成立中国学术工作者协会。蔡尚思：《我对杜国庠同志的回忆与评价——纪念杜老诞辰一百周年》，《广东社会科学》，1989年第2期

本月 应重大嵊县籍学生许显忠（重庆大学爱国学生运动主席）之请题词："碎身粉骨不必怕，只留清白在人间"。《马寅初全集》第十二卷，第317页

4月

4月5日 于中国学术工作者协会演讲《挽救目前经济危机》。4月9日《新华日报》

4月9日 演讲《欲挽救经济危机，非打倒官僚资本不可》。《解放日报》谓："马寅初应渝中华学术者协会，重庆银钱业公会，中外工厂联合会邀请，于4月9日作离渝前最后一次演讲，论述中国经济危机，号召国人坚决反对内战，打倒官僚资本。"《马寅初全集》第十二卷，第321页

4月10日 出席立法院第4届第297次会议。

4月14日 致周恩来函，悼念王若飞、秦邦宪、叶挺等"四八"遇难烈士。《马寅初全集》第十五卷，第332页

同日 与张澜、沈钧儒、郭沫若等70余人联名致美国国会争取和平委员会书，对美国借款给中国可能引起的后果提出忠告。中国外交研究所《民族呼声》，1946年8月出版

同日 离重庆经沪返杭。杭州法院路34号，家具、物什被劫，已成空宅。记者以《马寅初的家具被接收》为题报道："马寅初博士，在杭州法院路34号置有住宅，虽不怎么富丽堂皇，却也楚楚可观。那年庐山集训，马氏趁讲学之际，携眷上山避暑，杭州相继失守，马氏的住宅，当然也同样沦陷，而由敌宪来人代为'照管'了。胜利之后，这所住宅，就给第三战区某部队的长官瞧上了眼，不问青红皂白赶紧派员接收，虽经看守之人声明此系马氏住宅，并非敌产，无奈来势汹汹，非可理喻，不得以通知浙江省主席，要求保护。黄主席惊悉之余，也以为此马来头大，急得非同小可，立刻差人去阻止，哪知老总们还大打官话：'屋子即使是姓马姓牛的，但是家具是敌宪遗留的，我们有权处置。'说时迟，搬时快，马氏所有的家具，装满三大卡车，就此不别而行。"《消息半月刊》第14期，5月23日出版

4月18日 回嵊县省亲。召集四房子侄主持分家。告诉子侄带了些钱回来，大家可以拿出分产方案。若分不成，以后不再主持家事。子侄皆已在外工作，对祖产没兴趣。此为马树记家族唯一一次"分家"聚会。先生家属口述

4月19日 发表《向王若飞诸先生学习》。"若飞先生和秦、叶、邓、黄诸先生现已一去不复返了，当然激起我们无限的悲悼和愤恨。可是青年们以及一般民主人士，要真正纪念他们，首先要向他们学习，一面养成健全的脑力、能力、魄力，负担国家未来的建设；一面争取真正的和平、团结、民主、统一，完成死者未了的任务！"《新华日报》；《马寅初全集》第十二卷，第325页

4月21日　何干发表《马寅初之"考察"内幕》。报道先生近日回浙江嵊县省亲。并谓：先生"考察"归来，记者曾访之于歌乐山木鱼堡寓所。先生"说在考察期内，读完了英文原版的经济学书籍五本，还大看唯物辩证法书籍。他认为用辩证法去说明几个主要现象，还不失为有力的工具"。《消息半周刊》

4月22日　应浙江大学学生自治会之邀演讲《中国目前经济之危机》。认为，目前最大危机在于《中美商约》（即《中美友好通商航海条约》）。"此约万不可签订。为着吾国之不为半殖民地，必须打倒官僚封建资本、买办资本——在食外人渣滓者压榨之下，尚有何民生之可言？故此问题乃极为严重者。"5月4日《商务日报》；《马寅初全集》第十二卷，第329页

4月23日　应杭州银行公会之邀演讲《外汇问题》，沈子豹笔记。以学理论述第二次世界大战后外汇问题新变化，指出："外汇政策、财政政策、整军政策、工业政策、关税政策，实为整个一套问题。"《胜流》刊发时自识："惟鄙人所讲者，因时间关系，只限于鄙人自己的意见，反对者的见解，在讲演时未曾提及，兹特逐项增补，并加改窜，以资比较，并示公允。"《胜流》第3卷第9期，5月1日出版；《马寅初全集》第十二卷，第342页

同日　接受《申报》记者采访谈"经济问题"。谓："政治民主，必先经济民主。外汇政策决定于财政政策，又决定于裁军政策，又决定于工业政策，又决定于关税保护政策，以维持中国工业之繁兴。"4月24日《申报》

4月24日　发表记者谈话《经济发展前途》。记者按："凡是关心经济问题的人，大都知道研究经济学的马寅初博士……他和孔祥熙是同学，宋子文先生尊翁教过他英文，论交谊再好没有了，但他根据经济学的理论，以春秋圣贤之养，不客气地予以批判。在现时代，这种批判实在自有其必要。"4月29日《申报》

4月27日　接受记者采访《中国经济危机——不打倒官僚资本，大家都没有饭吃》。5月11日《解放日报》

4月28日　杭州市商会再谈《外汇问题》。主张不要马上签订《中美商约》，应召开全国经济会议，召集全国经济学者、技术专家、工商界领袖，一起商讨办法，制订整套有联系的办法后，再来签订。而不是行政院的几位部长外加立法院、监察院等机关几个人来决定。5月2日重庆《商务日报》；《马寅初全

集》第十二卷，第343页

4月29日　上午，应浙江省教育会邀请，演讲《快快为穷苦无告的老百姓想个法子》，盛赞浙省"二五减租"仁政，斥责富商巨室黑心。《东南日报》报道：昨虽天雨，听讲者仍冒雨到场，座位无多，捷足者先得，后至者分行站立，秩序井然不紊。马氏"反对国内的某些人，将大批金银存储于外国，或投资于土地，他竭力主张中国应该工业化，有钱者应投资于工业，多办工厂，在中国应有两百个城市成为工业区，将半数农人从农村中移到工厂里去做工。他又主张用'二五减租'办法，使田价低落，银行贷款农人，将土地从大地主手中慢慢归种田者所有，再由农人合办集体农场，利用机器耕种，以增加生产，并补劳力之不足。政府发土地公债，向地主收买土地，亦来办集体农场，再令地主将土地公债投资于工厂，发展工业"。4月30日《东南日报》；《马寅初全集》第十二卷，第507页

下午，于杭州市惠兴女子中学演讲《女学生对自己地位应有的认识》。

4月30日　应浙江省教育合作协会邀请演讲《福利经济》。

本月　绍兴稽山中学校长邵鸿书[1]为求学校发展，聘请马寅初、何燮侯、竺可桢、陈建功为稽山中学董事。《绍兴稽山中学校史》

5月

5月2日　《商务日报》发表《马寅初谈外汇问题》。

5月3日　应杭州市商会邀请演讲《新公司法》，痛斥官僚资本与买办资本相勾结，造成中国经济之危机。

5月5日　应杭州18所中学联合邀请，演讲《人生哲学》。

5月11日　发表记者谈话《反对美军驻华》。"苏联当局主张美军退出中国，是为促成中国国内和平所必需的。这项主张甚为及时而正确，就是美国人民也积极主张早日撤退。中国胜利已经一年多了，遣俘工作也已经完成，试问美军为什么不退？"5月14日《新华日报》；《马寅初全集》第十二卷，第509页

---

[1] 邵鸿书（1910—1990），绍兴陶堰人，越秀外国语学校创始人，邵力子堂弟邵诗舟之子，其母马可兴之姐，为先生堂侄女。

5月12日　应上海钱业公会、中小工厂联合会、中国经济事业协进会三团体邀请，于市商会演讲。编者曰：原定题目为《外汇问题与黄金政策》，因限于时间，马教授只对宋院长的财政报告，作了不同意见的说明。马教授认为政府外汇政策不能乐观。出口方面举例：（一）因了长期战争的破坏，和农村劳动力的减少，农产品必然锐减；（二）交通破坏，运输困难；（三）要工业化，原料的出口必减少；（四）外国人造原料的发明已逐渐加多，天然原料的需要减少；（五）美国的农产品丰富，战后更不需要外来的农产品，（六）其他国家对农产品的输入必提高税率；（七）我国白银出口已不多，而且美国已不需要白银；（八）南洋一带的侨胞已贫困化；（九）从前日本人在南洋的贸易，我们没有力量夺过来。5月13日《新华日报》

5月15日　发表记者谈话，反对美国借款，主张："政治问题要解决，首先要停止内战。"6月2日《解放日报》

同日　发表《论二五减租》。回顾、总结浙江推行"二五减租"之概况，谓之全国最彻底者，但也存在若干流弊，故"今后推行二五减租，必须引此为戒，减轻业主之负担，加重佃户之负担，使种户能获最大之利益，方不使仁政变为虐政。否则佃户势力一旦强大，再来取消，则有噬脐莫及之叹矣。"《理论与现实》第3卷第1期；《马寅初全集》第十二卷，第351页

5月17日　于上海星五聚餐会演讲《新〈公司法〉及〈银行法〉》。"中国现在表面上独立了，实际上经济危机异常严重。我别的不讲，单以新《公司法》来说。新《公司法（草案）》内第七节二九二条规定在本国营业之外国公司，得在华设立分支公司。其中'营业'二字，当最高国防委员会决议时取消，并且通过了。什么叫外国公司呢？这并非定是指外国人组织的公司，而是指凡在英、美等国政府注册的公司。如外人依照中国法律注册的则叫中国公司。现在如中国人，或中外人联合一起在美国注册后，其本公司设于美国，而来华设分公司，也算外国公司。假如它的总公司资本一亿美金，而分公司资本没有规定，则中国的分公司盈利时可随便呈报资本，以减轻或逃避纳税。"《经济周报》第2卷第20期；《马寅初全集》第十二卷，第361页

同日　以中国经济学社社长身份接受《经济周报》记者吴穆采访。谓："中国经济学社原是预定本月初在南京开会的，因为中国经济学社社员中有

许多都是'国大代表'，所以很想乘'国大'在京开会的时候就也大家聚一次，现在已经决定延期举行了"。马氏"是不主张将中国经济学社的'年会'在南京召开的，因为中国经济学社是一个纯粹的学术团体，在南京开会就难免'官'气太重，今后理想的开会所在，也许还是上海。"采访结束后应记者请求，为《经济周报》题词："拨开云雾，方见天日。"《经济周报》第2卷第20期；《马寅初全集补编》，第603页

5月18日 于上海佛慈大楼工业界星五聚餐会演讲《只有国内和平，经济危机才能克服》，请国人注意《中美商约》，曰："今天的问题很简单，必定要先解决国内政治问题，国内必须和平，然后经济危机才能克服。"5月22日《新华日报》；《马寅初全集》第十二卷，第510页

5月19日 应立信同学会之邀，于宁波同乡会演讲。记者标题："妙语惊人"。谓：国人要"多读书，少看钱"，并自称"如果不要脸，生意何尝不可做"。5月20日《申报》

同日 六十六岁寿诞，上海经济文化团体联合会举行茶话会祝寿，并请寿星演讲。演讲后，现代经济研究所与宣怀经济研究所临时提议：由到会18个学术团体同仁联合向先生献纪念旗，以示敬意。5月20日《联合晚报》；《经济周报》第2卷第21期

5月20日 代表上海国立商学院参加上海经济文化团体联合会，被公推为名誉会长，并接受献旗，上书"马首是瞻"四字。先生即席演讲，《经济周报》以《论黄金政策与官僚资本》为题报道。记者云："马寅初先生莅沪，促使了上海各经济团体携起手来。"5月21日《商务日报》

5月21日 于上海银钱业业余联谊会演讲《中国黄金政策之批评》。指出："中国的黄金政策是个大大错误。现在黄金变成了投机品，忽高忽低，上下其手引起人民的投机心、赌博心，政府应该引导人民正正当当赚钱，不应该奖励投机。我并非批评中央银行，它是执行机关，我批评的是政府。"5月26日《商务日报》；《马寅初全集》第十二卷，第373页

同日 发表《经济政策要通盘打算》。批评政府当局："经济政策，必须统筹打算，不可头痛医头，脚痛医脚，各自为谋，则治丝益棼，必致混乱。当前经济混乱，既无政策又各不相谋有以致之。"《世界日报》；《马寅初全集》第十二

卷，第327页

同日 发表政论文章《革命尚未成功，同志仍须努力》（又名《怎样解决中国的经济问题》）。呼吁"欲解决中国的经济问题，必先解决政治问题，但欲解决政治问题，非换汤不换药的局部改组所能奏效。彻底的改革，实有必要。盖今日的都市有失业的恐怖，乡村有绝望的贫穷，千百万劳苦大众濒于饥饿，因为其手中的果实，已无代价地献给大腹便便的劫夺者。我们要以'大道之行也，天下为公'的精神，来铲除'大盗之行也，地上为私'的现状"。《商务日报》；《马寅初全集》第十二卷，第358页

5月23日 《消息半周刊》报道："马寅初的家具被接收。"同期刊登记者金家秀访谈：他这次到杭州去住了三星期，看到听到的事情很不少。他说："别的不谈，就是我家里的家具五十件，也被接收去了。我不是汉奸，也不是敌人，既非敌伪财产，为什么也被接收？这简直是强盗！我到杭州以后，用接收人员和市政府关防的公文，给了我一张收条，收条就是收条，家具可不知到什么地方去了。""这样的接收成什么话！"还说："内战应该立即停止，和平第一。只要政治解决，经济就有办法。""其实，内战越打，政府越不利。凡是打仗都是在野党容易兴起，何况现在老百姓这样痛苦。因为政治不安定，所以经济不能解决，外国人不肯投资，中国自己就没有生产。没有生产，法币越来越多，法币多物价涨，生活不够，于是罢工，引起了社会不安宁。要解决这些问题，第一个要国内安定。"记者最后问，外间传闻先生加入了民主同盟确否？他说：除了加入了国民党以外，没有加入别的党派。但他对民主同盟的负责人很敬佩，他们没有什么野心，不过要求国内和平民主，他们做法很不坏，国民党员转入民主同盟的为数很不少。"如果政府做法再如此，我也会加入民主同盟的。"最后应记者之请为《消息半周刊》题词："国破人亡，民穷财竭。消息半周刊嘱。"影印件

5月25日 发表《我的人生观》。概述古今中外人生观思想演变脉络，剖析中国人人格现状，指出："我们要运用创造能力，改善环境，其终极目标何在？此可以真、善、美、圣四字概括之。我们一面要增加生产，一面要分配均匀。既不患'寡'，又不患'不均'，就达到'善'的境地。生活无苦乐之别，财富无贫富之差，一切互惠平等，一致向上发展，造成理想世界，就达到

'美'的境地。"《经济周报》第 4 卷第 38 期；《马寅初全集》第十二卷，第 363 页

5 月 26 日　上海金城银行召集中国经济事业协进会联谊会，出席并于会上演讲。《经济周报》第 2 卷第 21 期

5 月 27 日　于上海青年会演讲《经济民主》。5 月 28 日《时事新报》

5 月 30 日　出席银行界上海座谈会并发言。5 月 31 日《商报》

5 月 31 日　于上海大同大学演讲《论当前的经济问题》。"中国的经济问题，万分复杂，彼此牵连。若头痛医头，脚痛医脚，一定没有效果。譬如中国现在的物价问题，因为纸币多。纸币多，外汇就高。外汇高，纸币就跌价。纸币多的原因，是财政。财政困难的原因是军事。要平衡财政，就要整军，美国要我们的整军计划，是把目前的二百五十个师的兵，减为六十个师，但是裁下的一百九十个师的兵，怎么办呢？我认为裁下来的兵应该送进工厂去叫他做工，应该送到边疆去开荒。那么整军问题，又与工业化问题、土地问题有关了。""我们要工业化，第一便要实行保护关税。但是讲到关税，又和新《公司法》有关了。""所以不通盘筹划不行，第一先求政治的清明，同时我主张召开全国经济会议。"6 月 3、4 日重庆《世界日报》；《马寅初全集》第十二卷，第 366 页

同日　发表《中国经济之出路》。指出："中国经济之出路问题，不是一个简单的问题，他必须以政治问题的解决为前提，而以工潮问题、物价问题、通货问题、外汇问题、财政收支平衡问题、军队整编问题、国家工业化问题、土地问题、关税问题、国际贸易问题、外交问题等之彻底解决为内容。"《商务日报》；《马寅初全集》第十二卷，第 378 页

6 月

6 月 2 日　出席上海经济联合会第二次会议，谈《论当前的对外贸易》。《经济周报》第 2 卷第 23 期

6 月 4 日　于上海沪江大学演讲《中国经济问题的症结》，鲍钟祺笔记。特别指出："工业问题和土地问题的重要。战争破坏了我们的一切，战后，我们正应适宜地利用这批人员去从事建设，发展工业或开垦荒地。然而，这里又发生了一个极重大的问题，中国的工业基础太薄弱了，一切都还需要加以优良的保护。但是现行的关税政策，显系背道而驰的，要是关税政策不能得到一个

圆满的解决，中国的工业也一辈子不能兴起的！谈起中国的关税，真是一个很感困难的问题。如果税率定得较低，那末，外货进口势必增多，中国自己的工业反而不受保护；如果税率定得较高，外货虽然不易输入中国，但是外国的资本却要在中国作祟，我国的关税反而保护他们了"。6月5日《文汇报》；《马寅初全集》第十二卷，第371页

同日 发表《农业工业与国防之连锁——官僚资本何以要打倒的理由之一》。以日本形成财阀集团而大多数农民贫苦不堪为借鉴，说明："吾之所以竭全力反对官僚资本者，为救农民亦为救国耳。吾国若取法乎日本而蹈他的覆辙，则第三次大战将不可免，尚能维持永久和平乎？"《经济周报》第2卷第22期；《马寅初全集》第十二卷，第375页

6月7日 会同马叙伦等164名上海各界人士联名上书蒋主席、马歇尔及各党派"呼吁和平"。《文汇报》；《民主》周刊第35期

6月10日 《人民日报》转载美国《时代杂志》威廉·格雷通讯："孙科立法院院长邀请行政院院长宋子文，在这星期出席立法院的例会，并答复一些对于经济困难方面的问题，但是宋子文并没有露面，后来孙科派那被人尊重的国民党经济学家马寅初先生（他在战争中曾因为批评中央政府而受监禁）到上海去，继续攻击'官僚资本'，马先生在那些半官半私的机关面前，如中国银行研究所、农业经济研究所等，谈到政府集中资金与利用公款做私人的商品，或金条囤积等问题，这事在今天中国来说，已经从可耻的行为变为正常的了。上海的中国报纸在星期五报导，说警察已禁止马先生按照预定计划做下次演说。"

6月13日 出席杭州二十所学校近万名学生集会。演讲："为什么通货膨胀呢？因为军人太多要军费。为什么要军费？因为内战，要打仗！所以我们最积极的办法是反对内战，停止内战。内战是一切灾祸的根源。"6月6日上海《文汇报》、《新华日报》头版消息：杭州爆发包括十八个学校的数千学生的反内战大游行。时值大雨滂沱，学生衣服尽湿……由渝抵杭不久之经济学家马寅初氏，亦参加这一游行，迈步游行队伍前列。

6月15日 《新华日报》发表《解救当前经济危机，首须解决政治问题，军费庞大是通货膨胀物价高涨的主要原因——马寅初教授在沪讲演》。

6月20日 会同郭沫若、茅盾、马叙伦、陶行知、翦伯赞、郑振铎、胡

绳、叶圣陶、杜国庠等24人，发起成立中国学术工作者协会上海分会。蔡尚思：《我对杜国庠同志的回忆与评价——纪念杜老诞辰一百周年》

6月28日 就南京"下关事件"致函记者。《周报》以《勉人民代表》为题："现在火已烧到国内各界各级的人民头上，连他们自己选出来的代表，亦遭法西斯野心家的毒手，这是老百姓莫大的耻辱，是可忍孰不可忍！希望老百姓快快组织起来，万一代表请愿失败，内战就起，必须用种种最彻底的方法来制止：学生罢课，商人罢市，工人罢工，老百姓罢税，皆是有效的方法。原拟亲自晋京向受伤的几位老友致敬，乃因近来鄙人领队游行，有若干野心家的徒子徒孙，欲对我有不利，并宣言将驱逐我出境，故打消晋京之意，并取消赴莫干山避暑的计划，终日在敝寓静待他们来驱逐。希望贵报将我的意思转达在京受难的几位老友，并代向他们致敬，希望他们仍抱大无畏的精神，再接再厉，与黑暗奋斗，向光明迈进。要知道他们的流血，可以刺激无数青年的情感，直可以刺入他们的心坎，只要大事成功，流血是值得的。"7月6日上海《周报》第44期；《马寅初全集补编》，第513页

7月

7月3日 浙大法学院教师代表吴士濂、章采根向校长竺可桢提议请先生为浙大专任教员，竺可桢谓，马为立法委员，不能专任。《竺可桢日记》

7月29日 竺可桢至杭州法院路34号，约请先生来浙大担任课程。"渠以已在南京立法院、上海商学院任职，故不能再兼。拟以特约讲师名义"。后竺又两至马宅，请担任浙大课程。但浙大法学院院长李浩培以额满为词而搁置。1949年11月3日，先生任浙大校长后与丁绪宝回忆此事，言不怪李浩培，并望李于北京学习完后仍回校担任法学院院长。竺可桢闻丁谈及此事，于11日记："寅初可谓宽宏大量，余恐无此雅量也。"《竺可桢日记》

8月

8月3日 发表《痛悼陶、李两位先生》。"'世事多故，民主多难。'李公朴、陶行知两位先生相继逝世，噩耗传来，悲愤交集。陶李两位先生与余志同道合，时相过从，往事尤历历在目，愿述一二，略表追怀，借知两位先生事业

之成就与精神之伟大。"《周报》;《马寅初全集》第十二卷,第 385 页

8月26日 接受《杭州通讯》天高采访,表示"继续奋斗下去,一直到和李公朴、闻一多两先生一样。""有人以为我是民主同盟的,其实我既非民盟盟员,也非共产党员,倒是真正的孙中山主义的国民党党员,我不是'挂名党',也不是'刮民党',不更'挂'了名去'刮民',因此为了反对法西斯而和一切社会进步人士站在一起,就是如此而已。"8 月 27 日《杭州通讯》;《马寅初全集补编》,第 605 页

本月 受聘上海私立中华工商专科学校。《私立中华工商专科学校科长以上职员名单》,上海档案馆

9月

9月3日 《解放日报》头版报道:"据莫斯科二日广播:上海民主团体代表马寅初在沪报上著文称:假使美国不改变其帮助国民党政府的政策,将号召人民举行抵制美货运动。"

9月14日 出席立法院第 4 届第 307 次会议。

9月29日 出席商务印书馆股东临时会议。董事会向股东作《商务印书馆九年来之报告》,报告署名人:张元济、丁榕、王云五、李拔可、李伯嘉、高凤池、夏鹏、徐寄庼、徐善祥、陈光甫。监察人:马寅初、黄炎培、杨端六。选举新一届董事会:夏鹏、陈光甫、高凤池、王云五、张元济、李拔可、朱经农、丁榕、徐寄庼、李伯嘉、马寅初、徐善祥、俞明时等 13 人为董事;黄炎培、杨端六、陈叔通 3 人为监察。《商务印书馆股东会议簿》;《张元济年谱》,第 516 页

同日 出席上海经济学术团体联合会第 11 次会议,谈"如何建设国民经济"。"中国的经济危机,不如说是政治危机来得确当","私人企业在封建恶势力与外国帝国主义的双重压迫下,无法抬头,如今买办资本家身居高位与外国资本主义势力勾结起来,情形越加糟糕了。孙中山先生所倡社会革命,今日愈为迫需。美国目今流行'拉回罗斯福政策'的一句口号,让我们也来高喊'拉回孙中山政策'的口号罢。今日的一切,离孙中山先生的主张太远了!"10 月 10 日《解放日报》;《中国建设》第 3 卷第 2 号;《马寅初全集》第十二卷,第 472 页

9月30日　发表记者谈话："苏联当局主张美军退出中国，乃促成中国国内和平所必需"。10月17日《解放日报》

同日　当选上海经济团体联谊会名誉会长，会上演讲"痛斥官僚资本与洋商勾结，呼吁实现政治民主和经济民主"，"要使中国走上自由建设的道路，首先必须清除政府当局的反动措施，实现政治民主与经济民主"。10月1日《新华日报》；《马寅初全集》第十二卷，第511页

本月　与杜国庠、张志让、沈体兰等80多位教授定期集会，座谈时事。后定名"上海各大学民主教授联谊会"。会员登记簿；蔡尚思：《我对杜国庠同志的回忆与评价——纪念杜老诞辰一百周年》

10月

10月6日　于上海演讲《工业的前途》。认为："高额的利息"与美货倾销两大因素，致中国工业难以生存。10月7日重庆《商务日报》；《马寅初全集》第十二卷，第387页

10月10日　天津《益世报》称："中国经济学权威，国民党政府立法委员马寅初氏近已辞去官职，由京返沪。"《解放日报》

10月13日　题词："老和尚成佛要千修百炼"。影印件

10月15日　出席立法院第4届第309次会议。此为最后一次参加立法院会议。

同日　出席兴业银行四十年庆祝会，演讲《黄金问题》。《兴业邮乘》第120期

11月

11月6日　就国民政府与美国政府签订《中美友好通商航海条约》发表记者谈话："这种秘密谈判，是不应该的，这条约与人民生活有极大关系，为什么秘密谈，这次条约只是表面上平等，实际是不平等条约。两国情形不同，不能互惠。"11月7日《新华日报》；《马寅初全集》第十二卷，第512页

11月7日　于重庆大学商学院为安子介《国际贸易实务》作序。评论："国际贸易实务虽大抵为一国贸易政策之结果，但大部分仍属一种技术知识，且亦有原理存在其间。本书说理透切，罗材广泛，索赔论一篇尤为特色，足

见著者对贸易实务曾有深切研究。日本战败，无论自政治或经济观点出发，我国进出口贸易均应有空前扩展。第一次世界大战结束后，各国新兴进出口商因经验不足，例如：对包装未加充分注意，装载船舶未经妥慎选择，售货条件未臻安全，保险与信用过于疏滥，索赔及应付索赔未得其法。总之，经验技术不足，一切未臻健全，致赔损累累，我国有志于国际贸易者应引为殷鉴。"安子介：《国际贸易实务》，上海商务印书馆1947年9月出版；《马寅初全集补编》，第457页

11月14日 发表《中美商约条文内容空泛，利权丧失无可避免》。指出："条约中出现了'最惠国'的名词。此例一开，以后各国都可要求，且中国给予任何第三国的利益，美国就可根据条约作同样要求。现在的条文内容太空泛。以后需缜密订定详细条文，才可避免利权丧失。"《经济周报》第3卷第20号；《马寅初全集》第十二卷，第389页

11月23日 发表记者谈话，认为：中国经济已经走上殖民地经济的道路。11月24日《新华日报》

本月 赴上海锦江饭店聚会发表《战时经济谈话》。诸葛子明：《介绍民主运动中几位青年化老战士——（1）马寅初先生》，12月18日香港《光明报》新十号

12月

12月17日 发表《谈经济上三种传说》。就社会传闻政府将发行大面值法币、公债及"孙"币，发表评论："在内战尚未停止，经济尚未安定，预算尚未平衡，建设尚未开始之时不能骤换新币。盖新币发出之后，一切破坏因素依然存在，势非把新币拖落水中不可。结果，通货依然膨胀，物价依然上涨，不出一二年新与旧不分，势非再来一个改革不可。"重庆《商务日报》；《马寅初全集》第十二卷，第409页

12月22日 应上海市妇女联合会邀请演讲《中国为什么穷》。

12月24日 出席上海各界人士举行抗议美军在华暴行大会，并发言。

12月26日 接受《联合晚报》采访。《联合晚报》以"二马对谈"为题详细报道。编者按："看过或听过两位马先生的文章和演讲的人虽然不少，但那两位当代民主领袖能够约在一起，作有系统的对谈，并且还能把谈话发表

出来，恐怕不曾有过吧。本报为此特于二十六日晚上约请两位，作一次极有价值的对谈。所谈范围极广，两先生对当前国内政治经济局势均有极警辟透彻的卓见发表，并谈到如何过年问题，尤饶兴趣。"12月31日《联合晚报》；《马寅初全集》第十二卷，第515页

12月28日 出席上海《文汇报》第53期星期座谈会。言曰：新币兑换将如日伪时期强制兑换伪币，"二百作一，记忆犹新，更番调换，民命何堪"。法币因通胀而引发财政困难，政府好战政策就难以为继，而兑换新币是"让好战者透一口气"，"一定要多死几百万人"。所以改革币制，尚非其时。出席座谈人士俞寰澄、祝世康、夏炎德、丁鹄、彭信威、王师复、施复亮、周伯棣、章乃器、漆琪生等。1947年1月5日《文汇报》；《马寅初全集》第十二卷，第414页

12月29日 于大夏大学演讲《我何以反对新订的〈中美商约〉》。从学理与现实结合深入比较中美两国经济背景差异，指出："最先进的大工业国与落后的农业国之间，有何平等互惠之可言，所谓平等就是不平等，所谓互惠就是单惠。"12月30日《文汇报》"经济界"每周特刊；《马寅初全集》第十二卷，第390页

12月31日 领衔张东荪、罗隆基、章伯钧、陈家康等发表严正谈话，抗议美军士兵制造"沈崇事件"暴行。表示："美军已视中国为殖民地，美军驻华不但助长中国内战，现已污辱我人之人格。政府为维持一己地位，请美军驻华，污辱中国人民，应负极大责任。"呼吁"全国人民一致起来，以行动抗议美军暴行"。《新华日报》；《马寅初全集》第十二卷，第513页

本月 发表《土地税》。系统考察各主要国家古今土地税标准，概括为六种，与中国古代土地税标准加以比较，认为中国"近年以来因附加税之带征，中国之地税，离开上述六种标准愈远。各省县田赋附加名目之多，至堪惊人"。《观察》第1卷第18期；《马寅初全集》第十二卷，第398页

1947年（民国三十六年） 66岁

1月

1月1日 参加上海10所大专院校及16所中等学校万余学生外滩公园集会。南京路游行示威中，宣传车不断广播"欢迎马寅初教授参加游行"，学生大受鼓舞。并就沈崇事件发表记者谈话。"'对于这件事情，中国政府应该负责，现在的政府到底是中国人的政府，还是美国人的政府？假如是中国人的政府，应该迅即提出抗议，严重交涉，否则请滚下台去'。马氏并亲自参加上海学生游行。"1947年1月12日《人民日报》

1月2日 发表《一九四七年的经济展望》。指出："赋税重重叠叠，纸币千千万万，物价继长增高，收入日益缩小，城市居大不易，乡间盗匪堪虞，弄得举国骚然，人心全失。至此时老百姓罢税（无力纳税），兵将罢战（不打而故意被俘就是罢战之变相），而一切问题解决矣。"《经济周报》；《马寅初全集》第十二卷，第412页

同日 发表《农工配合与力量集中》。"余以为中国不欲独立则已，如欲独立，至少限度必须办到吃自己的米，穿自己的布。此不但应在农业方面着想，工业方面的重要性亦是一样。米、麦、棉、麻固出自农，但欲变糙米为白米，变麦子为面粉，变棉花为纱与布，则仰仗于工。他如蚕桑，农事也，而缫丝织绸，非工莫办；种植甘蔗，农事也，而制糖非工莫办。故工与农有如唇齿之相依，不能缺一以行。况欲提高农民之生活水准，不能不增加他们的购买力。购买力之大小，视农业改进之程度而定。工业所需之农业原料，一经改良，则不必向关外寻求原料。""中国于人才、资本两感缺乏，不能事事顾到，只能集中力量于几种重大之事业，否则资本、人才若过于分散，一事不成，两不经济，结果必多消耗与损失，非计之得也。若不此之图，而物物均求自给，决非经济之道。""铁路为最有利之事业，亦为人民所最需要，路线可以就地点之最适宜

者而决定之。从前筑路完全由外人操纵，决定路线，毫无计划。现在国人已自能造路，路线当然亦可由我自定。此事有利于民而不与民争利，必为人人所欢迎，故其阻力必小。"《大学月刊》第6卷第1期；《马寅初全集》第十二卷，第474页

1月7日 报载：文化界马寅初、马宗融、叶圣陶、田汉、潘子农等及妇女界廖梦醒、景宋、葛琴、安娥、胡子婴、凤子等百余人，同于报上发表意见，一致主张美军应立即撤退。马寅初质问政府："到底是不是中国人的政府？愧对国人，还有什么面目盘踞高位！？"《人民日报》

1月10日 发表《今日我国经济的总检讨》。指出："使每个人惴惴难安的许多经济上的问题，完全是通货膨胀所造成的，高利贷、高物价、美货倾销、黄金潮、外汇管制等等，都不过是通货膨胀的派生现象，而一切高举'高利贷为工商萧条的主因'等等说法的人，不是别有用心的帮闲，便是居心叵测的帮凶。"1月10、11日《文汇报》；《马寅初全集》第十二卷，第416页

1月11日 发表《急起自救》。向大众疾呼，当局"执迷不悟，紧握生死予夺的大权而不肯放，甚至不惜以全国老百姓的权益向美国交换精锐的武器来杀同胞，与美国订立丧权辱国的所谓中美友好商约，以压倒我国的民族工业。忍心害理，莫此为甚！此而可忍，孰不可忍？我老百姓若再不觉悟，急起自救，将陷于万劫不复之境地而不能自拔"。《新华日报》；《马寅初全集补编》，第328页

1月22日 发表《就经济而言经济，是乎否乎》。对政府所设最高经济委员会，以行政院各部长官充任，而不许各界代表出席，全由一些不懂经济政客计划经济，给予尖锐批评。《文萃》（春季特大号）第15、16期合刊；《马寅初全集》第十二卷，第423页

1月28日 参加《大公报》发起上海各界纪念"一二八"大会。3000余人集会，先生与李济深、黄炎培、陈铭枢、沈钧儒、邓初民、马叙伦、罗隆基等为主席团成员。并题词纪念："真正的民族英雄，惟十九路军足以当之，其以民族英雄自居者，对之能勿无愧于心乎？"《马寅初全集补编》，第576页

2月

2月1日 出席民盟招待上海工商文化新闻各界茶话会。到会人士柳亚子、

沈体兰、盛丕华等三百余人。张澜、张东荪、罗隆基、施复亮等先后发言，一致主张：（一）扩大民盟，延揽民主人士入盟，并联合各民主团体以从事深入、普遍、真正的民主运动。（二）拒绝作"和谈工具"，坚持政治协商，提高政协权力，以解决国事。（三）外国势力应撤出中国，否则中国民主和平无望；而民主和平未确立前之所谓"改组政府"，只有坏处。2月15日《人民日报》

2月7日 于暨南大学演讲《英美经济问题与中国经济问题》，胡深笔记。分析英美之经济问题，"第一是分配不均，第二是消费不够——不是生产不够"。中国问题则"要调过头来，生产太多——换成生产不够，快生产！争取时间生产！美国担心生产，中国是求之不得。至于消费不够呢，上海有钱人有金条，统制外汇，要统制他们！不准他们向美国买消费品进来，外汇要买机器，要买生产的东西！不能向老百姓要求节省，他们连粪都省下来了。要有钱人节省，要他们减少消费，并不是消费不足"。2月9日《文汇报》；《马寅初全集》第十二卷，第426页

2月8日 发表记者谈话：真正的问题远不在物资的普遍上涨，而在物资的大量破坏与缺乏。政府用搜取民间的物资易取外汇，但外汇仍感缺乏，因为他在我国换回来的是军火。一颗大炮弹"蓬"的一声，不仅其本身化为乌有，而且还破坏了许多旁的物资，毁掉了许多具有生产能力的壮丁，物资自然只有减少；再加通货因战事支出浩大，继续膨胀下去，物价当然非继续增高不可。2月24日《工商新闻》"经济珍言"，转摘自《上海联合晚报》

2月9日 偕马叙伦、郭沫若、罗隆基等于上海劳工银行出席"爱用国货抵制美货"筹备大会。遭预伏暴徒破坏，25人受伤，1人殒命。下午，偕胡子昂等代表文化界、人民团体慰问伤者。2月15日《人民日报》

2月10日 偕郭沫若、沈钧儒、马叙伦等"较场口事件"有关人士，于上海青年会九楼聚餐，纪念"较场口血案"一周年。郭沫若提议在场50余人，结为"二一〇社"，每年2月10日集会纪念，先生附议赞成。

2月12日 接受《评论报》记者访谈"目前经济危机"。认为，实行黄金国有，"根本不能解决问题，反而使问题更趋严重。且不问目前真正持有大批黄金的是哪些人，现政府能否不顾他们的反对，而断然实行吧。就算实行了，也不但不能抑低金价，只有使金价越涨越高"。《评论报》第14期，1947年2月

18日出版

2月17日 于银行俱乐部出席上海经济团体联谊会第19次座谈会,演讲《对〈经济紧急措施方案〉的看法》(又名《金钞黑市禁不掉》)。请大家注意六点:谁要打内战;黄金美钞的来去;买黄金者无罪,罪在打内战人;黑市禁不掉;老百姓不愿打内战;内战可怕。"所以我们要快快宣传,使老百姓罢税!使士兵罢战!""今天颁布的《紧急措施方案》中,要想减少投机。现在游资都无正常出路,都在投机这一方面,黄金禁买了,美钞禁流了,游资便转到证券上去。当前我们最大的危机,是国民经济根本没有出路。"2月19日《上海联合晚报》;《马寅初全集》第十二卷,第429页

2月26日 上海钱业俱乐部演讲《有黄金美钞的不要卖出来》。以七条理由告诸国人:"如果现在交出黄金、美钞,就换军火进口,军火进口不要紧,还要杀人,如果爱国,不要拿出来,他给你的法币,不是他拿出来的,是机器轧,轧,轧,印出来的。你拿黄金、美钞换法币,傻瓜,为了自己为了国家,都不要拿出来。如另有好的政府上了台,如这个政府真正能为大多数的老百姓造福,那时再拿出来亦不算晚。"2月27日《文汇报》;《马寅初全集》第十二卷,第434页

本月 受聘国民政府教育部学术审议委员会第三届委员。

3月

3月4日 发表《此后吾国经济学者工作的对象》。认为:经济学目的在于:(一)欲求中国经济的繁荣,非与自然搏斗不可;(二)吾人须努力破坏一切帝国主义之阴谋,不惜与之战斗到底;(三)吾人当摧毁一切封建势力,解除种种束缚,并毁灭其所依赖之官僚资本。《文汇报》"新经济"副刊;《马寅初全集》第十二卷,第440页

3月5日 发表《在今日的中国,何以学非所用,用非所学》。反思自己求学历程,学经济初衷,痛感如今社会经济政策,多与经济学学理不合,甚至格格不入。"其根本原因必在社会的集体。集体陷于混乱状态,什么东西都合不拢来,故欲按部就班做去,非把集体改造一番不可,此外部是枝枝节节的问题,不是所有问题的中心。譬如人的身体,神经中枢患了疯狂病,发号施令不

合规则，故手足四肢抗不奉命，一切行动乱矣，必须把中枢之病治好，全身行动才能和谐。"《文汇报》；《马寅初全集》第十二卷，第 445 页

3月12日　领衔沈体兰、孙起孟等教授发起组织上海教育界人权保障会，发表上海教育界人权保障会宣言：抗议当局任意拘捕，要求立即释放逮捕人民，呼吁各界人民团结一致为人权保障奋斗到底。4月22日《人民日报》

3月24日　《工商新闻》"经济珍言"栏，题以《中国经济的出路》摘要发表对《文汇报》记者谈话："中国经济至今才从殖民地经济中解放出来，领事裁判权撤销不久，租界亦甫经收回，惧外媚外的心理，尚未从多数人脑海泯除，所以战后研究经济的最高目标，端在建立独立自主的经济，迅速地使国民经济不再成为外国经济的附庸，长此蹉跎于被动的地位。为达到这个目的，第一应当迅速工业化，第二应当彻底改革中国农村。这两种工作，应该同时着手，以收相得益彰之效。工业化有了基础，农村中一部分过剩人口才有出路，重新分配耕地亦容易办到。在另一方面，农民生活向上之后，工业出品才有广大的市场。农工相互依存，社会安全才能奠定基础。"《此后各国经济学者工作的对象》

3月26日　发表《人权》。指出："查近日在北平、青岛和上海所发生的情事，上层阶级的豪门权贵，竟可违反甫经制定之所谓《宪法》，利用以民脂民膏支持的秘密机关，任意在深夜持武器侵入人民居所，逮捕并拘禁无辜人民，俨乎其然地行使封建时代专制君主及贵族们生杀予夺之大权，故所谓《宪法》保障人权者欺人也。"《文汇报》；《马寅初全集》第十二卷，第 449 页

3月30日　发表《弊病太多了：评美金债券的发行》（又名《论美金债券》）。《工商新闻》"经济珍言"栏题以《官营等于官有》，摘要："中纺公司固然赚钱，但这不是国家赚钱，相反，倒是国家的损失，因为如众所知，它是一个典型的官僚资本的企业，它赚的钱是归少数官僚的，甚至是充内战经费的，但他消耗的外汇却是国家的，所以我说中纺赚钱反是国家的损失。""这次三中全会通过了没收贪官财产一案，说来很好听的样子，提出来的人是富于正义感的，但能做得到吗？同一天的报上就看到某一大贪官将被派赴美国出任要职的消息，一天之后发现这两条互相矛盾的消息，所以这便是会而不议，议而不决，决而不行。过去的一切会议，也都可作如是观。从前通过的议案，哪一件

是已经实现了的?"《文汇报》;《马寅初全集》第十二卷,第451页

本月 杨培新《经济新闻读法》一书中专章介绍各家流派,首推先生著作。文曰:"我们首先要推荐马寅初氏的文章,他的演讲则尤见精彩。其特色在于大胆勇敢,把经济政策与政治气候联系起来谈。例如他的《黄金政策与外汇政策》(在重庆开讲),一刀中的的指出黄金外汇政策中的政派关系。……他早年的演讲集,多为学理的通俗化,向中国介绍资本主义国家的交易所制、银行制、发钞制,深入浅出,且说且评,中外交融。这对于中国逐渐资本主义化,有实际帮助。他在立法院对各税制金融立法的贡献更为实际的移植,故在抗战前,他的文章,多为政府设施辩护,可见其爱之实深。抗战以后,他目击资金逃避,通货膨胀,贸易垄断,便提出针对发国难财者征收'财产税'。这时政府不再采纳,马老便由庙堂步向民间。以他的精通资本主义市场法则,深知中国财政金融情况,再来反戈相击,指出他们的毛病,自为一针见血,无怪乎有羁身之祸。马寅初氏是一位优秀的经济评论家,最初他的苛责政府只是爱之深责之切(心地至为纯厚),自资本主义经济常轨,责备出轨,现在他已联系政治上民主运动与经济上的批判官僚资本暨英美寡头资本,开始怀疑美国资本主义的罪恶,也怀疑买办官僚这个阶层有无救药,因此他成为民族资本家最优秀的代言人。"杨培新:《经济新闻读法》,致用书店1947年出版

4月

4月12日 发表《以德服人欤抑以力服人欤?》。批评美国拥有原子弹后,以世界征服者自居,"武器可以毁灭敌人,可以征服敌人,但不能用以强迫人民安居乐业,因为在二十世纪的社会中,民主潮流澎湃,奉公守法必出于人民的自愿。人民觉得他们自己是主人,政治是众人之事,要众人自己来治理,决不允许好用武力者来代治"。上海《文汇报》;《文汇丛刊》第一辑《春天的信号》,1947年9月出版;《马寅初全集》第十二卷,第463页

4月17日 发表《对日贸易开放与损害赔偿问题》。《大学月刊》第6卷第3期

4月26日 发表《中国经济之路》。认为民国三十三年国防最高委员会第148次会议通过《中国第一期经济建设原则》,条文只朗朗七条,简括明了。其主旨:"我国经济建设事业之经营,为有计划地实施,以有计划的自由经济

逐渐发展，以达到民生主义经济制度之完成。对于经营方式，应在不违背节制资本之原则下，尽量鼓励民营企业。对于外资利用，则依照平等互惠、国际经济合作之精神，在不妨碍主权及计划实施之前提下，以各种方式加以吸收，总期以企业自由刺激经济事业之实施与发展。"实施原则："国家独占的只有五类，其余未经指定国营的，一律开放，人民可以去办；但人民办不到的，人民力量不能胜任的，国家仍得单独经营或与民资、外资合办。目的在争取时间，与苏俄之不惜牺牲一切争取时间同一性质。"《经济评论》第 1 卷第 4 期；《马寅初全集》第十二卷，第 455 页

本月 发表《为工商界谋出路略抒所见》。《国讯》第 412 期

5月

5月4日 于杭州孤山裘社为裘振刚（杭州地下党负责人）召集国立艺专及浙大学生积极分子演讲。裘振刚：《怀念马寅初先生》，《民国轶事摭拾》，浙江人民出版社 2002 年 1 月出版

5月10日 为杨培新《中国通货膨胀论》作序。"惟近来各种经济问题，正在变动中，且变动频仍，令人莫名其究竟，莫名其将来，一切计划，均被破坏。预算收支，失其平衡，商贾出入，明盈暗亏；工业凋敝，农村破产；蓷荷遍地，天怒人怨。谁为为之，孰令致之？上帝有灵，曷勿速遣天兵神将，把所有好战恶魔悉数歼灭乎？今日如野马狂奔的物价，使吾人终日血汗之所出，不得一饱；逼煞人的高利贷，使正当工商业，无法续命；调整不完的外汇，促外货如潮涌入，陷出口业于绝境；投机囤积，所在皆是，成功必于斯，失败必于斯，几与人民生活结不解之缘。然投机保值，囤积居奇，虽极普遍，卒未能增产于毫末，不过狡黠者，可以藉此吮吸穷苦无告的老百姓之脂膏，结果演成贫富阶级的对立。国共之战，即阶级对立之具体化，兵连祸结，永无宁日。而民主式的白色帝国主义，犹虎视眈眈，在旁窃喜，真如鸡鹜在庖厨中争食，当其自鸣得意之时，而磨刀霍霍者，已睥睨于其旁，天下可痛可悲之事，莫有过于此者矣！长此以往，中国之将降为殖民地也无可置疑。杨培新先生有鉴乎此，特添著《中国通货膨胀论》一书，就以上所述各点，分章检讨，卒归因于通货膨胀。而通货膨胀之症结，乃在于内战，可谓一针见血，且所见与鄙人如出一

辙，真所谓人同此心，心同此理。"杨培新：《中国通货膨胀论》，生活书店 1948 年 3 月出版；《马寅初全集补编》，第 461 页

5 月 11 日　出席民盟会议，商谈出席参政会问题。晚，各团体会餐，偕马叙伦、沈钧儒、罗隆基、章伯钧、谭平山、王却尘、郭沫若、许宝驹、黄炎培、胡厥文等同为主人。《黄炎培日记》

5 月 15 日　应南京中央大学学生自治会邀请讲演《我们应该怪什么》（又名《物价为什么会涨》），江流笔记。集中阐述："物价高，现在除了内战以外，其他的都不是理由。"各大报纸纷纷报道。开场白云："我今年 66 岁了，60 岁是本钱，我已经有 6 年的利息，还怕什么？""这次我来的时候，已写好遗嘱。"《北方日报》载："马寅初先生在沪预立遗嘱，到南京，在中央大学演讲，题目为《我们怪什么》，对政府大肆抨击，聆听者达六千人。"《人民日报》报道："小民曰：演讲而预立遗嘱，中国之言论自由可想；立遗嘱而后演讲，先生悲愤之决心可见；聆听立遗嘱的演词，群众之紧张情绪又可知矣。危邦危行，先生壮哉！"《现代文摘》第 5、6 合期；《马寅初全集》第十二卷，第 468 页

5 月 22 日　出席上海工商界"当前社会危机检讨会"。胡厥文主席，章乃器、俞寰澄、盛丕华、孙晓村等 100 多人到会。先生发言指出国统区危机："一九三六年通货发行约为十四亿，一九四六年物价较三六年上涨八千倍。本年四月底止，物价已涨至三万倍，通货发行增至三万五千亿，增二千五百倍，物价涨八千倍，物价比发行快三倍，通货发行约为六万五千亿，增五千倍，则物价比发行快六倍。由此可见通货愈膨胀，物价愈上涨，前途非常危险。""本年度政府总预算原定收入七万亿，支出九万三千亿，后改为收入十七万亿，支出二十万亿。今年蒋政府税收收入约为十万亿，支出共需四十万亿，发行'美金债券'，充其量不过三万六千亿，因公债一万亿以美金收付与蒋币无关，至目前各界认购者一万亿，尚有二分之一未缴款，这些亏空数字又不知要发行多少通货来弥补。"6 月 23 日《人民日报》

同日　上海市大中学校学生为声援南京"五二〇"惨案举行罢课。先生发布启事响应学生："本教授遵照上海市学联决定罢教一天。"

同日　应上海法学院学生会邀请演讲《美国对华经济政策》，沈靖康笔记。

指出:"美国对半殖民地及附属国家推行的经济政策,是和煤油大王没有两样的托拉斯(trust)经济侵略政策!市场被垄断了!最后,半殖民地永无翻身的日子,附属国成为殖民地了!我们要反对美国并吞式的经济侵略政策!我们反对!!"编者按:"上海法学院同学,纪念五四节日,上街张贴标语,遭警察撕毁,同学抗议,反被痛打,重伤四人,于是同学们怀着悲痛的心情忍痛罢课。这篇演词,就是罢课其间请马先生讲的,马先生对美国帝国主义对华经济侵略的本质,以及替帝国主义死心塌地服务的喽啰和傀儡的丑恶假面,予以无情的解剖,是值得呈献给读者的。"《清华周刊》第13期;《马寅初全集补编》,第333页

5月23日 支持上海学生"反饥饿、反内战、反破坏"示威游行。屠良章:《忆马寅初教授的教导》,《走近马寅初》

5月28日 于南京金陵大学演讲《论学生运动》,阿尔笔记。评论学潮:"我对诸位这次的运动表示很大的敬意,你们有组织,有理想,针对事实,不出轨,较之二十八年前的五四运动是进步得多了,所以我首先提出的一点表示敬意。有人说这回有背景,似乎和事实不符,这次究竟是谁闹出来的?据说有些人最初是想利用学生,结果倒反被学生利用了,那里有甚么背景?背景就是他们自己!这里面的内幕真是天晓得!请愿与革命是不同的,革命是不承认政府,但是请愿是承认政府啊!假使你不要别人来向你请愿,那么就是你自己不承认你自己了。"《现代新闻》第1卷第5期;《马寅初全集补编》,第329页

本月 为上海中华工商职业专科学校学生屠良章题词:"权然后知轻重,学然后知不足"。《马寅初全集》第十二卷,第467页

同月 于杭州秋瑾小学"光复会大会"演讲。出席者约700人,其中辛亥老光复会会员二三十人,绝大部分为国立艺专及浙大学生。召开"扩大的光复会干部会议",改组光复会,周亚卫代会长,马寅初、吕公望为副会长,裘振刚为宣传部长兼组织部长,总部设于杭州孤山"裘社"。裘振刚:《怀念马寅初先生》

6月

6月10日 出席《经济周报》所召开的上海经济界人士座谈会,议题"论一次'财产税'",即席发表意见。《经济周报》第5卷第1期

6月21日 国民政府令："立法院立法委员马寅初免去本职。此令。"自重庆"较场口事件"后，先生不再出席立法院会议。国民政府还都南京后，数次向立法院提出辞呈，皆因孙科挽留未成。国府命令公布后，7月4日，立法院第4届第332次会议通过，除立法委员职。《国民政府公报》；6月22日《正报》

本月 发表《美国为什么对中国有野心》（又名《美国经济危机与中国》）。该文从学理上的立场明白指出，美国在华，甚至对其他国家，一切经济控制、政治干涉行为的动机所在，可使读者深深明了，一种经济制度对于一切国家影响的重大。文章从：（一）全能战争促进美国的生产力；（二）大战停止急须寻觅新生产力的出路；（三）在极端资本主义的国家贫富悬殊引起恐慌；（四）恐慌为什么是周期性的；（五）政府为什么要采公共工程政策；（六）美国为什么要紧握中国的市场等方面，说明美国对中国企图之深意。《中华工商》第1卷第1期；《马寅初全集》第十二卷，第478页

8月

8月3日 出席世界知识社邀请社会名流就日本贸易开放问题座谈会，发言："我以为，开放日本贸易应该在对日和约签订之后。和约问题是影响中国将来的生存问题的，这里包括着日本领土的变更、赔款多寡的决定、天皇制的应否存在、日本军阀财阀的如何处置，等等，这一切定当了，才能谈到贸易问题。最基本的和约问题尚未解决，而冒冒然就谈开放贸易，这不啻是将车子放在马的前面（put the car before the horse），先后倒置。试问把车子放在马前面，怎么成呢？不仅在对日和约未订前开放对日贸易我们要反对，而且我们还要求和约会议应在中国上海或南京举行。中国先发动对日抗战，受创伤也最深且重，我们有权要求和会在中国举行，上次大战后和会不是在法国巴黎举行的吗！？有一点必须弄清楚，我们和美国的立场不同。美国固然不希望日本变成一个重工业国家，却希望日本轻工业发展能够维持到一个相当的水准，可以作为一个防苏反共的前哨。我们中国的立场可就两样了。我们今日所处的地位和第一次大战后的法国情形很相像。当时英国扶植德国，对法国是一个致命的威胁，现在美国扶植日本，直接就是打击中国，这在政治意义上是如此。" "Put the Car before the Horse"，《世界知识》第16卷第6期

8月10日　阿慧发表《马寅初二三事》，透露息烽被囚时生活。"日子一久，马老先生不忍宪兵们日夜服务勤劳。遂请宪兵队长，同睡于室中，婉劝撤回晚间哨岗，并保证决不私逃。整天整月的关在一间小室中，不能看报，看杂志，又不能与外间通信。幸亏他还带了五本经济学书籍，还可以翻来覆去的读一下。重庆大学同学为马老先生做寿的新闻，还是宪兵在外面看到报纸后，背给他听的。"《新文化》第2卷第4期

8月17日　发表《反对开放对日贸易》，系中华工商专科学校演讲词，鹤如笔记。认为：目前开放中国对日贸易，主要符合美国利益而非中国利益。不过"话得说回来，国家间不可有永久的仇恨，对日贸易开放是总要开放的，不过，凡事有个次序，在和约未订，赔款未决以前，骤谈开放，是要不得的……就是一个和约问题，连带发生的问题正多：（一）中国的损失最大，和平会议应在中国举行，而今地点未定。（二）应解决日本的国土问题，理应还我琉球等地。（三）处决战犯，主要战犯如东条英机、土肥原、冈村宁次等尚逍遥法外。（四）赔款问题可分三种：（A）战费；（B）人民性命和财产的损失；（C）因发行敌伪通货而蒙受的损失。（五）管制问题。和约成立后，如何管制日本。（六）天皇的去留问题。要这些问题解决，我们已化敌为友，才配得上谈开放"。《国讯》第426期；《马寅初全集》第十二卷，第484页

本月　往请方显廷[1]任上海商学院经济学教授。《方显廷回忆录》

9月

9月17日　发表《论外汇政策与魏使声明》（又名《新外汇贸易政策与魏德迈的书面声明》）。批评政府新外汇贸易政策系"头痛医头，脚痛医脚"，难以收效。而魏德迈对政府"贪污或无能"之指责，"使国内情形更坏，使乐观者尽变为悲观者，不但华侨外汇未能吸收，即国内的资金亦将纷纷逃走，则外

---

[1] 方显廷（1903—1985），浙江宁波人，民国四大经济学家之一。1921年前往美国伊利诺伊州威斯康星大学深造，主修经济学。后转纽约大学获经济学学士，耶鲁大学攻经济学博士学位。1929年1月受聘于南开大学，任社会经济研究委员会（1931年后改为经济研究所）研究主任兼文学院经济系经济史教授。1946年赴上海中国经济研究所任执行所长。1947年年底，受聘参加联合国亚洲及远东经济委员会工作，任经济调查研究室主任。1968年退休后应新加坡南洋大学之请，再执教鞭。1971年退休，为该校首席名誉教授。1985年3月20日于日内瓦寓所病逝，享年82岁。

汇黑市之上涨是必然之势耳"。《经济导报》;《马寅初全集》第十二卷,第488页

本月 《经济学概论》(增订版)由商务印书馆出版发行,列为大学丛书之一。自序云:"吾人应该明白,自由资本主义时代在中国并没有过时,不但没有过时,且还没有真正开始。吾人现在在经济上所遭遇到的种种困难和危机,并不是由于自由资本主义发展得太快而来,乃是由于自由资本主义发展得太慢和太迟而来。在自由资本主义已经没落,独占资本主义已经抬头的英、美,否定自由资本主义的批判,是应时而来的,但以这种批判盲目地移用之于中国,真是牛头不对马嘴,为害不可胜言。在一党专政之下,论坛上不检讨如何发展自由资本主义,反俨乎其然地批判自由资本主义,殊不知中国并不是走在资本主义的前面,乃是落在它的后面。欧西的资本主义,是从打倒封建势力的斗争中产生出来的,中国不能视为例外。占全国人口百分之八十以上的农民,尚未从束缚生产力的镣铐中解放出来。农民被捆缚于贫瘠的土地,终岁不得饱食暖衣,辛勤所得,半由地主、官僚抢夺而去,还要把一切战事的负担压在饥饿的农民身上,这是束缚农民生产力发展的镣铐。不把这副镣铐解脱,农民永无翻身之余地,而中国亦不能踏入自由资本主义的道路。"《马寅初全集》第十一卷,第205页

10月

10月4日 发表《中国经济问题决于政治》(又名《当前经济问题的分析》)。认为:"政府是无能的,然对贪污确具很大能力,即或币制之改良,亦即等于医治工具之应用,则又焉能有助于疾病之医治?所以关于金本位新币制之改革,除助长贪污之外,毫无裨益。"《经济评论》第2卷第1期;《马寅初全集》第十二卷,第494页

10月10日 发表《中国经济问题是决于政治抑决于经济》。《华商报》

10月18日 《大公报》报道:中央研究院评议会闭幕,院士候选人决定。马寅初列入人文组院士候选人名单。

10月21日 偕章乃器、俞寰澄、寿景伟、朱斯煌等人出席上海各经济团体联谊会第28次大会。《经济周报》第2卷第21期

11月

11月29日 为《经济通讯》题写刊名。影印件

本月 为张光裕题词:"今日的知识青年,应有一种泰山崩于前而色不变,黄河决于侧而神不惊的从容态度。"《马寅初全集》第十二卷,第497页

12月

12月21日 赴上海总商会出席商务印书馆股东临时会议。李伯嘉报告增资一案办理经过。改选高凤池、王云五、张元济、李伯嘉、李拔可、丁榕、徐寄庼、朱经农、徐善祥、夏鹏、俞明时、马寅初、陈叔通13人为新一届董事;黄炎培、蔡公椿、陈夙之为监察。《商务印书馆股东会议簿》

12月28日 于张元济寓所出席商务印书馆董事会第473次会议,公推张元济为新一届董事会主席。讨论夏鹏辞职事,决定一致挽留。又推史久芸为本公司经理。《商务印书馆股东会议簿》

1948年（民国三十七年） 67岁

1月

1月1日 发表《一九四八年的希望》。对1947年国共内战深感痛心，希望"这残酷的内战，立即停止，全国各党各派共同执政，实行名副其实之民主政治，以政纲及优良政治效能来争取人民之信仰及拥护，而不以武力作后盾。使中国政治得纳入正轨，则其他一切均轻而易举矣。同时，对于货币之改革与停止内战应同等视之"。《国讯》；《马寅初全集》第十四卷，第1页

1月10日 发表《我为什么赞成开征财产税和资本税》。以国际税收通行四原则论证开征财产税及资本税之合理性，补充两点理由：（一）边际效用。一个穷人与一个阔人的金钱，对他的边际效用，是悬殊很大。（二）在个人来说"有钱出钱"，以增国家税收，此系财政上的目的。《经济评论》第2卷第15期"现实文摘"；《马寅初全集》第十四卷，第3页

4月

当选国立中央研究院人文组唯一一位经济学院士。国立中央研究院院士有：苏步青、华罗庚、陈省身、严济慈、李四光、竺可桢、侯德榜、茅以升、童第周、张景钺、金岳霖、汤用彤、胡适、张元济、陈寅恪、郭沫若、梁思成、王世杰、王宠惠、周鲠生、陈达、马寅初等81人。《院士名录》1948年6月

5月

5月1日 发表《论"恢复银本位"》。剖析银价趋贱或趋贵所引发各种后果及利弊，批评"恢复银本位"之不当。最后指出："自抗战军兴，白银收回国有，悉数运往美国出售，今政府存银恐已罄尽。据财政部报告，运往美国者已达十几亿元，民间窖藏者，当亦大减。故银本位不但无恢复必要，且亦无恢

复之可能矣。若利用美国过剩之银，自愿投入外国野心家之怀抱，使中国物价永远受外国银价之操纵，将中国经济命运断送于外国人之手，则作茧自缚，人民无噍类矣。"《中国建设》第 6 卷第 2 期；《马寅初全集》第十四卷，第 15 页

5月4日　于上海工商专科学校"五四"纪念会发表《五四感言》："青年学生在过去、现在甚至于未来，他们总是站在时代洪流的前端，站在救国救民的最前线，勇敢地抱着自我牺牲的精神，去追求伟大的真理——建造人类永远的和平与安定。""有人说'凡是压迫人民的政权，对外一定与帝国主义相勾结。'袁世凯虽然死了，但袁世凯的遗风犹存；日本帝国主义虽然倒了，而来了一个侵略手段更高明的帝国主义。统治者以得外援而感奋，老百姓却在这种'加惠'之下，沦入失业、饥饿、炮灰甚至求生不得求死不能的地步。历史能增进人民许多认识与经验。从前曾参加过轰轰烈烈革命队伍的人，而今有许多却跟不上时代了。春秋之笔是无情的，二十九年前的青年男女，现在都作了孩子们的父母，而刚出生的婴孩，今日是他年革命队伍的中坚分子，所以说：白首的中国渐渐衰去，新生的力量永续的滋长。"《展望》周刊第 2 卷第 3 期；《马寅初全集》第十四卷，第 10 页

5月11日　会同陈叔通、包达三、张炯伯、施复亮、胡厥文、许广平、李正文、张志让、昂若、未风、叶笃义、江问渔、宦乡、黄炎培等畅谈国事，并祝贺坡光刺汪精卫被囚十三年获释。《黄炎培日记》

5月12日　得朱家骅函，谓：所托次子本初工作事，已请中机公司副总经理许元芳安排。复书表达谢意："小儿本初是浙江大学的选手，现在上海参加运动会，拟即令其持尊函往访免得日后再来务乞。从速去信洽妥。"未几得朱介绍函。台湾中央研究院"朱家骅档案"

5月20日　得朱家骅复函，告次子马本初工作联系进展。台湾中央研究院"朱家骅档案"

5月22日　发表《想起几位历史人物》。谓时下贪官横行，民不聊生，社会动荡之形势，令人想起三位历史人物。第一位是王莽。王莽为大规模围剿起义军，令郡县大捉壮丁，充实兵额，苛征暴敛以给军食，百姓怨声载道，痛恨切齿，因而失败。第二位是赵匡胤。南唐遣使愿意称臣，但赵不同意，不惜重兵将其消灭，谓"卧榻之旁，岂容他人鼾睡"。而契丹燕云十六州亦于"卧榻"

范围，却装聋作哑，所谓"宁赠友邦，不予家奴"，最终大宋皇朝被契丹人挤得无容身之地。第三位是诸葛亮。诸葛亮一生并无出色成绩，可谓失败英雄，但以蜀汉丞相地位，身后遗产只有"桑五百株，薄田十五顷"，如此廉洁忠贞操守，方得垂法后世。比较今日豪门权贵，真有天渊之别。《展望》周刊第2卷第4期；《马寅初全集》第十四卷，第12页

6月

6月15日　嵊县旅沪同乡会向云与剑波两先生赴上海工商专科学校拜访先生未遇，留函："本会成立以来已届壹载，经第十一次理事监事联席会议决议，定于七月十四日左右举行一周纪念会员大会，并出大会特刊。素仰台端德隆望重，名震遐迩，拟求封面题词，俾于特刊中登出，则本刊定将增色。如荷俯允，祈将附奉之宣纸一张书就后寄交本会为荷。"原件

嵊县旅沪同乡会1947年7月成立，先生为该会会员。

6月16日　致向云、剑波书："昨承枉顾，失迎为歉。弟在沪每星期只有一天，下学期决定退休，不再在此校教书。如蒙赐示，请径寄杭州法院路三十四号敝寓为感。附呈题词一张，书法恶劣，未识可用否？"为嵊县旅沪同乡会题词："声应气求"。《马寅初全集补编》，第515页

同日　发表《对日损害赔偿问题》。认为日本应赔偿我国损失有三方面：（一）全部战费；（二）生命之损失，财物之毁损及因战争引起之身体之残废等之损失；（三）敌人在沦陷区所搜括之人力与物力资源总数。详细说明三类损失计算方法。提出，当接受第一次世界大战向德国要求赔款教训，要求日本用重工业机器赔偿，"重工业机器对吾国之帮助甚大，可缩短吾国工业化至数十年之期间。故绝不可要求黄金，因要求黄金，至为愚蠢，不但敌人无力付出，何况黄金已失掉第一次世界大战前之重要性"。6月16、17日《华侨商报》；《马寅初全集》第十四卷，第21页

6月26日　应上海交大学生会主席李君亮邀请，至上海交大体育馆出席对上海市长吴国桢公断会。对学生曰："如果你们为爱国而坐牢，我跟你们一起去！"行前特邀上海警备司令部少将方秋苇及立法委员周一志出席。李君亮：《记马老来交大作报告》，《走近马寅初》

7月

7月1日 致函好友金石家朱孔阳（云间鹤），询朱家址。"孔阳先生大鉴：日前内子由杭归来，承荷招待，感激万分。闻大驾七月四日莅沪，拟请将沪尊寓示知，以便造府请教也。"影印件

7月9日 就次子马本初工作事致书朱家骅。台湾中央研究院"朱家骅档案"

7月13日 得朱家骅复函：令郎之事，前已再函许元芳兄，恳切推挽。台湾中央研究院《朱家骅档案》

7月28日 复书朱家骅："小儿本初之事谅已与许元方先生商妥，可否即日示知以免悬念。万一不成拟请费神代求翁院长在资源委员会指派工作，不胜感激之至。弟与翁院长素有交谊，本可自行函托，因大小儿本寅甫由渠提携派在资源委员会电工部服务，不便再行启齿。用特专函奉恳务乞赐予协助为祷。"台湾中央研究院"朱家骅档案"

7月31日 得朱家骅回函，言已将所托事，请托孙越崎委员长及陈百年副委员长。台湾中央研究院"朱家骅档案"

同日 朱家骅就马本初工作事致函孙越崎，介绍马本初情况，请为安排工作。因未获孙越崎回信，朱家骅复致信儿女亲家中纺公司总经理束云章请为安插。台湾中央研究院"朱家骅档案"

8月

8月26日 民主人士包达三之女包启亚因参加学生运动被捕，先生闻之前往保释。包启亚：《回忆干爹马寅初》

本月 专著《财政学与中国财政——理论与现实》由商务印书馆出版，并列入大学丛书。署名中央研究院院士，扉页语云："此书献给母亲"。本书借鉴凯恩斯理论结合中国现实加以思考，进而以财政学理论阐述中国财政制度、政策及现况，计有超然主计与联综组织、中国税制与赋税体系、赋税各论、征实与专卖、公债、地方财政、其他问题与结论等八篇，共48万字。为现代中国财政学经典之作。自序云："着手著此书之前，即有把关于财政之纯粹理论与现实合冶一炉，得出一种经验理论，使读者容易明了，不致发生理论与事实脱节之感。社会是一个大实习室而学校是一个小训练所，在训练所中所学的，必

须与实习室中所做的趋于一致，庶不违反'学以致用'之原则。"《马寅初全集》第十三卷

同月 金石家朱孔阳（云间鹤）夫妇喜庆珠婚，应邀参加。席间发表对时局评论：国民党政府倒行逆施，腐败已极，民怨沸腾，大势已去。当顺应形势，迎接光明，不为反动派殉葬。照片；朱家后人口述

9月

9月17日 发表《我国之土地税》。考察介绍各国所行土地税标准，概括为六类：（一）以土地之面积为课税之标准；（二）以土地之收获量为课税之标准；（三）以土地之等级为课税之标准；（四）以佃租额为课税之标准；（五）以地价为课税之标准；（六）查定法或底册法。而中国传统形成沿用至今之土地税，皆不合"标准法"。"近年以来因附加税之带征，中国之地税，离开上述六种标准愈远。各省县田赋附加名目之多，至堪惊人。就江苏一省而论，田赋附加名目有多到数十种者，总其税额，超过正税在二十余倍以上。湖南田赋附加名目，更为繁多，有多至一百十余种者。浙江田赋附加有数十种之多。其他如湖北、江西、河南、安徽等省，田赋附加之繁重情形，非言语所能形容。故中国之地税，已无所谓课税之标准。附加税愈重，则去公平愈远。"9月17、20日《文汇报》；《马寅初全集》第十四卷，第27页

10月

10月11日 孙越崎复朱家骅："赐介马君本初来会工作，至为欢迎。以其时本会选用毕业生案正统筹办理，致未能及早奉复，尚祈亮察。顷该案业已办竣，马君以未经浙大保送未获列选，仍盼马君即来会面谈，当妥为安插。"台湾中央研究院"朱家骅档案"

10月14日 得朱家骅致函：告本初工作事，孙越崎已答应安排，让令郎来京接洽。并谓若孙越崎因事外出，可与人事室吴主任接洽。台湾中央研究院"朱家骅档案"

10月25日 发表《评金圆券》。剖析国民政府金圆券发行之背景及财政金融基础，指出政府所宣传之"三个优点"皆不成立，其发行额"速率之大，

远在旧法币之上"，通货膨胀将不可避免。《文汇报》；《马寅初全集》第十四卷，第 38 页

11 月

11 月 5 日　发表《金圆券》。分七方面深入剖析金圆券所面临种种问题及未来命运：（一）政府改革币制的原因；（二）美国人的意见及改革的内容；（三）关于币制改革的几种办法及其批评；（四）金圆券的关键在物价；（五）预算收支不能平衡决定了金圆券的寿命；（六）新币之汇价是否合理；（七）新旧币兑换率于小民不利。最后指出："改革币制，应先就改革办法对于平民大众之切身利害加以检讨。经过长期恶性通货膨胀之后，改革币制，在新旧币的巨额兑换率中，自可收回大量旧币，于财政上，自属有利。可是在人民方面，特别是职工阶级辛勤所得，顷刻间化为零星小数，其痛苦可知。如政府关心民生疾苦，自应兼顾公私双方的利害。"《中建》第 1 卷第 8 期；影印件

12 月

12 月 19 日　赴上海市商会出席商务印书馆股东年会。接受朱经农辞职请求，推选夏鹏继任总经理。选举新一届董事会：张元济、夏鹏、李伯嘉、丁榕、李拔可、马寅初、徐善祥、陈叔通、徐寄庼、韦傅卿、俞明时、陈夙之、高凤池等 13 人为董事；黄炎培、蔡公椿、王韬如为监察人。《商务印书馆股东会议簿》

12 月 26 日　商务印书馆董事会第 483 次会议通过张元济提议：送本届董事、监察人每人车马费金圆券 2000 元。《商务印书馆股东会议簿》

1949年　68岁

1月

1月14日　得商务印书馆函："兹查尊著《财政学与中国财政》一书，决定（初版）印二千部，每部定价二十元，现按八折发售特价，函同业议定书价倍数计算，实售金元一百零五元六角。兹将全部版税共金元三万一千六百八十元一次支付，藉副雅意。该款已送上海至中银行交令侄本治[1]兄收取。"商务印书馆信稿总第41号，签核稿人：张元济；影印件

2月

2月1日　发表《集钞在平潮中》。文曰："今年也可称之为集钞年，其蓬勃之朝气，随地可见。如王松麟及刘行方合办之拍卖，沈清之继起，嘉兴梅陉邮币会之成立，西安渠汇川之良好记录，三友邮币社之珍片应市，卢锦庭内珍品时现，及朱剑灵和汪啸麟之缘获等，均给我辈集钞界欣贺的影像。"《中币会刊》第3卷第2期

2月15日　伪装厨师，秘密离沪。1948年11月，中共中央通知，要邀请32位著名爱国人士尽快去解放区出席新政协。"因马寅初目标太大，李正文请海关的地下党员孙恩元同志护送他，经海关通道平安地到达香港。"张惠卿：《李正文的奇功》，《炎黄春秋》2009年第5期

2月18日　晨至香港，由中共组织安排宿如云旅馆，与陈叔通同住三楼。

2月19日　出席民主建国会港九分会成立会，中共代表许涤新、民盟代表周新民先后致辞。《郑振铎日记》

---

[1] 马本治：马寅初二哥膺善第三子。

2月20日　黄炎培移居如云旅馆二楼，先生与之畅谈别后情形。《黄炎培日记》

2月23日　出席民盟扩大会议。《郑振铎日记》

2月24日　晚，出席中共代表潘汉年、方方、许涤新、夏衍等人招待会，热烈欢迎诸位民主人士安全抵港，并商讨战犯名单。同席者陈叔通、俞寰澄、包达三、郑振铎、张志让、沈体兰、张炯伯、盛丕华等。《黄炎培日记》

2月25日　应邀赴继园台七号李孤帆家宴，与潘汉年、许涤新、张炯伯、俞寰澄、包达山、陈叔通、张志让、盛丕华等同席。《黄炎培日记》

2月27日　黄炎培记：上午，马寅初、陈叔通今日去北平了，我们从二楼卧室搬到三楼，舒适得多。《黄炎培日记》

2月28日　由中共香港工委潘汉年等安排，偕陈叔通、柳亚子、叶圣陶等一行20多人搭乘外籍豪华邮轮"华中"号离港，沿海北上。《郑振铎日记》

3月

3月3日　上午，抵长江口，船上召开"在文化及一般社会方面如何推进新民主主义之实现"座谈会，同船者除郑振铎之女、包达三之女及曹禺夫人外悉数出席。《郑振铎日记》

3月11日　"华中"号抵山东烟台。新华社讯：民主人士陈叔通、柳亚子、马寅初、包达三、张炯伯、郑振铎、叶圣陶、张志让、曹禺、邓裕志等一行二十余人，安抵华东解放区。中共中央华东局山东分局、人民解放军华东军区、山东军区、山东省人民政府等特于十一日联合设宴招待，并于当晚举行欢迎晚会。会上华东军区政治部主任舒同、山东军区司令员许世友先后代表致词，表示欢迎和慰问。3月16日《人民日报》

3月18日　上午，偕柳亚子、陈叔通等一行经天津抵北平。北平市军管会主任叶剑英及北平民主人士沈钧儒、马叙伦、郭沫若等至车站迎接。3月19日《人民日报》

同日　赴北京大学看望五四时期学生赵廼抟、周炳琳，周炳琳外甥张友仁为之拍照留念。照片

3月20日　北平全国文化团体及大学教授、作家、科学家、新闻记者，

于北京饭店就响应召开拥护世界和平大会问题交换意见，到会者郭沫若、柳亚子、马叙伦、马寅初、茅盾、张奚若、许德珩等64人。会上发言热烈，一致决定发表宣言，响应保卫世界和平运动，反对侵略，由中国科学者协会、中国学术工作者协会、中华全国文艺协会、华北文艺界协会、解放区新闻记者筹备会等单位推派代表，参加行将于四月下旬巴黎召开之世界拥护和平大会。3月21日《人民日报》

3月24日　世界拥护和平大会中国代表团正式成立，团长郭沫若，副团长刘宁一、马寅初。成员：张奚若、李德全、钱俊瑞、许德珩、翦伯赞、侯外庐、郑振铎、裴文中、钱三强、吴耀宗等。3月27日《人民日报》

3月25日　中共领袖毛泽东、朱德、刘少奇、周恩来、任弼时等抵达北平西苑机场，受到北平各界人民代表及各民主党派领袖、文化学术界名流李济深、沈钧儒、黄炎培、郭沫若、马叙伦、谭平山、章伯钧、柳亚子、张东荪、陈叔通、马寅初、彭泽民、李德全、蔡廷锴、盛丕华、俞寰澄、茅盾、叶圣陶、张奚若、许德珩、张志让、邓初民、陆志韦、陈其尤、李锡九、符定一、吴耀宗、陈其瑗等热烈欢迎。3月26日《人民日报》

3月27日　北京饭店举行茶会，一致通过出席和大中国代表团任务及组织章程，特邀周恩来讲话。晚七时，北平市政府假西长安街国民大戏院，欢送代表团出国，正副团长郭沫若、马寅初及民主人士代表黄炎培、陈叔通等先后讲话。3月29日《人民日报》

3月29日　和大中国代表团乘火车离开北平。至天津停半小时，郭沫若、刘宁一、马寅初向欢迎者发表简短演说，旋即东行。4月1日《人民日报》

3月30日　和大中国代表团抵沈阳，中共中央东北局书记高岗、东北行政委员会主席林枫、副主席高崇民等赴车站欢迎，并于铁路宾馆宴请代表团。4月1日《人民日报》

3月31日　和大中国代表团至哈尔滨，前往参观新式监狱，由监狱长王怀安陪同介绍：监狱有犯人一千多，大多系偷窃、欺诈、通奸、重婚等罪。狱内服刑间可于机器、制造枪弹、印刷、纺织等四门技术中选学一门。以下"和大"内容皆参阅《赴捷克日记》；《马寅初全集》第十五卷，第372—376页

4月

4月1日 和大中国代表团出席哈尔滨兆麟公园群众大会,到者3万余人。

4月2日 晨,和大中国代表团至兴安省博克图;8时过伊烈克特;9时过免渡河;11时抵兴安省省会海拉尔(呼伦);晚宿满洲里,市长刘复初介绍该处人民生活:打鱼、打獭、打草。"九一八"前,该地居民约有5万人,现在只有7000人左右,其中1000是苏联人。

4月3日 和大中国代表团至满州里十八里地之苏联海关报关。苏联海关人员以上宾相待,未检查行李,仅有携照相机、打字机及外钞者填报。

4月4日 和大中国代表团至苏联赤塔,偕徐悲鸿、邓初民坐苏联大使馆秘书车游赤塔。

4月5日 和大中国代表团专列过贝加尔湖。

4月6日 和大中国代表团至伊尔库茨克。据介绍,该地产煤质地很好,还产金沙。从前白俄多放逐在此。

4月7日 和大中国代表团到达Gsassonayarsk(译音),据介绍此地有一飞机制造厂。

4月9日 晚,和大中国代表团到达Sverdnovsk。据介绍Sverdnovsk是一位革命者,被沙皇杀掉,故以地名纪念。

同日 北平文化界329人联名发表宣言,声讨南京国民党政府盗运文物罪行。马寅初等出席世界和大之文化名人名列其中。4月11日《人民日报》

4月13日 和大中国代表团自莫斯科出发赴捷克。《马寅初赴捷克日记》

同日 报载:"代总统何院长婉谢第三方邀请。"朱蕴山、李民欣自北平带来由李济深、沈钧儒、马寅初分别写给于右任、李宗仁、何应钦、居正书信十二封,述中共邀请他们北上之意。"代总统等接获专函会商后,因公务关系,不克分身,代总统、何院长、居委员均婉谢前往,并各书覆函,于十二日交朱蕴山携返平。"4月14日《申报》

4月16日 和大中国代表团入捷克斯洛伐克境,受到隆重接待,沿途均有盛大集会。《出席世界拥护和平大会纪录》,新华书店发行;馆藏

4月17日 和大中国代表团抵达布格拉。《出席世界拥护和平大会纪录》;馆藏

4月19日 晚,和大中国代表团拒绝有条件赴巴黎,举行记者招待会,

发表声明。《出席世界拥护和平大会纪录》；馆藏

4月20日　由于法国政府作梗，大会被迫于巴黎、布拉格两地同时举行，和大中国代表团出席布拉格会场。《出席世界拥护和平大会纪录》；馆藏

4月23日　适中国代表于世界和大大会演说时，"忽由大会主席向大会报告中国人民解放军渡江、解放南京的消息，代表们都一致起立欢呼，向我国出席代表握手拥抱、欢呼，经久不息，显示了世界人民对中国解放事业的伟大关怀，同时中国人民革命事业的胜利发展也必给世界和平以有力保证"。《出席世界拥护和平大会纪录》；馆藏

4月24日　第一次世界和平大会上，偕郭沫若、刘宁一相继发言。大会主席介绍先生时，亲切呼为"寅初"。《郑振铎日记全编》

4月25日　出席世界和大闭幕式。《出席世界拥护和平大会纪录》；馆藏

4月27日　赴捷克查尔士大学，出席该大学授予郭沫若哲学博士学位典礼。《出席世界拥护和平大会纪录》；馆藏

5月

5月1日　出席和大中国代表团"参加了'五一'在苏联莫斯科的大检阅"。《出席世界拥护和平大会纪录》；馆藏

5月5日　上午，于莫斯科参观一中学。下午，出席莫斯科大学谈话会。夜11时，偕翦伯赞、丁玲、古元、徐悲鸿、李德全、钱俊瑞、郑振铎、王刚等14人，赴列宁格勒参观。《出席世界拥护和平大会纪录》；馆藏

5月12日　和大中国代表团启程返国。《出席世界拥护和平大会纪录》；馆藏

5月19日　率和大中国代表团第二批团员抵哈尔滨。《出席世界拥护和平大会纪录》；馆藏

5月20日　于哈尔滨兆麟电影院出席欢迎会，与邓初民、徐悲鸿、萧三等相继演讲。《出席世界拥护和平大会纪录》；馆藏

5月25日　出席第一次世界拥护和平大会中国代表团返抵北平，周恩来、林伯渠、董必武、李维汉、叶剑英、聂荣臻及各界代表2000余人到火车站迎接。随后，天安门广场十万群众盛大集会欢迎。先生代表和大中国代表团讲话："此次兄弟与同人等共三十九人代表中国四万万七千五百万同胞，出席保

卫世界和平大会。历年来我国代表团出国，以此次之人数为最多，但与他国相较则少，中国代表之人数虽少，而所得收获，实在不少；对于世界和平之贡献，亦不可谓不多。"5月26日《人民日报》；《马寅初全集》第十四卷，第46页

5月26日 至北京饭店出席世界和大中国代表全体会议。5月27日《人民日报》

6月

月初 1949年5月27日上海解放，上海投机家趁机作乱，物价波动，为稳定上海经济形势，先生向中共建言指出："根源所在是证券交易所。"6月8日，陈云签发致华东局、华中局电，命令采取强硬手段，查封证券大楼，严惩银元贩子；禁止金条、银元、外币在市场流通。6月10日上海市军管会、市公安局查封汉口路证券交易所，取缔金融投机活动。先生闻讯以为不妥，再向周恩来、陈云建议："共产党要有大国执政党的风度。经济要用经济的手段，不能用政治手段。现在很多资本家都在观望，如果我们用政治手段，资本会外逃、隐匿。一旦资金被转移，将产生大批失业大军，影响经济恢复。"中共高层高度重视此议，"接受了马寅初的批评"，立将该意见电告华东局。随即请上海工商界有一定威望者马寅初、黄炎培、陈叔通、盛丕华、包达三、胡厥文、冷遹等赴上海协助华东局。此后几次物价风潮中皆运用经济方法稳住，赢得上海工商界拥戴。《建国以来周恩来文稿》；《陈云年谱》；财经委档案

6月1日 华北人民政府令：设立华北高等教育委员会，任命董必武为华北高等教育委员会主任，副主任张奚若、周扬，委员郭沫若、马寅初等。6月3日《人民日报》

6月2日 会同北平文化界人士千家驹、郭沫若、黄炎培、茅盾等57人，联合电祝中国人民解放军第三野战军解放上海。6月3日《人民日报》

6月4日 《人民日报》发表《出席巴黎——布拉格世界拥护和平大会中国代表团报告书》

6月6日 华北高等教育委员会于六国饭店举行第一次会议，就大学学制、课程改革、私立大学之管理、秋季招生、本期各大学毕业生训练和分配等工作交换意见。董必武、张奚若、周扬、马寅初、马叙伦、郭沫若等42位委员到

会。6月7日《人民日报》

6月15日　出席新政治协商会议第一次筹备会议，周恩来临时主席，并致开幕词。《中国人民政治协商会议第一届全体会议纪念刊》

6月16日　出席新政治协商会议听取周恩来关于《新政治协商会议筹备会组织条例（草案）》说明，一致通过《新政治协商会议筹备会组织条例》，并根据《条例》选出毛泽东、周恩来、朱德、林伯渠、马寅初、黄炎培、沈钧儒、陈叔通、马叙伦、张奚若、李济深、张澜、陈嘉庚、沈雁冰、郭沫若、蔡廷锴、乌兰夫、谭平山、章伯钧、蔡畅、李立三21人组成新政治协商会议筹备会常务委员会，负责处理日常事务。会后，新政协筹备会常委委员20人（张澜缺席）于勤政殿前合影。6月20日《人民日报》

晚，新政协筹备会第一次会议召开，推选毛泽东为主任；周恩来、李济深、沈钧儒、郭沫若、陈叔通为副主任；李维汉为秘书长。会议通过《各单位代表出席小组办法》，筹备会共设六个组，先生名列第一及第六组内。第一小组负责拟定出席中国政治协商会议单位及代表名单。组长：李维汉；副组长：章伯钧；成员：李济深、沈钧儒、黄炎培、马寅初、马叙伦、彭泽民、曹孟君、谭平山、蔡廷锴、陈其尤、聂荣臻、李立三、朱富胜、陈叔通、曾昭抡、许德珩、冯文彬、蔡畅、黄振声（黄鹤祯代）、罗叔章、天宝、陈其瑗。第六小组负责拟定国旗、国徽、国歌方案。组长：马叙伦；副组长：叶剑英；组员：张奚若、田汉、沈雁冰、马寅初、郑振铎、郭沫若、翦伯赞、钱三强、蔡畅、李立三、张澜（刘王立明代）、陈嘉庚、欧阳予倩、廖承志。6月21日《人民日报》

6月18日　出席新政协筹备会小组会议。《中国人民政治协商会议第一届全体会议纪念刊》

6月19日　新政协筹备会第一次全体会议听取李维汉代表第一小组所作说明后，通过《关于出席新政治协商会议的单位及其代表名额的规定》。先生属无党派民主人士。周恩来专门说明："无党派民主人士是由于历史的发展形成的一个组织形式。由于国民党反动统治的严重压迫，有许多民主人士只能单枪匹马地从事民主运动，他们虽然未能形成一个政党或组织，但领导着、联系着许多方面人士在奋斗，长期参加民主政治活动。因此，严格、正确地说，无

党派民主人士是没有党派组织的、有党派性质的民主人士。"《中国人民政治协商会议第一届全体会议纪念刊》

6月21日 出席新政协筹备会首届全体会议闭幕式后,晚八时,黄炎培、马寅初、胡子婴、吴耀宗、王绍鏊、许广平、林汉达、陈叔通、盛丕华、包达三、张絅伯、吴羹梅、邓颖超、张琴秋、邓裕志等一行乘专车由平赴沪,料理公务。6月22日《人民日报》

6月25日 新政治协商会议筹备委员黄炎培、马寅初等一行抵达上海。上海市人民政府副市长潘汉年、副秘书长沙千里、外事处长章汉夫,军管会文化教育管理委员会副主任夏衍,民主建国会、中华职教社等民主党派代表冷御秋、胡厥文,妇女界章蕴、黄静汶等赴车站欢迎。6月27日《人民日报》

同日 周恩来致电华东局并转上海市委:"如马寅初将赴杭州,望电告谭王,予以照料,并助其移家北上。"谭系谭震林,时任中共浙江省委书记、中国人民解放军浙江军区政治委员;王指王建安,时任中国人民解放军浙江军区司令员。中央档案馆"周恩来电稿"

7月

7月1日 出席浙江省委纪念建党二十九周年招待会。与会者何燮侯、吕公望等五十余位民主人士。会上先生两度起立发言,介绍老解放区、苏联、捷克诸多见闻后,着重指出:过去中国政权的变动,只有中国要求外国政府承认,而现在英美等帝国主义着急想承认我们,我们反而不大要了,这不但说明中国已确独立,而且也说明了美帝国主义者纸老虎的外强中干,现在蒋介石还想以第三次世界大战来恐吓中国人民,其实美帝国主义者这只纸老虎还根本没有能够进行第三次世界战争的政治条件,今后世界形势的发展,恐怕明天美帝国主义者反而只会被人民革命的力量所推翻的。会议结束,五十余位民主人士通电新政协筹备会表示竭诚拥护。7月2日《浙江日报》

7月3日 以校董事身份出席杭州私立剡光小学各科成绩展览会。馆藏

晚,参加杭州市工商界人士宴请并演讲。7月4日《浙江日报》

7月5日 应杭州市工商界邀请于后市街大光明戏院作北平归杭后首次演讲《新民主国家的货币》。谓:当年蒋介石是刮民首脑,不办孔宋办了我!这

点可证明蒋介石是资本集团的首脑。新民主主义国家是保护民族资本发展国民经济的，是利用力量为国家生利的，我们应一致参加新民主主义经济建设。"金银本位都已垮台了"，"金银不是人为的，就是说人力不能培养一个金矿、银矿，于是以金以银作为货币的本位，只是给资本家剥削广大人民的一种手段。"所以说，"人民币顶靠得住"。"今天人民币，不再是金银本位，外国人无以控制，是完全脱离殖民地阶段了。"人民币是以物资做准备，没有人可以操纵。人民政府有两个机构，用来维持物价和通货的相对稳定：一个是控制通货的人民银行，一个是控制物资的贸易机构。譬如说，上海的粮食公司，是来对付投机奸商，逢高抛出，逢低收进。投机奸商是猪狗畜生，让买办性的店都关门。《当代日报》

同日 就"肃匪问题"发表谈话："马寅初向糊涂虫和匪特提出警告：幻想观望都无用，应该清醒一下了，三次世界大战绝对打不起来，匪首蒋介石也永远回不来了。"《当代日报》

7月7日 杭州市党政军民各界于国际大戏院隆重举行纪念"七七"大会，到会各界代表一千余人。谭震林、王建安、谭启龙、姬鹏飞、张劲夫、林枫、马寅初、吕公望等十九人组成大会主席团。先生于会上演讲："当时全国青年学生、共产党员、满腔热忱，而士兵的战斗情绪亦十分高昂，武器虽不齐全而他们的战斗精神是不可藐视的。中共以解放中华民族为职责，舍弃成见，与国民党携手合作，实现民族联合阵线以抵抗侵略。但这样的团结被蒋介石破坏了。""日本终于溃败了！""我们已把日本帝国主义打出去，但反动派又把美国帝国主义引进来，我们此后要加紧努力非把美帝彻底赶出中国去不可。"7月8日《浙江日报》

7月8日 当选中国新经济学研究会副主任委员。北平中国经济学研究者及经济工作者发起组织中国新经济学研究会。薛暮桥为会议主席，沈志远、狄超白报告发起经过及该会简章草案。到会人员一致认为，马列主义经济学及毛泽东思想应成为该会研究中心。选出陈伯达、马寅初、杜守素、薛暮桥、沈志远、狄超白、王学文、章乃器、千家驹、王亚南、郭大力、施复亮、许涤新、黄松龄、孟用潜、于树德、樊弘、费孝通、张仲实等十九人为总筹备会常务委员，并推定陈伯达为主任委员，马寅初、杜守素、薛暮桥为副主任委员，沈志

远、狄超白为秘书。7月11日《人民日报》

7月9日　应杭州市新教育研究会邀请，于浙江大学舜水馆演讲《和会感观》，并解答各会员所提问题。新教育研究会为杭州专科以上教育工作者群众团体，目的在于集体学习、改造思想、计划研究、改革教育。7月11日《当代日报》

同日　周恩来致电华东局、上海市委，要求加意保护民主人士安全："黄炎培、陈叔通、马寅初等离平前均提及他们去沪杭后的安全问题，因他们经过黄竟武等被国特杀害事后，深惧暗藏国特有可能加害于他们。现阅潘吴午虞电，证明伪保密局确命沪潜伏特侦察返沪民主人士行动，望你们对黄、陈、马、张、盛、吴、许等加意保护，如马寅初返杭，亦望通知杭军管会予以保护。"（注：潘吴，系潘汉年与吴克坚）《建国以来周恩来文稿》。

7月14日　全国哲学、经济、政治、法学、史学等部门社会科学工作者140余人，于中南海勤政殿召开中国社会科学工作者代表会发起人会议。朱德、周恩来到会讲话，号召研究马列主义、毛泽东思想。会议选出主席团成员王昆仑、史良、马寅初等25人。7月15日《人民日报》

7月15日　出席中华全国社会科学工作者代表会议。决定由全体发起人共同组成筹备会，并根据简章选出王昆仑、史良、艾思奇、李达、何思敬、沈钧儒、沈志远、周恩来、林伯渠、金仲华、吴觉农、胡绳、侯外庐、范文澜、马寅初、陈绍禹、陈伯达、章乃器、陶孟和、张奚若、张东荪、张志让、许德珩、郭沫若、董必武、邓初民、翦伯赞、阎宝航、谢觉哉等（以姓氏笔画多少为序）29人为常务委员会委员。常委会当即举行会议，推林伯渠任主席，沈钧儒、郭沫若、陈伯达、李达四人任副主席，范文澜任秘书长。7月16日《人民日报》

7月16日　中苏友好协会发起人大会于北平中南海怀仁堂举行。698位发起人，由宋庆龄、刘少奇、周恩来、郭沫若领衔。大会选出宋庆龄、刘少奇、周恩来、郭沫若、林伯渠、董必武、吴玉章、何香凝、李济深、谭平山、沈钧儒、张澜、马叙伦、陈云、陆定一、徐特立、薄一波、聂荣臻、彭真、叶剑英、章伯钧、彭泽民、蔡廷锴、蔡畅、李德全、滕代远、李立三、朱学范、陈伯达、罗瑞卿、史良、马寅初、廖承志、邵力子、王昆仑、章乃器、蓝公武、周建人、冯文彬、胡乔木、张奚若、李达、周扬、梁希、茅盾、萧三、刘玉厚、陈其瑗、阎宝航、钱俊瑞、谢邦定51人为主席团。7月17日《人民日报》

7月27日 出席杭州市工商业界发起劳军筹备委员会第一次会议，经推选出任杭州市各界劳军总会主任委员，并演讲："此次发起劳军，目的就在于对解放军表示敬意与关怀。相信各界人士定能踊跃输将，我们要深入群众进行宣传，使杭州广大人民知道劳军是自己的事情，因为解放军是人民的军队。兄弟要郑重指出此次劳军运动的政治意义尤为重大，我们应支援前线，从精神上和物质上激励解放军向华南与西南挺进，迅速解放全中国。当我们想到战士们溽暑行军的辛苦时，我们更应贡献我们所能贡献的一切，才不致使安居在遥远后方感到不安。"7月28、29日《浙江日报》

7月31日 出席杭州市警备部队纪念"八一"庆功大会。8月1日《浙江日报》

8月

8月1日 杭州市各界代表千余人于国际大戏院举行"八一"纪念大会，纪念人民解放军诞生22周年。以大会主席身份致辞："解放军到了杭州的时候，不轻放一枪一炮，宁可以自己的血肉相拼，这是我们杭州各界人士所不能忘怀的。杭州解放将近三个月，杭州人民亲眼看见人民队伍严明的纪律，艰苦朴实的作风，以及坚强不屈的自我牺牲的战斗精神，更使我们钦佩不已！"8月2日《浙江日报》；《马寅初全集补编》，第548页

8月13日 下午，以劳军总会主席身份出席杭州市各界劳军运动总会第三分会（文教组）第一次会议。以亲身经历，说明山东乡村积极支援前线事实：山东山区的人民，不分昼夜地赶工，在几个星期内做好300万双军鞋，同时还要准备粮食，制造渡江需用的救生绳，修筑道路。完成了种种极艰难的工作。此次杭市劳军募款运动中，劳动人民非常热心，工人、船夫、公教人员积极出钱出力，而许多真正有钱的人却不明白比次劳军的意义，没有动员起来，希望教育界人士在这方面多做宣传工作。8月14日《浙江日报》

8月14日 就家乡田产处理致函嵊县县长丁友灿："弟与几位直系亲属在黄泽与浦口附近（新建）置有稻田百余亩，理应陈报，惟不知手续如何？乞于

此函到达后,将详细手续示晓,以资遵循。如有油印品,请赐寄一份为感。"马家于家乡城西、黄泽、新建共有良田203亩余,房屋7处,以浦口祖居为最大。同月,由次子马本初将田契上缴杭州市副市长吴宪。因马家于土改时,家乡已无土地,酒厂早在日本入侵时关闭,故工作组面对马家特殊情况,未给马家定任何成分。《马寅初全集》第十五卷,第333页

8月19日 杭州劳军总会于上城、中城、下城三地区召集本市工商界举行演讲会。先生于会上演讲:阐述从鸦片战争至今三座大山扼杀中国民族工商业之罪恶。现在大家要想生活过得好,便要把蒋匪彻底消灭,这就要靠人民解放军。"在劳军运动展开后,十多日来,工人已经献出了很多钱,穷苦的人也已献出了很多钱,而有些地主阶级,大富户,却舍不得多捐献一些,这是不对的。"8月20日《浙江日报》

8月20日 发布启事:"近有本市吴山路'人民文化服务社'曾要求本人担任该社名誉社长,当经婉言谢绝。凡该社任何活动都与本人无涉。特此郑重声明。"《当代日报》

8月22日 杭州市各民主党派各民主人士开会,就美国白皮书发表意见。先生于会上演讲:白皮书中暴露了美帝国主义凶残恶绝的真实面目,它赤裸裸地表示要反对中国人民到底,破坏中国人民解放事业到底,对美帝国主义尚存幻想的所谓"民主个人主义分子",应该从"白皮书"中得到教训,根除对美帝的任何幻想,抛弃第三条路线,坚决与美国帝国主义进行斗争! 8月24日《人民日报》

同日 向杭州市劳军总会常委会提议:"此次出席劳军工作人员,固然出了很大的力,但仍应本有力有钱一齐出的原则,各按实际能力,自动捐献,以身作则。"此提议获全场一致通过,并即席捐献,计:马寅初一百万元,唐巽泽金戒指两只,邵浩然旧衬衫一件,马文车白米四十石(内二十石须至十月前献出),周师洛献一月所得白米六担,汪天蔚一万元、稿纸二刀、信封四十个、慰劳信八封,姜震中三万元,查南强二万元另画两张送义卖,胡庆荣牺两打,程心锦真丝被面廿条。8月23日《浙江日报》

8月26日 就任浙江大学校长,为新中国第一任浙江大学校长。由浙江省府主席谭震林、著名数学家苏步青、力学家钱令希等人陪同莅临欢迎会场。

首由浙大校委会副主任委员刘潇然致词，代表全体浙大员生工友欢迎马先生主持校务，建设新浙大。继由谭震林主席讲话："马先生是坚强的民主斗士，赤手空拳跟反动派进行生死搏斗，因为跟着人民一道所以终于和人民一同胜利。马先生又是著名经济学者，能够出任，一定可以继续发挥其民主斗争的精神，办好人民的浙大。浙江大学是浙江唯一的大学，在浙江即将进入大规模建设的时期，培养大量的专门人才，是首要的任务。"

发表就职演说："在国民党统治之下，我是连进浙大教书的机会也被剥夺的。三十六年、三十七年竺校长亲自到舍间聘请两次，均被反动派的特务打消了，做个教授尚且如此之难，何况做校长？现在由于中共领导人民大众取得了胜利，我才能够被任为校长。""今后的浙大，要在人民民主的总方针下，大家学习新的思想，确定为人民服务的立场，要与建设相结合，培养切合实际要求的专门技术人才，在人民政府领导之下，响应谭主席的号召，协力加速建设新浙江。"最后，要求全体师生职工"人人提方案，个个想办法"，以主人翁态度，同心协力，建设人民的浙大。8月28日《浙江日报》；《马寅初全集》第十四卷，第50页

8月28日　出席杭州各界代表会议，当选大会主席团成员，并讲话："产销问题必需统一来研究，产销要平衡，用多少才产多少，要什么才做什么，大会正在组织的生产委员会，最好改作统一产销委员会。统一产销委员会成立，有好些问题要注意，采购原料如由政府贷款，必须防止商人投机套利，所以贷款必须要有明确的担保，保证贷款人拿到款项要采购原料。同时，由于农民还抱着重物轻币的观念，在收购时又要注意到推销，把原料买回来，把产品销出去，这样才使农民资金有出路，城乡经济交流。其次运输也应注意，原料运城，成品运乡，一来一去，押汇时一定要照手续办理，不能像国民党反动政府时期讲人情，讲人情就可以把交通运输机构押汇之货物取出来。押汇的要点是认票不认人的，若票上应付之钱未付，只凭人情把货取出来，是违反押汇原则的。与此有关的，还要正确解决原料，原料的品质，税收等等一连串的问题。"8月29日《浙江日报》

8月29日　出席杭州市各界代表会议，大会公推谭震林、何燮侯、马寅初、胡成放、李代耕、周力行、贺子真、苏步青八人为中苏友好协会杭州分会发起人。8月30日《浙江日报》

9月

9月2日 下午,杭州各界青年于浙江大学于子三广场举行国际青年节联欢大会。杭州市百余单位一万余青年出席。大会名誉主席团由冯文彬、谭震林、谭启龙、姬鹏飞、李昌、马寅初、江华、林枫、吴宪、何燮侯、倪贻德、严仁赓12人担任。9月3日《浙江日报》

9月7日 出席世界和平大会,中国代表团团长郭沫若,副团长刘宁一、马寅初,致电祝贺墨西哥城举行美洲和平大会:"墨西哥城美洲和平大会主席团:美洲和平大会执行世界和平大会的伟大号召,团结全美洲人民民主和平力量,坚决奋斗,给今天世界侵略阵营的首犯美帝国主义的新战争计划以严重的打击。胜利的中国人民愿在苏联领导下,与你们携手并进。我们在太平洋两岸所追求的共同目标——世界持久和平一定能够实现。敬祝你们大会的成功。"9月8日《人民日报》

9月9日 领衔浙江大学97名教授联名发表《斥美国白皮书》。9月10日《浙江日报》

9月10日 世界拥护和平大会中国分会筹委会于北平成立,会上决定,除原来由各方推选之和平代表团团员为当然筹委外,又邀请中国人民解放军总政治部副主任傅钟、全国民主青年联合会主席廖承志、农民代表刘玉厚及王炳南、乔冠华等参加筹委会;并推定郭沫若为筹委会主任,马寅初、刘宁一为副主任,钱俊瑞为秘书长。筹委会致电巴黎世界拥护和平大会总会主席居里教授,报告发起筹备情形,并请总会派遣代表来华参加中国分会成立大会。9月13日《人民日报》

晚,拜访张元济。《张元济日记》

9月11日 中午,于欧美同学会会馆出席张元济宴请商务旧友,郭沫若、沈雁冰、胡愈之、沈钧儒、叶圣陶、宋云彬、黄炎培、郑振铎、陈叔通、周建人、马叙伦等同席。《张元济年谱》,第547页

9月12日 上午,拜访张元济。《张元济年谱长编》

9月13日 笔记(思考要点):(一)先搞好生产而后搞福利呢?抑先搞福利而后搞生产呢?前者是对的。生产搞不好没法改善生活。(二)职工要技术来领导就会提高工人的积极性。馆藏

9月16日 夜，出席新政协筹备会第六次常委会，讨论通过代表名单与《共同纲领》。发言中，偕黄炎培、朱德、李立三等为《共同纲领》第四十七条加入"职业教育"一项据理力争，坚决主张加入职业教育一条。调和结果，加"注重技术教育"字样。《黄炎培日记》

9月16—18日
出席华北全区第二届财政会议。华北人民政府副主席蓝公武及各省市财政部门负责人56人与会，到会有关专家学者黄炎培、章乃器、钱昌照、沈志远、千家驹、艾志诚、樊弘等十余人，财政部长戎子和致开幕词。9月18日《人民日报》

9月19日 于中南海勤政殿出席全国政协筹备会全体常委会议，会后合影。《新政协筹备会议纪念册》照片

9月21日 于北京怀仁堂出席中国人民政治协商会议第一届全体会议。新华社北平22日电

9月22日 全国政协全体会议一致通过决议，本届会议主席团设常务委员31人：毛泽东、刘少奇、周恩来、林伯渠、李济深、谭平山、蔡廷锴、张澜、沈钧儒、章伯钧、黄炎培、陈叔通、郭沫若、马寅初、张奚若、马叙伦、高岗、陈毅、乌兰夫、朱德、贺龙、刘伯承、罗荣桓、张云逸、李立三、蔡畅、沈雁冰、刘格平、陈嘉庚、宋庆龄、赛福鼎。会议通过主席团提议，设立六个委员会。彭真、李德全、沈钧儒、章乃器、马寅初、高岗、粟裕、李立三、刘亚雄、冯文彬、梁希、杨静仁、陈其瑗、张伯秋等为代表提案审查委员会委员。9月23日《人民日报》

9月23日 出席全国政协会议，与张奚若、陈云、乌兰夫、李德全同任执行主席。全体代表分11个组分别讨论中华人民共和国国旗及国徽图样。9月24日《人民日报》

9月25日 晚，毛泽东、周恩来于中南海丰泽园召集会议，协商国歌、国旗等问题。出席会议者有郭沫若、黄炎培、马寅初、沈雁冰、陈嘉庚、张奚若、马叙伦、田汉、徐悲鸿、李立三、洪深、艾青、梁思成、马思聪、吕骥、贺绿汀等18人。《新政协筹备会议纪念册》

9月26日 周恩来、林伯渠于东交民巷六国饭店举行午宴，邀请辛亥革

命长辈商谈国事。出席者有：张元济、何香凝、周致祥、符定一、马寅初、徐特立、吴玉章、张澜、黄炎培、简玉阶、陈叔通、沈钧儒、陈嘉庚、司徒美堂、林伯渠、张难先、郭沫若、沈雁冰。周恩来谓："今天请来赴席的，都是辛亥革命时期的长辈。各位看见《共同纲领》的'中华人民共和国'之下有括号简称'中华民国'，对于这个简称，有两种不同的意见，有的说好，有的说不必要。政协常委会特叫我来请教老前辈，看看有什么意见，老前辈对'中华民国'四个字也许有点旧感情。"黄炎培谓："老百姓教育落后，感情上习惯用中华民国，一旦改掉，会引起不必要的反感。留个简称，一年后再去掉，并无不可。"何香凝附议："中华民国是孙中山先生革命的一个成果，是用许多先烈的鲜血换来的。关于改国号问题，我个人认为，如能照旧用它，是好的；如果大家不赞成，我也不再坚持己见。"司徒美堂持不同意见："我也是出席过辛亥革命的人，我尊敬孙中山先生，但对中华民国四个字，则绝无好感！我的理由是，那是中华官国，与民无涉。"先生发言力挺司徒美堂："中华民国已经死了，中华人民共和国是个崭新的国家，加个简称，简直是不伦不类，不像话。"张澜、陈叔通、沈钧儒、陈嘉庚等表示支持司徒美堂等意见。最后决定不用简称。《张元济年谱》等

晚，赴张絅伯、沈子槎、邱文奎邀宴，同席陈叔通、张元济、包达三、陈嘉庚、庄明理、张澜、罗隆基等。《张元济年谱》

9月27日 出席全国政协会议，各单位代表发言、讨论通过议案、代表提案审查委员会报告。提案审查委员会全体成员参加。《新政协筹备会议纪念册》

9月28日 上午，偕浙籍全国政协代表陈叔通、包达三等于北京欧美同学会招待杭州市工商界东北、华北访问团。即席谈话，举两个例子说明今天人民政府一切措施，都是为了发展生产的。10月8日《浙江日报》

9月30日 中国人民政治协商会议第一届全体会议以无记名投票方式，选举中央人民政府委员会主席、副主席和委员。晚六时，全体政协委员于天安门广场举行纪念碑奠基典礼。毛泽东宣读纪念碑碑文。纪念碑奠基典礼完毕，代表返会场听取选举结果：毛泽东当选主席，朱德、刘少奇、宋庆龄、李济深、张澜、高岗为副主席，陈毅、贺龙、李立三、林伯渠、叶剑英、何香凝、林彪、彭德怀、刘伯承、吴玉章、徐向前、彭真、薄一波、聂荣臻、周恩

来、董必武、赛福鼎、饶漱石、陈嘉庚、罗荣桓、邓子恢、乌兰夫、徐特立、蔡畅、刘格平、马寅初、陈云、康生、林枫、马叙伦、郭沫若、张云逸、邓小平、高崇民、沈钧儒、沈雁冰、陈叔通、司徒美堂、李锡九、黄炎培、蔡廷锴、习仲勋、彭泽民、张治中、傅作义、李烛尘、李章达、章伯钧、程潜、张奚若、陈铭枢、谭平山、张难先、柳亚子、张东荪、龙云56人为中央人民政府委员。《中华人民共和国中央人民政府公告》，10月1日《人民日报》

10月

10月1日 下午2时，出席中南海勤政殿中央人民政府委员会第一次会议。中央人民政府主席毛泽东，副主席朱德、刘少奇、宋庆龄、李济深、张澜、高岗，委员周恩来、陈毅、贺龙、林伯渠、何香凝、马寅初等56人宣布就职。《中央人民政府委员会第一、二、三、四、五次会议纪录》

3时，于天安门城楼出席中华人民共和国开国大典。10月2日《人民日报》

10月2日 参加中华人民共和国保卫世界和平大会成立大会。出席大会者有朱德、李济深、高岗、陈毅、郭沫若、邓小平、沈钧儒、沈雁冰等各民主党派及人民政协特邀代表共一千余人。10月3日《人民日报》

10月3日 和平大会成立中国保卫世界和平大会委员会，郭沫若当选主席，副主席为刘宁一、蔡畅、廖承志、沈雁冰、马寅初。《人民日报》

晚，于中南海勤政殿出席中央人民政府委员会第二次会议。《中央人民政府委员会第一、二、三、四、五次会议纪录》

10月6日 浙江大学以校务委员会名义致电校长，祝贺当选为中央人民政府委员。蒋银火：《马校长在浙大的主要活动纪实》

10月7日 午间，偕陈叔通、张元济于欧美同学会宴请政协华侨代表。与会者对商务印书馆所编之华侨用书，提出改良意见。《张元济年谱》，第550页

下午，中苏友好协会浙江分会发起人大会于浙江日报社礼堂举行，决定成立中苏友好协会浙江分会筹委会，以谭震林为筹委会主任，张登（沙文汉）、马寅初、李守宪为副主任。10月8日《浙江日报》

10月8日 于北京饭店招待竺可桢、蔡邦华。竺可桢谈及邵裴子先生，邵先生年将七旬，现在杭以售书度日，希望先生予以关照。《竺可桢日记》

10月12日　笔记（思考要点）：改造一个人的思想，必须经过（一）争取、（二）团结、（三）教育、（四）改造四个步骤，要耐心地改造他们，任何坏人可以改造过来。馆藏

同日　回电浙江大学师生员工，对贺电表示深切感谢。蒋银火：《马校长在浙大的主要活动纪实》

10月13日　笔记（思考要点）：（一）职工帮助工人清洁打扫，消弭了员工间的隔阂。（二）不发动职工群众，不能精简节约。馆藏

同日　《人民日报》报道：民主建国会北京市分会举办新知识座谈会……内容为政治、时事、财政经济、工商业政策及劳资问题等。自3月份开办以来已举行座谈会、讲演会及讨论会38次。主讲人多为经济学家及产业界民主人士，如马寅初、章乃器、黄炎培、邓初民、孙起孟、俞寰澄、胡子婴、施复亮等。他们内部把这讲演会叫做"政治学习会"和"业务学习会"。《人民日报》

10月14日　当选杭州市各界人民代表会议第二次全体会议主席团成员，因在京公务缺席。《浙江日报》

10月19日　于中南海勤政殿出席中央人民政府委员会第三次会议，毛泽东主持。会议通过政务院财政经济委员会名单如下：主任：陈云；副主任（二人）：薄一波，马寅初；委员（50人）：李富春、贾拓夫、邓子恢、曾山、叶季壮、陈郁、杨立三、黄炎培、滕代远、朱学范、章伯钧、李书城、梁希、傅作义、李立三、南汉宸、孔原、戎子和、何长工、钱之光、宋裕和、薛暮桥、宋劭文、曹菊如、钱昌照、孙晓村、范子文、钟林、孟用潜、冀朝鼎、梅龚彬、章乃器、胡厥文、盛丕华、包达三、俞寰澄、冷遹、吴羹梅、李士豪、千家驹、李民欣、刘子久、罗叔章、陈叔通、简玉阶、侯德榜、胡子昂、周苍柏、周叔弢、宋棐卿等。10月20日《人民日报》

10月21日　出席政务院财经委员会成立会。出席者在京委员30人，列席者有中央政府各部副部长、副局长等。陈云主任作报告，先生与黄炎培、李书城、李立三、章乃器、钱昌照、何长工、薄一波等先后发言。10月22日《人民日报》

10月23日　离京南下。

同日　刘培余、徐眉轩访张元济。张云已联合周善培向毛泽东面陈南中

"民瘼"。刘培余转告刘承幹:"菊生之意,陈叔通、马寅初两人不久来沪,拟与商一办法,最好各处联合具呈,人数愈多愈妙,庶可动听。"《张元济年谱长编》

10月26日 与陈云、薄一波联名签署中财委复财政部函,同意所报《印花税暂行条例》,希即请华北人民政府颁布施行。《陈云年谱》

10月29日 出席上海各界欢迎北京归来全国政协会议代表及出席世界工联归国的中国代表团大会,并讲话。11月1日《人民日报》

10月30日 笔记(思考要点):津、沪、汉各地必须密切配合,统一步骤,否则会酿成全国性的物价大涨;要暂时积蓄力量,到物价涨到一定程度,然后全国再一致行动,将物价压住。馆藏

10月31日 夜,由沪乘车抵杭。浙江省政府办公厅主任张劲夫、秘书长刘丹、浙江大学校委会委员刘潇然、王国松及浙大学生会代表李秉宏等,前往车站欢迎。11月1日《浙江日报》

本月 就陈云征询北京住房要求事复书:"只要能住下一家人就行。"陈云于中财委附近东总布胡同62号(现改32号)挑选一幢环境安静房间又多小楼,并亲自指示种植庭院花草,让秘书找到一株先生喜欢的梅花栽于院中。《陈云年谱》

11月

11月2日 与陈云、薄一波联名签署中财委复华东财委并中共中央办公厅函,就所报关于江南机械厂(私营)经理刘晋暄请求国家贷款一事指出:"该厂情况复杂,产权尚有纠纷,生产不能恢复,故不能予以贷款,也不能收购。应对其内部情况进一步了解。"《陈云年谱》

11月3日 上午,于浙江大学健身房向全校师生员工报告全国政协开会经过及所通过《共同纲领》精神,重点解释《共同纲领》中的经济政策,号召浙大师生认真学习。11月8日《浙江日报》;《马寅初全集》第十四卷,第551页

中午,杭州市人民政府设宴洗尘,偕张登、蔡邦华出席。11月8日《浙江日报》

11月4日 晚,出席浙江省人民政府主席谭震林楼外楼欢迎宴,中共浙

江省委副书记谭启龙、杭州市长江华、市委副书记林枫等十余人作陪。11月8日《浙江日报》

11月7日　上午，出席杭州工商界于光明戏院纪念苏联十月革命胜利卅二周年集会。发表演讲，记者倪之琨记录。11月8日《当代日报》

下午2时，于浙大健身房纪念十月革命大会上阐述十月革命的意义。11月8日《浙江日报》

晚，杭州市各界代表1100余人，于太平洋电影院举行苏联十月革命卅二周年纪念大会。首由浙省人民政府主席谭震林讲话，继由先生致词："苏联的教育是为整个人民大众服务的，男女平等的，没有阶级存在的，人人都能享受同等教育的机会，在俄罗斯联邦共和国，用于教育的预算占支出百分之七十，这证明苏联在列宁斯大林三十二年的领导下，如何成为真正为人民服务的国家，也就是如何爱护了人民。反过来，资本主义国家则不同，他们抱着人种与阶级的偏见，不但对于外国人抱轻视态度，就是本国之内，亦因财产多少之互异，皮肤颜色之差别，教育程度之不同，而不相往来，存在着一种歧视和隔离。同时，资本主义的资产阶级，最喜用邪说来证明他们在社会上优越地位，他们说：人的先天有足与不足，才能有大小，种族有优劣，上帝对人的恩惠亦有厚薄，因此人类中与社会上不能平等。这种毫无科学根据的理论，助长了资本主义国家中阶级的对立，国际间残酷战争。从这两段事实比较中，就使我们认识和决定，应该倒向那边了，我们与苏联友好是有意义有理由而不是盲目随意的了。"11月8日《浙江日报》

晚10时，赴杭州火车站迎接前来浙江视察工作的教育部副部长韦悫。11月8日《浙江日报》

11月8日　上午，出席浙江省首届妇女代表会议并演讲："这次人民政协会议给妇女以一个翻身的机会，一个年老的乡妇或一个年青的女工，能够站在中国人民政治协商会议的讲台上来说话。这是五千年来闻所未闻见所未见的事，这是中国妇女的光荣，尤其是中国人民的光荣。……《共同纲领》第六条：'中华人民共和国废除束缚妇女的封建制度。妇女在政治的，经济的，文化教育的，社会的生活各方面，均有与男子平等的权利。实行男女婚姻自由。'但女子既与男子做了新中国的主人，她们必须和男子共同负担起建设新中国的任务。她们必须好好学习政治协商会议所定的三大宪章，从而在全国人民中作广泛的宣传和解释，团结一致，在中央人民政府领导之下，为建设新中国而努力。她们必须严格遵守共同纲领，并为其实现而奋斗。"11月9日《浙江日报》

下午，中苏友好协会浙江分会浙大支会筹备会成立，被公推为筹备会主任。11月9日《浙江日报》

11月9日 发表《工商业者消除顾虑，为建设新中国而奋斗》，为杭州市工商联会议之演讲。"我们有五种经济：国营经济、合作社经济、农民和手工业者的个体经济、私人资本主义经济和国家资本主义经济。各种社会经济成分，要受社会主义性质的国营经济的领导，这就预示着我们将会走上社会主义的道路。""在座各位是小资产阶级或民族资产阶级。由于国民党反动派的恶意造谣，以致有人以为新政府一来，民族资产阶级就要打倒了。这是错误的。新政府不仅不打倒民族资产阶级，而且奖励民族资本之发展，对有利于国计民生的私人资本，政府是真正保护的，和国民党反动派适巧相反。""今后私人资本主义是在'劳资两利'和'公私兼顾'两个原则下获得保障和发展的。"逐条解释《共同纲领》中"经济纲领"，"希望工商业者消除顾虑，不要误解政府的政策，应看清事实，本着权利要享、义务要尽的作风，在毛主席领导下，在苏联的友谊协助下，脚踏实地和全体中国人民共同造成一个新中国，我们这些人，至少要造成一个新杭州！"《浙江日报》；《马寅初全集》第十四卷，第51页

下午，主持浙江大学第十九次常务委员会会议。浙江大学档案馆

11月12日 偕杭州市副市长吴宪等出席杭州市工商业、机关团体联合欢迎工商界赴华北、东北访问团归来茶话会，并发表讲话。11月13日《浙江日报》

11月13日 上午，杭州银钱业学术演讲会演讲《人民政协召开的经过》。重点阐述"人民币发行和银钱业的责任"："今天人民政府才决定银钱业要增资，充实银钱业，引导银钱业投资到生产。在《共同纲领》的经济政策中，对银钱业来讲，就是严禁投机。"新民主主义"目的是以和平手段使中国走上社会主义。因为马上实行社会主义，一定要流很多血的。有些资本家问了：不管怎样的和平，但走上社会主义的时候我们不是完了吗？不会的，中国资本家始终是中国人，中国变成社会主义，你也是中国社会主义国家的一分子，你过去既然有能力办工厂，将来的工厂也一定要请你办的。你过去管理一个工厂管理

得好，证明你有本事，将来一定会叫你管五个十个工厂的。你目的不外做大事，你不是为了要赚钱，你有几百万元，死了也带不到棺材去的。你有成绩，有本领，却可以留下给大家作榜样。中国缺乏的是人材，你不愁将来不能发展"。11月15日《浙江日报》；《马寅初全集》第十四卷，第57页

下午，出席中国新民主主义青年团浙大总支成立大会，祝贺、勉励青年学子，并共同观看校文工团节目演出。蒋银火：《马校长在浙大的主要活动纪实》

同日 笔记（思考要点）：技术、知识是武器，思想搞通也是必要的武器，所以技术人员必须搞通思想。馆藏

11月14日 笔记（思考要点）：（一）物价上涨以后，不要使回落过大，否则对今后发行不利，会使一般工商业因银根突紧受不住，是公私两不利的；（二）平抑物价必须坚决，不能犹豫，（三）要抓住城市中心，但必须同时注意广大农村（如平抑粮棉），否则会事倍功半。馆藏

11月15日 出席"浙大民众夜校"开学典礼并讲话："过去大家都是为自己，现在我们是新民主主义的国家了，这个新国家的精神就是为人民服务，大家要互相帮助，合作建立一个进步的现代的国家。知识是非常需要的，希望大家努力学习，有始有终地学习。"11月18日《浙大校刊》；《马寅初全集》第十四卷，第56页

同日 与陈云、薄一波联名就苏联向中国采购三万吨小米种子事致函河北、察哈尔、绥远、山西、山东、陕西等省政府及农业部、贸易部、铁道部，要求各地做好收购工作，并于年底之前运到满洲里。《陈云年谱》

11月18日 出席浙江省干部学校第二期开学典礼，并向大会报告人民政协会议经过。重点讲解三大宪章与共同纲领。认为，我们国家是从新民主主义逐渐过渡到社会主义，那时国营占绝对优势，但私人资本仍是发展的，是有机会的。共同纲领中虽找不出走上社会主义道路几个字，"我们前进的目标就是社会主义，再发展成共产主义而至世界大同。到了世界大同，大家都一样了，无所谓共产党等等了"。11月22日《浙江日报》；《马寅初全集补编》，第355页

11月20日 上午，出席绍兴文化教育界及各机关人士及各校学生报告会。演讲人民政协《共同纲领》及"三大宪章"：新政协是我们统一战线的具体表现，它团结全国的各党派阶层，以民主集中制的方式产生了《共同纲领》

和两个组织法，这纲领是代表全国人民的共同意见，形成统一战线，它对内是消灭封建主义、官僚资本主义，对外是参加民主统一战线，反对帝国主义。人民政协是一棵大树的枝叶，人民的统一战线好像是树的茎，要很好的共同维护，才能得到很好的发展。我们要一边倒，倒向社会主义一边。我们要保存固有好的文化，同时接受科学的新文化，创造新文化，通过民族形式而发扬光大。要加强学习，学马列主义，学苏联科学文化，要普及教育，使文化成为大众的文化。

下午，应绍兴工商界人士邀请，于会稽中学大礼堂演讲，阐述工商业发展问题。要求绍兴工商业各界，全心全意拥护人民政府的工商业政策，彻底执行公私兼顾，劳资两利，城乡互助，内外交流，四面八方的经济政策，来发展生产、繁荣经济；免除囤积投机，很好的走向计划经济道路。号召大家努力生产，尤其妇女要自力更生，大家来从事生产，彻底摆脱封建压迫，为人民服务，使中国走向富强康乐。11月30日《浙江日报》

11月21日 得中央政府电："中央人民政府委员会将于本月二十五日后开会讨论若干重大问题，其中将商讨发行公债的问题，望先生能赶来北京开会，并希望能于十一月二十七日或二十八日到京，是否能来，盼复。"此电报由周恩来起草，"并希望能于十一月廿七日或廿八日到京，是否能来盼"几字为毛泽东所加，以林伯渠名发与浙江省人民政府转马寅初。中央档案馆电报稿

因军政费用支出增加，为解决庞大财政赤字，稳定市面，先生向周恩来、陈云建议：发行公债，并节约开支，实行成本会计。并提出可以建设为名义，称"建设公债"。毛泽东接到陈云电报，于电报上批示："理由不充分"。认为共产党已经欠了老百姓很多债，解放了还要向老百姓借债，想不通，睡不着。后经陈云、周恩来反复解说，毛泽东遂同意发行。《建国以来毛泽东文稿》、《建国以来周恩来文稿》

同日 出席全国委员会财经组第一次会议，讨论发行公债问题。会议就12个方面进行讨论。议决：（一）为着应付财政赤字，稳定物价，安定民生，发行公债是必要的，通货膨胀是对于全体人民的灾难。（二）最好今年年内公布，明年初开始发行。（三）最好用"建设"名义，也属名副其实。（四）采

用东北办法，收付均以折实单位计算。（五）可仿照折实储蓄办法，用若干种民生必需品构成。（六）可以战前三亿元的价值为标准。当然，我们还不能也不必希望发债抵补全部的财政赤字。（七）应用分区课额，民主评议的方法。（八）应该以城市为主。新解放区未经土改，地富亦可分担若干。与国计民生有关的工商业可以少负担，但仍须量力负担，以资提倡，宁可在资金不够时由国家银行贷给款项。（九）分两次发行最妥。（十）定期三至五年，利率年息四至六厘，每六个月付息一次，第二年开始抽签还本。（十一）以收受人民券为限。如以金银、外汇抵价，可由购债人商请银行购买。如以物资抵价，可商请贸易公司购买。（十二）公债准许买卖流通，以利劝募。交易所已由人民银行管制，大数抛售可以在事前采取步骤防止市价暴跌。少数大户更可用政治力量劝勿一次大量售出。政府亦可拨交银行一笔相当于债额的百分之一二十的债市平准基金，在跌价过多时酌量收购。《全国委员会财经组第一次会议讨论发行公债问题纪要》

后中央以没有胜利，就没有建设为由，改"建设公债"为"胜利公债"，获得大多数人赞同，遂以"胜利折实公债"发行。

11月22日 笔记（思考要点）：发行公债的几个必要的条件（一）支付能力；（二）安定性；（三）收益的保证；（四）投资余力。馆藏

11月23日 偕何燮侯、沙文汉（张登）、蔡邦华出席杭州市各界欢迎本省人民政协代表晚会。于会上报告人民政协召开经过、三大宪章基本精神。11月24日《浙江日报》

同日 与陈云、薄一波联署中财委复交通部函，原则同意全国航务公路会议拟决定之问题与初步意见，并指出：公路问题的方针，前方应以便利军运为主，后方则以通车为准，着重对现有线路作有效之利用。在建设方面，目前以不由国库支款为基本原则，修建高级路面与风景公路暂无必要。《陈云年谱》

11月24日 笔记（思考要点）：左倾主义与右倾主义同样危险（听李立三报告）。馆藏

同日 与陈云、薄一波联名致函东北财委，通报华北对外贸易管理局缩小对外贸易中的易货范围，实行结汇办法的情况，指出：此前结汇出口只占不到30%，造成大量外汇不能掌握在国家手中，进口反被私商所控制。现结汇出

口占70%—85%，大部停止了易货制，对克服进口中的无政府状态十分有利。《陈云年谱》

11月27日　笔记（思考要点）：打击投机，调剂供需，稳定物价。（一）应由城市工商者负担，不能再叫农民负担，以符合《共同纲领》中"合理负担"的原则；（二）明年度全国收支概况比东北要好得多，东北公债起着稳定物价平衡收支的作用。馆藏

11月28日　晨，抵京。出席毛泽东所主持中央政治局会议，研究1950年两个文件。指定：由陈云、周恩来、马寅初、薄一波、黄炎培、章乃器、施复亮进行修改。《中央人民政府一、二、三、四、五次会议记录》

同日　致浙江大学校长办公室张令杭、孙祥治、孙问西书："令杭、祥治、问西先生大鉴：今晨抵京，途次安适，请释锦注。昨校务委员会议决各案及不能议决尚须加以详细讨论的各案，乞随时示知，以资接洽。此外，校内如有重要事情发生，亦乞一并示知为感。弟已在中央财政经济委员会办公，此后来信请赐寄北京朝阳门大街九爷府一百十七号中央财政经济委员会，幸勿再寄北京饭店。"《马寅初全集》第十五卷，第334页

11月29日　出席全国政协第二次常委会议，讨论《一九五〇年度全国财政收支概算（草案）》、《关于发行人民胜利折实公债的决定（草案）》，指定周恩来、陈云、黄炎培、薄一波、马寅初等进一步修正概算草案。《陈云年谱》

同日　思考要点：（一）黄河泛滥和改造，是不能归罪于黄河的，应当掌握它的个性，一旦被人掌握住它，会为人民服务的；（二）"顺应环境"、"适应环境"，是不正确的，我们应使自然符合人类的利益；（三）一切决定于时间地点和条件，不是教条主义的，主观和教条主义在地理学上是缺少市场的，假如你说冰期长是河流的缺点，它马上告诉你东北冰期长，给两岸运输不少便利。水旱固不好，但在新疆的果园，一阵小雨能减少葡萄的收成。馆藏

11月30日　与陈云、薄一波联名致信周恩来，请审批中财委《关于工作制度的规定》。《规定》指出：中财委所属十四个部及银行、海关等单位均已开始正式办公。今后各项财经工作，应归有关各部分别处理，中财委则负责掌握全盘计划，并指导各部、行、署工作。《陈云年谱》

同日　与陈云、薄一波联名复函农业部，对所呈报《在农业生产会议上的

报告初稿》提出意见，指出：增产粮食、棉花是明年极其重要而艰巨的任务，希望对增产的重要环节及方法能在会议上作具体研究。《陈云年谱》

本月 稽山中学在杭校董会借先生居所杭州法院路 34 号开会，邵力子主席，商请周恩来总理担任稽山中学校董会名誉董事长事宜，聘书由校长邵鸿书专程送北京。周恩来欣然接受校董事会请求。《稽山中学校史》

12 月

12 月 1 日 应毛泽东邀请出席中南海颐年堂招待宴，同席张澜、李济深、沈钧儒、黄炎培、陈叔通、章伯钧、茅盾、蔡廷锴、郭沫若、马叙伦、谭平山、朱德、周恩来、林伯渠等 16 人，席间商议毛泽东赴苏联莫斯科订约事宜。《周恩来年谱》

12 月 2 日 出席中央人民政府委员会第四次会议。毛泽东等 39 名中央政府委员出席。会议一致通过 1950 年度全国财政收支概算和关于发行人民胜利折实公债的决定。会议还通过关于国庆日等决议。会议批准任命饶漱石为华东军政委员会主席，曾山、粟裕、马寅初、颜惠庆为华东军政委员会副主席。12 月 4、5 日《人民日报》

12 月 5 日 发表《〈共同纲领〉中之经济政策》。阐明经济政策之重心："在新民主主义之下，当然能达到公私兼顾，劳资两利之目的。因此，公私兼顾，劳资两利，与发展生产、繁荣经济是不分彼此、互为因果的。在这四句后，现在再加上'城乡互助，内外交流'两句，成为经济政策中最重要的六句。"《上海工商》第 1 卷第 4 期；《马寅初全集》第十四卷，第 67 页

同日 笔记（思考要点）：（一）有困难不掩饰，既说出困难又制定有克服困难的办法，自然就有了绝对的希望；（二）发钞票固不可，加税也不能；（三）既建立政权，必要巩固政权。馆藏

同日 复浙江大学主任秘书张令杭书："江电敬悉，浙大事情难办，或是刘先生辞职之原因。但这种困难，不是不可克服的。刘先生所任之功课，找不到一位替人，亦是其中原因之一。上次弟在北平时，找到一位农业经济学著名专家徐寅初先生来浙代刘先生上课，因聘任教授之手续太麻烦，徐先生遂被他校聘去。医学院科系问题，交几位院长开会共同商讨，未识结果如何？校务委

员会改组事宜进行如何？请便中详示（信寄上海永嘉路五百六十三号，封面注明：不必转京）。这两件事（科系与改组）亦是目前难以解决的问题，与刘先生辞职不无关系。弟定五六天后返沪，在沪有二三星期之勾留。辞兼职不成，反而加了一个新兼职，欲以全副精力对付浙大难矣。所有信件加封寄上海，如信已拆，信面不必寄来，只要把每封信之通信处抄于信尾寄来可也。未拆之信连封寄来。"（注：本欲辞中央财经委副主任职，未成，中央又新添华东军政委员会副主席任命）《马寅初全集》第十五卷，第335页

同日 致函浙江大学校务委员会副主任委员刘潇然："顷接令杭兄江电，知先生有倦勤之意，不胜惊骇。办理校务，困难固多，但不是不可克服的。务乞顾全浙大前途，打消辞意，以副全浙人民之期望。"《马寅初全集》第十五卷，第337页

12月6日 全国委员会财经组第一次会议后，继续思考成本会计问题，拟就《关于成本会计的初步建议》，从：（一）成本会计的功效；（二）初级的成本会计与高级的成本会计；（三）效率的"正确"意义；（四）成本会计人才上的研究；（五）成本会计参考上的研究；（六）成本会计上急切的五大任务等方面加以阐述。《马寅初全集补编》，第365页

12月8日 周恩来致电饶漱石、陈毅、曾山，指示："马寅初现仅拿浙江大学校长薪水，不够生活开支。请研究可否酌量发给一部分津贴或办公费。"该电由陈云起草。《陈云年谱》

同日 笔记（思考要点）：流通范围扩大，币值比较稳定，而流通速率亦随之降低。反之，如物价不稳定，范围缩小而速率加大。从前政府与投机家是一家人，所以投机胜利，现在政府与投机家为敌，所以投机要失败。馆藏

12月9日 笔记（思考要点）：（一）目前已经有一万万五千万人口与近六万万亩土地的地方完成了土地改革。（二）大会主要应以解决粮食、棉花、增产与兴修水利为中心，一切问题都应围绕着这个中心。馆藏

同日 与陈云、薄一波联署中财委复水利部函：同意所呈组建长江水利委员会及淮河水利工程总局的报告，要求立即着手组织并将组织规则和人员配备报核。《陈云年谱》

12月10日 笔记两则（思考要点）：

(一) 七级工资制已有培养干部造成人才的重大政治意义；(二) 基本工人生产超过标准产量就累进加薪，如果不是由于欠勤达不到标准产量仍可领本俸，但如废料过多应扣工资，但还有许多缺点要待改善，要改单纯的迁就工人利益的观点，要规定正确的生产定额和产品规格，建立严密的检查制度；(三) 按劳给酬是新民主主义国家的原则，可以鼓励生产，改善生活，我们一定要摸到这个诀窍，中苏合营的工厂先实行，后来合营的公司工厂全部仿行七级制，工资提高工厂赚钱，浪费减少；(四) 工厂资金积累率比工人工资上升率大得多，所以生产迅速发展，工人生活逐步改善，不仅生活改善，即失业工人也有了工作；(五) 工人等级高多作工就赚钱，所以实行计件制工厂，工人特别努力，学技术并且努力研究以改良机器和工具；(六) 生产愈发展愈可看出七级制，超额累进制和计件工资制的正确性，比较平均主义好得多，不管工厂开工或停工，工人一样拿薪水和配给，且不能刺激生产和技术发展。

(一) 配合教育部有意加重课程；(二) 教授们很少联系、配合；(三) 课程多半是从英美德日抄袭过来；(四) 精简不是因陋就简，乃是改善教育提高学习效率。馆藏

12月11日 离京抵沪。饶漱石、陈叔通、粟裕、马寅初"今晨一时廿七分抵沪，陈毅市长、曾山、潘汉年、刘晓、刘长胜、舒同、魏文伯、夏衍、刘瑞龙等五十人，到站欢迎"。《上海大公报》

12月12日 笔记（思考要点）：苏联研究，(一) 工人大学学生是脱离生产的，乡村青年学校与城市青年学校学生是不脱离生产的，白天工作晚上学习；(二) 中学校不用教员而用专家出题太难是错误的；(三) 小学学生智力没有大的差别，原因是教授法的好坏；(四) 有旧东西里面也有好东西，不能一概去掉，这种错误中国不要再犯；(五) 要考成绩，教员上堂时学生要起立；(六) 学习可以脱离政治是错误的思想，因此地理与历史不能脱离政治；(七) 教学方法必须改变，旧的四点不了解，要加上图表，表格与实验。馆藏

同日 复张令杭书："星三（十四日）下午乘五时特快返杭，请派车一接，并通知舍间。"《马寅初全集》第十五卷，第338页

12月13日 致张令杭书："星三不能回杭，改在星四乘下午五时车归来，请转告敝寓，并告司机。明日与毕业同学讨论大礼堂事。"《马寅初全集》第

十五卷，第339页

12月14日 出席政务院副总理董必武招待中央各部留沪委员茶话会。参加者饶漱石、陈毅、张元济、陈叔通、曾山、陈铭枢、潘汉年、盛丕华等40余人。12月15日《解放日报》

12月16日 离沪抵杭。

12月17日 复电陈云、薄一波："来电收到，阅后我非常高兴！关于华东财经情况，我正在给中央和你们起草报告，近几日内即可电告。"所提正在起草的报告，即12月26日以华东财委名义致电中财委的《关于十月以来物价斗争的报告》。《马寅初全集》第十四卷，第75页"陈云电"；《马寅初全集》第十四卷，第553页

12月19日 与陈云、薄一波联名致函中财委所属各部、署：国家举办保险事业主要是为了保护与发展生产，并保护劳动人民的福利，各地国营、公营企业必须实行保险。《陈云年谱》

同日 得张元济函。《张元济年谱》

12月21日 中苏友好协会浙江分会筹备委员会庆祝斯大林七十寿辰，筹备会主任谭震林、副主任马寅初、浙江省副书记谭启龙及林枫、刘丹等50余人到会。先生于会上致辞：根据下列八点理由，热烈祝贺斯大林寿辰：（一）苏联是世界上唯一无二的社会主义国家，给我们中国指出了前进的方向，提供了革命成功和建设的经验；（二）苏联是第一个在中国废除不平等条约的国家；（三）苏联对我们帮助最大，1925—1927年帮助我们打倒北洋军阀，抗战时帮助我们打日本帝国主义，最后出兵解放东北迫使日本帝国主义无条件投降，现在又帮助我们各种建设工作；（四）苏联是世界和平的堡垒，有了他中国才能顺利取得革命的胜利；（五）斯大林教育我们抛弃了狭隘的民族主义，学习了国际主义；（六）斯大林宪法是世界上最先进的宪法，人人真正平等、自由，是我们学习的方向；（七）"斯大林"三字是世界人民和平的象征，只有斯大林指示的方向，人类才能摆脱灾难；（八）斯大林使我们晓得：反对帝国主义资本主义的必然性，使我们学会与运用了马列主义。中国人民今天的胜利，是与斯大林的关心和指示及苏联的援助分不开的。最后畅谈旅苏见闻。12月22日《浙江日报》；《马寅初全集补编》，第549页

12月22日　领衔发起组织"浙江省专科以上学校教职员联合会"。偕艺专校委会主任刘开渠先生、省医主委黄鸣驹及之大教授周正先生等在浙大举行发起人会议，决定组织筹备委员会，除发起人为当然委员外，并由参加发起的各校负责人，指定各该学校的教授、讲助、职员各一人为筹备委员。会上推定浙大负责草拟会章草案，并决定廿四日举行筹委会首次会议，由浙大召集之。《浙江日报》

12月24日　上午，于浙大会议室出席省高教联筹委会第一次会议，并作简单报告。会议讨论决议：(一)筹委会办公处设在浙大；(二)会后即发动各校征求会员，举办会员登记；(三)筹委会经费由各校暂垫，以后在会费中交还；(四)筹委会设常务委员五人，其中浙大二人，由各校筹委分别推定，浙大二名尚未推出，其余三名为莫朴(艺专)、黄鸣驹(省医)、周正(之大)，并决定以浙大二人中之一人为主席；(五)下次筹备会议由常务委员定期召开。

下午，应杭州市工商界邀请，于大光明戏院"讲解人民胜利折实公债问题"。12月25日《浙江日报》

同日　与陈云、薄一波联名致函海关总署：关于旧海关在国外存款处理问题，可由海关总署以债权人名义直接函告各存款银行，声明该项存款为中华人民共和国中央人民政府海关总署所有，如有损失，存款行应负完全责任。《陈云年谱》

12月25日　上午，应杭州市总工会邀请向杭职工演讲关于购买折实公债问题。详细讲解发行胜利折实公债的办法、计算方式以及用途和是否可以做抵押等，特别指出此次发行公债是"在政治上给全国人民一个教育。中华人民共和国成立了，大家也表示拥护，今天中华人民共和国为了建设需要发行公债，要求大家承购，实际就是考验每一个人是否真正拥护中华人民共和国的最具体的行动！这次公债不是公债，而是公责，国家兴亡，匹夫有责，这就是责。把国家的利益和你个人的利益联结在一起。看看你怎样表示！国家正将进入建设高潮，需要每一个人尽他的力量来支持这一个运动！"号召大家行动起来踊跃购买。12月26、27日《浙江日报》；《马寅初全集》第十四卷，第76页

同日　笔记(思考要点)：(一)生产力的浪费对于现代社会的生产力都是

毁坏，对于所有物资价值创造者们所犯的浪费、错误和所犯的罪；（二）要求三四千万失业队伍和请青年别进高等学校的希奇呼声，在是浪费生产力；（三）我们要发展创造力；（四）有志愿还是不够的，我们必须还有熟练的技能，经营的智识和工作的新方法；（五）倘没有有效严格的经济管理，不能进行的。
馆藏

12月26日　晚，至杭州人民广播电台播讲《发行折实公债之理由》。《浙江日报》

同日　与陈云、薄一波联名致函重工业部：据有关部门调查，石景山钢铁厂存在的严重问题是：该厂领导对资财的清点、整理、保管工作从未予以应有的注意；该厂各方面的浪费，损失至为惊人；至今未建立一套制度，以致形成生产管理上的极度紊乱现象；对依靠工人阶级办好工厂的观点极端模糊。请该部即速彻底查明报告。《陈云年谱》

12月28日　上午，向杭州1400余名店员、干部演讲《人民胜利折实公债》："假定一个渔翁用竹竿钓鱼，一天所钓的鱼很少（假定为十尾），只要他提倡节约，日累月积把节约的钱，去买一条鱼网，这样生产就会增加（从十尾加至一百尾），继续节约，积下的钱会更多，那么可买一条船，生产量自会更加增多（从一百尾加至五百尾），又节约去买一条轮船，到海里去捕鱼，鱼打得更多（加到二千尾），钱剩余的也会更多，再造一座冰房，使鱼不会霉烂，再积了钱，再买一个大火车头，但中国没有，苏联有，那么我们就用鱼去换苏联的大火车头，这样使生产一天一天的发展起来，交通又便利了。现在我们把节约下来的钱购买公债，政府就借了我们的钱去买大火车头，结果是一样的。不过一个人两个人的效力很少，大家一齐作，效力就大，这样新中国就建设起来了，就能使中国变成一个独立、民主、自由、统一和富强的新中国。"12月29日《浙江日报》

同日　当选杭州市第三次各界人民代表会议主席团成员。12月29日《浙江日报》

12月30日　应上海铁路局杭州办事处职工特邀演讲《发行折实公债理由与目的》。"马副主任讲得很起劲，指手顿脚，职工听得起劲，鼓掌欢呼。继由秦超主任报告四天来的认购成绩：除因故出差或请假者外，全体员工已百分之九十以上卷入认购热潮，认购分数，据不完全统计（因为有些员工认购以后，自己去存折实单位的），已在六千分以上。"12月31日《浙江日报》

12月31日 笔记两则（思考要点）：

租让制度与发行公司股票必成为政策。华东：4500万分，中南：3000万分，华北：1500万分，西南：700万分，西北：300万分。

（一）从前以乡养城因为北平市赤字由华北人民政府津贴的，第二步要做到以城养城，最后的目标是以城养乡（城市建设乡村）；（二）五种税，营业税、营利事业所得税、房产税、地价税和农业税，以及附征的小学教学费、清洁卫生费都是直接税分级累进，累有免税的；（三）免税奖励工厂迁出城外，新建房子免税三年；（四）自住房屋税加重，使之出租，并设新北京，疏散人口于郊外。馆藏

本月 出席重庆大学上海校友会茶话会并致词：现在百废待兴，我衷心希望校友们在各自的岗位上，安心为新中国工作，努力为人民服务。我和大家一样，只是一个人民的公仆，承诸位盛情欢迎，十分感谢！至于人事，我对亲友、故旧和学生，一个不带，完全由党和政府安排。新社会与旧中国是完全不同的。共产党历来坚持按组织原则和人事原则办事，反对把私人关系凌驾于组织原则之上。所以，过去凡给我写信要求调整安排工作的同学、亲友，恕我直言，都不能办。特此说明，希望大家谅解。《马寅初全集》第十四卷，第89页

同月 同陈云、薄一波致函东北财委，指出：华北各区在东北购妥粮食1000多万斤，望转告东北铁路局于年前拨给车皮运回。《陈云年谱》

1950年　69岁

1月

1月1日　晨至子三广场参加浙江大学全校师生团拜活动，发表新年祝词。随赴学生会紧急扩大会议，再度强调胜利折实公债意义："我们学生有热情、有知识；在宣传认购胜利公债中，我们浙大学生在浙江学生中要起带头作用……你们出去宣传，我跟你们一块去，风雨无阻！"浙江大学即日成立"学生界推购折实公债委员会浙大支会"。1月10日《浙江日报》

下午，出席杭州市政府及各界代表新年集会，并演讲：我首先向诸位拜年，这个拜年是有重大意义的，因为我们已经生了一个儿子，这就是中华人民共和国暨中央人民政府的诞生，今天是第一个周岁，大家吃红蛋，是特别高兴的时候。（鼓掌）现在，母亲临盆生产的痛苦业已渡过，但是，困难仍是继续存在着的，这就是如何将孩子抚养成人。因此，艰巨的责任又摆在我们的面前，正如毛主席所说的："我们的情况概括地说来就是：有困难的，有办法的，有希望的。"我们有困难，因为我们一方面仍须继续将解放战争进行到底，解放台湾、西藏、海南岛和定海；一方面又要担负起建设新中国的重任，所以在财政收支上，暂时还存在着收支不能平衡的困难。可是，这些困难我们是一定有办法克服的，发行和推购人民胜利折实公债就是解决困难的办法之一，希望大家竭力完成这一个光荣任务，同时希望大家团结一致，为建设新中国而努力。1月3日《浙江日报》

同日　为《浙江日报》元旦特刊题词："一九五〇年是最困难的一年，也是最有意义的一年，打到台湾去，解放全中国。"中央给华东区1950年任务为：支援人民解放军解放台湾和定海。《浙江日报》

1月2日　率浙大学生冒雨上街宣传发行"人民胜利折实公债"意义。于湖滨沧洲饭店前演讲，以生动例子向民众解释公债意义，并当场带头认购公债

150分。蒋银火:《马校长在浙大的主要活动纪实》,《百年大寿——马寅初先生百岁寿辰庆贺会文集》,1981年

1月3日 再度率学生上街宣传认购"人民胜利折实公债"。1月10日《浙江日报》

1月4日 就美蒋成立"秘密协议"发表抗议声明:根据斯大林、马林科夫和共产党情报局的指示,我们认为现在若有战争危机的话,则此危机是在亚洲。以美帝为首的国际反动派并没有放弃他们的侵略中国的企图。正相反,他们是处心积虑地在挑拨战争,幻想达到独霸中国独霸世界的野心。三年前蒋美所签订的《中美商约》,是美帝企图永远征服全中国人民最好的例子,比日本曾经企图征服中国但已失败的一切行动更加阴险。依照《中美商约》,美帝不仅在华取得一切特权,而且几乎取得用经济方法灭亡中国,永远使中国做美帝殖民地的一切特权……总而言之,美国的侵略力量,经济的、文化的、政治的、军事的,都可以根据此约,无遮拦的,以排山倒海之势,淹没全中国。现在华中华南已全部解放,西南进军势如破竹,美帝灭亡中国的阴谋已被粉碎了,但美帝的野心仍未稍戢,已决定进一步援助台湾残匪,抵抗人民解放军的进攻,使台湾成为侵略中国大陆和反对亚洲人民的战略基地。我们必要再使一把劲,对留在台湾之蒋匪帮作最后之一击。1月5日《浙江日报》

1月5日 上午,应杭州市小教联邀请演讲《人民胜利折实公债》。1月6日《浙江日报》

下午,出席杭州市教育工作者工会筹备委员会会议。原高教联合会、中教联合会、小教联合会、校工联合会等代表39人与会。1月6日《浙江日报》

同日 与陈云、薄一波联署中财委通知:自一月起,中央政府各委、部、会、院、署、行、厅之经常费预算与临时费预算,一律送财政部审核;各企业单位之建设费用,应详制预算并附工程计划,报中财委审核。《陈云年谱》

同日 笔记(思考要点):(一)以国家全部资产作担保;(二)工商界怕:(1)冻结资金,(2)物价波动,但与其波动还不如冻结;(三)政府把各地散开的游资集合起来组织起来,因此政府执行了银行的职务而买公债者是存款人;(四)苏联一天之中销二百亿公债,等于四十亿美元。馆藏

1月7日 于浙江大学演讲《和大精神》。蒋银火《马校长在浙大的主要活动纪实》

同日 中央人民政府委员会召开第五次会议（不在京缺席），会议通过任命马寅初为浙江大学校长。1月8日《人民日报》

1月9日 笔记（思考要点）：（一）个性与他的历史根源和环境分不开的；（二）个性在一定条件下形成的，也可以在另一条件下改造的。馆藏

1月10日 笔记（思考要点）：（一）扶助和鼓励生产资本，发展商业资本，打击投机资本，要求一切私人资本接受国家的领导；（二）投机者是逃避甚至抵抗国家资本领导的，他是买办资本，流氓资本的化身，本质上是落后的反动的；（三）在老区投机已绝迹；（四）对投机作战和对敌人一样不打没把握的仗；（五）我们有煤，有棉花，东北米已到达上海，打破封锁；（六）我们承认物价波动的基本原因，物价涨足时再予投机家以打击比较容易收效（实例：市价五万元抛出一尺只收回五万元，若涨至十五万元便收回十五万），物价大跌，投机家破产；（七）反攻要从各方面动手双管齐下，一面抛出物资，一面收缩通货，一面恢复交通，一面又停止货放；（八）将欲取之，必先与之的策略让他们猖狂一下，再择其尤，予以一网打尽（要少但要狠）；（九）不杀投机商的理由：不杀他们，只要他们丢面子；（十）我们不要消灭投机商，只是消灭他们的投机行为，网开一面，希望他们进来投资于正当生产。馆藏

1月11日 应杭州市胜利折实公债推销委员会邀请，于青年会为杭州宗教团体、同乡会及杭州士绅讲解折实公债问题。1月12日《当代日报》

1月13日 应杭州市银钱业工会邀请，为全市银钱业全体职工演讲：《人民政协〈共同纲领〉中的经济政策》。1月13日《当代日报》

1月16日 于上海棉纺织公会讲习会讲演《新时代新潮流新思想和新人生观》，徐炳昇笔记。指出："现在新时代中，我们的精神与形式，都和从前不同。新时代里人是处于主人的地位，人是万物之灵，可以操纵世界上的一切。过去人与人战和人统治人以及人剥削人的思想精神，现在都不应该有，今后人与人应该合作，人只可与自然战。"新时代的新潮流集中体现为：（一）重视人的生命；（二）重视人的人格；（三）重视人的地位。新人生观的核心为：从劳

动观点出发。《马寅初全集补编》，第 337 页

1月22日　《文汇报》1月22日载：郑太朴[1]烈士追悼会在上海陕西路186号民建会礼堂举行，追悼会由马寅初主祭，黄炎培、柳亚子、谭平山、李平心及各党派、团体、学校致悼词。参阅郑太朴纪念文章

1月24日　至上海人民广播电台播讲《折实公债与人民的公责》，从物价波动的原因、为什么要多发纸币、通货太多影响最大的是谁、我们的军队和工作人员肯吃苦、我们把省下来的钱投资于生产、所以要发行折实公债的道理、上海努力反封锁渡过难关的经过、全上海市民团结起来为推销公债任务完成而斗争等八方面展开。1月26日《大公报》；《马寅初全集》第十四卷，第 90 页

1月25日　就响应购买折实公债事复张令杭书："接奉手书，藉悉吾校教职员、工友响应推销折实公债，认购极为踊跃，认购总数已近万分，且可能突破目标，完成吾校光荣任务，寅甚欣慰。承告孟院长以体弱多病，恳辞文学院长兼职，遵嘱另致书孟院长，恳切挽留。附函请转交贝院长，请假赴京事已悉，兹将贝院长原函附上，请交刘副主任委员存查。"内附致孟宪承书，请仍主持文学院。《马寅初全集》第十五卷，第 340 页

1月27日　华东军政委员会成立大会，主席饶漱石，副主席曾山、粟裕、马寅初，委员陈毅、谭震林、许世友、陈士榘、陈望道、潘汉年等 62 人。先生继饶漱石、陈毅报告后讲话："我们要迅速把国防前线的华东区建设成为坚强的和平堡垒，把过去替帝国主义官僚资本主义服务，并依赖帝国主义的经济生存而畸形发展的许多华东旧城市，改造成为国内生产为人民服务与真正健全繁荣的新城市。"2月3日《浙江日报》

1月27日—2月6日　出席华东军政委员会第一次会议。

1月31日　出席《新闻日报》座谈会并演讲《完成购债任务，巩固胜利》："人最要紧的是良心。兄弟以为财产'生不带来，死不带去'，只有良心才是内在的财产。人都是有良心的，人家千辛万苦地解放了上海，我们却坐享

---

[1] 郑太朴（1901—1949），浙江湖州人，由商务印书馆资送德国哥丁根大学研究数理。国共合作期间，任国民党驻欧总支执委，又任共产党留德直属组书记。回国后先后担任中山大学、同济大学、交通大学等教授。参加上海各大学教授联谊会，从事民主运动。1949 年 1 月，受中共邀请，绕道香港赴北平参加新政协会议，不幸病逝。

胜利之果，我感到非常惭愧。人是有正义感的，有良心的，我们应该想想：胜利是如何得来的？是什么人得来的？……我们自己晓得，钞票的价格将来不免要跌一些，所以人民公债又叫折实公债，是为防止物价上涨，并且是保值的，还有五厘利息。""只有将来社会和平了，人民有钱了，购买力提高了，工商业产品才能有人买，工商业才有前途。"2月1日《新闻日报》；《马寅初全集》第十四卷，第99页

本月 为华东人民革命大学题词："土改可以提高国家的生产率和人民的购买力"。《马寅初全集补编》，第576页

同月 上海市工商业联合会成立，到会祝贺并题词："敬祝上海市工商联合会成立，荩筹硕画，经国济民"。影印件

同月 为《中华工商专科学校1950班毕业生纪念册》题词"百年树人"。影印件

2月

2月2日 出席华东军政委员会会议，并作《华东军政委员会组织条例》报告。2月5日《浙江日报》

2月4日 出席杭州市教育界欢迎教育部马叙伦部长大会并致辞：热诚欢迎马部长莅杭，继分别说明爱祖国、爱人民、爱科学、爱劳动、爱护人民公共财物之新道德及民主集中制的真义。2月5日《浙江日报》

2月5日 晚，至杭州人民广播电台播讲折实公债问题——《光荣属于杭州市人民》。进一步阐发发行公债意义：人民公债与伪公债之不同点；发行公债于工人工商界都有利，与发行钞票不同；公债折实办法等。我们一面要建设，一面要打仗，我们不愿意减少投资，又不愿意多发钞票，因而就要发行一些公债。《浙江日报》

2月10日 出席中央人民政府政务院第十九次政务会议。会上作华东军政委员会成立经过报告。2月12日《浙江日报》

2月26日 与陈云、薄一波联署中财委复侯德榜[1]函。谓："贵公司要求

---

[1] 侯德榜，著名化学家、永利化学工业公司总经理，民族资本家，时为中财委委员。

豁免缴纳硫酸铵一事，本委转交农业部调查后认为，贵公司以前与伪农林部订有合同，以捐献硫酸铵方式（自一九四六年起连缴六年）归还其捐赠给永利公司添购器材的款项。因此，解放后仍应继续向人民政府缴纳硫酸铵。如你们目前确有困难，政府可据实将原合同予以修改，展期缴纳。"《陈云年谱》

3月

3月4日 晚，偕中央人民政府委员、各部部长、政务委员、诸民主人士赴北京车站，迎接毛泽东、周恩来访苏回国。3月5日《人民日报》

3月6日 出席华东军政委员会第3次行政会议。于会上扼要报告政务院讨论批准华东军政委员会各单位人选名单及讨论通过华东军政委员会第一次全体会议各项文件情形。3月10日《人民日报》

3月8日 出席中国保卫和平大会工作委员会会议。会议推举出和大中国委员会主席郭沫若，副主席刘宁一、蔡畅、廖承志、沈雁冰、马寅初。大会致电美国国会，抗议美国国务院拒绝世界和平大会代表入境："美国国会：美国国务院拒发签证给世界和平大会国际代表团，显然是蓄意剥夺美国人民和其他国家中爱好和平人民代表的见面并听取他们的报告和意见的应有权利。我们认为这是美国政府进一步卑鄙地服务于美国少数好战集团的利益、压制争取和平的努力的一个新的证据。我们在此代表中华人民共和国所有爱好和平人民对美国国务院这种高压的措置和对你们对这一措置的容忍态度，表示严重的抗议。中国保卫世界和平大会委员会主席：郭沫若，副主席：刘宁一、蔡畅、廖承志、沈雁冰、马寅初。一九五〇年三月八日。"3月9日《人民日报》

3月14日 出席华东军政委员会第4次行政会议。会议讨论通过：关于开展春耕运动指示；原则通过关于执行政务院《关于统一全国各级人民政府、党派、群众团体员额暂行编制》的指示等。新华社上海16日电

3月15日 为浙江大学学生讲授《财政经济政策》，历时三小时。蒋银火：《马校长在浙大的主要活动纪实》。

3月中旬 与陈云、薄一波联署中财委《关于各公营、公私合营及工业生产合作社的工矿企业进行统一的全国普查的训令》。此次普查结果："截至一九四九年底，全国工矿企业公营二千八百五十八个，公私合营三百五十九

个，中苏合营一百零九个，合计三千三百二十六个；职工共有一百一十八万人。"《陈云年谱》

3月20日 与陈云、薄一波联署函告贸易部，同意农业部为改良国内农作物品种，拟向苏联购买143种优良品种的建议。《陈云年谱》

3月22日 政务院发布命令："中国银行原有之商股董监事，除战争罪犯外，均继续有效。该行应于短期内，迅速召集董事会议，以推动业务之开展。此令。总理周恩来。一九五〇年三月二十二日。"特指定南汉宸、曹菊如、马寅初、章乃器、冀朝鼎等十三人为该行官股董事。何香凝、陈嘉庚、司徒美堂、许涤新、李世璋五人为官股监事。3月23日《人民日报》

3月29日 与陈云、薄一波联署函告贸易部，为鼓励公私厂商继续进口外棉，将进口免税日期延至9月底。《陈云年谱》

3月31日 防台湾国民党飞机空袭轰炸，率浙大学生挖防空洞，半天完成预计一天之作业量。蒋银火：《马校长在浙大的主要活动纪实》

4月

4月1日 主持浙江大学首届校代会暨23周年校庆。省政府主席谭震林等应邀出席。代表学校致开幕词："今天我们全校师生员工团结一致，大家都拿出当家做主人的态度，人人提提案，个个想办法，共同努力，办好人民的新浙大。这和以前由校长统治一切是完全不同的，这是一种新的制度，在我国还是在实验期中，所以我们要总结经验，提高认识；要慎重地检讨过去，策励将来，对于过去好的地方，我们要表扬，发扬光大；坏的地方，要批评纠正，这就是全校代表会议的基本精神。"谭震林赞扬："代表会议是我国的一个创造，是在代表大会尚未具备的条件以前，用以听取与交换各方意见的一个最好方式。"4月3日《浙江日报》

4月5日 偕昆虫学家、农学院院长蔡邦华教授，率浙江大学学生及上海学联来杭学生，上凤凰山祭扫于子三烈士墓。4月6日《浙江日报》

同日 与陈云、薄一波联署复函轻工业部，同意中国标准铅笔公司所提公私合营的请求，要求该部抽出230万斤小米作为公股投资。《陈云年谱》

4月9日 赴京公干于颐和园晨跑，遇竺可桢。《竺可桢日记》

同日　中国银行改组后举行首次董事会。南汉宸、沙千里、章汉夫、章乃器、王绍鏊、龚饮冰、冀朝鼎、詹武、宋汉章、张嘉璈、陈光甫、李铭、徐寄廎、杜镛、马寅初、曹菊如、胡景沄、孙晓村、金润泉、郑铁如20人出席。少数留港因事或因病不能出席者，均有书面委托其他董事代表。董事会当即改选常务董事。南汉宸、宋汉章、马寅初、张嘉璈、章乃器、胡景沄、陈光甫7人以最多数当选。经政务院指定南汉宸为董事长。新华社北京11日电

　　4月11日　出席中央人民政府委员会第6次会议。出席会议者有毛泽东等43名中央政府委员。会议批准关于《中苏条约》及协定。4月13日《人民日报》

　　4月13日　出席中央人民政府委员会第7次会议。陈云作"关于财政状况和粮食状况"报告后，先生讲话：物价稳定的重大成就，是由于人民政府与国民党反动政府相反，采取了整理收支、控制市场、集中现金的正确有力措施的缘故。4月15日《人民日报》

　　4月25日　出席华东军政委员会第10次行政例会。饶漱石主席，马寅初副主席，吴克坚秘书长及各委、部、院、署、局、行负责人出席。会议讨论通过华东军政委员会《关于展开捐款运动加紧救济失业工人的指示》。4月28日《人民日报》

　　4月29日　发表《新中国现阶段统一财经工作的轮廓》。从统一国家财经工作的目的、政治条件、利益、困难、手段及实现统一国家财经工作与1950年任务的关系等六方面阐述。《展望》总第15期；《马寅初全集》第十四卷，第103页

　　本月　为浙江大学题词："有困难，不隐瞒；有办法，要就做；有希望，要大家加倍努力"。影印件

5月

　　5月6日　于华东人民革命大学作"有关目前财经问题"报告："对当前全国进行研究的三件大事——结束军事、稳定物价、进行土改作了详细的解说，同时，对目前财经统一问题，用现实的事例作了充分的说明，并指出今后建设新中国的有利条件。"华东人民革命大学校报《改造》第17期

5月13日 致华东财经委计划局陆文明书:"尊函中所提的三个数目,是陈云同志在中央财经会议上所报告的,饶主席在口头报告上亦曾提及。但如尊处以为不妥,不妨把全句删去。俟入京后探明确数,再告陈主任兼任重工业部长,谅不致有错误,不过最好先删,待查。"《马寅初全集补编》,第516页

5月24日 华东军政委员会颜惠庆副主席因心脏病于上海寓邸逝世。华东军政委员会讣告,决定以曾山、马寅初、潘汉年、吴克坚、颜福庆、胡厥文等组成治丧委员会,拨发治丧费1000万元。5月26日《浙江日报》

同日 就陈志梅先生捐赠杭州静江路房产事,致张令杭书:"兹陈志梅先生(喊哩洋行)所有杭州静江路一百号,约占地三亩(建筑物约占三分之一),将予捐赠本校。请先调查该房产地产有无纠葛及地价税若干后,于下次常委会报告,提出讨论该房地产是否有收受之需要,以便决定。"5月27日,浙江大学教务长严仁赓于信上批注:此事业经本校调查,并经本市房产管理委员会仔细调查,已将详情由该会呈报上级,正静候批示中。应回复马校长一信。《马寅初全集》第十五卷,第343页

5月25日 就陈志梅捐赠杭州静江路房产事,复张令杭书:"静江路一百号的房子,无论浙大要与不要,一经校委会决定,即请通知上海金神父路香山路三十号贲延芳先生,请其转告原主。"张得函后,即了解详情,于6月2日晚复书告之。《马寅初全集》第十五卷,第344页

本月 于全国工商局长会议总结发言。针对近期出现商品销路突然下降,商品卖不出去,无钱发工资,诸多企业休业之经济现象,加以分析并给出建议:"滞销原因,主要是通货膨胀下虚假购买力的消除。这种现象是十二年通货膨胀的结果,迟早不能避免。"主要从五方面阐述:(一)目前工商业的困难和办法;(二)调整公私企业间的关系;(三)税收公债;(四)投资条例草案;(五)工商局组织机构。还专门就"商业方面"提出具体改进办法,"我国是大国,小生产交换过程单靠国贸及合作社不够,私商是不可少的"。(1)国贸在销售市场上的价格政策。保持批发与零售、产地与销地的差价,使私商有利可图。(2)一个城市要有若干百货公司,以能稳定零售市场为准。(3)批发公司责任。回笼货币,稳定批发价格。(4)农村收购粮范围。包括主要农产、主要副产、外销物资的一部分。维持农产价格,保持农民正当利润。(5)私商

发正财是欢迎的，发横财是不允许的，要大大鼓励私商与合作社进行城乡交流。城乡交流是一民生大事，不是少数人能包办的，愈多愈快就愈好。(6) 收购农产品价格，政策必须照顾。消费者能接受、商人有正当利润、农民取得利益、自由贸易运输便利。会议基本采纳这些意见。陈云即向中央汇报并分析实施可能性。不久，中央宣布：调整工商业，扩大加工订货。会后，开始对工商业进行调整，重点是调整公私关系，同时调整劳资关系和产销关系。《马寅初全集》第十四卷，第110页

5月30—31日　出席高等教育会议预备会。6月2日《人民日报》

6月

6月1日　致张令杭书："高教会议昨日开预备会，今日休息，自明日（二日）起连开四天，拟请贝院长暂代弟之职务，日期不过四五天。教育会议原定只开三天，现因提案甚多，须展至初六日闭幕。弟拟与王院长等同时回杭。"王院长系王国松，浙江大学副校长、工学院院长，著名机电学家。《马寅初全集》第十五卷，第342页

6月2—6日　出席教育部第一次全国高教会议。就高等教育之方针任务、组织规程、课程改革、领导关系、师资培养、教材编审诸问题进行广泛讨论。以财经委员会副主任身份发表指导意见："教育政策也要求教育理论与实际一致"，"我们帮助农民翻身，不单是土地改革一次，不能认为只要分配土地就什么都成功了，我们要有许多种政策来配合。才能使农民真正翻身，教育政策实在也是帮助农民翻身的一环"。6月2日《人民日报》

6月10日　偕中央人民政府诸委员陪同毛泽东主席宴请全国政协第一届第二次会议特别邀请人士：鲍尔汉、刘文辉、邓锡侯、卢汉、熊克武、李根源、梁漱溟等。6月11日《人民日报》

6月14—23日　出席全国政协第二次全体会议，中心议题为"土改问题"。中共中央向会议提出《土地改革法（草案）》，刘少奇作《关于土地改革问题的报告》。会上，先生首先表态拥护共产党土地政策，提议要广泛宣传土改政策，以防止"斗争过火"。会下，共产党负责人约请民主党派、无党派民主人士分别协商座谈，沟通思想，消除疑虑，会议最后于《共同纲领》原则上通过《土

地改革法（草案）》。馆藏

6月28日　出席中央人民政府委员会第八次会议，毛泽东等46名中央政府委员到会。会议听取周恩来报告目前国际形势，通过《中华人民共和国土地改革法》、《中华人民共和国工会法》及《中华人民共和国国徽图案》。6月29日《人民日报》

6月26—29日　出席政务院财经委员会第二次会议。6月30日《人民日报》

本月　笔记（思考要点）："金融贸易状况。"《马寅初全集》第十四卷，第114页

7月

7月5日　于全国文教大会作报告。《竺可桢日记》

7月11日　出席浙江大学第二十三届毕业典礼。致辞：以前"毕业就是失业"，今年在政府的通盘计划下，人人都有了工作；现在可以说"毕业就是就业"。在反动派时代，即使有少数毕业能就业的，但也学非所用，不能站上应站的岗位，今天不再有人材浪费的现象了。针对同学中有少数计较工作地点、待遇高下、想走私人路线等想法，特别指出："我们应该服从政府有计划有步骤的统一分配，千万别为个人利益打算，牺牲就牺牲一点，应该拿出像解放军一样的伟大的精神来忠贞地为人民服务。"最后向毕业学生一一授发毕业证书。7月14日《浙江日报》

7月14日　出席华东军政委员会第二次全体委员会议，土地改革问题为会议中心议题。7月16日《浙江日报》

同日　《浙江日报》报道：浙大马寅初校长、艺专刘开渠校长，七月十四日邀集之大、浙医两校校长及教职员代表，在艺专讨论如何组织本市大专教职员的暑期学习问题。7月20日《浙江日报》

7月20日　以中国保卫世界和平大会委员会副主席身份，出席上海各界人民代表反对美国侵略台湾朝鲜集会。会上演说：美帝国主义在朝鲜的侵略行为是非法的。现在美国在政治上、军事上、外交上都已遭受到严重的挫败。7月23日《人民日报》

7月22日　于华东军政委员会第二次全会致闭幕词，总结、概括华东军

政委员会成立五个月来各方面工作成绩,特别指出:"我们根据毛主席于中央人民政府委员会第七次会议上指示,以及政务院财经委员会关于加工、订货、收购、贷款的计划,进行调整公私企业关系。就在这以前,我们在这方面早已做过不少的工作,对于上海及华东各地工业生产及市场情况的开始好转,是起了显著作用的。在今后几个月内……对于公私企业关系,劳资关系,继续加以调整,一定可以达到共同纲领所规定的五种经济成分在国营经济领导下分工合作、各得其所的目的。"7月25日《浙江日报》登载《华东军政委员会第二次全会马寅初副主席闭幕词全文》;《马寅初全集补编》,第376页。

7月25—31日 出席浙江省第一届各界人民代表会议预备会议,会上作《关于土地改革问题》讲话。7月31日《浙江日报》

7月27日 笔记(思考要点):"(一)工商业中的公私关系,在工业方面并不严重。政府并没有办过新的工厂,旧有工厂取重点恢复的方针,将来着手发展重工业,而这些重工业又多是私人资本家无力或不敢经营的,所以并无多大矛盾。目前一般的私营工业并不感到国营工业的排挤,相反,要求公私合作。(二)商业方面的情况则不同,商界中有许多人认为政府做的事太多了,这也收购,那也收买,既开百货公司,又设零售商店;既做批发,又做零售,私商还有什么生意可做?国营贸易,为调剂供求,稳定物价,曾有大发展,并与投机作了若干严重的斗争,因此认为公□经私,倘这见解是对的,只要少做一些生意,就可解决问题了。但问题并不简单。"《马寅初全集》第十四卷,第116页

本月 发表《革命政府的经济政策与反动政府的经济政策之比较》。文首附志:"此文以土地政策为中心,辅以其他各种经济政策成一联系。""本文范围极广,内容极丰,非五六千短篇文字所能发其端倪,故不得不缩小其范围,以土改问题为中心,环绕其周围者则为其他各种经济政策和教育政策,与土改政策有计划地配合起来,向一个共同的目标进展。这个目标,就是扩大土地的生产力,提高农民购买力,以促进新中国的工业化。"该文为《土地改革法》公布后所写又一篇考察新民主主义经济政策文章,从:反动政府的土地政策;革命政府的经济政策;与土地政策配合起来的其他政策,如贸易政策、工商政策、财政政策、金融政策、交通政策、教育政策等诸方面予以阐述。《经济周

报》第 11 卷第 7 期；《马寅初全集》第十四卷，第 128 页

同月 发表《新民主主义的经济》。从：《共同纲领》的规定、两种剥削、为什么要保存富农（容忍资本主义式的剥削）、我国经济制度与苏联经济制度的比较、新民主主义经济、如何从新民主主义转到社会主义、毛主席的指示、用什么方法来领导民族资产阶级等八方面，阐发新民主主义经济政策。《展望》第 6 卷第 5 期；《马寅初全集》第十四卷，第 118 页

8 月

8 月 1 日 出席驻沪人民解放军陆海空部队及各界人民庆祝"八一"建军节暨反对美国侵略中国的台湾、朝鲜示威大会，并发表讲话。8 月 3 日《人民日报》

8 月 4 日 商务印书馆董事会第 497 次会议选举新董事会。先生与黄炎培因出任公职，不再担任商务印书馆董事会职务。《商务印书馆董事会记录簿》

8 月 17 日 致张令杭书，介绍秘书王克宥前往苏州华东人民革命大学政治研究院学习。王时任中财委机要秘书。《马寅初全集》第十五卷，第 347 页

8 月 18 日 出席第一届全国自然科学工作者会议开幕式，与朱德、李济深、黄炎培、章伯钧、吴晗等相继发言。《竺可桢日记》

8 月 20 日 出席华东人民革命大学政治研究院开学典礼并讲话。要点：为什么土改；国民党土地政策不彻底之害；依照《共同纲领》完成任务，各党派都要遵守，要废除封建、半封建土地剥削所有制，变为农民所有制；封建剥削和资本主义剥削；消灭地主阶级，消灭封建的而不是资本主义式的剥削；封建剥削废除后，有什么好处；农民购买力增加之后，工业发达，可安置农民于工业；目的在使人人劳动，剥削与投机被打倒；扶助工业，保护商业资本和民族资本；在国营经济领导之下，不至于发展成为帝国主义；投机是剥削，这种剥削要打倒，为什么土地的剥削不打倒；投机不打倒，物价不稳定，无法工业化等。该讲话列为华东革大学习材料之一。《马寅初全集》第十四卷，第 137 页

下午，于苏州东吴大学演讲《三大宪章及土地政策》。

8 月 21 日 赴苏州华东革命大学政治研究院演讲。要点：《共同纲领》给我们以合作的方式，各党各派所一致通过；教育方面，高教会议主张、新大学学

制、专才与通才等；投机家是剥削者，我们是被剥削者。我们打倒投机家，你赞成的，何以不赞成打倒土地剥削者。投机家如何打法？不杀。地主如何打法？人民法庭，不准乱打乱杀，但取宽大政策等。《马寅初全集》第十四卷，第138页

8月23日 笔记（思考要点）：基层人民代表会议因户籍未曾普查，"有精神病的，不够年龄的，已经剥夺公民权的，甚至有反动嫌疑的，都可以充当代表。因此户籍法要快快订定"等12项。《马寅初全集》第十四卷，第140页

8月28日 出席中国保卫世界和平大会委员会华东分会第一次发起人会议。会上正式成立和大华东分会筹委会，推选马寅初为筹备委员会主席，刘长胜、丁超五、金仲华、刘鸿生为副主席，陆璀为总干事，叶以群为副总干事。决议成立保卫世界和平演讲团，以便更广泛和深入展开保卫世界和平运动宣传工作。筹委会发表宣言，为争取全华东区有五千五百万人于和平宣言上签名而努力。9月5日《人民日报》

8月29日 以和大华东分会筹委会主席身份发表谈话，指出，美国的暴行是对我国人民的新的挑衅。我华东人民站在国防的最前线，应团结起来保卫世界和平。号召凡未在和平宣言上签名的人，要快快签名。9月1日《人民日报》

8月30日 于民主同盟上海支部讲话。从《共同纲领》第二十六条、五种经济成分、商品多样性、价格法则、各种经济政策、公私关系、农产品与工业品不等价交换等方面，说明当前经济问题。《马寅初全集》第十四卷，第142页

同日 复张令杭书："得手书，欣悉先生等已入革大学习，日后有暇去苏时，当去拜望。学习材料中，有寅之讲话，请将各位先生之批评与意见，送我参考为祷。"《马寅初全集》第十五卷，第348页

本月 中国新经济学研究会于上海成立，被推选为理事长，许涤新任副理事长，叶元龙、王志莘、杨荫溥等17人为理事。《中国新经济学研究会会员登记表》，上海市档案馆；孙大权：《中国经济学社的兴衰及其影响》

同月 笔记（思考要点），"关于国际问题"和"待查各点"等。"待查各点"记："农村中无农业税收入而有其他收益之土地，如盐田、水田、窑基、矿场、公基、私人花园别墅、工厂基地，应否征地产税？""经过牙纪或牙行

之交易征交易税，但有人先在牙行成交，再把东西送到店中，以蒙蔽当局。""黑牙行不登记，应设法禁止，否则，牙行都变成黑牙行了。"《马寅初全集》第十四卷，第146页

9月

9月11日 出席华东工农速成中学开学典礼，代表华东军政委员会表示祝贺。9月19日《人民日报》

9月17日 致张令杭函，告以决定于国前到苏州看望浙大同事。《马寅初全集》第十五卷，第349页

晚，偕饶漱石等设宴为华东区出席全国工农兵劳模代表会议代表赴北京饯行。9月19日《浙江日报》

9月18日 华东区出席全国工农兵劳动模范代表会议代表41人，离沪北上。代表华东军政委员会与各界人士1000多人前往车站欢送。9月19日《人民日报》

同日 与饶漱石、曾山、粟裕联署华东军政委员会"今冬土地改革地区今年秋冬农作生产政策的布告"。9月19日《浙江日报》

9月20日 复张令杭书，告以9月下旬工作行程。《马寅初全集》第十五卷，第350页

9月22日 下乡视察土改情况。

9月24日 赴浙江嘉兴地区五龙乡考查思想教育，围绕为什么要土改；如何改法？团结中农、中立富农；划分阶级；没收、征收和分配土地等问题与农民谈话。并询问当地土地多少、人口多少等事宜。开始关注人口问题。《马寅初全集》第十四卷，第147页

9月27日 偕留美归国文化界人士张奚若、钱端升、罗隆基、赵紫宸等23人致电联合国，反对美国侵略中国罪行。9月28日《人民日报》

9月28日 于浙江大学子三广场向全校师生员工作形势报告。蒋银火：《马校长在浙大的主要活动纪实》

9月30日 致张令杭书，告患痢疾，苏州之行取消。《马寅初全集》第十五卷，第351页

本月 笔记:"俞梦和历年工作。其人于铁路上做中修工作,指挥一百多人,工资薪水二百八十六分,每分在杭二千六万元,南京二千二万三十元,时有高低。"(旧币)《马寅初全集》第十四卷,第 149 页

10 月

10 月 1 日 亲任浙大大队长指挥浙大师生进行国庆节日大游行。蒋银火:《马校长在浙大的主要活动纪实》

同日 发表《开国以来几件大事》。以五件大事说明辉煌成就:与苏联订立《中苏友好同盟互助条约》;政务院颁布《关于统一国家财政经济工作的决定》,使财政收支接近平衡,通货膨胀基本停止,物价下跌;调整公私关系,工商业者思想开始有所改造,工商业情况明显好转,为将来实行计划经济奠定思想与技术上的基础;全国政协一届二次会议通过《中华人民共和国土地法(草案)》,并经中央人民政府委员会第八次会议通过施行,这是反封建斗争最有力一环;青年的思想转变。青年思想转变是开国以来最大收获,是建设新民主主义社会最重要因素。《新闻日报》;《马寅初全集》第十四卷,第 151 页

10 月 2 日 偕饶漱石、陈毅、曾山、潘汉年等出席驻沪人民解放军陆海空部队及各界人民共 70 万人庆祝国庆纪念大会。新华社上海 2 日电

10 月 9 日 代表华东军政委员会赴车站欢迎华东区出席全国工农兵劳模代表会议代表抵沪。10 月 12 日《人民日报》

10 月 11 日 赴苏州华东人民革命大学政治研究院看望浙江大学教师,勉励将华东革大好经验、好作风带回浙江大学,使浙江大学政治学习开展得更好。并与华东革大领导及浙江大学学员合影留念。蒋银火:《马校长在浙大的主要活动纪实》

10 月 13 日 偕陈云、薄一波、李富春联署《中财委关于统一整理公私合营企业公股的决定》(财经总字第 918 号)。

10 月 16 日 发表《加强保卫世界和平运动》。号召:"我们要求各种不同种族、不同国籍、不同政治意见、不同宗教信仰的人民参加这个签名运动,团结全世界亿万的男子、妇女与青年在这个呼吁书上签名。要知道亿万签名的征集,足以证明人民大众宣布使用原子武器是违法的。每一个签名都能给战争贩

子们一个打击。"《人民日报》;《马寅初全集》第十四卷,第 156 页

10 月 23 日 出席华东高教会议,并发言:"有计划有步骤地纠正旧教育理论与实际脱节的严重现象。而要办好教育研究指导组,除了设备、经费、时间等问题必须得到适当的解决外,最主要的则有赖于教学工作者本身的思想改造。"10 月 24 日《大公报》;《马寅初全集》第十四卷,第 158 页

10 月 25 日 与陈云、薄一波、李富春联署中财委致政务院函,呈报《中华人民共和国劳动保险条例草案》。《陈云年谱》

10 月 27 日 当选中国人民保卫世界和平反对美国侵略委员会常委。《人民日报》

10 月 28 日 参加中国共产党中央政治局委员、中央书记处书记任弼时治丧活动,与毛泽东等党政军领导、各界代表 170 余人,前往北京劳动人民文化宫送灵、吊唁。10 月 29 日《人民日报》

10 月 29 日 首都各界举行盛大集会,欢送即将出国参加第二届世界保卫和平大会中国代表团。先生代表出席二届和大中国代表团致答词:中华人民共和国开国一年来,在和平建设中有显著的成绩。代表团一定把这些和平建设的成绩,带到大会上去告诉全世界爱和平的人们。美帝国主义发动了侵略朝鲜战争,又侵占我国台湾,并派飞机轰炸和扫射我国同胞,企图破坏我们的和平建设。全中国人民知道:为了保卫自己的和平建设,也为了保卫世界和平,是不惜贡献自己的一切,坚决反抗美帝国主义的侵略。代表团一定要把中国人民保卫和平的坚决意志带到大会上去。10 月 30 日《人民日报》

10 月 30 日 与刘少奇、周恩来等党政军领导、各界代表 200 余人,为任弼时同志起灵,送殡至北京八宝山人民公墓。10 月 31 日《人民日报》

11 月

11 月 16—22 日 于波兰首都华沙出席第二届世界保卫和平大会。当选世界和平理事会理事,大会主席台座次:戈登夫人(法国)、南尼(意大利)、拉斐德(法国)、约里奥·居里(法国)、法捷耶夫(苏联)、郭沫若、萧三、马寅初、刘宁一(中国)。12 月 16 日《人民日报》照片

11 月 22 日 当选世界保卫和平委员会委员。11 月 26 日《人民日报》

12月

12月9日 中国银行于北京召开第一届第三次董事会。出席会议名单为：南汉宸、胡景沄、沙千里、章汉夫、宋汉章、陈光甫、李铭、贝祖诒、郑铁如、章乃器、龚饮冰、马寅初、冀朝鼎、詹武、金润泉、徐寄庼、王绍鏊、曹菊如、孙晓村、杜月笙20人。其中马寅初、陈光甫、宋汉章、李铭、贝祖诒、杜月笙、徐寄庼7人因病或因事未能出席，均委托其他董事代表。12月19日《人民日报》

12月20日 出席第二届世界和大中国代表团抵沈阳。东北人民政府主席高岗及各界代表3000余人前往车站召开欢迎大会。会上，代表团团长郭沫若、副团长马寅初演讲。大会结束，代表团即登车离沈赴京。12月21日《人民日报》

12月24日 北京各界于中山公园举行庆祝中朝人民抗美胜利欢迎和大中国代表团返国大会，出席大会者有：朱德、宋庆龄、李济深、沈钧儒等，及各民主党派、人民团体、部队、工厂、机关、学校代表5000余人。陈叔通致开幕词。12月25日《人民日报》

先生代表和大中国代表团畅谈《我对二届世界和大的感想》："鄙人原是中国代表团发言人之一，作好了一篇稿子，攻击美帝之侵略中国，批驳罗奇发言之荒谬。后听了两位美国代表的发言，他们自己攻击美帝，痛骂罗奇，比鄙人更彻底，全场听了异常感动，鼓掌之声连续不绝。罗奇不是美国代表团的一分子，是因受人之托而来捣乱的，但美国代表团既说得如此彻底，骂得如此厉害，鄙人之原稿失其作用，所以鄙人没有发言。"12月29日《人民日报》；《马寅初全集》第十四卷，第159页

同日 杭州四所高等学校于浙江大学举行"浙江省专科以上学校教职员联合会"，选举先生任主席。蒋银火：《马校长在浙大的主要活动纪实》

12月25日 会同陈云、薄一波、李富春签署中财委《关于〈货币管理实施办法〉及〈货币收支计划编制办法〉指示》。指出：推行货币管理制度是进一步统一财经工作的重要环节，是主要财经纪律之一，各级政府财委与有关部门，必须贯彻执行这些规定。《陈云年谱》

12月26日 出席中央人民政府委员会第十次会议。出席者有：毛泽东

等 36 名中央政府委员。周恩来作《关于目前时局的报告》、陈云作《关于一九五一年度全国财政收支总概算的报告》。12 月 27 日《浙江日报》

12 月 30 日 偕盛丕华、巴金、黄宗英等返沪，上海各界 2000 余人赴火车站迎接出席世界和大华东区代表归来。先生代表出席和大诸同人致答词。12 月 31 日《大公报》；《马寅初全集》第十四卷，第 167 页

12 月 31 日 发表《中国代表团向在朝鲜的志愿军致敬》。文曰："中国代表团无论在大会会场上或交际上，均受到各国人士的热烈的欢迎与特殊的待遇。这种光荣，皆由于我们在朝鲜的志愿军获得了决定性的胜利。这个光荣是属于在朝鲜的志愿军，尤其是属于在战场上牺牲的战斗英雄。我代表中国代表团全体同人把这个从欧洲带来的光荣，献给朝鲜的英雄们，并向他们致敬。"《新闻日报》；《马寅初全集》第十四卷，第 165 页

同日 为浙大校务委员会副主任委员刘潇然先生调任河南履新题词："潇然先生留念：正其谊，不谋其利；明其道，不计其功。敬引斯二句以表明先生办学之功夫"。寄张令杭，请其转赠刘潇然先生。馆藏

本月 发表《为什么要保存富农》。就新近颁布《土地改革法》中"不动富农"之政策，陈述三点理由：（一）富农所进行的剥削，主要是资本主义式的。"我们的政策既然是容纳民族资产阶级的，那么，对于富农这一个阶级，当然也得容纳他。因为民族资产阶级开工厂雇工人，这中间是有剥削的，而这个剥削也正和富农所加于长工者相同。为了要发展生活，繁荣经济，在一定的时间内容纳这种剥削是必要的，并且是有利的。"（二）两年前，在农村提征收富农土地财产，是为满足贫苦农民要求以获得兵源。"现在我们的革命战争已经胜利，反动派眼看即将消灭，城市与乡村已不再对立，农民的负担也减轻了。为了更有利地发展生产，保存富农经济是必要的。"（三）"不动富农将更有利于生产建设的发展，和孤立地主。"最后指出："我们的目的是要有步骤地消灭剥削，在目前一方面我们固然要积极地去消灭封建主义的剥削，但另一方面，我们却要容忍一下资本主义性质的剥削。这个时期很长，可能是二十年，或三十年，一直要到社会主义的时候，一切的剥削才可以完全消灭。"展望丛刊第二辑《土地改革与新民主主义革命》

1951年　70岁

1月

1月1日　晚，出席中南海勤政殿新年团拜会，毛泽东"做东"。与毛泽东、周恩来、郭沫若、茅以升等同坐第一席。《毛泽东与中国铁路》，中央文献出版社2006年出版

1月3日　华东暨上海各界代表2000余人举行盛大集会，欢迎出席二届世界和大中国代表团华东暨上海代表马寅初、盛丕华、陆璀、金仲华、巴金、黄宗英、刘良模、邓裕志、林三良等胜利归来。先生于会上报告二届世界和大成就："和大已组织世界和平理事会作为领导和平运动的执行机关。执行委员有二百余人，代表了八十个国家，连一万五千人的小国也有代表在内。这比联合国更有广泛代表性，比联合国更有权威和力量。联合国必须回到一九四五年去！否则，取而代之。"1月4日《大公报》；《马寅初全集》第十四卷，第169页

1月6日　上海工商界欢迎大会演讲《绝不能等待和平，必须去争取和平》，龙蹈笔记。提出："和大的目的却就是要使战争可以避免！所以，我们要扩大世界和平的力量，孤立帝国主义侵略者，使它们圈子越缩越小，使它们不能打，打不起来，因此战争是可以避免的！"1月7日《新闻日报》；《马寅初全集》第十四卷，第176页

1月7日　自沪返杭。浙江省委副书记谭启龙、杭州市副市长吴宪等党政领导及民主党派人士到火车站迎接，于车站广场发表讲话。1月8日《浙江日报》；《马寅初全集》第十四卷，第171页

1月8日　于浙江大学全体师生员工欢迎会上畅谈"出席二届和大观感"。1月9日《当代日报》

1月9日　赴杭州人民大会堂向省市各界代表1000多人传达"和大精神"，再谈《绝不能等待和平，必须争取和平》。1月10日《当代日报》

1月10日 晨，接见杭州各媒体记者，谈出国感观。着重介绍东欧各国于二战后迅速恢复建设情况，特别是苏联经济建设成就与科技文化政策与成果。1月12日《浙江日报》；《马寅初全集》第十四卷，第556页

同日 至杭州人民大会堂向全市各业公会正副主委、理事长及工作干部1000余人传达"和大精神"，号召"工商业者必须更加团结起来，为抗美援朝保家卫国而努力"。1月12日《浙江日报》；《马寅初全集》第十四卷，第172页

1月11日 浙江省市各界人民代表欢送参加军干校学员大会。先生受邀讲话，指出中国人民志愿部队英勇支援朝鲜，已把美帝侵略军打得落花流水，现在青年学生踊跃参加国防建设，将使中国出现一支强大的空军和海军，我们的国防军就更将所向无敌，使争取和平保卫和平的力量更为强大。1月12日《浙江日报》

1月13日 晚，离杭赴宁。

1月14日 《浙江日报》综合先生在杭多次演讲报道《不能等待和平，必须争取和平》。"二届和大向全世界人民指出了一条明确的道路：'绝对不能等待和平，必须去争取和平。'为了争取和平的实现，全世界人民必须行动起来，反对侵略战争。"《浙江日报》；《马寅初全集》第十四卷，第561页

同日 抵达南京，受到江苏各界人士热烈欢迎。1月15日《南京日报》

1月15日 于南京作关于二届和大报告。指出和大成就六个因素：（一）苏联的领导；（二）中国人民抗美援朝的伟大胜利；（三）国际统一战线的成功；（四）大会组织工作的周密恰当；（五）国际妇联的贡献；（六）英国政府的失策。1月16日《南京日报》；《马寅初全集》第十四卷，第563页

1月18日 发表《举国一致团结起来，完成抗美援朝神圣使命》。表示："二届世界和平大会的中心口号是：绝不能等待和平，必须去争取和平。我们中国人民已经在我们'抗美援朝，保家卫国'的运动中间，贯彻了这个中心口号的基本精神。"《新华日报》；《马寅初全集》第十四卷，第174页

同日 抵达无锡。

1月19日 于无锡市皇后大戏院向无锡各界及无锡文教学院、江南大学师生2000多人传达"和大成就"。1月20日《苏南日报》；《马寅初全集》第十四卷，第565页

1月25日 就折实公债等事致张令杭书："折实公债拟再加三十分,共一百五十分(上月已买了十分),可以凑足全校一万分之数。本月二十七日,先由浙江兴业银行汇来二百二十余万元,近来书籍版税已由代销之书馆送来,可以集合足数。此款收受人是范总务长,请先生费神于二十八日下午或三十日上午向兴业银行一询。如款稍迟送到,请范总务长暂垫(买一百四十分)。二月份薪给作为家用。本校教职员进高教联者如此踊跃,亦是一件可喜之事。弟拟于军政委员会成立后即来杭住三四天,后要束装北上。此来拟住校内,吃客饭。惟警卫两名,须住校内(在弟卧室外间,请预备床铺两张)。他们的伙食是否可以由学校供给(他们不支薪水,生活极苦),请就近商诸范总务长后示知为感。"《马寅初全集》第十五卷,第352页

1月26日 偕饶漱石、曾山、潘汉年、盛丕华、胡厥文等出席印度共和国驻沪总领事雁谒森庆祝印度共和国成立一周年宴会。1月28日《人民日报》

1月30日 会同饶漱石、曾山、粟裕签署华东军政委员会《发展农业生产十大政策的布告》东土字第2号。

2月

2月5日 复张令杭书："闻吾兄不久毕业,未识愿意仍回浙大否?不日进京,何日回沪未定。"《马寅初全集》第十五卷,第353页

2月20日 出席中央人民政府委员会第十一次会议。朱德、刘少奇等39名中央政府委员到会,列席者66人。会议主要议程为听取各大行政区工作报告及通过《中华人民共和国惩治反革命条例》,并通过十三项任免案。2月21日《人民日报》

2月22日 出席中国共产党联合各党派、团体欢迎中国人民志愿军归国代表柴川若等人宴会,并发言。2月23日《人民日报》

2月23日 就斯大林大元帅2月16日谈话发表书面意见："以美国为首的帝国主义集团正在扩充军备,准备战争。但他们把帝国主义自己的侵略政策说成是'防御',诋毁我国人民抗美援朝的正义行动为'侵略'行动。这正如斯大林大元帅所说,简直是一种丧尽天良的行为。这位伟大国际友人的历史性的谈话,对于我国的抗美援朝保家卫国运动是会起极其重大的作用的。中国人

民一定会响应这一伟大友人的号召,以实际行动来加强抗美援朝的工作,并动员一切力量来保卫世界和平。"《人民日报》

3月

3月7日　出席上海各界人民欢迎中国人民志愿军归国代表大会,代表华东1.4亿人民及上海市500万市民致欢迎词。3月9日《人民日报》

3月14日　出席华东军政委员会第三次全体会议。饶漱石主席致开幕词,先生宣布会议日程。

3月16日　出席华东军政委员会第三次全体会议闭幕式并讲话,着重指出土地改革工作的重要意义及对于国家继续向前发展的伟大作用。3月19日《浙江日报》

本月　对浙江大学学生纷纷报名参军、保家卫国行动题词鼓励:"青年参军运动,虽然为学习军事技术,亦是青年爱国心之具体表现,足见我们自中央人民政府成立以来,在短短的十几个月中,已在政治上、经济上、战略上、心理上,取得了伟大的成就,尤其以青年心理上转变为最大成就,谨以十二万分热情向参军的青年致崇高的敬意。"蒋银火:《马校长在浙大的主要活动纪实》

4月

4月4日　率浙江大学、浙江省立医学院、工业干校、高医及上海复旦大学、沪江大学师生数百人,祭扫浙大同学于子三烈士墓。代表祭扫者致词:踏着先烈血迹前进,努力建设与巩固我们伟大的祖国。4月5日《当代日报》

4月9日　杭州市工商联举行欢迎以荣毅仁为团长上海市工商访问团座谈会,先生出席并讲话。4月10日《浙江日报》

4月11日　会同陈云、薄一波、李富春联名致函政务院,同意塘沽新港工程提前动工。同年8月政务院决定成立塘沽建港委员会,正式修建塘沽新港。1952年10月完成第一期工程,万吨轮船可入港装卸货物。《陈云年谱》

4月12日　为上海《学习简报》题词:"坚决反对美国对日片面媾和及重新武装日本,把爱国运动贯彻到实际工作中去,为彻底粉碎美帝的侵略阴谋而奋斗。但欲贯彻抗美援朝运动,必须坚决肃清反革命的残余势力,对罪大恶极的以及怙恶不悛的反革命分子必须实行镇压，借以纠正宽大无边的错误偏向，并可以鼓励爱国分子积极检举特务企图放火烧厂、捣毁机器以及其他各种破坏生产建设的阴谋活动。"《马寅初全集》第十四卷，第 185 页

同日 复张令杭书："令杭先生：我不久就要走了，到北大之后当然要加入北大的中苏友好支会。似乎照片不必送来，你以为如何？"《马寅初全集》第十五卷，第 354 页

4月15日 获悉先生将调任北大校长，浙江大学紧急召开校务会议，讨论要求挽留免调事宜。会议决定：由校务委员会、工会、学生会代表联名致电周恩来总理、高教部长马叙伦及华东教育部，由经济系主任熊伯蘅、化学系主任王葆仁、中文系主任郑奠三位教授负责起草免调马寅初校长文稿。5月23日，华东教育部来文："奉中央教育部函告，中央人民政府委员会已批准任命马校长为北大校长。"蒋银火：《马校长在浙大的主要活动纪实》

4月16日 北京大学连续电催先生北上长校，复电曰："北京大学校委会：尊电敬悉，一俟三副校长人选经院部决定，即当北上领教。"影印件

4月25日 华东与上海各人民团体及华东人民广播电台，于4月25、26、27日三个晚上举行"华东人民庆祝'五一'劳动节广播大会"，听众逾三百万人。先生以华东抗美援朝总分会筹备委员会主席身份担任大会主席并致开幕词。4月27日《浙江日报》

5月

5月3日 北京大学校委会呈请教育部，敦促先生到任。影印件

5月17日 英国人民访问团由政务院文化教育委员会对外文化联络事务局局长洪深陪同访沪，以中国人民保卫世界和平反对美国侵略委员会华东总分会筹备委员会主席身份赴火车站欢迎。新华社上海17日电

5月中旬 杭州西子女中作告别演讲《神州奋飞靠科技》。强调三点：（一）富强中华，学好科技；（二）热爱祖国，建设祖国；（三）向外国学习。"帝国主义是我们的敌人，我们要仇视他们，针锋相对地和他们斗争到底。可是，欧美各帝国主义国家有先进的科技，我们要千方百计地学过来，赶上他们，并超过他们。至于向苏联学习也同样，先进的东西都要学习，虚心地学

习。但是，如何学，要从中国实际出发，不能照搬照套，更是不能投靠，而是要自立、自强。"《马寅初全集》第十四卷，第186页

为离开浙江大学交代工作事宜，留张令杭便条云："今晨五时出去跑山，七时（至迟七时半）回家，请稍待，因请教之事太多也。"《马寅初全集》第十五卷，第355页

5月24日 晚，出席毛泽东于怀仁堂举行庆祝和平解放西藏盛大宴会。与毛泽东、班禅大师、阿沛·阿旺晋美、凯墨·索朗旺堆、陈叔通、李维汉、平措汪杰坐第一桌。平措汪杰：《西藏历史新篇章》，《西藏研究》第三期，1991年9月

5月25日 会同饶漱石、曾山、粟裕签署华东军政委员会关于夏收夏种工作的指示。5月28日《浙江日报》

本月 将杭州法院路34号（今庆春路210号，马寅初纪念馆）"竹屋"租与浙江省人民委员会，每月租金160元。1951—1955年安排浙江省副省长包达三居住。1956年年初调整为浙江省民革办公用房。

6月

6月1日 由教育部长马叙伦，副部长钱俊端、韦悫、曾昭抡及高教司副司长张宗麟、张勃川，清华大学校长叶企孙，北京师范大学校长林励儒等陪同，就任北京大学校长。北京大学师生于民主广场举行欢迎大会。马叙伦代表教育部致辞，罗常培代表北大致欢迎词："中央人民政府成立后，教育部就开始物色北大校长的人选，一直酝酿了一年零八个月，经政府慎重考虑并向各方协商，才由北大的耆宿中推举出众望所归的马寅初先生领导这个对于民主运动富有历史性的大学；这不单是全校师生员工所企望的，我想全国文教界人士也一定为北京大学校长得人庆。"

发表就职讲话："我以为建校方针是中央所定，一个大学校长只有工作任务，没有建校方针，一个校长应以执行中央的政策推动中央的方针为任务，所以我今天不谈方针。我今天要讲的是如何以团结一致的精神来发扬北大的光荣的——革命传统，保持北大的学术地位，并配合国家建设工作的开展，为国家造就大批建设人才。""我们北京大学是全国最高学府，在教育界向来居领导

地位。但若不急起而求进步，这地位就不容易维持。""北大的工作，慢慢地与以前不同了。以前我们为资产阶级服务，此后要为人民服务，尤其要为工农开门。教工农子弟与教资产阶级的子弟，性质不甚相同。我们要晓得工农的情绪、思想、作风习惯，而后方可教得好，否则收效不宏。我们不能再以资产阶级一套原封不动地传给他们。教育者必自己先受教育。"6月15日《北大校刊》；6月24日《光明日报》；《马寅初全集》第十四卷，第188页

同日 北京大学工学院电机系全体学生、经济系全体学生、化工系全体学生等纷纷致信，对新校长表示欢迎与庆幸。

同日 会同饶漱石、曾山、粟裕签署华东军政委员会落实政务院关于购棉储棉工作的指示。6月7日《浙江日报》

6月5日 据教育部颁布《高等学校暂行规定》第二十六条规定："大学在校长领导下设校务委员会，由校长、副校长、教务长、副教务长、总务长、图书馆长、各院院长、各系主任、工会代表四至六人及学生会代表二人组成之。"北大将校务委员会名单呈报教育部。主席：马寅初；副主席：汤用彤、钱瑞升。《北京大学纪事》，第522页

6月7日 北大工会为抗美援朝捐献飞机大炮召开动员大会，先生带头讲话并宣布捐献个人劳动所得300万元（旧币）。《北京大学纪事》，第523页

6月21日 华东抗美援朝总分会筹备委员会召集在沪筹备委员、中国人民赴朝慰问团第三分团（华东分团）代表及华东各省、市、区抗美援朝分会代表举行联席会议。通过华东抗美援朝总分会全体委员及常务委员名单，推定马寅初为主席。新华社上海23日电

6月24日 撰文纪念朝鲜人民解放战争一周年："在过去八九个月中，中朝两国人民在战斗中血肉一般地结合不分离。现在朝鲜人民代表团带来了三千万朝鲜人民的深厚友谊与坚强意志，让我们高呼：中朝人民是一家，誓为争取最后胜利而战斗到底！"6月25日《人民日报》

同日 发表《看得见的成就看不见的成就和想不到的成就》。以为，中华人民共和国成立一年多来，看得见的成就主要有：通货膨胀停止、财政收支平衡、交通恢复、工商业公私关系调整、土地改革、城乡物质交流、水利工程进步、文教发展等；看不见的成就主要表现为人们政治思想的明显转变；想不到

的成就体现为人民主人翁意识的提升。上述进步主要得益于"在上领导有方，在下团结得好"。《光明日报》

7月

7月1日 发表《庆祝中国共产党成立三十周年纪念——谈新中国的教育》。以为新中国教育与蒋介石反动派所办教育根本不同。"新中国的教育方针却非常明确：教育必须为工农服务。不仅因为劳动人民的人数最多，而且因为只有他们是有前途的，在社会发展上是在日益新生和壮大的阶级。在今天讲，我们的教育自然也是为小资产阶级和民族资产阶级服务的，因为他们的利益和劳动人民的利益在今天还是符合的。"《北京大学校刊》"七一"纪念特刊；《马寅初全集补编》，第343页

7月2日 晚，出席北京大学全校师生员工庆祝中国共产党成立30周年集会，并讲话。《北京大学纪事》，第523页

7月4日 出席中国人民抗美援朝总会第六次常务委员会议，讨论如何继续加强全国人民抗美援朝运动问题。出席会议者有：主席郭沫若，副主席彭真、陈叔通等30余人。7月6日《人民日报》

7月5日 出席北大全校师生欢送38名参加军事干部学校同学及345名毕业同学大会。发表演讲，勉励大家为保卫和建设祖国而奋斗。《北京大学纪事》，第523页

7月6日 教育部、人事部为提高高等学校毕业学生对政府统一分配工作正确认识，联合举办"一九五一年华北区高等学校毕业生暑期学习团"在京开学。先生到场演讲，列举国家一年半来建设伟大成就，说明国家前程无限光辉远大，高等学校毕业生作为"祖国建设工程师"，其前程亦无限光辉远大。7月11日《人民日报》

同日 主持新一届校务委员会会议，报告：北大院系调整初步计划，已报教育部审核。会议通过《关于建立学校制度的决定》，规定：要贯彻"各级机构由首长负责制"精神，真正做到分层负责；实行校长负责制，校务委员会是在校长领导下咨询机构，校长有批准校务委员会决议之权；校刊委员会改为校刊编辑部，直属校长室；建立聘任委员会，由校长领导。《北京大学纪事》

7月11日　晚，陪同朱德、李济深等出席蒙古人民共和国驻中国大使贾尔卡赛汗举行庆祝蒙古人民革命胜利30周年纪念招待会。7月12日《人民日报》

7月17日　会同饶漱石、曾山、粟裕签署华东军政委员会关于在"八一"建军节普遍检查优抚医疗工作的决定。7月22日《浙江日报》

8月

8月1日　听取同人意见，开设北京大学暑期职员政治学习班，并作动员报告："政府交给我们北京大学的任务，是要做全国的模范。搞不搞得好，要作一个试验。……今天我不是以校长的身份对职员讲话，而像是大哥哥对小弟弟讲"，"假如你们现在不学，五年以后就没有你们发展的机会；中国会发展得很快，如果我马寅初不学，我也没有机会。我全心全意为你们着想"。"不要时代进步了，你的思想停止着；不要老保住你眼前的利益，维持你现在的利益，不向前进，是要落后的。坚持落后，就变成反动，所以要学习，时代向前跑，你要跟着前进。"《马寅初全集》第十四卷，第196页

学习文件有：《什么是爱国主义，为什么要爱祖国》、《论国民公德》、《荣誉是属于谁的》、《对事务工作的认识》等。原计划学习三周，实际进行一个月，每周讨论一两次，期间请中共华北局第三书记刘澜涛等作报告。《北京大学纪事》

8月6日　主持北大校务委员会会议，说明课程改革及迁校事宜，拟组织迁校委员会进行具体研究。《北京大学纪事》，第525页

8月7日　会同饶漱石、曾山、粟裕签署华东军政委员会发布《关于纠正学校教育工作中混乱现象的指示》。文曰：由于各方面任务繁重，迫切需要大量干部，又由于有关部门对学校教育的重视不够，在学校教育工作方面，也已经造成了严重的混乱状态。有些地方因强调"中心工作压倒一切"，而错误地将文教工作干部及学校教师，长期地和大批地调出来做中心工作。有些地方任意调派学生从事突击工作或临时工作，例如布置会场，欢迎欢送，甚至商人集体纳税，农民集体缴公粮也要学生打腰鼓；区政府、派出所、工会、妇联等开代表会，也要教师和学生组织晚会。更有若干部门，不经过行政及组织手续，随意抽调在校学生和教师。而很多被调出来的学生，使用又极不合理，譬如大

学理工学生去搞文工团，大学毕业生做收发或当缮写等，学非所用，浪费国家建设人才。在学校里还普遍存在着多头领导的现象，有些机关和团体往往经过其垂直系统，在学校里各自布置一套，造成学校行政人员及教师学生兼职多，会议多，活动多，严重地影响学校教学工作，损害师生身体健康，增加教育行政对学校教育掌握的困难，个别地方甚至因此而拖垮了学校。此外，有些地方的机关、部队在解放前后，借用了若干中、小学校校舍，至今仍未归还，这也妨害了学校教育的恢复与发展。对上述问题，提出五项纠正意见。8月25日《浙江日报》

8月15日　陪同周恩来、董必武等出席朝鲜人民共和国驻华大使李周渊举行庆祝"八·一五"朝鲜解放六周年招待会。8月16日《人民日报》

8月20日　新华社综合电讯：首都及全国各地各界人民热烈拥护人民政府对美国政府特务间谍阴谋武装暴动案的判决，并纷纷表示要加强防奸保卫工作。北京大学校长马寅初说：我们从这个案件中应该得到深刻的教育，帝国主义的间谍分子是无孔不入的，我们必须随时警惕。他着重号召同学们在被派到企业、工厂或机关中去工作以后，必须特别警惕，严守国家的机密。

本月　笔记：关于农村的土改工作等。认为，土改工作需要把握三件事：（一）干部方面，加强教育，使他们认识新的环境。过去情形不对的，不适合于南方，要说服他们也不容易。（二）调查研究，了解实际情况、土地情况、阶级情况、生产情况。（三）学习三中全会毛主席及刘副主席的报告，发展生产，争取财经好转，给干部以新知识，用毛主席的报告来说服他们。《马寅初全集》第十四卷，第202页

9月

9月3日　出席中央人民政府委员会第十二次会议。毛泽东等34名中央政府委员与会。会议听取周恩来作外交报告、陈云作财政报告等。会议通过任免案及政务院提请中央人民政府委员会批准任免案多起。会议任命马寅初为北京大学校长。9月4日《人民日报》

会后晤周恩来，介绍北大职员政治学习情况：北大汤用彤、张景钺、杨晦、张龙翔等12位教授响应周总理关于进行思想改造号召，决定发起北大教

职员政治学习运动，提出请毛主席、周总理、朱总司令等中央负责人去北大作报告。并向周恩来陈述自己对思想改造运动之五点考虑：（一）发起思想改造运动，应由业务机关教育部发起，北大是教学机关不合适；（二）这次政治学习，以达到思想改造为目的，不宜搞忠诚老实运动，在思想还没有改造好前，不可能做到忠诚老实；（三）这次政治学习，是教员自动发起的，甲教员以团结互助的精神帮助乙教员，必为教员们欢迎；（四）这次政治学习，以批评和自我批评的精神，只涉及教员的思想，而不应涉及他们的政治历史，否则必不为教员们欢迎；（五）这次政治学习，北大若办得好，其他大学必争相仿效，这个运动就可普遍地开展。五点意见获周恩来赞同，并请将意见写成书面形式呈报。对请毛主席讲演事，周建议当面向毛说明。晚宴时，得周恩来安排坐于毛泽东身边，汇报北大政治学习情况，并请为北大教员演讲。毛泽东欣然首肯。中央档案馆

9月7日 据周恩来意见，就北大教职员思想政治学习设想以书信形式呈报："北大教授中有新思想者，如汤用彤副校长、张景钺教务长、杨晦副教务长、张龙翔秘书长等12位教授，响应周总理改造思想的号召，发起北大教员政治学习运动……他们决定敦请毛主席、周总理、朱总司令、董必老、陈云主任、彭真市长、钱俊瑞副部长、陆定一副主任和胡乔木先生为教师。嘱同代为函请以上十位教师。"并提出："主席演讲可放在怀仁堂演讲，听讲人数在二千人内……拟在9月11日下午举行。"信中专门提及："北大是毛泽东思想的发源地，亦是新中国的诞生地，红楼至今犹在，可为佐证。敢请十位教师另眼看待。"并曰："寅初希望于十一月底未出国之前，返华东一行，把这个学习运动在浙江大学作一个传达报告，以便先在华东普遍地展开。"《北京大学纪事》

同日 周恩来于信上批示："马寅老来信送毛、刘、朱、董、陈、彭真、乔木、俊瑞传阅。""在上次政府委员会开会后，马老提及此事，我告以有一两个同志前往讲演即可。请主席讲演，我告以当代为转达。他又提到听讲的教职员和学生当达到两千人，我即告以主席向这样多的人讲话，精神负担极大，最好请别的负责同志讲演。谈话后即送马老至主席桌上会餐，不知马老提及此事否？请告。请其他同志讲演事，我意请彭真、乔木两同志各担任一次。如少奇同志能讲一次，当能满足马老的热烈要求，亦请告，以便复马老。先转给毛主

席。"中央档案馆

9月10日 刘少奇于信上批语:"我不讲演了。恐亦不需要很多讲演,可选择一些文件学习。"中央档案馆

9月11日 毛泽东于信上批示:"这种学习很好,可请几位同志去讲演。我不能去。"此信上还有彭真、胡乔木、钱俊瑞等人批语。中央档案馆

9月9—11日 参加北京大学工会第四届代表大会并讲话。要点:(一)中国社会上体力劳动和脑力劳动向来是对立的,分裂的,现在已结合起来了,统一起来了,这是历史上一个大转变。(二)教育工作者成立了工会,属于工人阶级了,很以此为光荣。(三)一旦入了工会,是否他的资产阶级思想全部肃清了?未必。今日之教育工作者大半是资产阶级和小资产阶级出身的,未必能够立刻把他的意识转变过来。(四)教育工作者工会和产业工会一样,有其目的,亦在于保护教育工作者的利益,并保障人民政府教育计划的完成。(五)我们首先要团结。过去文人相轻,现在环境变了,团结才有力量,团结之后才能为人民服务。(六)我们一定要有新的思想,才能执行和创造新的人民教育。《马寅初全集》第十四卷,第205页

9月22日 北京大学成立庆祝国庆筹备委员会,马寅初主席、汤用彤副主席,委员张景钺、张龙翔、马大猷、张群玉、楼邦彦、刘橅、闻家驷、孙云铸、郭麟阁、胡启立。9月23日《人民日报》

9月24日 周恩来主持研究京津二十所高等学校开展以改造思想、改革高等教育为目的学习运动。决定成立京津高等学校教师学习委员会。出席学校有北京大学、清华大学20所高等院校。总学习委员会主任马叙伦,副主任钱俊瑞、曾昭抡。委员:马寅初、林砺儒、陈垣、叶企孙等21人。《北京大学纪事》,第526页

同日 出任京津高等学校教师学习委员会北大分会(以下简称"北大分学委会")主席,副主席汤用彤,常委许德珩、钱瑞升、张景钺、张群玉、楼邦彦。《北京大学纪事》

9月29日 周恩来应邀于中南海怀仁堂作《关于知识分子的改造问题》报告,先生于主席台全程陪同。周共讲七个问题:(一)立场问题;(二)态度问题;(三)为谁服务的问题;(四)思想问题;(五)知识问题;(六)民主问

题;(七)批评与自我批评问题。周恩来报告后,教师学习会北大分会主动参加学习教师增至 392 人。《北京大学纪事》

10 月

10 月 1 日　登天安门观国庆阅兵大典。

10 月 8 日　由沪至杭。晚,浙江省人民政府主席谭震林宴请。10 月 9 日《浙江日报》

10 月 9 日　以中国人民保卫世界和平反对美国侵略委员会华东总分会主席身份,赴上海火车站迎接苏联人民观礼代表团。10 月 11 日《人民日报》

10 月 10、11 日　以华东抗美援朝总分会主席身份出席浙江省第一次各界人民抗美援朝代表会议,并发表讲话。10 月 14 日《浙江日报》

10 月 12 日　华东及上海各界人民 2000 余人于上海市人民政府大礼堂集会,欢迎出席国庆庆典各国人民观礼代表前来华东参观访问。先生致欢迎词:"今天的集会,有力地说明我们的朋友遍于天下,我们紧密的团结将粉碎美帝国主义的一切侵略阴谋。"10 月 16 日《人民日报》

10 月 16 日　主持北京大学校务工作会议。讨论教育计划、教研组改为教研小组、如何办好专修科、增加职员以减少助教的事务工作等六项工作。《马寅初全集》第十四卷,第 207 页

10 月 23 日　《人民日报》公布出席世界和平理事会第二届会议中国代表团名单:团长:郭沫若;理事:马寅初、茅盾、章伯钧、蔡廷锴、吴耀宗、梅汝璈、萧三(在国外);秘书长:刘贯一;副秘书长:陈定民。

同日　《人民日报》报道:北京大学马寅初校长根据他在今年暑假中领导全校职员进行改造思想学习的经验,提议把这种学习推广到全校的教师中去。中央人民政府教育部认为这种学习在全国高等学校中都是必要的,因此决定组织北京天津二十所高等学校的三千多教师,同时进行改造思想的学习,并且准备利用北京、天津的经验,进一步在全国高等教育界普遍展开这个改造思想的学习运动。同时刊登署名文章《北京大学教员的政治学习运动》,曰:"解放后的两年多来,我们一直在向新的方向努力。为了这个目的……一个最主要的关键,就是要使全校师生都能真正认识到改革的必要,自觉自愿地进行思想改

造，使我们自己能更好地为人民服务。"当前进行的"思想改造不仅可以培养出大批的革命干部，而且也可以加强教员们的团结。北京大学学习运动是教员们自己发动的，甲教员本互助的精神来帮助改造乙教员的思想一定是受欢迎的。思想上有一致的见解，做起事来，就能更推进一步"。《马寅初全集》第十四卷，第210页

同日 出席全国政协第一届第三次会议。10月24日《人民日报》

10月24日 主持北京大学校务工作会议。谈话要点：（一）研究院、理学院先办，有三种作用：（1）培养师资；（2）培养现有的师资，就是现在的教员亦可深造；（3）配合政府的需要做研究工作。（二）政治学习，理学院做得很好。《马寅初全集》第十四卷，第209页

同日 继续出席全国政协第一届第三次会议，发言《在毛主席领导下努力完成抗美援朝任务》。10月29日《人民日报》；《马寅初全集》第十四卷，第214页

10月25日 偕郭沫若、彭真、陈叔通、沈钧儒、邵力子等出席首都各界举行庆祝抗美援朝一周年纪念大会。10月26日《人民日报》

同日 《人民日报》更正："十月二十三日本报第三版登载的马寅初的《北京大学教员的政治学习运动》一文，在倒数第二段第十二行'讲到最后一段时'以下一句，原稿已改为：'周总理恳切地详尽地介绍了自己的学习经验，听者莫不感动。'被抄写者抄错，特此更正，并向作者及读者致歉。"

10月26日 出席世界和平理事会第二次会议。中国代表团团长郭沫若、理事马寅初、章伯钧、吴耀宗及特邀中国农民代表刘青山等一行9人，离京至莫斯科转机赴维也纳。到机场欢送者有彭真、陈叔通等40多人。10月27日《人民日报》

10月28日 出席世界和平理事会维也纳会议中国代表团团长郭沫若、理事马寅初、章伯钧、吴耀宗等一行9人，乘飞机抵达莫斯科。苏联拥护和平委员会执行书记科托夫、委员卡巴列夫斯基、罗西斯基等人到机场欢迎。10月30日《人民日报》

11月

11月16日 中国人民抗美援朝总会举行第七次常务委员会议，讨论今后抗美援朝工作，并欢迎出席世界和平理事会第二次会议马寅初、章伯钧两理

事。出席会议者有：抗美援朝总会副主席彭真、陈叔通等24人。先生与章伯钧先后传达世界和平理事会二次会议各项决定。会议一致通过拥护声明。11月17日《人民日报》

11月19日　出席华东军政委员会第四次全体委员会议。作"华东区抗美援朝保家卫国运动的报告"。以多个方面及具体材料总结："华东人民的抗美援朝、保家卫国运动，从去年十一月初全国各民主党派发表联合宣言后，即逐步展开与深入。经过几次群众运动的高潮，这一运动表现着多种多样的形式与丰富深刻的内容。和全国各地一样，这一运动不仅有力地支援了中国人民志愿军与朝鲜人民军抗击美国帝国主义的侵略，而且在爱国主义的鼓舞下，推动了整个国防、经济、文化建设与各项实际工作的迅速前进。"11月22日《人民日报》；《马寅初全集》第十四卷，第217页

11月25日　当选中苏友好协会华东总分会理事。11月28日《人民日报》

11月27日　出席上海市抗美援朝分会第五次扩大会议。于会上传达世界和平理事会第二届会议精神。会议通过关于继续加强上海抗美援朝工作决议。12月2日《人民日报》

12月

12月8日　华东军政委员会邀集文化教育界人士座谈，先生首起发言，介绍北京、天津高等学校教师开展思想改造学习运动经过及经验。指出：一切爱国的和愿意为人民服务的文教工作者，都应当毫不犹豫地、认真地、有系统地学习马克思列宁主义和毛泽东思想，并开展批评与自我批评，纠正文化教育工作者中间存在的各种反科学反人民的错误思想。提议组织华东毛泽东思想学习委员会。座谈会议决，正式成立华东毛泽东思想学习委员会，先生被推为主任委员，舒同、孟宪承、冯定、夏衍任副主任委员。12月9日《大公报》；12月11日《人民日报》

12月15日　《解放日报》消息：华东毛泽东思想学习委员会在十五日晚间举行了第一次全体委员会议。

12月28日　晚，陪同朱德等出席巴基斯坦政府驻中国大使罗查招待会。12月29日《人民日报》

1952年　71岁

1月

1月1日　晚，于中南海怀仁堂出席中央人民政府团拜会，毛泽东主席致辞。1月3日《人民日报》

1月3日　据北京市委及高等学校节约委员会指示与部署，北大校务委员会会议成立北京大学节约检查委员会，负责领导学校"三反运动"。委员由行政代表、党委代表、团委代表、民主党派代表、学生会代表组成。马寅初、汤用彤、钱瑞升等为行政代表。

下午，出席北大节约检查委员会第一次会议。《北京大学纪事》

1月4日　北大节约检查委员会于孑民纪念堂召开各单位行政负责人会议。会上作全校展开"三反运动"动员讲话，部署当前工作。要求各单位领导人带头发动群众，迅速将运动开展起来。《北京大学纪事》

1月18日　偕郭沫若、彭真等赴北京火车站欢迎中国人民志愿军归国代表团及朝鲜人民访华代表团。1月19日《人民日报》

1月29日　于上海万国殡仪馆公祭谢仁冰。谢为中国民主促进会中央理事兼上海市分会主任理事、华东军政委员会委员、上海市各界人民代表会议协商委员会委员、商务印书馆经理，于1月27日上午患脑出血症逝世。治丧委员会由马寅初、吴克坚、潘汉年、盛丕华、申葆文、沈志远等组成。1月31日《人民日报》

2月

2月1日　接受记者采访《马寅初校长谈思想改造》。2月3日《当代日报》

2月8日　与《解放日报》记者田钟洛谈《驳斥资产阶级的荒谬论调》，针对某些人散布"资产阶级一无军队，二无枪炮，拿什么来进攻？""明明是你们的干部自行失足落水，却嫁祸于人"等种种攻击工人阶级、共产党之言论，从道理与事实两方面予以批驳。2月8日《解放日报》；《马寅初全集》第十四卷，第567页

2月26日 与中国人民银行行长南汉宸等14人，当选出席4月莫斯科国际经济会议全国筹备委员会委员。2月27日《人民日报》

本月 发表《新中国经济建设的辉煌成就与发展国际贸易的远大前途》。全面总结新中国成立一年多来工农业生产恢复、发展成就，重点讲述国际贸易由多年"入超"变为"出超"之奇迹，并向国际社会介绍中国市场诱人前景："中国的国际贸易亦已获得惊人的发展，中国已经由一个依赖进口大量入超的国家，变成为进出口普遍发展，出口超过进口的国家。中国人民政治协商会议共同纲领明确规定了中国的对外贸易政策：'中华人民共和国可在平等和互利的基础上，与各外国政府和人民恢复并发展通商贸易关系。'国家在生产发展的基础上，有计划地发展对外贸易，一九五〇年出口总值已超过战前出口的百分之四十四，进口超过百分之七十七。一九五一年上半年对外贸易总值已与战前一年相等。桐油、茶叶、蛋品等出口总值已超过战前半。同时新中国克服了一八七七年以来的七十三年的一贯入超，于一九五〇年出现了出超的现象。由于国际收入的平衡并略有余裕，新中国在国际市场上，已被公认为拥有良好的信用的国家。随着中国工业的恢复与发展，中国对于机器、装备、五金器材、工业原料、化学产品、医疗器械，以及其它工业品，均有日趋庞大的需要，同时中国又有日趋丰富的各种物资，供应各国的需要。中国过去被称为伟大的可能的市场，现在已经变成伟大的现实的市场。"《保卫和平》第9期；《马寅初纪念馆》2010年第2期

3月

3月9日 因北大周炳琳教授对思想检讨持抵触态度，偕法学院钱瑞升院长同赴周家看望、诚恳交心、做思想工作。先生在室内一台阶上做出跃跃欲跳的动作，对周炳琳形象地说：只要下决心改造，就如同这一跳，就改造过来了。《北京大学纪事》

3月12日 偕郭沫若、陈叔通等40多人出席中国人民保卫世界和平反对

美国侵略委员会扩大会议。会议决议：组织"美帝国主义细菌战罪行调查团"。3月13日《人民日报》

3月13日 与李济深、周恩来、沈钧儒、陈叔通、罗荣桓、郭沫若、黄炎培等人出席李锡九先生入殓仪式及追悼会。李锡九为中央人民政府委员、中央人民政府最高人民检察署委员、河北省人民政府副主席、中国国民党革命委员会中央委员。3月14日《人民日报》

3月14日 发表《彻底粉碎美国侵略军的阴谋》。严厉谴责美军在朝鲜及中国东北进行细菌战。《人民日报》；《马寅初全集》第十四卷，第224页

3月15日 偕陈叔通、沈钧儒等100余人赴北京火车站，为李德全团长率"美帝国主义细菌战罪行调查团"一行50余人送行。3月16日《人民日报》

3月18日 上午，偕郭沫若、陈叔通、黄炎培等各界代表100多人赴北京火车站，欢送南汉宸团长率中国出席莫斯科国际经济会议代表团。3月19日《人民日报》

下午，主持北京大学全校师生员工大会。讲话要点：（一）改造思想的成绩。（二）北大有391位教师，这391位教师的思想似应追上学生，因为他们的责任是培养青年干部，至少要与学生一致，决不能落在学生的后面。（三）卖老资格。不能以从前的进步为进步，变为一个进步包袱。学生的要求很高。"五反"的学生都回来了，思想水准很高。（四）国家在四五年内要15万名高级技术干部与管理干部，50万名初级干部。我们教师的责任何等重大。最后批评"所谓'超政治'、'超阶级'，都是不对的"。提倡"超政治"、"超阶级"、"纯学术"、"纯科学"，正是要被剥削的人不问政治，不去与资产阶级斗争。我们都认识到思想改造的伟大意义，体验到共产党与人民政府对我们的前途是关怀的。《马寅初全集》第十四卷，第226页

3月21日 会同宋庆龄、郭沫若、彭真、陈叔通、李四光、张奚若、刘宁一、蔡畅、茅盾、廖承志等联名发起召开亚洲及太平洋区域和平会议。3月22日《人民日报》；《马寅初全集补编》，第589页

3月22日 偕沈钧儒、谢觉哉、陈叔通、贺诚、史良等出席北京市法律工作者及各界人民代表集会，迎接国际民主法律工作者协会赴朝鲜"调查美国侵略者暴行"调查团归来。3月23日《人民日报》

4月

4月1日 主持朱光潜教授思想座谈会，曹联亚、郑昕、孙承谔、汤用彤、杨人楩、向达、金克木、季羡林、文重等出席。与会者一致认为，应进一步帮助朱光潜教授加深对自己资产阶级思想认识。《北京大学纪事》

晚，与彭真、李济深、林伯渠、何香凝等代表全国政协、中国人民保卫世界和平反对美国侵略委员会，为国际民主法律工作者协会赴朝鲜"调查美国侵略者暴行"调查团成员离京饯行。4月2日《人民日报》

4月3日 周恩来举行招待会，欢迎匈牙利国家人民文工团团员。偕陈叔通、黄炎培、李富春等出席作陪。4月4日《人民日报》

4月4日 匈牙利驻中国大使夏法朗柯举行国庆招待会，应邀陪同周恩来、朱德、陈云等出席。4月5日《人民日报》

4月10日 主持北大全校师生大会，对朱光潜教授第三次检查提意见。先后有14位教授、讲助和同学发言。最后总结：朱先生的检讨有进步，但还需要继续反省，加紧改造，根据群众意见，彻底批判自己的思想，根本改变反动立场，站到人民一边来。号召全体师生再接再厉，肃清反动思想，批判资产阶级思想，树立工人阶级思想在北大的领导权。《北京大学纪事》

4月14日 主持北大分学委会，研究帮助周炳琳教授做思想总结及检查。钱瑞升汇报：法学院同人结合周氏思想，成立四个研究小组，准备于下次会上发言，对他进行帮助。《北京大学纪事》

4月16日 主持座谈会，对周炳琳教授进行帮助，汤用彤、钱瑞升、向达、罗常培、孙承谔、金克木、曾昭抡、张景钺等12位教授出席。周认为，这样的座谈会对自己确有帮助。次日，周炳琳找马寅初、汤用彤二位校长及分学委会金克木教授，表示愿意与群众一起清算自己反动思想，并请马校长转达给教师、同学，希望大家多来帮助。《北京大学纪事》

4月18日 主持北大分学委会，研究召开全校大会让周炳琳教授作思想总结及检查事宜。表态："周炳琳不贪污，是个好人，像周炳琳这样的同志，改造过来可以为国家建设服务。"《北京大学纪事》，第537页

同日 出席中央人民政府委员会第十四次会议。毛泽东等34名中央人民政府委员到会。先生发言："三反"、"五反"运动的成绩及其教育意义之巨大，

可从大学院系调整的顺利解决上得到明证。《惩治贪污条例》的发布，对贪污和偷税漏税的现象及不法工商业家的投机活动是一个致命的打击。4月22日《人民日报》

4月19日　出席中央人民政府委员会第十五次会议。毛泽东等34名中央政府委员到会。4月22日《人民日报》

4月20日　北京市委书记彭真致信毛泽东，附《对北京市高等学校三反运动情况简报》。内云："通过北大党组织有领导有计划地派人同周炳琳谈话，在张奚若、马寅初等同周谈话和周女儿做工作后，周的态度有所转变，表示愿意听取大家的批评，进一步作思想检讨。"次日，毛泽东批示："彭真同志：送来关于学校思想检讨的文件都看了。看来除了像张东荪那样个别人及严重的敌特分子以外，像周炳琳那样的人还是帮助他们过关为宜，时间可以放宽些。北京大学最近对周炳琳的做法很好，望能推广至各校，这是有关争取许多反动的或中间派的教授们的必要的作法。"《建国以来毛泽东文稿》

4月21日　主持北大分学委会，再次研究周炳琳教授思想总结及检查。《北京大学纪事》，第537页

4月24日　以中国经济学会副主任委员身份偕冀朝鼎、孙晓村等赴北京机场，欢迎出席莫斯科国际经济会议之缅甸、法国、印度代表以及中国代表团团员陈翰笙、卢绪章等。4月25日《人民日报》

4月26日　偕林伯渠、李立三等以中央人民政府委员会委员身份，列席全国政协常委会第37次会议。会议通过庆祝1952年五一劳动节的口号。4月28日《人民日报》

4月27日　周恩来接见以宇吞帕为首的缅甸文化代表团，并设宴欢迎。以北京大学校长身份作陪。4月28日《人民日报》

4月29日　晚，出席中国人民保卫世界和平委员会、中华全国总工会、中华全国民主青年联合总会、中华全国民主妇女联合会、中苏友好协会总会、中华全国文学艺术界联合会、中华全国自然科学专门学会联合会举行酒会，欢迎五一节到京观礼和参观的外宾。4月30日《人民日报》

4月30日　晚，周恩来接见并设宴欢迎以潘迪特夫人为首的印度文化代表团。与陈云、郭沫若、陈叔通等应邀作陪。5月1日《人民日报》

春 邀请陈云至北大作关于1952年财经工作方针和任务的报告，陈云于约定日适患重感冒，遂委托薄一波代表前往。《陈云年谱》

5月

5月1日 发表《庆祝伟大的"五一"节》，阐述北京大学经过三反运动，师生员工思想面貌发生的重大变化。《人民日报》

5月2日 文化部部长沈雁冰酒会招待宇吞帕率领的缅甸文化代表团，偕章汉夫、周扬、茅以升等应邀作陪。5月3日《人民日报》

5月4日 出席中国国际贸易促进委员会成立会议。与南汉宸、刘宁一、薛暮桥、周荣鑫、章乃器、冀朝鼎、雷任民、陈维稷、孟用潜、李烛尘、盛丕华、吴蕴初、许涤新、陈翰笙、刘子久、卢绪章等17人组成委员会，冀朝鼎兼任秘书长。会址设于东交民巷28号。5月15日《人民日报》

5月5日 晚，北京市市长彭真欢迎来中国参加"五一"节观礼活动外宾酒会。应邀出席作陪。5月6日《人民日报》

同晚，偕李济深、黄炎培、沈雁冰、张奚若等，应邀出席缅甸文化代表团团长宇吞帕及缅甸驻华大使吴拉茂酒会。5月6日《人民日报》

5月6日 主持北大分学委会，听取各学院分别汇报教师思想改造及学习运动进展情况。会议决定：5月14日全校复课，今后要做到运动与上课两不误。《北京大学纪事》

同日 晚，印度驻华大使潘尼迦举行酒会，招待印度文化代表团。应邀出席招待会的中方人士有：朱德、黄炎培、沈雁冰以及中央政府各部其他负责人和文化界人士马寅初、张奚若等200余人。《人民日报》

5月8日 德意志民主共和国驻中国大使柯尼希，举行纪念解放日招待会。偕郭沫若、黄炎培、聂荣臻、沈钧儒等出席。5月9日《人民日报》

5月10日 发表《我们一定能够把维护和平的事业担当起来》。以世界和平理事会常务理事、中国出席和大代表团副团长身份，就美国宣布单独对日和约生效一事，代表中国民间支持中国外交部长周恩来所发表严正抗议声明。5月10日《人民日报》

同日 据上级指示：北京大学进驻工作组，并组织召开北大党组扩大会议，调整党组成员：袁永熙、张群玉、王学珍、刘一凡、鲁明、汪家镠、文重、汪子嵩。其中袁永熙、汪家镠为工作组成员。会议确定继续做好教师思想总结工作，并准备转入"忠诚老实运动"。这次运动开始后，估计要停课一周。《北京大学纪事》

5月12日　领衔北京各大学校长及法学院教授共48人，致电奥地利政府教育部部长："奥地利政府教育部部长：我们中国首都的大学校长们和法学院教授们，对于奥地利政府顺从美帝国主义者的指使，迫害布兰德魏纳教授、解除他在格拉茨大学教授职务的非法行为，提出严重的抗议。"同时致电布兰德魏纳教授表示敬意。"奥地利和平理事会转布兰德魏纳教授：我们极为愤怒地听到奥地利政府在美国占领当局的指使下，对你进行迫害，解除你在格拉茨大学的教授职务的消息。我们已向奥地利政府教育部严重抗议这一个摧残学术自由的蛮横无理的行动。由你所领导的国际民主法律工作者协会调查团，按照严格的法律方式，调查并证实了美国侵略者在朝鲜进行屠杀和破坏，及在朝鲜和我国东北进行细菌战等各种严重违反国际公法的罪恶行为。你的行动获得全世界爱好和平的人民的拥护。你所完成的工作对保卫世界和平和人类安全，是一个重大的贡献。"5月13日《人民日报》

5月28日　据政务院公布《关于三反运动成立人民法庭的规定》及《北京市人民政府规定实施办法》，经上级批准，北京大学成立人民法庭。审判长：马寅初，副审判长：汤用彤、王学珍，审判员：王鸿祯、陈士骅、闻家驷、孙云铸、文重、胡启立、刘朴、唐敖庆、沈承昌、李永录。《北京大学纪事》

5月30日　上午，主持北大分学委会与节委会联席会议。决定：本日下午召开全校动员大会，开始进行"忠诚老实运动"。工作组党组书记袁永熙宣布：自5月31日起全校停课，职员停止办公。运动领导机构为：分学委会、节委会、基层委员会、各小组。一般性问题由小组提到基层委员会批准处理，一般性政治问题由基层委员会提到校分学委会和节委会处理，比较重大的问题由校分学委会和节委会提到北京市委批准处理。

下午，全校师生员工大会，袁永熙作"忠诚老实运动"动员报告，先生因故未出席。《北京大学纪事》

6月

6月1日 以中国国际贸易促进委员会委员身份出席《中日贸易协议》签字仪式。南汉宸代表中国方面签字,高良富代表日本方面签字。协议双方以货易货的形式购入与售出各为价值3000万英镑货物。该协议对恢复与发展中日两国间正常贸易具开端意义。6月2日《人民日报》

6月3日 参加亚洲及太平洋区域和平会议筹备会议开幕式。出席开幕式者有亚、澳、美各洲太平洋沿岸19个国家代表45人。6月3日《人民日报》

6月15日 发表《亚洲及太平洋区域人民争取和平的途径》。指出:"要争取和平,必须统一意志,集中力量,对和平的敌人作顽强的斗争;争取和平也不能孤军奋斗,必须团结各国一切爱好和平的人们,有组织有领导地前进;争取和平需要掌握具体情况,机警地、耐心地展开广泛而深入的宣传,使人人皆认识民主和平的真意义,团结才能巩固。"《人民日报》"抗美援朝专刊";《马寅初全集》第十四卷,第228页

6月24日 周恩来约请即将出席世界和平理事会特别会议中国代表团成员郭沫若、马寅初、梅汝璈等谈话,就揭露和控诉美国侵略朝鲜并发动细菌战罪行,主张立即结束朝鲜战争等问题交换意见。《周恩来年谱》

6月25日 出席世界和平理事会第三次会议中国代表团一行24人,团长:郭沫若,理事:马寅初、蔡廷锴、章伯钧、梅汝璈、吴耀宗、陈翰笙、萧三、李一氓、刘宁一等,乘飞机赴莫斯科转往柏林参会。彭真、陈叔通、沈钧儒、张奚若等50多人赴机场送行。6月26日《人民日报》

6月28日 北京大学布告:奉教育部(52)高一字第460号通知:"为筹备建立新的综合性北京大学,决定成立'京津高等学校院系调整北京大学筹备委员会',进行筹备工作。委员会名单如下:马寅初(主任委员)、汤用彤(副主任委员)、周培源(副主任委员)、翁独健(副主任委员)、叶企孙、钱端升、蒋荫恩、赵锡禹、谢道渊、杨治安、张群玉、郭道晖"。《北京大学纪事》

6月29日 发表《我一年来工作和学习的体验及今后努力的方向》。表示:"我为加强学习毛泽东思想,除坚决接受毛主席和共产党的英明领导,努力肃清自己的非无产阶级思想,努力建立和巩固革命的人生观外,一年多来,在工作余暇,还学习俄文,希望以二三年的时间,读好俄文,能直接阅读俄文

书报，可以及时吸取苏联的先进经验，更快地做好人民所交给我的任务。"《人民日报》；《马寅初全集》第十四卷，第231页

7月

7月14日　《中保文化合作协定》于保加利亚首都索非亚签字。中国政府全权代表为中央人民政府委员马寅初，保加利亚政府全权代表为科学艺术文化委员会主席卢宾·列维。先生于签字仪式上讲话："《中保文化合作协定》标志着中、保两国人民文化关系的新发展，根据这个新签订的协定，我们两国人民的文化将得到帮助，而提高一步。同时两国人民并将因此而加强互相了解与互相认识，使两国人民的友谊更加巩固与更加发展。"当晚，保加利亚部长会议设宴招待中国文化代表团。7月19日《人民日报》

归国后，作题为《保加利亚的文化教育》报告。介绍保加利亚1944年后文化教育改革情况及成就，已达到新宪法规定之水平，"所有公民都有受教育的权利，教育是世俗的，毫无宗教色彩，而以灌输民主进步思想为目的。初等教育是强迫的（义务的），一律免费。所有学校都是国立的，人民得经学校和其他教育机关，以及奖学金和津贴补助的制度，实现其享受教育的权利。"《马寅初全集》第十四卷，第252页

7月24日　出席世界和平理事会柏林特别会议中国理事马寅初、陈翰笙乘飞机抵京，中国人民保卫世界和平委员会秘书长刘贯一等到机场欢迎。7月25日《人民日报》

8月

8月6—8日　出席中央人民政府委员会第十六、十七、十八次会议。毛泽东等40位中央政府委员到会。会议通过1952年度国家财政收支预算等议案。8月11日《人民日报》

会后，于北大作传达报告：1951年度国家预算的执行情况及1952年度国家预算编成情况。"一九五二年度国家预算是即将到来的大规模经济建设的奠基石，这一块基石打稳了，那末，以后只要打破保守倾向，不使资金积压（免得缩小了我们应该而且可能做的事业），我们就能够领导群众向更高的同时也

是可能的目标而奋斗。当然，在反对保守倾向的同时，还应该指出，一切不从实际与可能的条件出发，片面夸大计划指标数字，也是错误的，必须坚决反对。"《马寅初全集》第十四卷，第 255 页

8月17日 发表《我国一九五二年度国家财政收支预算的优越性和特点》。这个预算优越性就在于它能将"巩固国防"、"重点建设"、"全面恢复"和"稳定物价"这十六个字任务能够全面做到。这在资本主义国家是不可能的。预算有五个特点：（一）收支完全平衡；（二）建设走向和平；（三）社会主义经济成分的增长；（四）工农联盟的基础日益巩固；（五）文化教育的惊人发展。《人民日报》；《马寅初全集》第十四卷，第 234 页

8月21日 致信《文汇报》，要求就发表于该报（抗美援朝专刊）上的文章《我国一九五二年度国家财政收支预算的优越性》一文第二节第三段中个别笔误予以更正。信曰："兹发现第二节第三段中'……如以一九五〇年一、二月为一〇〇，则一九五一年一、二月——三'系'……如以一九五〇年十二月为一〇〇，则一九五一年十二月——三'之误，请贵报即予更正。"8月23日《文汇报》；《马寅初全集补编》，第 586 页

8月28—30日 出席华东军政委员会第五次会议，做"一九五一年度国家预算执行情况和一九五二年度国家预算编成的传达报告"。9月7日《浙江日报》

9月

9月1—3日 出席华东军政委员会第六次会议，对思想改造和司法改革问题发表意见。指出高等学校思想改造结束后，应即改进教学法，建立教研组是其重要内容。司法改革的同时，高等学校的政治法律学系，亦需同时进行改造。9月7日《浙江日报》

9月5日 发表《亚洲及太平洋区域人民团结起来，为拯救和平而斗争》。提出"不分信仰，不分制度，不分民族，不分国别，只要是爱好和平的，我们就是同路人。但是，分散的力量是微弱的，只有团结起来，才能取得胜利"。《人民日报》；《马寅初全集》第十四卷，第 240 页

9月8日 出席中国人民保卫世界和平委员会和中国各人民团体联席会议。

被推选为出席亚洲及太平洋区域和平会议中国代表团成员。9月9日《人民日报》

9月15日　偕政务院文化教育委员会马叙伦副主任等，出席捷克斯洛伐克政府赠送中国政务院文化教育委员会16箱科学仪器受礼仪式。9月17日《人民日报》

9月24日　周恩来自莫斯科返京。随同刘少奇、宋庆龄、李济深等前往机场欢迎。9月25日《人民日报》

9月26日　以政务院财政经济委员会副主任身份应邀出席锡兰贸易代表团团长沈纳那亚克举行的鸡尾酒会。9月27日《人民日报》

9月29日　以筹委会委员身份出席亚洲及太平洋区域和平会议筹备委员会会议。9月30日《人民日报》

晚，周恩来举行招待会，欢迎以泽登巴尔总理为首蒙古政府代表团。应邀作陪。9月30日《人民日报》

10月

10月2日—13日　出席亚洲及太平洋区域和平会议。《亚洲及太平洋和平会议文件》

10月3日　于庆祝北京大学院系调整联欢会上讲话。阐述院系调整工作意义与成绩，同时指出："在我们订立教学计划和教学大纲的时候，由于教师同志们都能认识到我们任务的重大，积极钻研，学习苏联的先进经验，同时就发现并对旧教育的缺点加以批判。同志们，这是今后我们完成新的教育任务的一个很重要的条件。在学习苏联先进经验中我们也有了一些经验和创造，专业俄文阅读速成法就是其中之一，这工作虽然还有待于继续推广和不断改进，但它对我们未来的教学工作的改进，一定会有很大的帮助，这是可以预期的。"《马寅初全集》第十四卷，第243页

10月4日　于改组后北京大学开学典礼致辞。全国高校院系调整工作于9月基本结束，北京大学定为综合性大学，1952年9月新北大由市内迁入北京西郊原燕京大学校址。中央有关部门领导出席开学典礼祝贺。《北京大学纪事》

10月8日　与郭沫若、陈叔通等代表出席亚洲及太平洋区域和平会议中国代表团设宴招待锡兰贸易代表团。10月9日《人民日报》

10月12日 先生所书慰问信，由中国人民第二届赴朝慰问团于志愿军领导机关转交志愿军首长。10月21日《人民日报》

10月15日 蒙古驻华大使贾尔卡赛汗设宴招待泽登巴尔为首蒙古政府代表团。应邀陪同朱德、周恩来等国家领导人出席。10月16日《人民日报》

10月16日 周恩来总理设宴招待西藏致敬团及各地区民族代表。应邀出席作陪。10月17日《人民日报》

10月25日 以中国赴保签订中保文化合作协定全权代表身份出席中保两国政府互换中保文化合作协定批准书仪式。10月26日《人民日报》

10月29日 主持北大校务委员会会议，报告本学期（1952学年度上学期）工作计划。《北京大学纪事》

同日 发表《全世界人民为苏联实施新五年计划而歌颂》。从（一）苏联新五年计划的基本任务、（二）苏维埃社会主义制度再一次表现的优越性、（三）苏联人民进一步提高的幸福生活、（四）和平民主阵营力量的无比壮大等方面，给予赞扬。《人民日报》；《马寅初全集》第十四卷，第246页

11月

11月1日 北京大学第34号报告公布10月29日校务会议所通过四个委员会名单。马寅初任北京大学教员政治学习委员会主任、北京大学工资评议委员会主任（另两个委员会为文娱体育委员会、基本建设委员会）。《北京大学纪事》

11月2日 主持北京大学行政会议。江隆基、汤用彤、蒋荫恩、周培源、侯仁之、文重等出席。《北京大学纪事》

11月7日 苏联驻中国大使馆临时代办顾德夫举行庆祝十月社会主义革命三十五周年招待会。应邀陪同朱德、宋庆龄、高岗、周恩来等出席。11月8日《人民日报》

11月9日 主持北京大学行政会议。讨论苏联政治经济学专家古马青珂、马列主义基础专家鲍罗廷工作安排等。《北京大学纪事》

11月15日 出席中央人民政府委员会第十九次会议。会议批准中蒙经济文化合作协定，通过"中央人民政府关于改变大行政区人民政府（军政委员

会）机构与任务的决定"，"关于调整省、区建制的决议"，"关于增设中央人民政府机构的决议"等。11月17日《人民日报》

12月

12月11日 参加世界和大中国代表团，在团长宋庆龄和副团长郭沫若率领下，抵达维也纳，受到世界和平理事会理事及各国和平代表热烈欢迎。12月13日《人民日报》

本年 以70岁高龄开始自学俄文。经过两年多努力，达到阅读俄文版《联共（布）党史简明教程》、《政治经济学》、《辩证唯物论》、列宁《唯物论与经验批判论》、斯大林《苏联社会主义经济问题》等原著水平。

1953年　72岁

1月

1月8日　发表《祖国大规模经济建设与世界持久和平》。在肯定三年来建设成就同时，指出："建设计划的完成仅是建设事业的开端。建设计划是根据国民经济有计划的（按比例的）发展法则而制订出来的估计数字，是人们的主观认识，还不一定完全符合经济发展法则的要求。故必须在计划的执行过程中要有严密的检查与监督。为便于检查与监督，每一个较长期间的计划又要分成若干较短期间的计划，如五年计划中要有每年计划、每季计划、每月计划等。在计划执行过程中如发现有新的先进经验或有落后的情况，应及时总结和纠正。"《经济周报》；《马寅初全集》第十四卷，第265页

1月13日　中央人民政府委员会举行第二十次会议。会议通过成立中华人民共和国宪法起草委员会。主席毛泽东，委员朱德、宋庆龄、李济深、李维汉、何香凝、沈钧儒、沈雁冰、周恩来、林伯渠、林枫、胡乔木、高岗、乌兰夫、马寅初、马叙伦、陈云、陈叔通、陈嘉庚、陈伯达、张澜、郭沫若、习仲勋、黄炎培、彭德怀、程潜、董必武、刘少奇、邓小平、邓子恢、赛福鼎、薄一波、饶漱石等。1月15日《人民日报》

1月14日　中央人民政府委员会召开第二十一次会议，任命饶漱石为华东行政委员会主席。粟裕、曾山、马寅初等为副主席。1月18日《人民日报》

1月16日　出席世界和大会后，偕章伯钧、蔡廷锴、廖承志、吴耀宗、陈叔通等18人返京。数日后发表《我对于维也纳世界人民和平大会的感想》。谈及"西洋镜戳穿了，不但第三次大战美国鼓动不起来，就是朝鲜战争也非早日结束不可。在这次大会中，我们获得了辉煌的胜利"。《马寅初全集》第十四卷，第270页

1月24日　出席世界和大中国代表团团长宋庆龄返京。陪同周恩来、郭

沫若、彭真等赴火车站迎接。1月25日《人民日报》

晚，与郭沫若、陈叔通等代表中国人民保卫世界和平委员会举行宴会，欢迎出席世界和大后前来我国参观访问各国和平代表。1月25日《人民日报》

1月26日　出席中国人民保卫世界和平委员会扩大常务委员会会议，欢迎中国出席世界和大代表团。1月27日《人民日报》

晚，印度驻华大使赖嘉文举行庆祝印度共和国成立三周年招待会。以北京大学校长身份应邀出席。1月27日《人民日报》

本月　为集美学校解放纪念碑题词："为祖国大规模计划建设培养更多的德才兼备体魄健全的优秀干部而努力奋斗！——集美学校解放建碑纪念"。《马寅初全集》第十四卷，第273页

2月

2月6日　出席全国政协第一届第四次会议。2月8日《人民日报》

2月7日　继续出席全国政协第一届第四次会议。大会发言："今年将实行普选的人民代表大会制度，使新民主主义政权建设前进一大步，加强抗美援朝的力量，加速经济建设的进程，使世界和平获得进一步的发展。"《和平运动、经济建设、政治学习和建立人民代表大会制的一致性》，2月10日《人民日报》；《马寅初全集》第十四卷，第274页

同日　于中国人民政治协商会议第一届全国委员会上增选为常务委员。2月8日《人民日报》

2月11日　出席中央人民政府委员会第二十二次会议。毛泽东等中央政府委员43人到会。会议通过《中华人民共和国全国人民代表大会及地方各级人民代表大会选举法》、中央选举委员会名单及各项任命案。中央选举委员会名单如下：主席：刘少奇。委员（28人）：朱德、宋庆龄、李济深、李维汉、李四光、何香凝、沈雁冰、胡耀邦、高崇民、马寅初、马叙伦、张澜、陈叔通、章伯钧、郭沫若、习仲勋、黄炎培、彭真、程潜、程子华、刘格平、刘澜涛、刘景范、邓小平、邓子恢、邓颖超、赖若愚、谢觉哉。2月12日《人民日报》

2月18—20日　出席华东行政委员会全体会议，传达全国政协第一届第

四次会议决议，并报告维也纳世界人民和平大会情况。2月24日《浙江日报》

2月28日 发表《世界人民和平大会的精神与成就》。从四方面阐述：（一）大会为什么要在维也纳召开；（二）大会代表成分的分析；（三）大会讨论的中心问题；（四）大会的成就和我们的责任。"今天各国进行轰轰烈烈的争取民族独立、反抗帝国主义侵略的斗争，我们不能不予以支援与同情。"《大公报》；《马寅初全集》第十四卷，第282页

3月

3月5日 代表北京大学赴苏联驻华大使馆，向顾德夫参赞表示对苏联部长会议主席斯大林病情慰问之意。3月6日《人民日报》

3月6日 偕郭沫若、李济深等中央人民政府各委、院、署、部首长及各民主党派人士赴苏联驻中国大使馆，吊唁斯大林逝世。3月7日《人民日报》

3月12日 于中南海紫光阁出席全国文教委员会五次全体会议。馆藏

3月19日 于中南海紫光阁出席全国文教工作会议大会。馆藏

3月25日 晚，中国人民保卫世界和平委员会副主席陈叔通为日本著名和平人士、亚洲及太平洋区域和平联络委员会副主席松本治一郎饯行。应邀作陪。新华社北京26日电

3月27日 发表《一九五三年国家财政收支预算的特点》。分析1953年预算之特点与合理性："一九五三年的预算的的确确是一个生产的、建设的，同时也是增进人民福利的预算。这个好的预算是和好的新民主主义政治制度分不开的。让我们为新民主主义制度的胜利而欢呼吧！"《人民日报》；《马寅初全集》第十四卷，第289页

3月28日 偕郭沫若、陈叔通等出席中国人民抗美援朝总会常务委员会扩大会议。3月29日《人民日报》

本月 于杭州胜利剧院观看越剧《梁山伯与祝英台》。嗣后，约见著名越剧演员姚水娟、张茵、金宝花，畅谈观感，并祝越剧获得更快的发展。与三位女演员及姚水娟的两个女儿合影留念。安详：《一张珍贵的照片》，1998年7月7日《联谊报》

4月

4月3日 为贯彻德智体全面发展教育计划，领导北大全校师生员工制订互相配合四个环节教学工作计划、政治工作计划、师生健康工作计划及总务工作计划。专为校刊撰文，动员全校师生员工团结一致，为实现上述各项计划而努力。《北京大学纪事》

4月22日 周恩来举行招待会，招待蒙古人民共和国艺术团。偕郭沫若、陈叔通、习仲勋等应邀出席。4月23日《人民日报》

4月28日 偕陈叔通、司徒美堂、李四光等代表中国人民抗美援朝总会赴火车站，欢迎中国人民志愿军"五一"节归国观礼代表团。4月29日《人民日报》

4月29日 世界和平大会国际委员会向五大国政府递交决议书，中国代表团推选马寅初、沈雁冰二位代表。苏中两国外长发表答复世界人民和平大会国际委员会支持关于要求五大国缔结和平公约之建议。《人民日报》

5月

5月9日 周恩来举行招待会，欢迎波兰玛佐夫舍歌舞团。偕陈叔通、习仲勋等应邀出席。5月10日《人民日报》

5月10日 周恩来于怀仁堂举行盛大酒会，欢迎中国工会第七次全国代表大会全体代表及有关各国工会代表团。偕高岗、邓小平等应邀出席。5月11日《人民日报》

6月

6月5日 中华全国文联主席郭沫若举行酒会，欢迎以吉科宁夫人为团长芬兰文化代表团。以北京大学校长身份偕茅盾、周扬等应邀出席。6月6日《人民日报》

6月12日 出席全国财经工作会议预备会。《全国财经工作会议纪要》

6月13日—8月13日 出席全国财经工作会议。李维汉作利用、限制、改造资本主义工商业问题报告、周恩来做财经工作总结。会议期间，毛泽东阐述过渡时期总路线及对民族资产阶级和平改造问题。《全国财经工作会议纪要》

7月

7月初—8月底 赴上海、浙江等地考察工商业合营及自助社情况。姜明[1]回忆

7月15日 发表《北京大学一九五二至一九五三学年度工作报告》。对1952年以来学习苏联经验、实行教学改革以来出现的各种困难及忙乱现象，提出改进教学内容与教学方法、提高教学质量、师资的培养、教师的政治理论学习、整顿学习纪律和领导同学订立学习计划等工作要求，并希望高教部给予更明确的指导。"在教学改革的整个过程中，我们也遇到不少的困难，比较大的困难就是全校的和某些系科的方针任务至今还不够明确。去年院系调整时规定综合大学的任务是：培养科学研究人材、高等学校师资和中等学校师资。但是，这三项任务之间，'规格'上的要求并不一致，三方兼顾势必难于掌握标准。"《高等教育通讯》第4期；《马寅初全集》第十四卷，第297页

8月

8月中旬 回家乡嵊县扫墓。由方初副县长等陪同，访问全国"农业丰产模范"梁正荣。《马寅初在故乡》

9月

9月8—11日 出席全国政协常委会第四十九次扩大会议。周恩来、陈云、李富春分别作有关国家经济建设问题及财政、经济工作报告。9月12日《人民日报》

9月10日 出席高教部第一次全国综合大学会议。主要讨论综合性大学办学方针、任务及培养目标、科系与专业设置、各校分工以及教学计划、培养师资、科学研究等问题。先生作会议发言，并将黎照寰就全国综合性大学意见信提交会议参考。9月11日《人民日报》

同日 致南京工学院土木系张烈书："一昨黎前校长来北大访余，适值全国委员会常务委员会召开扩大会议，弟不在校未曾晤谈，又不知他住在何处万

---

[1] 姜明，马寅初任北京大学校长期间专职秘书。撰有《在马寅初校长身边的日子》等。

分抱歉。黎校长交来大函拜读之下，感佩不已，适值高教部召开综合大学会议，即加封面交高教部负责人作参考。自弟到北大之后，即不赴财经会办公，虽然仍居副主任之名。黎校长留下名片，谓明日即南返，又无从探悉其住址，恨不得面谈一次。余言不尽，专肃鸣谢。"馆藏

9月12日 出席中央人民政府委员会第二十四次会议扩大会议。毛泽东等42名中央政府委员到会。会议听取彭德怀司令员关于中国人民志愿军抗美援朝工作报告。一致通过"致中国人民志愿军慰问电"。9月13日《人民日报》

9月13日 主持北京大学校务委员会扩大会议，讨论新学年各项工作计划，包括教学工作计划、政治工作计划、师生健康工作计划及总务工作计划。于会上作关于国家经济建设问题报告。会议决定：全校师生员工于新学年中，将根据"整顿巩固，重点发展，提高质量，稳步前进"方针及第一次全国综合大学会议精神，按照国家经济建设要求，继续学习苏联，稳步地实现学校四项工作计划，完成培养德才兼备、体魄健全干部之任务。9月14日《人民日报》

9月16、17日 出席中央人民政府委员会第二十七、二十八次会议。毛泽东等42名中央政府委员到会。9月19日《人民日报》

9月23日 出席中国人民抗美援朝总会常委扩大会议。会议决定：为慰问胜利的中国人民志愿军和英雄的朝鲜军民，组织中国人民第三届赴朝慰问团。9月24日《人民日报》

9月30日 周恩来于外交部大楼设宴招待在华各国外宾。应邀偕郭沫若、黄炎培、邓小平等出席。10月1日《人民日报》

10月

10月1日 发表《庆祝国庆为完成新学年的各项工作计划而努力》。认为："要办好学校，首先必须明确我们的方针任务和培养目标。综合大学的任务主要是培养理论或基础科学（自然科学和社会科学）方面的从事研究工作和教学工作的专门人才，是为各经济和文化部门输送研究和教学干部的。"贯彻方针之关键在于学习苏联，"而学习苏联必须从中国当前的实际出发，与中国的实际情况相结合。一方面要纠正机械搬用、生吞活剥的形式主义偏向，另方面要反对故步自封、抱残守缺的保守主义观点。在教学改革工作中，我们要贯

彻'整顿巩固，重点发展，提高质量，稳步前进'的方针，反对贪多冒进和要求过高过急的偏向，本着实事求是的精神，兼顾需要与可能，照顾全面而又掌握重点，在现有的基础上稳步前进"。《北京大学校刊》；《马寅初全集补编》，第345页

同日 发表《庆祝一九五三年的胜利》。"我国大规模计划建设的成就，加强了抗美援朝的力量，这是达成《朝鲜停战协议》的重要因素；同时，和平协商解决朝鲜问题的成功，将更有利于我国计划建设的进展。"《经济周报》第39期；《马寅初全集》第十四卷，第318页

10月12—14日 出席华东行政委员会全体委员会扩大会议。10月17日《浙江日报》

11月

11月1日 国家统计局发表中国历史上第一次人口普查结果——关于全国人口调查登记结果公报：截至1953年6月30日，全国人口总数为601938035人。1949年之前，全国总人口为4.7亿，净增1.3亿多，自然增长率高达千分之二十。先生阅后十分震惊，从此，将人口问题作为重点研究课题。

11月22日 应彭康校长邀请，于上海交通大学演讲。

11月26日 出席政务院第195次政务会议。馆藏

11月30日 出席全国政协常委会第五十一次扩大会议。政务院副总理兼财政部部长邓小平作关于发行1954年国家经济建设公债问题报告。先生于会上发言，表示拥护公债发行，并对公债推销及认购问题提供意见。12月8日《人民日报》

12月

12月9日 下午，出席中央人民政府委员会第二十九次会议。毛泽东等38名中央政府委员到会。会议一致通过政务院提请批准《中朝经济及文化合作协定》与《一九五四年国家经济建设公债条例》，并通过各项任免案。先生于会上发言："经过抗美援朝与各种社会改革运动，我国人民的政治觉悟已大

为提高。发行一九五四年国家经济建设公债将是人民表达爱国主义热情的很好机会，因此，深信可以胜利地超额完成任务的。"12 月 10 日《人民日报》

12 月 10 日　出席政务院第 197 次政务会议。馆藏

12 月 31 日　发表《积极培养建设人才全力为国家总路线服务》。提出北京大学 1954 年四项工作任务：第一，我们要更好地学习苏联先进经验，继续进行教学改革与科学研究工作；第二，我们要努力进行思想改造；第三，我们要加强新老教师的团结；第四，我们要深入精简节约工作。《北京大学校刊》；《马寅初全集补编》，第 348 页

本月　赴上海调查工商业，转浙江绍兴、嵊县考察，尤为关注人口问题。

1954年　73岁

1月

月初　自浙返京。

1月6—16日　出席中央财经委全国扩展公私合营工业计划会议。经讨论，会议形成《中财委（资）关于有步骤地将十个工人以上的资本主义工业基本上改造为公私合营企业的意见》，就社会主义改造方针、政策、步骤作出明确规定。指出：在今后若干年内"积极而又稳步地将国家需要的、有改造条件的、十个工人以上的私营工厂，基本上（不是一切）纳入公私合营的轨道……然后在条件成熟时，将公私合营企业改造成为社会主义企业"。对于资本主义工商业社会主义改造，大体分两个步骤进行：第一步，基本上纳入国家资本主义轨道，第二步，将国家资本主义改变为社会主义。毛泽东批示："经过国家资本主义完成由资本主义到社会主义的改造，是较健全的方针和办法。"1954年3月，此文件由中央颁发。李维汉：《资本主义工商业改造的前前后后》；许涤新：《文明、巧妙地消灭资产阶段》

2月

2月5日　出席全国政协常委会、中国人民抗美援朝总会常务委员会联席扩大会议。讨论决定组织全国人民慰问人民解放军代表团，慰问辛勤保卫着祖国国防与国家建设之中国人民解放军。2月6日《人民日报》

2月20日　以中国人民抗美援朝总会常务委员身份，出席全国人民慰问人民解放军代表团、慰问中央人民政府人民革命军事委员会大会。2月21日《人民日报》

3月

3月19日 周恩来设宴招待朝鲜人民访华代表团及各艺术团体。应邀偕董必武、陈云、郭沫若、邓小平、陈叔通、彭德怀等出席。3月20日《人民日报》

3月23日 出席中华人民共和国宪法起草委员会第一次会议。毛泽东代表中共提出《宪法（草案）》初稿。会后，全体委员合影。3月24日《人民日报》

本月 高教部、教育部到北大、清华、师大三校检查非党行政人员的统战工作，对于马校长是否具备学问，北大党委有人表达疑问："马寅初过去是研究资产阶级经济学的，真才实学究竟如何，目前北大尚摸不清。"1954年3月24日《北大、清华、师大三校重点检查统战工作简报》，转引自陈徒手：《马寅初在北大的苦涩旧事》，《读书》2011年12期

4月

4月4日 偕夫人与江隆基夫妇、千家驹等游京郊明十三陵。

4月14日 应《中国青年报》之约于《新体育》发表《我是怎样保持健康的》。介绍自己长年坚持锻炼身体，爬山、洗冷水浴，饮食起居保持规律、心态乐观等人生体会。最后表示："今日的青年人，必须是要具有科学技能、革命热情和坚强体魄的人。我们应该像列宁同志那样，把自己的身体看作是人民的公共财物，热爱它，保护它，锻炼它，使它变得坚强无比，耐苦耐劳，能长时期（七十年、八十年）地为人民工作。我七十多岁了，但能在党和毛主席领导下参加祖国的社会主义建设，我的心比过去任何时期更年轻。据苏联名医生断言，我可以活到百岁以上高龄，那么，也就是说我还能为人民工作几十年。"《马寅初全集》第十四卷，第323页

4月20日 上午，随同刘少奇、宋庆龄等赴北京机场，欢送周恩来率中国代表团出席日内瓦会议。4月21日《人民日报》

下午，首都各界人民召开庆祝世界和平运动五周年大会。偕郭沫若、陈叔通等出席。4月21日《人民日报》

4月26日 出席中苏友好协会总会茶会，欢送中国赴苏联出席"五一"节观礼代表团。4月27日《人民日报》

本月 主持北京大学校务委员会会议，决定出版《北京大学学报》（分人文科学和自然科学），召开"五四"科学讨论会，以促进科学发展。

5月

5月3日 出席中国人民保卫世界和平委员会会议。会议决定成立中国人民对外文化协会，会员116名。选举会长楚图南，先生与郭沫若、竺可桢等文化界人士当选为理事。5月5日《人民日报》

同日 发表《庆祝五四——校庆五十六周年》。《北京大学校刊》第15期

5月12日 以世界和平理事会理事身份于中山公园音乐堂出席首都各界人民集会，热烈拥护和支持中国外长周恩来与苏联等国外长于日内瓦会议之立场与主张。先生于会上讲话：中国人民满怀着保卫世界和平的信心和决心密切注视日内瓦会议的进展。我国周恩来外长在日内瓦会议上的历次发言，充分地阐明了我国的和平外交政策及对和平解决朝鲜问题与恢复印度支那和平问题的正义主张。这些义正词严、公平合理的言论已经得到全国人民的完全支持，得到全世界爱好和平人民的热烈欢迎。5月13日《人民日报》

5月14日 出席中国人民保卫世界和平委员会第十八次常务委员会议。增选廖承志为中国人民保卫世界和平委员会副主席兼秘书长。5月15日《人民日报》

5月15日 偕郭沫若、廖承志、蔡廷锴等赴柏林出席世界和平理事会特别会议，陈叔通等送行。5月16日《人民日报》

5月21日 中国代表团团长、世界和平理事会副主席郭沫若及理事茅盾、马寅初、章伯钧、蔡廷锴、廖承志等人抵达柏林。德国和平委员会代表与先期到达柏林世界和平理事会书记处书记李一氓、中国驻德意志民主共和国大使姬鹏飞等人前往欢迎。5月23日《人民日报》

5月27日 世界和平理事会柏林特别会议发言《为恢复印度支那的和平而努力》，先生代表中国人民支持越南民主共和国所提关于恢复印度支那和平之建议，表示："中国人民对于其南部边界毗邻的印度支那和平的恢复不能不特别关切，我们密切注视印度支那局势的发展，并决不能容忍任何人在那里企图扩大战争以威胁我们的安全。"5月29日《人民日报》；《马寅初全集》第十四卷，第327页

5月31日　出席全国政协《宪法（草案）》初稿讨论会，会后偕叶企孙、翦伯赞、冯友兰、汤用彤、王铁崖、梁思成、贺麟、钱伟长、陈岱孙等合影留念。馆藏

6月

6月13日　报载，缓和局势国际会议将在斯德哥尔摩举行，中国代表团团长郭沫若，团员马寅初、李德全等62人。6月14日《人民日报》

7月

7月13日　首都各界人士举行拥护缓和局势国际会议大会，偕郭沫若等出席。7月14日《人民日报》

7月25日　接受新华社记者采访，发表谈话《祝贺印度支那问题达成协议》。"日内瓦会议已经圆满结束。它终于就恢复印度支那和平问题达成了协议。这就使得持续八年的印度支那战争宣告停止了，全世界爱好和平的人民、印度支那人民和法国人民的和平愿望开始实现了。它将进一步缓和亚洲和世界的紧张局势。这是和平力量对于战争力量的伟大胜利。"7月27日《人民日报》；《马寅初全集》第十四卷，第333页

8月

8月1日　随同朱德、刘少奇、李济深等赴机场，欢迎出席日内瓦会议中国代表团首席代表周恩来率团返京。8月2日《人民日报》

8月2日　随同周恩来等赴机场，欢迎越南副总理兼代理外长范文同一行。8月3日《人民日报》

晚，周恩来设宴招待范文同一行。应邀作陪。8月3日《人民日报》

8月3日　晚，越南驻华大使馆临时代办周亮，为范文同一行访问中国举行招待会。应邀陪同朱德、刘少奇、周恩来等出席。8月4日《人民日报》

8月4日　晚，随同周恩来等赴火车站欢送范文同一行离京返国。8月5日《人民日报》

8月7日　偕郭沫若等46名中国科学工作者致电美国共产党全国委员会

及其总书记丹尼斯，祝贺丹尼斯50寿辰。同时致电美国总统艾森豪威尔，抗议美国政府迫害丹尼斯和其他民主人士，并要求立即释放他们。8月9日《人民日报》

8月11日　出席中央人民政府委员会第三十三次（扩大）会议。毛泽东等32名中央政府委员到会。周恩来作外交报告，会议通过关于批准周恩来外交报告和关于召开第一届全国人民代表大会第一次会议的决议。8月14日《人民日报》

8月14日　以无党派民主人士代表身份，陪同周恩来等出席中国人民外交学会会长张奚若招待以克·艾德礼先生为首的英国工党代表团酒会。8月15日《人民日报》

8月15日　陪同周恩来等出席朝鲜驻华大使崔一招待会，庆祝朝鲜解放九周年。8月16日《人民日报》

8月16日　中午，周恩来设宴招待出席世界民主青年联盟理事会北京会议各国代表。应邀出席作陪。8月17日《人民日报》

晚，周恩来于北京怀仁堂设宴招待以克·艾德礼为首的英国工党代表团，应邀出席。8月17日《人民日报》

8月18日　全国政协举行盛大宴会，欢迎以克·艾德礼为首的英国工党代表团。以全国政协常委身份出席。8月19日《人民日报》

8月19日　当选全国人民代表大会代表。浙江省第一届人民代表大会第一次会议共选出35名代表。8月20日《人民日报》

8月20—23日　出席全国政协常委会第五十八次（扩大）会议。听取周恩来关于目前国际局势、外交政策及解放台湾任务等问题报告。会议通过《中华人民共和国各民主党派各人民团体为解放台湾联合宣言》。8月23日《人民日报》

8月23日　陪同刘少奇、李济深、周恩来等出席罗马尼亚驻中国大使郭佐文盛大招待会，庆祝罗马尼亚解放10周年。8月24日《人民日报》

8月25日　陪同周恩来等出席北京市人民政府市长彭真酒会，欢送即将离京赴上海等地访问的英国工党代表团。8月26日《人民日报》

9月

9月2日 晚，陪同朱德、周恩来等出席越南驻华大使黄文欢盛大招待会，庆祝越南民主共和国成立9周年。9月3日《人民日报》

9月3日 出席中央选举委员会第五次会议。会议由中央选举委员会主席刘少奇主持。邓小平作关于中华人民共和国第一届全国人民代表大会代表选举工作完成报告。9月4日《人民日报》

9月4日 随同朱德、周恩来等赴火车站，欢迎出席全国人民代表大会会议西藏地区代表达赖喇嘛、班禅额尔德尼抵达北京。9月5日《人民日报》

9月5日 朱德于北京中南海紫光阁宴会，欢迎达赖喇嘛、班禅额尔德尼，应邀出席作陪。9月6日《人民日报》

9月8日 随同朱德、周恩来等出席中央人民政府文化部盛大集会，庆祝保加利亚解放十周年。9月9日《人民日报》

9月9日 出席中央人民政府委员会第三十四次会议，修正通过《中华人民共和国宪法（草案）》，提交第一届全国人民代表大会第一次会议审核。9月10日《人民日报》

9月12日 上午，出席北京大学法律系成立大会并讲话。《北京大学纪事》

下午，出席中华人民共和国宪法起草委员会第九次会议。会议通过刘少奇关于《宪法（草案）》的报告，同时修正通过五个组织法草案。9月13日《人民日报》

9月14日 全国政协委员会设宴欢迎达赖喇嘛、班禅额尔德尼及西藏高级僧俗官员。应邀出席。9月15日《人民日报》

9月15日 上午，出席浙江小组会议讨论宪法。

下午，第一届全国人民代表大会第一次会议开幕，当选大会主席团成员。9月16日《人民日报》

9月19日 保加利亚人民军歌舞团于北京怀仁堂举行歌舞晚会，招待中华人民共和国第一届全国人民代表大会代表。毛泽东主席接见该团，偕李济深、董必武、黄炎培等陪同接见。9月20日《人民日报》

9月23—26日 出席全国人大第一届第一次会议。于26日发言："周恩来总理的《政府工作报告》，叙述解放以来短短的五年中我国各方面建设的辉煌成就，和我国和平外交政策所取得的巨大胜利，极其准确明了。"继而全面汇报北京大学过去五年巨大发展变化，指出尚有四点"做得不够好"。最后建议，对北大红楼"希望政府照原样子重新修建，改名为革命博物馆或毛泽东博物馆均可。把毛主席工作室和李大钊先生的纪念室照原样子保存下来，以供后世的瞻仰。"建议获得与会代表一致赞成。9月27日《人民日报》；《马寅初全集》第十四卷，第334页

晚，赴长安街全聚德浙江组聚餐，同席有70岁以上长者陈叔通、邵力子、马叙伦、竺可桢、钱雨农、包达三、何燮侯等。《竺可桢日记》

9月27日　于全国人大第一届第一次会议当选全国人大常委。9月28日《人民日报》

9月29日　上午，主持北京大学第81次行政会议，江隆基副校长、周培源教务长、张翔龙副教务长等出席。为做好教育、科学研究及师资培养，会议决定分工协助校长，周培源教务长负责指导理科，张翔龙副教务长负责指导中文、历史、哲学等，杨晦副教务长负责经济、法律。《北京大学纪事》

下午，随同刘少奇、周恩来等赴机场，迎接以赫鲁晓夫为团长的苏联政府代表团。9月30日《人民日报》

晚，周恩来举行盛大酒会，招待参加国庆节观礼各国贵宾，毛泽东主席到会向外宾祝贺。先生应邀出席作陪。9月30日《人民日报》

9月30日　发表《革命胜利的成果和我们的责任》。阐述新《宪法》的优点和精神，着重指出："《宪法》条文中引起我们最大兴趣的一条，就是九十五条，它明白地规定'国家对于从事科学、教育、文学、艺术和其他文化事业的公民的创造性工作，给以鼓励和帮助'。""以后我们教师们，要负起一项很光荣的任务，就是要把教学和科学研究紧密地联系起来，这不但能提高教学的质量，亦能丰富教学的内容。一个最高的综合大学，若不把科学水平提高，在学术上就不能有创造性的贡献，也就不能培养出合乎规格的人才。"《北京大学校刊》；《马寅初全集》第十四卷，第340页

同日　发表《祝贺一九五四年的大喜事》。"中华人民共和国第一届人民代表大会第一次会议已经在我国首都北京举行了。它的重大任务是：制定宪法，制定几个重要的法律，通过政府工作报告，选举新的国家领导工作人员。这是

多么大的喜事啊！五年计划建设第二年的任务，是在三年多时期的恢复与发展和第一年计划建设任务的完成和超额完成的基础上进行的，它已经取得了重大的胜利。以周恩来总理为首的代表团出席了日内瓦会议，使印度支那的和平得以恢复，中国在国际上的威信又大大提高。这两件也是我们今年建设过程中的大喜事，为全国人民和全世界一切爱好和平的人民所共同热烈祝贺的。这一切又都是解放台湾的有利条件。9月30日《经济周报》；《马寅初全集》第十四卷，第343页

10月

10月1日　出席天安门城楼国庆观礼。

10月2日　晚，周恩来于北京饭店举行盛大宴会，招待出席中华人民共和国建国五周年庆典各国政府代表团。应邀作陪。10月3日《人民日报》

10月3日　出席中国人民对外文化协会主持英国文艺科学界代表团递交"英国文化界六百多位知名人士签名致意信"仪式。10月4日《人民日报》

10月5日　赶赴火车站送宋云彬等回杭。宋云彬：《红尘冷眼》

10月9日　上午，陪同苏联莫斯科大学校长彼得洛夫斯基院士参观北京大学。

下午，与北大各系主任一起与彼得洛夫斯基座谈。先生表示：北京大学的前景就是莫斯科大学，我们所要走的道路就是他们所走过的道路，我们要学习他们的先进教育经验，他们一定会给我们很多宝贵的指示。彼得洛夫斯基介绍莫斯科大学情况后，先生请益若干问题：（一）校长如何领导教员及学生；（二）党、政、工、团工作如何配合，如何实现集体领导与统一领导，教师社会活动如何掌握才能不致影响教学；（三）教职员工的福利是否由政府负责，或是由学校负责进行；（四）行政与青年团如何向学生进行政治思想教育的问题；（五）学校中自然科学各专业与社会科学各专业平衡发展，还是有重点地发展？研究生和本科生的人数有无一定的比例？（六）科学研究派如何形成？科学院和大学研究工作性质上规模上有何不同？两方面的计划如何联系？（七）北京大学如何与莫斯科大学建立联系？彼得洛夫斯基一一作答。《北京大学苏联专家谈话报告集》，北京大学1955年

10月19日　随同周恩来等赴机场，迎接印度总理尼赫鲁为团长的印度访问团。10月20日《人民日报》

下午，周恩来举行盛大酒会，欢迎尼赫鲁总理一行。应邀作陪。10月20日《人民日报》

10月27日　随同周恩来等至机场，欢送印度总理尼赫鲁一行离京赴华东、华南等地参观。10月28日《人民日报》

10月28日　接待苏联莫斯科大学校长彼得罗夫斯基，商谈联系合作方式等事宜。会上宣布，北京大学赠送莫斯科大学四箱图书和两棵贵重的水杉。《北京大学纪事》，第583页

11月

11月2日　周恩来提请全国人大常委会批准设立国务院直属机构议案。先生建议："手工业要加以改造，由合作社形式，大的由国家办，目前价值五十几万亿，须有一个管理局。""大区的档案也要归中央。"馆藏

11月6日、10日　北大中文系连续举行《红楼梦》研究座谈会，对俞平伯教授研究《红楼梦》观点以及胡适派资产阶级唯心主义观点于古典文学领域的影响进行批判。偕江隆基、汤用彤及校党委负责人出席。《北京大学纪事》

11月13日　出席苏联文化部赠与北京大学罗蒙诺索夫大理石像授礼大会。代表北京大学表示衷心感谢。《北京大学纪事》；《马寅初全集补编》，第554页

11月25日　出席中国银行第二届第一次董事监察人联席会议。出席会议及委托代表者有董事长南汉宸，董事曹菊如、沙千里、章乃器、王绍鏊等29人。会议听取《股东会议开会经过报告》及《中国银行章程》业经中国人民银行核准情况。推选常务董事7人：南汉宸、曹菊如、马寅初、章乃器、龚饮冰、王志莘、荣毅仁。12月1日《人民日报》

12月

12月1日　北大校工会邀请文科部分教师及文学研究所部分研究员举行座谈会，研究如何进一步开展学术讨论。偕江隆基副校长、周培源教务长等出席。《北京大学纪事》

12月2日　陪同缅甸联邦吴努总理参观北京大学物理楼、化学楼、生物楼实验室及体育馆。12月3日《人民日报》

12月4日　出席全国政协第一届常委会第六十二次会议扩大会议。会议讨论召开中国人民政治协商会议第二届全国委员会第一次全体会议的筹备问题。新华社北京10日电

12月5日—1955年1月8日　应邀出席国务院八办与地方工业部联合召开第二次全国扩展公私合营计划会议。针对上半年以来加速实现大企业公私合营（摘苹果）致分散小企业（葡萄）难以为继，若干行业生产困难、劳资矛盾加剧之局面。先生于会上提出调整工商业，统筹兼顾建议，主张公私合营工作以"吃葡萄"式全行全业、逐行逐业开展方案，而不宜取单个、局部"摘苹果"方式。并就化解私营企业困难及公私合营中所生矛盾设计若干解决办法。

会议最后议程，由陈云代表中央及国务院报告国家对社会主义改造中调整工商业、公私关系方针政策；由曾山、吴波、许涤新分别就加工订货、税收及公私合营工作中若干具体政策进行解答。政府同民族资产阶级之间紧张关系趋于缓和。参见《人民网·党史百科》

12月10日　当选全国政协第二届全国委员会委员。12月11日《人民日报》

12月12日　随同周恩来等至机场，欢送缅甸联邦总理吴努及夫人一行离京赴华东、华南等地参观。12月13日《人民日报》

12月20日　于紫光阁出席全国人大常委会第一届第三次会议，讨论并通过《一九五五年经济建设公债条例》。馆藏

12月21日　全国政协第二届全国委员会第一次全体会议开幕，入选57人主席团名单。12月22日《人民日报》

12月26日　当选全国政协第二届全国委员会常委。本届常委共65人。《人民日报》

12月27日　出席中国科学院举行中国猿人头盖骨发现25周年纪念会。继郭沫若、陈毅报告后发表讲话。12月28日《人民日报》

12月29日　出席中苏友好协会第二次全国代表会，选出中苏友好协会总会新领导机构。宋庆龄当选会长，林伯渠、林彪、郭沫若、张澜、李济深、吴玉章、沈钧儒、黄炎培、马叙伦、程潜、乌兰夫、刘宁一、廖承志、李德全、

李四光、沈雁冰、马寅初、赛福鼎、邵力子、李烛尘当选副会长。12月30日《人民日报》

12月31日 于中南海出席全国人大常委会第四次会议。馆藏

同日 发表《迎接新年》。表示，在新年来临之际，"祖国已向我们发出庄严的号召，号召我们从各方面来加强工作，以支援解放台湾的正义斗争，最后完成我国的解放事业。我们看到全国人民，尤其是英勇劳动的工人同志为响应祖国的号召，纷纷提前或超额地完成了各方面的建设任务，他们的惊人的创造性和克服一切困难的毅力令我们深深感动，最近完成的康藏、青藏公路就是一个辉煌的例子。我们必须学习他们那种高度爱国主义的精神和社会主义的觉悟。"《北京大学校刊》;《马寅初全集补编》，第351页

1955年　74岁

1月

1月1日　发表《今日的北京大学》。介绍北京大学新中国成立以来进步及将来计划。"旧北京大学，抄袭了资本主义国家的大学制度，整个教学处于盲目无计划的状态，并强调培养天才学生，培养所谓'通才'。解放后，祖国要求我们把每一个学生都培养成合乎规格的专门人才，因此旧的教学制度必须进行合理的改革。""我们十分重视提高教学内容的科学性，既努力学习苏联先进文化科学，也注意吸收欧美进步文化科学，对中国过去的文化遗产更不遗余力地整理传授。"《新华半月刊》第6卷第1期；《马寅初全集》第十四卷，第347页

1月6日　论文《我国资本主义经济的社会主义改造》完成，附志说明："我的科学研究计划拟以'资本主义经济的社会主义改造'为对象，将中国自半殖民地、半封建的经济改造成社会主义经济过程的一切方面都包括在内，故范围是很广的，举凡土地改革、交通运输、对外贸易垄断、外汇统制、合作社的经营、银行保险各项业务以及工业商业的改造等等，都要给它叙述出转变的情况。著述的目的，在使全国现在与将来的青年能略知我国过渡时期经济的全貌，故只能以概论的形式刻画其轮廓，每一方面所述的分量是不多的，所以也不能深入。但因我目前事务比较多，政务之外又有校务，经常每年出国一次或两次，还要经常学习俄文，因此不能专心搞科学研究。虽然主观上有这样的愿望，考虑到客观条件的限制，不能不作第二步的打算，缩小范围，只以'我国资本主义工商业的社会主义改造'为对象。如果这样，则土地改革、合作社经济、保险银行、对外贸易和汇兑、交通运输等问题都可以不讲。范围既小，研究便可以深入一步，这是它的好处。如果时间再不许可，则更可缩小范围，仅以'我国资本主义商业的社会主义改造'为对象，则工业有关方面亦可不讲。虽然商业的内容还是不少，如批发商、零售商、摊贩等方面情况还是很复杂

的,都可作专题研究使对问题认识更能深入一步。这是我科学研究计划的大概情形。"

文章分十七个部分:(一)引言;(二)批发商的社会主义改造情况;(三)改造批发商存在着一些问题和困难;(四)零售商的社会主义改造;(五)五种改造形式;(六)改造步骤;(七)对五种改造形式,大部分零售商拥护,少数人仍有顾虑;(八)国家把商业纳入国家资本主义的轨道,也有许多优点,私营商业的改造,对国家来说,也有许多优点;(九)商业的社会主义改造形式可以与工业一样分等级乎;(十)企业的改造与人的改造应同时进行;(十一)在改造中比较不正确的思想情况;(十二)对消费者的需要应照顾(如何消灭"有利可图,无利可得"之感);(十三)提供些意见;(十四)加强思想教育,同时解决生活问题;(十五)零售商受摊贩的影响(专题研究);(十六)工商业的社会主义改造和税收(专题研究);(十七)结论。文章全面、系统地阐述资本主义经济社会主义改造过程中的各类矛盾、问题,并提出解决问题的思路。《马寅初全集》第十四卷,第352页

《我国资本主义经济的社会主义改造》一文撰写期间,中国经济社会形势日新月异。随后撰写《我国资本主义工商业的社会主义改造》一文,于4月完成。又撇开"工商业改造",修改完善《我国资本主义工业的社会主义改造》一文,于5月完成。主张应以"吃葡萄"方式,实行全行全业、逐行逐业合营,而不应取"吃苹果"方式,单个改造。要考虑资本家利益,解决"四马分肥"一马没着落现象,并就合营中所生矛盾提出具体解决办法。文章投《北京大学学报》,学报编委樊弘认为此文有袒护资方之嫌,谓"这篇论文在观点上有毛病,唯恐马校长因此会犯错误"而未予刊发。以上主张虽存有"站在资本家立场"之非议,然多被国务院八办及财经委所采纳。1955年7月,陈云于全国工商联扩大会议报告中提出:(一)为了解决"吃苹果"与"吃葡萄"的矛盾,今后公私合营将有计划地按全行业进行;(二)在利润的分配上,从"四马分肥"改为按资本每年给予定息。

1月10日 列席浙江省第一届人民代表大会第二次会议。《浙江日报》

1月11日 继续列席浙江省第一届人大二次会议,并讲话:"台湾是我国神圣的领土,是我国不可分割的一部分……我们六亿人民一定要更加紧密地团

结在中国共产党和毛主席的周围，为粉碎美蒋'条约'，解放台湾，彻底消灭蒋介石卖国集团而奋斗！"1月16日《浙江日报》

1月12日 致信苏联莫斯科大学校长彼得洛夫斯基，就莫斯科大学组织机构情况有所咨询。《莫斯科大学校长彼得洛夫斯基院士给北京大学马寅初校长的来信介绍莫斯科大学的组织机构的情况》，《北京大学苏联专家谈话报告集》

1月21日 于中南海出席全国人大常委会会议，讨论《兵役法（草案）》。《全国人民代表大会常务委员会会议文件合订本》

1月27日—2月3日 北京大学召开1954—1955年教学经验讨论会，高教部领导偕苏联专家与会。代表学校致开幕词。在肯定一系列教学改革成绩后，谈及："我们的教学工作中还存在很多问题，不少教师还不能很好地面向学生，注意教学效果，不善于正确地运用各种教学形式，不能在各个教学环节中贯彻培养学生独立工作的原则，而仍采用着填鸭式的教学方法，这是造成学生学习负担过重，食而不化现象的原因之一，并严重地妨碍了教学质量进一步的提高。"此次教学经验讨论会目的在于：（一）推动教学改革；（二）贯彻教学计划；（三）提高教学质量。《北京大学1954—1955年教学经验讨论会文集》，北京大学1955年

2月

2月1日 于紫光阁出席全国人大常委会第五次会议。2月2日《人民日报》

2月11日 出席北京大学经济系春节联欢晚会并讲话。谓："今天来参加晚会，很高兴。兄弟因为工作忙，平时很少来看望大家，请同志们原谅。今天兄弟想讲两个事情：一是锻炼身体，还有一个是学习俄文。"影印件

2月13日 首都隆重举行庆祝中苏友好同盟互助条约签订五周年大会，以中苏友好协会副会长身份出席。2月14日《人民日报》

2月18日 发表《坚决反对使用原子武器，发展我国和平使用原子能的研究》。就苏联决定帮助中国建立原子能科学实验中心一事表明看法："当前我国的科学水平还很低，我国原子能研究的基础也还是很薄弱的。但是，今天我们已具备了发展原子能和平用途的研究的有利条件。首先，我们有苏联的无私援助。苏联不但将在科学技术上指导我们，并将在各种物质条件上帮助我们。

其次，我国的社会制度是优越的，在毛主席与中国共产党的英明领导下，我国的生产事业正在大踏步前进，生产的发展必然要求我们能掌握世界上最先进的科学技术，掌握原子能和平使用的科学。"《光明日报》；《马寅初全集》第十四卷，第 375 页

2月21日 就"新人民币发行"发表记者谈话。"新人民币的发行，完全适应我国建设的需要和人民的愿望。解放以来，我国的经济建设已经取得了巨大的成就，人民生活日益改善，而现行的人民币票面额大、种类复杂、纸张质量不一，不能适应需要。现行人民币名义上以'元'为单位，实际上已几乎没有价值相当于一元的东西，经常计算大都是以一万元做单位。这是不合理的，计算和使用都有困难。现在发行的新人民币，以一元做单位，使用方便，计算省事，一定会得到全国人民的拥护。""社会主义建设保证了物资的生产日益扩大。而大量的物资又是由国家所掌握的，使奸商不能随便投机倒把。因此，我国货币的商品保证是极雄厚的。"《马寅初全集》第十四卷，第 571 页

本月 邀请国内经济学者汇聚北京大学临湖轩，讨论组织一个毛泽东思想研究会，希望借此统一思想，认识新民主主义到社会主义过渡必然性，树立社会主义指导思想。然当时经济学者们对社会主义指导思想关注甚少，大多对过渡时期规律问题感兴趣，观点甚至水火不容，难以形成中心思想。会议提交数百篇文章，几乎没有一篇提到指导新民主主义之毛泽东思想，致"议论纷纷毫无结果，反而在思想上造成混乱。"《再谈平衡论和团团转》，《马寅初全集》第十五卷，第 235 页

同月 致书周恩来请批示，将年轻核物理理论教师胡济民自浙江大学调至北京，任中国首个核技术教学基地——北京大学物理研究室主任。《北大百年1898—2008》

3月

3月1日 于中央人民广播电台广播讲话《关于发行新的人民币和收回现行的人民币》。先后发表讲话者还有中国人民银行行长曹菊如、中华全国工商联合会主任陈叔通、经济学家千家驹等。《马寅初全集》第十四卷，第 386 页

同日 挑选一张照片送予秘书姜明，并题写："此片送给优等工作者姜明

同志。马寅初一九五五年三月一日"。馆藏

3月5日 北京大学召开体育锻炼动员大会，宣布北大体育运动委员会名单，先生被推为主任委员。《北京大学纪事》

3月9日 发表《新中国货币制度的特点及其优越性》。分析、对比近代资本主义国家"币制改革"及国民党政府期间币制混乱，指出此次新人民币发行的优越性与必要性，"今日的人民币是真正的货币。由于人民币人人信任，国家银行根据社会的需要发行，又因我国财政收支早已达到平衡而不致因财政困难多发一文，同时有国家银行严密的管理，有大量物资掌握在国家手中，有忠诚为人民服务的强有力的政府为后盾……在这样巩固的基础上，人民币的信用将日益增长，成为世界上最完美最健全的货币之一"。该文收入1955年5月财政出版社出版《发行新人民币的意义和作用》一书。《人民日报》；《马寅初全集》第十四卷，第378页

3月20日 与吴玉章、陈垣及其他有关高校负责人于北大临湖轩开会，签订北京大学、中国人民大学、北京师范大学三校互相合作合同。《北京大学纪事》

年初 当选全国人大常委后，曾以此为由再加上"要搞科学研究"，向高教部提出辞去北大校长一职。经高教部、北大出面挽留，未再坚持。据北大党委观察，在这一时期，先生除了参加各种重要会议外，主要精力是用于研究经济方面的资料及展开政治经济学研究。曾指着自己过去的著作对秘书姜明（党员）说："这些书都是我解放前写的，解放后一本书也没写过，简直成了政客了。"还说，"做校长的不能只讲大话，可以让教务长上来做做校长，或者让陈岱孙（北大经济系主任）来做校长，我去做做系主任。这样轮流来做，上下也通气。"《北大校长马寅初最近的一些思想情况》，《高等学校动态简报》第74期，1955年3月22日，转引自陈徒手：《马寅初在北大的苦涩旧事》，《读书》2011年第12期

4月

4月7日 出席全国人大第九次常委会。对周恩来提请全国人大常委会批准设立出国工人管理局议案，提出修改意见："（一）'还乡'两字不妥；（二）

邵老以为通过后不要公开发表，但不发表，将来动员时，青年农民工人向何处接洽？去找何机关？所以恐有公开发表之必要。去苏联八万人，去蒙古万人，为期三年，可以延长至六年或九年。在苏联可以娶老婆，每年假期二十天可以合并计算，三年回家一次，有六十天，有川资。"影印件

4月15日　中国出席亚非会议工作人员遇害者石志昂等烈士追悼大会筹备委员会成立，宋庆龄、孔原、马寅初、胡耀邦、洪深、陈叔通、章伯钧、彭真等36人为筹备委员。4月17日《人民日报》

4月17日　发表《愤怒和哀悼》。谴责美蒋特务谋杀中国出席亚非会议工作人员及记者之罪恶行径。《光明日报》；《马寅初全集》第十四卷，第390页

4月22日　偕同中华全国民主妇女联合会主席蔡畅、副主席邓颖超等前往北京机场，欢迎国际民主妇女联合会主席、世界和平理事会副主席、法兰西妇女联盟主席欧仁妮·戈登夫人来中国访问。4月23日《人民日报》

4月24日　中华全国妇联主席蔡畅举行宴会，招待戈登夫人及法国妇女维尔德美夫人、亚历山大夫人、巴朗蒂尼夫人一行。应邀出席作陪。4月25日《人民日报》

4月26日　偕陈伯达、张稼夫、竺可桢、吴有训等赴北京火车站，欢迎以苏联科学院副院长伊·普·巴尔金院士为首的苏联科学院代表团。4月27日《人民日报》

4月27日　中国科学院举行宴会欢迎苏联科学院代表团。应邀出席作陪。4月28日《人民日报》

4月29日　中国人民保卫世界和平委员会副主席陈叔通举行宴会，招待世界和平理事会副主席欧仁妮·戈登夫人及法国妇女维尔德美夫人、亚历山大夫人、巴朗蒂尼夫人一行。应邀出席作陪。4月30日《人民日报》

5月

5月1日　赴天安门检阅台观礼"五一"游行。北大4700多名师生员工参加"五一"大游行，当北大游行队伍经过时，先生高兴地对毛泽东主席说：这是北大的游行队伍。

同日　致电莫斯科大学校长彼得罗夫斯基院士，祝贺莫斯科大学建校二百

周年。《马寅初全集补编》，第 572 页

5月4日　出席北大奖励先进班大会，并向 40 个先进班级代表授奖。《北京大学纪事》

下午，主持北京大学第一届"五四"科学讨论会，教育部部长杨秀峰等有关部门负责人出席开幕式，苏联、匈牙利、蒙古等科学院院长以及中山大学、复旦大学、南京大学、西北人大、东北人大、军委第一政治学校、哈尔滨医大、沈阳师院、河南师院等院校及科研机构、产业部门 40 多个单位负责人出席。代表北大致开幕词："科学研究工作是高等学校，尤其是综合大学的一项基本任务。北京大学从 1954—1955 学年开始了有计划的科学研究工作。全校有二百七十多位教师从事将近三百个专题的研究。"《北京大学纪事》

5月6日　委托周培源教务长代表北京大学，赴苏联出席莫斯科大学成立二百周年纪念日（5月7日）庆典。《北京大学纪事》

5月7日　发表《庆祝莫斯科大学开学二百周年》。高度评价莫斯科大学二百年科学成就，表示："我校在今年五月四日校庆日举行了科学讨论会，检查了我校学习苏联先进科学、开展科学研究以及批判资产阶级唯心主义学术思想的成果。我们以这个行动来祝贺莫斯科大学的节日。我们都清楚地了解，苏联的今天，就是我们的明天，而莫斯科大学的今天，就是我们全国各综合性大学的明天，也是我们北京大学的明天。"《人民日报》；《马寅初全集》第十四卷，第 391 页

5月17日　发表《向莫斯科大学致热烈的祝贺——为莫斯科大学校庆而作》。《光明日报》；《马寅初全集》第十四卷，第 394 页

5月18日　发表《亚洲区域各国经济合作的重要性》。阐发亚非各国经济合作必要性以及所循原则，中国"致力于同各国建立平等互利的贸易关系。当印度饥荒严重的时候，中国政府愿以大米供给印度，不但品质是上等的，而且价格是公道的。当锡兰政府和人民因橡胶价惨跌，遭到困难的时候，中国政府愿同锡兰政府缔结橡胶和大米五年贸易协定，提高了橡胶价格，使锡兰政府和人民收入增加"。《人民日报》；《马寅初全集》第十四卷，第 396 页

5月22日　偕陈叔通、许宝驹、梁希、项叔翔、王志莘、严景耀等全国人大代表同抵杭州，浙江省副省长杨思一等前往车站欢迎。此行根据全国人民

代表大会常务委员会决定，部分全国人民代表大会代表来浙江地区视察工作。
5月23日《浙江日报》

晚，宋云彬等来下榻处大华饭店拜访。宋云彬：《红尘冷眼》

5月23日　浙江省人民委员会邀请全国人大代表举行座谈会，商讨全国人大代表大会代表在浙视察事宜。浙江省副省长杨思一主持。出席座谈会者：陈叔通、马寅初、梁希、许宝驹、严景耀、王志莘、项叔翔、文芸、王国松、宋云彬、姚顺甫以及浙江省人大代表彭瑞林、王文长、赵得三、许钦文、吴山民、李文灏、沈炼之、郭颂铭等。《浙江日报》

5月24日　于大华饭店商定下乡视察行程安排。陈叔通、文芸、项叔翔、姚顺甫、宋云彬一组到萧山；梁希、马寅初、严景耀、李文灏等一组到宁波，马寅初偕王国松、沈炼之先赴温州视察，再转宁波；许宝驹、王文长、吴山民等一组赴金华。次日晨分赴各地。宋云彬：《红尘冷眼》

5月25日　下午，偕严景耀、王国松、沈炼之等抵黄岩。晚，与黄岩各界人士举行座谈会。《浙江省温州区视察报告》，《马寅初全集》第十四卷，第400页

5月26日　上午，偕王国松、沈炼之、邱清华等抵温州乐清。

下午，召开乐清各界人士座谈会。《浙江省温州区视察报告》

5月27日　听取温州徐寿考副专员、永嘉县谢县长、温州市丁代市长汇报。

晚，召开温州地区各县代表座谈会，了解人口增长情况。《浙江省温州区视察报告》

5月28日　视察永嘉县梧诞镇。《浙江省温州区视察报告》

5月29日　上午，视察永嘉县双岭乡。

下午，视察温州市城郊区新侨乡。《浙江省温州区视察报告》

5月30日　转赴宁波与梁希等全国人大代表汇合，继续视察。《浙江省温州区视察报告》

5月31日　当选中国科学院学部委员。经国务院全体会议第十次会议批准，任命233人为中国科学院学部委员。1955年6月3日国务院任命，6月4日《人民日报》公布。此次先生入选属存有争议者。中国科学院2月12日致函周恩来、陈毅：如果我们采取"宁缺毋滥"的方针，则有许多资历老而学术上有错误或没有成就者，如陶孟和、马寅初、冯友兰等人就势必被淘汰，这样

做不利于团结也不利于当前的工作；如果把现在大陆的1948年选的院士都承认下来，再另增加一批新院士，则对比之下人选就势必太多太滥，如选择不当反而会造成新的纠纷。因建议，先以学部联席会议和院务委员会组织作为正式建立院士制度以前过渡形式，故称学部委员。抄件

6月

6月4日　赴绍兴，转家乡嵊县视察，深入了解人口问题。《马寅初在故乡》

6月6日　赴宁波西港村视察。《把人民的意见带到北京去——记全国人民代表大会代表马寅初在西港村》，6月8日《宁波大众》

6月7日　偕全国人大代表严景耀、朱之光、张杏花、罗祥根及浙江省人大代表李文灏等赴四明山区访问选民，征求山区选民意见，调查山区人民生活状况。6月16日《浙江日报》

6月13日　结束视察返杭，下榻大华饭店。撰写《浙江温州区视察报告》、"控制人口与科学研究"发言稿，准备用于全国人大第一届第二次会议。

6月14日　上午，于大华饭店总结视察经过。

下午，出席浙江省人民委员会座谈会，与梁希、张炯伯、许宝驹分别报告视察经过，发表视察感想。宋云彬：《红尘冷眼》

6月15日　出席浙江省人民委员会座谈会。与梁希、张炯伯、许宝驹、宋云彬、沈兹九、俞平伯、王国松、李士豪、费振东等10人分别发言。"代表们在发言中肯定了本省各项工作的成绩，同时也对工作中的缺点提出了批评。代表们在发言中还反映了在视察时广大选民对粮食统购统销工作、互助合作运动和治安工作等提出的若干意见和要求。"6月16日《浙江日报》

6月16日　偕梁希、张炯伯、许宝驹、费振东、严景耀等乘火车离杭返京。6月17日《浙江日报》

6月20日　与王国松、邱清华共同修改完成《浙江省温州区视察报告》，提交有关部门。报告中，粮食问题（即统购统销）系考察重点。当时各类汇报材料，报喜不报忧者居多，该报告实话实说，较多谈及存在问题。

农业增产了，实行统购统销，得到了大多数农民的理解，但也有缺点，主要是干部作风强迫命令造成的：

（一）订计划时不够切实，部分区乡有层层增加数字的现象，乐清、永嘉等县个别乡推广连作稻采取划片的办法，强迫种植，结果计划流于形式，实际推广数缩小了；（二）秧田治虫不彻底；（三）春花良种留得少；（四）部分地区合作社、互助组农民不愿种小土地出租者的田地，个别富农因土地多，劳力少，雇不到工就抛弃了土地。

在统销工作中，对中央"多缺多供应，少缺少供应，不缺不供应"的指示执行不够好，该供应的没供应，不该供应的反而得到了供应，干部乱发了周转粮证。五月间整顿统销时，对于有麦子收成的农民收回周转粮证，农民的意见最多。梧埏镇一个农民说："干部收购周转粮时曾经说过半斤、一斤都还给农民，现在连饭也不给农民吃，没有信用。"一个鱼贩农民说："有钞票买不到米，肚子挨饿，共产党什么都好，只有这件事做得不好。"个别乡干部强迫命令，有的开会开到天亮，随便扣人，有的搜仓，引起农民的不满。该供应而没有得到供应的叫着要供应，有的不缺粮的怕人家说他有粮，也跟着叫。永嘉县双岭乡大陆村祝宝钊对干部说："毛主席说保证不饿死一个人，你不供应我，就是你不好。"

麦子收成以后，农民反映全部吃麦不习惯，吃麦的量要比吃米多，手续麻烦，而价格又贵（麦子每百斤八点五元，谷子每百斤六点五元；麦子磨成粉每百斤加工费一元五角，打成面每百斤加工费二元），老年、小孩有疾病的和产妇需要吃米。有的说：五六口之家一天有一斤米也好。希望政府收购一部分麦子，供应一部分米。永嘉梧埏镇农民唐永祥说："如果政府允许的话，我看有的人就是一百斤麦子同国家换调一百斤谷子也是愿意的。"

农民对于"三定"政策，一般是拥护的，但部分农民存在着怀疑态度，双岭乡农民杨素容说："对于'三定'政策，有的人怀疑、不相信，认为定不牢的，下半年恐怕要变动，去年划片评产，发了周转粮证，今年还要变动。经过'三定'之后如再这样来一个变动，农民就吃亏。"也有的人认为，去年产量定高了，今年不敢种。

农民对城市里有很多意见，农民说："种稻的吃麦，不种稻的吃米，城内还有客米。""工人思想好，农民吃得饱，思想也会好。""吃一斤半米的（指工人）八点钟办公，我们吃十二两（旧制：十六两一斤）的这样早起做什么？"

"国民党时期农民当兵，现在参军的还是农民多，工人少，工人是亲儿子，农民是干儿子。"这反映农村对城市有隔阂，农民对工人有不满。以后应当加强工农联盟的思想教育。《马寅初全集》第十四卷，第400页

月底 赴金华、新登、龙游等地第二次视察，视察龙游时，被老百姓围住要粮吃，致当地干部尴尬异常。转赴江西省南昌、建余、九江等地，了解当地经济发展与人口增长情况。回京后撰写《金华、龙游、新登考察报告》。报告原稿由侄孙女马云源藏

上半年 《控制人口与科学研究》完稿后，约请陈云审阅。陈云深表赞同，说：我完全同意你在文章中的观点，人口对国家经济的压力实在太大了。当然，你的意见可能不会一下子被所有人接受，任何新生事物的出现都会有阻力的，要有充分的思想准备，事先把困难设想得多些有好处。中央几位领导那里我会替你去吹吹风。只要有机会，一定为你做些解释工作。推行任何一种政策，舆论准备都是不可少的。你的人口理论为国家和民族立了功，我衷心祝贺它成功。如果出现什么问题，你可以随时找我，只要我力所能及，一定尽力帮助。《陈云年谱》

7月

7月1日 为《北京大学学报》人文科学版撰《发刊词》："北京大学的社会科学工作者和自然科学工作者依照'科学服务于经济建设文化建设'的方针，在他们的岗位上，不再仅从个人兴趣出发，而极愿把自己的科学研究工作去配合国家的实际需要。学院式的生活，将成为陈迹了。今后我们还要继续努力，肃清那些可能残留下来的坏影响，进一步发挥集体智慧，提倡集体创造，来迎接经济建设与文化建设的高潮。"《北京大学学报》1955年第1期；《马寅初全集》第十四卷，第407页

7月3日 主持北大行政工作会议，讨论贯彻中央精神，"肃清一切暗藏反革命分子"问题。《北京大学纪事》

7月4日 出席全国人大浙江小组会议，以浙江为例首次谈人口问题，主张中国人口控制在6亿左右。竺可桢发言谈青田、永嘉开荒问题很严重，人口问题亦有。青田沙埠乡1953年11月2300人，到1954年12月多出160人，

增加7%。"马寅初亦提出人口问题,说浙省2000万人口,一年中多出60万,即增加3%,我依据3%算出,50年后浙江将有8700万。"《竺可桢日记》

7月5日　出席全国人大第一届第二次会议,当选79人主席团成员。7月6日《人民日报》

7月8日　出席全国人大第一届第二次会议浙江小组会。《竺可桢日记》;宋云彬:《红尘冷眼》

7月9日　得程子华[1]信:"送去各地土法制造肥料的材料一份,请阅。另外,长芦塘大盐务局精制盐废液中做出肥料的材料,请查阅六月二十三日《天津日报》。"馆藏

7月12日　出席全国人大第一届第二次会议浙江小组会议,讨论五年计划。与邵力子等提出人口问题,遭到宋云彬等人批评,但得到竺可桢等人支持。先生坚持自己观点,准备于大会发言,并公开发表。《竺可桢日记》;宋云彬:《红尘冷眼》

7月13日　浙江小组会讨论五年计划,先生与邵力子又谈人口问题,认为要改变失业失学现象,改善人民生活非节制人口不可,主张将中国人口控制在六亿左右。宋云彬谓先生等:"实则不满五年计划","问此种观点与马尔塞斯有何不同之处,则皆哑然无言。马寅初面红耳赤,谓余不能企图阻止他在大会发言。(此公准备在大会发言中谈人口问题)"。宋云彬:《红尘冷眼》

7月14日　上午,宋云彬主持浙江小组会,先特别声明:昨天两次提到马尔塞斯,盖恐邵、马二公对于人口问题之见解不自觉地陷入马尔塞斯人口论之泥潭,所谓心所谓危,不敢不告耳。沙文汉递一字条给宋:"你说他们重复了马尔塞斯人口论原没有说错,只是说得太早一点,容易阻碍辩论的展开。"宋云彬:《红尘冷眼》

下午,国家计划委员会副主任骆耕漠列席浙江小组会。先生遂请骆氏对五年计划作全部讲解,谓"大家愿意听大课"。引起宋云彬不满,"人谓马天真,以余观之,实无知也"。宋云彬:《红尘冷眼》

---

[1] 程子华(1905—1991),山西解县人,时任全国合作社联合总社主任。1981年先生百岁大寿时,专程送瓷做老寿星一尊,落款:"学生程子华敬贺"。

7月15日 上午，继续出席浙江小组会。宋云彬主持。宋记曰："陆士嘉、张琴秋等均对人口问题有所发挥，惜邵、马二君不肯倾听也。""马寅初将发言稿清样送请王国松看，其内容谓目前兴修水利、开荒等等皆非根本办法，根本办法在限制人口，满纸荒唐言，不仅贻笑大方，且将为帝国主义及反动派据为口实。沙文汉看后，大为惊诧，经与王国松商议，由王找竺可桢谈，请向马劝告。"宋云彬:《红尘冷眼》

晚，王、竺至马家劝阻，"示以马寅初发言稿对于人口问题提出要控制在6亿数目，大家以为是马尔萨斯的气味太浓，必须修改"。《竺可桢日记》

7月16日 下午，赴怀仁堂出席全国人大第一届第二次全体大会，与李济深、林枫、邓宝珊、周文江、李顺达、盛丕华等同为会议执行主席。7月17日《人民日报》

晚，电话告竺可桢表示收回发言稿。"9点半，至新侨饭店581号晤王劲夫、宋云彬、沙文汉，谈马寅初拟在代表大会发言的稿，马主张限制人口，以为我们人口增长速度超出了农产品增长速度。1953年、1954年2年粮食增产统未达到预期3.3%增长，人口增加2%—3%，目前要开荒又有水土流失的危险，所以主张把人口限制在6亿。沙以为此是绝对反动的马尔萨斯人口论的复现，和政府五年计划要积极增加生产背道而驰，所以要他另外换题讲预算。我则主张把他的讲演稿加以修改，把主题从限制人口改为促进科学技术。余允对马稿提意见。回后，于傍晚得马寅初电话，知他决计把稿抽回不讲，大概另有人劝阻他之故。"《竺可桢日记》

7月18日 上午，出席浙江小组讨论。《竺可桢日记》

下午，出席国务院十五次会议及继续出席全国人大第二次会议。《竺可桢日记》

7月19日 上午，浙江小组继续讨论五年计划，偕邵力子又大谈人口问题，"争吵甚烈"。先生还提及有若干科学家有了著作不敢出版问题，引起讨论。宋云彬:《红尘冷眼》;《竺可桢日记》

下午，宋云彬、周建人、冯雪峰等继续批驳先生人口论主张，竺可桢记，"宋甚至不承认人口的几何级数递进的理论，我做了发言。认为国家对于人口应有一个政策，不能任其自由发展"。宋云彬:《红尘冷眼》;《竺可桢日记》

7月21日　上午，偕大会代表参观根除黄河水害及开发黄河利用情况模型展览。宋云彬：《红尘冷眼》

下午，出席全国人大全体会议。宋云彬：《红尘冷眼》

7月22—23日

出席全国人大全体会议。宋云彬：《红尘冷眼》

7月25日　出席全国人大浙江小组会议，沙文汉提议不再谈人口问题，专谈预决算、《兵役法》及常务委员会工作报告。宋云彬：《红尘冷眼》

7月26日　出席全国人大全体会议，全体代表在怀仁堂草坪合影留念。宋云彬：《红尘冷眼》

7月27日　上午，出席全国人大浙江小组会议，到会代表签名参加"各国议会联盟"。

下午，出席全国人大全体会议。宋云彬：《红尘冷眼》

晚，以世界和平理事会理事身份出席首都各界人民盛大集会，热烈拥护赫尔辛基世界和平大会所通过宣言及各项建议。7月28日《人民日报》

7月30日　上午，出席全国人大第一届第二次会议全体大会，会议研究了各国议会联盟章程，决定组成"中华人民共和国参加各国议会联盟的人民代表团"加入各国议会联盟。全体代表一致推选宋庆龄、董必武、林伯渠、彭真、林枫、李济深、程潜、沈钧儒、章伯钧、黄炎培、李烛尘、马寅初、陈嘉庚、赛福鼎、廖承志十五人组成会议主席团。先生同时当选中华人民共和国参加各国议会联盟人民代表团执行委员会副主席。7月31日《人民日报》

下午，于怀仁堂出席全国人民代表大会闭幕式。宋云彬：《红尘冷眼》

8月

8月6日　至怀仁堂出席全国人大第二十次常委会。《竺可桢日记》

8月11日　偕马约翰、曾昭抡、傅作义等全国人大常委会委员在青岛休养。下午，于第二游泳场遇竺可桢。《竺可桢日记》

9月

9月9日　发表《热烈欢迎新同学》。"今年入学的新同学在毕业后正赶上参加我国第二个五年计划的建设事业，必须有更高的质量才能胜任，因此新同学们必须以高度的荣誉感与责任感来努力学习各项政治与业务课程，努力锻炼体格，把自己培养成为优秀的专门人材。"《北京大学校刊》；《马寅初全集》第十四卷，第409页

9月19日　郭沫若与沈钧儒联合举行宴会，欢迎国际民主法律工作者协会主席、英国和平委员会会长普里特与世界和平理事会常务委员兼书记处书记、比利时布伦姆夫人。应邀出席作陪。9月20日《人民日报》

9月27日　至中南海怀仁堂出席毛泽东主席授元帅军衔宴会。《竺可桢日记》

9月28日　晚，全国人大常委会副委员长彭真设宴欢迎日本国会议员访华团。应邀出席作陪。9月29日《人民日报》

继出席中苏友好协会总会会长宋庆龄宴会，欢迎以苏联作家协会书记处第一书记苏尔科夫为首苏联文化代表团全体团员。9月30日《人民日报》

9月29日　偕中国人民保卫世界和平委员会主席郭沫若，副主席陈叔通、廖承志等前往北京机场，欢迎意大利社会党总书记南尼及其夫人、女儿等一行五人。9月30日《人民日报》

9月30日　发表《庆祝中华人民共和国建国六周年》。从多方面肯定北大过去一年成绩，特别强调："同学们的学习成绩有了显著的提高，考试成绩优良的已达百分之八十，对同学共产主义道德品质的培养也有一定的收获，参加体育锻炼的学生人数也有显著的增加。我校的科学研究和学术思想批判工作，虽然在上学年初才开始进行，但由于教师们的积极努力，已经有了一个良好的开端。"《北京大学校刊》；《马寅初全集》第十四卷，第411页

10月

10月1日　登天安门城楼观阅兵典礼与群众游行。

10月4日　上午，于北大临湖轩草坪主持欢迎以艾雅尔为首的印度师生代表团仪式。"向客人们介绍了学校的情况，并介绍他们和北京大学的教授们见面。客人们在马寅初和副校长江隆基等陪同下，参观了北京大学新建的化学楼和生物楼、图书馆、实验室等处。"10月6日《人民日报》

晚，主持北京大学欢迎印度师生代表团宴会，高教部、教育部、清华大学等单位负责人及北大教授、学生代表共 70 多人出席。宴会后，举行联欢晚会，先生与艾雅尔先后讲话，并共同观看印度师生代表团与北京大学学生联合演出歌舞节目。《北京大学纪事》

10 月 6 日　高教部部长杨秀峰设宴招待印度师生代表团。应邀出席作陪。10 月 7 日《人民日报》

10 月 8 日　发表《创造性劳动激情的源泉》（俄文），侯宏勋译。表示："我是一个经济学者。解放后我学了三四年俄语，现已能不费力地阅读俄文书籍。我定下的目标是用俄文原文深入研究社会主义政治经济学。目前我在研究中国的经济问题，在研究中，将进步的经济学说与中国的现实相联系，希望由此对中国经济科学的研究事业作出贡献。"苏联《苏中友好报》（俄文）;《马寅初全集》第十四卷，第 413 页

10 月 9 日　中国人民保卫世界和平委员会主席郭沫若举行酒会欢送南尼一行，应邀出席。10 月 10 日《人民日报》

10 月 10 日　偕郭沫若等前往北京机场，欢送南尼一行归国。10 月 11 日《人民日报》

同日　于北大第二体育馆主持"德意志民主共和国赠送礼品展览会"开幕式，剪彩并发表讲话。展品有反映马克思生平及民主德国建设成就图片、照片以及地球仪、幻灯片、录音机等 661 件教学仪器。《北京大学纪事》

10 月 11 日　发表《培养新干部的熔炉》（俄文），侯宏勋译。介绍北京大学光荣历史，1949 年后之新变化，目前学生学习、文体及社团活动以及苏联专家在北大教学、生活情况。苏联《苏中友好报》（俄文）;《马寅初全集》第十四卷，第 415 页

10 月 13 日　陪同全国人大常委会副委员长宋庆龄接见以艾雅尔为首的印度师生代表团及以古普塔为首的印度法律工作者代表团。10 月 14 日《人民日报》

10 月 16 日　全国人大常委会委员长刘少奇举行宴会欢送日本国会议员访华团。应邀作陪。10 月 17 日《人民日报》

10 月 19 日　出席毛泽东主席主持最高国务会议。馆藏

10 月 25 日　中国教育工会全国委员会主席吴玉章举行宴会，欢迎以团长

小林武为首的日本教职员工会教育考察团全体人员。应邀出席。10月26日《人民日报》

11 月

11月4日　中苏友好协会总会副会长郭沫若举行宴会，欢迎以尼基什金为首的苏联艺术家代表团、以克罗特科夫为首的苏联医学科学代表团及以纳杰日金娜为首的苏联莫斯科"小白桦树"舞蹈团。应邀偕周恩来、陈毅等出席。11月5日《人民日报》

11月5日　国务院副总理李富春至北大作关于"第一个五年计划"的报告，先生全程陪同并即席发言。《北京大学纪事》

同日　接待钱学森参观北京大学，并宴请。11月12日《人民日报》

11月6日　周恩来至北大作报告，偕北京大学党委书记江隆基陪同。照片

晚，中苏友好协会总会于怀仁堂隆重庆祝十月革命三十八周年。偕朱德、周恩来等就座于主席台。11月7日《人民日报》

11月7日　苏联驻中国大使尤金举行盛大招待会，庆祝十月革命三十八周年。应邀陪同朱德、周恩来等出席。11月8日《人民日报》

11月10日　中国人民外交学会会长张奚若举行宴会，欢迎以片山哲为首的日本"拥护宪法国民联合会"访华团全体人员。应邀出席作陪。11月11日《人民日报》

11月11日　出席全国政协讲演会，听取钱学森报告美国目前情况。11月12日《人民日报》

11月13日　彭真举行盛大酒会，招待以片山哲为首的日本访华团及以小林武为首日本教职员工会教育考察团。应邀陪同周恩来、陈毅等出席。11月14日《人民日报》

11月18日　偕全国人大代表梁希、沈兹九，全国政协委员周炳琳等抵达杭州。前往车站欢迎者有：浙江省省长沙文汉，在杭全国人大代表文芸、王国松、宋云彬、李士豪、姚顺甫及在杭全国政协委员唐巽泽等。11月19日《浙江日报》

11月22日　发表《无产阶级国际主义精神》（俄文）。讲述近年来苏联对

中国国民经济恢复时期所提供巨大援助及其所取得明显成就。苏联《苏中友好报》(俄文);《马寅初全集》第十四卷, 第 419 页

11 月 26 日—12 月 15 日　偕王国松、邱清华、姚顺甫、沈炼之等,先后于杭州、宁波、温州、金华、建德、吴兴、定海等市、县视察。通过座谈、访问,听取当地政府负责人汇报,了解农业合作化运动、粮食工作、私营工商业社会主义改造、山区生产、文化教育、卫生和镇压反革命分子等工作。12 月 17 日《浙江日报》

本月　浙江省人民委员会举行全国人大代表、政协委员来浙视察交换意见座谈。与诸位代表、委员就所发现问题提出意见。浙江省省长沙文汉当场表示接受这些意见、建议,将责成各有关部门加以改进。

12 月

12 月 19 日　偕江隆基副校长、周培源教务长,接待德意志民主共和国政府代表团来北大参观、访问。《北京大学纪事》

12 月 29 日　郭沫若率中国访日科学代表团到杭。偕浙江省省长沙文汉、中共浙江省委副书记李丰平、浙江省副省长杨思一等前往车站欢迎。12 月 30 日《浙江日报》

1956年　75岁

1月

1月7日　得莫斯科大学校长彼得罗夫斯基院士、德国洪堡大学校长奈耶博士、印度班拉纳斯印度教大学副校长拉玛斯瓦米·艾雅尔博士新年贺词。即行回复三校长。《北京大学校刊》；《马寅初全集补编》，第573页

1月12日　致书日本神奈川教职员工会主席三好新次及波多野教授，感谢赠与北大《楚辞集解》全书照片及底片。影集系波多野教授通过神奈川县教职员工会帮助，由全县1.6万多教师捐款摄制而成。《北京大学纪事》，第599页

1月14日　发表《祝贺私营工商业改造的胜利》。指出："目前，北京市的资本主义工商业，已经全部公私合营，走在资本主义工商业的社会主义改造的前列。其他地方也都将跟上来。资本主义工商业改造的高潮已经来到了，这是值得庆贺的。这说明了全国大部分工商业者在党和政府的教育下，拥护社会主义改造，而且以实际行动来表示走社会主义道路的决心。也说明了工商业者只要诚心诚意接受社会主义改造，前途是光明的。"《大公报》；《马寅初全集》第十四卷，第423页

1月27日　全国人大常委会委员长刘少奇举行宴会，招待越南国民大会常委会委员长孙德胜等。应邀作陪。1月28日《人民日报》

2月

2月1日　出席全国政协第二届第二次全体会议。2月2日《人民日报》

2月13日　下午，中央统战部举行盛大酒会，招待各民主党派人士和无党派民主人士，毛泽东、刘少奇、周恩来、彭真、陈毅等出席。应邀出席者李济深、沈钧儒、黄炎培、马寅初、周建人、章伯钧、陈其尤、许德珩、谢雪

红、胡耀邦、陈叔通、程潜、傅作义等。2月14日《人民日报》

2月14日 周恩来举行酒会，欢迎柬埔寨王国首相诺罗敦·西哈努克亲王一行。应邀作陪。2月15日《人民日报》

2月中旬 于浙江萧山县视察时，闻浙江省人民委员会彭瑞林秘书长曰，浙江人多地少，山区潜力大，开荒是解决人民生活的方法，因此约了许多人去金华开荒。先生当即决定次日赴金华等地考察。姜明回忆

2月20日 视察浙江金华、诸暨、嵊县、新昌、奉化等地后，向浙江省人民委员会提出几点意见：（一）开山应有计划地进行，如奉化县盲目开山，山洪暴发连诸暨、嵊县也带来严重灾害。（二）合作社数量多，质量重视不够；文盲多，合作社缺会计。有一个社连会计也是文盲，记帐时，只好用火柴来代替数字，后来火柴给小孩搞乱了，帐目就弄不清楚。因此扫盲工作很迫切。（三）金华地区小猪价格太贵，原因是小猪太少，农民反映大猪卖了买不来小猪，不合算，且大部分掌握在私商手里。《全国人民代表大会代表、政协全国委员会委员暨浙江省人民代表大会代表、政协浙江省委员会委员视察工作后提出的问题和意见（摘要）》，浙江省档案馆

3月

3月14日 以全国人大常委身份赴波兰驻华大使馆，吊唁波兰统一工人党第一书记、波兰全国阵线全波委员会主席波莱斯瓦夫·贝鲁特逝世。3月15日《人民日报》

3月20日 发表《北京大学的科学研究工作》。从科研围绕经济与文化建设展开、注意培养新生力量与生产实际相结合、注意进行综合性课题研究、科研经费得到保障等方面，展示近年北京大学科研工作新气象。《中国新闻》；《马寅初全集》第十四卷，第424页

3月27日 出任全国政协学习委员会副主任，主任为李维汉。3月28日《人民日报》

3月31日 出席中国国际贸易促进委员会会议，并当选对外贸易仲裁委员会第一届委员会委员（共21人）。会议制定仲裁程序暂行规则。4月7日《人民日报》

4月

4月2日 出席中国国际贸易促进委员会对外贸易仲裁委员会正式成立大会。4月7日《人民日报》

4月10日 得诸暨县人民委员会复函,就全国人大代表视察后所提合作社数量多质量重视不够、农民入社、手工业工商业改造、调整城乡商业网等问题,已制定解决办法与应对方案。《全国人民代表大会代表、政协全国委员会委员暨浙江省人民代表大会代表、政协浙江省委员会委员视察工作后提出的问题和意见(摘要)》,浙江省档案馆

4月13日 奉化县就全国人大代表视察后所提有关问题:盲目开山,引起山洪暴发,影响诸暨、嵊县一事原因及处理办法,上报浙江省人民委员会,以为回复。同上

同日 浙江省林业厅发文对涉及林业厅问题予以处理,并将处理意见反馈全国人大代表。同上

本月 发表《北京大学在前进中》(俄文)。讲述北京大学历史沿革,新中国成立后各项改革及成果,现有规模、学科以及存在不足。对苏联专家表示感谢:"我们热爱苏联,热爱苏联的人民,我们要向苏联学习,要向在我校工作的苏联专家学习。"《苏联高教通讯》(俄文);《马寅初全集》第十四卷,第429页

5月

5月15日 抵达杭州。17日赴杭州郊区视察。5月18日《浙江日报》

5月19日 龙游县人民委员会就全国人大代表视察后所提小猪价格过高等问题,将处理意见上报省人委,以为回复。《全国人民代表大会代表、政协全国委员会委员暨浙江省人民代表大会代表、政协浙江省委员会委员视察工作后提出的问题和意见(摘要)》,浙江省档案馆

5月22—24日 考察杭州城乡工作:"5月22日至24日,全国人大代表马寅初、梁希、严景耀,全国政协委员甘祠森、徐楚波等视察杭州的市政建设,郊区十月、红五月、东方红、庆丰等农业生产合作社,上城、中城、下城、西湖等区的街道工作和学校教育工作。十月茶叶社的社员们特地为马寅初召开了座谈会,详细地介绍了该社从初级社转为高级社的经过,以及他们解决

生产资金、肥料问题和勤俭办社的情况。马寅初还参观了社员们的炒茶生产。"
5月25日《杭州日报》

5月17日—6月9日 报载"马寅初代表先后与十个市、县的十九个农业生产合作社的干部、社员举行了座谈，了解了农业社的组织、妇女出席生产的情况和勤俭办社等问题。"6月11日《浙江日报》

6月

6月4日 上午，由嵊县滕鹏县长等陪同，与秘书姜明、女儿马仰惠等一行赴月光社考察合作社情况。《马寅初在故乡》

下午，视察崇仁第一农业社，访问全国劳动模范董大妈，调查蚕桑生产。《马寅初在故乡》

6月5日 由滕鹏县长陪同走访竹山、山前、何家村、八里洋、艇湖五个自然村组成的五联社，听取社长朱金木汇报。《马寅初在故乡》

6月6日 应嵊县中学副校长刘章新邀请，为嵊县中学即将毕业学生演讲《皮鞋学说》。谓：草鞋虽然经济实惠，但皮鞋有美观、耐磨、舒适等特点，将来经济发展，劳动力涨价，大家人人会穿上皮鞋。并号召大家一定要努力读书，考上大学。并鼓励同学们能报考北京大学。《马寅初在故乡》

同日 赴王舍祭拜父母墓。《马寅初在故乡》

6月7日 转余杭、海宁、桐乡、嘉兴、平湖、湖州等地考察工厂、乡村。姜明回忆

6月10日 转赴上海，参观金山及崇明岛。姜明回忆

6月13日 于紫光阁出席全国人大常委会第四十一次会议。刘少奇主持。《全国人民代表大会常务委员会会议文件合订本》

6月14日 于北京饭店出席全国人大第一届第三次会议预备会。《中华人民共和国全国人民代表大会第一届第三次会议汇刊》

6月15日 出席全国人大第一届第三次会议开幕式。《中华人民共和国全国人民代表大会第一届第三次会议汇刊》

6月16日 中国教育界与文化界名流同埃及文化使团于北京大学庆祝埃及共和国成立三周年。先生与埃及文化使团夏瓦比教授、高教部部长杨秀峰等

同席，畅谈甚欢。6月17日《人民日报》

同日　当选全国人大第一届第三次会议主席团成员。6月16日《人民日报》

6月18日　第一届全国人大第三次会议举行大会讨论，宋庆龄、马寅初、马明方、刘格平、盛丕华、竺可桢、刘世梅、蔡廷锴任大会执行主席。《人民日报》

6月19日　继续出席全国人大第一届第三次会议分组讨论和大会讨论。6月19日《人民日报》

6月21日　出席全国人大第一届第三次会议，于会上发言《视察浙江农村中的印象》（又名《视察中的八个印象》）。谈八点印象：农业增产运动获得前所未有成绩；城乡开展社会主义劳动竞赛；滥伐树木，植被破坏；劳动观念、劳动习惯已经养成；集体思想正在萌芽；各地耕牛状况不佳；农民科学知识意识增强；农民满意现政策，怀感恩之情。6月22日《光明日报》；《马寅初全集》第十四卷，第438页

6月26日　上午，出席浙江小组讨论会。宋云彬：《红尘冷眼》

下午，继续出席全国人大第一届第三次会议大会。宋云彬：《红尘冷眼》

6月28日　参加全国人大第一届第三次会议大会，并任下午会议执行主席。6月29日《人民日报》

6月29日　上午，出席浙江小组讨论预决算提案审查报告。宋云彬：《红尘冷眼》

下午，出席全国人大第一届第三次会议大会。宋云彬：《红尘冷眼》

6月30日　出席全国人大第一届第三次会议大会闭幕式。会议通过《一九五五年国家预算》与《一九五六年国家预算》草案决议等。宋云彬：《红尘冷眼》

本月　发表《响应党和政府积极展开科学研究工作的号召》。指出高校科研中存在之普遍性问题，并提出解决措施："（一）保证教师进行教学和科学研究工作时间。1.减少集中在少数知名科学家身上的社会活动。2.根据教师本人的意见，减少他们不必要的兼职。3.精简会议，规定校、系、教研组会议的次数。规定召开超额会议的批准手续。会议必须事先充分准备。4.改进工作制度，尽可能减少系主任（包括副系主任）、教研组主任的事务工作，把他们的办公时间减少到最低限度，并把办公时间固定下来，以克服他们工作中的忙乱现

象。（二）创造有利的物质条件。1.为有特长而成就卓著的科学家配备助手。2.研究解决图书资料的供应，国外期刊的订购，以及与国外科学机构、科学家的联系问题。（三）改进科学家的生活条件。在科学家的住房、交通工具、医疗、膳食、文化娱乐、儿童保育以及理发、缝衣等生活有关的各方面，都尽可能设法给以便利，优先照顾。"《高等教育》第6期；《马寅初全集》第十四卷，第435页

同月 发表《把知识献给祖国》。香港《周末报》1956年6月

7月

7月9日 出席全国人大常委会第四十三次会议。《全国人民代表大会常务委员会会议文件合订本》

7月11日 发表《我也来谈谈百家争鸣》，批评机械学习苏联教育模式现象，认为："今日的教学风气之下，学生没有充裕时间来消化、掌握所学的理论和技术，因而也就影响了他们的独立工作能力的培养，这可以说是普遍的。我们要问，怎么会产生这样的教学风气呢？虽然一小部分是由于个别教师的不负责任。但据我个人的了解，大部分应由今日的教学制度负责。"《人民日报》；《新华半月刊》第16期；《马寅初全集》第十四卷，第447页

7月18日 发表《我国预算的优越性》。从：生产关系改变、先进生产工具使用、生产力水平提高、工农收入增加、购买力提升、文教事业支出增加等八方面说明：各项收入总起来看，"大半是社会主义企业的收入和社会主义事业性质的工农商税收，可以说钱是取之于民，但亦用之于民，完全合乎社会主义的原则的。这样就保证我国可以胜利地过渡到社会主义"。《人民日报》；《马寅初全集》第十四卷，第451页

本月初至8月上旬 赴陕西省西安、延安及蓝田等地考察农业合作社及人口情况。姜明回忆

8月

8月10日 浙江省人民委员会收到本省选出的在京全国人民代表大会代表陈叔通、马寅初等十七人慰问电报，慰问浙省受台风袭击地区人民。8月11日《浙江日报》

8月26日　发表《看了〈为了和平〉的电影预演书后》。回顾抗战胜利之初国情，指出国民党打内战三个原因："（一）国民党内的财阀希望把内战打下去，来维护他们发财的机会。（二）头脑不清楚的独裁者，自命不凡，想做汉高祖，想做明太祖。不知那是几千年前几百年前的脑子，现在不行了。曾有好多人劝阻不听。他好像是一个'真空管'。'真空管'里面是没有空气的，而外面的空气也跑不进去。倘一个人肚子里没有东西，别人的忠告，他也不要听，还要骂你一顿，那么，外面的好东西被坚决地拒绝，不能进去，他就真正像一个'真空管'了。（三）美帝国主义想独霸世界，垄断一切，不许中国成为一个独立自主的国家，以遂其侵略中国的野心。"《大众电影》第16期；《马寅初全集》第十四卷，第456页

8月29日　出席全国人大常委会第四十四次会议。《全国人民代表大会常务委员会会议文件合订本》

9月

9月14日　出席全国人大常委会第四十五次会议。《全国人民代表大会常务委员会会议文件合订本》

9月15—27日　列席中国共产党第八次全国代表大会第一次会议。《再谈平衡论和团团转》，《马寅初全集》第十五卷，第208页

9月20日　出席全国人大常委会第四十六次会议。于会上发言，同意周恩来报告，拥护《中华人民共和国关于苏彝士运河问题声明》。9月21日《人民日报》

9月23日　周恩来接见以意大利前总理费·帕里为首的意大利文化代表团全体人员。应邀出席作陪。9月24日《人民日报》

9月26日　出席全国人大常委会第四十七次会议。《全国人民代表大会常务委员会会议文件合订本》

10月

10月1日　登天安门城楼观礼国庆庆典。

10月4日　发表《为了达到世界先进科学水平必须创造的条件》。根据北

大文理两科教授座谈会意见，概括四方面问题：（一）教条主义很严重；（二）有文章无处发表；（三）图书杂志的处理不好，研究难展开；（四）一致性和灵活性有矛盾。认为："四个问题可以归纳为一个。因为教条主义很严重（第一个问题），所以解放以后写文章一定要依照一个公式，要提出问题，必须要有或者只能有一个提法。不合乎这个公式或者这个提法的，就不合格，不予登出，于是发生了第二个问题——有文章无处发表，因为有合格同不合格之分，所以硬性地说哪些是社会主义的，合格的，哪些是资本主义的，不合格的。从这里推出凡从资本主义国家来的书，连字典在内，都不能看，要买资本主义国家的书籍杂志有困难，同资本主义国家的科学家们通讯也有困难，阅读英国、美国书籍也有困难，这样就形成了第三个问题——图书杂志处理得不好，研究难展开。教条主义对学生自学提倡集体自学，对学生行动提倡集体行动，抹煞了个性和特长，于是形成了第四个问题——一致性和灵活性有矛盾。因此依我看来，四个问题都不是个别孤立的，而是有内在联系的。推而论之教授们所发表的意见可归纳为一个——教条主义。北京大学教授们对于科学研究所发表的宝贵的意见都是很有价值的，不仅反映了今日的实际情况，值得我们听取，而且对上级领导指出一条改进工作的方向。不过其中有若干点不如所说的那样简单，还有商讨的必要。以下我提出四点求教于北京大学的教授们和全国的科学家们。"《人民日报》；《马寅初全集》第十四卷，第460页

10月6日 主持拟定北大《校务委员会关于加强校务委员会作用和改进学校机构的决定》。作出三项改进规定：（一）改变以往校务委员会只作为校长的咨询机构的性质，适当扩大校务委员会的职权，使其能体现对学校工作的集体领导作用。今后凡是学校教学和科学研究工作以及行政管理中的重大问题，都应提请校务委员会讨论并作出决议。（二）把学校行政领导组织由三级制改为两级制，即取消教务长、总务长一级职务，而由校长、副校长分工负责，直接领导文科或理科的教学和科学研究工作、政治思想和人事工作及财务、基本建设等工作。（三）我校规模较大，专业繁多，加强系的工作是改进学校工作的关键所在。为此，各系应根据本系专业设置的情况、人数的多少及工作的繁简，参照组织机构标准方案调整系的机构，并逐步配备干部以加强系的工作。

《北京大学校刊》；《马寅初全集补编》，第550页

10月10日　发表《高等学校里怎样进行科学研究工作》。主张,教学与科研"两者是相辅而行,不能分开进行的。教师以研究的心得来教学生,如果发现问题,再加以研究,这样接二连三地继续下去,思想就成熟了,容易作出结论。教师在学校里的主要任务是教学,不能放弃教学来专做研究工作,因此北京大学有'开展科学研究,但以教学为主'的号召"。最后批评一种倾向:"反对一种倾向,总要反对得过头一些,才够味似的。这种'过正'的批评,反映在文章中,就是专喜欢抓住一点而加以夸大,绝对化。提倡百家争鸣,就不免要提倡过头,以至主张'随便什么话讲出来比不讲好','鸣起来再说,用不着什么目的';提倡独立思考,就连以马克思列宁主义作为指导思想也作为一种束缚来反对了;反对粗暴,就连'资产阶级思想'、'唯心主义'这些词句也当作'粗暴',一齐加以反对。我们要知道今日中国之所以能在短短的七年中成为一个独立的、统一的、繁荣的、自强的国家,是由于善于掌握马克思列宁主义的基本精神。因此,若以马克思主义当作百家中之一家,而与之'争鸣',未免过火了。"10月6日《文汇报》;《马寅初全集》第十四卷,第470页

10月12日　就黄泽徐吟秋女士早年革命活动,复书新昌县人民委员会:"接展十月五日台函,祗悉一一,徐先生是我的远房亲戚。我的妹夫余星如兄(黄泽人)的妹妹嫁到徐氏,因此间接地成为亲戚(余星如兄已去世)。至于徐先生在北京女子师范大学任学监,乃是事实。尔时,我适在北京大学任教,往来频仍。徐先生为人端正直率,有功革命。至于她与周总理是否相识,不得而知。但据我所知,邵力子先生与她相识,不妨向邵先生询问一下。"《马寅初全集》第十五卷,第356页

10月13日　出席全国人大常委会第四十八次会议。《全国人民代表大会常务委员会会议文件合订本》

10月15日　于社会主义学院开学典礼上致词。10月16日《人民日报》

10月19日　当选鲁迅先生逝世二十周年纪念大会85人主席团成员。10月20日《人民日报》

10月20日　出席全国人大常委会第四十九次会议。《全国人民代表大会常务委员会会议文件合订本》

10月22日　全国政协常委会召开会议,成立孙中山先生诞辰九十周年纪

念筹备委员会。主任：周恩来；副主任：林伯渠、包尔汉、沈钧儒、何香凝、李济深、李维汉、陈叔通、陈嘉庚、马寅初、郭沫若、章伯钧、黄炎培。10月23日《人民日报》

10月30日 发表《奠定千秋业，告慰百岁翁——戊戌老人张元济先生九十大寿》，并送书画道贺。同贺者沈钧儒、陈叔通、黄炎培、邵力子、马叙伦等40余人。10月30日《解放日报》；原件藏上海图书馆

11月

11月3日 偕周恩来总理、杨秀峰部长等陪同缅甸联邦反法西斯人民自由同盟主席吴努于北京大学作关于佛学讲演。代表北大致欢迎词：吴努主席不仅是一个伟大的和平战士、卓越的政治家，而且是一位对于佛学有深刻研究的学者。佛教是亚洲各国最重要的宗教之一，它在亚洲各国的文化交流中占着重要的地位。中国人民十分重视对佛学的研究，吴努主席的这次关于佛学的讲演，必将对中国的佛学研究提供巨大的帮助。11月5日《人民日报》

11月5日 出席全国人大常委会第五十次会议。《全国人民代表大会常务委员会会议文件合订本》

11月6日 中苏友好协会总会偕北京分会召开隆重庆祝十月革命39周年大会。偕朱德、刘少奇、周恩来等就座主席台。11月7日《人民日报》

11月11日 出席中国人民支援埃及反抗侵略委员会第一次全体会议。当选为39位常务委员之一。11月12日《人民日报》

11月12日 参加纪念孙中山先生诞辰90周年中央谒陵代表团前往南京。11月13日《人民日报》

11月16日 出席全国人大常委会第五十一次会议，通过1956年下半年视察工作有关事项。"1956年11月20日开始视察工作，时间一个月左右，在学校工作和学习的，可以在寒假期间进行视察。"《全国人民代表大会常务委员会会议文件合订本》

11月20日—12月下旬 赴杭州莫干山撰写《农业合作社》一书，共完成12章。

期间完成《联系中国实际来谈谈综合平衡和按比例发展规律》一文，并撰

著者志:"我写这篇论文目的有三:国内所用的政治经济课本是苏联课本,是根据苏联的实际情况而写的。我国大学生读起来觉得生疏而不亲切,因此理解上有缺憾。这篇论文要弥补这个缺憾。此其一。虽在过渡时期,因计划经验不足,调查不够,深入研究不深刻,所作出的平衡工作未必是全面的,但久而久之,经验愈积愈多,缺点定必愈作愈少。但这本苏联教本对此几点讲得不够清楚,说服力不大,大学生读起来觉得一知半解,这篇论文想说得明白一些,此其二。社会主义经济则可以把归纳在计划经济范围内的主要产品的生产之间按比例发展的规律,作出一个全面的综合的平衡,这是现实的。虽在过渡时期平衡工作不免有不够全面的缺点,是暂时的现象。日后经验积累一多,这些缺点不难逐步纠正。这些问题苏联教本没有透彻地讨论,更使读者愈不明白。这篇论文想弥补这个缺点。"《马寅初全集补编》,第552页

11月21日 国家专家局负责人雷洁琼召集会议听取教授对高等教育意见,事后整理出一份座谈纪要。其中先生所提意见最为显眼:他感喟自己有职无权,只是一个"点头校长",在事先不知情的情况下,上级突然委派新的经济系主任,这让自认与经济系有渊源的他心中大为不快。他个人借重总务长文重,靠他把握一些行政事务,但校党委借机把文重调任化学系副主任,让他有失去左臂右膀的感叹,他对此举深为不满,说:"因为党内事先都商量好了,再问我我也不得不同意。"陈徒手:《马寅初在北大的苦涩旧事》

12月

12月11日 高教部(56)1578号文,批准北大新校务委员会及校委会下设自然科学、社会科学、语言文学三个委员会委员名单。校务委员会57人,马寅初任新校务委员会主席。《北京大学纪事》

12月28日 发表《联系中国实际来谈谈综合平衡理论和按比例发展规律》。运用新掌握马克思主义政治经济学理论,联系中国经济建设实际,从十方面阐发综合平衡与按比例发展规律:(一)稳定物价和物价政策;(二)经济和财政的平衡;(三)财政收支平衡;(四)重工业和轻工业的平衡;(五)轻工业和农业的平衡;(六)为什么在轻重工业间、工农业间要保持正确的平衡;(七)工农业和商业的平衡;(八)进口贸易和出口贸易的平衡;(九)积

累和消费的平衡;(十)按比例发展规律的掌握。"国民经济的各个方面、各个部门、各个地区,是一个有机地结合着的整体。我们要做好计划工作,必须首先掌握按比例发展的规律,尔后按此规律,使重点和全面相结合。"此文送陈云审阅,得到肯定。12月28、29日《人民日报》;《马寅初全集》第十四卷,第474页

12月29日 出席全国人大常委会第五十二次会议,通过《一九五七年经济建设公债条例》,决定发行经济建设公债总额6亿元。《全国代表大会常务委员会会议文件合订本》

本年 向上反映一突出教学问题:"学生政治课用的是苏联的本子,讲的是苏联的事,不结合中国的实际,不能真正提高学生的思想觉悟。匈牙利事件反映出学生思想很多基本问题都不清楚。"《市委召开的高等学校院长座谈会上提出的意见》,转引自陈徒手:《马寅初在北大的苦涩旧事》

1957 年　76 岁

1 月

1月1日　于北京大学大饭厅向学生演讲，祝贺新年。1月2日《人民日报》

同日　赴著名楚辞专家、中国文学史家游国恩教授家拜访，祝贺并感谢他从事教学工作三十周年。《游国恩先生年谱》

晚，出席怀仁堂新年团拜会。

1月26日　出席全国政协1956年下半年视察工作农业问题组会议。讨论主要事宜：（一）农业社的大社小社问题；（二）几个灾区的救济问题；（三）农产品的收购问题；（四）推广先进经验和优良品种的问题；（五）每个农村劳动定额粮食不够吃问题；（六）民主法制与干部作风问题；（七）水利问题；（八）郊区菜园土地征用问题；（九）城市与农村的生活距离、干部与农民群众的生活距离问题；（十）自留地问题；（十一）优待烈属军属问题；（十二）节约备荒问题。馆藏

2 月

2月16日　偕江隆基副校长接见新到校苏联留学生，代表北大表示欢迎，希望他们成为"中国通"。《北京大学纪事》

2月27日—3月1日　于中南海紫光阁出席最高国务会议第十一次（扩大）会议，听取毛泽东《关于正确处理人民内部矛盾的问题》讲话。3月3日《人民日报》

3 月

3月1日　最高国务会议第十一次（扩大）会议上就"控制人口"问题发言，阐述目前人口增长率严重后果，主张全国人口控制在六亿左右。

我听了两次毛主席的谈话,他对于中国人口的问题有深刻的了解,也有很正确的地方,他主张我们中国人口控制在六亿左右。

两年前,在全国人民代表大会上,我在浙江小组提出了我国的人口问题。为什么提出这个问题呢?我两次视察,没有到别的地方去,只到了浙江。浙江有代表性的乡村我都去了,好的、坏的、中等的都去过。每次去的时候,我就问他们有多少人?去年一年生了多少,死了多少?大概一年人口增加百分之三,也有增加百分之四、百分之五甚至百分之七的。一年增加这么多,到处看到小孩,我想不得了。到了上海,弄堂里也到处都是小孩,洋车都进不去。这个问题怎么办?所以回来以后写了个提案,但在浙江小组里一讨论,赞成我的除邵力子先生外,还有几位科学家,有科学院副院长竺可桢,另有科学家赵忠尧、王国松、顾功叙。不赞成的很多,他们认为这个问题不要讨论。为什么不讨论?说是苏联没有讨论,所以中国也就不讨论。彻底的教条主义,十二万分的教条主义!苏联与我们不同,苏联是地多人少,只有两亿人口,可以不谈,我们却有很大的问题,人口这样多,多于苏联三倍,不能不谈。但因为反对的人多,我自动收回。不料两年后的今天,我们的最高领袖毛主席对人口问题有同样的看法,这是一件可喜的事,他所见所闻远比我广,得出的结论一定更正确,因此我对毛主席表示最崇高的敬意。

如按百分之三的增长率来算,中国六亿人口,十年后有八亿一千万,十五年后有九亿三千万,五十年后多少?吓死人!二十六亿一千九百万。那是不得了的!那有好几个问题要发生了,第一教育,现在我们就有五六万人不能升大学,还要房子,教师也来不及。五十年后二十六亿人口吃的东西怎么办?上山去开荒?向外发展嘛!那就不能和平共处,我想政治界人士对和平共处也要想想这个问题,要看到五十年以后怎么样?因此,正如毛主席所说的要控制在六亿人口左右,尽一切力量来发展科学,倘若人口增长与科学发展同时进行,那是不行的,一定要使科学进步超过人口的增长,那么人民生活水平、物质水平、文化水平才能提高。这个问题要请科学家们努力。苏联大概有二十二万人研究科学,都是一面在校培养学生,一面从事研究工作。科学家一定要与年轻人在一起才能年轻，我不是在拉科学家，而是说教学与研究应该一致，研究出来了就应告诉学生。我同意邵力子先生提出的避孕方法。不过，我要提出一些意见：农村女人封建思想很多，要多子多孙，五世其昌，不孝有三，无后为大。避孕工具太贵，要一块多钱，而且套子一弄就破，为什么要这么贵，而且质量不高？我想一定要用行政手段，提高技术。这个问题值得研究，请毛主席出个主意，让周总理去执行。《马寅初全集》第十四卷，第501页

讲话获毛泽东肯定："马寅老今天讲得很好，我跟他是同志。从前他的意见没放出来，有人反对，今天算是畅所欲言了。这个问题很值得研究，政府应该设机关，还要有一些办法。"此后卫生部成立"节育指导委员会"。《中国计划生育志》

3月5—20日　出席全国政协第二届全国委员会第三次会议。《中国人民政治协商会议全国委员会第二届第三次会议汇刊》

3月7日　当选全国政协第二届全体会议决议起草委员会成员。同上

3月16日　与邵力子、李德全讨论共同关心之避孕节育问题。3月17日《人民日报》照片

同日　对科学院从北大调动科学家问题提出看法。毛泽东因此就高教与科学院矛盾发表意见，认为集中是必要的，但也要顾到高校，对于人才一般不动，个别调动得双方同意。《竺可桢日记》

3月31日　上午，出席中华医学会节育技术指导委员会成立大会，就控制人口问题发言："有人说我国人口出生率是百分之二点二，即以这个百分比计算，一年也要增加一千三百万人，据李富春副总理说，在最近几年，工业方面每年只能安插一百万人，其余绝大部分要由农村容纳。但科学发展的结果，工业和农业都要机械化，甚至自动化，那时，一个人就可以做几千人做的事情，这样看来，人口过多与机械化是有矛盾的，与科学发展也有矛盾。控制人口必须要由政府来做，这件事只有我们这个政府能够做得到。要做这件事的政府，须有两个条件，一个是必须是强有力的，一个是必须是人民拥护的，我们的政府是有这两个条件的。再者，我们的经济是计划经济，生育也必须要有计划。这两件事必须同时进行，否则要给计划经济带来很多困难。"4月3日《光明日报》；《马寅初全集》第十四卷，第573页

下午，出席全国人大常委会扩大会议，听取彭真访问六国报告。《中国人民政治协商会议全国委员会第二届第三次会议汇刊》

4月

4月2日　担任北京大学六十周年校庆筹备委员会主任委员。筹委会下设校史编纂工作组，工作组主任翦伯赞，副主任冯友兰、向达。《北京大学纪事》

4月16日　于怀仁堂出席欢迎苏联最高苏维埃主席团伏罗希洛夫主席大会。晚，应邀出席中国政府欢迎伏罗希洛夫主席酒会。

4月18日　出席全国人大常委会第六十六次会议，听取薄一波副总理作1957年度国民经济计划报告。《中国人民政治协商会议全国委员会第二届第三次会议汇刊》

晚，赴怀仁堂观看梅兰芳主演《洛神》。

4月21日　于北大燕南园家中接待经济系二年级十多名学生，畅谈经济学学习、研究之道。认为社会主义经济学与资本主义经济学有本质的不同，要研究社会主义经济学，必须懂得资本主义经济学。否则，就很难体会社会主义经济学的优越性，也没有办法批判资本主义经济学。告诉同学："进行科学研究工作，必须掌握我国语言。我过去学过英文、德文、法文、拉丁文，1953年，我72岁的时期开始学俄文，现在已经能够看，能够写啦。""现在经济学方面所讲的理论，大都是外国的，因此学习的时候，就十分需要联系中国的实际，要特别关心中国的实际情况。"记者报道称："马校长今年七十六岁，他仍坚持不懈地向科学进军。他现在正在作农业合作化的研究，并和北大教授严仁赓一起，着手研究中国的财政问题，财政部将供给他们原始材料。"4月26日《光明日报》

4月25日　应邀出席《大公报》座谈会并发言，《大公报》以《我国人口问题与发展生产力的关系》为题摘要："解决主要矛盾的根本办法是发展生产力，高速度工业化。高速度工业化需要大量资金，资金主要从国民收入中积累。但我国人口太多，本来有限的国民收入被六亿多人口吃掉了一大半，以致影响积累，影响工业化。人口如继续这样发展下去，就要成为生产力发展的障碍……总之，唯一的、最有效的办法就是控制人口，实行计划生育，普遍推行

避孕。每对夫妇生几个孩子最合适？我认为两个就够了。"5月9日《大公报》；《马寅初全集》第十四卷，第503页

同日 于北大贴出演讲"人口问题"海报："八大文件指出：我国目前有一个新矛盾，就是：进步的社会制度与落后的生产力之间的矛盾。我认为要解决这个矛盾，非从人口问题与科学研究两方面着想不可。谨订于本月二十七日下午三至六时一刻，在大饭厅，发表些不成熟的意见。敬请本校师生职员莅临指教。马寅初。"《文汇报》编者按："马老要开炮了。"4月27日《文汇报》；《马寅初全集补编》，第592页

4月26日 会见《文汇报》记者，就人口问题发表谈话。《文汇报》配发评论员文章《开展我国人口问题的讨论》。4月27日《文汇报》

4月27日 于北京大学大饭厅演讲《关于人口问题和科学研究问题》。记者记录整理：

一、主要论点

马寅初在报告中说，我国目前有一个新的矛盾，就是先进的社会主义制度和落后的社会生产力之间的矛盾。他认为，要解决这个矛盾，必须从人口问题和科学研究两方面着想。

马寅初认为，要解决这个矛盾，必须大力进行科学研究。大学要同科学院、产业部门密切合作，真正做到理论联系实际，特别要结合中国实际，提高生产水平。他说，光是这样做还不够，如果对人口增加不加以控制，生产力和人民生活的提高就会受到严重的影响。马寅初在报告中还提出了这样的论点：要和平共处，做到我不侵略人家，也不要人家侵略我，就非控制人口不可。

二、人口增长速度惊人

马寅初用具体数字说明中国人口增加的速度。他说，1953年，国家曾经对全国人口进行过一次深入的普查，并且得出中国人口的增殖率平均每年为千分之二十二。四年以来，国家在各方面都有很大的变化，如就业的人多了，组织家庭比过去容易了；妇女在产前产后都有休假，加上保健事业的发展，婴儿和母亲的死亡率大大下降；内战消灭了，人口大量死亡的现象已经没有了；还有社会环境改变了，许多尼姑、和尚也结了婚。这

些条件都是使人口增加得比过去快的原因。因此,他认为人口增殖率应该是千分之三十,而且这个数字还是很保守的。他说,中国的人口这样增加下去,五十年后就是二十六亿了。因此他主张在实行计划经济的同时,必须实行计划生育。

三、采取措施控制人口,坚决反对人工流产

关于如何控制人口的问题,马寅初主张用避孕和适当地推迟结婚年龄的办法。马寅初坚决反对人工流产。他说,在这一点上,他跟邵力子先生的意见不同。他说,既然已经怀孕,"人"形成了,"他"就应该有生的权利,把他杀掉,就是犯罪。父母杀子女,还成什么话!同时,人工流产对母亲的健康也会带来不好的影响。他认为,赞成人工堕胎,就会把避孕冲淡了。他还说,我国人口多,耕地少,最好是一对夫妇生两个孩子。他主张对只有两个孩子的父母加以奖励,而对超过两个孩子的父母要抽税。

《马寅初在北京大学谈我国人口问题》,4月29日《北京日报》;《马老在全校大会上谈人口等问题》,4月30日《北京大学校刊》;《马寅初全集》第十四卷,第575、580页

4月28日 北大冯友兰、郑昕等教授响应毛泽东帮助党整风号召,就学报编委会拒发马老论文《我国资本主义工业的社会主义改造》一事,向北京大学党委提出意见。先生获知此情况后,认为有让此文章发表之必要,以消除各方疑问,遂将此文送中央工商行政管理局审阅,得到肯定与好评。遂再度要求《北京大学学报》发表。5月4日《光明日报》"春夜谈心"

4月30日 毛泽东在颐年堂召开最高国务会议第十二次(扩大)会议,议题是关于全党的整风运动。出席会议者有党和国家领导人、各民主党派负责人、无党派民主人士,共44人。毛泽东讲话:"几年来都想整风,但找不到机会,现在找到了。凡是涉及到许多人的事情,不搞运动,搞不起来。需要造成空气,没有一种空气是不行的。现在已造成批评的空气,这种空气应继续下去。这时提整风比较自然。整风总的题目是要处理人民内部矛盾,反对三个主义。……统战工作中的矛盾,几年不得解决。过去不好解决的原因主要是思想不通。过去是共产党员有职有权有责,民主人士只有职而无权无责。现在应是大家有职有权有责。现在党内外应改变成平等关系,不是形式上的而是真正的

有职有权。以后无论哪个地方，谁当长的就归他管。"讲到这里，毛泽东问先生："你那里怎么样？"先生说："是不够的。"毛泽东又问："他们要不要你管？"先生说："矛盾是有的。"毛泽东见先生讲得很委婉，便直截了当地把问题挑明："你讲话不彻底，矛盾存在，敷衍过去不能解决。"毛泽东又问了一些情况后继续说："教授治校恐怕有道理。是否分两个组织，一个校务委员会管行政，一个教授会议管教学。这些问题要研究。由邓小平同志负责找党外人士和民盟、九三学社等开座谈会，对有职有权和学校党委制的问题征求意见。"
《毛泽东传》（上），中央文献出版社2003年版，第671页

5月

5月1日　就物价问题发表记者谈话。"我们实行的是计划经济，而计划经济最重要的因素是物价的稳定，不可设想在动荡不定的物价之下，我们能完成计划经济的任务。""只有把政府各机关、团体、部队和学校对商品的购买力缩小，这样，市场上的商品才能供求平衡，物价决不会再有波动。""当前几种商品的价格变动，和旧社会长期所有物价波动混乱的现象有着根本的不同。"
新华社北京2日讯；《马寅初全集》第十四卷，第585页

5月2日　中苏友好协会总会与北京市中苏友好协会举行京剧晚会，欢迎苏联最高苏维埃主席团主席伏罗希洛夫一行。陪同毛泽东、朱德、刘少奇、周恩来等观看著名京剧演员袁世海、厉慧良、杜近芳等联袂演出全本《野猪林》。
5月3日《人民日报》

5月3日　陪同以康·帕伏列斯库主席为首的罗马尼亚大国民议会与布加勒斯特市人民会议代表团参观北大图书馆、化学系、体育馆及罗马尼亚留学生宿舍等。5月4日《人民日报》

5月5日　苏联伏罗希洛夫主席由邓小平、彭真陪同莅北京大学参观。代表北大致词欢迎并向伏老赠送《资治通鉴》、《西厢记》等礼品。代表学校接受伏老馈赠：三千五百册科学和教育书籍。5月6日《人民日报》

5月6日　就中国共产党开展整风运动发表记者谈话："这是有时代意义的。因为我国当前阶级结构已发生了很大的变化，如何来正确处理人民内部矛盾是一个新的政治课题，整风便能够使广大干部改变过去旧的脑筋，用新思想

来对待新的事物。"并谓：我不只是表示拥护，我还要请求参加这一整风运动。
5月8日《杭州日报》

5月6、7、9日　主持北京大学100多位党内外人士帮助党整风会议，解决依靠谁来办学校、怎样正确对待高级知识分子等问题。其间，30位教授及职员发言，对学校领导工作中所存在宗派主义、官僚主义和教条主义，提出尖锐批评。认为，党群关系不够正常，是目前学校中普遍存在现象。教授们对于知识分子要不要改造思想，于会上有不同意见。王铁崖教授说：我们现在是学校机关化、衙门化。……所谓领导，也无非就是计划、会议、传达、布置。结果行政压倒一切，学术空气下降。行政主义是官僚主义的根源。用行政方法来领导教学和科学研究，是很省事的，但不能解决问题。目前行政主义已经形成一种风气，人们不是以学术地位来衡量一个教授的学识才能，而是以什么主任什么长来表示一个人的学识才能，甚至在报上也出现了"某某教授升为系主任"的可笑提法。他主张要肃清官风，提倡学风。汤佩松教授也批评了学校学术空气稀薄。他说，北京大学除了最近开办的历史讲座和马寅初校长公开讲过一次人口问题外，就没有看到全校性的学术报告了。傅鹰教授说，他对"思想改造"这几个字最反感。一听到这几个字，就联想到清河农场的劳动改造。资产阶级思想自然是不好，但不完全是要不得，完全要不得才要改造。5月10日《人民日报》

5月8日　出席统战部部长李维汉召开民主党派负责人与无党派民主人士座谈会，到会50多人。李维汉就召集座谈会目的、近年来检查党的统战工作状况、当前党派关系上存在一些问题等作详细说明。请各位提意见，帮助共产党整风，改正错误、缺点。章伯钧、许德珩、陈铭枢、章乃器、罗隆基等发言。

5月11日　发表《联系中国实际来再谈谈综合平衡理论和按比例发展规律》。接上篇《综合平衡》文继续深入研究八方面问题：（一）重工业和轻工业间的平衡；（二）原有工业和新建工业的平衡；（三）沿海工业和内地工业的平衡；（四）工业建设和城市建设之间的平衡；（五）工业企业和运输企业间的平衡；（六）中央工业和地方工业的平衡；（七）大型和中小型工业的平衡；（八）原料工业和加工工业的平衡。强调"要帮助青年读者理解政治经济学中最主要的两个原则——综合平衡和按比例发展规律。我们的计划经济就建筑在这两个原则之上的。没有计划经济,要把我国建成一个社会主义国家,是不可能的。过去几年中,青年读者对这两个原则不甚了解,因而有的甚至不承认有这些原则的存在,这是由于讲的时候没有联系到中国的实际所致。"此文送陈云审阅,得到肯定。5月11、12日《人民日报》;《马寅初全集》第十四卷,第508页;《陈云年谱》

5月12日 发表《两种性质不同的物价上涨》。就近期市场中部分商品价格上涨致公众有所疑虑,发表己见。对比民国时期物价形势,认为:"国民党政府的物价问题,(一)存在普遍上涨;(二)存在物资的破坏和贫乏。""我们今天的物价上涨,恰和国民党时期根本不同。第一,不是普遍上涨,只是少数物价上涨。这少数上涨的物价,大部分的负担是落在购买力较高、负担较轻的消费者身上。对绝大多数人民的生活来说,影响不大。第二,是建设性的上涨,不是破坏性的上涨。"《大公报》;《新华半月刊》1957年第11期;《马寅初全集》第十四卷,第536页

5月13日 陪同以马尔科主席为首阿尔巴尼亚人民议会代表团参观北京大学生物系、体育馆、校史展览室及图书馆,并探望阿尔巴尼亚留学生。5月14日《人民日报》

5月15日 出席统战部第六次座谈会,于会上首先发言:目前有些批评不够实事求是,有否定一切的现象。他认为:从团结的愿望出发,不能光讲坏处,好处一点不说,如现在对北京大学的批评,坏的地方说得很详细,好的地方一点也不说,这是无法令人心服的,也不好共事。……单纯批评党委制不好是不对的,党委制好的地方也要表扬。"墙"必须从共产党和民主党派、无党派人士两方面拆,单靠一方面拆是不成的。……过去学校里的老教授上不了台,现在,一批评就翻过来了,说青年助教是教条主义,不相信他们,甚至连苏联专家也不相信;老教授事情又多得很,要进行科学研究、带研究生,有些人还要脱产编书,哪里有功夫去上课,将来怎么办呢?这个问题就大了。……共产党整风就是拆"墙",虽然现在新党员增加了,这些新党员整风恐怕不及经过斗争的老党员来得容易,但是,他们有英明的领导,还是可以整的。各民主党派,如民革、民盟、民建、九三学社整风,虽然没有共产党容易,但是,他们有组织机构,也还容易整,我们无党派民主人士连个机构也没有,像汪洋大海

一样，谁去整呢？被整的是谁呢？谁说话最有威信，可以使被整的人信服呢？怎么整法呢？也就是怎么拆墙呢？都是问题。关于这个问题，会后，记者在访问他的时候，他要记者加上这样一段：所以无党派民主人士这个党派我在二年前就主张取消，但是，兄弟党不同意，现在我希望青年别加进去，这班老头儿死光，无党派这个党派也没有了，否则要"长期共存"，就更糟糕了。5月16日《人民日报》

  同日 毛泽东起草《事情正在起变化》指示，送党内高干阅读。

  5月16日 出席统战部组织第七次座谈会，黄绍竑、陈叔通、严希纯、陈铭枢等37人发言。金芝轩特别提到：马寅初对北京大学的看法有他的道理，但是他要能彻底些，最好能帮助高教部部长也包括我们民进几位中央部的副部长同志在内。5月17日《人民日报》

  5月19日 晚，印度驻华大使拉·库·尼赫鲁及其夫人举行酒会，庆祝中印友好协会成立五周年，并祝贺中国青年艺术剧院上演印度诗剧《沙恭达罗》获得成功。应邀陪同周恩来、贺龙等出席。5月20日《人民日报》

  5月21日 出席中央统战部民主党派与无党派人士第八次座谈会，章伯钧、邵力子、罗隆基、许广平、林汉达、李德全等发言。会上，先生针对林汉达批评《人民日报》社论没有依据，表示不能同意。5月22日《人民日报》

  5月22日 出席中央统战部第九次座谈会。罗隆基发言说，最近有两位外国记者到他家去，请他谈谈对于"鸣"和"放"的印象，特别是对于马寅初、张奚若发言的意见。……他认为马寅初老先生顾虑太多。他不同意马寅初的意见，他说，在解放初期，许多老教授不能上课，经过学习提高，现在可以上课了。马寅初说，整风运动以后，许多青年助教因为教条主义太多，上不了课。其实这又有什么可怕呢！青年教师经过整风，抛掉教条主义，提高自己，将来就对国家有更大的贡献。这正是辩证的发展，这正是整风的作用。5月23日《人民日报》

  5月23日 出席哲学社会科学学部委员会议。科学家们对于目前社会活动过多，大量挤占研究时间，感到非常头痛。先生对此发表意见：想了一个请假外出的办法，去年到杭州去躲了三个月。可是这总不是一个解决问题的办法。最后，学部委员们拟定提案：请院部采取具体措施，以保证学部委员以及

其他高级研究人员有充分进行科学研究的时间。5月26日《人民日报》

5月24日　主持北京大学校务委员会会议，讨论北大整风工作。最后表示："对同学们提出的问题，学校能解决的立即解决，学校不能解决的，将与高教部研究抓紧解决。"《北京大学纪事》

5月25日　全国人大常委会副委员长彭真与夫人举行酒会，欢迎法国前总理富尔和夫人。应邀陪同周恩来等出席。5月26日《人民日报》

6月

6月1日　晚，赴和平宾馆看望来北京出席中华职业教育社成立四十周年纪念会上海《学术月刊》编辑尚丁。谓："毛主席在最高国务会议提出'双百'方针。这个方针大大活跃了学术空气，使人心情舒畅，希望《学术月刊》认真贯彻'双百'方针政策，为我国学术研究作出贡献。""《学术月刊》认真贯彻'双百'方针很好。学术性刊物要继续放，要提倡自由辩论的文风，要保证学术质量，要着眼于学术上的指导性和教育性。放是一个过程，必须继之以争，要针锋相对地争，在真理上争，而不是在意气上争。"尚丁：《一代师表——怀念马寅初先生》，《走近马寅初》

6月3日　出席中央统战部座谈会，李维汉作总结讲话。6月4日《人民日报》

6月5日　《人民日报》刊登先生来函："5月12日《人民日报》所登的拙著结论最后一句'我不同意朱羲的说法'，'朱羲'是'朱熹'之误，请把'朱羲'二字改为'程、朱'二字，把'我不同意朱羲的说法'一句改为'我不同意程、朱的说法'。此致敬礼马寅初　5月30日。"

6月15日　《人民日报》发表《我对储安平、葛佩琦[1]等的言论发表些意见》。针对《人民日报》所登葛佩琦、王德周发言："合作社与社员之间、合作社与政府之间矛盾尖锐，有的地方农民还要拿刀枪来杀共产党。"文章以道理与事实加以反驳。"葛佩琦、王德周两先生的发言我是不能接受的。在农村中有绝少数人吃不饱的现象，这是事实。合作社社员与合作社之间有矛盾，合作社与政府之间有矛盾也是事实。但这些事实决不致引向用刀枪来杀共产党的行

---

[1] 葛佩琦系中国人民大学教师，其发言原意被曲解后发表，属错案，"文革"后平反。

为，就是有这样想法的人，也是极少数极少数的反革命分子。"《人民日报》；《马寅初全集》第十四卷，第544页

6月17日 出席全国人大常委会第七十四次会议，会议决定授予中国人民革命战争时期有功人员以勋章。《全国人民代表大会常务委员会会议文件合订本》

6月19日 出席全国人大常委会会议，会议决定全国人大第一届第四次会议于6月26日至7月9日召开。《全国人民代表大会常务委员会会议文件合订本》

6月20日 下午，于怀仁堂出席全国人大第一届第四次会议预备会。继出席浙江小组会，推定沙文汉、杨思一、宋云彬为召集人。《竺可桢日记》

6月23日 邀请竺可桢、沙文汉、王国松、姚顺甫、文芸等晚膳。沙文汉言，浙江人口增加速度约为2%稍强；浙江粮食与经济作物之矛盾极大。席间竺可桢谈起失眠，先生告曰："以桑葚捣碎取汁加糖蒸如胶，治失眠极有效。其方系杨之华告周总理云。"《竺可桢日记》

6月24日 读者致《人民日报》转先生信一封。馆藏

6月25日 出席全国人大常委会第七十六次会议。会议通过《中华人民共和国警察条例》，并于同日公布。《全国人民代表大会常务委员会会议文件合订本》

6月26日 出席全国人民代表大会第一届第四次会议开幕式，当选89人会议主席团成员。6月27日《人民日报》

6月29日 上海陈大圭致马寅初代表函一封。馆藏

7月

7月3日 第一届全国人民代表大会第四次会议书面发言《新人口论》。

《新人口论》共分十个部分：（一）我国人口增殖太快；（二）我国资金积累得不够快；（三）我在两年前就主张控制人口；（四）马尔萨斯的人口理论的错误及其破产；（五）我的人口理论在立场上和马尔萨斯是不同的；（六）不但要积累资金而且要加速积累资金；（七）从工业原料方面着想亦非控制人口不可；（八）为促进科学研究亦非控制人口不可；（九）就粮食而论亦非控制人口不可；（十）几点建议。认为，中国在基本上解决了两条道路（资本主义道路与社会主义道路）的矛盾之后，除了毛主席所说的人民内部矛盾这一主要矛盾外，人口多、资金少也是一个主要矛盾。"控制人口，实属刻不容缓，不然的

话,日后的问题益形棘手,愈难解决"。强调:人口无遏制地增加,当教育问题、医疗问题、就业问题政府解决不好的时候,农民会把共产党的一切恩德变为失望和不满。主张普遍宣传避孕,实行有计划地生育。

为解决中国人口问题,最后提出三项可操作建议:(一)实行定期的人口普查,建立人口动态统计。目的是做到心中有数,给中国制定人口政策和经济政策提供准确的数据。(二)"依靠普遍宣传,使广大农民群众都明知节育的重要性,并能实际应用节育的方法。"只有这样才能收到良好的效果。提倡晚恋晚婚晚育。大概男25岁、女23岁结婚为宜。(三)实行计划生育是控制人口最好最有效的办法,最重要的是普遍宣传避孕,切忌人工流产。

发言获与会者高度赞扬。7月5日《人民日报》第11版以整版篇幅刊登《新人口论——马寅初的书面发言》。《新华半月刊》1956年第15期全文转载。于全国引起极大反响,各地祝贺信件40多封。陈伯达、胡乔木等率先致信祝贺发言"极大的成功"。

同年10月,就《新人口论》与周恩来交换意见,周恩来赞同计划生育主张,但提出几点修改建议:(一)没有提到党的领导;(二)太悲观;(三)没有看到组织起来的人民的力量。据此,先生对《新人口论》稍作补充修改,并于文前增加一段:"由于党和毛主席的英明的领导,人口的控制,已有了办法,1957年10月26日发表的《1956—1967年全国农业发展纲要(修正草案)》第二十九条中规定:'除了少数民族的地区以外,在一切人口稠密的地方,宣传和推广节制生育,提倡有计划地生育子女,使家庭避免过重的生活负担,使子女受到较好的教育并且得到充分就业的机会。'我深信有了这一项规定,人口的控制问题,就有了解决的办法了。"《马寅初全集》第十五卷,第1页,《我的经济理论、哲学思想和政治立场》,财政出版社1958年版

7月4日 致书中共中央秘书长林伯渠请代为向毛泽东主席请假,准备按计划前往安徽黄山疗养。《马寅初全集》第十五卷,第359页

7月5日 出席全国人大第一届第四次会议,任大会执行主席之一。7月6日《人民日报》

7月15日 出席全国人大第一届第四次会议,任大会执行主席之一。25人作大会发言,其中章伯钧、罗隆基、章乃器、黄绍竑、陈铭枢等人作检讨。

邵力子作《同右派分子划清界限并再谈有计划地生育孩子问题》发言，支持《新人口论》提案。7月16日《人民日报》

8月

8月15日 出席北大毕业典礼并演讲。《北京大学纪事》

本月 发表《谈谈我锻炼身体的体会》。以亲身体会表示："对我身体益处最大的就是冷水浴与爬山两项。骑马与太极拳，现已停止，惟太极拳之运气已与爬山结合起来，觉得收效益宏。练习冷水浴，最好从年轻时做起，但要继续不断地、长期地坚持下去，才能见效，换句话说，要有恒心。"《新体育》1957年8期；《马寅初全集》第十五卷，第26页

9月

9月15日 登杭州凤凰山，祭扫于子三烈士，题词："子三先生：我连续五次上凤凰山叩墓，为的是要学习先生的革命精神。马寅初1957年9月15日"。原件

9月16日 离杭回京。

9月19日 以斯坦鲍利奇主席为首的南斯拉夫联邦国民议会代表团由李维汉等陪同访问北京大学。代表北京大学全体师生致欢迎词并陪同参观。9月20日《人民日报》

9月20日 于北大迎接新生大会上讲话。《北京大学纪事》

9月26日 出席全国人大常委会、全国政协常委会联席会议。会议决议：成立中国人民庆祝伟大的十月社会主义革命四十周年筹备委员会。当选该筹委会委员。9月27日《人民日报》

9月29日 上午，欢迎以费林格主席为首的捷克斯洛伐克国民议会代表团等外宾访问北京大学。欣然接受捷克斯洛伐克为奖励杰出教育工作者所颁发荣誉伏契克奖章，将北京大学学报及纪念章回赠贵宾。

下午，陪同捷克代表团参观游览北大体育馆和天坛公园。9月30日《人民日报》

9月30日 印度尼西亚前副总统哈达博士及其随行人员由李富春陪同访

问北京大学。代表北大全体师生表示欢迎并陪同参观。10月1日《人民日报》

9月20日—10月9日 列席中国共产党八届三中全会。会议通过《1956年到1967年全国农业发展纲要（修正草案）》等。《再谈平衡论和团团转》，《马寅初全集》第十五卷，第208页

10月

10月3日 发表《我反对资产阶级社会科学与经济学的复辟》。以大量新中国时期经济生产及文化建设实例为证，说明："要研究这个新社会，一定要从新的角度观察人文事物。站在资产阶级的立场而来观察新社会的人文事物，必不能得出准确的结论，一定会走很大的弯路。因此无论是调查情况或编报著书，工作者的立场，是有头等重要性的。"10月3日《文汇报》；《马寅初全集》第十五卷，第83页

10月14日 《人民日报》刊载署名李普[1]文章《不许右派利用人口问题进行政治阴谋》。

10月17日 苏联最高苏维埃代表团团长阿·鲍·阿里斯托夫率团访问北京大学，偕副校长江隆基陪同参观学校。10月18日《人民日报》

10月29日 文化部部长沈雁冰举行酒会，欢迎埃及文化代表团全体人员。应邀出席作陪。10月30日《人民日报》

本月 发表《我国资本主义工业的社会主义改造》。文章以理论与实际资料结合，剖析资本主义工业社会主义改造中六方面矛盾：公私之间的矛盾；劳资之间的矛盾；产供销之间的矛盾；有利可图与无利可图之间的矛盾；社会主义改造与资本主义经营管理之间的矛盾；在计划与步骤方面的矛盾。为此提出解决上述矛盾基本原则："既要有所不同，又要在一些方面一视同仁。""合营企业是在国营经济直接领导之下经营的，所以所谓两种不同的利益，不是平分秋色，等量齐观，乃是以全民利益为主，个人利益不能破坏全民利益。这是一个合理的社会主义铁则。因此，两者之间'要有所不同'。到了社会主义，也

---

[1] 李普（1918—2010年），新华社著名记者，曾任新华社总社副社长。晚年对自己早年著此文所显"无知者无畏"多次检讨，2007年5月18日撰写《欠债是要还的》一文，对自己何以犯错进行深刻剖析，登载于2009年5月香港《争鸣》杂志。

承认个人利益,但社会主义社会中公民的个人利益是基于'各尽其能,按劳取酬'的原则的,与全民利益相配合的。而今日私人资本家的个人利益,是从资本家生产资料所有权而来的,与剩余价值的剥削分不开的。因此,这两种个人利益,名同而实质不同。明乎此理,合营企业的私方,不致先后倒置,轻重不分。要晓得'由于我国经济现在还很落后,社会主义工商业还不能很快地代替现有的资本主义工商业,所以在革命胜利以后一个相当长的时期内还需要尽可能地利用它们的积极性,借以增加工业产品的供应'。因为要达到这个目的,暂时容许私方对剩余价值的剥削,允许私方从企业盈余中分得一定的在限制范围以内的利润。而且在全民所有制未完全代替资本家所有制之前,这些利润是'依法保护'的。他们有困难,国家帮助他们解决;他们任务不足,国营企业可以让出一部分,分给他们。今后要把国营、地方国营、公私合营、合作社营、私营都划归一个主管机关管理,以便通盘筹划。工商业的改造,采逐行逐业的方式,不采逐店逐户的方式。凡此,就是'在一些方面一视同仁'。"《北京大学学报》第3期;《马寅初全集》第十五卷,第29页

作者附记：

这篇写作开始于1955年1月,完成于1955年4月底。我写这篇论文是因为我预见到政府本一贯的政策,对民族资产阶级迟早一定会采取和平改造的方式,而且一定采取逐行逐业改造的方式。换句话说,政府一定采取"吃葡萄"的方式,不采取"摘苹果"的方式,决不致大企业一个一个地合营,置中小企业于不顾。北京市由于瑞蚨祥、稻香村、同仁堂的被批准公私合营,三业的同业皆遭受很大的影响,以致造成公私合营的同仁堂拥挤不堪,买药者需领牌子排队,而私营药店门前可罗雀,几于不能维持生活;同时患病者很感不便,大为不满。因此,我就想到政府既认民族资产阶级为四友之一,势必依照"一视同仁"的方针,采取逐行逐业的合营。这对资方来说,是一条光明的道路。而在企业改造的过程中,同时也进行资方个人的改造。但政府亦不会忽视民族资产阶级的两面性,故办法上亦当"有所不同",这就是说私方要接受公方的领导,就是要接受改造,这是"有所不同"的真意义。把两句结合起来,就是"有所不同,一视同仁"。把企业改造与个人改造结合在一起,以便最后改造成为社会主义社

会的企业和公民。

但公方代表在处理内部事务时，也有做得不够合理的地方，如我讲第一方面的矛盾时，讲到的公方对私方没有使用的地皮不予估价。我认为这不合理，我的朋友就说我有庇护资方之嫌。不料国务院在1956年2月8日（在本文后一年）规定"土地也应该进行适当的估价"，把这个偏差纠正过来，足以证明我并没有庇护资方之嫌。

这篇稿子曾于1955年5月送请陈云副总理看过，求他指出错误，以便更正。他在回信中说："这篇文章中许多关于政府方面公布过的或讲过的政策，我看了之后，觉得符合情况。关于'有所不同，一视同仁'的说法，后来我改过了一些，改为'既要有所不同，又要在一些方面一视同仁'。因为在一视同仁前面加'在一些方面'几个字，更合乎事实些，决不可能在一切方面都一视同仁。所以加'在一些方面'几个字，更合乎事实些，立论更牢靠些。"现在我就依照陈云副总理的意见，把"有所不同，一视同仁"的提法，改为"既要有所不同，又要在一些方面一视同仁"。

这篇论文是根据公方和私方的意见写成的。当然，从政府主管部门工作人员来讲，对其中某些私方观点，应该批复，但因为我是站在科学研究工作者的地位说话的，故我的说法可以不必与他们完全相同。陈云副总理在致我的信中亦认为可以不必完全相同。

事情演变到今日，我在文中提出的所有矛盾，都已按照我所提出的解决方法一一解决了，我所主张的全行全业合营，亦已完全做到，我的预见已变为现实，心中觉得非常愉快。我平日喜欢读经济史，以史学研究者的身份，不能预见最近经济发展的趋向，则何贵乎有此史学研究者耶？为慎重起见，最近我把这篇论文送请中央工商行政管理局仔细地核对一遍，并请其作些补充。兹将其补充文字，加以括弧，作为各段按语，列入本文，以供读者参考。《马寅初全集》第十五卷，第29页

11月

11月3日 高教部部长杨秀峰设宴欢迎以波兰高等教育部部长斯·祖凯夫

斯基率领的波兰高等教育代表团。应邀出席作陪。11月4日《人民日报》

11月4日 晚,以亚历山大大学校长爱尔赛德·穆斯塔法·赛义德博士为首的埃及文化代表团举行宴会,招待北京各界人士。偕外交部副部长姬鹏飞等应邀出席。11月5日《人民日报》

11月6日 出席全国人大常委会第八十三次会议。会议通过《一九五八年国家建设公债条例》,决定从1958年1月1日始,发行63000万元公债。

下午,周恩来至北京大学视察。先生全程陪同。周恩来向全校师生员工报告:向苏联学习。勉励大家不要辜负这个伟大的时代,要有伟大的理想。《北京大学纪事》

同日 于北大庆祝苏联十月革命胜利四十周年大会上讲话《为四十年的伟大胜利欢呼》。《北京大学校刊》;《马寅初全集补编》,第556页

11月10日 发表《学习苏联,贯彻社会主义的教育路线》。表示:"苏联的高等学校是我国高等学校的光辉榜样,为了彻底地贯彻社会主义的教育路线,我们必须继续坚持'学习苏联'的方针,并且更好地与我国实际相结合。社会主义教育制度的无比优越性,已经在苏联科学文化事业的蓬勃发展中得到了很好的证明。最近苏联人造卫星发射成功,足以证明苏联的科学水平在许多方面已居世界之冠。我们只有更好地学习苏联,才能以最快的速度提高我国的科学文化水平,才能保证我国十二年科学规划的顺利实现。"《人民日报》;《马寅初全集》第十五卷,第89页

11月11日 以无党派民主人士身份,出席《光明日报》社务委员会邀请各民主党派中央负责人会议。会议一致决议:撤销右派分子章伯钧《光明日报》社社长职务和右派分子储安平《光明日报》总编辑职务。同时任命杨明轩为《光明日报》社社长,陈此生为副社长兼总编辑,穆欣、高天为副总编辑。11月19日《人民日报》

11月22日 北大生物学系教授、中科院动物研究所所长陈桢病逝,于嘉兴寺举行公祭,以校长身份主祭。《北京大学纪事》

11月25日 中苏友好协会总会会长宋庆龄举行宴会,招待以苏中友好协会主席安德烈耶夫为首的苏联各界参加中国人民庆祝十月革命四十周年纪念代表团。应邀陪同刘少奇等出席。11月26日《人民日报》

11月26日　陪同国务院副总理陈毅等接见波兰高等教育代表团团长、波兰高等教育部部长斯·祖凯夫斯基及其团员，并合影留念。11月27日《人民日报》

12月

为北京大学刘自芳（贺麟夫人）教授纪念册题写书名："妇女工作者刘自芳同志纪念册，马寅初"。该书1959年出版。影印件

本年　马寅初等编著《中国几个高等学校介绍》，由香港生活·读书·新知三联书店出版，内收录《北京大学介绍》。馆藏

1958年　77岁

1月

1月1日　出席北京大学师生元旦团拜会。

同日　将《我的经济理论、哲学思想和政治立场》一书"敬赠北大图书馆",于扉页题词:"敬以此书作为给北京大学六十周年纪念的献礼"。

1月3日　北京大学全校师生员工举行欢送第一批537人被批准上山和支援其他部门下放干部大会。代表学校讲话:希望下放干部虚心向农民学习,并帮助农民学文化。1月4日《人民日报》

1月23日　走访学校学生宿舍了解情况。照片

1月28日　上午,出席最高国务会议,听毛泽东报告,其中谈及人口问题:"人多好,少吃一点,东方风味,身体健康。""中国地大物博,还有那么一点田,但是人口多。没有饭吃怎么办?无非少吃一点。东方人吃素,东方风味,恐怕还要继续下去,这样身体健康。"人口观念转向"多一点"为好。《建国以来毛泽东文稿》第七册,中央文献出版社1992年8月第1版,第42—44页

下午,全国人大第一届第五次会议浙江小组会议,先生于会上传达最高国务会议毛泽东讲话。《竺可桢日记》

1月30日　出席全国人大第一届第五次会议浙江小组会议,吴宪副省长传达毛泽东最高国务会议讲话:人多好还是少好,六亿人口还不紧张,到七八亿就紧张了。那时邵力子先生之道将大行。我赞成有控制的生育。《竺可桢日记》

1月25—31日　于怀仁堂出席全国人大第一届第五次会议预备会。2月1日《人民日报》;《中华人民共和国第一届人民代表大会第五次会议汇刊》

2月

2月1日　出席全国人大第一届第五次会议开幕式,并当选主席团成员。

新华社北京 1 日电

  2月4日 出席全国人大第一届第五次会议，任本日大会执行主席。2月5日《人民日报》

  2月8日 会议举行大会讨论。作《节制生育和文化技术下乡》（又名《有计划地生育和文化技术下乡》）发言，继续坚持有计划生育观点，并对党和政府做好这项工作充满信心。发言获周恩来表扬，并建议收入《我的经济理论、哲学思想和政治立场》一书，但书已印刷，来不及插进。2月10日《人民日报》；《新华半月刊》1958年第6期；《马寅初全集》第十五卷，第92页

  2月中旬至3月中旬 赴山东济南、历城、淄博、青州、寿光等市县工厂、农村考察。姜明回忆

  2月17日 《经济研究》1958年第2期刊登王琢、戴园晨文章《"新人口论"批判》，不点名批判马寅初计划生育观点。

  本月 《我的经济理论、哲学思想和政治立场》一书，由财政出版社出版，作为北京大学六十周年校庆献礼。文前附："此书各篇论文内在联系的说明。"该书内容分三部分。第一部分："我的经济理论、哲学思想和政治立场"；第二部分："联系中国实际来谈谈综合平衡和按比例发展规律"；第三部分："附录"，共两篇，一篇为"我国资本主义工业的社会主义改造"，一篇为"新人口论"。第一部分共分十三方面，从"肥料问题"举例说明：（一）要加速农业发展必须认识水利与肥料的重要性。（二）其次谈谈肥料问题。（三）从化学肥料的重要性到化学肥料厂的设计。（四）从化学肥料厂的设计到奥妙的学得。（五）从奥妙的学得到试制的成功。（六）从试制的成功到成本的大大减低。（七）在生产成本的降低中遇到了若干限制。（八）在这些限制克服中，自然会更进一步地改变社会主义建设的面貌。（九）这个新面貌将很明显地反映在对外贸易上。（十）失业问题——（1）甘愿失业；（2）不甘愿失业和救济问题。（十一）凯恩斯从"营救资本主义"观点出发写出一般理论。（十二）赤字预算。（十三）在一个强有力的政府管理下贯彻执行统购统销政策。结论："（一）辩证法认为世界上各个对象、现象不是彼此孤立的、隔绝的，而是互相联系，互相作用的。所以这篇论文仍用平衡论中所用一个环节接着一个环节，首尾两端相衔接的方法写成的，就是用团团转的方法写成的，因为依据辩证法，社会

主义的经济是一个整体,其中各部门各环节都有内在的联系,故无论从何端出发,到最后仍然回到原处。(二)辩证法也告诉我们,事物是在不断的运动中,在不断的变化发展中,世界上陆续出现着新事物,这些新事物不断生长,旧事物不断消灭。所以这篇论文的第八节从发展的观点来重谈平衡理论,就是说这里面所谈的平衡理论,比较在两篇平衡论中所谈的平衡理论,前进了一步,就是旧平衡已经或将要发展到高一级的平衡。这个高一级的平衡是一个新平衡,因为这不是在平面上团团转的平衡,乃是螺旋式地团团转的平衡。(三)我们所谓的'理'就是辩证唯物论中的规律,规律在具体事物之中,即一般在特殊之中,故说'理在事中',但宋明程、朱一派哲学家乃作出'理在事先'的结论,才陷入唯心主义的范围。他们把概念从具体特殊事物割裂开来,这显然是错误的。我们在第八节中指出他们的错误如何产生。(四)程、朱一派哲学家所讲的'理'不仅指自然法则与规律而言,似乎也含有道德原则的意义在内。我们在这篇论文里特别指出就是道德亦是随着事物的发展而发展,亦循着事物前进的道路而前进,换句话说,道德的前进,也是螺旋式的。尤其在十月革命胜利以后广大群众的思想变革涉及道德、心理和人生观。今日我国山区人民的心理和人生观的突变就是一个最好的例子,他们的生活由痛苦转化为快乐。(五)与我们的理论对立的是英国经济学者凯恩斯氏的一般理论。我们从发展的观点谈理论,他是从'营救资本主义'的观点谈理论,这很明显地指出社会主义经济正在蓬勃生长,资本主义经济正在垂死挣扎,殊不知还有丧心病狂的知识分子不顾制度之差异,国情之不同,梦想把凯恩斯的一般理论生搬硬套于中国,真不知其居心何在。"《马寅初全集》第十五卷,第101页

　　该书为新中国成立后先生第一部,也是唯一一部专著,书中附录"新人口论"已根据周恩来意见稍作修改。1958年3月中宣部布置全国经济理论界与全国重点综合性大学,讨论、批判《我的经济理论、哲学思想和政治立场》。

3月

　　3月12日　北大师生员工投入"反浪费反保守"双反运动。与陆平、马适安、汤用彤、周培源、史梦兰等校领导一起于校园内张贴大字报和决心书。《北京大学纪事》,第633页

3月16日　各民主党派与无党派民主人士1万余人，举行"史无前例的社会主义自我改造促进大会和盛大游行。他们决心要在思想改造上来一个大跃进，把心交给共产党和全国人民，全心全意接受共产党的领导，坚决走社会主义道路。"偕李济深、沈钧儒、郭沫若、黄炎培等出席，并当选民主党派和无党派民主人士社会主义自我改造促进大会主席团成员。3月17日《人民日报》

3月19日　主持北京大学校务委员会大会，讨论学校开展"双反"运动。一些教授对马寅初校长"大北大主义"提出批评，闻后作自我批评。3月20日《人民日报》

3月20日　列席北大党委召开党员誓师大会。北京大学"双反"运动自10日开始以来，已贴出大字报22万张。党委书记陆平动员全体党员推动双反运动向更深入一步发展。3月22日《人民日报》

3月21日　将自己19日于校务会议检讨写成两张大字报贴出，同日《北京大学校刊》以《马寅初校长的两张大字报》刊登。一张曰："我自一九五一年到校以来，对于校行政未能预先规划，好好地安排，一面亦不要求与党亲密地协作，致使领导工作不能广泛地展开，好多事情落在人家后面，这是令人痛心的事。推厥原因，大抵由于（一）官气与暮气作祟，只知按老规矩办事；（二）因年纪太大，体力不够支持，致不克深入基层；（三）缺少先进经验，行政工作效能很低；（四）校外事情过多，致不能经常接近群众等种种原因所致。此后，当打掉官气、暮气，鼓起干劲，努力改进工作，庶不负同人等的期待。马寅初三月二十一日。"另一张曰："去年四月间，我在大饭厅曾讲过中国的人口问题，并说出'如人口这样增长下去，五十年后，中国人民不免因生活困难而侵略他国'。这些话说出后，转背一想，知道大错而特错了。我也深信社会主义国家决不致蹈资本主义国家的覆辙而侵略别人，我保证此后决不致再有这样一种错误。会后很多好友也对我提意见，我都接受，并且对他们致以真诚的感谢。好在这句话没有见诸文字，在起草《新人口论》时，亦把此句删去了。今日樊弘教授亦对我提出同样的意见，我深切地感谢。"《马寅初全集》第十五卷，第187页

同日　复北大校庆会书："校庆二月十七日大函敬悉一一。在一九五一年，我定了一个十年计划，以头四年攻读俄文经典著作，后六年从事研究中

国的社会主义经济问题。今年是第八年，是写农书的一年，拟于五月间下乡做这项工作。第九年第十两年是写财政的时期，出版之期当远。此刻不能预定，一俟决定再行奉告。"影印件

3月26日　北京大学经济系主任樊弘[1]贴出大字报，批评《我国资本主义工商业的社会主义改造》一文，"在本质上是为了资本家阶级利益，向党和国家正确地执行和平改造资本家的办法表示不满"。《北京大学纪事（1989—1997）》

3月29日　北大经济系二年级10位学生贴出大字报，批评校长在指导他们如何学习、研究经济问题时，向他们宣传"大北大主义"、"资本主义"、"个人主义"。先生阅后，对学生如此看待问题深陷困惑。《北京大学纪事（1989—1997）》

下午，邀请阿尔及利亚民族解放阵线代表卜拉欣·加法和阿拉伯人民大会代表阿德夫·达尼尔莅北京大学演讲。代表北大全体师生员工致欢迎词："北京大学的师生同全中国人民一样，都在关心和同情阿尔及利亚人民争取民族独立的正义斗争，他们把阿尔及利亚人民的斗争和胜利都看做是自己的斗争和胜利。"3月30日《人民日报》

4月

4月1日　贴出两张大字报：《我与经济系二年级谈话的内容》、《我对樊弘教授提出些意见》。前一篇，就北大经济系学生3月29日大字报之批评给予解释。"我的目的，就是要勉励他们，学习要埋头苦干，否则不会成功的。我的讲话是出于至诚，对我的学生讲心里话。想不到他们自另一角度看问题，说这是我要表达我的天才，我要在他们面前表示我是一个了不起的人，我是崇拜资本主义的人。他们从谈话中得到的只是我的三大主义，这些话真是令人痛心。我认为北大的任务是培养做研究工作的人和教育人才。一、要做研究工作，非要学一种或两三种外文不可，否则决不能与懂外文的人比赛，他们的研

---

[1] 樊弘（1900—1988），四川省江津县白沙镇人（现重庆白沙镇），1925年毕业于北京大学政治系。1937年至1939年赴英国剑桥大学进修。1939年至1945年间，先后任中央大学经济系教授、中央研究院社会科学研究所研究员、上海复旦大学经济学系主任。1946年至1948年任北京大学经济学系教授。1950年2月加入中国共产党，为北京大学第一位由中共中央直接批准入党教授。先后任全国政协委员、北京市人大代表。1988年4月18日于北京病逝。

究能力就大大地受了限制。至于担任教学则不懂外文的教师,决不会受学生的尊崇,在同事之间懂得外文的同事也会瞧不起不懂外文的同事。我自己亲身吃过这种痛苦,所以把心里的话告诉他们,希望他们及早想到他们的前途,绝对料不到他们这样看问题。至于请我上课,不仅我抽不出时间,即能抽出时间亦怕使他们受毒,那罪状更严重了。"4月7日《北京大学校刊》;《马寅初全集补编》,第593页

后一篇大字报,认为批评《中国资本主义工商业社会主义改造》时研究太马虎,"没有把被批判的全篇文章好好地仔细地阅读一遍,而贸然加以批判",把文中引用别人的话都记在作者帐上。此种批评"教条主义太重"。"樊弘同志不管一切,凡给予资方的无论多少,都是不对的。一是教条主义片面地看问题,一是活的马克思主义者。现在北京的资本家愿意放弃定息的在80%以上,但党与政府仍以为定息一时不能去掉。依照樊弘教授的判断,资本家要放弃定息,而党与政府反而一时不愿取消,岂不是党与政府皆为资本家说话,失掉了无产阶级的立场吗?"4月9日《北京大学校刊》;《马寅初全集补编》,第558页

4月9日 《计划经济》(北京)第4期率先刊登批判文章《就综合平衡理论与马寅初先生商榷》。编者按语:"马寅初先生在1956年12月和1957年5月,在《人民日报》上发表了两篇关于综合平衡理论和按比例发展规律的文章,这两篇文章涉及了有关计划工作和经济工作的许多问题,其中有些是计划经济理论的根本问题。因此这两篇文章,虽然已经发表很久了,但是仍然值得计划工作者和经济工作者加以研究和讨论。这里发表马纪孔、钟契夫同志写的商榷性文章,供大家研究讨论。"4月17日《人民日报》就马、钟之文发消息报道,号召大家来研究讨论。

4月16日 发表《我学习俄文的目的和经过》。编者按语:"很多三四十岁的干部,就对学习外文没有信心:认为自己年纪'老'了,不容易学,学不好。马寅初先生七十岁才开始学俄文,三四年工夫就把俄文学好了。这个事实,对没有信心学习外文的人,是一种鼓励。马先生的这种学习外文的精神,是值得学习的。"先生于文中介绍学习俄文目的,严格训练过程及有效经验方法,最后谈到:一九五七年是我建立我的新思想体系的时期,"今年为我的十年计划中的第八年,预定为写农书的一年,写农书的地点应在农村(已决定在我的故乡浙

江嵊县），以便亲身体会。我脱产下乡写书的计划，已得上级批准，我十年计划中的第九、第十两年，是我写财政专书的年头。明年农书写成回京之后，即应约到财政部与该部富有经验的同志们共同研究财政工作，一定可以获得很多新知识，同时理论也可以益加联系实际。财政专书写成之后，第一个十年计划的任务才告完成，但那时我已达八十高龄了。能不能再定一个十年计划呢？我认为是可能的"。《新观察》1958年第8期；《马寅初全集》第十五卷，第189页

4月19日 北京大学党委就马寅初问题向市委打报告，提出两点意见：（一）对马寅初的右派言论，可以在小型谈心会上给以批评；（二）对马寅初的资产阶级经济学思想，也可小会批判，目前不宜开大规模批判会。北京大学历史档案

同日 《光明日报》首次刊登两篇北京大学批判马寅初文章：哲学系教师韩佳辰《团团转的联系不是唯物辩证法——评马寅初著〈我的经济理论、哲学思想和政治立场〉》；中国革命史教研室周家本、强重华《评马寅初的新人口论》。此为报纸批判马寅初"新人口论"与"团团转"经济理论之始。《光明日报》；《新华半月刊》1958年第16期

4月20日 列席中共北京大学委员会召开"全校党员誓师、促进大会"，展开批评和自我批评。4月22日《人民日报》

4月22日 发表《我向樊弘教授追究责任》，指出樊氏批判大字报断章取义，工作马虎。要求"请樊弘教授下一个决心去看一看文章的总结（拙著210至215页），他便会明白是我剽窃党和国家的决议呢，还是我大力发挥党和国家的决议呢？这张大字报的目的是要追究他的责任，倘他是一位真正的科学家，他应该勇于认错，千万不要企图逃避责任，把视线移转到别的方面"。4月24日《北京大学校刊》；《马寅初全集补编》，第561页

4月24日 《北京大学校刊》登载三篇批判马寅初校长"新人口论"大字报及樊弘教授继续批判马寅初大字报。《北京大学纪事1989—1997》

4月26日 《光明日报》选登北大大字报《再评马寅初的新人口论》，作者为中国革命史教研室姚曼华、魏式琪、曾庆贞及马列主义教研室郑亚英。

4月30日 发表《我们为什么要纪念五四》。认为："今日我们所以要纪念五四，因为五四给我们带来了科学与民主，也带来了社会主义的新思潮。北

京大学就是在这样的新思潮中生长起来的。在庆祝北京大学六十周年的今天来纪念五四就更有深刻的意义了。"《北京大学校刊》；《马寅初全集》第十五卷，第194页

5月

5月4日　北京大学庆祝建校60周年，邀请彭真、郭沫若、陈伯达、杨秀峰及教育、学术界人士等出席大会。先生代表学校致开幕词。陈伯达作《建设共产主义的新北大》报告中，突然向先生发难，点名"马老也要作检讨"，举座惊骇。5月5日《人民日报》

5月6日　中国人民大学政治经济学教研室召开座谈会，讨论《我的经济理论、哲学思想和政治立场》。一致认为，马寅初的观点方法都是错误的。5月31日《光明日报》以《中国人民大学政治经济学教研室座谈马寅初的学术思想》为题刊登。

5月9日　发表《再谈我的平衡论中的"团团转"理论》，首先对批评表示欢迎："北京大学哲学系教师韩佳辰先生对拙著《我的经济理论、哲学思想和政治立场》一书中所说的'团团转'理论有所批评，觉得很高兴。第一，因为批评与辩论，可以打开学术界的沉闷空气，而真理愈辩愈明；第二，因为目前高等学校新老教师之间，还不免有若干隔阂，这是很不好的现象。双反之后，教师们在思想斗争中都有很大的收获。我们理应在这个思想大丰收的基础上来开展一个新老教师彼此帮助、互相支持的风气。我校年轻教师直接在教研室里面展开科学研究工作，间接提高教学质量，使青年学子都得益。现在展开学术空气的条件已成熟了，韩先生的文章恰好适应这个已成熟的条件，令年老教师如我抓住这个机会来利用这个条件。"继而解释"韩先生所想到的大概是宇宙内全部事物的团团转，而我所研究的只限于计划经济，从计划经济中亦不过抽出几个重要环节，不能弄得很复杂，这是做研究工作的人应该首先注意的"。逐条回答韩文质疑后表示："团团转"理论"是颠扑不破的，无法动摇的，不然的话，计划经济的综合平衡工作就无从着手"。

《光明日报》编者按："本报'读书'专刊第3期（4月19日）和第4期（4月26日），选载了北京大学的四篇大字报……着重批评了马寅初的'团团转'

的理论。马寅初的这一篇文章对他的'团团转'的理论作了说明。我们认为：这个讨论涉及到哲学和政治经济学的若干根本问题，特别是唯物辩证法的根本问题，有进一步展开讨论的必要。欢迎学术界以及各界人士发表意见。"此后，《光明日报》开辟批判专栏。《光明日报》；《马寅初全集》第十五卷，第195页

5月14日　《光明日报》登载三篇批判文章：韩佳辰《道德决定论不是唯物主义——再评马寅初著：〈我的经济理论、哲学思想和政治立场〉》、石武《评马寅初先生的团团转理论》、刘丽生《评马寅初的道德决定论》。

5月17日　发表《樊弘教授这样的科学研究不是我们所需要的》，反驳樊弘无端指责。"我要告诉樊弘教授：讨论《共同纲领（草案）》时，我也是参加人之一，而且我也是举手通过的一人，这件事人人皆知，恐怕只有在书斋里读死书的人不知道。我要剽窃，在众目睽睽之下如何可能？"同期校刊还刊登哲学系一位进修教师文章《马老究竟属于哪一个马家》，批评马寅初"新人口论"系马尔萨斯主义于社会主义条件下改头换面。《北京大学校刊》；《马寅初全集补编》，第562页

同日　《经济研究》发表戴园晨《评马寅初先生的〈我的经济理论、哲学思想和政治立场〉》。

5月20日　《光明日报》登载三篇评马文章。抚顺市东部医院齐锡年《〈再评马寅初的新人口论〉读后琐谈》一文，对批马提出不同看法，并为先生新人口论观点辩护。故《光明日报》为齐文专作按语：本报"读书"专刊第4期刊载了姚曼华、魏式琪、曾庆贞的《再评马寅初的新人口论》。齐锡年的这一篇文章，对姚曼华等的文章提出了不同意见。我们认为：关于马寅初的"新人口论"，和他的"团团转"理论、"平衡论"一样，有进一步展开讨论的必要，欢迎学术界以及各界人士发表意见。两篇批判文章为：韩佳辰《再谈团团转理论不是唯物辩证法》、陈志经《马先生现在研究的并不是社会主义经济》。

5月21日　据《高校党委宣传工作会议大会记录》：北大组织数千名师生到十三陵水库参加劳动，马寅初与新到任的党委书记、副校长陆平一起去看望教师学生。学生们见到上岁数的马寅初亲自来到沙尘飞扬的工地慰问，颇有些感动。一些学生忍不住喊道："向马老学习，做马老好学生。"在一旁作陪的北大干部秦德远见了颇为不满，后来向市里汇报说，学生对旧专家老教授迷信，

根本不提我们的党委书记陆平同志。陈徒手：《马寅初在北大的苦涩旧事》

5月23日　上午，于中山公园参加赖若愚同志公祭大会。5月24日《人民日报》

下午，北京大学党委首次组织召开"批判马寅初学术思想错误观点座谈会"。经济系教授罗志如、哲学系教员韩佳辰、中国革命史教研室教员李普先后批判发言。《在学术阵地上拔白旗插红旗——北大举行批判马寅初学术思想座谈会》，7月31日《光明日报》

5月31日　《光明日报》登载黄波《一点疑问——计划经济究竟是建筑在什么原则之上的？》；李庄《一点意见——马寅初对对立面统一和斗争规律的理解是不正确的》等文。

本月　校内校外批马浪潮迅速升温，《哲学研究》、《教学与研究》等刊物亦加入声讨行列。《哲学研究》1958年第5期发表石韦《学术界展开对马寅初团团转理论的批判》。《教学与研究》发表项冲《评马寅初先生所著〈我的经济理论、哲学思想和政治立场〉中关于凯恩斯理论部分》。中宣部编辑《关于资产阶级社会学、政治学、法学、经济学资料索引》印行，马寅初列名资产阶级经济学之首。北京大学毛泽东同志人口理论研究会编印《有关马寅初先生的哲学思想经济理论、新人口论的参考资料》（油印本）。内收录有：周培源《与马老交心》，严仁赓《向马老求教》，樊弘《在工商业社会主义改造问题上马校长的立场是什么》、《马寅初校长散布悲观失望情绪使全校师生对社会主义工业化和农业现代化缺乏信心》、《再烧马寅初校长的资产阶级立场一把火》、《马寅初校长在政治上不老实态度是预见呢还是剽窃呢》，郑亚英、姚曼华《马老应正确对待批评》，周家本、强仲华《马老应离开资产阶级立场》，经济系二年级《马老教导我们三大主义》、《马老应正视错误》，北大经济系四年级《是新人口论还是旧人口论》，黄美复《马老的人口理论是不符合实际的》，郝克明、张静山《马老对建设社会主义没有信心》，郑亚英《马老给农民出了坏主意》等。

6月

6月1日　《光明日报》以《是无产阶级思想？还是资产阶级思想？——学术界对马寅初论著展开辩论》为题，综述《我的经济理论、哲学思想和政治立场》一书出版后，经济学界于《经济研究》、《教学与研究》、《计划经济》等刊物发表之批判文章。

6月5日 北大党委呈报北京市委、教育部与中宣部，提出意见：于校内对马寅初观点进行批判外，并要求外界报刊予以配合。北京大学历史档案

同日 武汉大学经济系组织召开"一次大型的讨论会"，讨论会结论：（一）马寅初的所谓"团团转理论"是违反党的建设社会主义总路线的精神实质的；（二）马寅初的所谓"新人口论"是反马克思列宁主义观点的。6月17日《光明日报》以《"团团转平衡论"违反总路线精神实质——武汉大学经济系部分师生座谈马寅初的著作》为题报道。

6月6日 《光明日报》发表樊弘《评马寅初先生的〈我的经济理论、哲学思想和政治立场〉》、褚葆一《评马寅初先生的"新人口论"——兼评齐锡年先生的关于"新人口论"的文章》。

同日 《人民日报》登载叔仲《我国人口和就业问题》。

6月8日 《光明日报》登载韩佳辰《和马寅初先生商榷程朱哲学——三评马寅初著〈我的经济理论、哲学思想和政治立场〉》。

6月9日 《计划经济》刊载民子《人多是好事——评马寅初的新人口论》。

6月11日 《光明日报》于第三版登载武汉师范专科学校马列主义教研室范德藻《论新人口论所提出的根本问题》，北京大学哲学系诸葛殷同、陈京璇《马寅初的新人口论实质上是传播了马尔萨斯的人口论》，综述《六亿人口是一个伟大的力量》等。还有大连通信机械厂设计科顾利仁为马寅初"新人口论"辩护文章《我对新人口论的几点看法》，认为，北京大学几位老师对"新人口论"的评论是断章取义的，马寅初先生理论是否符合马列主义和我国的实际情况，应该按照毛主席"关于正确处理人民内部矛盾"六条标准来衡量。本版编者按云："本版发表的三篇文章，范德藻和陈京璇、诸葛殷同两篇文章是批评马寅初的'新人口论'的；顾利仁的一篇是对我报所刊载的周家本、姚曼华等批评'新人口论'的文章，提出不同意见。我们认为：马寅初在'新人口论'中提出的问题较多，论述的方面也较广泛，有进一步展开讨论的必要，欢迎学术界及各界人士继续发表意见。"

6月12日 《文汇报》登载陈京璇、诸葛殷同《马寅初先生究竟属于哪一

个专家》。

6月17日 《光明日报》登载三篇批马文章：柳谷岗、一禾、梁文森合撰《从国民经济平衡理论看马寅初的团团转平衡论》；李立中《按团团转的比例发展规律是反辩证唯物主义的》；叶伟成《团团转平衡论违反总路线精神实质——武汉大学经济系部分师生座谈马寅初的著作》。

6月24日 《光明日报》登载铁道部四局彭庆年《批判马寅初的"理"和"道德"是物质的说法》，北京大学孙发祥《见口不见手——评马寅初先生的新人口论》。并以《新旧人口论的思想体系是一致的》为题综述复旦、北大、人大、天津大学、西北大学等学生来信。编者谓：大学生们"一致指出马寅初关于人口的论点不仅是错误的，而且是反动的"。

本月 《社会科学动态》1958年第6期刊载迪文《新人口论批判》。《经济问题》第3期发表叶景哲、陈国主、关其学合撰《评马寅初先生的综合平衡论》。

7月

7月1日 出席十三陵水库竣工典礼。《马寅初全集补编》，第565页

7月2日 北京大学成立由陈岱孙、樊弘、赵靖等教授发起组成人口问题研究会。先生出席并发言，"我提出人口问题，是向党上一个建议，要快快注意人民的不满情绪，并非吓唬党。现在的党天不怕，地不怕，谁敢吓唬？""当然新人口论是有缺点的，（一）没有提到党的领导。（二）看不见组织起来的人民的力量。（三）悲观。如今年写就不会悲观了。"会上说明曾就"新人口论"两次与周恩来交换看法，现在"要批评我，要对我两篇文章一并批评，不要只批评第一篇……新人口论写完的时候，没有与人民代表大会同志们作几次集体讨论。过去的文人只做单干户的工作，不习惯于集体工作，我也犯这样的错误。不经过集体讨论，而要使人人的意见趋于一致，是不可能的，不但现在不可能，将来也不可能的""好多人说我对五亿农民缺乏感情，看不起农民，污辱农民，这未必。因为我在1939年参加革命就是为农民，记得重庆拉壮丁，装上汽车把门锁起来，日本飞机来了全被炸死。这件事使我痛恨绝了。又有一次拉壮丁，把壮丁排列在重庆南渝中学操场上，后来来了一大群士兵把一个逃

跑的壮丁当场枪毙,以示杀一儆百之意。我亲眼看到这种情况,故起来拼一拼老命。"《马寅初在北京大学人口研究会成立会上的发言并检讨》,《马寅初全集补编》,第565页。

7月8日 《光明日报》登载林森木《评马寅初的新人口论》。

7月24日 北京大学党委组织召开第二次"批判马寅初的学术思想错误观点座谈会"。会上,经济系政治经济学教研室主任樊弘、经济系主任陈岱荪、经济系副教授赵靖、哲学系进修教师肖萐父、经济系二年级学生王翔书等发言。《在学术阵地上拔白旗插红旗——北大举行批判马寅初学术思想座谈会》,7月31日《光明日报》。

7月24、29、30、31日 于《光明日报》连续刊登《再谈平衡论和团团转》,以学理与现实结合阐述、回复近期对"平衡论"与"团团转"扣政治罪名式批判。说明"平衡论"依据来源于社会主义经济建设现实需要,最后表示,"书本知识固然可贵,但不与当时当地的情况和条件相结合,就会变成死教条,用死教条来对付活现实,怎么会不犯主观主义的错误呢!"《马寅初全集》第十五卷,第208页。

7月31日 《光明日报》以《在学术阵地上拔白旗插红旗——北大举行批判马寅初学术思想座谈会》为题,报道北大两次座谈会:"揭露"、"剥露"了马寅初学术错误思想的"实质"和"真面目",据悉,这样的座谈会,将继续举行。

本月 《学习》1958年第14期刊载杨世英《评马寅初先生的人口论》;《理论战线》1958年第4期发表刘敏《评马寅初的新人口论》。

8月

8月1日 出京视察。《两个请求转载的理由》,《马寅初全集》第十五卷,第237页;姜明回忆。

同日 北京大学党委组织召开第三次"批判马寅初学术思想错误观点座谈会"。严仁赓、胡代光、裴元秀、樊弘发言,深入批判《再谈平衡论和团团转》。《北京大学举行第三次座谈会——继续批判马寅初的学术思想》,8月5日《光明日报》。

8月4日　《光明日报》登载尹世杰《马寅初的团团转平衡论是庸俗平衡论》。

8月5日　《光明日报》登载韩佳辰《对马寅初再度答辩的批判——三评团团转不是唯物辩证法》。

8月7日　由江苏、安徽转至杭州。杨勋、徐汤莘、朱正直：《马寅初传》

8月8日—9月3日　赴嵊县、诸暨、宁波、黄岩等地考察工业与农业。《马寅初传》

8月8日　《光明日报》登载石武《再评马寅初的团团转理论》。

8月9日　《北京日报》登载赵靖《马寅初先生的新人口论是新形式的马尔萨斯主义人口论》；波夫《马寅初的团团转哲学是怎么一回事？》，并报道"北京大学师生批判马寅初的资产阶级思想"情况。

8月12日　《人民日报》评论员文章《来自基层的研究员，在讨论会中列举事实，痛斥人口论和土地递减律谬论》。

8月13日　《光明日报》登载李立中《再论按团团转的比例发展规律是反辩证唯物主义的》。

8月15—16日　北京大学分别举行理科与文科语言各系科学跃进评比大会。"经济系学生以毛主席'关于正确处理人民内部矛盾的问题'和刘少奇同志在中国共产党第八届全国代表大会第二次会议上的报告为指导思想，写了四篇批判马寅初经济学思想的论文。"8月18日《人民日报》

本月　《经济问题》1958年第14期登载陈远敦《我国人口和劳动就业问题——评马寅初先生的新人口论》；《北京大学学报》第3期登载韩佳辰《马寅初哲学思想批判——四评马寅初著〈我的经济理论、哲学思想和政治立场〉》。

同月　《评马寅初著〈我的经济理论、哲学思想和政治立场〉论文集》，由财政出版社出版。扉页出版说明："马寅初先生所著《我的经济理论、哲学思想和政治立场》一书出版后，国内报纸杂志上发表了不少批评的文章，现在就我们所看到的，选了十篇，编印成这本论文集，供作大家研究讨论的参考。"书后附先生5月9日发表于《光明日报》文《再谈我的平衡论中的团团转理论》。馆藏

9月

9月3日 自浙江转赴江西考察。杨勋、徐汤莘、朱正直:《马寅初传》

9月4日 于南昌参观八一纪念馆、八一公园等处。杨勋、徐汤莘、朱正直:《马寅初传》

9月6日 登庐山旧地重游。杨勋、徐汤莘、朱正直:《马寅初传》

9月9日 《计划经济》(北京)刊载马纪孔、钟契夫《再评马寅初先生的团团转的平衡论》。

9月10日 赴景德镇参观。杨勋、徐汤莘、朱正直《马寅初传》

9月20日 自江西南下至广州。视察广州、番禺、中山、肇庆、新会、茂名、湛江、海南岛等地。杨勋、徐汤莘、朱正直:《马寅初传》

本月 《学术月刊》1958年第9期登载章时鸣《批判马寅初学术思想综述》;《新建设》刊戴园晨《马寅初先生资产阶级立场、观点、方法——对马先生关于团团转理论的两篇答辩文章的批判》;《财政》第9期发表陈宝森《批判马寅初的团团转综合平衡论》。

同月 华东师大政教系资料室编印《批判马寅初新人口论参考资料汇编》,供学生学习。

10月

10月9日 《人民日报》报道:"人民大学师生员工一齐动手动脑,昼夜苦干,大搞科学研究,他们写出了四千多篇(部)科学论文、调查研究报告和专门论著,来迎接国庆九周年。……此外还有批判马寅初的经济理论、冯友兰的哲学思想、右派分子吴景超的社会学、王造时的政治学、李景汉的社会调查、王中的新闻谬论等学术批判文集多种。这些论文和著作将陆续编印出版。"

10月11日 至海南岛。先后参观松涛水库、石绿铁矿、莺歌海盐场、福山红光农场、西联橡胶场、水晶矿等地。回北京后向全国人民代表大会提交《海南岛视察报告》,总结考察海南岛经济情况,分析经济成绩与问题。《全国人大代表、政协委员一九五九年视察工作报告》第三辑;《马寅初全集补编》,第384页

10月17日　《经济研究》刊登骆耕漠《评马寅初底资产阶级立场和庸俗经济学观点》。

10月20日　国务院成立郑振铎、蔡树藩等十六位同志治丧委员会。与陈毅、贺龙、郭沫若、陈叔通等担任治丧委员会委员。10月22日《人民日报》

本月　《财政》刊姜维壮《马寅初在预算赤字及公债问题上的资产阶级观点》。

11月

11月3日　于浙江省第二届人民代表大会第一次会议上被选为浙江省出席第二届全国人民代表大会代表。《浙江日报》

11月17日　《经济研究》刊登三篇批判马文章：陈如龙、王琢《评马寅初的经济理论和政治立场》；方行《驳马寅初对我国工人阶级与资产阶级关系问题的歪曲》；李文治、王敬虞、张国辉、魏金玉四人合写《从历史上看马寅初经济理论的反动实质》。

11月21日　《光明日报》报道北大经济系批判马寅初经济思想小组批判"新人口论"近况，同时发表"北京大学经济系批判马寅初综合平衡小组"文章《批判马寅初的团团转综合平衡论》。

11月29日　《光明日报》发表北京大学经济系批判马寅初经济思想小组《马寅初的〈我国资本主义工业的社会主义改造〉一文的作用何在？》。

本月　《新建设》刊载王毅《马寅初先生在贩卖马尔萨斯的人口理论》；《经济研究》1958年第11期刊载方行《驳马寅初对我国工人阶级与资产阶级问题的歪曲》；《财政》1958年第13期发表杜萌昆《批判马寅初在资金积累问题上的资产阶级观点》。

12月　《新建设》第12期刊发批马文章：韩佳辰《马寅初哲学的破产》，梁思达、毛信萃《马寅初先生歪曲了党和国家的对资改造政策》。

本月　江山著《马尔萨斯人口论和新人口论的批判》一书，由上海人民出版社出版。

下半年，北京大学校刊及学报上发表18篇批马文章。《光明日报》、《文汇报》、《北京日报》、《新建设》、《经济研究》等全国性报刊，陆续发表近60篇批马文章。

本年　自上半年起北京大学校长职权被架空,由陆平执掌校政。"周培源谈及北大马寅初已辞校长职,由陆平继任。陆平系前北大学生,年四十余,两年来即已主持一切校政。"1960 年 4 月 14 日《竺可桢日记》

1959 年　78 岁

1 月

1月1日　外出视察五个月后返京。视察中继续关注思考人口问题，经常听到"人手不够"、"劳动力不足"议论。认为，问题之症结，不是"劳动力不足"，而是"效率太低"；不是"人手不够"，而是"没有积极性"，系"劳动力分配不恰当"。《两个请求转载的理由》，《马寅初全集》第十五卷，第237页

1月15日　苏联驻中国大使尤金举行《苏中关于共同进行和苏联帮助中国进行重大科学技术研究协定》签订一周年招待会，以中苏友好协会总会副会长身份陪同周恩来等出席。1月16日《人民日报》

本月　《新建设》第1期发表陈岱孙文章《马寅初先生对凯恩斯学说批判的实质》。

2 月

2月12日　参加欢送北大第二批下放干部大会并讲话。《北京大学纪事》

2月13日　中苏友好协会总会与北京市中苏友好协会举行晚会，庆祝《中苏友好同盟互助条约》签订九周年，以中苏友好协会总会副会长身份偕陈毅副总理等出席。2月14日《人民日报》

2月17日　《经济研究》1959年第2期总31号刊登苏星《两种思想体系的分歧——批判马寅初著〈我的经济理论、哲学思想和政治立场〉》。

本月　发表《两个请求转载的理由》。为引起更好讨论，要求《北京大学学报》全文转载《再谈平衡和团团转》一文。同时批评一些质疑文章："（李达先生说）'有些同志写文章的时候多半是扣名词、扣概念，语义晦涩，内容空洞，带一些八股气。'我可以保证，我的文章一定尽可能地联系实际，不带八股气。"《北京大学学报》（人文科学）第1期；《马寅初全集》第十五卷，第237页

3月

3月11日 当选第二届全国人民代表大会代表。3月12日《人民日报》

3月14日 全国政协举行酒会，招待由浅沼稻次郎率领日本社会党访华代表团。偕张奚若、廖承志等出席。3月15日《人民日报》

本月 赴京郊高碑店人民公社，看望北京大学经济系进行社会调查师生。照片

4月

4月12日 以无党派人士身份，当选第三届全国政协委员。《人民日报》

4月15日 《人民日报》发表若冰《人口和人手》，批评"新人口论"主张。

4月17日 上午，出席全国人大常委会会议。《中华人民共和国全国人民代表大会第二届第一次会议汇刊》

下午，于怀仁堂出席全国人大第二届第一次会议预备会议，刘少奇主席。《中华人民共和国全国人民代表大会第二届第一次会议汇刊》

4月18日 出席全国人大第二届第一次会议。《中华人民共和国全国人民代表大会第二届第一次会议汇刊》

4月27日 当选全国人大常委会委员，并当选全国人大第二届第一次会议主席团成员。4月28日《人民日报》

4月28日 出席全国人大第二届第一次会议。领衔竺可桢、邵力子等21位代表发言《中国人民对印度干涉者的挑衅不能再沉默不理》。表示："西藏从来是我国不可分割的领土，我国人民在自己的领土上平息武装叛乱完全是我国的内政，任何人绝对无权干涉，这是天经地义的。但是，印度的扩张主义分子竟然野心勃发，在西藏问题上大做文章，掀起一股背弃万隆精神，反对中国，破坏中印友好关系的逆流。"5月4日《人民日报》；《新华半月刊》1959年第11期；《马寅初全集》第十五卷，第243页

本月 为纪念五四运动40周年撰文《纪念五四运动》。《语文学习》1959年4月号；《马寅初全集》第十五卷，第241页

5月

5月2日 当选中苏友好协会总会第三届理事会理事。5月3日《人民日报》

5月3日 出席首都各界纪念"五四"40周年盛大集会。偕林伯渠、彭真等就座主席台。5月4日《人民日报》

6月

《厦门大学学报》1959年第1期发表王亚南《论马寅初的新哲学和新经济学》。

9月

9月13日 出席第二届全国人大常委会扩大会议。就中印问题发言:"尼赫鲁口口声声说他遵守五项原则,不允许达赖喇嘛和西藏叛乱分子在印度进行反对中国的政治活动。但是,实际上西藏叛乱分子却一直在公开进行着反对中国的活动。这是遵守五项原则的行为吗?尼赫鲁口口声声尊重中印友谊,愿意用和平的方法来解决中印边界问题,但是他却不同意我国政府提出全面地来解决中印边界问题,而要一英里、二英里、三英里的来解决,难道这能说明尼赫鲁先生解决中印边界问题的诚意吗?"9月14日《人民日报》

9月15日 出席毛泽东邀集各民主党派、各人民团体的负责人,著名无党派民主人士和著名文化教育界人士座谈会。议论了总路线问题、对战犯特赦问题、右派摘帽问题等。9月16日《人民日报》

9月28日 出席中华人民共和国成立十周年庆祝大会,于主席台就座。9月29日《人民日报》

秋 陈立[1]回忆:"我在清华的友人,例如叶习生、周培南等同志,因为他们知道我和马老有点亲戚关系,所以他们就要我去向马老谈:'你跟马老讲讲,要他检讨检讨几句,这个运动就会过去的。'那么我就跑到他家里就同他谈了。他说,这个检讨怎么写啊?我说,你随便写几句,敷衍敷衍就可以了。

---

[1] 陈立当时为杭州大学教授,中国心理学奠基人之一,后任杭州大学校长。其夫人为先生侄女马逢顺,著名血友病专家。

第二天呢，我又跑去，他坚决不干。"陈立：《欣逢华诞忆马老》，《百年大寿》，第16页

10 月

本月 应周恩来之约作深入交谈。回家当晚，为《我的哲学思想和经济理论》撰写"附带声明"，分两个部分：（一）接受《光明日报》的挑战书。"这个挑战是很合理的，我当敬谨拜受。我虽年近八十，明知寡不敌众，自当单身匹马，出来应战，直至战死为止，决不向专以力压服不以理说服的那种批判者们投降。"（二）对爱护我者说几句话并表示衷心的感谢。"去年有二百多位批判者向我进攻，对我的两篇'平衡论'和'新人口论'提出种种意见，其中有些是好的，我吸取过来，并在小型的团团转综合性平衡论中做了些修改（共七点），但是他们的批判没有击中要害，没有动摇我的主要的或者说根本的据点——'团团转'的理论、'螺旋式上升'的理论和'理在事中'的理论，也无法驳倒我的'新人口论'。在论战很激烈的时候，有几位朋友力劝退却，认一个错了事，不然的话，不免影响我的政治地位。他们的劝告，出于诚挚的友爱，使我感激不尽，但我不能实行。我认为这不是一个政治问题，是一个纯粹的学术问题。学术问题贵乎争辩，愈辩愈明，不宜一遇袭击，就抱'明哲保身，退避三舍'的念头。相反，应知难而进，决不应向困难低头。我认为在研究工作中事前要有准备，没有把握，不要乱写文章。既写之后，要勇于更正错误，但要坚持真理，即于个人私利甚至于自己宝贵的性命，有所不利，亦应担当一切后果。我平日不教书，与学生没有直接的接触，总想以行动来教育学生，我总希望北大的一万零四百名学生在他们求学的时候和将来在实际工作中要知难而进，不要一遇困难随便低头。"文章专就未能听从周恩来劝告致歉："最后我还要对另一位好朋友表示感忱，并道歉意。我在重庆受难的时候，他千方百计来营救；我一九四九年自香港北上参政，也是应他的电召而来。这些都使我感激不尽，如今还牢记在心。但是这次遇到了学术问题，我没有接受他的真心诚意的劝告，心中万分不愉快，因为我对我的理论有相当的把握，不能不坚持，学术的尊严不能不维护，只得拒绝检讨。希望我这位朋友仍然虚怀若谷，不要把我的拒绝检讨视同抗命，则幸甚。"

次日递稿《新建设》，要求于第 11 期发表。康生阅罢反驳文章与"挑战书"，即指示理论界及有关报刊负责人："马寅初送给《新建设》的文章，原来我担心他会把辫子藏起来，改变观点，现在看来他全部未变。他的观点暴露出来了，有了辫子。过去对马寅初在《光明日报》上发表的文章进行批判，没有正规地搞，《人民日报》没有出席。因此，还没有打正规战，只是游击战。现在他挑战，我们应当应战。""由此可以看到，资产阶级分子少数人是要带着花岗岩脑袋去见上帝的。""马寅初，这是一个代表。要花点工夫看看他过去的经济理论，不要说他胡说八道，资产阶级学者就是这个水平。"当场布置北京市委与中宣部："你们要考虑，马寅初还当不当得成北大校长？批判完了要准备换人！"《马寅初全集》第十五卷，第 310 页

同月 林森木编著《现代我国的人口问题——马尔萨斯人口论和我国马尔萨斯主义的批判》，由上海人民出版社出版。

11 月

11 月 29 日 《光明日报》发表北京大学经济系三篇批马文章，编者按云："经过三个回合，马寅初先生的资产阶级学术思想的一些主要观点，已经比较深入地为人民所认识；同时，也使不少人深入一步地理解到不同学术观点大争辩的必要性。"

11 月 30 日 《光明日报》"经济学"第 16 期发表庄次彭《驳马寅初的团团转》。

本月 《新建设》1959 年第 11 期发表《我的哲学思想和经济理论》。本刊编者按："我们根据作者的要求发表这篇文章，供大家讨论。"先生参考并吸收前段批评、质疑之某些合理意见，对《我的经济理论、哲学思想和政治立场》中观点作进一步丰富与完善，但坚持原基本观点。文章分五部分：（一）序言；（二）根据辩证法核心（对立的统一）的普遍规律，用大量的事实证明我的三个理论的正确性（"团团转"、"螺旋式上升"和"理在事中"）；（三）这样处理问题的几个好处；（四）人口问题；（五）附带声明。其中第二部分，以国民经济建设中工农业、商业领域诸多现象，分析概括出十九组对立统一关系，阐发"团团转"理论。指出："这样一来，一大堆乱七八糟的事物都贴贴

伏伏地归队于一个系统之中,主次分明,条理井然,所有的联系都是直接的必然的,集合起来,形成一个国民经济的整体,把所有感性认识综合地概括地提高到一个简单明了的理性认识,而且也把我的经济理论和哲学思想一并统一起来。我就是这样把大跃进的情形作成一个科学的解释。此外,有了一个'整体'的概念,就可以知道局部与整体的关系如何重要,也就可以明白全国各部门间、各地方间和各民族间一致行动的如何重要,使每一个人强烈地感觉到他在全国一盘棋的布置下所处的地位决不是独立的、脱离社会的。"第四部分再度从理论与现实结合上,强调非控制人口、节制生育不可,认为反对控制人口"不负责任的言论"将会闯出大乱子来。《马寅初全集》第十五卷,第247页

12月

12月4日 参加北京市104中学改为北大附中大会。北大党委书记陆平等校领导与北京市104中学校长李恂及该校全体教师出席。《北京大学纪事》

12月12日 于北大燕南园住所接受《新建设》杂志记者采访。表示:要出京视察,四月份才能回来,因此写了一篇《重申我的请求》的文章,要求《新建设》1960年1月号登载。过去批判的文章都是"破"的性质,希望批评文章不光是"破"的,而是要"立"。记者询问对几篇批判文章看法。答曰:"这些文章在刺激我方面,对我有帮助。但对我的团团转理论,只能起巩固作用。我的理论是从中国实际情况中的大量材料得出来的,现在却成了唯心主义,而他们是头脑里随便想出来的,却反而是唯物主义,真是千古奇谈!他们说我要用我的理论同马克思主义对抗,这更是奇怪。我一再希望他们也出来'立',就是说,我并不想独树一帜,不要一家独鸣,而是希望百家争鸣。"记者问,还有一篇文章准备几时拿出来发表?答曰:"我的答复文章架子已经搭好,准备四月回来写,至于我手边最后那篇文章,不准备拿出来了。除非'海龙王'出来,我才拿出来,但看来'海龙王'是不会出来的。"记者又问"海龙王"指什么?答曰:"是我认为有力量的好文章"。记者又问,你那篇文章比"海龙王"又怎么样呢?答曰:"至少要比得过'海龙王',和他不相上下"。《马寅初对新建设编辑的谈话》,北京大学历史档案

12月14日 《光明日报》发表宗正《批判马寅初的人口质量的观点》。

12月15日　康生看到《重申我的请求》后即布置北大党委升级批马。北大召开党委会传达："马寅初最近很猖狂，给《新建设》写了一个《重申我的请求》猖狂进攻。他已经不是学术问题，而是藉学术为名，搞右派进攻。不许他去视察，贴大字报，'为防不要逃跑'，把大字报一直贴到马寅初门上去。我们不发动，如群众有人贴他是右派也可以。另外，要写几篇文章，决定专门组织几位同志，北大出三人脱产，住到饭店去专门写文章，胡绳同志指导。学校里，集体搞，'海龙王'先不出来，就用学生搞他。有些大文章，《人民日报》要登。他的校长是不能做了。根据康生同志指示，怎么搞法，抽哪几个人去？今后讨论一下，要有个方案，报市委。"影印件

12月17日　北大党委常委会研究决定，向北京市委提交批判马寅初做法与安排报告：要通过学术讨论揭发马寅初的政治问题，要对马寅初的学术、政治问题一起进行批判，要把马寅初的洋奴思想搞臭，还要彻底揭露马寅初的政治面目。具体做法是：以北大人口问题研究会、毛泽东思想哲学会、经济会名义出面组织学术报告会，批判马寅初的"反动的人口论"、"综合平衡论"和"团团转"的谬论，然后动员群众贴大字报在全校全面揭发批判等。北京大学历史档案

12月19日　《新建设》编辑部致函北京大学党委："北京大学党委：本刊应贵校校长马寅初先生的要求，在十一月号上发表了他写的《我的哲学思想和经济理论》一文，供大家讨论。接着本刊十二月号和最近光明日报上发表了几篇批判马先生的文章。马先生看了这些文章以后，又交来题为《重申我的请求》一文，要求在明年本刊一月号上发表。我们已准备发表。惟文中马先生谈到他在一九三九年以前，他不与共产党在一起的，还作过文章批判过马克思。他又说，在那年他以实际行动否定了他的阶级。文中还提到自那年起直到现在，他无时无刻不与共产党在一起。这段历史情况我们不清楚，这样发表出来是否恰当？现将马先生的这篇文章的清样送上，读后意见（据马先生称，他要于一月份外出视察）望尽快见告。新建设编辑部。"北京大学历史档案；《北京大学校刊》第338期

12月22日　《光明日报》发表马俊芝、杨剑峰《马寅初的团团转和马克思发展观的根本对立》与陈冷《驳马寅初的小型团团转》。

12月23日 康生致函中宣部、北京大学及理论界、有关报刊负责人:"我们在反驳马寅初的反动的'人口论'时,要去读读毛主席在1949年9月16日所写的《六评白皮书》一文。该文在反驳了艾奇逊所说的中国人口太多了,饭太少了的反动的'人口论'之后,说:'中国人口广大是一件极大的好事。再增加多少倍人口也完全有办法。'"影印件

12月24日 北京大学人口问题研究会召开大会,全校8000余人参加,由马列主义研究室教师作题为《批判马寅初人口论》报告。《北京大学纪事》

同日 《光明日报》刊载王振德《极为有害的新人口论》、陈伯元《在马寅初眼中的人》、戚若文《马寅初人口质量论的资产阶级本质》。

12月25日 《重申我的请求》刊登于《北京大学校刊》第338期。同期又以《我校人口问题研究会批马人口论》为题报道批马成果。

同日 《光明日报》发表李秀林、陈先达《马寅初的团团转和我国的大跃进是根本对立的》。

12月28日 北京大学毛泽东思想学习研究会召开大会,"批判马寅初团团转结合平衡论",由经济系教师主讲。"两次会议出席人数都在8000多人。"《人民日报》

12月31日 《北京大学学报》(人文科学)1959年第5期全文转载《我的哲学思想和经济理论》。同刊发表三篇批判文章:张恩慈《马寅初圆圈的演化》;石世奇、马如璋《评马寅初团团转综合平衡论的反动实质》;张胜宏《剖马寅初就农业八字宪法所做的小型的团团转的综合性平衡论》

本月 全国政协小组会上继续直言。针对当时将大跃进受挫归因于"劳动力不足"说法,据理批驳:"手工劳动的人多,科学家、工程师、设计师少,就拖住了科学向前发展的后腿,这与我在'新人口论'中的说法不谋而合。但去年很多同志对我的'新人口论'加以种种不正确的批评,认为是马尔萨斯人口论的翻版,是反动的学说,是一株毒草,要连根拔掉。我直到今日还看不出我的'新人口论'与马尔萨斯的人口论有何种共同之点。我认为中国农民的劳动生产率与现代化工厂的工人相比相差不知多少倍,其原因在于一用机器操作,一用双手操作。一台普通挖土机能做三百十五人的活(在山西是如此),把人的劳动生产率提高了三百十五倍,因此有了质量就有了数量,没有质量,

徒有数量意义不大。因此我在'新人口论'中主张把人的科学技术水平逐步提高，使农民的技术水平与工人一样，至少与工人接近，然后容易达到真正的工农联盟。但批评者说我见物不见人，岂其然乎？如果我真不见人，我怎么会主张把农民的技术水平提高呢？""我认为这个口号是不适当的，不应说'劳动力不足'而应说'劳动生产率不高'。况中国的劳动力并非真正不足。""因为我们的理论工作者说劳动力不足，所以干部就认为是真的不足，就到处抓人，打乱了原来的经济结构，不但把人抽去，而且把设备亦搬去；所有原来的企业生产单位只得停产，至少减产。这是今日物资紧张的根本原因。但干部是不足怪的，他们根据理论家的'劳动力不足'的口号。诚心诚意地干劲冲天地在那里完成任务，我们对他们只能表示衷心致谢，不能口出怨言。责任在于理论家，外国的教条背得很熟，中国的实际不加考虑；即中国人自己发现了一个从来没有人注意到的新东西，也要从外国的书本上找根据，找不到根据，就大扣其帽子。"最后谓："我在这个小组会上根据毛主席的'知无不言，言无不尽，言者无罪，闻者足戒'的指示，大胆地把心里要说的话都说出来了，我勇于更正错误，但坚持真理，而且在真理面前无私亦无畏。"记录稿称，发言中间"掌声经久不息"。中央档案馆档案；《马寅初全集补编》，第567页

同月　冒寒登香山"鬼见愁"，并拍照留念。照片

同月　《新建设》第12月号，总第155期发表李宗正、林森木《评马寅初的人口理论》；柯木火等《马寅初先生用他的团团转冒充辩证法》。

同月　北京大学掀起批马高潮。大字报贴满整个北京大学校园，住所燕南园63号也未能幸免。批判会接连不断，其中全校性大会三次。校内外各种报刊发表83篇批判文章，进一步加重政治罪名："新人口论"是"马尔萨斯主义在中国的翻版"，"反对社会主义革命和社会主义建设"，"假学术为名，向党向社会主义进攻"；"综合平衡论"是"攻击党的社会主义建设总路线和一整套两条腿走路的方针"，"攻击社会主义经济，歌颂资本主义自由竞争"，"攻击人民公社"、"攻击大跃进"，"解放前至现在一贯为帝国主义、封建主义和资本主义服务"；"历史上几十年一贯反对党，反对社会主义，反对马克思列宁主义"；等等。

1960年　79岁

1月

1月1日　发表《祖国在大跃进——遥寄海外侨胞》。热情赞扬道："十年，这只是人类历史的一瞬间，可是，新中国的十年，做完了相当于过去几个世纪的事情。在毛主席和伟大的中国共产党的领导下，在党的总路线的光辉照耀下，六亿五千万人民创造了无数惊天动地的历史功勋！中国从一个任人凌辱的半封建半殖民地的'破落户'一跃成为凛然不可侵犯的东方巨人，中国人民推翻了压在自己头上的三座大山（帝国主义、封建主义和官僚资本主义），清除了旧世界遗留下来的破破烂烂的陈迹，在九百六十万平方公里的土地上，为社会主义大厦奠定了坚实的基础。"香港《大公报》；《马寅初全集》第十五卷，第313页

1月3日　亲赴教育部向杨秀峰部长提出口头辞职。

1月4日　正式向教育部递交辞职书。杨勋、徐汤莘、朱正直：《马寅初传》

1月6日　北大毛泽东哲学思想学习研究会、毛泽东经济思想学习研究会和及人口问题研究会负责人来访，与来人商定，举行小型座谈会，对"人口论"等观点进行讨论。《北京大学纪事》

1月11日　出席北京大学毛泽东哲学思想学习研究会、毛泽东经济思想学习研究会、人口问题研究会三学会联合举行"马寅初先生经济理论、哲学思想和政治立场讨论会"。三学会成员及历史、中文、法律三系部分教授约200人与会。先生于会上申辩：兄弟是不怕泼冷水的，我天天在洗冷水澡。说兄弟是马克思一家也好，马尔萨斯一家也好，马寅初一家也好，20年后，政治家们会遇到棘手的问题，会感到困难，他们会想到兄弟的"新人口论"的，他们会后悔的。《北京大学纪事》；《温故》（十八），广西师范大学出版社2010年5月出版

1月12日　出席批判会后血压升高，家人急送至北京医院就诊。医生建

议住院治疗。

同日 《光明日报》发表王彤舜《果真是一个纯粹的学术问题吗？批判马寅初的资产阶级谬论》，以及武汉大学经济系组织经济系教师与三四年级学生举行讨论会批判"新人口论"和"团团转"理论成果。

1月17日 《经济研究》1960年第1期刊发严中平《彻底打垮马寅初反动透顶的新学说》；秦柳方《驳斥马寅初反社会主义的谬论》。

本月 生前最后一篇申辩文章——《重申我的请求》登于《新建设》1960年第1期。编者按语："本刊应马寅初先生的要求，于去年十一月号发表了他的《我的哲学思想和经济理论》一文，供大家讨论。本刊去年十二月号和最近《光明日报》上发表了批判马寅初先生的文章。马寅初先生看后，又送来题为《重申我的请求》一文，要求发表。这篇文章，否认阶级和阶级斗争，这就把他同马克思主义一贯的根本的分歧告诉了大家。他的这篇文章和其他许多文章，资产阶级谬论很多，必须进行讨论和批判。这篇文章在北大校刊《北京大学》上发表后，北大师生已经展开批判。最后我们收到北大张俊彦、石世奇、柯木火三人写的《马寅初在请求什么？》一文，现在把它和马寅初先生的文章一并发表。"先生于文中表示："有的人还把我三四十年前的老文章拿出来作为我为资产阶级服务的证据。挖老根，那是挖不胜挖的，这笔帐是算不清的，可以不必费心。不错，在一九三九年以前，我是不与共产党一起的，我也作过文章批评过马克思。但在那年我以实际行动否定了我自己的阶级，否定了过去的我。所以对一九三九年以前的老文章，我不负责任了，我自己亦不引用了，正如马克思否定了自己的阶级一样。自那年起直到现在，无时无刻不与共产党在一起，挑拨离间的企图，是注定要失败的。总而言之，中国的人口问题是一个特殊的人口问题，要调查、分析和研究，要用大量的有关资料来立自己的，不能专凭教条来破别人的。"《马寅初全集》第十五卷，第316页

同月 国内各刊开始大量登载批马文章：《武汉大学人文科学学报》四篇：徐节文《马寅初的新人口论是资产阶级的反动理论》；熊懿求《驳马寅初人口质量论》；祝文新、张旭初《驳马寅初的小型团团转理论》；黄仲熊《马寅初的新人口论、人口质量论与马尔萨斯主义》。《理论与实践》刊康仁《马寅初哲学思想和经济理论的实质》。《江海学刊》刊苏平《唯物辩证法的对立统一和

马寅初先生的团团转》等。

同月 台湾调查局"匪情资料"以《马寅初老年失节投匪下场》为题,报道受批判及被撤销北大校长消息。

2月

《新建设》1960年第2期载王亚南《再论马寅初的新哲学与新经济学》。《北京大学学报》刊马群《批判马寅初的人口论》、李锋《批判马寅初的团团转谬论》。《经济战线》第1期登朱梓荣《是马克思主义还是马尔萨斯主义——评马寅初的新人口论》。《理论与实践》载陈慧道《批判马寅初的新人口论》。《教学与研究》1960年第2期载吴易风《马寅初人口数量和人口质量论的反动本质》、思红《驳马寅初攻击马克思主义关于生产关系与生产力理论的谬论》。《学术月刊》载漆琪生《马寅初的团团转是反唯物辩证法的机械循环论》。《理论战线》1960年第2期登尹世杰《批判马寅初的庸俗平衡论》。《贵阳师范学院学报》1960年第2期刊田祥璋《批判马寅初的团团转综合平衡论》、钱耕森《批判马寅初所谓的辩证法核心》。《合肥师范学院学报》1960年第2期发表《政治系教师举行座谈会批判马寅初的反动哲学思想与经济理论》。北京大学马列主义教研室集体写作《论中国人口广大是极大的好事——兼驳马寅初的人口谬论》论文集,油印出品。《北京大学学报(人文科学)》1960年第1期刊载北京大学经济系批判马寅初小组《驳马寅初的团团转综合平衡论》。

3月

3月18日 退还北京大学燕南园43号办公室,返回东总布胡同62号(后改为32号)家中。

3月20日 《文汇报》登载陈招顺《上海经济学界批判马寅初的团团转和新人口论》;周荣坤《批判马寅初的反动人口理论》;《光明日报》刊池幼惠《剥下马寅初新人口论的假面具》。

3月21日 《光明日报》发表武仁佐《马寅初经济理论的本来面目》。

3月28日 国务院第九十八次全体会议通过,免去马寅初北大校长职务。4月17日《人民日报》刊发消息。

从北大卸职后，本年毕业外国留学生一致拒绝领取未盖"马寅初"名章的毕业证书，经外交部协调，该届外籍留学生得以换发盖有"马寅初章"毕业证书。《风流总被雨打风吹去：细说民国大文人》，现代出版社 2010 年出版

3月29日　《光明日报》登载黄仲熊《马寅初的新人口论和马尔萨斯主义》。

3月31日　陈毅赴东总布胡同看望先生，谓："现在你受到批判，所以我特地以朋友的身份来看你。"又曰："陈云同志也委托我代表他看望你，我和陈云同志都认为你的人口论主张和办法是对的，即使再过一万年，你马寅初在这个问题上也是正确的。""古往今来的历史早已证明，天皇老子也会犯错误，但要共产党认错，是要不得的。临别时叮嘱，希望保重身体！"《陈云年谱》；先生家属口述

同日　周培源登门看望。

本月　主要批判文章计：《新建设》许新文《批判马寅初的团团转》；《江海学刊》吴易风《生产方式和人口规律——驳斥马寅初混同资本主义与社会主义人口规律的谬论》；《学术月刊》王惟中《马寅初的经济理论的发展和伪装》；《教学与研究》韩佳辰《马寅初新人口论批判》；《中山大学学报》张志铮《批判马寅初的反动新人口论》；《武汉大学人文科学学报》方觉知《马寅初四十年来为资产阶级服务到底的团团转反动思想体系的剖视》。

同月　《新建设》出版《马寅初批判》第一辑。本书选辑 1959 年 12 月以后批马文章，书前有"编辑说明"，书后附"重申我的请求"及"马寅初反动言论节录"。该"节录""揭露"马寅初历史：（一）歪曲马克思主义，宣扬马克思主义不合中国国情，宣扬资本神圣，推行全体主义替代马克思主义；（二）宣扬中国没有阶级，反对阶级斗争，反对农民的反帝反封建斗争；（三）反对中国革命，反对中国共产党，拥护蒋介石统治，为蒋介石政权出谋献策；（四）污蔑苏联对外侵略，挑拨中国人民与苏联的关系，散布崇美思想，鼓吹第三条道路等。此集内容标示，后期批判已从理论声讨转为视作敌人之政治历史清算。

4月

4月1日　缺席全国人大浙江小组会议。"会中据陈叔老云，马寅老的北

大校长因他的人口问题和经济理论主张不肯认错而被撤职。"《竺可桢日记》

本月 主要批判文章计有：《光明日报》载石世奇《再论马寅初团团转综合平衡论的资产阶级庸俗经济学实质》、纪群《驳马寅初对马克思主义关于生产力和生产关系理论的攻击》；《经济研究》载何建章、朱宗炎、廖集仁《批判马寅初反动的"新人口论"》；《新建设》载许新文《批判马寅初的资产阶级经济均衡论》、李林谷《社会生产方式和人口问题——驳马寅初的新人口论》；《武汉大学人文科学学报》载顾见智《彻底批判马寅初的反动经济理论——经济系举行第二次学术批判会》、程镇岳《高举毛泽东思想红旗，彻底反击马寅初对马克思列宁主义的篡改》、李崇淮《马寅初是彻头彻尾的资产阶级代言人——从"我国资本主义工业的社会主义改造"一文揭露马寅初的资产阶级立场》；《政治与经济》载湖北大学政经学教研室《彻底批判马寅初团团转的谬论》、漆琪生《马寅初团团转的经济理论是庸俗的消极均衡论》；《合肥师范学院学报》载张大玑《斥马寅初的新人口论》等。

南开大学编印批马文章集《必须从根本上粉碎马寅初的团团转综合平衡论的谬论》（油印本）。收录：潘沅来、熊性美《马寅初的新人口论是一只反社会主义建设总路线的毒箭》、南开大学地质地理系《必须揭露马寅初的"新人口论"的反动本质》等。

人民大学经济系编印学术批判参考资料及批马文章集（油印品）。参考资料为：《马寅初文章选集》；批马文集内收录：人民大学经济系《驳斥马寅初团团转的谬论》等文。

5月

主要批判文章计有：《光明日报》载薛彬《批判马寅初的新人口论和土地肥力递减规律》；《新建设》载吴大琨《新马尔萨斯主义批判》、漆琪生《批判马寅初的团团转综合平衡的谬论》；《理论战线》载华经文《马寅初的新人口论是新马尔萨斯主义的变种》。

北京对外经济贸易学院编印《对马寅初解放前全部著作分析资料》。

商务印书馆"为了便于学术界研究，批判资产阶级人口理论"，出版《人口问题资料》，辑录马寅初《中国经济改造》中"经济落后之原因"和"共产党之土地政策"两部分及专著《经济学概论》中"马尔萨斯之人口论"、"关于各种要素生产力一般的原则"、"欲改善吾国农民生活,必须开垦边荒"及"我国传统的'安贫乐道'的旧思想应即抛弃"四个部分。

6月

主要批判文章计有:《光明日报》项冲、胡青《驳斥马寅初的凯恩斯主义观点是马克思主义还是马尔萨斯主义?——评马寅初的新人口论》;《中国经济问题》林健《驳马寅初的"人口质量论"》;《教学与研究》殷旭《驳马寅初"新人口论"》;北京大学经济系资料室编辑《批判马寅初的经济理论哲学思想和政治立场的资料索引》,附《马寅初论著目录》。

7月

《学术月刊》发表江山《驳马寅初的人口质量论》及蒋克珍《马寅初新人口论的资产阶级本质》。

8月

8月28日 祝中国经济学会上海分会成立,发表《研究经济学要明白"理论与现实一致"的大原则》。文曰:"此后中国研究经济的青年,应多注意中国的实际情形、社会环境与历史背景。他们要晓得社会是一个大实习室,而学校是一个小训练所。在训练所中所学的,必须与实习室中所做的趋于一致,庶不违反'学以致用'之原则。我们生在这个社会之中,决不能离开这个真实社会而高谈空论。但我们同时亦生在这个时代,与这个时代的潮流,亦不能脱节。真实的社会是实际,时代的潮流是理论,两者有合冶一炉之必要。中国的革命实践与马列主义相结合,形成了毛泽东思想,产生了这个伟大的新民主主义中国。"《新闻日报》;《马寅初全集》第十五卷,第323页

本月 韩佳辰批判马寅初论文集《马寅初哲学的破产》一书,由上海人民出版社出版。该书扉页附作者前言。认为马寅初《我的经济理论、哲学思想和政治立场》一书,是站在资产阶级立场上,宣扬资产阶级的唯心论和形而上学,是用资产阶级观点对我国社会主义革命和社会主义建设、对党的方针政策

作种种歪曲,并企图用这些观点代替马克思列宁主义的观点,歪曲和攻击马克思列宁主义。

10月30日 与邵力子等于全国政协礼堂观看赵燕侠主演《救风尘》。偶遇刚摘"右派"帽来京开会的宋云彬。戏散后用自己专车送宋回宾馆。宋云彬:《红尘冷眼》

本年 被罢官后赋闲居家。3—10月,出席全国政协北京市东城区小组学习会十多次。于会上继续阐述"新人口论"主张,并就对毛泽东个人迷信(崇拜)、反右倾扩大化、经济建设上违反客观经济规律,以及干部中特殊化等问题,提出诚恳批评,遭与会委员群起责难。1961年年初,退出政协小组学习会。

1961年　80岁

1月

1月12日　报载先生最近出席中国科学院哲学社会科学部委员会第三次扩大会议并发言。会议总结几年来我国哲学社会科学工作成绩与经验，讨论当前哲学社会科学工作任务及进一步贯彻百花齐放、百家争鸣方针等问题。《人民日报》

4月

4月22日　名列何燮侯先生治丧委员会名单。《浙江日报》

7月

7月21日　回嵊县王舍扫墓，当日返杭。

7月27日至9月初　赴杭州莫干山休养，住芦花荡公园501号别墅。

7月28日　于杭州莫干山致书王雪芬[1]："前日（七月二十一日），在王舍扫墓，承令尊大人和先生热情招待，感何可言！而我粗心大意，竟将赠给先生的区区礼物留在北京，殊属失礼，还祈格外原宥，曷胜感荷。回北京后即当快邮寄奉。我们已于昨日上杭州莫干山，住芦花塘公园五百零一号。"《马寅初全集》第十五卷，第360页

9月

9月5日　晚，由杭返京。

9月6日　于北京致书王雪芬："七月底由京南下时，竟将送给你的区区

---

[1] 王雪芬，嵊县仙岩王舍人，马家坟亲，其父受托照看马寅初父母坟墓。

礼物遗在家中，实在过于粗心，要请你格外原宥。我们已于昨晚回京，特将原物检出，加封奉上，敬请笑纳。"《马寅初全集》第十五卷，第361页

9月15日　出席全国政协常委会第二十一次会议，会议决定成立纪念辛亥革命五十周年筹备委员会。当选筹备会委员。9月16日《人民日报》

本月　得四川李盛照[1]先生反映四川灾情函。将其材料上送周恩来及主管农业副总理邓子恢。并复书李盛照："大函敬悉，甚佩先生说真话的勇气并怜先生所遭遇的苦难。我以为这些事实报告，理应送给党内高级领袖决定。读完'两集'之后，把它送给最得人心的党员，这是我对'实事求是'的态度。我的爱人和小儿亦犯有同样的毛病，幸已得救。附上票洋五元，不能说帮助，略表敬佩之忱。"《马寅初全集》第十五卷，第362页

11月

得嵊县城东农技站杨木水[2]函，并附文"统一经营，责任到人"，阐述"包产到户"十三大好处。适逢全国人大会议即将召开，先生即向全国人大常委会请示，赴家乡考察"包产到户"事宜。获准。

12月

12月25日　致书嵊县冯农、方初副县长："一九六二年一月初出京视察闽、浙两省，打算在嵊县居住一星期，以便细细地看一看农村。城东人民公社有一位杨木水先生者，今年五月间写了两篇关于"六十条"的文章，要求机要厅交给毛主席亲看。十一月间他把原文抄送一份给我，我阅后觉得杨先生爱社心切，所言不无可采之处，惜其中有若干问题讲得不甚清楚，理由不甚充分，拟请其与我当面一谈，并请公社其他同志就他的文章发表些意见。请就近预先通知杨先生早日准备。我认为这样的会谈不仅能使我更加了解农村的情况，亦可予我一个很好的学习机会。我想先请杨先生来谈，俾我完全了解他的意见，而后再请其他同志参加一同会谈。城东公社研究后还要访问其他公社。此外，

---

[1] 李盛照，四川内江人，因向中央反映四川灾情，被以现行反革命罪判有期徒刑20年，1978年改正获释。
[2] 杨木水，因建言"包产到户"，后以现行反革命罪判有期徒刑20年，1978年改正。

还要请求两位县长派一速记员帮忙一切。拜托。……欧阳县长代候。舍侄本中[1]处乞代通知。"《马寅初全集》第十五卷，第363页

12月27日 复书杨木水："大文已拜读，我准备一月初出京视察，在嵊县居住十天左右，当面谈过更能了解真实情况，并希望你将来谈的两个问题具体准备材料。请熟悉此问题的人一起来谈。关于找你商谈的事，我已经给你县县长、人委去公函。"《马寅初全集》第十五卷，第365页

---

[1] 马本中：马寅初侄，民主人士，时任嵊县人民银行副行长、政协副主席。

1962年　81岁

1月

1月2日　离京赴浙考察，中途参观上海若干工厂及新安江水电站。中共中央办公厅电话指示嵊县县委："马寅初此次出京视察，是为了搜集情况准备攻击党中央、毛主席的炮弹的。你们要事先作好各方面的准备工作，一发炮弹也不能让他搜集去。"同时，浙江省统战部也电话指示："要密切注意马寅初的一举一动，一言一语，作好秘密记录，作记录时不能让马寅初看见，于每晚11时用电话向省里汇报。"嵊县县委决定由余国柱副县长负责接待。吩咐接待人员："要象敬佛一样敬他，要象防贼一样防他！"余国柱：《一次特殊的接待陪同》，《走近马寅初》

1月8日　由浙江省粮食厅厅长丁友灿陪同，离杭赴嵊县调查包产到户。晚嵊县人委设宴，方初、冯农、余国柱三位副县长作陪。余国柱：《一次特殊的接待陪同》

1月9日　上午，于嵊县招待所听取杨木水介绍农村包产到户情况，并当场对杨文提出修改意见，表示愿代为上呈中央。余国柱：《一次特殊的接待陪同》

下午，参观嵊县通用机械厂、粮食加工厂、粮仓等。余国柱：《一次特殊的接待陪同》

1月10日　上午，由嵊县冯农[1]副县长与丁友灿陪同，参观嵊县南山水库。何佩德：《高山仰止　景行行止——深切怀念马寅初先生》

下午，访问长乐中学。冯健、钱礼箴、邢绮庄、马尚骥、商敬诚接待，并合影。谓嵊县同乡："嵊县是我幼年生活过的地方，我要常回来看看。阳中（时改为长乐中学）是稷家（冯农）老弟艰苦办学的地方，我也要来看看。"照

---

[1] 冯农（1884—1969），字稷家，嵊县冯家潭人。留学奥国，专攻邮政。曾任北京法制局编译主任、中央军校特训军邮主任等职。1948年回嵊。历任阳山中学校长、嵊县副县长。擅书法。

片;《马寅初在故乡》

1月11日 于嵊县城溪公社八里洋生产大队召开座谈会,由城东区于书斋书记主持。据县里指示,会议事前充分准备,精心挑选发言人员,专讲农村大好形势。余国柱:《一次特殊的接待陪同》

1月12日 上午,回家乡浦口,于故居中盘桓良久。余国柱:《一次特殊的接待陪同》

下午,去父母墓地。此次扫墓甚为伤感,离开时特别叮嘱三女儿及侄子马本讷,自己死后要将骨灰埋于母亲身边。余国柱:《一次特殊的接待陪同》

1月13日 旁听县人委组织召开辩论会。副县长余国柱、冯农,八里洋大队支部书记朱金木,沈家坎大队支部书记沈正仁,城东科技站杨木水及马仰惠等参加。余国柱副县长主持,双方辩论非常激烈,直至下午5时。先生听完后表示:"这样辩论很好,大家都不火,这种辩论好极了。"余国柱:《一次特殊的接待陪同》

1月14日 因洗冷水浴,加上天寒、招待所条件差,患感冒发烧转严重肺炎,当地医疗难以控制。余国柱:《一次特殊的接待陪同》

1月17日 据浙江省统战部指示,送浙江医院住院治疗。于浙江医院住院月余始好转。余国柱:《一次特殊的接待陪同》

本月 全国政协直属学习小组(由在杭州无党派民主人士和无所属的全国政协委员组成)开会,会议记录:"马寅初在国家经济困难时期(一年前),借用政协学习组这个讲坛,把他在五十年代后期受到严厉批判的种种极为错误的观点,重新抛出来,长篇累牍地放毒,反对党的经济政策和人口政策,还自命不凡地写出'万言书'递送中共中央。我们正准备在学习组范围内批判他的错误观点,进行消毒,他却宣布'工作太忙请长假'拂袖而去,不来参加学习了。这是阶级斗争的一种表现,对马寅初这号知名人士,我们党是有政策的,不来就不来,但对他的错误观点必须消除其影响,因此决定'背靠背'也得安排一段时间进行批判。"抄件

2月

2月20日 离杭返京,住北京医院继续治疗。因此未能出席全国人大会议。

本月 《扬州师范学院学报》第 14 期发表恬退《中国人口问题初探——兼评马寅初新人口论》。

3月

3月12日 出院后,撰写《浙江等地观察报告》及调查记录,呈全国人大常委会:"自'六十条'贯彻后,社员积极性更高,社员共同挖塘,共同修建蚕室,进一步树立了当家思想。水稻亩产量有由三百多斤增产到六百多斤者,农村面貌已大大改观,大好形势,真是令人欢欣鼓舞。""在嵊县通过县人委召开了两次座谈会,座谈了关于连作稻和'包产到户,管理到队'两个问题,后因病中止,其它问题未及谈完。从座谈会中听到各方面意见,我认为杨木水同志对这两个问题的意见是片面的,方向是不对头的,与党的政策相违背的。在座谈会上沈正仁和朱金木两同志的发言是正确的,反映了绝大部分农民的意愿。而且从他们的发言中,可以看出目前农民的理论水平提高得很快,也是一件可喜的现象。"《马寅初全集补编》,第 407 页

本年 开始编撰《农书》。该书酝酿已久,原拟 1958 年着手并完成,因事务繁多,世情变化未能实现。赋闲后,托人四处收集资料,精心撰写。

1963年　82岁

7月

7月21日　下午,陪同毛泽东、刘少奇、周恩来、朱德等赴首都机场迎接邓小平、彭真率领访苏代表团回京。7月22日《人民日报》

本年　闭门专心编撰《农书》。

1964年　83岁

12月

第三届全国人民代表大会召开前，接通知出席浙江小组筹备会，缺席。人大代表资格于此次会议上被取消。

12月14日　再次当选全国政协委员。《人民日报》

12月21日　当选全国政协第四届第一次会议主席团成员。《人民日报》

12月29日　出席全国政协第四届第一次会议，与叶剑英等担任本日大会执行主席。12月30日《人民日报》

本年　继续编撰《农书》。

1965年　84岁

1月

1月4日　出席全国政协第四届第一次大会，任本日大会执行主席。1月5日《人民日报》

1月5日　当选全国政协第四届常务委员会委员。1月6日《人民日报》

8月

8月6日　国务院总理、全国政协主席周恩来举行茶话会，欢迎从海外归来的李宗仁先生和夫人郭德洁女士以及程思远先生。以全国政协常委身份应邀出席作陪。8月7日《人民日报》

9月

9月15日　致嵊县王舍王雪芬书："雪芬同志：凤仙同志来告，家乡嵊县喜获丰年，甚慰。先母坟茔承您大力维护，感激尤深，我因病住院，南返尚无定期。今后如有机会回籍扫墓，容再面致谢意。"影印件

10月

10月24日　于全国政协第三次会议上被推举为"孙中山先生诞辰一百周年纪念筹备委员会"委员。10月25日《人民日报》

10月31日　出席孙中山先生诞辰一百年纪念筹备委员会首次会议，刘少奇、宋庆龄、董必武、周恩来、朱德等到会。11月1日《人民日报》

本年　《农书》完成初稿，约百万字之巨。

1966年　85岁

8月

8月21日　家属代表赴国务院机关事务管理局"文革委员会",将关于杭州法院路34号房产"竹屋"(今庆春路210号,马寅初纪念馆)与浙江省人委签订合同及历年来实际所收房租一并上缴。

同日　致书浙江省副省长吴宪,决定将杭州房产"竹屋"通过省人委"上缴"政府。

8月下旬　得浙江大学函,为学校专用"档案"信封,内装浙江各大专院校传单,有"打倒大吸血鬼反动学术权威马寅初"等字样。又闻相邻老友西总布胡同的张治中及东总布的李烛尘家相继被红卫兵抄查,主人遭当场批斗。马家中气氛异常紧张,家人商议后决定,让别人来抄不如自己动手,遂将《农书》手稿、多年来往书信、手稿、学术资料及收藏字画统统付之一炬。由于周恩来指示对马寅初实行特殊保护,马家免遭查抄,先生亦未受红卫兵批斗之辱。

本月　杭州市下城区房管所红卫兵入驻杭州法院路34号"竹屋"。

9月

9月1日　得杭州市下城区房管所函,令上缴杭州法院路34号房子,并交出房产契约等。

9月14日　复书杭州市下城区房管所:"您所九月一日来信和附件,跃进规划表三张等均已收到。本当遵照填好奉上,惟这幢法院路34号的楼房,我已于8月21日写信给吴宪副省长,目的在通过他把这所房子上缴国家。此外与浙江省人委签订的租房合同及历年来的房租实际收入也已全部上缴给国务院机关事务管理局文革委员会。"影印件

12月

12月5日 得杭州市下城区房管所函及申请书与几份表格。

12月22日 复书杭州市下城区房管所："关于私房自愿交由国家经营申请书内有两类项目（第一类房屋情况，第二类租赁使用情况），因我自己不够了解，不便完全填写。现将情况说明如下：该法院路34号房子不是自造，是从马星竹大夫人处买来，故称竹屋。其契约于抗日战争时期，我偕家属在重庆避难九年，已经遗失，故对于两类项目不能了解，无法填写。且此幢房屋先后只居住三四年，解放后，我迁移上海、北京等地居住，至今已有17年了。在解放后，将此房租给浙江省人民委员会使用。根据以上情况，表内房屋情况及租赁使用情况，□内几项细目能填即填，不能填即作空白，希你所考虑。"影印件

1967年　86岁

年初　得下城区房管所红卫兵函,开头以"吸血鬼"称呼,内文斥责马氏解放前一贯为帝、封、资服务,来信所云房契遗失实属"狡猾",最后"勒令"交出房产。

8月

致书吴宪副省长,要求通过浙江省政府将法院路34号房产"上缴给国家"。最后,先生与国务院机关事务管理局负责人协定:不再收取"竹屋"房租,现住北京东总布胡同32号,国务院机关事务管理局亦不再收取房租。此后,"竹屋"不再属于马家。

1968年　87岁

清明　嵊县三界中学、黄泽中学、城关中学、浦口小学等中小学师生数千人，举"三忠于"旗号，至王舍马家墓地，将先生父母、兄长及未婚妻墓悉数炸毁。先生闻讯，痛贯心膂，欲哭无泪。

8月

嵊县浦口故居等房屋被没收。

1969年　88岁

闭门不出。

1970年 89岁

闭门不出。

1971年　90岁

5月

5月1日　由家人陪同外出游园、观光。照片

5月26日　复书张令杭："大函敬悉。二十余年不见，知道您身体健康，仍能为人民贡献一份力量，十分高兴。我年逾九十，很少出门。适逢五一，曾由家人陪同，乘车与首都各界人士游园观光，喜看大好形势，心胸顿觉开朗。近年来，我体力衰退，耳目失聪，手足已不能自如，承蒙先生专函问候，万分感激，但又不能亲自作复，由子女代笔致意，请原谅。"《马寅初全集》第十五卷，第366页

6月

6月1日　复书侄孙马至良[1]："接奉手书，万分欣慰。你母亲来京，非常欢迎。她十年前来过，这是第二次。一九五三年同卢太太到杭州莫干山也去过。我对她有很好的印象。我在上海同你亦谈过，谅你还记忆及此。你母亲同内子甚相友善，低头贴耳，天天谈心。我是耳不聪，目不明，谈话有困难。你母亲住在楼上我原来用过的大房间，并嘱凤仙陪她，为她收拾。我自脚病后，搬到楼下，也是大房间，而楼上已跑不上去了（左足提不起）。小晓要读书，否则亦可到北京来，我很欢迎。我想暑假时可以让她来北京看看娘娘。我想起我自己到十五六岁还不能脱离我的母亲，莫怪小晓了。日寇时期，我在重庆，四川银行邀我玩成都与峨眉山（高一万三千尺）。并为我备一乘八个人抬的轿子（每四人轮流交换），但我上山时不坐轿子，步行上山。轿夫以为我是一个傻瓜，其实我是要试验我的跑山本领（我以跑山著名）。说起来，峨眉山

---

[1] 马志良（至良），马寅初四哥孙，上海交通大学船舶系教授。

并不可怕,不过有两个很长的坡,一个叫钻天坡,一个叫阎王坡。这两个坡跑上,大功大半告成,就到九老洞,猴子很多。猴王貌似帝王,母猴彩面,排在第二,也是东宫、西宫两个,排在最后的是小猴子,很有秩序,丝毫不乱,我以花生喂他们。第二天走到山顶,看金鸡(真如黄金一样)和云海(低的山头看上去如海中的岛子,故称云海)。在山顶住了两天。第三天下山,不再步行,一路坐轿。到了山底,过黑龙江,江中有弯弯曲曲的小桥,美观得很,路旁有各式各样的花草,美不胜收。以这个风景与情况,来与今日的生活情况相比,真有今昔之叹。现在连我家里扶梯都跑不上,真是痛心。以跑山著名的人成为废物,岂不可痛!情长幅短,专此布复。"《马寅初全集》第十五卷,第367页

本年 周恩来批转《关于做好计划生育工作的报告》,计划生育为政府重新提起。先生得讯甚感安慰,处境亦有所改善。

同年 自春天始,一直便血,多次赴医院就诊,终不见效。至11月份,渐感浑身乏力,头晕,血色素剧降。

1972年　91岁

4月

北京医院体检中发现直肠癌早期。得悉病情后，要求手术治疗，并点名请天津金显宅教授主刀。金显宅会同学生王德元大夫提出两次手术方案。第一步人造肛门；第二步再切除肿瘤。

5月

手术方案分歧时，周恩来批示："本人有动手术的要求，家属又坚持手术，医院应当从手术着想，由天津的金显宅、王德元主持手术，组织会诊，议后望告。"北京医院、天津医院、卫生部及家属代表遂商定手术方案。留子：《中国肿瘤医学创始人金显宅与马寅初》

5月30日　第一次手术，由金显宅指导，张天泽主刀，王德元与周光裕任助手。进展顺利，效果良好。

6月

6月14日　第二次手术，切除直肠癌瘤。手术成功，伤口愈合甚快。

1973年 92岁

手术后养病,恢复身体。

1974年　93岁

5月

5月1日　以全国政协常委身份出席"五一"联欢活动。5月2日《人民日报》

6月

6月15日　由子女代复裘正[1]函:"回忆解放前情景,历历在目。岁月摧人老,而我已九三高龄,已不能为人民再做一些工作。先生虽已退休,仍坚持译作,钦佩,钦佩!

"近年来,由于多病,极少出门,亲朋至友均无来往。今年'五一'乘车游园,喜看大好形势,顿觉精神飘爽。"影印件

10月

10月27日　由子女代致书堂侄女马逢顺[2]:"……我于去年在北京医院切除手术后,两脚不能行动,经针灸治疗也无收效。过去浙江医院有一位老针灸大夫给我医治过病,他的名字我已记忆不清,托您暇时顺便询问一下这位老大夫仍在浙江医院否?"

---

[1] 裘正,辛亥革命志士尹维峻、裘绍之子,解放前,任杭州地下党负责人,苏浙皖人民解放军浙西支队司令员兼浙西办事处主任。
[2] 马逢顺,著名血友病专家,中国心理学奠基人杭州大学校长陈立夫人。

1975 年　94 岁

春节过后,周恩来特派保健医生卞志强偕北京医院院长吴蔚然登门马家,代为问候先生,并检查术后恢复情况。

5 月

5月1日　以全国政协常委身份出席"五一"联欢活动。5月2日《人民日报》

1976年 95岁

1月
1月8日 闻知周恩来逝世,悲痛欲绝。
1月10日 下午,拖病体赴北京医院,向周恩来遗体告别。

10月
10月中旬 "四人帮"垮台消息传开,坐小推车随欢庆人潮周游天安门广场。

1977 年　96 岁

5 月

5 月 1 日　坐小推车至中山公园，参与首都人民欢度"五一"劳动节。

5 月 2 日《人民日报》

8 月

8 月 17 日　香港《大公报》刊文《马寅初教授的晚年生活》。

同日　于北京东总布胡同寓所接受《光明日报》记者采访。

1978年　97岁

2月
2月26日　报载，先生当选全国政协第五届全国委员会委员。《人民日报》

9月
9月7日　为物理学家饶毓泰追悼会敬送花圈。9月11日《人民日报》

年底　获悉陈云于中共十一届三中全会增选为中央副主席，嘱家人代笔致贺信一封。《陈云年谱》

1979年　98岁

1月

1月2日　得陈云复函：请您相信，历史上遗留的冤假错案终究会得到平反昭雪的。并请注意健康，保重身体。《陈云年谱》

2月

2月4日　上海冶金研究所相德钦致信中共中央办公厅信访局：

"马寅初先生是著名的经济学家，已蒙'团团转'罪二十年。

"他是最早主张我国要节制生育的有识之士，这是反当时潮流的。我认为，不论其他罪名是否成立，这一点总是值得我们这一代中国人怀念的。

"现在中央已着手解决党内的历史上遗留下来的问题，对党外人士的冤案也应切实、恰当地处置。"

同日　中共中央办公厅信访局以159号来信摘要形式，转致中央领导同志。杨建业：《马寅初传》

2月10日　华国锋于相德钦信上批示："请任穷同志阅。"《北京大学纪事》

4月

4月7日　中央组织部为解决马寅初问题，向教育部党组与北京市委发文，要求尽快处理。《北京大学纪事》

5月

中旬　根据中央指示，新华社负责人交代记者杨建业采访任务"最近不少来我国访问的外宾，总问起马寅初先生情况。五届人大二次会议上将要作的《政府工作报告》有计划生育、控制人口方面的内容。马寅初过去在人大会上曾经提出过计划生育、控制人口的理论和主张，但是后来遭到了错误的批判。现在要让他说说话，见见报，以便起到为他平反的作用。"杨建业：《马寅初传》

家属代表先生向杨建业表示，采访须在平反以后。杨建业转而采访北京大学等单位及几位当事人后，写出调查报告《马寅初的家属希望尽快为马落实政策》。影印件

6月

6月21日　陈云对杨建业调查报告批示："耀邦同志：马寅初的问题，应该平反，如何请酌。"

同日　胡耀邦批示："任穷同志：请即同统战部商量。我赞成恢复他的名誉。"影印件

6月22日　宋任穷批示："请野苹同志和干审局、宣传局阅，我赞成耀邦同志的意见。转请中央统战部考虑（最好能快点着手解决）。"影印件

7月

7月6日　中央组织部召开中央统战部、中央纪律检查委员会、教育部、北京市委、北京大学党委等单位负责同志联合会议，讨论如何落实马寅初先生平反问题。《北京大学纪事》

7月9日　北京大学党委上报教育部与中组部《关于为马寅初先生平反的请示报告》。影印件

7月10日　方毅于北大请示报告上批示："请耀邦同志批示。"影印件

同日　《光明日报》发表龚明《如果没有民主，什么事情也不好办——应该为马寅初先生恢复名誉》。

7月11日　胡耀邦于报告上批示："要认真核实清楚，向中央提出报告。但请尽快完成这个工作，未完成前可派人去看看他。"影印件

7月13日　《人民日报》发表陈中立《为马寅初的新人口论平反》；香港《大公报》发表龚明《马寅初人口问题预见正确》；《人民日报》社论《从批判马寅初中吸取教训》。

7月16日　中央统战部副部长李贵受党中央委托，登门拜访，并传达党

中央意见："一九五八年以前和一九五九年底以后这两次对您的批判是错误的。实践证明，您的节制生育的新人口论是正确的，组织上要为您彻底平反，恢复名誉。希望马老能精神愉快地度过晚年，还希望马老健康长寿。"_{新华社北京 7 月 25 日电}

7 月 17 日　北京大学党委常委会讨论先生平反问题，认为应赶紧组织人写出平反决定与文章。《北京大学纪事》

7 月 20 日　北京大学校党委常委会开会，讨论通过《关于为马寅初先生平反的决定》和《关于为马寅初先生平反的请示报告》。《北京大学纪事》

同日　《光明日报》刊载本报记者邓加荣《马寅初老先生访问记》。"近来，许多人看到报上登载人口问题的文章，便不约而同地想起首先指出控制人口的重要性的马寅初先生来。有一个原在北大学习的同志给报社来信说：'北大校友相聚一处时，常谈起马老来。大家都钦佩他，同时也为他遭受这段冤案感叹不已。实践已作了有力的回答，马老的人口学说，是马克思主义的，如果二十多年前就按照他的意见办，我们的日子要好过得多了！'还有人写信说：听到这位年近百岁的老人还活着，'我们都很高兴，我们衷心希望这位老人健康长寿，在实现四个现代化的新长征中，多为我们出些好主意！'更多的人来信，要求在报纸上介绍马寅初先生的近况，宣传他关于人口问题的非常有远见的理论，为他恢复名誉。"

7 月 23 日　北京大学党委向北京市委呈报《关于马寅初先生平反的报告》、《关于马寅初先生平反的决定》。_{影印件}

7 月 26 日　晨，中央人民广播电台发布新华社消息："二十多年的是非终于澄清，冤案终于平反。实践宣布了公允的裁判：真理在马寅初一边。"此讯为《人民日报》、《光明日报》、《解放军报》及港澳、海外媒体广泛传播。

8 月

8 月 5 日　《光明日报》发表田雪原《我为马寅初先生的新人口论翻案》、朱相远《错批一人，误增三亿》。

8 月 7 日　中央统战部呈报《关于马寅初先生安排问题的请示报告》。_{影印件}

8 月 9 日　胡耀邦于中央统战部报告上批示："请常委会同志考虑，是安

排北大校长好？还是其他名誉职务好？建议小平同志批注意见。"影印件

8月10日　《光明日报》发表评论员文章《控制人口增长是一项战略任务》。指出："五十年代错误地批判了马寅初先生提出的节制生育的正确主张，今天已经清楚地看到由此造成的严重恶果。"

8月15日　邓小平就先生职务安排批示："似可以同意安排为人大常委和北大名誉校长两个职位。"

8月16日　中共北京市委呈报《关于为马寅初平反的请示报告》。影印件

8月21日　中央组织部向教育部、统战部、北京市委发文："经党中央批准，任命马寅初为北京大学名誉校长。"影印件

9月

9月5日　教育部党组正式向北京大学党委下达《关于马寅初同志任职的通知》："北京大学党委：经党中央批准，任命马寅初同志为北京大学名誉校长。中共教育部党组，一九七九年九月五日。"影印件

9月11日　中共中央正式批准北京大学党委《关于为马寅初先生平反的决定》，并向北京市委、教育部党组、北京大学党委发出加急电报："中共北京市委：八月十六日报告悉。中央同意北京大学党委关于为马寅初先生平反的报告及决定。中共中央。"影印件

9月14日　北京大学党委召开会议，为马寅初彻底平反，恢复名誉。教育部副部长、北京大学党委书记周林宣读北大党委为马寅初平反决定与教育部关于任命马寅初为北京大学名誉校长通知。先生因身体不适未能到会，由夫人王仲贞及女儿马仰惠代为出席。9月15日《人民日报》

9月15日　北大党委书记周林、副校长张龙翔以及北大师生代表等一行赴马家拜访。先生与来客愉快见面，并委托儿子马本初致答词，对党中央表示敬意，愉快接受北京大学名誉校长任命。表示："我特别要感谢敬爱的周总理对我长期的关心、爱护和教育，终于使我在有生之年看到了自己问题的解决。""我很怀念北大，待身体允许时，我将要去学校看看。现在，请周林同志代我向全校的师生员工致意，问候！祝大家身体健康，工作学习进步。"《马寅初全集》第十五卷，第326页

11月

《新人口论》由北京出版社出版。12月15日《光明日报》、12月16日《人民日报》先后报道。该书初版一万册，顷刻售完；续印十万册，又马上售完；又加印十二万册，仍供不应求。老友潘序伦于上海买不到，写信向北京朋友求助，因撰文藉唐诗抒怀："公之斯文若元气，先时已入人肝脾；愿书万本颂万遍，口角流沫右手胝。"潘序伦:《我对马老的认识和友情》,《走近马寅初》

《新人口论》出版后，全国各地由北京大学转来信件数十封，有祝贺的，有商讨人口问题的。

12月

12月7日　经中共中央常委会讨论批准，先生补选为全国人大常委。影印件

12月11日　中央统战部就增补马寅初为全国人大常委发文北京市委、教育部、北京大学党委。影印件

12月13日　全国人大第五届第三次会议上，增选为第五届全国人民代表大会代表。12月15日《人民日报》

12月15日　新华社消息："马寅初祝五届人大三次会议成功。"并报道"马寅初已被任命为北京大学名誉校长。"12月17日《人民日报》

1980年　99岁

1月

《我的经济理论、哲学思想和政治立场》，由中国财政经济出版社重新出版。

2月

2月28日　被推为"纪念蔡元培先生逝世四十周年筹备委员会"委员。

<small>新华社北京28日电</small>

5月

5月15日　名列刘少奇治丧委员会名单。5月16日《人民日报》

8月

8月29日　于第五届全国人大第三次会议预备会议上当选主席团成员。

<small>新华社北京29日电</small>

　　同日　新华社北京8月29日电：在今天举行的五届人大第三次会议主席团第一次会议上，审议和通过了五届人大代表资格审查委员会关于代表情况和补选的代表资格的审查报告，一致同意补选马寅初等49人为全国人民代表大会代表，撤销8人的代表资格。

9月

9月10日　于第五届全国人大第三次会议上补选为全国人大常务委员。9月11日《人民日报》

10月

10月7日 全国政协常委会十三次会议决定"隆重纪念辛亥革命七十周年",先生被推为筹委会委员。10月8日《人民日报》

1981年 100岁

1月

1月8日　得北京军区炮兵部队老干部郑新潮函,请为他在"文革"时期惨死的大女儿郑晓丹烈士题词。因年事已高,由子女代为回复。馆藏

1月12日　清华大学校友联络处函请为纪念清华大学70周年校庆题词,并请为清华《校友通讯》撰稿。由子女代为函复。馆藏

1月30日　于北京医院接受教育部部长蒋南翔、副部长高沂等人慰问贺寿。2月1日《人民日报》、《光明日报》

2月

2月27日　中国人口学会成立,当选为名誉会长。2月28日《人民日报》

3月

3月29日　中国经济学团体联合会于杭州成立,当选为联合会第一届理事会顾问,许涤新任会长。5月22日,许托秘书将"经团联"聘书送达先生手中。家人收藏

4月

由潘序伦发起,旅居海外学生聚集香港庆贺先生百岁大寿。蒋银火:《马校长在浙大的主要活动纪实》

5月

5月2日　浙江大学、杭州大学、浙江农业大学、浙江医科大学联合于浙江大学举行"马寅初先生百岁寿辰庆祝会"。会后,浙江大学举办"马校长在

浙大"事迹展。《马校长在浙大的主要活动纪实》

《马寅初先生百岁寿辰庆贺会文集》于同年7月1日编印。内录有：浙江大学党委第一书记刘丹《学习马老的爱国精神和求实精神》等人十多篇纪念文章以及寿联、手稿信件等。

同日 浙江大学、杭州大学、浙江农业大学、浙江医科大学四校联合致电北京大学转马寅初先生，祝贺先生百岁寿诞。5月3日《浙江日报》；浙大《校刊》第428期

5月29日 名列宋庆龄治丧委员会名单。5月30日《人民日报》

6月

6月10日 重庆大学隆重庆祝马寅初百岁寿辰，重建"寅初亭"。1982年2月19日《人民日报》

6月12日 《马寅初经济论文选集》，由北京大学出版社出版。

6月24日 北京大学师生与各界来宾600多人集会，庆祝马寅初名誉校长从事教育六十五周年和百岁寿辰。刘澜涛、蒋南翔、焦若愚、许涤新、方知达、贝时璋、聂真等出席。教育部及邓颖超、周建人等致贺信、贺词、贺文。许德珩贺词："百岁期颐，学界泰斗；桃李满园，循循善诱；深谋远虑，国家人口；松柏长青，谨以为寿。"落款：后学许德珩庆贺，一九八一年六月于北京，时年九十有一。先生因病未能到场，由夫人王仲贞代表出席。6月25日《人民日报》

10月

10月27日 亚洲议员人口和发展会议于北京召开，出任中国代表团顾问。各国专家向中国人口学会名誉会长马寅初教授致表彰信，盛赞他几十年来于人口研究领域所作杰出贡献。该信用英文书写，当天送达。回函答谢："我十分高兴地得知亚洲议员人口和发展会议在北京召开，只因卧病在床，甚憾不能亲临盛会，但我的心是和出席会议的朋友们联结在一起的。希望此次会议能在解决人口问题方面找到更加适宜的途径，并为增进亚洲各国议员之间的友谊作出出色的贡献。我深深感谢会议送给我的表彰信，预祝会议圆满成功。"《马寅初全集》第十五卷，第369页

11 月

11月29日 当选第五届全国人民代表大会第四次会议主席团成员。11月30日《人民日报》

12 月

联合国人口基金出版《人口简汛》刊文,先生被誉为"节制生育之父"。

1982年　101岁

1月

为庆贺浙江大学建校八十五周年，送贺联："桃李三千缅怀浙水，芝兰九畹放眼神州"。联文由沙孟海先生代笔。《马寅初全集补编》，第578页

2月

2月2日　周建人、王蕴如等赴北京医院探望。住院探望簿

2月4日　周而复等莅北京医院探望。住院探望簿

2月7日　马大猷夫妇赴北京医院看望（廖梦醒等探望，未签日期）。住院探望簿

3月

3月24日　为孙子马思一赴美国深造事致信蒋南翔部长。"蒋部长：多年不见了，这些年我长期卧病在床，您曾几次来看望我，去年北大为我百岁举行集会时，你亦曾亲自出席并讲了话，我非常感激，趁此机会，在此表示深切的谢意。我的长孙马思一是北大生物系四年级学生，今年暑期毕业。为了使其在学业上有所长进，俾今后更好地为祖国服务，我有意让他去美国深造。一年前马思一即开始向美国大学提出了申请，已取得了美国大学的同意，并授给他助学金。今闻关于留学有新精神，我不知详情，颇感焦虑。故特嘱马思一持我函专程趋府拜谒，请惠予接见赐教。专此谨致革命敬礼。"影印件

4月

家属代笔为孙子马思一赴美深造致信邓小平，请予批准。

4月22日　邓小平阅先生的来信后批示："教育部处理。对马老的事应照顾些。"《邓小平年谱（1957—1997）》

5月

5月10日　下午5时，于北京医院逝世。根据本人遗愿与家属要求，不举行追悼会。中央决定，由刘澜涛、武新宇、平杰三、蒋南翔、张龙翔等组成治丧小组。5月14日《人民日报》

5月14日　新华社消息："我国著名经济学家、教育家马寅初，因病于一九八二年五月十日下午五时在北京医院逝世，终年一百零一岁。根据马寅初的遗愿和家属的要求，马寅初的丧事将从简办理。"5月15日《人民日报》

同日　香港蔡世金致电国务院侨务办公室，提议捐款作为研究中国人口问题的基金，以支持先生人口理论。

5月22日　北京医院举行先生遗体告别仪式，党和国家领导人及首都各界代表400余人前往。部分骨灰安葬于八宝山公墓。5月23日《人民日报》

5月23日　《人民日报》、《光明日报》、《北京日报》等全文刊登由中央统战部起草，中央书记处批准生平介绍《马寅初的一生》："马寅初同志拥护党的领导，关心和热爱社会主义事业，爱戴毛泽东、周恩来等革命领袖。然而，他的这一切，不是表现在简单地'听话'、'跟着走'，而是以一个学者特有的专长，以主人翁的态度进言献策，是中国共产党难得的真挚的诤友"。

1983 年

4 月

4月8日　根据先生遗愿，部分骨灰由亲属护送至嵊县，归葬母亲墓侧。

4月9日《浙江日报》

参考资料

资料来源

中央档案馆
南京中国第二历史档案馆
台湾中央研究院
上海档案馆
重庆档案馆
浙江档案馆
浙江大学档案馆
北京大学档案馆
重庆大学档案馆
天津大学档案馆
上海交通大学档案馆
上海财经大学档案馆
中共中央统战部
教育部
绍兴档案馆
嵊州市档案馆
嵊州市马寅初中学马寅初纪念馆
中国国家图书馆
上海图书馆
浙江图书馆
北京大学图书馆
浙江大学图书馆
美国哥伦比亚大学
美国耶鲁大学

参考文献

马寅初著作及本人笔记：

马寅初解放初笔记本

《中国关税问题》

《中国国外汇兑》

《马寅初演讲集》（四集）

《中华银行论》

《经济思想》

《马寅初经济论文集》（第一集）

《中国当前之经济问题》

《利用外资与经济建设》

《中国经济改造》

《中国之新金融政策》

《论对发国难财者征收财产税及其它》

《马寅初战时经济论文集》

《经济学概论》

《通货新论》

《财政学与中国财政》

《我的经济理论、哲学思想和政治立场》

《新人口论》

《马寅初经济论文选集》

《马寅初抨击官僚资本》

《马寅初全集》

《马寅初全集补编》

参考报纸

《申报》1917—1949 年

《中央日报》

《文汇报》

《北京晨报》

《新华日报》
《北京大学日刊》
《民国日报》
《杭州民国日报》
《扫荡报》
《大美晚报》
《工商日报》（香港）
《新民报》
《新中华报》
《商务日报》
《新蜀报》重庆
《民主报》
《世界日报》
《联合晚报》
《新社会报》
《京报》
《新闻报》（增刊）
《时事新报》
《大晚报》
《武汉日报》
《湖南国民日报》
《大公报》
《人民日报》1949—1982年
《光明日报》1949—1982年
《解放日报》1949—1953年
《浙江日报》1949—1982年
《参考消息》
《北京日报》
《北方日报》
《华侨商报》
《新闻日报》
《当代日报》
《南京日报》

《苏南日报》
《苏中友好报》（俄文）
《杭州日报》

参考期刊

民国时期：
《留美中国学生日报》，中国留美学生同盟
《商业杂志》，商业杂志社
《留美学生季报》，上海留美中国学生会
《国闻周报》，国闻周报社
The Journal of political Economy（《政治经济学杂志》）
Annals of the American Academy of Political and Social Science（《政治与社会科学学会年报》）
The American Economic Review（《美国经济评论》）
《大中华杂志》，大中华杂志社
《北京大学月刊》，北京大学
《新青年》，上海新青年杂志社
《银行杂志》，汉口银行公会
《银行月刊》，北京银行公会
《商学杂志》，天津河北商学会
《东方杂志》，东方杂志社
《教育杂志》，直隶学务处
《上海总商会月报》，上海总商会
《铁路管理学会会刊》，交通大学北京学校铁路管理学会
《学艺杂志》，中国公学同学会
《法政学报》（北京），法政学报社
《北京朝阳大学四川江津同学会会刊》
《北大经济学会半月刊》，北京大学经济学会
《商学季刊》，中国大学
《中国与南洋》，暨南学校
《文汇丛刊》，上海文汇报馆

《东三省官银号经济月刊》，东三省官银号经济月刊编辑处
《经济学报》，南洋大学经济学会
《工商新闻》，南京工商新闻社
《工商新闻百期汇刊》，上海工商新闻报馆1925年出版
《现代评论》，北京现代评论社
《银行杂志》，汉口银行公会
《市声周刊》，汉口银行公会
《新教育》，中华教育改进社
《中华国货报》，上海该报馆
《经济学报》，南洋大学铁路管理科经济学会编辑
《炉炭半月刊》，厦门双十中学校学生会
《新国家》（北京），新国家杂志社
《中外经济周刊》（北京），经济讨论处
《浙江省政府公报》，浙江省政府秘书处
《浙江政报》，浙江省党部
《浙江民政月刊》，浙江省民政厅
《交大三日刊》，上海交通大学
《国立中央大学半月刊》，国立中央大学
《交大月刊》，交通大学学生会出版部交大月刊社编辑部
《交大季刊》，交通大学出版委员会
《统计月报》，立法院统计处
《纺织时报》，上海华商纱厂联合会该刊编辑部
《财政经济汇刊》，浙江财务人员养成所
《商业月刊》，施伯珩编辑
《大陆报》，大陆杂志社
《空军》，中央航空学校
《汉声》，汉口特别市政府秘书处
《交大经济周刊》，上海交通大学
《萌芽月刊》，鲁迅主编，萌芽社
《社会科学研究》（上海），社会科学研究社
《青岛青年》，青岛基督教青年会
《民主》（星期刊），北平民主出版社，邓初民主编，发行人陶行知
《经济杂志》，光华大学商学会

《中央大学法学院季刊》，中央大学法学院
《时事月报》，南京时事月报社
《浙江省建设月刊》，浙江省建设厅月刊编辑处
《旁观》，旁观旬刊社
《商学期刊》，北京平民大学 1923 年
《商学期刊》，上海复旦大学 1929 年
《地政月刊》，中国地政学会
《时事新报》，上海时事新报社
《经济学季刊》，中国经济学社
《军需杂志》，军需杂志社
《经济学报》，国立交通
《经济丛刊》，大厦大学经济学会
《经济学月刊》，上海商学院经济学会
《文化建设》，上海文化建议月刊社
《经济学期刊》，复旦大学经济学系出版部编辑股
《人寿季刊》，陆士雄编辑
《人寿》，上海华商宁绍人寿保险公司
《之江校刊》，之江大学秘书处
《华安》，上海华安合群保寿股份有限公司
《华安杂志》，华安合群保寿公司
《南京市政》，南京特别市市政府社会处
《经济学月刊》，国立上海商学院经济学会
《之江经济期刊》（杭州），之江文理学院经济学会
《国货月报》，国货日报馆
《民智》，中华民智月报社
《国立浙江大学校刊》，国立浙江大学秘书处
《法光特刊》（救丐专号），大日报馆
《浙江建设》，浙江省建设厅
《浙江财政》，浙江省财政厅第四科
《星期报》，湖南大学学生会
《中山文化教育馆季刊》，上海该馆出版物发行处
《绸缪月刊》，上海绸业银行绸缪社光华大学商学会
《银行周报》，上海银行周报社

《正谊周报》，南京正谊周报社

《管理》（双月刊），交通大学

《布尔什维克》（上海），中国共产党中央委员会 1927—1932 年

《苏华商业月报》，苏东中华商会联合会

《浙江省金华中学周刊》，浙江省金华中学

《浙江青年》，浙江省教育厅青年月刊编辑部

《新商业》，重庆沪江大学商学院新商业月刊编辑部

《国货季刊》，该馆

《中山文化》，中山文化教育馆

《海王》，河北塘沽海王社

《世界政治》，中国国际联盟同志会

《四川月报》，中国银行

《四川经济季刊》，四川省银行经济研究处

《四川经济月刊》，四川地方银行经济调查部

《战时经济》，战时经济月刊社

《时事类编特刊》，中山文化教育馆

《时事类编》，中山文化教育馆

《时事新报》，上海时事新报社

《中外经济拔萃月刊》，中国经济研究所

《时代文摘》（星期六刊），时代文摘社，成都 1946—1947 年

《现代读物》，重庆现代读物社

《经济动员》，中国经济研究所

《经济知识》，该刊编辑部

《财政评论》，财政评论社

《新知》（十日刊，后改半月刊），上海该社

《中央周刊》（重庆版），中央周刊社

《西南实业通讯》，中国经济研究所

《民主与科学》，张西曼主编

《天风》，中国基督教三自爱国运动委员会

《文林》（半月刊），大连文林社

《文萃》，文萃社

《新社会》，上海新社会半月刊社

《西华经济》（旬刊），成都该社

《经济通信》，香港经济资料社

《消息半月刊》，上海该社

《胜流》，杭州胜流半月刊社

《经济周报》，吴大琨主编

《理论与现实》，沈志远主编

《经济导报》，经济导报社

《公余》，福建省政府

《三民半月刊》，福建省县政人员训练所

《观察》，上海观察周刊社

《现代文摘》，现代文摘社

《现代经济文摘》，联合编译社

《半月文摘》，梅县油报社编辑部

《铁道公报》，南京国民政府铁道部秘书处

《是非公论》，南京是非公论旬刊社

《中建》，中国建设服务社

《群众》，香港群众周刊社

《上海党声》，国民党上海特别市执行委员会

《全国禁烟会议汇编》，禁烟委员会宣传科出版股 1928 年出版

《国府文职》，国民政府行政院秘书处

《大威周刊》，大威周刊社（中共山东军分区刊物）

《大学月刊》，大学月刊社（成都）

《清华周刊》，清华大学清华周刊社

《现代新闻》，上海联合编译社，章伯钧主编

《中华工商》，中华工商专科学校

《国讯》，黄炎培

《立法院公报》，立法院秘书处

解放后：

《金融汇报》，黄曦龄主编

《展望》（周刊），展望周刊社

展望丛刊第二辑《土地改革与新民主主义革命》，展望周刊社

《浙大校刊》，浙江大学

《保卫和平》，世界和平理事会

《上海工商》，上海工商联合会筹备会
《改造》，华东人民革命大学
《经济周报》，上海经济周报社
《学习简报》，上海
《北京大学校刊》，北京大学
《新体育》，全国体育总合筹备会
《新华半月刊》，北京新华半月刊社
《中国新闻》，中国新闻编辑部
《苏联高教通讯》（苏联）
《高等教育》，重庆独立出版社
《周末报》（香港）
《大众电影》，中国电影家协会
《北京大学学报》（人文社科），北京大学
《新观察》（半月刊），人民出版社
《经济研究》经济研究编辑部、科学出版社
《计划经济》（北京），计划经济编辑部，计划统计杂志社
《哲学研究》，中国社会科学院哲学研究所
《教学与研究》，中国人民大学
《学习》，中央宣传部理论处
《理论战线》，中国科学院武汉哲学社会科学院研究所筹备处
《学术月刊》，上海社会科学学会联合会
《新建设》，北京新建设杂志社
《财政》，中华人民共和国财政部
《厦门大学学报》，厦门大学
《武汉大学人文科学学报》，武汉大学
《理论与实践》，哲学社会科学综合性月刊
《经济战线》，中国科学院河北省分院经济研究所
《贵阳师范学院学报》，贵阳师范学院
《江海学刊》，江苏省社会科学院
《中山大学学报》，中山大学
《政治与经济》，湖北大学政治与经济编委会
《复旦》，复旦大学
《合肥师范学院学报》，合肥师范学院

《中国经济问题》，厦门大学经济研究所
《扬州师范学院学报》，扬州师范大学

参考图书

民国时期：

《北洋大学堂同学录》，1911 年
《北洋大学校同学录》，1913 年
寿毅成：《中美英法德日信托业比较论》，商务印书馆 1921 年版
〔日〕堀江归一：《银行论》，陈震异译，商务印书馆 1923 年版
王效文：《货币论》，商务印书馆 1923 年版
王效文：《保险学》，商务印书馆 1925 年版
上海市工商联合会编：《上海总商会议事录》，上海古籍出版社 2006 年版
陈其鹿：《银行学》，商务印书馆 1924 年版
徐兆荪：《人寿保险》，商务印书馆 1925 年版
陈其鹿：《银行论》，商务印书馆 1925 年版
中华教育改进社：《中华教育改进社年会一览》，商务印书馆
傅文楷、丘汉平：《国际汇兑与贸易》，上海民智书局 1926 年版
王怡柯：《货币学》，商务印书馆 1924 年版
陈其鹿：《统计学》，商务印书馆 1925 年版
漆树芬：《经济侵略下之中国》，上海光华书局 1925 年版
《东吴大学同学录》，1929 年
金国宝：《中国币制问题》，商务印书馆 1928 年版
王仲武：《统计学原理及应用》，商务印书馆 1927 年版
夏炎德：《近百年经济思想史》，商务印书馆 1947 年版
中国经济学社：《中国经济问题》，商务印书馆 1929 年版
唐庆增：《唐庆增经济论文集》，商务印书馆 1930 年版
田斌：《中国盐税与盐政》，江苏省政府 1929 年 12 月印
《禁烟宣传汇刊》，国民党宣传部 1929 年印
马寅初等：《禁烟谈》，国民党宣传部 1935 年印
西湖博览会：《西湖博览会特刊》1929 年印
穆家修、柳和城、穆伟杰：《穆藕初先生年谱》，上海古籍出版社 2006 年版

董问樵：《国防经济论》，商务印书馆1941年版
上海特别市社会局：《上海特别市罢工停工统计（民国十八年）》，商务印书馆1930年版
《世界经济丛书》，上海大东书局1930年版
《建设中之中国》，青年协会书局1932年版
奚楚明：《中国最近经济问题》，上海民生书店1930年版
朱彬元：《货币银行学》，上海黎明书局1930年版
马寅初等：《现代财政经济评论集》，世界书局1930年版
陈长蘅：《三民主义与人口政策》，上海商务印书馆1930年版
贾士毅：《民国财政简史》，商务印书馆1932年版
贾士毅：《抗战与财政金融》，商务印书馆1938年版
万仁元、方庆秋：《蒋介石年谱初稿》，档案出版社1992年版
民国二十年实业部总务司、商业司：《全国工商会议汇编》，台北文海出版社1987年版
《经济建设》，商务印书馆1929年版
〔日〕福田德三：《经济学原理》，陈家瓒译，上海小星书店1930年版
费保彦：《整理国债计划全编》，1930年版
辜孝宽：《浙江省禁烟史略》，杭州青年印刷公司1931年版
浙江财务人员养成所：《票据法》，1931年版
赵烈：《中国茶叶问题》，上海大东书局1931年版
中国经济学社：《中国经济学社一览》，上海商务印书馆1931年版
朱通九：《劳动经济学》，上海黎明书局1931年版
程联：《世界信托考证》，1931年版
《建设中之中国》，商务印书馆1932年版
马寅初等：《中日贸易研究》，上海交通大学研究所1933年版
何士芳：《英汉经济辞典》，上海商务印书馆1934年版
《周萍洄先生纪念册》，1933年
中国文化建设协会：《抗战前十年之中国》，龙田出版社1937年版
唐庆增：《现代货币银行及商业问题》，世界书局1935年版
全国财政会议秘书处：《全国经济会议汇编》，台北文海出版社1987年（影印）
魏文翰：《海上保险法要论》，上海市保险同业工会1933年版
王雨桐：《最近之东北经济与日本》，新中国建设学会1933年版
胡继瑷：《海洋运输原理》，上海商务印书馆1935年版
刘振东：《中国币制改造问题与有限银本位制》，上海商务印书馆1934年版
陈其鹿，马寅初校：《资本主义发展史》，商务印书馆1930年版

《国立上海交通大学同学录》，1934年

中国国民党中央执行委员会宣传部：《银价暴落之根本救济》，1930年印行

《建设中之中国》，青年协会书局1932年版

《中山文化教育馆季刊》，中山文化教育馆 1934—1937年

吴小甫：《中国货币问题丛论》，光明书局1936年版

国民经济研究所：《外汇统制与贸易管理》，中正书局1937年版

曲殿元：《中国之金融与汇兑》，上海大东书局1937年版

韬园：《盐务革命史》，南京京华印书馆1938年版

管雪齐：《战时之财政经济与教育文化》，华中图书公司1938年版

范祥善：《现代财政经济评论集》，世界书局1930年版

伊兰：《交易所要览》，文明书局1921年版

《外汇问题与贸易问题》，上海独立出版社1940年版

凌善清、汤厚生：《不惑集》，正心出版社1936年版

梁庆椿：《世界粮食问题》，上海商务印书馆1936年版

蔡元培、王云五等：《张菊生七日生日纪念论文集》，商务印书馆1937年版

萧明新：《土地政策述要》，长沙商务印书馆1938年版

银行生活社编辑部：《特种现金保证办法专刊》，银行生活社1937年刊行

马寅初：《中央训练团党政训练班演讲录：马寅初先生讲：中国之国际贸易——附中日货币战》，中央训练团1939年6月

国民党中央宣传部：《中日货币战》，民国出版社1939年版

潘梓年等：《光明的前途》，战时出版社1942年版

胡继瑗：《水险学原理》，长沙商务印书馆1947年版

曾琦：《曾慕韩先生遗著》，台湾海文出版社1971年版

《中国战时经济志》，商务印书馆1941年版

马寅初等：《战后中国的二条路线》，山东临沂新华书店1946年版

安子介：《国际贸易实务》，上海商务印书馆1947年版

杨培新：《经济新闻读法》，致用书店1947年版

杨培新：《中国通货膨胀论》，生活书店1948年版

郭沫若：《春天的信号》，文汇丛刊第一辑，1947年版

军事新闻社：《当代党国名人讲演录》，台湾文海出版社1993年版

《冯玉祥日记》，中国第二历史档案馆1992年版

《邵元冲日记》

《中国内幕》，新中国报社1941年版

解放后：

中国第二历史档案馆：《国民政府立法院会议录》，广西师范大学出版社 2004 年版

《中央人民政府委员会第一、二、三、四、五次会议纪录》，中央人民政府委员会办公厅编印，1950 年 1 月

《政务院财政经济委员会会议纪要》，政务院财政经济委员会办公厅编印，1951 年

《中国人民政治协商会议全国委员会第三次会议出席列席名单》，中国人民政治协商会议全国委员会第三次会议工作委员会秘书处印，1951 年 10 月

《中国人民政治协商会议第一届全体会议纪念刊》，政协第一次会议秘书处印，1950 年 6 月

《华东军政委员会首次会议文献》，中国人民解放军第三野战军政治部

《中华人民共和国第二届全国人民代表大会第一次会议文件》，第二届全国人民代表大会第一次会议秘书处印，1959 年 4 月

《亚洲及太平洋区域和平会议公报》，亚洲及太平洋区域和平会议秘书处印，1952 年 10 月

《近代中国金融史参考资料》第 3 辑国民党统治时期（下），厦门大学经济系财政金融教研室（油印品，无出版年月）

《北京大学校庆纪念特刊 1898—1954》，北京大学校刊编辑委员会，1954 年 5 月

何炳棣：《读史阅世六十年》，广西师范大学出版社 2009 年版

《新中国货币制度的特点及其优越性》，财政出版社 1955 年版

《旧上海的证券交易所》，上海古籍出版社 1992 年版

《中央银行史料（1928.11—1949.5）》

《稽山中学校史》

李学通、刘萍、翁心钧：《翁文灏日记》，中华书局 2010 年版

李学通：《翁文灏年谱》，山东教育出版社 2005 年版

曹伯言：《胡适日记》，台北联经出版公司 2004 年版

《胡适日记》，安徽教育出版社

《鲁迅书信》，人民文学出版社 2006 年版

《吴虞日记》，四川人民出版社 1984 年版

丁文江：《梁任公年谱长编》，世界书局 1988 年版（影印本）

《周恩来年谱（1898—1949）》，中央文献出版社、人民出版社 1989 年版

《周恩来年谱（1949—1976）》，中央文献出版社 1997 年版

中共中央文献研究室：《陈云年谱》，中央文献出版社 2000 年版

《建国以来毛泽东文稿》，中央文献出版社 1987 年版

《建国以来刘少奇文稿》，中央文献出版社 2005 年版
《建国以来周恩来文稿》，中央文献出版社 2008 年版
《唐纵在大陆失落的日记》，台湾传记文学出版社 1998 年版
《黄炎培日记》，中华书局 1979 年版
方显廷：《方显廷回忆录》，商务印书馆 2006 年版
《商务印书馆股东会议簿》
霍有光、顾利民：《南洋公学——交通大学年谱》陕西人民出版社 2002 年版
郑振铎：《郑振铎日记全编》，山西古籍出版社 2006 年版
张元济著、张人凤整理：《张元济日记》，商务印书馆 2001 年版
张树年：《张元济年谱》，商务印书馆 1991 年版
张人凤、柳和城：《张元济年谱长编》，上海交通大学出版社 2011 年版
竺可桢：《竺可桢日记（1936—1949)》，人民出版社 1984 年版
竺可桢：《竺可桢日记（1950—1974)》，科学出版社 1984 年版
《茅盾全集》，人民文学出版社 2001 年版
《毛泽东与中国铁路》
王学珍：《北京大学纪事》，北京大学出版社 2008 年版
宋云彬：《红尘冷眼——一个文化名人笔下中国的三十年》，山西人民出版社 2002 年版
北京大学毛泽东同志人口理论研究会编：《有关马寅初先生的哲学思想，经济理论新人口论的参考资料》（油印品），1958 年 5 月
江山：《马尔萨斯"人口论"和"新人口论"的批判》，上海人民出版社 1958 年版
林森木：《现代我国的人口问题——马尔萨斯人口论和我国马尔萨斯主义的批判》，上海人民出版社 1959 年版
新建设编辑部：《马寅初批判》第一辑，1960 年 3 月
南开大学：《批判马寅初"我的经济理论哲学思想和政治立场"》（油印品），1960 年 4 月
人民大学经济系：《批判马寅初文集》（油印品），1960 年 4 月
北京对外经济贸易学院：《对马寅初解放前全部著作分析资料》（油印品），1960 年 5 月
韩佳辰：《马寅初哲学的破产》，上海人民出版社 1960 年版

参考回忆文章

张树年：《关于先严生活琐忆》
包启亚：《回忆干爹马寅初》

李正文回忆
平措汪杰：《西藏历史新篇章》，《西藏研究》第三期 1991 年 9 月
许涤新：《回忆同马老接触的日子》，《北京大学校刊》1981 年 9 月 25 日
《中国经济上之国际地位》
《利用我国资本与技术问题》

后记

《马寅初年谱长编》终于脱稿了，此书能在纪念马老诞辰130周年、逝世30周年之际，如期出版，是我和大成献给马老的一束心香。

2007年，我撰写《天地良心——马寅初传》时，看到马大成先生以马家后人及马寅初纪念馆工作人员双重身份，经年苦营，收集、积累了丰富的文献资料，又刚刚出版《马寅初全集补编》，于是与马寅初纪念馆领导一起商量，由我与大成合作编著一部史料翔实的《马寅初年谱》。不久，纪念馆理事会研究决定：年谱由马大成做基础资料的搜集、整理工作并编写初稿；徐斌酌定年谱的框架、体例，承担初稿修改及最终的统稿、定稿。之后数年，我与大成不时联系，互通进展。

采集资料的工作繁重而艰辛。大成充分利用了马寅初纪念馆馆藏资料。这些史料或由马老的亲友捐助，或从各地档案馆征集，大多数则以马本寅、马本初、姜明、马逢顺、蒋银火、张友仁、王学珍、严仁赓等大量当事人的叙述及马老本人笔记、有关马老的传记纪念文章为线索，从各地图书馆搜集而成，实属纪念馆牵头编著年谱的特殊优势。在此基础上，大成不断拓展搜寻的深度与广度，足迹遍及中央档案馆、上海档案馆、重庆大学档案馆、浙江档案馆、浙江大学档案馆、北京大学档案馆、天津大学档案馆、上海交通大学档案馆、上海财经大学档案馆、嵊州市档案馆、嵊州市马寅初中学马寅初纪念馆等，每每获得帮助和支持，收益颇丰。一部年谱，基础资料最为重要，大成的工作为之铺垫了丰厚的基石。

2010年，马寅初纪念馆决定于2012年隆重纪念马老诞辰130周年暨逝世30周年之际，推出《马寅初年谱长编》作为活动重点项目。我们的工作亦转入紧张的编辑、定稿阶段。大成继续在各档案馆深挖史料并与各阶层知情人及研究者联系，核实资料。我则在大成初稿的基础上增删、整理条目，核对文

后记

献，考订史实，其中最主要的事情乃是为马老十多部著作和数百篇论文、演讲稿撰写摘要。

马老一生叱咤风云，波澜壮阔，社会角色多重，然无论他对当时当世的影响还是留给后人的遗产，均源于他自由独立的学术见解与学术品格。具独立精神之学者，马老一生定位于此，其一生心血亦凝结于此。尽量全面地展示马老在各个历史时期对经济、文化、社会诸问题的观点与建议，当为"年谱"之魂。

自然，摘要不是一件易事，且不论势必略去许多精彩的内容与细节，如何概括准确，繁简得当，每人的见解均不尽相同，难有一定之论可循。只能据自己的水平、眼光勉力为之，虽展示了马老的各方各面，然不免存有挂一漏万或以偏概全之处，所劳倘能为读者提供一阅读马老原著的线索，余愿即足。至于有的地方摘录较详，乃因除欲交待清晰外，还有一层存留当时历史文化风貌的考量。望读者鉴之。

编著年谱是桩艰巨的工作，尤其如马老这样的风云人物，有的时段文献颇多，但紊乱重叠考辨不易；有的时段事涉高层，档案尚未解冻难窥全豹。再加上学力有限，时间催迫，也会留下种种不足与缺憾，只能企望方家指教，日后补正。

编著年谱的过程，诚为反复阅读马老的过程。这是一种幸福。吾辈学人数十年来已极少从基本资料层面去诵读一位具有如此深厚的世界文明眼光、民族文化认知，学理深湛、智慧闪耀、直抒胸臆的智者了。对马老气韵充溢的文字的朗咏，不啻为全面的精神充电。

马老的一生，堪称中华民族20世纪生机盎然又曲折多难之命运的缩影。在我们过去耳熟能详的革命斗争史、政治运动史乃至文学艺术史之外，打开了一扇建设现代市场经济体制、推进民族工商业发展的窗口，重新审视百年。

以马老为代表的那一代中国经济学者，以学术专长为基本，以富民强国为己任，以道义担当为天职。组建中国经济学社，研究现代经济问题，输入现代经济学说，"赞助中国经济界之发展与改进"，形成了致力于推进中国经济迈入现代化的中国经济学派。他们对中国社会经济转型中的方方面面，无不认真研究贡献意见：民族工业发育、外国资本输入、劳资矛盾调和、金融体系与信用体系构建、币制改革、关税自主、清理厘金、整顿田赋等，力促民族经济起飞。马老不仅著文立说启迪朝野，更广交工商界人士为之出谋划策，成为业界共认的代言人。

尤为可贵者，马老1928年底担任国民政府立法委员，先后出任经济委员会、财政委员会委员长兼商法起草委员会召集人。十年时间里，马老聚合同人，起草并通过了数百条法规、条例，初步构筑了与国际接轨的中国现代市场经济体系，使得新生的现代企业制度的公司、企业得以管理规范，行业既获自主发展又得政府支持，国家经济体制得到有效整合……其中尤以金融体制的改革与建构卓有成效，国际经济界视作"奇迹"。整个市场体制虽因日本入侵未能继续推进，但依然成为抗战后方的经济框架，以及日后台湾"四小龙"经济奇迹的制度基础。

历史转了一圈，中国的改革开放之路又回到与世界接轨的市场经济轨道上，重读马老当年的种种见解与方策，如同在为今天的经济、社会走势提供借鉴与指导，其间的真知灼见，直令人拍案叫绝。

自然，阅解马老最打动人的莫过于他一生守望的独立思考、言论自由和公开批评的价值。季羡林先生晚年曰，一生最敬佩三人——彭德怀、梁漱溟、马寅初。所取尺度亦在于兹。把讲真话看得重于一切，超越个人利害得失乃至生命。编年谱过程中，深感马老一生动人之处颇多，而其中两段最为刻骨铭心。1959年底，回应《光明日报》挑战书时曰："最后我还要对另一位好朋友（周恩来）表示感忱，并道歉意。我在重庆受难的时候，他千方百计来营救；我一九四九年自香港北上参政，也是应他的电召而来。这些都使我感激不尽，如今还牢记在心。但是这次遇到了学术问题，我没有接受他的真心诚意的劝告，心中万分不愉快，因为我对我的理论有相当的把握，不能不坚持，学术的尊严不能不维护，只得拒绝检讨。希望我这位朋友仍然虚怀若谷，不要把我的拒绝检讨视同抗命，则幸甚。"1960年初，先生最后一次参加批判会时谓："兄弟不怕泼冷水的，我天天在洗冷水浴。说兄弟是马克思一家也好，马尔萨斯一家也好，马寅初一家也好，20年后，政治家们会遇到棘手的问题，会感到困难，他们会想到兄弟的'新人口论'的，他们会后悔的。"这样的声音、这样的气质，于吾辈恍若隔世。在我们国民渴望文化复兴，通过反思来提升文化创造力的今天，大有重读马老、弘扬马老精神之必要，愿《年谱》能于人文精神的传承有所裨益。

后记

年谱的完成离不开多方关照，这也是有志于弘扬马老精神者的共同追求。原国家证监会主席、全国政协委员、经济委员会副主任刘鸿儒先生，原全国人大常委、浙江省人大常委会副主任、浙江大学教授毛昭晰先生，是我们敬重的前辈，二老不顾年高，欣然命笔为年谱作序，我们深表谢忱。

本书虽是纪念馆的重点项目之一，但本书之成仍有赖于馆长徐爱光及两位副馆长商立华、林国薇的充分信任和大力支持。我与大成皆为浙江省马寅初研究会成员，本书也属研究会的一项成果，马寅初研究会会长、浙江大学副校长罗卫东先生对年谱进展关注始终，并给予财力上的帮助。马寅初年谱初稿完成后，被列入浙江省哲学社会科学规划课题资助项目。上述支持不单单是物质层面的，更是精神上的相知与激励。

商务印书馆的丁波先生风闻编著马老年谱的消息，即以马老与商务的深厚渊源为由，力促将此书交与该馆印制。我们感其诚挚，又值商务印书馆115年纪念之际，出版此书应是对马老又一则美好纪念的佳话。

几近十年，在年谱文献资料的准备、写作、校订过程中，浙江省图书馆成为我们不时造访的所在，特别是古籍部、重点读者服务部、数字资源中心等，让我们尽享便利外还主动提供线索与资料。台湾中央研究院翁启惠院长、美国耶鲁大学均给予支持，提供了诸多早期原始文件；浙江大学图书馆、北京大学图书馆亦给予了极大的方便。成书之际，我们只有"秀才人情纸一张"了。

我的导师王俊杰先生寿近期颐，当我告知着手编著马老年谱后，他深晓我的学问路子好另辟蹊径，特为嘱咐：编年谱和你过去写《传记》不同，全部要实打实，字字有来历，不可以作者意图择材选料，掺以不实偏文。我谨记在心，如履薄冰。

夫人夏小梅参与了本书的编著与校订。因定稿过程工作量浩大，她全力以赴，一年多的时间没有节假日，偕我日以继夜，病累几度。2007年，我们在"银婚"之际共同完成了《王羲之传》，如今的"珍珠婚"，又得此书以作纪念，仰望苍天，心存感激。

徐斌

草于2012年清明前